同济大学法学文丛

知识产权与竞争法研究

（第三卷）

张伟君　张韬略　主编

知识产权出版社

全国百佳图书出版单位

图书在版编目（CIP）数据

知识产权与竞争法研究. 第三卷 / 张伟君，张韬略主编. —北京：知识产权
出版社，2017.3

ISBN 978 – 7 – 5130 – 4759 – 3

Ⅰ. ①知… Ⅱ. ①张…②张… Ⅲ. ①知识产权法—研究—中国②反垄断法—
研究—中国 Ⅳ. ①D923. 404②D922. 294. 4

中国版本图书馆 CIP 数据核字（2017）第 028211 号

责任编辑：刘　睿　刘　江　　　　　责任校对：谷　洋
封面设计：SUN 工作室　　　　　　　责任出版：刘译文

知识产权与竞争法研究（第三卷）

张伟君　张韬略　主编　刘　旭　执行编辑

出版发行：**知识产权出版社** 有限责任公司　　网　　址：http：//www. ipph. cn
社　　址：北京市海淀区西外太平庄 55 号　　　邮　　编：100081
责编电话：010 – 82000860 转 8344　　　　　　责编邮箱：liurui@ cnipr. com
发行电话：010 – 82000860 转 8101/8102　　　发行传真：010 – 82000893/82005070/82000270
印　　刷：保定市中画美凯印刷有限公司　　　经　　销：各大网上书店、新华书店及相关专业书店
开　　本：880mm×1230mm　1/32　　　　　　印　　张：21. 5
版　　次：2017 年 3 月第一版　　　　　　　　印　　次：2017 年 3 月第一次印刷
字　　数：542 千字　　　　　　　　　　　　　定　　价：65. 00 元
ISBN 978 – 7 – 5130 – 4759 – 3

卷首语一

［德］约瑟夫·斯特劳斯*

中国经济发展的强劲动力，反映在知识产权上，是史无前例的：中国在 1982 年 8 月通过首部《商标法》；2010 年，中国商标局受理了上百万件的商标申请。1984 年 3 月通过首部《专利法》；2010 年，中国专利局受理 391 177 件发明专利申请；同样受专利法保护的工业外观设计的申请数量超过 421 000 件。设想一下，只是一年就出现了这么多申请，那么人们大概产生一个粗略的概念：得有多少的排他权即所谓的垄断权会出现在中国市场上，以及这些权利在可能被滥用时对整个经济的影响。

在接受了知识产权法后，中国立法者花了将近 20 年的时间，才在 2007 年 8 月通过《反垄断法》。根据《反垄断法》第 1 条，其目的是预防和制止垄断行为，保护市场公平竞争，提高经济运行效率，维护消费者利益和社会公共利益，促进社会主义市场经济健康发展。同时，《反垄断法》第 55 条指出，其不适用于经营者依照有关知识产权法律、行政法规规定行使知识产权的行为；但适用于经营者滥用知识产权，排除、限制竞争的行为。

---

* 约瑟夫·斯特劳斯，慕尼黑马克斯·普兰克知识产权与竞争法研究所前所长，比勒陀利亚南非大学 NIPMO-UNISA 知识产权教席负责人，华盛顿特区佐治亚华盛顿法学院马歇尔·B. 科宁国际和比较法客座教授。

　　熟悉欧洲和美国有关反垄断法与知识产权滥用问题相关判例法的人，或许已经预见到中国《反垄断法》第 55 条在未来实践中所要扮演的角色。该条相对模糊的措辞，给法律解释留下了充分的空间，中国反垄断法执行机构和法院将会（至少人们希望如此）采用适当的方式来平衡所涉各方的利益，最终有效地激励和保护市场中的真正创新性的竞争。

　　同样显露出现代中国之动力并应予庆贺的是，在《反垄断法》通过之后仅 5 年，同济大学两位年轻的教师张伟君博士和张韬略博士就倡导并决定推出《知识产权与竞争法研究》，志在立足于中国视角，推进知识产权与竞争法交叉领域的研究，并与同行分享美国、欧洲、日本以及中国在这一领域的最新进展。这一及时、重要和有责任心之努力付出值得祝贺。在此我祝愿他们及"评论"的成功，祝福他们达成所愿，为知识产权和竞争法的平衡、互补和共存作出重要的贡献。

PREFACE by Prof. Dr. Dres. h. c.
Joseph Straus
A Word of Welcome

The dynamics of the economic development of the People's Republic of China as reflected in the figures related to intellectual property rights seems unprecedented: The first Chinese Trademark Law was adopted in August 1982 and in 2010 the Chinese Trademark Office received more than one million trademark applications; the first Patent Act in China was adopted in March 1984, and the State Intellectual Property Office received in 2010 391, 177 patent applications; finally, the number of applications for industrial design, protected under the Patent Act, amounted in 2010 to more than 421, 000. Bearing these figures generated just in one year, in mind, one gets a rough idea of how many exclusive rights, so-called monopolies, have to be respected in the Chinese market and also of the overall economic impact of potential abuses of such rights.

It took the Chinese legislator more than 20 years before the intellectual property laws were followed by the adoption of the Anti-Monopoly Law in August of 2007. According to its Article 1 the Anti-Monopoly

Law is aimed at preventing and restraining of monopolistic conducts, protecting fair competition in the market, enhancing economic efficiency, safeguarding the interests of consumers and social public interests, as well as promoting the healthy development of the socialist market economy. In its Article 55 the Anti-Monopoly Law clarifies at the same time that it does not govern the conduct of business operators to exercise their intellectual property rights under laws and relevant administrative regulations on intellectual property rights, but, that business operator's conduct to eliminate or restrict market competition by abusing intellectual property rights is governed by that law.

Those familiar with the European and US-case law and regulations dealing with the problem of abuse of intellectual property rights in terms of antitrust law may already foresee the role of Article 55 of the Chinese Anti-Monopoly Law will play in practice in the years to come. Its relatively vague wording leaves ample space for interpretation, which the Chinese administrative authorities and courts will, hopefully, use in a way to properly balance all the interests involved so that they, eventually will effectively incentives and protect truly innovative competition in the market.

It is to be welcomed, and again a clear demonstration of modern Chinese dynamism, that two young Professors of the Tongji University, namely Dr. Zhang Weijun and Dr. Zhang Taolue, only five years after the adoption of the Anti-Monopoly Law, took the initiative and decided to establish the Journal "*IP and Competition Law Review*" aimed at further research in the overlapped field of intellectual property and competition law, especially from China's perspective and to inform the Chinese professional community on the latest developments in this area in the US, EU and Japan, as well as in China itself. The editors are to be congratulated to this very timely, important and responsible endeavour. I wish them and the Journal great success, may they achieve the envisaged goals, i. e. significantly contribute to a balanced and complementary co-existence of intellectual property and competition law.

卷首语二

[美] 安·巴托尔*

对中国知识产权法有着浓烈兴趣的我，很高兴能在这本《知识产权与竞争法研究》首次出版的时刻表达我的祝贺之情。由我的两个好朋友、任职于同济大学法学院和知识产权学院的张伟君博士和张韬略博士所编辑的这份"评论"，将有助于传播国际社会高度关注的主题的优秀学术作品。

中国的法律体系包罗万象且非常复杂。任何促进学术文章的产生、出版和发行的学术期刊，若能解释、梳理清楚这个有着举足轻重的国家的法治运作规则，其重要性都不可估量。在同济大学法学院和知识产权学院的支持下，张伟君和张韬略为知识产权法之学术对话，作出了非常及时的贡献，执业律师、优秀学生以及学术圈都能从中获益。

法律学术能够促进许多有价值的目标。它教导人们何谓法律历史，借此我们得以理解法律如何演进至今。它告知读者法律的现状，借此我们得以成为优秀的律师和评论者。它还提供了一个平台，让我们得以摆脱个别客户以及判例之束缚，对未来法律应

* 安·巴托尔，原美国纽约佩斯大学法学院法学教授；现任新罕布尔大学法学院教授，富兰克林·皮尔斯知识产权中心主任。

演进之方向进行理论探索。从这个角度来看，法律学术帮助国家规划更加公平和公正的明天。30多年之前，在享有盛誉的《耶鲁法律评论》上，安东尼·陶琛德·克伦曼写下了这样的一段话：

　　学术之明确特征，在于关注真理的发现。学术之归宿即真理之发现与知识之增进。有时候人们会说，即便学者获得的知识可能有助于其他目标，学者们探求知识是出于自身利益而非更深远之目的，这种说法实际殊途同归。学术之唯一目的，就是真实地理解这个世界本身，除此之外学术别无他求。❶

　　《知识产权与竞争法研究》的首发已经激发了人们对中国经济持续发展和拓展其全球影响重要法律问题的睿智之辩论。对任何参与这一充满希望的事业的人们，在此我致以最诚挚和衷心之祝福！

---

　　❶　安东尼·陶琛德·克伦曼："前言：法律学术与道德教育"，载《耶鲁法学评论》1980年第90卷，第96~97页，http://digitalcommons.law. yale. edu/fss_ papers/1068。

PREFACE by Prof. Ann Bartow
A Warm Welcome to New and
Important Chinese Law Journal

As a law professor with an ardent interest in Chinese Intellectual Property Law, I am very pleased to welcome the arrival of this premier issue of the Intellectual Property and Competition Law Review. Edited by my good and brilliant friends Zhang Weijun and Zhang Taolüe of the Tongji University Law School and Tongji Intellectual Property Institute, it will facilitate publication of outstanding scholarship on topics of significant international interest.

The Chinese legal system is enormous, and extremely complicated. Scholarly journals which enable the production, publication and distribution of articles that explain and contextualize the operation of the rule of law in one of the most consequential nations in the world are of immeasurable importance. With the instrumental support of Tongji University's Law School and Intellectual Property Institute, Zhang Weijun and Zhang Taolüe are bringing forth a very timely contribution to the academic dialogue about intellectual property law that will benefit practicing lawyers and precocious students in addition to the academic community.

Legal scholarship can promote many worthy objectives. It instructs people about legal history, so that we can understand how laws have evolved over time. It informs readers about the current state of the law, so that we can be optimally knowledgeable lawyers and commentators. And it provides platforms for theorizing about the future directions laws should take, unbound from concerns about individual clients and cases. In this way legal scholarship helps nations plan fairer and more just tomorrows. Over three decades ago Anthony Townsend Kronman wrote in the pages of the prestigious Yale Law Review:

The defining characteristic of scholarship is its preoccupation with the discovery of truth. The end of scholarship is the discovery of truth and the promotion of knowledge. The same point is sometimes made by saying that the scholar seeks knowledge for its own sake, not for some further purpose, although the knowledge he acquires may be instrumentally useful for other ends. To understand the world as it truly is-this, and nothing else, is the goal of scholarship. ❶

This wonderful inaugural issue of *the Intellectual Property and Competition Law Review* is already sparking erudite debates about legal

---

❶ Anthony Townsend Kronman, "Foreword: Legal Scholarship and Moral Education," 90 Yale L. J. 96 – 67 (1980), available at http://digitalcommons. law. yale. edu/fss_ papers/1068.

topics relating to subjects crucial to China's continued economic growth and the expansion of its already profound global influence. I offer congratulations and my warmest heartfelt wishes for success to everyone involved with this auspicious undertaking.

目　录

第一编　竞争法前沿

1

第二编　竞争法与知识产权政策

第三编　标准必要专利

附　录

Contents

Part I Competition Law Frontier

Part II   Competition Law and Intellectual Property Policies

Part III   Standard Essential Patents

Appendix

第一编

竞争法前沿

追寻一个现代化的声音：欧洲竞争法的经济学、机构及可预见性

戴维·J. 格伯尔（David J. Gerber）　撰

蔡婧萌　译

【摘　要】自20世纪90年代起，当我们讨论欧洲竞争法时，"不确定性"越来越成为一个中心议题。本文指出，尽管现代化在某些方面的确减少了欧盟竞争法的不确定性，却同时催生了新的不确定性的形式，有时甚至隐藏及转化了不确定性。作者分析现代化对欧盟竞争法决策过程的影响，以及由此对法律内容本身带来的

＊ 戴维·J. 格伯尔，杰出法学教授，国际及比较法项目的联合主任。格伯尔教授的研究领域为反托拉斯法、国际竞争法、比较法及国际法。他本科毕业于三一大学，获得耶鲁大学硕士学位以及芝加哥大学法学博士学位。他同样获得瑞士苏黎世大学的名誉博士学位。格伯尔教授曾在美国的宾夕法尼亚大学、西北大学及华盛顿大学教授法律，也在瑞典斯德哥尔摩大学、德国弗莱堡大学和慕尼黑大学教授法律。现为美国比较法协会会长，也是比较法国际学会名誉成员。他最新的著作是《全球竞争：法律、市场及全球化》。

＊＊ 蔡婧萌，美国芝加哥肯特法学院在读法学博士，研究方向为比较竞争法，师从戴维·J. 格伯尔教授。

影响，并识别现代化所导致的不确定性的领域及形式；同时检视典型的用来思考欧洲竞争法的概念性工具，并指出这些工具在现代化后的法律环境下的不足。本文有两个中心目标，一是探讨欧盟竞争法不确定性的转化，这种转化阻碍了对竞争法现代化轮廓的认知以及识别其中一些潜在的结果。二是提出改进工具的建议，它们对更有效和准确地分析与理解欧洲竞争法颇具价值。

【关键词】 竞争法；不确定性；可预见性

引　言

自 20 世纪 90 年代"现代化"的努力开始，"不确定性"已越来越成为一个讨论欧洲竞争法时的中心议题。[1]这看似荒谬，因为现代化的计划——机构和实体的现代化——本就意在减少竞争法变化的范围，由此提升扩张中的欧盟法规的统一性和结果的可预见性，并且声称现代化可以实现这些好处从而证明其实施的必要。这些异口同声的关于欧盟竞争法缺乏可预见性的担心是否意味着现代化进程误入歧途或已经失败？在我看来，答案是否定的。但是，它们[2]已经以某种方式被转化或者重置，这些方式很少被充分认识并鲜有论及。对这些转化及其影响的认识不足，对欧洲竞争法甚至是全球竞争法的发展都有广泛和潜在的严重影响。[3]那么，我们如何能使现代化的目标与其结果一致呢？

这篇文章的主旨是，虽然两种形式的现代化在某些方面减少了欧盟竞争法的不确定性，但它们同时催生了新的不确定性的形式，它们有时隐藏、有时转化了"不确定性"。本文分析"现代化"对欧盟竞争法决策过程的影响，以及由此对法律内容本身的影响。本文识别了现代化所导致的不确定性的领域及形式。尽管一些评论者已注意到现代化和不确定性之间的关系，[4]但对于理解欧洲竞争法，这种关系可能比通常认识到的更为根本。

本文同时也检视了典型地用来思考欧洲竞争法的概念性工具，并指出为何这些工具在现代化后的法律环境下是不足的。通常它们不再能为当今欧洲复杂的决策过程提供充分的分析。之后，我提出一些建议的方式，通过这些方式，分析工具可进行自我"现代化"用以解释变化中的复杂性。为了有效探讨欧洲的竞争法，有必要使用一个视角，即为了识别塑造竞争法决策的因素而专门设计的视角。

本文有两个中心目标，一是探讨欧洲竞争法不确定性的转化，这种转化阻碍了对竞争法现代化轮廓的认知以及识别其中一些潜在的结果。二是提出改进工具的建议，它们对更有效和更准确地分析与理解欧洲竞争法颇具价值。

一、寻求欧洲竞争法的可预见性

法律内容的可获得性是对法律的一个基本关注，至少在发达的法律体系中是这样的。对被法律涉及和影响的（人或事物）而言，法律的"可知性"是其角色、功能和价值的核心因素。只有当法律达到能提供可知内容的程度，它才可以服务于大部分其声称要服务的社会目标。这意味着，仅当涉及法律内容的权威性决策基于合理的信心能被预测时，法律才可以服务于这些目标。在欧盟背景下，可预见性（通常也称为"法的确定性"）的角色呈现额外的功能和维度。法律是欧洲一体化进程的基本工具，因此其内容的可预见性和稳定性是一体化进程的核心，也是成员国政府和居民对欧盟机构和治理结构的运行怀有信心的核心。此外，欧盟居民要求法律可知并能合理预见，唯此他们才能评估在欧盟境内各自的权利和义务，以及其他人的义务。自欧盟一体化的机构成立伊始，情况的确如此，但是近几年这变成一个特别敏感的话题，因为欧盟的成员国数量急剧增长，并且欧盟层面的法规渗透到原先保留给成员国机构管辖的经济和社会领域。近来关于欧盟一体化的未来的争论更加剧了对欧盟法律可知性和可预见性的担心。[5]

可预见性在竞争法中占据显著地位。该领域的法律在欧盟一体化进程中一直扮演一个中心角色，不仅仅是因为经济发展的向心性和市场在这一过程中所起的作用。[6]此外，在欧洲一体化进程中竞争法时常成为焦点，不仅是因为它直接影响有实力的经济体的利益，有时是政治的利益；而且，它时常成为头条，引起企业、经济决策者和公众的及时关注。这些因素进一步提升"了解"竞争法内容的能力的价值，以便能够预测竞争法的决策。

这些关注在欧洲竞争法"现代化"的努力中起到重要作用，因为它们关注减少欧盟境内规范经济行为的法规变化范围的需求。在此，我将现代化区分为两种形式。[7]第一种形式我称其为"机构的现代化"，以2004年开始执行的"现代化一揽子计划"为代表。[8]这一系列的改革包括旨在提高欧洲竞争法的效率和确定性而进行的机构和程序的变革。第二种形式的现代化是追求通过使用经济学来标准化竞争法决策的基础，从而减少实体规范的变化。我用"实体的现代化"来指代这个计划。通常它被称做将"更经济学方法"（more economic approach）引入欧洲竞争法的过程。[9]这两个相关的过程之间的关系是可预见性与不确定性问题的核心。本文首先将分别考察这两个形式的"现代化"，然后检视其中一些与不确定性的转化尤为相关的关系。

二、机构现代化与机构的角色阴影

自 20 世纪 90 年代中期开始，机构现代化及其结果在欧盟竞争法的考虑中一直处于中心地位。最初的计划始于 90 年代中期筹建欧盟委员会（简称"委员会"）的竞争指挥部。当 2000 年前后机构改革的计划成形时，它也成为各成员国的一个重要议题。由于实施改革需要各成员国正式批准，因此这个过程被各国政府代表、欧洲和美国的竞争法专家讨论了许多年。"现代化计划"于 2003 年开始执行，自此一直占据所涉欧洲国家竞争法的中心舞台。它一直是大量评论的主题，它产生的影响一直是分析的主要关注点，并且是理解当今竞争法在欧洲处境的主要参考点。

机构现代化的进程聚焦于两个目标——效率及统一性。两者都被视为应对欧盟规模扩大和成员国递增的需要。1995 年成员国数量增至 15 个，当时随着苏联的解体很可能导致成员国数量的进一步增加。委员会的领导者们认为扩张导致现有的竞争法程序愈加累赘和效率低下。他们同样认识到开始于 20 世纪 90 年代的全球化浪潮，携同美国在这一时期的经济活力，创造了新的经济机遇，欧盟需要一个更有效的制度机制。其中最重要的变化是取消了对可能反竞争的协议进行申报的要求，以及取消了委员会对限制竞争协议的禁止授予豁免的独有权力。

（一）机构现代化、可预见性，以及寻求一个声音

机构改革的第二个主要目标是提高欧洲竞争法律规定的统一性和可预见性，这要求欧盟竞争法能适用于大多数可能被视为反竞争的行为。[10] 2004年之前，欧洲的竞争法并没有一个统一的声音。[11]欧盟根据对其管辖权特权的理解来适用它的法规，并且每个成员国都基于各自管辖权范围的概念来适用各自的竞争法。欧盟竞争法在某些情形下优先于成员国法律适用，但这些体系在很大程度上相互独立，结果导致不同的法律和程序可能被适用于发生在欧洲的交易和其他行为。这里存在很多潜在的意见和管辖权的考虑。

20世纪90年代，当欧洲一体化进入扩张及经济一体化增强的新阶段时，很多人呼吁增强欧洲境内对允许行为的可预见性。他们主张欧洲的竞争法应当只有一个声音，因此所有的机构应当适用同样的法律，即欧盟法。对于一些决策者而言，考虑到同时可能发生的欧盟成员国数量的重大扩张，即将生效的现代化变得尤为重要。他们担心新成员对竞争法或很多案件中的竞争市场只有很少的经验，因此欠缺单一意见——例如，欠缺内容的确定性——这些成员国竞争法的形式可能根本不同，因此在扩张后的欧盟中产生更大程度的不确定性。

（二）不确定性的机构重塑

现代化计划的确在某种重要的意义上减少了不确定性及增加了可预见性。由于要求欧盟竞争法适用于几乎所有在欧洲涉及竞

争法的案件，这大大减少了竞争法正式规则之间的分歧。尽管各成员国可以并大多还保有各自的竞争法，但现在它们与欧盟竞争法的实体规则之间的分歧已经很小。因为欧盟法律必须适用于行为效果可能超出一国国境的行为，因此，成员国仅有很小或者没有动机去实施一个与欧盟法有分歧的竞争法。这部分的理由经常被谈及。[12]

而这些变化对不确定性的影响经常被忽略。减少独立意见的数量会减少竞争法正式的实体规则潜在的变化。它消除了很多在一体化之前根植于欧洲竞争法体制中不确定性的原因。尽管成员国内的程序和机构框架并未被标准化，即每一个成员国还保有各自的程序和机构框架。

认识到在新形势下解释和适用法律时存在的潜在分歧，委员会建立并扶持欧洲竞争网络（European Competition Network），它主要的作用是协调欧盟境内不同机构及决策者之间的决定。[13]这个机构服务于其设立的初衷，它为不同的竞争法体系适用于欧盟竞争法规提供协调机制，并且这个机制定期被使用并获得显著成果。但是，它也可能隐藏了一些余留的分歧及不确定性。这个已建立的体系很复杂，因此，了解体系中不确定性的根源尤为重要。

1. 形式主义的偏见

在考虑欧盟竞争法时，一个常常掩盖机构体系中不确定性的因素是我们称其为形式主义的偏见。机构现代化的过程通常转移了我们对影响真实决策制定的复杂因素的注意力。自现代化过程开始之初，讨论的重点就在于形式要素及其关系，维护现代化的政治言论也通常进一步强调这些形式要素。形式要素包括法律语言、成员国提交报告的形式化内容，以及提交报告的程序等。在现代化过程中它们被从不同的方面赋予更多的重要性。例如，2004 年在批准 10 个新成员加入欧盟的过程中，与竞争法相关的主要问题就是形式化的。负责审议申请国竞争法的欧盟官员不得不依据形式标准来评估该国是否可以加入欧盟。他们关注如法律语言、当局案件公开的数量、预算等。这些因素是重要的，关注它们也是自然及合理的。但是，关注它们的结果是转移了对可能在体系内制造分歧的其他因素的注意力，也转移了对该体系实际上如何运转而进行分析的注意力。

2. 谁来决策

通过建立一套普遍适用于欧盟境内发生的经济行为的实体竞争法规则，机构执法和机构网络的现代化为欧洲的企业经营减少了不确定性。同时，它也建立了一个正式程序，对可能被多个有管辖权的成员国审理的案件进行分配。[14]在该程序中，有形式化的原则决定哪一个竞争法执法机构可以处理某个案件。在大多数案件中，是基于行为与某国的联系在成员国之间分配案件的。对某类案件的处理，委员会享有特权，并且委员会也可以决定审理某个本由成员国处理的特别案件。欧洲竞争网络是适用这类规则及与之相关的协商的主要场所。现代化之前，执法机构依据各自的管辖原则适用各自的实体规则，[15]因此，机构改革体现了可预见性的显著提高。谁来适用怎样的法律成为商业决策者们较少考虑并通常不再复杂的问题。

而由于三个相互影响的因素，"谁来决策"的问题仍很重要。第一，现代化使得"谁来决策"成为一个管理及协商的问题，然而管理及协商都存在不确定性，这种不确定性与谈判力量、信息获得及其他众多因素相关。第二，这些用来减少冲突及不确定性的程序是在行为发生**之后**，但商业决策者们必须在不知道协商结果的时候及时作出决策。第三，竞争法执法机构在关于程序适用、机构背景及他们适用法律的能力方面（见下文）都存在显著分歧。总之，这些因素可能会对商业决策产生显著的不确定性影响。

私人执行和竞争网络局限——当把潜在的竞争法的私人执行考虑进来，便进一步增加了不确定性。欧洲各国国内法院并不是欧洲竞争网络的一部分，与各国竞争法执法机构相比，它们远不受委员会的控制和影响。对此，并没有合适的正式机制可以协调管辖权主张。私人诉讼的当事人可以依据诸如某法院与另一法院相比的程序利弊、法院之间对欧盟法律不同的解释等因素来选择法院。这意味着机构之间的分歧可能在当事人的选择中扮演重要的作用，由此与形式化的机构本身可能出现的不统一相比，适用形式化的规则时更欠缺统一性。欧洲的私人诉讼相对来说还比较新鲜及稀少，但近年来在一些成员国中，私人竞争诉讼的案件数量显著增多。欧盟委员会鼓励私人诉讼的发展，但是该努力的成功则通常可能会抵消或损害可预见性和统一性的目标，而该目标正是委员会在程序及实体现代化的努力中所追求的。[16]

3. 机构间分歧

"谁来决定"的问题提升了程序及机构因素的重要程度，这些因素导致决策制定的分歧。如果将所有程序及机构因素都标准化，那么就可以不考虑不确定性的问题，但是分歧越大，与适用竞争法律相关的不确定性就变得越突出。虽然在现代化过程开始之初，委员会中的一些人即意识到程序分歧会损害现代化的效果，但成员国层面上的政治反对阻止了将程序的标准化纳入现代化计划。[17]

结果，当各机构在欧洲适用竞争法时，便存在机构和程序上的重大分歧。机构间的分歧包括诸如投入竞争法资源的数量、对竞争法的政治支持、机构相对于外部干涉的独立性、雇佣政策，以及决策者经济学和语言方面的能力。每一个因素都对如何理解竞争法，特别是对如何处理具体案件起到重要作用。

同样，每一个机构都有各自的程序。它们决定了以下因素，例如，可用于分析的资料的范围、对资料以及将它们呈现给相关决策者的控制力、经济学家被赋予的角色及他们可以表述其成果的程序背景、组织决策作出的过程、谁在什么条件下可以被允许听证，等等。[18]这些因素在影响众多机构适用竞争法的实际结果中起到重要的作用。

4. 机构间关系

欧洲机构之间的关系不仅从"谁决定"的角度看很重要，而且从什么机构可能对决策施加影响以及用什么机制来施加影响的角度看也很重要。在现代化之前，欧洲的竞争法机构之间通常极少联系，也很少有动机去寻求合作或者遵循其他机构的意见或实践。伴随着现代化的深入，这种情况发生了改变。欧洲竞争网络的建立极大地增强了委员会与成员国执法机构之间，以及成员国执法机构之间关系的紧密性及重要性。这些关系成为在欧洲竞争网络内作出决策而进行协商程序的一部分。这使得成员国执法机构和机构中的决策者有很强的动力在竞争网络中寻求与其他机构的联系和对其他机构的影响力。因此，机构之间的关系现在成为影响决策的主要因素，但这类影响因素很少能开放给公众审查，由此造成额外程度的复杂性和不确定性。

通过对一些因素及机构现代化的影响的简述，揭示了机构现代化消除造成欧洲竞争规范不确定性的一组关键因素。但是，在这个过程中，它产生了新的不确定性形式，并且重塑了整个不确定性的轮廓。所以，为了能够预见竞争法的内容，有必要站在正确的位置去搜索——寻找可预见性存在何处，它们通常不在我们一般假定出现的地方。

三、实体现代化：经济学的光与影

现代化的实体部分也被视为减少不确定性的途径，并且它的确减少了不确定性的一种形式。它为思考欧洲竞争法提供了一个核心的概念基础，由此减少了由松散各异的适用竞争法的方式所造成的不确定性，这很有价值，但它并没有消除该领域的不确定性。它（不确定性）被重置并改变模样。与机构现代化一样，"更经济学的方法"自 20 世纪 90 年代中期起就在关于竞争法的思考及探讨中扮演核心角色。它在大多数关于"什么是欧洲的竞争法"以及"竞争法的目标是什么和应当是什么"的讨论中处于核心地位。[19]正如下面将看到的，这两种形式的现代化不仅对竞争法，而且对欧洲一体化的未来都具重要影响。

尽管这两种形式的现代化相互关联，并有相似的影响，它们却代表了两种完全不同形式的法律改革。机构现代化是通过一个改变欧盟程序性规则的正式程序来实现的。拟进行的改革被清楚地表述，并且为了确保改革的启动，各成员国代表知悉委员会的计划并对此作出正式的认可。与此相反，实体法的现代化是在欧盟委员会内部逐步形成的关于竞争政策思维的转变，这种思维的转变通过不同的方式和不同的渗透程度由委员会向其他机构传播。欧盟领域内大多数从事竞争法的人都意识到这种转变背后的基本理念，但是很多人仍不了解其中细节。这导致一个重大问题，即其他欧盟机构及成员国机构对委员会在竞争法领域的观点的接受程度的问题。

（一）实体现代化的内容和轮廓——更经济学的方法

实体现代化和更经济学方法背后的核心是经济学应当在欧洲竞争法的发展和适用中扮演一个更为重要的角色。这个更重要的角色应该是什么，一直是一个有争议的话题。"有多重要""比什么重要"对于这些问题观点各异。此外，关于"更经济学的方法"这个术语及其背后概念的观点已趋于两极化。对一些人来说，它已是陈腐的准则；对另一些人来说，它的功能如同神圣的护身符。[20]争论背负了情感的负累，这进一步加剧了不确定性。因此，需要对此演变的基本情况进行简要回顾。

1. 委员会的作用

20 世纪 90 年代，欧盟竞争法的官员就开始呼吁对欧洲竞争法进行改革，该改革应将经济学更多地应用于欧洲竞争法。这些努力与美国反托拉斯法的重要改革相关，此改革发生于 20 世纪 70 年代并彻底改变了反托拉斯法的实质内容。[21]此进展使得经济学成为美国反托拉斯法核心的规范角色。法律的基本标准是行为可否依据其特定的经济效果而被清晰地识别。美国的经济学家和法学家建立了强大的论著来描述基于（表现）形式的规则——如基于行为本身特点而制定的规则——是如何导致损害而非保护竞争的竞争法决策。基本的观点是一个具有市场力的企业的行为与不具市场力的企业实施同样的行为对竞争的影响是不同的。因此，基于行为本身形式的竞争法规则会导致对市场的干涉，它会阻止竞争行为，这与保护竞争恰好对立。该主张是仅当具体行为在特定条件下通过经济学工具明确显示会损害竞争过程时，竞争法才应当介入。从这个角度看，那些依据之前的基于形式规则而被视为违反欧盟竞争法的行为，就显得不恰当并且可能损害欧洲经济。

当机构现代化向前推进并且欧盟的重大扩张迫在眉睫，委员会官员开始认真地考虑这些争论。[22]他们对法规进行修改，使经济学起到一个更标准的作用，并且更多检视行为的效果，而较少考虑它们的形式。最开始，新方法关注纵向限制，但很快也改革了对并购和横向协议的评估。尽管委员会的领导者也在评估支配地位时引入更经济学为基础的分析方法，但对该竞争法领域变革的影响还并不明朗。

自该过程开始，这些变革的一个主要的正当性理由是"更经济学方法"对统一、标准化、并提升竞争法可预见性的可能。[23]一个以经济学为基础的竞争法能为整个欧盟的竞争法扮演一个单一的、概念化及规范化的框架的角色。这同样成为一个更高层次的欧洲一体化的标志，并且同时确保新成员不会发展各自的竞争法概念。委员会官员和其他人曾担心，如果现在那么多新竞争法执法机构并入欧盟，这将增加不确定性，并且导致成员国（两国及多国）之间竞争法的主要分歧。经济学的标准化使用被视为避免或至少显著减少潜在分歧和不确定性的一个方式。经济学声称为竞争法提供一个清晰的概念框架。因此，如果每一个成员国都遵循经济学方法，那么分歧和由此导致的不确定性的基础则变得薄弱。

2. 其他机构的接受度

委员会启动了这种形式的现代化，并且委员会一直是推动使用更经济学方法的驱动力。它的核心角色是理解当今欧洲竞争法活力的关键，因为其他负责解释和适用欧盟竞争法的机构在试图理解委员会对经济学角色的观点，以及在各自决策实践的过程中吸收这套观点时的步调并不一致。很多竞争法的决策者和学者对如何使用经济学及经济学使用的分量是不确定的。其他的决策者和学者还并不相信这种方法（至少以它目前的形式）是适合欧盟的。这导致十多年来关于什么是更经济学的方法以及它可能产生的结果的激烈讨论。[24]

所有欧洲的机构（至少在大多数情形下）看似都接受了适用欧盟竞争法时应考虑行为效果的基本观点，但是它们对于经济学的标准性角色的接受程度大不相同。欧盟的两个法院有时会使用一些"更经济学方法"的概念，但并非一贯如此或总是明晰。[25]成员国的竞争法执法机构的决定或立场总是变化很大，其中一些或多或少和委员会基于同样的基础接受和适用"更经济学方法"的原则，但其他一些成员国执法机构的决定和委员会的观点相去甚远。而成员国的法院常常反对大量使用经济学来评估竞争法案件。

（二）更经济学方法，转化与重置不确定性

委员会实现了很多与欧洲竞争法增加经济学使用相关的目标。作为一个参照点，经济学的使用本身就降低了众多具有不同目标、议程、背景的机构在特定领域适用法律时产生的不确定性。它同样为竞争法创造了一个重要的概念的铁锚，使欧盟在扩张的背景下维持稳定。因此，从这种程度上看，"更经济学方法"成功地降低了不确定性。

而它同样也转化并重置了不确定性，这方面的经济学的使用却经常被忽视。若未认识到实体现代化的这个方面将会导致错误的观念和误解，这将对欧盟竞争法产生重大的影响。因此，我们需要对现代化的这个方面、理解它的障碍，以及未能有效地理解它（而造成的）潜在结果进行简要的检视。

1. 语言、方法和结果：明晰关系

分析（不确定性）转化的一个有价值的起点是关注经济学本身的不确定性。作为一门科学，经济学提供一种语言和一套方法来评估和预见经济现象。因此，从表面上看，"更经济学"方法不外乎增加对这种语言和方法论的使用。这种简单的观察凸显了误解的根源，即对"更经济学方法"，以及一方面对其承诺及期望之间的差异，和另一方面对它所产生结果的误解的根源。

使用经济学语言和方法论可以为思考竞争法提供一个框架。[26] 在这个意义上，经济学用作特定的功能，它架构了探讨并限定用来检视该功能运转的视角的范围。因此，经济学运行的标准化的作用在于概念和语言层面。这意味着它对结果标准化的潜在价值取决于它被用作什么样的目的，被什么样的人和机构使用，以及使用它的条件。所以，"更经济学"可能并不会必然限定竞争法潜在结果的变化范围。它（经济学）可能会起到那样的作用，但取决于如何使用和什么人使用。

2. 经济学的多种角色

分析"更经济学方法"导致不确定性转化的核心是认识、识别及厘清经济学在竞争法中扮演的不同角色。[27] 在此，我明确经济学在竞争法体系中的三个主要功能，并且检视其中一些很可能影响它们支撑标准化的因素。

经济学的一个作用是描述性——如收集并解释数据，以及识别并量化经济学变量之间的关系。受过训练的经济学家能为更精确地分析而进行数据构建，并识别行为对其他经济学变量产生的实际和可能的影响。他们所受的训练使得他们可以有效并彻底地完成这些任务。因此，他们的角色主要是描述性的。这种功能对于竞争法决策者们很有价值，因而他们有动机去雇用经济学家为其提供此类信息。

这种描述性功能并不必然限制适用竞争法而产生的结果的范围，也并不必然导致竞争法实体性规则的标准化。使用经济学描述现象可服务于任何竞争法或监管的目标。它仅是提高了决策者可使用信息的数量和质量，但它本身并不指明将信息用于何种目的。此外，很多其他因素会影响如何使用经济学工具。使用经济学来收集及解释事实数据的成本昂贵。经济学家能从事多少描述性的工作取决于聘用他们的竞争法体系能获取的资源。此外，这些成本由体系中不同的角色承担，而这些角色都有着不同的动机。这意味着不同的竞争法体系之间经济学描述的数量和质量事实上总是存在很大的不同。

经济学的第二个角色是规范化。在此，经济学为竞争法提供了基本标准。为了达到目的，将它视为一个独立的功能极其重要，因为若未能将它与经济学的其他功能区分开来，最好的情况下会混淆分析，最坏的情况会误导分析。本文使用"规范性功能"一词来指代经济学作为竞争法标准的一个来源的角色。在该角色下，经济学或多或少决定了竞争法的实体性内容——"行为是否违法法律"。在美国反托拉斯法中，经济学的这个角色非常重要。例如，如果经济学认定某行为使价格提高到竞争价格之上，那么该行为通常被认定违法。如果它没有抬高价格，一般就排除了反托拉斯法的违法裁决。当然，经济学渗入法律机构并被适用，但基本的主张是当且仅当行为产生或可被预见将产生具体的经济效果时才违反竞争法。

经济学的第三个潜在角色很少被清晰识别，这么做却有很大的分析价值——方法论的规制。这种使用为标准化提供支持，同时在竞争法体制中维持了与其他规制的差异。在这种使用下，经济学的方法论提供了渠道性机制，用以减少竞争法体系的规范的变化范围，同时使得在范围内的变化成为可能并识别它们。

经济学的方法可以精确地缩限与特定法律功能相关的决策的范围，因为使用该方法需要回答某类问题并进行特定类型的分析。经济学方法对决策的制定提出要求，也对决策者施加义务。这些要求和义务通过揭示与方法产生的偏离直接或间接地限制决策者的裁量权。

识别这些彼此相关却又非常不同的经济学在竞争法中的角色，能帮助我们明晰由于使用经济学的目的和使用某一功能的不同而导致竞争法结果的差异的可能性。

3. 机构动力的多样性

经济学的每一个功能的运用都受到使用该功能的机构动力的影响。[28]正如之前指出的，经济学对竞争法决策的实际影响取决于谁来使用它、为何目的使用，以及受制于何种条件和影响。每一个机构——无论是欧盟、成员国竞争法执法机构还是法院——都有它们各自的日程、资源和能力的配置，以及一套特定的影响决策者偏好的因素（如推进的动机）。机构内个体决策者对在竞争法内使用经济学的知识和能力的程度不同，并且他们在使用经济学时个体和集体经验也不同。这些塑造了对成员国执法机构的期待，反过来，也以特定的方式塑造了成员国执法机构是否使用经济学的动机。

4. 程序的多样性

标准众多，程序机制大相径庭，这影响了使用经济学的方式。[29]例如，希望采用经济学方法的决策者们可获得怎样的数据在程度上有显著差异。经济学方法的价值通常取决于有多少数据可供经济学家使用，经济学家在多大程度上可以控制调查和公诉，等等。经济学家也在机构中扮演多种角色。在一些机构中，他们可能在决策制定过程中被赋予重要角色，和/或给予重要机会来影响决策者。在其他执法机构中，可能经济学家的作用和地位都有限。对于法院，他们几乎完全不能与决策者有直接接触。

5. 机构之间关系

机构之间的关系同样可能影响经济学使用的方式。程序现代化创造了一个成员国之间以及欧盟委员会和成员国之间的关系网络。这种关系可能影响经济学家从其他管辖权获得数据的程度，以及他们能将自己的成果和那些控制和/或解释这些数据的其他管辖权的成果进行协调的程度，等等。在欧洲也有不那么正式的经济学家间的网络，国际上与这些机构关系相关的网络的地位和影响力也程度各异。另外，成员国法院和国内竞争当局的关系各不相同，并且对于遵从委员会关于在竞争法案件中使用经济学的决定及指导意见，各国法院的观点也各不相同。

6. 外部因素

在竞争法机构中使用经济学方法也受到机构之外的各种因素的影响，但这些因素可以对机构作出的决策产生重大影响。[30]例如，在司法管辖权内经济学专业的结构和特点以及它与竞争法执法机构的关系都可以对这些机构使用经济学产生重要影响。作为一门专业，经济学在某种意义上具有国际性，但是欧洲各管辖权之间把经济学家作为一种职业组织起来用于支持和促进经济学在竞争法机构中使用的方式在程度上显著不同。甚至"经济学家"一词以及它的同源词都有不同的定义方式，有时它仅指获得博士学位的人，有些定义却包括那些受经济学训练获得相当于硕士学位（或更低学位）的人。这些机构的影响和动机之间的差异在分析经济学在欧洲竞争法的作用时常常被忽视。

（三）识别不确定性问题

实体现代化成功地减少了一种形式的不确定性——在欧洲由于竞争法概念基础的不同而导致的不确定性。为竞争法提供一个定义明确的、统一的概念上的参考点，是很有价值的。但是，正如我们所看到的，它并没有排除其他类型的不确定性，并且带来一系列新的不确定性。

在此，对这些不确定性来源的简短回顾不应当贬损经济学作为决策框架的价值，但是它的确阐明了其中一些对经济学实际运行产生影响并在欧洲造成分歧和不确定性的因素。它揭示了对经济学和经济学家在欧盟竞争法的作用进行更加细致地观察的需要。

因此，这两种形式的现代化的混合效果已经重构并重置了欧洲竞争法的不确定性，并且理解当今欧盟竞争法很大部分是理解什么被改变了，这些新的不确定性因素在哪里及如何运作，以及它们如何影响决策的结果。而基于单一国家法律运行的传统的视角经常忽视及/或扭曲这些因素，因此在新形势下需要对这些视角进行修正。

四、完善的视角：欧盟竞争法体系的动力和决策

这部分将勾勒一个基本框架来分析以前用来观察欧洲竞争法的视角随着程序和实体的现代化而出现的潜在扭曲和不足。[31]它改变了分析方式的焦点和工具，以符合由两种现代化形式所带来的改变。必然地，这需要更改所提出的一些问题，以及以某种方式整理知识以回应这些问题。

（一）将决策嵌入分析基础

从提升分析效率出发是其他分析的根本。如果分析是从传统的观察资料的方法入手（如关注潜在的相关文本如何说），那么结果很可能是次优的。正如我们看到的，当决策由多种多样的并且通常是大相径庭的机构和决策者作出的背景下，整个欧洲体系里文本可能被考虑、使用和适用的方式也各种各样。所以，分析的出发点可能会模糊那些为了能预见法律是什么而需要被问及的问题。

当我们改变分析的出发点并从决策本身出发时，情况就变样了。这种变化揭示了与更传统的分析形式相关的问题将趋于边缘化。从文本出发暗示着一个单一的声音，即"法律"。但是，今天的欧洲竞争法并没有一个单一的声音。因为在欧洲有众多的机构对于什么是法律作出声明和/或使用各种不同的参考点来适用法律的规定。因此，分析的焦点应该在于决策，即在可能的相关

背景下代表了法律是什么的决策。这是那些对欧洲竞争法感兴趣的人——无论是法律执业者、商业顾问还是其他——需要知道的。思考现代化之后的竞争法，需要将各机构间适用法律时影响决策的多种因素放在显著位置。

对决策的关注自然会引起对影响这些决策的因素的考察。这类问题在传统的法律思考中往往不被系统地对待。它们通常差不多只是坊间的考虑，它们可能被提及，但很少从揭示有助于预测决策的模式的方面进行研究。通常的假设是它们是不易受体制和有效分析影响的次要问题。

而对它们进行研究，可以在某些方面为预测未来的决策提供基础，由此弄清"运行中的法律"。我曾在别处建议过一种从数据中生成结构的方式，这种方式可对数据进行系统研究。[32]它可以揭示那些能帮助理解并建议"法律是什么"的信息。我将该分析形式称作"系统动力"。它结构化数据，由此提升了使用者理解决策性因素之间关系的能力，从而能更有效地预见结果。它把影响决策的因素分为四个主要类别，在作出某个决策时它们彼此相关。举例如下。

（二）本地化决策

在欧盟的竞争法的背景下，适用该分析强调将决策本地化的需要，它可能在特定情形下与特定行为的形式相关。谁做决定？考虑到在现代化的竞争法体系中存在各种机构的声音，当思考在某个特定情形下会发生什么时，有必要知道去哪里着手调查。例如，基于相关的决策者是欧盟委员会或者某个成员国的法院，结果可能非常不同。

（三）决策性影响

它能让我们识别并区分影响这些决策的因素。这些影响因素在实际的决策制定中相互关联，但是它们能够被区分识别，并且它们之间相互影响的模式也可以被识别。

（1）官方文本——一组决策性影响因素由相关机构认定的官方文本组成。例如，法律、法规和司法意见。它们所代表的权威是法律适用的核心。[33]在这个意义上，它们被一组决策者视为权威，决策者将决策制定限制在这个群体中，并将决策和其他群体的决策相联系。欧盟的每一个机构都有各自的权威性文本的形态，并认识到它们独特的角色产生了对决策制定过程的理解。对所有成员国机构都有权威性的一种文本，如欧盟自己制定的文本。这促进了成员国之间的标准化，但每个成员国同样也依赖于另一套仅由各自机构认为权威的文本，并且彼此之间通常具有广泛的分歧。

欧盟文本提供了在欧洲关于法律是什么的论断的基础。它代表了一个期望将欧洲各机构的决策相互连接的框架，由此，它是各机构间最强的纽带并且是对可能作出的决策最具影响力的约束。在欧盟，相关的条约提供了一个总体框架供竞争法参考，但是它们太过概括和抽象，所以更具体的文本便成为首要的参考点。它们包括详细程度大不相同并对决策者提供指导的条例和指令。

每个成员国都有各自一套潜在相关的文本，但是，它们并不是一个所有成员国共同的参考基点，而是一个变动因素。其中一些可能涉及欧盟文本已涵盖的事实类型，但也可能和欧盟文本不一致。尽管现在成员国的竞争法律和欧盟层面的规定已经非常一致，但差异仍然存在。[34]其他法规性或宪法性因素也可能和竞争法的规定重合，例如，国内知识产权的规定有时涉及的行为同样属于竞争法范畴。[35]最后，正如之前所提，成员国国内存在各自的机构和程序体制，它们也可能影响对欧盟法律文本进行解释和适用的方式。

（2）机构——机构对法律决策创造了一套自己的影响力。它使决策者受制于压力和激励。每一个机构都是权力结构的一部分，并且每一个都包含各自内在的权力结构。这些不同的结构影响决策者听取谁的意见，以及个体在机构内对决策产生怎样的影响。例如，它建立权力关系，该关系决定谁的意见在机构内受到重视或者谁的意见可以考虑来代表机构的意见。另外，每个机构都有各自的决策制定程序、雇用和职业提升结构，以及一套与其他机构官方的或私人的关系。

正如我们看到的，在欧盟背景下，机构各自适用竞争法的方式大不相同。在欧盟层面，两套非常不同的机构作出关于竞争法的权威决定——欧盟委员会和欧盟法院，它们遵循的基准线不同。例如，机构的职责、对决策者的培训及其背景、决策者个人和共享的议程，以及他们的动机都显著不同。

两个欧盟法院在欧盟竞争法中扮演权威的角色，但是它们互相并不总是一致，并在一定程度上这些差异或许反映了它们各自不同的角色和议程，以及其他诸如任命的程序和优先级的不同等因素。[36]

委员会有自己的结构、职责、影响力和动机，这些和法院完全不同。此外，它的竞争决策受到委员会内组织和机构的影响。欧盟委员会是欧盟的行政机构，对所有欧盟政策和宗旨负责。它必须批准竞争法领域中的重要决策，并且必须考虑这些重要决策对其他领域的欧盟法律的影响。竞争委员主要负责竞争政策，它必须考虑决策对欧洲内外所产生的结果。竞争总署必须解释现有的欧盟法律、发展竞争政策、与其他欧盟的行政机构进行互动，以及适用法律。最后，欧盟委员会的法律服务负责使委员会的决策符合欧盟法律，并且在很多案件中它必须批准竞争署的决定。

（3）成员国的机构——法院和竞争法当局——和欧盟机构及彼此之间的关系也存在类似的不同。每个成员国都有各自的动力并受制于各自的影响力的形态，它们受国家政治和经济背景、领土面积、历史、教育体系等因素的影响。欧洲竞争网络已经打开了机构间进一步理解及协调的途径，在机构动力上却还存在显著分歧。

（4）团体——第三类对法律决策的制定产生影响的因素存在于法律体系的"团体"形式中。本文使用"团体"一词来指代规则化的关系模式，这里指影响竞争法决策的主体之间的关系。谁与谁对话、谁有地位，等等。"团体"的概念不仅包括机构的官员，也包括其他和竞争法决策者对话的人，以及在决策者眼里有地位的人。例如，法学和经济学教授，以及学术的和私人的经济学家，他们与竞争法官员定期对话，通常他们的意见受到竞争法官员的尊重。每一个这类因素都对决策产生显著影响。决策性分析可对作出或影响竞争法决策的人的地位和交流模式进行研究。

（5）思维模式——第四类影响力包括思维模式以及法律界的论述。这些可能包括，例如对如何分析竞争法问题已确立的正统学说。例如，抵制实体现代化通常与适用法律时首要关注文本分析作用的固有的思维模式相关。这类思维模式决定了决策者如何识别及评价相关数据，他们对特定种类证据的看法，他们对于法院和行政人员角色的期待，等等。思维模式可以通过检视相关人员的书面和口头的沟通用语和决策来进行识别和分析。

（四）决策分析作为分析框架

这里简要地回顾揭示了影响欧盟竞争法现代化决策的因素。每一个因素各自发挥作用，却又彼此关联。它强调围绕决策而构建分析的潜在价值以及对这些决策的影响。该分析形式构建了为预见决策和降低不确定性所需的必要数据。它反映了欧洲竞争法体系中多种声音的特点，并强调将决策放在构成欧洲竞争法体系复杂的法律关系的背景下的必要。

结　　论

对自 20 世纪 90 年代后期开始的欧盟竞争法的不确定性转化的分析，揭示了已发生的变化的程度，以及需要更有效的方法来分析及理解欧洲竞争法的需要。现代化旨在减少不确定性的特定种类，并提升欧盟境内法律的可预见性和统一性。它们已经做到了，但是它们也重塑、转化及重置了不确定性，即在消除和减少一些不确定性的过程中又制造了新的不确定性的形式。此外，在现代化和追求现代化所代表的更大确定性的过程中有时也模糊了这些变化的结果，使得不确定性不易识别，由此更难被洞察。

因此，设计用于识别及理解这些不确定性的思考欧洲竞争法的方式极为重要。正如我们所看到的，使用那些不是为了现代化后的背景而设计的视角，容易模糊不确定性的原因以及它很多的政治和其他含义。如果使用那些为了国内体系或者为了现代化之前的欧洲竞争法而发展的视角来检视现代化的欧洲竞争法，这些视角很可能会扭曲现代化所产生的实际情况。这两种形式的欧洲竞争法的现代化是对欧盟和周边世界发生的变化的回应。这些变化很可能继续，因此识别不确定性的新维度和发展应对的分析方法将是一个紧迫的挑战。

【注释】

1　Imelda Maher & Oana Stefan, Competition Law in Europe: The Challenge of a Network Constitution, in *The Regulatory State: Constitutional Implications*, p. 178, p. 189 (Dawn Oliver et al. eds. , 2010).

2　指"不确定性"。——译者注

3　David J. Gerber, *Global Competition: Law, Markets, and Globalization*, pp. 187 – 204 (2010).

4　如参见 Damien M. B. Gerard, The Effects-Based Approach Under Article 101 TEFU and its Paradoxes: Modernisation at War with Itself?, in *Ten Years of Effects-Based Approach in EU Competition Law State of Play and Perspectives* 18, 18 (Jaques Bourgeois & Denis Waelbroeck eds. , 2012)。

5　如参见 Paul Taylor, Europe's Zigzag Course Toward Integration, REUTERS (Dec. 24, 2013), available at http: //www. nytimes. com/2013/12/25/business/international/ europes-zigzag-course-toward-integration. html。

6　David J. Gerber, *Law and Competition in Twentieth Century Europe: Protecting Prometheus*, pp. 334 – 346 (1998).

7　David J. Gerber, Two Forms of Modernization in European Competition Law, *31 FORDHAM INT'L L. J.* 1235 (2007). 我在该文中检视了两种形式的现代化以及它们的相互关系。

8　Council Regulation 1/2003/EC on the implementation of the Rules on Competition Laid Down in Articles 81 and 82 of the Treaty, 2003 O. J. L 1/ 1.

9 相关讨论参见 Lars-Hendrik Röller, Economic Analysis and Competition Policy Enforcement in Europe, in *Modelling European Mergers: Theory, Competition Policy and Case Studies* 13（Peter A. G. van Bergeijk & Erik Kloosterhuis eds. , 2005）; Arndt Christiansen, The "More Economic Approach" in EU Merger Control-A Critical Assessment（Deutsche Bank Working Paper Series, Research Notes 21, 2005）, available at http: //www. dbresearch. com/PROD/DBR INTERNET EN-PROD/ PROD0000000000196093/The + % 22more + economic + approach% 22 + in + EU + merger + control + -4A + critical + assessment. PDF。

10 "为了建立一个保证竞争在共同体市场中不被扭曲的体系, 条约第 81 条、第 82 条必须有效并统一地在共同体中适用。" Recital 1 of Council Regulation（EC) 1/2003 of 16 December 2002, 2003 O. J. L 1/ 1.

11 David J. Gerber, The Evolution of a *European Competition Law Network*, in *European Competition Law Annual 2002: Constructing the EU Network of Competition* 43（Claus-Dieter Ehlermann & Isabela Atanasiu eds. , 2005）.

12 如参见注释 3, 第 187～202 页。

13 The International Competition Network at Ten: Origins, Accomplishments and Aspirations（Paul Lugard ed. , 2011）. 关于近期的讨论, 见 Firat-Cengiz, The European Competition Network: Structure, Management, and Initial Experiences of Policy Enforcement（European University Institute Working Papers Max Weber Programme 2009/05, 2009）, 载 http: //cadmus. eui. eu/ handle/ 1814/11067。

14 分析参见 David J. Gerber & Paolo Cassinis, The "Modernisation" of European Community Competition Law: Achieving Consistency in Enforcement-Part I, 27 *EUR. COMP. L. REV.* 10（2006）; David J. Gerber & Paolo Cassinis, The "Modernisation" of European Community Competition Law: Achieving Consistency in Enforcement-Part II, 27 *EUR. COMP. L. REV.* 51, 51（2006）.

15 见 Gerber, 同注释 11。

16 与执行问题相关的一系列有价值的文章, 参见 *The Enforcement of*

Competition Law in Europe（Thomas M. J. M611ers & Andreas Heinemann eds. , 2008）。

17 参见 Mario Monti, Effective Private Enforcement of EC Antitrust Law, in *European Competition Law Annual* 2001: *Effective Private Enforcement of EC Antitrust Law 3*（Claus Dieter Ehlermann & Isabela Atanasiu eds. , 2003）。同时见 Hannah L. Buxbaum, German Legal Culture and the Globalization of Competition Law: A Historical Perspective on the Expansion of Private Enforcement, 23 Berkeleyj. *INT'L L. 101*, 101（2005）; Damien M. B. Gerard, Regulation 1/2003（and Beyond）: Balancing Effective Enforcement and Due Process in Cross-Border Antitrust Investigations, in *Internationalantitrust Litigation: Conflict of Laws and Coordination 437*（JurgenBasedow et al. eds. , 2012）。

18 例如参见 Andrea M. Klees, Breaking the Habits: The German Competition Law after the 7th Amendment to the Act against Restraints of Competition（GWB）, *7 GERMAN L. J.* 399（2006）。

19 例如参见 Anne C. Witt, From Airtours to Ryanair: Is the More Economic Approach to EUMerger Law Really About More Economics?, *49 COMMON MKT. L. REV.* 217（2012）。

20 相关讨论及比较，如见 IoannisLianos, Categorical Thinking in Competition Law and the "Effects-Based" Approach in Article 82 EC, in *Article 82 EC: Reflections on ITS Recent Evolution 19*, 19（Ariel Ezrachi ed. , 2009）; Christian Ahlborn & Jorge Padilla, From Fairness to Welfare: Implications for the Assessment of Unilateral Conduct under EC Competition Law, in *European Competition Law Annual 2007: A Reformed Approach to Article 82 EC 55*, 55（Claus-Dieter Ehlermann& Mel Marquis eds. , 2008）。关于这个问题的一系列有价值的文章，见 *Economic Theory and Competition Law*（Josef Drexel et al. eds, 2009）。

21 关于比较的讨论，见 David J. Gerber, Comparative Antitrust Law, in *The Oxford Handbook of Comparative Law 1193*（Mathias Reimann & Reinhard Zimmermann eds. , 2006）; David J. Gerber, Competition, in *The Oxford Hand-*

book of Legal Studies 510（Peter Cane & Mark Tushnet eds. , 2003）。

22　例如参见 Gerber，同注释 3，第 187~204 页。

23　例如参见 GötzDrauz，A View from Inside the Merger Task Force：Comments on "Reforming European Merger Review：Targeting Problem Areas in Policy Outcomes"，*2 J. Indus. , Competition & Trade 391*，pp. 391–399（2002）。

24　例如参见 Röller 同注释 9，第 13 页。同见文章合集 Research Handbook on the Economics of Antitrust Law（Einer R. Elhauge Ed. , 2012）及 Competition Policy and the Economic Approach（Josef Drexl et al. eds. , 2011）。

25　例如参见 Kelyn Bacon，European Court of Justice Upholds Judgment of the European Court of First Instance in the British Airways/Virgin Saga，*3 Competition Pol "YINT" L 227*，p. 227（2007）。

26　相关讨论和举例，见 Roger D. Blair & D. Daniel Sokol，The Rule of Reason and the Goals of Antitrust：An Economic Approach，*78 ANTITRUST L. J.* 471（2012）；Loannis Lianos，Judging' Economists：Economic Expertise in Competition Law Litigation-A European view，in *The Reform of EC Competition Law：New Challenges 185*（Joannis Lianos & Ioannis Kokkoris eds. , 2010）；也参见 Massimo Motta，Competition Policy：Theory and Practice，pp. 17–31（2004）.

27　关于将经济学嵌入程序及机构框架的分析，见 David J. Gerber，Competition Law and the Institutional Embeddedness ofEconomics，in *Economic Theory and Competition Law*，同注释 20，第 20 页。

28　关于程序功能的比较分析，见 David J. Gerber，Comparing Procedural Systems：Toward an Analytical Framework，in *Law And Justice in a Multistate World：Essays in Honor of Arthur T. Von Mehren 665*（James A. R. Nafziger & Symeon C. Symeonideseds，2002）。

29　相关讨论，如见 Andrew I. Gavil，The Challenges of Economic Proof in a Decentralized and Privatized European Competition Policy System：Lessons from the American Experience，*4 J. Competition L. & Econ. 177*（2008）；OlesAndriychuk，Rediscovering the Spirit of Competition：On the Normative Value of the

Competitive Process，*6 Eur. Competitionj. 575* （2010）。

30　例如参见 David J. Gerber，Convergence in the Treatment of Dominant Firm Conduct：The United States，the European Union，and the Institutional Embeddedness of Economics，76 Antitrust L. J. 951 （2010）。

31　关于该分析的概述，见 David J. Gerber，System Dynamics：Toward a Language of Comparative Law?，*46 AM. J. COMP. L 719* （1998）。

32　同注释 31。

33　"文本"在此指对一组语言意义上的单位（通常指"文字"）进行的基本固定。在现代体系中，典型的文本是书面的，但同样也可指口头的或传统其他形式的。进一步探讨，参见 David J. Gerber，Authority Heuristics and Legal Knowledge，in *Ordinary Language and Legallanguage* （Barbara Pozza ed.，2005），reprinted and revised in David J. Gerber，Authority Heuristics and Legal Knowledge，*79 CHI-KENT L REV. 959* （2004）。

34　例如关于第 102 条（滥用支配地位），参见 *European Competition Law：the Impact of the Commission's Guidance on Article 102* （Lorenzo F. Pace ed.，2011）。

35　参见 Josef Drexl，Astra Zeneca and the EU Sector Inquiry：When Do Patent Filings Violate Competition Law? （Max Planck Institute for Intellectual Property & Competition Law Research Paper No. 12 – 02，2012），available at http：//ssrn. com/abstract = 2009276。

36　参见 *The Court of Justice and the Construction of Europe：Analyses and Perspectives on Sixty Years of Case-Law* （Allan Rosas et al. eds.，2013）。

软件销售中的歧视性定价和竞争法：效益多于损害？

于　强[*]　撰　陈萌萌　译

于　强　校

【摘　要】歧视性价格既可以用来排斥竞争对手，也可以用来剥削消费者，这两者都受到竞争法的禁止。但歧视性价格常常会产生一些积极的效果。比如，低价可以使更多消费者进行消费从而形成规模效应。因此，歧视性价格本身并不违法。本文考察软件产品市场中的歧视性定价行为。软件市场是一个新产品市场，它与传统产品市场有诸多不同。虽然该市场中的网络效应以及创新竞争为歧视性定价的产生提供了环境，但是这些因素也使歧视性定价的反竞争效果难以产生。因此，传统竞争法规则并不能完全适用于软件市场。软件价格歧视是一个通行的营销策略，不应受到竞争法的限制。本文将分析在软件市场滥用价格歧视的行为并提供一种分析思路。总之，软件价格其实总体上是一种效率的体现。

---

* 于强，莱顿大学法学院博士生，国立高等经济大学斯科尔科沃法律与发展学院研究员。

【关键词】 滥用支配地位；价格歧视；软件

一、引　言

企业在销售同样产品却得到有差别的收益率时，就会产生价格歧视行为。采取这种做法，产品供应商可以最大限度地获利，消费者也会为了有竞争力的价格在相互竞争的供应商之间选择。只有在生产和供应方面占据大部分市场份额的市场主体才能够把相同的产品以不同的价格卖给消费者，而不用考虑竞争对手的供价。

市场支配企业可能会利用所支配的价格杠杆将其竞争者排除出市场并且降低市场的总体竞争力。然而，价格歧视也可以提高分配效率，更多地满足需求曲线中不同阶段的消费者需求。在特定的产业中，价格歧视也能够促进创新，因此，价格歧视既有积极的作用，又有消极的作用。竞争法旨在鼓励提高效率的同时，抑制价格歧视的反竞争效果。

20 世纪，与价格歧视有关的法律产生并实施。在"ECS/AKZO 案"中，AKZO 作为支配企业采用了选择性低于成本定价策略在有机过氧化物市场中将 ECS 公司排除出市场。法院认为，针对竞争对手的选择性低于成本定价是反竞争性的，并没有对效率产生积极的影响。在英国航空公司的案例中，有证据表明，英国航空公司用低价扶持特定的旅行社的做法不仅削弱了机票零售市场的竞争力，而且无法提高效益。

上述案例都发生在以"传统产品的生产和销售、多样化生产、稳定的市场、大量的资本投资、适度的创新、缓慢而且较少的投入和产出"为特点的传统行业中。[1]21世纪初，新产品市场出现，同时面临价格歧视的问题。新产品市场表现为：

降低的平均增量成本、温和的资本投资、高水平的创新、快速并且频繁地投入与产出以及网络外部性，也就是所谓的新兴产业。[2]

价格歧视学说产生于传统行业，然而，新经济时代的价格歧视与其不同而且更为复杂，因此，新经济时代的价格歧视学说的适用也必然不同。

软件产业是一种新兴经济产业。该市场的产品——软件，具有高度的创新性。大型软件市场有很高的技术进入壁垒，而且必须对研发中的软件投入大量的资金。但是，由于制作软件副本的成本很低，所以研发的软件具有较低的边际成本。当越来越多的消费者使用该软件时，就形成一个对买家而言有价值而且有吸引力的网络。新兴产业的这些特点极大地改变了市场竞争。

本文通过考察软件市场中的价格歧视行为，揭示软件企业经常通过研发软件的不同版本来确保歧视性销售。这种营销策略可以帮助企业收回成本，保证进一步的投资和创新，为大部分软件供应商所采用。本文介绍了可以确定软件的实际单位成本的LAIC标准，这是一种评估价格滥用可能性的方法。LAIC是指包含单位软件研发所需的全部费用的最低成本（Cost Floor），由于它同时包括软件的研发成本和边际成本，与传统市场基于边际成本的最低成本标准不同。

本文的第二部分研究价格歧视及其在传统市场中的应用。该部分确定了传统市场的特点，同时阐述评估这些市场中的价格歧视行为的方法。第三部分考察软件市场区别于传统产品市场的特征。第四部分考察软件价格歧视对竞争的影响。第五部分介绍用以评估成本与价格之间关系的方法——LAIC 价格检验法，同时用这一价格标准分析软件价格歧视对竞争可能造成的负面影响。第六部分总结以上分析对软件市场中价格歧视考察的意义。第七部分得出结论。

二、传统市场中歧视性定价理论的实践

本部分将考察价格歧视理论及其在传统行业中的应用。价格歧视理论形成于传统行业，但是，其含义及适用范围不仅限于传统市场。明确传统产业中评估竞争的基本方法，使价格歧视理论的进一步应用成为可能。

（一）价格歧视及市场竞争

价格歧视可以被定义为销售或者购买不同单位的产品或者服务时不直接依据其供应成本的差异来定价。[3]

然后供应商可以选择高于竞争对手价格的方式出售自己的产品。价格竞争是市场竞争的主要机制。由于成本缩减，如果供应者以更低价格提供同样的产品或者服务，将会在市场中获得竞争优势，因此可以生存下来。

在竞争性的市场中，供应商就同样产品的售价过高于或者过低于其竞争对手都是不合理的。因此，价格歧视在集中度高的市场中经常发生。在这类市场中，垄断企业可以拥有决定性的市场份额。支配型企业可以通过有竞争力的价格或者边际成本价格销售产品以获得长期的发展。即使企业的产品定价比其竞争对手的价格高，消费者也很少有其他替代性产品可以选择，竞争对手也没有能力快速生产可以满足消费者需求的这种产品。

支配型企业经常致力于价格歧视是因为这个策略是实现利益最大化的途径。根据完全价格歧视理论，[4]如果支配型企业以每个消费者都满意的价格销售其产品，那么该企业就可以实现利益的最大化。但是，垄断企业不可能开出让所有消费者都满意的价格。相反，垄断企业往往设法提供一个消费者可接受的最高价格。价格歧视同样可以被用来威胁或者排除同样有能力的竞争对手并且可以阻碍竞争性买家提高其市场地位。对于有同样效率的企业的顾客来说，该垄断企业可以提供一个可选择性的低价。该低价会导致所涉企业无法盈利，迟早退出市场，但是，垄断企业可以等到其对手企业退出市场后再提高价格。在买方市场中，若买家之间不是因为效率的原因而收到不同的价格，受到优惠的买家将得到其他买家没有的成本优势。这将改变买家之间的竞争关系。

（二）价格歧视与竞争法

价格歧视对市场具有很大的影响。价格歧视可以为不同需求的消费者提供负担得起的价格：

由于价格歧视可能会导致产量的增加，认识其对分配效率方面积极有益的一面是很重要的。[5]

无论如何，垄断企业的产量增加意味着其竞争对手企业产量的减少。因此，价格歧视可以对企业的竞争对手形成一种威胁。有两部法律提出了价格歧视的反竞争影响。《欧盟运行条约》（TFEU）第 102 条规定，占市场主导地位的一个或多个企业的任何滥用行为……应该被禁止……特别是包含：……（c）在相同的交易中，对其他交易方施以差别待遇，从而将他们置于竞争劣势。在美国，《鲁宾逊－帕特曼法》（*The Robinson-Patman Act*）禁止以消除竞争或者排除竞争者为目的使用不合理的低价销售或者许诺销售产品。

这两个规定大不相同。《欧盟运行条约》第 102 条 C 款保护市场竞争者，而《鲁宾逊－帕特曼法》强调的是价格歧视对市场结构的影响。然而，这两部法律在两点上比较相似：（1）两者都强调价格竞争并且都是基于价格与成本之间的关系进行的分析。价格被认为是其反竞争性的主要理由。（2）在效益与所谓的滥用行为之间的关系上，两者强调得都不够。无论如何，这种含糊其词的陈述最近已经在欧共体指南的变化及美国判例法的发展中得到阐明。[6]

（三）传统市场中的消极竞争效应

价格歧视可以影响垄断企业及其竞争对手之间、相互竞争的买家之间甚至下游市场的竞争。这两种反竞争效应就是所谓的一级价格歧视和二级价格歧视，相关的判例法对两者都有阐释。

1. 一级价格歧视的情况

垄断企业所采用的两种价格歧视策略可以在很大程度上以扰

乱成本—价格竞争为基础的市场秩序。使用选择性的低价以超越其竞争对手，是歧视性定价的主要类型之一。但是，这种不合理的价格选择只能实现短期的利益最大化。这些低价的制定不是因为成本低，而是因为企业认为提供这样的低价可以排除竞争对手，由此可以推断出垄断企业希望通过这样的价格策略来损害或者消除其竞争对手。此外，这些改变给消费者带来的分配效率也不会长期存在。监管部门希望垄断企业在竞争中可以不滥用其主导地位，同时遵守成本—价格竞争机制。

价格歧视可以直接将对手企业排除出市场。在 ECS/AKZO 的案例中，[7]争议市场主体是 ECS [8]和 AKZO，"ECS 是英国一家生产有机化合物过氧化苯甲酰的小型生产商"。[9]阿克苏化学工厂（AKZO Chemie BV）作为大型跨国公司阿克苏集团（AKZO）的一部分，在欧洲经济共同体有机过氧化物市场居于主导地位。在该案例中，ECS 声称：阿克苏化学工厂"实施了选择性低于成本的大减价政策，旨在损害 ECS 的商业利益，同时企图将其作为竞争对手排除出市场"。[10]

"在宣誓证言中，AKZO 化学工厂及 AKZO 英国公司坚决否认其实施了 ECS 所声称的任何威胁"，[11]并且主张"他们的价格是高于可变成本的，如果支配型企业以低于总成本但是高于可变成本的价格出售产品，只有效益较差的企业会受到损害"。[12]欧盟委员会指出，AKZO 造成损失但并没有回收其总成本，同时指出：

> 如果一个企业制定的价格水平低于它的总成本，那么规模较小但是可能效益更高的企业最终会被淘汰，而较大且拥有更多经济资源的企业（包括交叉补贴的可能性）将生存下去。[13]

除了发现 AKZO 公司企图将其竞争者排除出市场以外,[14]欧盟委员会还调查了 ECS 和 AKZO 的成本并表示：

第 82 条 C 款明令禁止在相同消费者群体之间实施导致特定企业处于竞争劣势的价格歧视行为。目前该案中，尽管 AKZO 的差别性定价的反竞争效果对消费者没有造成很多直接的损失，但是由于其排斥性效果，对供应水平的竞争结构产生了严重的影响。[15]

第五庭认为：

欧盟委员会在反对声明中已经明确表述了所有被归类为滥用的行为……即作为消除竞争对手计划的一部分，标价低于平均可变成本，甚至低于总可变成本但高于平均可变成本，这种行为是滥用行为；企业以消除竞争对手为目的向消费者提供不合理低价的行为是滥用行为；向竞争对手的顾客采用选择性报低价的政策，而向自己现有的同类购买者维持更高的价格水平的行为同样是一种滥用行为。[16]

这种行为被认为是滥用企业市场支配地位的一个实例；企业被指控实施掠夺性定价。然而，AKZO 的定价并不被认为具有歧视性。这一裁决表明，掠夺性定价与选择性低价之间并没有显著的差别，后者被归类为一级价格歧视性定价做法。首先，在实施期间，无论是掠夺性定价还是歧视性定价都没有损害消费者利益或者改变市场结构。其次，当市场主导者采用选择性低价与同样效率的竞争对手竞争时，只有采取低于成本的价格策略（采用低于平均可变成本，或者高于平均可变成本但低于总可变成本的定价）才能达到排除竞争对手的预期效果。因此，价格成本分析既是一个考察掠夺性定价的有效工具，又是分析各种一级歧视性定价行为的有效方法。

2. 二级价格歧视的情况

除了能够显著排除企业的竞争对手，歧视性价格还会扭曲买家之间的竞争关系。

在英国航空公司的案例中，[17]英国航空公司（BA）作为英国最大的航空公司，[18]除了根据旅行社卖出的票数给予特定旅行社普通佣金外，还创建了三套激励制度（市场销售协定）。英国航空公司向满足下列三个条件的旅行社提供佣金：机票代理人每年的售票量超过最低售票量；英国航空公司在旅行社全球售票量中所占份额增加；当前售票量超过去年同期售票量。欧盟委员会分析了英航的激励制度，并作出如下描述：

处理相同数量的英航机票并向英航提供水平完全相同的服务的两家旅行社将获得不同等级的佣金，也就是说，如果上一年度英航机票的售票量不同，那么它们的航空旅行代理服务的价格也不同。反之，处理不同数量的英航机票并向英航提供不同水平的服务的两家旅行社可能会获得同等级的佣金额，就是说，如果它们的英航机票售票量与去年同比增加相同的百分比，英航也会针对它们的航空旅行代理服务支付同样的价格。[19]

欧盟委员会还评论说：

这些歧视性佣金的影响会将某些旅行社置于相互之间的竞争

劣势之下。[20]

最终，法庭认为：

依赖于每个旅行社的金融资源，旅行社向旅客提供航空代理服务的竞争能力以及刺激航空公司对该服务的需求的能力，都自然受到英航绩效奖励制度中歧视性酬劳条件的影响。[21]

在该案例中，这三套激励奖励制度对一些竞争旅行社进行差别对待，并将机票代理人置于不平等的地位：

英航的绩效奖励制度不能被视为一种着眼于提高效率或成本节约的考量。[22]

这些例子表明，成本—价格竞争是保证市场竞争的标准方式，在决定二级歧视性定价行为时，考查成本的合理性至关重要。

三、软件市场

本部分将概述软件生产和软件市场的特点，它们与传统产业有着明显的不同。

（一）软件生产的固定成本高，边际成本低
软件是一种创新性产品。研发大型软件的成本很高。投资大型软件的研发是有风险的。软件工程师是否能够成功研发出预期软件是不确定的，如果研发失败，大部分代码又不能用在其他地方，所以，项目投资者收回成本的可能性很有限或者无法收回。软件研发的投资代价也是很高的。尽管投资者一般热衷于投机，但他们的投资也必须符合高的资本门槛。例如，"据估计，IBM花费了20多亿美元来研发OS／2系统"。[23]这些固定资产投资风险打消了大多数投资者的念头，只有那些拥有雄厚资本的人才有可能投资。因此，软件市场有很高的进入壁垒。

以大量的固定成本作为准入条件的行业并不少见。然而，软件的另一个不同于其他产品的特点是：它需要的边际成本可以忽略不计。软件的生产简单且几乎零成本；的确，既然软件是以光盘或互联网下载的形式销售，成本几乎为零。这种低边际成本剥夺了软件供应商控制市场供应的能力，因为低边际成本使得软件供应商可以快速、有力的对动态需求作出响应而获得显著的市场份额。如果供应商实施剥削性的价格，竞争对手的产品也可以很容易地满足该供应商的客户。这些可以忽略不计的边际成本也使许多最低成本在考察价格滥用行为时无用武之地，包括平均可变成本（AVC）。平均可变成本提供了对单位成本的粗略评估，但没有反映出生产一个软件副本的成本。此外，由于软件的成本结构在这个情况下降低了AVC方法的有效性，成本的变化几乎不能得到反映。

（二）软件市场具有网络效应

当"用户从产品消费中获得的效用随着消费产品的其他用户的数量的增加而增加"[24]时，网络效应便产生。网络效应由用户驱动并影响其他用户，即它具有"网络外部效应"。网络效应是由需方（消费者）引起的，但是对市场竞争有着重要的影响。网络效应有两种类型。一种是由于产品之间的内部兼容性产生的。消费者在购买一个产品之后还会购买另一个产品，因为二者是内在兼容的。Michael A. Jacobs 认为：

系统/370 环境在被称做"网络外部效应"的方面是一个好例子。这里的"网络"是指拥有类似结构、提供相似界面的硬件的客户群。[25]

这种现象在规模经济中更加明显。网络效应可以在软件行业中产生。例如，某些软件的运行需要特定的平台，而且兼容性的标准也不同。例如，关于 LOTUS 软件，有评论说：

DOS 操作系统中可用的支配字处理程序以及 Windows 操作系统中可用的主字处理程序为传输数据提供了一个通用的文件兼容性的标准：LOTUS 标准。由于 LOTUS 文件兼容性标准是私人计算机软件应用中传输数据的主要标准，消费者更青睐可以与 LO-TUS 标准兼容的软件。[26]

网络的这些特点被称作网络外部效应的互补性。

还有其他类型的网络效应。网络之所以可以形成，是因为当更多的人使用该产品时，消费者会更重视该产品的价值。当购买软件的消费者数量越来越多时，这些消费者就会联结成一个网络。如果特定类型的软件在操作或者应用上具有优势，更多的人就会购买并且使用该软件产品。相应地，这种增长也会导致更多的人了解软件的操作方法及其应用程序，有助于软件应用程序的传播。其他希望使用软件产品的消费者更倾向于购买该软件。例如，关于蓝牙软件，[27]大家很清楚，如果我们想要与有蓝牙的人分享信息，或者接入一个包含许多这种人的网络，我们也应该有一个自己的蓝牙软件。出于这种考虑，更多的消费者趋向于加入这个群体，并且使用该软件技术。就这样，他们形成一个网络。随着网络规模的扩大，网络效应开始出现。一个非常大的网络在吸纳新成员方面具有很多的优势。这些优势可以降低成本或者为新成员增加价值。软件市场极易受到这类网络效应的影响，因为大多数大型软件都是在投入大量的资本和技术投资的情况下进行研发的，并且只能被很少的市场供应商持有。首发优势策略也是一个因素：市场先驱可以轻而易举地获得大部分市场份额。大型软件市场经常被认为是由大批的消费者形成的集中市场。使用该软件产品的人越多，新的消费者越会高度重视相应的产品，而且，他们往往倾向于接受这些大型软件网络。20 世纪 80 年代以及 90年代早期，任天堂公司（Nintendo）的支配地位阐明了这一认知：

然而，到了 1986 年的圣诞节，任天堂娱乐系统（NES）是市场上最热门的玩具。NES 的受欢迎度刺激了更多的市场需求并且吸引了更多的游戏研发者为 NES 设计游戏，从而使得这款游戏系统更具有吸引力。[28]

（三）软件产品是一种耐用品

软件是一种耐用品而不是易耗品。易耗品在使用一段时间之后将被耗尽或者失效。只要其他技术有必要使用它并且仍然与之兼容，软件就不会被替代，可以无限期地使用下去，永远不会到期。[29]耐用品市场的这种特点创造了一种不同于易耗品市场的竞争形式。

产品的耐用性引发了许多和竞争有关的问题，其中有两个问题在软件市场中尤其重要。第一个问题是，随着时间的推移，一些消费者的购买欲望可能会转向新产品。然后他们会卖出现有的产品，再用二次销售所得的钱购买新产品。这种做法造就了一个产品不被产品供应商所控制的二手产品市场。[30]软件市场中不会出现这种情况；无论如何，软件市场的独特性在软件销售上有着不同的影响。软件的二次销售是不可能的；如果一个软件产品的现有用户购买了替代产品，由于其不可能通过旧产品的卖出来支付新产品的价款，那么这个消费者将遭受金钱上的损失。这种限制使得理性的现有用户不愿意获得软件的替代产品，除非它们是免费的。这就产生两个问题：（1）对于现有用户来说，大量的转换成本导致较高的进入壁垒。（2）价格竞争机制只能影响那些还未购买商品的消费者。

根据科斯教授（R. H. Coase）的理论，第二个跟产品耐用性相关的问题是，处于垄断地位的耐用品供应商从长期销量考虑会逐步降低价格，最终至边际成本的水平。这个理论就是著名的科斯猜想。[31]科斯教授用了一个极其耐用的商品——土地，来展开他的分析。在房地产销售中，消费者一般会预期垄断供应商的价格会下跌，是因为他们认为人们对土地的需求随着时间会减少，相应地，价格也会下降。基于这种想法，低弹性买家往往过一段时间才会去购买以获取低价。为了诱使这些消费者购买，供应商不得不降低价格。从长远来看，甚至接近边际成本的价格也是有可能的。尽管软件的耐用性不如土地，这个理论也有利于解释一些软件定价行为。在软件市场，供应商面对的是高需求弹性，这使得他们为了维持偿付能力和继续创新而吸引尽可能多的消费者。歧视性定价成为实现这些目标的重要方法。这些低价策略中大部分都不是以排除竞争者为目的并且没有造成相关的影响，采用这种做法引入的低价应该在竞争分析中仔细考虑。

（四）创新、价格和竞争

作为一个典型的创新市场，软件市场存在不同的市场竞争方式。在传统市场中，主要的竞争性武器就是价格。市场主体通过降低产品和服务的成本来吸引买家。因为传统市场中的产品是同质的（如他们在级别及质量上大体是类似的），他们的成本同样也是差不多的。因此，对于想要供应产品的供应商和想要购买商品的消费者来说，成本—价格关系成为主要指标。

软件市场是相当不同的。研发软件是为了提高工作效率，例如计算方面。软件可以在几秒之内完成人们几年才能完成的操作。高效的软件产品更能得到消费者的青睐，从而在市场中获得成功。所以，创新性产品的出现可以导致旧产品退出市场。Windows 计算机操作系统替代 DOS 计算机操作系统就是这种现象的典范。在软件市场的竞争中，软件供应商往往对新研发的、效率更高且可以与现有产品相竞争的产品投资更多。相比之下，投资同类软件不仅产生投资风险，而且让市场生存变得无法预测。

创新竞争的流行限制了软件市场中价格竞争的范围。由于软件在研发阶段的成本不同，大多数相互竞争的软件程序的成本也不相同且都是可盈利的。竞争者之间很难通过猜测竞争对手产品的盈利率来制定价格。此外，如果考虑网络效应这一因素，即使竞争软件有着同样的效率水平，价格优势也不会吸引到大量的新顾客。

四、软件歧视性定价的竞争影响

本部分研究歧视性定价的实践及其对软件行业的影响。

（一）歧视性定价的实践

价格歧视成为软件销售中公认的策略并且以不同的形式出现。微软对销往美国之外的软件设置了不同的零售价格;[32]它研发了不同版本的软件并且以不同的价格将其卖出。DivX 有限责任公司提供软件的初始版本供人们免费使用，但是对高级版本收费。[33]软件价格歧视的主要方法包括研发不同版本的软件并且在不同的国家以不同的价格卖出（像微软一样）。这种方法在过去 10 年才开始使用，是最重要的软件价格歧视形式。

1996 年，ProCD 诉 Zeidenbery 的案例中有对软件歧视性销售的描述。[34]原告 ProCD 运营了一个信息数据库并且支付了 1 000 多万美元对其进行编辑以保持实时性。信息数据库可以用于不同的目的，并且"相对于其他人，它对一些用户更有价值"。因此，ProCD 采用了歧视性销售的做法。法院指出，除了对制造商和零售商收取比专门信息中介更高价格的邮件列表服务费之外，企业还采取了以下做法：

ProCD 决定采用价格歧视，以低价（一组 5 个光盘大约 150 美元）将数据库卖给一般大众供私人使用，与此同时，以更高的价格将信息卖出用于商业贸易"。这里面也采取了一些中间战略：

从向用户收取的价格（大约每小时 3 美元）来看，通过美国网络服务访问 SelectPhone（商标）数据库是可行的，但是这种服务调整之后只对公众有用。[35]

法院也讨论了软件歧视性销售的合法性：

如果 ProCD 想要通过收取单一价格收回所有成本并盈利——换言之，如果不能向商业用户收取相较一般公众更高的价格——它将不得不大幅度地将价格提高到 150 美元以上。随后销售量的减少将损害那些认为信息价值 200 美元（假定）的消费者的利益。在目前价格之下，消费者多支付了 50 美元，但是如果价格大幅度地上涨，他们会停止购买。如果因为市场中消费者方面的高弹性需求，盈利的唯一方式仅仅是通过价格吸引商业用户，那么所有的消费者都将受到损失——并且商业客户也是如此，因为 ProCD 不能从消费者市场获得任何成本的分摊，这些商业用户必须对商品支付更高的价格。[36]

尽管案例的焦点不是歧视性销售，[37]判决却实质上将 ProCD 的价格歧视行为的形式合法化了。

进入 21 世纪之后，软件销售仍然采用歧视性的做法，但是使用了不同的形式，Window 7 操作系统的销售就证明了这一点。Window 7 有 3 个版本：Window 7 旗舰版，Window 7 专业版，以及 Window 7 家庭高级版。这三个版本的主要功能是一样的。Window 7 旗舰版有 73 种功能，Window 7 专业版比 Window 7 旗舰版的功能要少些，Window 7 家庭高级版的功能要比 Window 7 专业版的功能少一些（见表1）。使用 Window 7 旗舰版的用户数量是有限的。为了收回成本、扩大销售，Window 7 旗舰版必须通过降低价格吸引更多的顾客。然而，很少有人会用到 Window 7 旗舰版所包含的所有功能，而且很多用户负担不起。不管怎么样，弹性比 Window 7 旗舰版用户低的用户可以负担得起 Window 7 专业版，用户中弹性最低的将会购买 Window 7 家庭高级版。如果低弹性用户可以低价买到 Window 7 旗舰版又不会使用它的全部功能，这些用户会将其与高弹性用户进行平行交易。相反，Window 7 旗舰版使用降级策略，移除了 Window 7 旗舰版的一些特征，并且研发 Window 7 专业版和 Window 7 家庭高级版的新版本来阻止平行贸易的出现并通过其他用户增加购买量。所有的用户购买的都是一样的产品——Window 7 旗舰版（因为 Window 7 专业版和 Window 7 家庭高级版是 Window 7 旗舰版的降级版本），唯一不同的是版本。从数据中可以看出，产品降级策略可以有效地将用户分成不同的用户群。如果针对不同的消费群体研发不同的软件，那么有些版本就必须具有额外的功能并且花费的成本更多。软件版本化的特点是允许不同的用户分担总成本。低弹性买家使用更少的功能并且花费的更少，然而高弹性买家使用更多的功能并且支付更多的费用以负担成本。版本化也可以看做简单地允许高弹性买家回收投资成本并且允许低弹性买家以一个负担得起的价格获取满足自己需求的产品的一种方式。

　　针对不同国家的价格歧视行为是 21 世纪软件歧视性销售的方式之一。在中国，例如，微软办公软件 2010 家庭版和学生版的价格是 398 美元和 299 美元，比在美国的价格低，在美国的价格是 886 美元。然而，在中国出售的是中国版本的软件，使得从中国到美国的平行贸易无利可图。微软软件在中国的价格比在美国的价格低并非偶然。就微软来看，如果一个价格策略的使用可以售出更多的产品、扩大市场份额、赚更多的钱，那么该策略的应用就有意义。在中国提供的低价可以促进销售，扩大市场份额，回收成本并且创造利润。同样，由于较低的社会发展水平、汇率以及其他因素，东欧和亚洲的消费者通常收入较低并且购买力低；因此，那里的盗版率比西方国家的高。例如：

表1 Windows 7 版本间的比较[38]

特　　征	Windows 7 家庭高级版	Windows 7 专业版	Windows 7 旗舰版
改进的桌面导航使得日常事务变得更简单	√	√	√
开机程序更快、更简单，很快可以找到你使用最频繁的文件	√	√	√
相比以前使用IE8，网络体验更快，更简单、更安全	√	√	√
创建家庭网络、用家庭组连接电脑与打印机更容易	√	√	√
在WindowsXP模式下可以运行很多WindowsXP商业项目（单独下载）		√	√
容易连接到企业网络，更安全地加入网域		√	√
除了全系统备份和所有版本保存的数据，你可以备份一个家庭或商业网络		√	√
磁盘锁可以帮助保护电脑和便携存储设备的数据不会丢失或者被盗			√
可以选择工作语言，35种语言任意转换			√

在中国的大部分地区和城市，一个拥有3～10年工作经验的护士的平均工资每月仅仅200美元左右。15年以上工作经验的，平均工资是每月300美元左右。沿海地区，比如说上海，工资水

平稍微高一些，但是随之而来的是更高的生活费用。[39]

相比之下，在美国：

根据所有学校的报告，一个新的拥有护理专业硕士学位的 FT 从业人员的平均起薪（2004 年秋天）是 34 628 美元；护理部门之内的工资从 27 000 美元到 77 536 美元不等。[40]

东欧和亚洲的低收入地区的消费者不能以美国的消费水平去消费。所以，这些地区的消费者负担不起昂贵的软件，这样的现实问题导致盗版行为的滋生。由于这些地区存在低生产率相关的问题，一些消费者和政府部门支持开源软件的使用[41]（例如，一些中国政府部门使用 Linux 软件[42]）。软件的价格降低到和消费者的收入水平相一致的程度可以很大程度地增加销售量，扩大企业的市场份额，同时这些地区拥有大量的消费者，使得回收更多的成本成为可能。此外，通过低价来扩大销售量，将明显地遏制盗版行为。虽然在某种程度上盗版软件可以扩大软件企业的市场份额，但是它也会挫伤研发以及投资正版软件的热情。因为盗版软件减少了正版软件企业的盈利。每一个盗版软件都会降低企业对其固定成本的弥补程度。价格歧视可以在某种程度上解决这个问题，至少可以使软件供应商回收成本的一部分。

（二）对竞争的影响

当传统市场中出现价格歧视时，大部分情况下会对竞争者以及竞买者有不利的影响。本部分将考察价格歧视对创新和投资密集型产业的影响。

1. 一级价格歧视的影响

关于一级价格歧视，如前文所述，软件歧视性定价对竞争没有消极影响。根据价格歧视理论，选择性定价的使用应该将竞争对手置于劣势，所提供的低价可能不会创造利润或者甚至可能低于成本，同时企业向其他买家收取的高价贴补了低价。

但前文所述的软件销售中的价格歧视没有上述的那些特点。首先，选择性定价的使用并不是使特定的竞争对手陷于劣势。出售降级版本是垄断者和他们的竞争对手惯用的策略。因为所有的软件供应商都实行这种销售策略，并没有针对性的竞争对手，因此，竞争没有被消极影响。另外，降级版本对所有买家来说都是可获得的，并不只是针对某个特定的群体。市场中，所有的软件版本之间都存在竞争，这在某种程度上也提高了市场竞争。

其次，不使用低而且无利润的价格。由于消费者弹性，企业可以也应该低价提供软件的降级版本。这里所说的弹性引起了延后购买的问题，与科斯猜想（Coase Conjecture）中所描述的现象不同。软件的消费者弹性源自具有不同需求和财力的消费者对不同版本软件的使用。不依赖软件的消费者只想支付低价，而严重依赖软件的消费者愿意支付更高的价格。利用版本化策略回收成本是指考虑版本之间的差别，根据需求曲线上不同的点适当服务所有的消费者，这是合理的。不论版本，每一个单位软件都将被售出；会有更多的买家分摊总成本并且促成企业盈利。在一定的成本回收期之后，低成本版本将产生盈余利润。

2. 二级价格歧视的影响

如果考虑软件歧视性定价可能的二级价格歧视效应，由于消费者之间没有相互竞争，那么很明显，这种定价对竞争没有负面影响。如果这种类型的损害存在，那么买家之间的竞争关系一定存在。如果买家之间不存在相互竞争关系，那么就不存在对竞争的负面影响。在前文所述的软件市场中，购买不同版本软件的消费者之间不是竞争的关系。因为软件的不同版本具有不同的功能，彼此之间不能相互替代；同样地，他们的用户之间也不存在竞争关系并且都是终端用户。因此，对竞争也没有负面影响。特定类型软件的不同版本根据目标消费者的不同类型可以表现出不同程度的版本控制。反过来，这种版本化策略大大地挫败了平行贸易，这可能会成为 ProCD 案例中所采用的价格歧视种类的一大障碍。

五、歧视性定价可能的竞争性损害和软件市场的最低成本

即使创新竞争降低了价格竞争的影响力，作为市场竞争的方式，价格也不应该被低估。那些希望利用价格竞争将竞争对手排除出市场或者将对手置于竞争劣势的市场主导者仍然可以这样做。这种现象在二级价格歧视中尤其重要。在 "United States v Microsoft Corp 案"[43]中，微软公司就价格方面针对 IBM 进行差别对待并通过其他做法交易软件产品。微软利用其在因特尔兼容计算机操作系统市场中的垄断地位惩罚 IBM 的拒绝合作的行为。[44]对其歧视性定价和要价过高的行为，微软最终需要支付 IBM 7.75 亿美元。[45]

在该案例中，"微软是个人计算机操作系统的主要供应商"[46]并且占据了 95% 的市场份额。

IBM 同时是一个硬件企业和软件企业，IBM 个人计算机公司在很大程度上依赖于微软的合作才能盈利，而 IBM 的软件部门在其他方面直接与微软相竞争。[47]

IBM 也是个人计算机的主要供应商，在计算机操作软件产品市场：

微软试图说服 IBM 将他们自身与 Windows 和 Office 产品有直接竞争的业务转移出去。[48]

在被拒绝之后：微软用较高的价格、Windows 95 的滞后许可，以及技术和营销支持的限制惩罚 IBM 个人计算机公司[49]，并且在操作系统销售中对 IBM 收取高价格，而提供给 IBM 的竞争对手更低的价格。[50]

在 20 世纪 90 年代后半期，IBM（连同网关）支付的操作系统费用要比其他主要的原始设备制造商（如康柏、戴尔、惠普）所支付的高得多，这更符合微软的愿望。[51]

从这个案例中可以了解到两个相关的产品市场。一个市场是英特尔兼容的个人计算机（PC）操作系统和 Office 办公自动化应用软件市场。在这个市场，IBM 的 OS/2 与微软的 Windows 95 相竞争。另一个市场是预装操作系统的 PC 机市场。IBM、康柏、戴尔、惠普和其他市场主体在这个市场里竞争。哥伦比亚区法院认为 OS／2 和 Windows 95 之间没有价格竞争。相反，微软以选择性的高价格将 Windows 95 销售给 IBM 以迫使其放弃 OS／2。由于

IBM 有软件和硬件业务，IBM 被迫支付给微软的高价格减少了其业务利润，因此，挫伤了其在 OS／2 上的努力。从微软角度来看，微软操作系统的选择性高价不是意在研发，而是旨在排挤竞争对手。因为 IBM 是个人计算机的主要供应商，配置高价的操作系统不是利润最大化的经济理性的选择。微软之所以会采用这种策略，唯一可能的原因是降低 IBM 的利润。

值得注意的是，除了采用选择性高定价策略和限制 IBM 其他技术支持，微软提出了 IBM 放弃自己的操作系统 OS／2 的替代方案：

如果 IBM 个人计算机广告没有涉及其他操作系统，个人电脑公司将少缴每份 8 美元的 Windows 95 使用费，采用 Windows 95 作为其员工的标准操作系统，并确保 Windows 95 发布之后的两个月，卖出的 PC 机中至少 50% 预装了 Windows 95 系统。[52]

这引起了以下问题：如果 IBM 接受了该解决方案，IBM 收到的选择性价格折扣是否构成竞争法侵权？

在成本—价格理论下，如果 IBM 接受了该价格，问题将是 OS／2 和 Windows 95 之间的价格竞争。这样的定价会造成一个一级价格歧视的问题，并且将产生排他效果。为了考察 OS／2 假定的排他效应是否违反竞争法而不是基于价格效率合法化，基于成本的考虑，考察微软的定价是否合理是有必要的。另一个相关的问题是，在考虑软件产品价格与成本的关系中应该使用什么成本指标。

要回答这些问题，必须考察排斥性定价分析中所使用的价格标准。根据欧盟委员会有关滥用的排他行为的信息，平均可避免成本和长期平均增量成本都可以采用。[53]确实，这些都是用于现代滥用行为分析的两个主要的最低成本标准：

可避免成本直接随产量的不同而变化，随着产量的增加而增加，同时随着产量的减少而减少。[54]

平均可避免成本是可以避免的单位成本。

AAC 涵盖了所有的成本，包括可变成本和具体产品的固定成本，如果企业没有不必要的额外产出，这些成本本来是可以避免的。[55]

AAC 是一种可以指示经济无效率和排他意图的成本指标。如果一种商品以低于 AAC 的价格交易，这在经济上是不合理的：

未能覆盖 AAC 表明支配型企业正在牺牲短期利润，同样效率的竞争者不能在不受损失的情况下继续服务于目标顾客。[56]

供应商以这种方式将竞争者排除出市场。William J. Baumol 分析了低于成本定价分析中可避免成本标准的使用，他认为，任何不低于平均可避免成本的价格都不是掠夺性的。[57]因为选择性削价可以形成歧视性定价或者掠夺性定价，所以 AAC 是一个确定排他性定价的关键指标。然而，由于 AAC 不能反映差异化产品的成本结构，因此，AAC 不适合确定软件市场的定价。对于边际成本高的产品，AAC 可以是一个有效的合理性指标，而 AAC 与边际成本非常低以及固定成本高的产品相关性不大。在电信领域，额外产出造成的成本仅仅是一根电缆或一个移动电话卡的成本。[58]此外，在某些情况下，AAC 也不包括固定成本，因为额外单位产出的成本并不总是导致固定成本增加。软件由于其高固定成本和低边际成本，就属于这种类型的产品。在 AAC 标准之下，软件产品的 AAC 将接近于零。显然，对于以评估成本价格关系来确定软件市场定价是否属于滥用的做法，AAC 不是一个适当的标准。ESC/AKZO 中使用的 AVC 和 ATC 成本标准，同样不适合作为软件市场的最低成本，因为 AVC 标准中使用的是本质相同的成本结构。因为软件的总产量很难确定，因此也很难计算 ATC。

长期平均增量成本（LAIC）是指以掠夺性产品生产的整个周期为时间单位考察的增量产品的单位成本。更确切地说，产品的长期平均增量成本是企业的总生产成本（包括产品本身）减去企业如果不生产该产品情况下的总成本，再除以已生产的产品数量。因为长期平均增量成本包括所有产生于研发、营销掠夺性产品或者销售增量时的特定产品成本，即使这些成本在掠夺性定价时期之前属于沉没成本。[59]长期平均增量成本的定义包括两部分：长期成本和平均增量成本。长期成本包括在内是因为许多成本从长远来看是可变的，总成本也可能会变化。[60]平均增量成本被包含在内是因为：（1）它不以企业整体产出来计算，而只针对用于提供额外掠夺性产品销售的生产增量。（2）增量成本不仅包括可变成本，还包括任何扩大到供应新产出时产生的固定成本。[61]

由于最低成本可以用来考察具有高固定成本和低边际成本的产品的价格竞争力，长期平均增量成本标准被广泛应用于电信部门。1996 年，美国联邦通信委员会（FCC）发布了一份报告决议，旨在帮助确定电信领域的价格竞争力。FCC 认为新的市场进入者支付捆绑和分项服务的价格应基于当地电话企业特定网络要素的总服务长期增量成本。这一条被称为"'总要素长期增量成本'（TELRIC）加上一个前瞻性联合和共同成本的合理分担"。[62] FCC 宣称反映总要素长期增量成本的价格在高预准入成本和低边际成本的市场中是一个竞争性的价格：

> 潜在进入者所支付的这些要素的价格应该反映前瞻性的经济成本以鼓励有效的投资和进入。[63]

此外，长期平均增量成本在美国电信案例和欧盟邮政案例中被用做最低成本以评估价格竞争力。[64]

LAIC 标准应用于电信部门是由于其具有有用性。运用 LAIC 标准分析软件产业内的竞争效果是显而易见的。软件行业和电信部门具有相同的成本结构。与软件行业一样，电信部门的特点是以大量的投资成本作为市场准入的条件。大多数软件产品的成本产生于软件的研发阶段，而其他成本，如广告和销售成本是很少的。LAIC 标准是一个将投资成本考虑在内的适当的标准。低边际成本是这两者的另一个共同特征。在电信行业，供应一个额外的终端用户所需要的成本很低，同时销售额外的单位软件只需要复制该软件的成本，这个成本也是低的。因此，LAIC 标准适用于评估软件行业的定价。使用 LAIC 标准，可以确定是否存在微软案例中所提到的定价的成本理由。更具体地说，可以先评估 Windows 95 的长期平均增量成本，然后将其与微软对 IBM 的供价进行比较。

六、软件销售的竞争分析

（一）软件歧视性定价一般具有高效的优点

价格歧视行为每天都发生是因为它是合理的，正如餐厅在某些特定时间给顾客提供折扣价格。在这种情况下，价格歧视可以节约成本或在其他方面增加效率。在寡头垄断市场中，价格歧视也可以促进竞争。价格歧视只有在造成严重减少竞争的情况下才会被竞争法所禁止，例如，那些在不增加效率的情况下将竞争对手排除出市场的行为。这种反竞争策略往往发生在传统行业里，并且在传统行业中创立了现行价格歧视法规。在评估价格歧视行为的合法性时，研究人员经常将零售价格与产品成本进行比较。在传统行业，提供的产品完全同质化，同时价格成为竞争的主要武器。通过使用既定的最低成本如 AAC，假定该产品的成本类似，人们可以很容易地确定该价格是出于滥用意图，还是具有以成本为基础的价格歧视的正当理由。

软件产业中出现的问题与传统行业中出现的那些问题不同。歧视性定价在软件行业通常是效率高的。软件具有较高的固定成本，这使得软件生产商将成本回收问题放在首位。企业的销售策略必须灵活以保证偿付能力。同样，假如对软件产品的需求是高度动态的，企业只有采用歧视性定价才能在财务上维持下去。企业越来越喜欢针对同一产品生产不同价格的不同版本以增加销售量。这种销售策略允许软件供应商有力遏制盗版，提高分配效率，同时最重要的是，回收其投资成本。另外，回收的资本大大地推动新产品的研发，使企业提高技术成为可能。

与此同时，软件领域的歧视性定价很少有反竞争后果。因为软件产业是一个创新驱动型产业，产品创新是获取竞争优势最常用的方式。如果市场主体研发与市场上已有的其他软件产品相类似质量水平和成本的竞争性软件产品，那是不理性的。由于网络效应，主导网络的企业可以通过向新的消费者提供有竞争力的价格将竞争对手置于劣势。鉴于软件及这些网络的耐久性造成大量的转换成本，新企业只能通过免费提供产品才有可能从竞争对手那里吸引到固定客户。因此，软件的歧视性定价通常不被当做一种主要市场竞争方式。

（二）评估软件定价实践应该采用 LAIC 价格标准

软件歧视性定价可能会扰乱市场竞争。除了考虑软件市场中的效率问题，还必须考虑成本—价格的关系。的确，这是传统行业确定排他性行为的主要方法。由于软件市场和传统行业市场之间的成本结构具有显著差异，后者使用的最低价格不适用前者。LAIC 标准将软件产品的成本结构考虑在内，因此作为最低价格很有优势。LAIC 可以成功地计算"仅仅代表生产特定产品产生的'成本'"。[65]许多软件企业都在多个市场经营，当使用 LAIC 标准时考虑产品之间共担的成本是有可能的。[66]LAIC 也可以在计算中过滤出这些成本。此外，"LAIC 通过重置资本来评估生产性资产的现值，而不是通过对当前市值意义不大的历史成本"。[67]

除了考虑单位成本的准确度，LAIC 也考虑了软件产品的研发成本。与传统产品使用的可变成本计算不同，软件产品计算成本时必须考虑研发阶段的成本。在计算竞争性价格时应该注意这一差别。因此，LAIC 非常适合评估软件价格是否滥用。

七、结　　论

一般来说，软件价格歧视可让供应商具备并继续保持偿付能力，同时使得技术创新得以持续。它还带动了更多的消费，反过来，所有的这些结果，都大大地降低了成本。[68]这种基于行业独特特点的定价方法，并没有对竞争造成负面影响。在分析软件市场中可能存在的排他性行为时，仍然必须参考基本规则，同时还必须注意不同市场之间的显著差异。当前的规则总体上适用于传统产业，特点是以价格主导的竞争为驱动。相比之下，软件市场是一种新型的以创新竞争为核心的市场。在评价涉嫌违反竞争法的行为时应该强调该市场的成本结构以及创新在该市场中的作用。反过来，现在的政策应该减少对新产业中某些行为的限制。在创新驱动型产业中，促进竞争和创新同等重要。

由于软件产业与传统产业之间存在显著差异，许多实证分析模式对软件产业不适用。虽然基本竞争规则仍然适用，但调整评估竞争的方法是有必要的，而不只是借用传统产业中使用的方法。在分析软件市场时，不应当使用传统方法评估定价。相反，LRAIC 中的最低成本可以精准并全面地确定单位成本。

【注释】

1 Richard A. Posner, *Antiturst Law*, 2nd edn, Chicago: University of Chicago Press, 2001, p. 245.

2 Richard A. Posner, *Antiturst Law*, 2nd edn, Chicago: University of Chicago Press, 2001, pp. 245 – 246.

3 Richard Whish, *Competition law*, 6th edn (2008), p. 748.

4 A. C. Pigou, *The Economics of Welfare*, (1920), p. 244; Walter Nicholson, *Intermediate Microeconomics: and Its Applications*, 6th edn (1994), p. 452; William S. Brown, *Principles of economics* (1995), p. 301.

5 Richard Whish, *Competition law*, 6th edn (2008), p. 749. 其他如 Richard Schmalensee, "Output and welfare implications of third degree price discrimination", (1981) *71 The American Economic Review 242* ("许多后续作者似乎都把歧视的效率效应和它在总产出上的影响等同起来")。

6 Neelie Kroes, "Tackling Exclusionary Practices to Avoid Exploitation of Market Power: Some Preliminary Thoughts on the Policy Review of Article 82" (2005) 29 *Fordham Int'l L. J* 598 ("受效率影响，第82条没有明确预见滥用行为'免责'的可能性。然而，我们必须寻找一个方式将效率囊括在我们的分析之中")；D. D. C., U. S. v Microsoft Corp 1995-2 Trade Cases p. 71, 096, 1995, 8月21日 (NO. CIV. A. 94-1564 at IV H.) ("允许批量折扣，微软使用的税率，包括体现批量折扣的税率，就每一个原始设备制造商事先商定的税率，针对所涉产品的每一个特定版本和语言以及每一个指定的遵守许可协议的个人计算机系统模型的税率，都没有违反该终局判决")。

7 Commission Decision 85/609 of December 14, 1985, ECS/AKZO [1985] OJ.

8 工程用品和化学用品 (Epsom and Gloucester) Ltd (ECS)。

9 Commission Decision 85/609 of December 14, 1985, ECS/AKZO [1985] OJ at 1.

10 Commission Decision 85/609 of December 14, 1985, ECS/AKZO

〔1985〕OJ at 1.

11 Commission Decision 85/609 of December 14, 1985, ECS/AKZO 〔1985〕OJ at 27.

12 Commission Decision 85/609 of December 14, 1985, ECS/AKZO 〔1985〕OJ at 75.

13 Commission Decision 85/609 of December 14, 1985, ECS/AKZO 〔1985〕OJ at 77.

14 Commission Decision 85/609 of December 14, 1985, ECS/AKZO 〔1985〕OJ at 26.

15 Commission Decision 85/609 of December 14, 1985, ECS/AKZO 〔1985〕OJ at 83.

16 AKZO Chemie BV v E. C. Commission 〔1993〕5 C. M. . L. R. 215.

17 British Airways Plc v Commission of the European Communities （T-219/99）.

18 British Airways Plc v Commission of the European Communities （T-219/99）（1997 年，英国航空公司排程的国际客运飞行公里数位列世界第一，排程的国际和国内综合客运飞行公里数排名第九）.

19 Commission Decision 2000/74 of July 14, 1999 at 109.

20 Commission Decision 2000/74 of July 14, 1999 at 111.

21 British Airways Plc v Commission of the European Communities at 238.

22 British Airways Plc v Commission of the European Communities at 284.

23 Kenneth C. Baseman, Frederick R. Warren-Boulton, Glenn A. Woroch, "Microsoft Plays Hardball: The Use of Exclusionary Pricing and Technical Incompatibility to Maintain Monopoly Power in Markets for Operating System Software" （1995）XL: 2 Summer Antitrust Bulletin 5.

24 Michaell. Katz and Carl Shapiro, "Network Externalities, Competition, and Compatibility", （1985）*75 The American Economic Review 424.*

25 Michael A. Jocobs, "Copyright and compatibility", （1990）*30 Jurime-*

trics Journal 93. (现在考虑计算机光谱的另一端，IBM 系统/370 大型机体系结构。系统/370 体系结构规定了计算机的功能和联系，但是它没有规定计算机的执行。在这里出现了熟悉的黑匣子比喻。兼容产品供应商的任务是遵循 IBM 所限定的系统/370 体系结构。如果符合，那么兼容产品供应商将能够接通他的硬件以运行现有软件，并且将其附加到现有硬件不变……在这个案例中，由于差不多数十亿美元的软件已经存在于系统/370 环境中，因此，消费活动的外部经济性是相当重要的。)

26　Neil CandaL，"Competing Compatibility Standards and Network Externalities in the PC Software Market"，（1995）*77 The Review of Economics and Statistics 600.*

27　Theodoros Salonidis, Pravin Bhagwat, Leandros Tassiulas and Richard LaMaire，"Distributed Topology Construction of Bluetooth Personal Area Networks"。(蓝牙是一种前景广阔的新无线技术，它可以让便携式设备形成一个短程无线自组网络，并且以一个跳频物理层为基础。)（这篇论文发表在：INFOCOM 2001。20th Annual Joint Conference of the IEEE Computer and Communications Societies. Proceedings. IEEE）；Jaap Haarrtsen, Mahmoud Naghshineh and Jon Inouye，"Bluetooth：Vision，Goals，and Architecture"（1998）*2 Mobile Computing and Communications Review 38*（1998 年 2 月，移动通信和计算的领导者爱立信、IBM、英特尔、诺基亚、东芝组成蓝牙特别兴趣小组［SIG］，正在构思一个免税的技术规格，每一个创始公司在实现这一愿景中都持有大量的股权。所有主要市场运营商都使用该软件，因此形成一个庞大的网络)。

28　Carl Shapiro, Hal R. Varian，"Information rules：a strategic guide to the network economy"（1999）178.

29　Michael L. Katz and Carl Shapiro，"Antitrust in software markets" Jeffrey August Eisenach, Thomas M. Lenard, *Competition*, *Innovation*, *and the Microsoft Monopoly*（1998），pp. 7 - 8. (软件"损耗"只是由于技术变革或者计划报废，而不像耐用设备一样基于正常磨损。)

30　Jeremy Bulow，"Durable-Goods Monopolists"，（1982）*90 Journal of Political Economy*，*314*；Daniel K. Benjamin and Roger Kormendi，"The Interrelationship between Markets for New and Used Durable Goods"，（1974）17 *JLaw & Econ 381*；H. Laurence Miller，"On Killing off the Market for Used Textbooks and the Relationship between Markets for New and Secondhand Goods"，（1974）*82 JpolEcon 612*；S. J. Liebowitz，"Durability，Market Structure，and New-Used Goods Models"，（1982）*72 AmEconRev 816*；Daniel A. Levinthal and Devavrat Purohit，"Durable Goods and Product Obsolescence"，（1989）*8 Marketing Sci*. *35.*

31　R. H. Coase，"Durability and Monopoly"（1972）*15 Journal of Law and Economics 144*，*148.*

32　http：//www7. buyoffice. Microsoft. com/emeal/default. aspx？culture = en-GB&torb = 4&cou［2012 年 7 月 28 日访问］。（Microsoft ® Office 家庭版和学生版 2010 年价格：￥139. 00）http：//office. microsoft. com/zh-cn/buy/HA101810737. aspx［2012 年 7 月 28 日访问］。（Microsoft ® Office 家庭版和学生版 2010 年价格：￥398 ~ 299）［2012 年 7 月 28 日访问］。

33　视频播放相关的工具软件。www. divx. com/en/software［2012 年 7 月 28 日访问］。

34　Court of Appeals，7th Circuit（1996）：ProCD，Incorporated v Matthew Zeidenberg and Silken Mountain Web Services，Inc 86 F. 3d 1447.

35　Court of Appeals，7th Circuit（1996）：ProCD，Incorporated v Matthew Zeidenberg and Silken Mountain Web Services，Inc 86 F. 3d 1447，I.

36　Court of Appeals，7th Circuit（1996）：ProCD，Incorporated v Matthew Zeidenberg and Silken Mountain Web Services，Inc 86 F. 3d 1447，1.

37　问题因它产生。因为无论如何，根据法律，限制的方法（收缩包装许可证）没有被采用。这个缺点导致买家将产品交付仲裁决定。

38　http：//windows. microsoft. com/en-CA/windows7/products/compare［2012 年 7 月 28 日访问］。

39 Zhiwu Zack Fang, "Potential of China in Global Nurse" (2007), *42 Migration Health Services Research*, *1421.*

40 Donna Jones, Barbara Caton, Joyce DeWitt, Nancy Stubbs, Esther Conner, "Student-to-faculty ratios, Teaching loads, and salaries in associate degree nursing programs in the central United States", (2007) *Teaching and Learning in Nursing 17.*

41 Eric von Hippel and Georg von Krogh, "Open Source Software and the 'Private-Collective' Innovation Model: Issues for Organization Science" (2003), *14*, *Organization Science 209.* (开放源软件是指所有用户可以免费自由使用的软件。)

42 中国知识资源综合数据库, Available at http://dlib.cnki.net/kns50/detail.aspx? QueryID = 294&CurRec = 1 [2012 年 7 月 28 日访问]。

43 United States District Court (1999): United States v Microsoft Corp, 84F Supp. 2d9.

44 United States District Court (1999): United States v Microsoft Corp, 84F. Supp. 2d9, 132.

45 http://www.microsoft.com/presspass/press/2005/jul05/07-01msi-bmsettlepr.mspx [2012 年 7 月 28 日访问]。 (微软将支付 IBM 7.75 亿美元……基于美国反垄断案件的调查结果, 除了解决所有的歧视性定价和过高要价的诉讼, 协议还解决了包括 IBM OS/2 操作系统和 SmartSuite 产品相关的所有的反垄断诉讼, 除了损害 IBM 服务器硬件和服务器软件业务的诉讼。)

46 United States District Court (1999): United States v Microsoft Corp, 84F. Supp. 2d9, 9.

47 United States District Court (1999): United States v Microsoft Corp, 84F. Supp. 2d9, 115.

48 United States District Court (1999): United States v Microsoft Corp, 84F. Supp. 2d9, 116.

49　United States District Court（1999）：United States v Microsoft Corp，84F. Supp. 2d9，116.

50　United States District Court（1999）：United States v Microsoft Corp，84F. Supp. 2d9，117.

51　United States District Court（1999）：United States v Microsoft Corp，84F. Supp. 2d9，130.

52　United States District Court（1999）：United States v Microsoft Corp，84F. Supp. 2d9，130.

53　Guidance on the Commission's enforcement priorities in applying art. 82 of the EC Treaty to abusive exclusionary conduct by dominant undertakings（2009/C 45/02）26.

54　Lipsey G，Courant PN，Courant PN，Economics，11th edn，（1996），p. 167.

55　Gunnar Niels，Helen Jenkins，James Kavanagh，（2011）Economics for Competition Lawyers，192.

56　Guidance on the Commission's enforcement priorities in applying art. 82 of the EC Treaty to abusive exclusionary conduct by dominant undertakings（2009/C 45/02）26.

57　William J. Baumol，"Predation and the Logic of the Average Variable Cost Test"，（1996）*XXXIX Journal of Law & Economics 49*.

58　William H. Melody，"Telecom reform：principles，policies and regulatory practices"（2001），134.（客户提供他们自己的终端设备，其有可能位于供应商的营业场所。这种选择要求投资超越供应商内在需求的生产能力的光缆。在许多情况下，产能过剩已经存在。如果为了内部需求必须安装电缆，由于额外纤维对的边际成本相对较小，这种方式的投资费用相对较低。另外，仅仅以租赁为目的安置新的光缆是相对昂贵的。）

59　Patrick Bolton，Joseph F. Brodley and Michael H. Riordan，"Predatory Pricing：Strategic Theory and Legal Policy"，（1999）*Georgetown Law Review*.

Available at http：//www. justice. gov/atr/public/hearings/single ＿ firm/docs/ 218778. pdf ［2012 年 7 月 28 日访问］。

　　60　N. Gregory Mankiw, *Principles of Microeconomics* （2009）, p. 272. （因为许多决定从短期来看是固定的，但从长远来看又是多变的。一个公司 的长期成本曲线与其短期成本曲线不同。图 6 说明，从长远来看，固定成本 是多变的，短期平均总成本曲线与长期总成本曲线不同。）

　　61　Massimo Motta, *Competition policy theory and practice* （2004）, p. 448； David E. M. Sappington；J. Gregory Sidak,, "Competition Law for State-Owned Enterprises", （2004）*71 Antitrust L. J. 479, 488.*

　　62　Federal Communications Commission, First Report and Order：In the matter of implementation of the local competition provisions in the telecommunica- tions act of 1996 CC Docket No. 96 – 98 at 6.

　　63　Federal Communications Commission, First Report and Order：In the matter of implementation of the local competition provisions in the telecommunica- tions act of 1996 CC Docket No. 96 – 98 at 673.

　　64　United States Court of Appeals, District of Columbia Circuit：Southern Pacific Communications Co v American Tel. and Tel. Co, 740 F. 2d 980, 238； European Commission Decision 2001/354 March 20, 2001, COMP/35. 141 – Deutsche Post AG.

　　65　William J. Baumol, "Predation and the Logic of the Average Variable Cost Test", （1996）*XXXIX Journal of Law & Economics 57, 58.*

　　66　Patrick Bolton, Joseph F. Brodley and Michael H. Riordan, "Predatory Pricing：Strategic Theory and Legal Policy", （1999）*Georgetown Law Re- view.* Available at http：//www. justice. gov/atr/public/hearings/single ＿ firm/ docs/218778. pdf ［2012 年 7 月 28 日访问］。（对于多产品厂商来说，LAIC 不要求法院分配联合和共同成本，因此，它在成本评估方面比 ATC 更具有 优势，缺乏精确方法的企业尤其不适合陪审团的解决方案。）

　　67　Patrick Bolton, Joseph F. Brodley and Michael H. Riordan, "Predatory

Pricing：Strategic Theory and Legal Policy"，（1999）*GeorgetownLaw Review.*

68　Jürgen Bitzer，"The Computer Software Industry in East and West：Do Eastern European Countries Need a Specific Science and Technology Policy？"（1997 年 5 月）．DIW Discussion Paper No. 149. Available at SSRN：http：//ssrn. com/abstract = 68977［2012 年 7 月 28 日访问］。（软件产品价格与用户数量之间存在直接联系，因为软件开发成本分布在用户人群之中。）

伞形效应

［德］罗曼·因德斯特（Roman Inderst）[*]

弗兰克·迈尔-里戈（Frank Maier-Rigaud）[**] 撰

乌尔里希·施瓦尔贝（Ulrich Schwalbe）[***]

肖昱堃[****] 译

【摘　要】卡特尔提高产品价格或者减少产量时，

---

[*] 罗曼·因德斯特，德国经济学家，德国法兰克福大学财经教席教授。研究领域包括银行监管、金融零售、信息经济学及竞争理论和政策等。曾获 2010 年德国莱布尼茨奖，是获得最高欧洲研究委员会高级研究人员基金的三名德国学者之一。

[**] 弗兰克·迈尔-里戈，NERA 欧洲竞争经济部总监。IÉSEG 科学经济与管理学院（巴黎）和里尔天主教大学全职教授。专业覆盖经营者集中、卡特尔、市场支配地位滥用等竞争经济相关所有领域。

[***] 乌尔里希·施瓦尔贝，德国霍因海姆大学国民经济学研究所微观经济学及产业经济学教授，德国经济研究院科研教授。研究领域包括产业经济、竞争理论和政策、博弈论及一般均衡理论。

[****] 肖昱堃，德国慕尼黑大学法学在读博士，研究方向为竞争法及竞争政策；德国弗劳恩霍夫应用研究促进协会总部研究助理，工作领域为知识产权管理和技术转移。本文原文刊于 *Journal of Competition Law & Economics*，2014，10（3），pp. 739 – 763。以下所有脚注均为原注，且编号相同。原文脚注 Case，如无其他说明，例如"Case C – 453/99"均指欧洲法院判决。文中（…）内容为译者注。

引起产品需求向其他替代产品转移，这时就会产生伞形效应。本文主要分析伞形效应的决定性因素。无论非卡特尔企业是价格接受者（"竞争边缘"，Competitive Fringe）还是面对需求增加会作出策略应对的经营者，伞形效应都会发生。当卡特尔作出显著的价格上涨时，即使非卡特尔企业是在假定垄断者测试（HMT）界定的相关市场之外，也可能受到相当大的伞形效应的影响。从卡特尔企业购买或输入产品的企业，其产品价格也会随卡特尔价格上涨，进而影响他们的竞争对手——非卡特尔企业的购买者，后者为了应对需求的增加也提高价格并从中获益，这时也发生伞形效应。因此，要确认伞形效应造成的实际损失，重点要对卡特尔内部和外部企业进行整体评估，还要考虑他们各自的相互竞争的潜在购买者。最后本文分析占有部分市场的卡特尔如何形成，并探讨该分析在未来如何发展成为伞形效应决定因素的理论组成部分。

【关键词】伞形效应；卡特尔

一、引　　言

近几年在欧盟委员会的努力下，竞争法私人执行作为公共执行的补充，其重要性在欧盟内显著增加。欧盟委员会的这一努力最终促成关于损害量化的指南草案以及《欧洲议会与理事会关于根据国内法对违反成员国和欧盟竞争法提起损害赔偿诉讼的规则》指令提案。[1]

损害量化，是违反《欧盟运行条约》第 101～102 条的行为引起的损害赔偿诉讼的基本要素。至少经欧洲法院 Courage v. Crehan[2] 和 Manfredi[3] 两个案件判决确认之后，已普遍被认可：任何个人由于违反欧盟竞争法的行为而蒙受损失，都可以请求赔偿。[4] 至少从表面来看这就意味着，由于卡特尔的伞形效应而蒙受损失的个人有权请求损害赔偿。

伞形效应的产生一般是由价格上涨导致产品需求向替代产品转移而引起的。因为成功的卡特尔的典型做法是减少产量、提高价格，这使得产品需求从卡特尔企业产品向卡特尔之外的企业的替代产品转移。替代产品的需求增加往往会促使该产品价格随之上涨。[5] 替代产品的价格追随卡特尔价格上涨的这种效应，就是伞形效应。这一效应不仅发生在同一相关市场，如当卡特尔联盟未占有市场全部份额时，还会发生在相邻市场。本文将论证在如下两种情况下都会发生伞形效应：当生产替代产品的企业仅仅是价格接受者时，或者当这些企业是根据产品需求变化进行策略性应对时。

理解并且量化分析伞形效应在欧盟竞争法私人执行背景下尤其重要。因为从经济学角度看伞形效应是由卡特尔直接引起的，而至今缺乏有说服力的观点可以解释伞形效应不能成为正当合法的可诉的损害赔偿的原由。损害赔偿指令提案没有提出关于因果关系（损害结果的可预见性）的规定，[6] 因此鉴于欧盟各成员国的法律体系，很难确保各国损害赔偿诉讼的协调并且进行一致的经济分析，不过这在欧盟各成员国必须遵循同等原则和有效原则[7] 的前提下仍然是可能的。

在奥地利最高法院向欧洲法院在案件的先决申请中，进一步强调统一伞形效应的法律阐释的要求。奥地利最高法院要求欧洲法院对如下问题作出裁决：

> 欧盟竞争法是否可以解释为，任何人都可向卡特尔企业主张损害赔偿，而该损害是由非卡特尔企业造成的，非卡特尔企业得益于卡特尔导致的市场价格的上涨，采取了高于卡特尔不存在时竞争市场的价格（伞形效应）。[8]

为了判断这一问题的法律后果，首先要理解伞形效应背后的经济理论。

尤其是在"更多经济取向"（more economic approach）的背景下，伞形效应问题还对于竞争法的整体一致性至关重要。伞形效应作为经营者集中审查中需要考虑的要素，对于合理评估经营者集中的影响有重要作用。该效应已经在公共执行中作为分析要素被接受，如果不被私人执行采用就会显得很不一致。[9]

值得注意的是，从法律角度看，不论卡特尔外部企业是否与卡特尔企业在同一相关市场，他们的行为都不被视为蓄意搭便车的违法行为，因而不会成为竞争法的规制对象。相反，更倾向于将他们的行为视为面对市场需求改变而作出的经济最优行为。事实上，当非卡特尔企业为价格接受者时（组成"竞争边缘"），更高的产品价格只能反映出（由于消费者的需求从卡特尔企业产品转移出来引起的）更高的产量带来的更高的边际成本。卡特尔企业提高产品价格或者减少产出引起非卡特尔企业的产品需求增加，如果非卡特尔企业据此作出策略性应对，按照市场中策略性互动的规则，有时甚至可以减轻卡特尔造成的消极影响。尽管如此，非卡特尔企业的产品价格还是比市场没有形成卡特尔时更高。

　　经济分析进一步还揭示，即使卡特尔企业的购买者不会转向其他供给者时，比如考虑到产品市场为本地市场，仍然会发生伞形效应。出于对本地企业的依赖，受到卡特尔提价影响的企业把部分提高的价格转嫁给下游，导致与卡特尔间接购买者竞争的企业的需求增加，而后者不直接受到卡特尔的影响。此时仍然有可能发生伞形效应，因为这些竞争企业的需求量增加会导致它们的供给商非卡特尔企业提价。然而在这种情况下，从这些供给商购买的企业或许不会因为卡特尔行为受到损害，而是得益于对手卡特尔的购买者的生产成本的增加。本文在下文会分析探讨价格转嫁和伞形效应的关系。

　　本文关于伞形效应的经济学分析展开如下。如前文提到，首先要分析的市场情况之一就是当市场不是由卡特尔完全覆盖的时候，只要卡特尔维持的时间足够长且有显著的价格提高，那么完全可以预期卡特尔外部企业也因此涨价。同时在一些具体的条件下这种涨价可能受到遏制。无论非卡特尔企业是价格接受者还是根据卡特尔的行为策略性地改变价格和产量，伞形效应都会发生。由此本文还将论述其他影响伞形效应规模的决定性因素，如竞争的方式（价格竞争或者产量竞争）、卡特尔的市场份额、商品的异化程度、需求的弹性以及供给。本文将进一步证明伞形效应与市场定义是相关联的。因为卡特尔协同过程往往导致市场价格的提高，有效竞争下不会产生替代性关系的产品由于过高的垄断价格而成为具有替代性的产品。最后本文将讨论关于占有部分市场份额的卡特尔形成的相关经济学理论问题。

　　本文主要分析讨论伞形效应的经济学理论，伞形效应也对其造成的损害的量化十分有意义。尽管原则上适用于计算卡特尔的直接购买者的损失的经济学方法也可以在伞形效应中得到应用，但是，本文第四部分和第五部分会提到，仅仅计算卡特尔引起的价格提高的部分，这对计算由伞形效应导致的损害会造成很大的误导。具体的计算方法在其他文献中已有详尽论述，[10]本文将不再赘述。因为卡特尔外部企业的定价会被作为相反事实或作为标尺（如适用标杆分析法时），所以在评估卡特尔对直接购买者引起的损害时也有考虑伞形效应的必要。否则，如果不考虑伞形效应，就会低估卡特尔企业的购买者蒙受的损失。

二、理论基础

本部分将讨论伞形效应的经济学基础。根据不同的市场条件，相应的不同情形也要纳入分析考虑范围。例如，伞形效应的规模会取决于相关市场存在价格竞争（伯特兰德）还是产量竞争（古诺），也会取决于市场中交易的产品是相同的还是有差异的，还可能取决于非卡特尔企业是无策略的价格接受者还是会作出策略性反应的经营者，此外还可能取决于卡特尔企业的产品销售给最终消费者还是相互不竞争的企业，还要考虑是否在下游存在竞争。

本部分的讨论前提设定如下：（1）非卡特尔企业相互竞争；（2）受到卡特尔提价影响的是最终消费者或者相互之间不竞争的企业。因为如果直接购买者环节缺乏竞争，就可以排出其对伞形效应加强或减弱的影响，下文分析会对此进一步解释。接下来考察下游相互竞争的企业，它们同等地受到卡特尔提价或减少产量的影响，也同等地受到卡特尔外部企业行为的影响。本文第四部分讨论如果这些相互竞争的企业受到的影响程度不同的情况下的效应。

（一）存在非策略定价的卡特尔外部企业的伞形效应

1. 价格竞争

相关市场上为价格竞争，且产品存在差异。假设市场中存在两组企业，第一组企业参考其他企业的行为进行策略定价，第二组企业作为替代产品的供应者，由于其规模小而成为价格接受者，本文拟定第二组企业为"竞争边缘"。进一步假设所有企业的边际成本因产量增加而增加。因为反之，如果假设所有企业的边际成本是恒定的不受产量的影响，那么任何卡特尔引起的价格上涨，都会因竞争边缘企业的产量增加而抵消。换言之，竞争边缘企业始终会根据"价格等于边际成本"（price equals marginal cost）来定价，生产的产品数量要使得价格与保持边际成本不变持平。

如果第一组企业组成卡特尔提高产品价格，并且维持足够长的时间，假设涨价是显著的且市场中存在替代产品，涨价将会增加非卡特尔企业的替代产品的需求。[11]形象地说，卡特尔提高价格可以使竞争边缘企业的需求曲线立即向外平移，这部分就是卡特尔企业不能满足的市场需求量。要注意的是，边际成本因产量增加而增加的假设意味着，竞争边缘企业的供给函数不具有完全弹性。否则如上文所述，卡特尔任何提高价格的尝试将会被竞争边缘企业增加产品供给抵消。

当竞争边缘企业的供给曲线严格递增且其产品具有很强的甚至完全替代性的时候，卡特尔从涨价中有利可图。价格竞争时竞争边缘企业生产相同产品的条件下，伞形效应如图 1 所示。

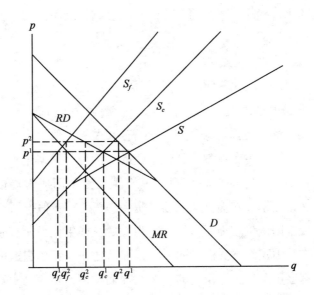

图 1 伞形效应：卡特尔外部企业为价格接受者

资料来源：Roger D. Blair & Virginia G. Maurer，Umbrella Pricing and
Antitrust Standing：An Economic Analysis，*1982 UTAH L. REV. 763*，
782 fig. 2.

D 为市场需求量，S 为总供给量，S_c 为可能串谋的企业的供
给（或边际成本），S_f 为竞争边缘企业的供给（或边际成本）。
RD 为第一组企业的剩余需求量，MR 为第一组企业的边际收益。
如果所有企业都是价格接受者，那么市场总需求和总供给的均衡
点为这两个函数的交点，对应到坐标上，q^1 为产量，p^1 为价格。
当第一组企业组成卡特尔时，根据剩余供给函数，它们要达到利
润最大化就要使相应的边际收益与边际成本相等。组成卡特尔引
起供给量从 q_c^1 减少至 q_c^2，价格增至 p^2。但是卡特尔产品价格上涨
意味着竞争边缘企业的供给量从 q_f^1 扩大至 q_f^2。总供给量则从 q^1
降至 q^2。在产品相同的条件下，卡特尔与非卡特尔企业的价格上

涨是一样的。

其他条件不变，当卡特尔减少产量时，如果竞争边缘企业供给的价格弹性越小，即剩余供给曲线在相应区域内更陡，伞形效应越强。反过来，如果企业的产能很小或者平均生产成本随产量增加也急剧增加，供给弹性会更大。[12]从长期来看，如果进入市场的机会越小，由于剩余需求曲线外移导致的价格上涨会持续增加。

下面讨论两组企业生产的产品有差异的情况，此时产品之间的差异程度要纳入考量。卡特尔提价时，产品之间的替代程度越高，剩余需求的增长越明显，这是因为卡特尔的产品的需求转移到了替代产品上。[13]仍然是卡特尔提价的条件下，如果未参与卡特尔的企业的产品市场份额较大，卡特尔联盟的市场份额较小，伞形效应会受到更多遏制。[14]此时剩余供给应该更有弹性。[15]

讨论至此，非卡特尔企业是否直接洞察到卡特尔串谋提价，甚至知晓提价的原因，都不是必要的。相反，面对由卡特尔引起的剩余供给的变化，提高自己的产品价格是他们最好的市场应对。因此，非卡特尔企业为了最优地提高自己的产品价格，只需根据其面对的市场需求变化而变化。

2. 产量竞争

市场分析的另一个重要模型是产量竞争模型（又称古诺竞争），分析企业产量的策略决定。古诺竞争模型适用两种情形：产量（产能）不能轻易被改变；企业首选确定产量而后定价，以充分利用产能。首先假定相关市场为产量竞争且产品相同。同样地假设市场中有两组企业，第一组企业采取策略应对，根据市场价格决定产量，第二组企业为非策略性，[16]是价格接受者，其产量符合价格等于边际成本。

　　卡特尔形成之前，第一组企业不合作分别决定自己的产量，决定产量会考虑其他非策略性的企业，后者的产量是按照价格等于边际成本确定。当第一组企业串谋形成卡特尔时，会减少供给，从而导致市场价格提高。越来越高的市场价格导致第二组企业增加他们的产量，虽然这在一定程度上缓和了由于卡特尔引起的价格上涨，但是市场中的总供给仍然减少了。因此，市场存在卡特尔时的产品价格高于第一组企业未串谋时的市场产品价格。

　　在产量竞争而产品有差异的模型下，即第一组企业的产品与边缘企业的产品不同时，也能得出相似的结论。在这一假设前提下，由卡特尔引起的竞争边缘企业的产量增加较为不明显，因为产品差异越大需求替代转移越少。两组企业产品的价格均上涨，而两组企业产品价格的差距发生变化，卡特尔企业的产品价格涨幅大于非卡特尔企业。产品的价格差异程度可以用与价格竞争中相似的转移率（Diversion Ratio）来描述。虽然在价格竞争中转移率是通过不同产品供给间数量的转移来确定，而产量竞争中采用的则是"价格转移率"（Price Diversion Ratio）。[17]

　　上述讨论说明，在产量竞争中，尽管非卡特尔企业生产的替代产品的产量增多，市场总产量却在减少，因为它们不能弥补卡特尔减少的产量。总之，在产量竞争的情况下，不论产品是相同的还是有差异，都会引发市场价格的提高和伞形效应。这也意味着，边缘企业的消费者在卡特尔形成后需要支付比卡特尔不存在时更高的价格。值得注意的是，只在替代产品与需求产品有差异时才涉及伞形效应规模的问题，因为此时至少有一部分消费者不会轻易转移购买。当所有企业的产品相同时，非卡特尔与卡特尔的消费者支付的价格是一样的，伞形效应与卡特尔引起的市场价格上涨也是相同的。

观察表明，非卡特尔企业仅仅为价格接受者而非策略性地作出市场应对时也会产生伞形效应。事实上，非卡特尔企业的应对行为可以用他们的供给曲线来表示，也就是利润最大化的行为过程。剩余需求的增加引起卡特尔企业的产品需求转移，加上替代产品是不完全弹性供给，共同导致伞形效应。下面的一小节将关注非卡特尔企业面对卡特尔引起的价格和产量变化策略性地作出市场应对的情形。

（二）存在策略性的卡特尔外部企业的伞形效应

1. 价格竞争

假设生产替代产品的卡特尔外部企业与卡特尔联盟拥有相同的市场控制力。每个卡特尔外部企业不再仅仅是价格接受者，面对剩余需求的增加，他们拥有一定市场控制力，不会简单地改变价格以适应需求，而是寻求最优的定价。

如果市场上的企业都是以固定的边际成本、生产相同的产品进行价格竞争，与所有企业都是价格接受者的情况相比，伯特兰德模型设定的标准条件下的市场结果是同样的。此时组成一个封闭的卡特尔来提高市场价格毫无意义，因为非卡特尔企业不受限的产量竞争会把价格拉回到竞争价格。因此，在这种情况下，卡特尔既不会引起价格效应也不会引起伞形效应。

假设企业生产不同的产品进行价格竞争。非卡特尔企业应对卡特尔提价的最优方式，取决于他们如何平衡自己产品的价格上涨所带来的更高的边际成本和相应的产量增加。在大部分标准的需求系统中，价格是策略补充，也就是说，相互竞争的企业中有一家或者若干家分别提高了他们的价格，那么其他任何一家企业也提价就是最优的策略。[18]当卡特尔引起产品价格上涨时，非卡特尔企业的最佳应对就是提高自己产品的价格。非卡特尔企业的价格上涨可以由这些企业的最佳反应函数的斜率来表示。

为了说明上述结论，设定线性需求函数且边际成本固定的条件下，价格递增的同时需求也会递增，而不论当时主导的价格和产量水平。此时，直观上企业的最佳反应函数也是线性函数，即如果一个企业预见到竞争对手的价格递增更大，它的最佳策略就是不论当时主导的价格水平如何，也以定量递增提高自己的产品价格。图 2 设定为线性需求函数，假设市场中存在 3 个企业，边际成本均等且固定，生产的产品相互之间差异程度相同。

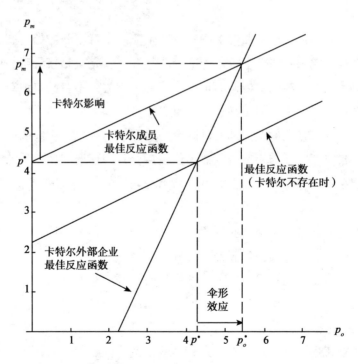

图 2　价格竞争下存在策略性的卡特尔外部企业的伞形效应

首先讨论卡特尔形成之前的情况。两条最佳反应函数分别表示两个代表企业，其交点为均衡价格。在这个纳什均衡点上，对应的均衡价格则是该企业的最佳应对。单个企业考虑到其他企业都会各自定价，这个企业的最优决策就是也单独制定自己的价格。接下来假设存在由两个公司串谋组成的卡特尔，其共同市场行为均为最优策略。下面为便于说明仅考虑两个企业，一个是卡特尔成员之一，另一个是卡特尔外部企业。其中卡特尔成员根据可预见的外部企业的价格来作出最优应对。卡特尔成员的最佳反应函数向上平移，卡特尔成员和非成员的最优应对函数的交点成为新的价格均衡点。注意，由于非卡特尔成员企业不一定知晓卡特尔的信息，因此在这种情况下各自要达到均衡点的价格要经过一段时间。卡特尔直接反映在卡特尔产品价格上的变化是从 p^* 递增到 p_m^*，伞形效应下的产品价格是从 p^* 递增到 p_o^*。[19]

在替代产品是由作为价格接受者的竞争企业提供的情况下，当这些企业增加产量是伴随着边际成本的增加或者受到产量限制时，伞形效应会更为明显，因为这些条件下反应函数的斜率增大。用转移率来衡量的产品的可替代性程度，也对伞形效应的程度有着重要的影响。替代性越高，伞形效应越强。这是因为当产品的替代程度越高时，从卡特尔到非卡特尔产品的需求溢出更明显。与此相似，伞形效应的规模也与卡特尔规模正相关。直观地看，如果卡特尔只占到市场中很小的份额，那么转移到非卡特尔产品的需求也会很有限，每一个非卡特尔企业提高产品的价格随之也会非常有限。反之，如果卡特尔的市场份额较大，转移到少数非卡特尔产品的需求就会增大，随之非卡特尔企业的产品价格上涨得也会更多。[20]

线性需求及固定边际成本的情况下，假定市场由 10 个生产不同产品的企业组成，产品的替代性很低。下面通过计算卡特尔产品价格、非卡特尔企业的产品价格，以及不同的卡特尔市场份额下的伞形效应来分析说明。卡特尔成员的规模 2 ~ 9 家企业不等。卡特尔规模为 9 家企业时，那么市场上除去 1 家企业都串谋成为卡特尔。[21] 在前面的讨论中没有假设一个固定的卡特尔价格是因为卡特尔在市场中的规模是变动的。但是现在假设卡特尔成员共同以最佳策略进行串谋，相当于一个合并的企业，均衡点在此时可以确定为卡特尔和非卡特尔分别的最佳反应函数的交点。即使当卡特尔外部企业不能直接获悉卡特尔的运作，在特定的条件下，尤其当参与卡特尔的若干企业如同一个合并企业般行为时，卡特尔外部企业会调整其产品价格以适应需求变化。

需要注意的是，上涨的价格是参照对称非卡特尔价格（Symmetric Non-cartelprice）（2903）（2903 为没有任何卡特尔存在的市场基准价格——译者注）来计算的。即使在产品替代程度很低的条件下，根据卡特尔的规模大小，伞形效应值从 7% ~ 23% 的卡特尔价格不等（见表 1）。[22]

表 1　伞形效应与卡特尔规模

卡特尔成员数量	2	3	4	5	6	7	8	9
价格卡特尔	3.947	4.033	4.130	4.238	4.360	4.499	4.656	4.837
价格卡特尔外部	3.876	3.885	3.901	3.922	3.950	3.987	4.032	4.088
卡特尔价格效应	0.076	0.162	0.259	0.367	0.489	0.628	0.785	0.966
伞形效应	0.005	0.014	0.030	0.051	0.079	0.116	0.161	0.217

资料来源：作者计算。

2. 产量竞争

如果企业之间是以产量或产能竞争的，大多数情况下产量或者产能是策略替代博弈模型。[23] 当一个或若干个企业减少产量之后，其他企业的最佳策略则是增加自己的产量。换言之，卡特尔企业减少供给会提高市场价格，吸引非卡特尔企业生产更多产品并且用较之前更高的价格卖出。[24]通常由卡特尔引起的价格涨幅会大于由非卡特尔企业提高产量引起的价格降幅，因为市场整体的产量在减少，市场价格总体上涨。同样的结论也出现在卡特尔与非卡特尔企业生产不同产品的条件下。在伞形效应分析模型中，竞争边缘企业和策略性边缘企业（Strategic Fringe）的不同点主要在于，后者作出的产量应对的变化较为不明显，因为它们会考虑自身产量的选择对市场价格的影响。[25]

　　伞形效应发生于多种情形下，无论价格竞争还是产量竞争，相同还是不同产品，非卡特尔企业为价格接受者还是策略性应对者。[26]伞形效应与卡特尔和非卡特尔企业产品的替代程度负相关。如果产品完全相同，由卡特尔和由伞形效应引起的价格上涨没有不同。如果产品差异很大，卡特尔提价或者降低产量，引起的向非卡特尔产品的需求转移非常有限，因而引起的市场其他企业价格或者产量的增加也很有限。价格竞争下，伞形效应与卡特尔占有的市场份额大小成正相关。

三、伞形效应、卡特尔稳定
程度及市场定义

（一）卡特尔占有部分相关市场份额

　　在分析卡特尔占有部分相关市场份额下的伞形效应之前，需要界定相关市场。许多国家在定义相关市场时采用的都是假定垄断者测试（Hypothetical Monopolist Test，HMT）。[27]该测试判断一个假定的利润最大化的垄断者是否可以实行一个小幅但有意义的、且非临时性的产品价格涨价（Small but Significant and Nontransitory Increase in the Price，SSNIP）。这个"小幅但有意义的"的涨价标准通常为 5%～10%，"非临时性"的时间通常为 1 年。如果SSNIP 条件不能被满足，那么该利润最大化的垄断者不会实行价格上涨，否则会引起大量的需求替代转移。因此，待选市场由于引入更多的替代产品而扩大，需再次进行上述测试。相关市场是由最小的满足 SSNIP 条件的产品群组成，该最小产品群保证假定垄断者实施价格上涨而能盈利。市场边界界定在价格上涨可以使假定垄断者利润最大化的临界点，此时相关市场外的产品不能吸引足够的消费者需求，以使得垄断者价格上涨无利可图。

在经营者集中控制中，通常从现行主导价格水平开始分析。然而在滥用市场支配地位的情形中，通常先分析假定有效竞争存在时的主导价格水平。理论上分析假定的价格水平是有必要的，实践中却难以完成，因为该分析可能会陷入"玻璃纸谬误"（Cellophane Fallacy）。原因在于，某个有显著市场地位的企业或许已经将其产品价格提升到垄断水平，如果继续提价，由于大量的消费者转移到其他产品而无利可图，此时市场扩大而形成新的相关市场。这一新的市场界定是过于宽泛的，因为它包括垄断价格下的替代产品，而这些产品在有效竞争存在时的主导价格下是不具替代性的。因此占有支配地位的企业的市场份额和市场控制力被低估了。[28]

在一个合理界定的相关市场中，如果卡特尔没有占有全部市场，那么就存在卡特尔外部企业搭便车的风险。如图 3 所示，企业 A、B、C 串谋卡特尔，企业 D 在相关市场中为卡特尔外部企业。在卡特尔的庇护之下，外部企业可以从增加的产品需求中获利，还可以提高其产品价格。伞形效应越强，即当卡特尔外部企业根据越来越高的卡特尔价格也相应提高自己的价格时，可以论证此时需求替代越低。换言之，伞形效应越强则卡特尔的稳定性越高。[29]

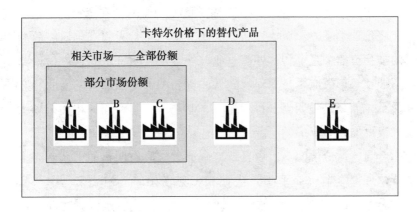

图3　相关市场内外的伞形效应

当没有卡特尔外部企业作出价格上的应对时，鉴于主要焦点在于需求替代，此时伞形效应和 HMT 测试有着密切的联系。如果一候选市场和竞争价格下 HMT 的条件不能得到满足，不仅一方面说明相关市场更大，另一方面说明没有伞形效应的影响下即使卡特尔占有全部候选市场也不可能获利。卡特尔企业能够获利，仅当那些在相关市场而被排除在候选市场外的企业产品也随之涨价。SSNIP 分析排除了不是候选市场的产品，因此也就没有考虑伞形效应。[30]逐渐地增加替代产品，从卡特尔最核心的产品不断扩大产品群，扩大候选市场，直到候选市场的假定垄断者（或者与垄断者相当的卡特尔联盟）能够营利性地实行价格上涨。然而在这样界定的相关市场中，卡特尔联盟不一定需要市场中所有

企业都加入卡特尔，因为卡特尔企业可以指望伞形效应，而
SSNIP 分析不会考虑伞形效应。

假设 HMT 显示卡特尔（图 3 企业 A、B、C）产品与外部企
业（企业 D）产品在同一相关市场。进一步假设如果没有卡特
尔，当产品高度相似时，竞争价格很可能会成为市场主导价格。
根据相关市场的界定，卡特尔（企业 A、B、C）在竞争价格水平
上涨价 5% ~ 10% 不会盈利。因此卡特尔实行大幅涨价而能盈利
的唯一可能就是卡特尔外部企业（企业 D）也涨价。这一讨论并
不涉及伞形效应本身的程度高低，比如与卡特尔涨价幅度的相互
关系，而只是强调当卡特尔外部企业与卡特尔在同一相关市场中
时很可能发生伞形效应。

前述讨论说明，市场界定与伞形效应具有明显的关系。当卡
特尔外部企业（企业 D）也在相关市场中时，相关市场中产品
（替代产品）之间发生的转移越大，伞形效应也越强。如前述讨
论，事实上如果卡特尔外部企业涨价幅度足够大，占有市场部分
份额的卡特尔可以显著地盈利。[31]在本部分讨论的条件下，卡特尔
要获得盈利有两个方法：（1）卡特尔提价的幅度小到即使在没有
伞形效应发生的情况下也仅有有限的产品需求转移；（2）伞形效
应须足够强。

下一段将讨论伞形效应不仅发生在合理界定的相关市场内，
还发生在相关市场之外。

（二）当卡特尔外部企业产品不在相关市场中

假设卡特尔占有全部市场份额，相关市场中的所有企业都参
与了卡特尔串谋（图 3 企业 A、B、C、D）。根据 SSNIP 测试，卡
特尔联盟在竞争价格上的小幅提价不会造成大量的向卡特尔外部

企业产品（企业 E）的需求转移。然而如果提价是在卡特尔价格基础之上情况又会不同，尤其是当卡特尔提价显著高于竞争价格，不是相关市场一部分的产品也会成为替代产品。即使相关市场外部的产品本来不具有足够的替代性以成为相关市场中的产品，由于卡特尔价格显著高于竞争价格，就会使得消费者将需求转移到相关市场外部的产品。由于这些外部产品与相关市场中的产品相比替代程度较远，伞形效应的强弱主要还是取决于卡特尔提价的幅度。

引入上文提到的"玻璃纸谬误"会使得上面的讨论更加直观。如果卡特尔价格被用来界定市场,[32]则相关市场界定过宽（相关市场包括企业 A 至 E 的产品），因为只有在过高的产品价格下才具有替代性的产品也被视为相关市场中的替代产品。然而如果卡特尔占有合理界定的相关市场的全部份额（产品群为企业 A 至 D 的产品），伞形效应在相关市场外部（企业 E 的产品）也会发生，因为市场外部产品与相关的替代产品接近。如果不是上述假定情形（假定卡特尔占有界定合理的相关市场的全部份额），则不会发生玻璃纸谬误。

设定一个简单的例子来说明上述结论，假设 3 个企业生产不同的产品,[33]企业 1 和企业 2 生产的产品较接近，而企业 3 的产品差异更大。如果三个企业各自最大化自己的利润，可以分别设定一组均衡价格。按照 SSNIP 提高企业 1 和企业 2 的产品价格在竞争均衡价格的 10% 之上，经计算显示该涨价是有利可图的。[34]于是企业 3 的产品不属于相关市场，因为它不具有足够的约束作用。假设由企业 1 和企业 2 组成的串谋卡特尔占有相关市场全部份额，最大化共同利润，而企业 3 的产品具有替代性但是不在同一相关市场。此时不仅企业 1 和企业 2 的产品价格，而且企业 3 的产品价格也会上涨。再假设企业 3 不会为了应对企业 1 和企业 2 的提价来调整自己的价格。如果 SSNIP 测试的 10% 幅度是根据企业 1 和企业 2 的卡特尔价格设定，那么卡特尔不能从继续涨价中盈利，这就错误地指示企业 3 的产品应纳入相关市场。这同样也适用于 5% 的提价幅度。而假设企业 3 追随卡特尔提价作出最优价格调整，如企业 3 会根据企业 1 和企业 2 的提价 10% 也调整自己的产品价格提升 10%，那么卡特尔 10% 的涨价就能盈利；同样地也适用于 5% 的 SSNIP 提价。

上述用以解释"玻璃纸谬误"（如果是适用假定垄断者测试来界定市场）的例子说明卡特尔高价下，相关市场外部的产品在存在有效竞争的条件下也可能成为重要的需求替代产品。由此，即使卡特尔占有整个市场，由于卡特尔高价下，产品需求会从卡特尔产品上转移出去，相关市场外部的企业的产品会成为相关的替代产品，在相关市场（用竞争价格来界定的市场）外部的企业身上也发生了伞形效应。

四、下游竞争

前述没有讨论卡特尔与卡特尔外部企业的下游企业是否存在直接的竞争关系，而这一区别在下面的讨论中非常重要。根据卡特尔的直接购买者（图 4 企业 F 和企业 G）是否与非卡特尔企业的购买者（图 4 企业 H 和企业 I）有直接的下游竞争，影响后者在生产替代产品的非卡特尔企业（图 4 企业 D 和企业 E）提价时也可能蒙受卡特尔造成的损害。

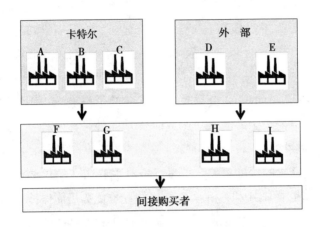

图4 伞形效应与下游竞争

首先要注意的是如果供给商提供完全可以相互替代的产品，且没有产能限制或者特别的企业偏爱（如地理距离远近），没有必要讨论是否会产生伞形效应的问题。在这样的假设前提下所有的产品采用同一定价。[35]因此考虑引入相反的设定，从直接购买者的角度看，没有卡特尔与非卡特尔产品的直接替代产品（企业 F 和企业 G 只能从企业 A、B、C 购买产品，企业 H 和企业 I 只能从企业 D 和企业 E 购买）。假设采购发生在本地，而最后产品是在全国或者国际市场上出售（企业 F 至企业 I 在一个共同的市场上出售产品）。虽然这里的情形设定为排除卡特尔与其他供给商产品之间的直接替代，但是不排除其中一方价格的上涨仍然会导致其他产品的需求增加，继而随之涨价的可能性。下面会分析此时由卡特尔引起的价格上涨的意义与之前的举例有着明显不同，接着则要再考虑卡特尔和非卡特尔的产品可以替代的情形。

卡特尔的直接购买者 F 和 G（占有部分市场份额）将卡特尔

的价格上涨转嫁到卡特尔间接购买者，转嫁得越多，相对于非卡特尔的直接购买者 H 和 I 的竞争力就越弱。于是需求转移到竞争对手 H 和 I 的产品上。为了满足需求的增加，H 和 I 就会分别从非卡特尔的企业（企业 D 和企业 E）要求更多供给。根据前面的论证，这样的行为通常会导致供给产品的价格上涨。而且，价格上涨的幅度取决于需求量（函数曲线）向外平移的程度，这就与卡特尔直接购买者转嫁给间接购买者的价格密切相关，因而也就与卡特尔涨价的幅度相关。虽然竞争对手 H 和 I 的供给产品也涨价了，但是通常 H 和 I 相对 F 和 G 的竞争优势仍能保持（尽管总体已经减少）。毕竟还是由于竞争对手 H 和 I 自己的需求量增加了，伴随着卡特尔直接购买者（F 和 G）的竞争力下降，导致 H 和 I 对供给产品的需求也增加了，这也就引起供给产品的价格上涨。换言之，由于卡特尔直接购买者的竞争力减弱，H 和 I 从增加的产品销售中获利，但通常还是会超过他们面对的越来越高的供给输入价格。

前面假设从卡特尔购买产品的企业不能从其他供给商购买，只是为了说明论点作出的极端的例子。现在假设存在一定程度的产品替代性，而卡特尔购买者 F 和 G 及非卡特尔购买者 H 和 I 在下游市场仍然是竞争对手。卡特尔外部企业（D 和 E）的产品价格上涨有两个原因。如前文所述，卡特尔提价后，产品需求从卡特尔企业（A、B 和 C）转移到其他企业（D 和 E），这是触发伞形效应的首要原因。接下来，更多地受到卡特尔提价影响的企业（F 和 G）把增加的输入成本转化成更高的输出价格，导致在下游市场其竞争对手（H 和 I）的需求增加，后者青睐从非卡特尔成员输入产品。通过下游市场的竞争，卡特尔外部企业的需求也增加了，导致其价格上涨。然而这两层效应不应被视作相互补充甚至相互加强。如果下游市场的竞争更加激烈，由于在下游市场有更多的企业不受到卡特尔涨价的直接影响，卡特尔企业的直接购买者为了应对更加激烈的竞争会选择不转嫁与卡特尔涨价幅度相当的成本给间接购买者。这种情况下，卡特尔企业涨价的动力也会减少，因为反之会引起更大幅度的产品需求量的减少。

重点在于，卡特尔涨价后，卡特尔外部企业的产品需求增加的原因，及其应对下游需求增加而涨价的原因，这两个不同途径的原因同时对于其产品购买者都有一定的影响，但各自独立。实际上据前文所述，下游市场的直接购买者（H 和 I）竞争力增强，需求扩张，从卡特尔运作中得利。简单的实证分析只能通过对比相反事实下的市场来确定卡特尔外部企业（D 和 E）的价格上涨，不能很好地反映两层效应的不同作用下的差别。而对损害进行全面分析，包括考虑产量变化和价格转嫁，就可以避免这个问题。[36] 即使全面的损害分析不可行，也应从前面的论述中认识到仅仅确定涨价多少，即单个产品提高的价格乘以实际的产量，只能很差地反映出伞形效应造成的损失。

最后需要注意的是，来自非卡特尔企业的供给产品的输入价格提高，即使直接购买企业（H 和 I）能从卡特尔的运作中获利，它们纵向关系中的下游消费者或企业（图 4 未画出）却受到损害。即使这些间接购买者所购买的产品不是来自卡特尔的直接购买者，也不能主张卡特尔涨价让他们不能获得本来更为便宜的产品。至少在上文举例的极端条件下，这些间接购买者接受的产品价格根本上还是因为卡特尔而上涨了。

五、伞形效应与卡特尔内部形成

目前假定过卡特尔只占有部分市场份额，而没有在理论模型中讨论过市场份额的部分占有是因均衡状态形成的。这一假定是在一定条件下成立的，即除去参与卡特尔的企业，其他企业的市场份额都小到微不足道，而成为非策略性的价格接受者。然而在许多实例中卡特尔的市场份额较低，[37]或者有较大市场份额的企业未参与卡特尔。[38]这些实例中非策略性行为的假定就没有说服力，因此经济学理论需要解释均衡下的非完全卡特尔的形成。要使伞形效应理论连贯一致且有说服力，就要从理论上解释占有部分市场份额的卡特尔的形成。[39]

分析卡特尔的基本理论方法是重复交互模型。该模型中，如果企业短期背离卡特尔串谋协议的利润小于长期的维持在卡特尔的利润，那么这样组成的卡特尔就是稳定的。[40]该模型意味着，一旦有至少一家企业背离卡特尔，那么卡特尔串谋就会瓦解。[41]要全面分析卡特尔的伞形效应，经济学理论需要解释一些企业不参与卡特尔的利益所在，换言之，为什么卡特尔联盟不愿意吸收其他企业。核心在于卡特尔的内部和外部的稳定性两方面问题，内部稳定性要处理卡特尔成员是否有充分的动力遵守卡特尔的问题，如果卡特尔外部企业的利润低于卡特尔成员，内部稳定性得以建立；外部稳定性要处理加入卡特尔的动力问题，如果没有外部企业愿意加入卡特尔，则外部稳定性得以建立。如果企业加入卡特尔后因提价获得的利润并没有高于当下未加入时的利润，那么外部稳定的条件就可以满足。

内外稳定才能形成稳定的卡特尔联盟。

对于伞形效应很重要的一个因素就是卡特尔的规模。卡特尔在市场中的规模越小，其涨价的效果越小。存在小规模的卡特尔的市场结果与竞争市场并无差别。接着前述与 HMT 测试作出的比较，除了卡特尔的规模，伞形效应还与产品的种类有关系。虽然卡特尔的市场份额很重要，但是分析最为接近的产品生产企业也很重要。在其他条件都不变的情况下，早期就被纳入候选市场的企业比在相关市场边界确定时才纳入的企业更具相关性。[42]

最近的相关文献分析了相同产品条件下的占有部分市场的卡特尔的若干方面问题，包括卡特尔的形成、卡特尔的行为及使得部分卡特尔更有可能出现的产业结构。[43]如果各个企业的产能是有差异的，而卡特尔组成的成本很高，那么考虑到成员数量越大成本越高，卡特尔联盟就不会包括产业中的所有企业。占有部分市场的卡特尔的规模取决于组成联盟的成本，成本越高，企业数量越少。市场价格可以由卡特尔的联合产能递增函数来显示，这意味着伞形效应随着卡特尔市场覆盖程度增加而加强。研究还表明，较大的企业更有动力加入卡特尔。因此占有部分市场的卡特尔构成的均衡状态，包括产业中最大的企业。此外研究还表明，占有部分市场的卡特尔更有可能出现在企业大小为非对称分布的市场中，而不是企业大小更平均分布的市场中。[44]

因此，其他研究关于相同产品条件下的占有部分市场的卡特尔是均衡结果的分析，与本文前面的结论基本一致。卡特尔市场份额的大小与伞形效应的规模呈正相关。然而关于占有部分市场的卡特尔的理论分析还不是很完善，且只关注相同产品的前提条件。未来进一步的分析可以更加细化，包括讨论产品不相同的条件下的情形。

六、结　论

本文关于伞形效应的分析揭示了如下观点：首先，伞形效应在很多情况下都会发生，尤其是当卡特尔外部企业为价格接受者的情况，以及当他们面对自己的产量受卡特尔的市场行为影响而增加，继而策略性调整产品价格来适应的情况；其次，伞形效应还发生在产量（产能）竞争及价格竞争下，且产品之间有一定的差异的情况。上述要素加上其他条件，如企业成本函数（或者更为普遍的是供给弹性），共同影响伞形效应的规模。卡特尔涨价后，伞形效应与产品之间的替代程度（因为产品的替代性提高了卡特尔产品向非卡特尔产品的需求转移量）及卡特尔规模正相关。有意思的是，卡特尔外部企业是否作出策略应对可以遏制或加强卡特尔的总体价格效应，因此也就影响伞形效应的规模，即卡特尔对于非卡特尔企业的购买者的影响程度。

本文还分析了伞形效应与相关市场界定的关系。垄断分析常常要界定相关市场，一定规模的伞形效应至少理论上也会发生在不属于相关市场的企业上。尤其是当卡特尔持续地维持一定的价格上涨，本来在有效竞争下不具替代性的产品也成为替代产品。另外，当具有一定产能规模的卡特尔外部企业在相关市场中，只有在具一定规模的伞形效应下，卡特尔涨价才能是显著的并且有利可图的。因此，卡特尔的大小及其市场份额、卡特尔涨价幅度，与伞形效应都是紧密联系的。全面的分析应该检视这些所有要素，并且要考虑何种程度下各个结论的一致性（类似均衡分析）。

最后，向非卡特尔企业转移的需求会导致其价格上涨，并且事实上有可能通过两种不同的途径产生影响：替代卡特尔产品的直接影响；通过下游竞争产生的间接影响——分别从卡特尔和非卡特尔企业购买产品的企业最后转而从非卡特尔企业处购买。第二种途径也会导致价格上涨，不直接从卡特尔购买产品的企业可能从卡特尔的市场行为中获利。要确认卡特尔造成的实际损失，关键在于要考虑卡特尔与非卡特尔企业的整体市场行为调整，还要考虑它们各自相互竞争的潜在购买者。

【注释】

1 欧盟委员会：《基于违反欧盟运行条约第101条和第102条的损害赔偿诉讼的损害量化指南》草案（2011年6月），载http：//ec. europa. eu/competition/consultations/2011_ actions_ damages/draft_ guidance_ paper_ en. pdf；欧盟委员会关于《欧洲议会与理事会关于根据国内法对违反成员国和欧盟竞争法提起损害赔偿诉讼的规则》指令提案，COM（2013）404 final（2013年6月11日）；欧盟委员会《关于违反欧共体竞争法的损害赔偿诉讼的绿皮书》，COM（2005）672 final（2005年12月19日）；欧盟委员会《关于违法欧共体竞争法的损害赔偿诉讼的白皮书》，COM（2008）165 final（2008年4月2日）；Joshua P. Davis & Robert H. Lande, Toward an Empirical and Theoretical Assessment of Private Antitrust Enforcement, *36 SEATTLE U. L. REV. 1269* （2013）（讨论关于竞争法公共执行和私人执行的互补关系）[《欧洲议会与理事会第2014/104/EU号指令：关于根据国内法对违反成员国和欧盟竞争法提起损害赔偿诉讼的规则》已于2014年11月通过，最终版本见 http：//ec. europa. eu/competition/antitrust/actionsdamages/damages_ directive_ final_ en. pdf.——译者注]

2 Case C-453/99, Courage Ltd. v. Bernard Crehan, 2001 E. C. R. I-06297.

3 Joined Cases C-295/04 to C-298/04, Vincenzo Manfredi v. Lloyd Adriati-

co Assicurazioni SpA, 2006 E. C. R. I-06619.

4 David Ashton & David Henry, *Competition Damages Actions in the EU: Law and Practice*（Edward Elgar 2013）（指出主题相关的概况和法律问题介绍）；Frank Maier-Rigaud & Ulrich Schwalbe, Quantification of Antitrust Damages, in *Competition Damages Actions In The EU: Law And Practice ch. 8*（David Ashton & David Henry eds., Edward Elgar 2013）（重点阐释损害赔偿诉讼及损害计算的经济学问题）；Roman Inderst, Frank Maier-Rigaud & Ulrich Schwalbe, Quantifizierung von Schäden durch Wettbewerbsverstöβe, in Handbuch der Privaten Kartellrechtsdurchsetzung（Andreas Fuchs & Andreas Weitbrecht eds., C. H. Beck, *München forthcoming 2015*）（重点阐释损害赔偿诉讼及损害计算的经济学问题）。

5 尽管与损害赔偿不太相关，但是经营者集中也会发生伞形效应。例如，当两个企业进行合并时，合并中的任何直接的单边价格效应通常都会引发伞形效应，这也提高了合并后的企业的最优价格上涨幅度。这一现象将在下文 SSNIP 测试中简单论述。

6 Frank Maier-Rigaud, Umbrella Effects and the Ubiquity of Damage Resulting from Competition Law Violations, *5 J. EUR. COMPETITION L. & PRACT.* 247（2014）；Frank Maier-Rigaud, Toward a European Directive on Damages Actions, *10 J. COMPETITION L. & ECON. 341*（2014）（关于指令提案的讨论）。

7 Joined Cases C-295/04 to C-298/04, Manfredi, 2006 E. C. R. at 98.

8 奥地利法院提出案件先决申请于 2012 年 12 月 3 日，Case C-557/12, KONE AG, Otis GmbH, Schindler Aufzüge und Fahrtreppen GmbH, Schindler Liegenschaftsverwaltung GmbH, ThyssenKrupp Aufzüge GmbH v ÖBB-Infrastruktur AG, 2013 O. J.（C 71）9（Sept. 3, 2013），见 http://eur-lex. europa. eu/LexUriServ/LexUriServ. do? uri = OJ: C: 2013: 071: 0005: 0006: EN: PDF. ；另见，Opinion of Advocate General Kokott, delivered on 30 Jan. 2014 in Case C-557/12 KONE AG and Others：http://curia. europa. eu/juris/document/document. jsf? text = &docid = 147064&pageIndex = 0&doclang =

EN&mode = lst&dir = &occ = first&part = 1&cid = 185155。

9 欧盟委员会在 Hutchison 3G Austria 和 Orange Austria 合并案中论述道：普遍接受的经济学理论证明，面对竞争对手涨价时的利润最大化的策略就是自己也涨价……背后的基本原理是：如果合并后的企业提高价格，一些消费者会考虑转移到其他供应商。合并的企业会考虑平衡这部分的利润损失，并从没有转移的消费者获得更大的利润。竞争对手面对新增的消费需求量，也有动力提高自己的产品价格。如果这些竞争对手面对别的企业涨价自己也主动以涨价作为应对，那么他们的定价称为"策略补充"（Strategic Complements）……欧盟委员会发现在寡头价格竞争的标准模型下，除非有非常极端的假设条件，策略补充的定价策略总会发生……因此，欧盟委员会认为在该案中不应偏离这一推断，即竞争企业面对其他企业的涨价很有可能也会相应涨价。Commission Decision, Case M. 6497, Hutchison 3G Austria/Orange Austria, ¶ 367, 369, 371 – 372.

10 例如欧盟委员会，《基于违反欧盟运行条约第 101 条和第 102 条的损害赔偿诉讼的损害量化指南》草案，前引注释 1；Maier-Rigaud & Schwalbe，前引注释 4。

11 这一模型和串谋价格领导模型（models of collusive price leadership）相似，分析举例见：Claude d' Aspremont, Alexis Jacquemin, Jean Jaskold Gabszewicz and John A. Weymark, On the Stability of Collusive Price Leadership, *16 CANADIAN J. ECON. 17*（1983）；Marie-Paule Donsimoni, Stable Heterogeneous Cartels, *3 INT'L J. INDUS. ORG. 451*（1986）。

12 虽然通常情况下会发生正伞形效应，但是也有发生负伞形效应的情况。如假设由于剩余需求增加，竞争边缘企业可以引进技术在增加产量的同时降低平均边际成本。如果边缘企业的技术保持不变，前述情形就不会发生。追求利润最大化的企业不会在平均成本一直降低的范围内进行生产。

13 与经营者集中分析中应用的转移率密切相关。简而言之，转移率解答了如下问题：产品 A 的价格上涨到何种程度时，消费者会转而购买产品 B？至少在本地市场可以估计，A 至 B 的转移率等于 A 至 B 需求交叉价格弹性除以 A 的需求价格弹性。参见：Carl Shapiro, Mergers with Differentiated Products, *96 Antitrust Mag. 23*（1996）；OECD, *MARKET DEFINITION: OECD Best Practice Roundtables in Competition Policy*（June 2012），available at www. oecd. org/daf/competition/Marketdefinition2012. pdf（下文简引为 OECD, MARKET DEFINITION）（包含 Ulrich Schwalbe 和 Frank Maier-Rigaud 做的分析说明）；Simon Bishop & Mike Walker, *The Economics of EC Competition Law: Concepts, Application and Measurement*（Sweet & Maxwell/Thomson Reuters 3d ed. 2010）。参考 Shapiro 文中的例子：假设 A 自身需求价格弹性为 2. 0，价格提高 1% 会导致边际销售减少 2%。进一步假设，A 至 B 需求交叉价格弹性为 0. 5，且两企业产量相同。A 至 B 的转移率为 0. 5 除以 2. 0，即 25%。这意味着，产品 A 在小幅提价后损失的 1/4 的边际销售会被产品 B 填补。然而在本文现阶段的讨论不需清楚计算出转移率，因为卡特尔的需求损失不是本文主要关心的问题。重点在于它可以说明伞形效应与卡特尔减少产量的行为密切关系。Shapiro，前引注释 13，第 25 页。第三部分会再提到这个问题。

14　如果产品不同，取决于卡特尔减产引起的价格上涨的幅度，即使在竞争价格下本来不是相关市场一部分的产品也可能成为有吸引力的替代产品。如果卡特尔联盟市场份额较大，而本来不在相关市场中的新的替代产品的数量也很大的时候，效果与市场份额较小时相同。见本文第四部分。

15　然而，如前文所述，产品替代性越高并且卡特尔占有的市场份额越不完全，会让大幅的产品提价变得越发不可行，或者至少无利可图，本文在第三部分会进一步讨论。

16　A. M. Ulph & G. M. Folie, Economic Implications of Stackelberg and Nash-Cournot Equilibria, *40 Zeitschrift für Nationalö konomie 343*（1980）；Koji Okuguchi, Equilibria in an Industry with a Cartel and a Competitive Fringe, *34 ECON. STUD. Q. 38*（1983）；Koji Okuguchi, Nash-Cournot Equilibrium for an Industry with Oligopoly and a Competitive Fringe, *22 KEIO ECON. STUD. 51*

（1985）（三篇文章都分析了有竞争边缘的古诺寡头）。另见：Stephenmartin, *Advanced Industrial Economics*（Wiley-Blackwell 2d ed. 2002）。

17　Serge Moresi, the Use of Upward Price Pressure Indices in Merger Analysis, Antitrust Source（2010 – 02）, http：//www. americanbar. org/content/dam/aba/publishing/antitrust_ source/Feb10_ Moresi2_ 25f. authcheckdam. pdf.

18　这个结论适用于如果需求函数是对数凹函数，参见：Xavier Vives, *Oligopoly Pricing：Old Ideas and New Tools 94*（Mit Press 1999）。

19　举例是建立在 $\pi_i = (p_i - c_i)(a - bp_i + d\sum_{i=1}^{n}p_i) - c_ip_i$ 给出的线性利润函数模型上，取值为 $a=10$, $b=2$, $c=1$ 和 $d \in (0, 1]$。

20　当然，这一效应的产生由占有小（大）的市场份额的企业作出中度（较明显）的提价驱使，提价反过来引起需求转移。

21　根据需求函数 $10 - 2p_i + 0.1\sum_{j=1}^{10}p_j$, $j \neq i$，且边际成本固定为 C = 1。注意，下面是依据卡特尔的规模进行的分析，然而不是所有卡特尔都能满足内外稳定的条件，第五部分将对该问题进行讨论。

22　实际上转移率只有5%。

23　在策略替代博弈条件下，最佳反应函数是向下倾斜的，意味着供给函数不是非常凸，即当竞争对手增加产出时，企业边际收益会降低。参考VIVES，前引注释18。

24　有古诺边缘的稳定的卡特尔得以存在的条件为：线性需求，生产边际成本固定不变，卡特尔规模不是太大，即边缘企业的数量足够多。参见：Sherrill Shaffer, "Stable Cartels with a Cournot Fringe", *61 S. ECON. J. 744*（1995）。

25　有意思的是当企业之间的产量竞争是策略替代博弈模型时，卡特尔产量变化的影响下，如果卡特尔外部企业对市场条件的改变洞悉得不够快，包括卡特尔及其替代产品的价格上涨就越明显。这时卡特尔外部企业没有根据增加的产品需求而及时增加产量输出。这个例子也能很好地说明，卡特尔外部企业主动积极地应对卡特尔引起的市场变化能够减弱卡特尔造成的损失。

26 唯一的例外情形就是价格竞争下企业生产相同的产品，边际成本固定，且生产不受产能限制，只有占有全部市场的卡特尔才能对市场结果有影响。

27 欧盟委员会：《为执行共同体竞争法关于相关市场界定的通知》，1997 O. J. （C 372）5；美国司法部和联邦贸易委员会：《横向合并指南（2010）》，载 http：//www. justice. gov/atr/public/guidelines/hmg-2010. pdf；欧盟委员会公告，《关于技术转让协议适用欧盟运行条约第 101 条的指南》，2004 O. J. （C 101）2，19 - 25；欧盟委员会：《关于横向合作协议适用欧盟运行条约第 101 条的指南》，2011 O. J. （C 11）1，112 - 126；欧盟委员会：《纵向限制指南》，2010 O. J. （C 130）1，86 - 95. 另见 OECD, *MARKET DEFINITION*，前引注释 13（论述世界各国市场定义在竞争法中的作用，介绍美国最近的关于市场定义及相关方法的讨论）。

28 OECD, *MARKET DEFINITION*，前引注释 13，第 40 页 Box 4。

29 例如当卡特尔价格被作为卡特尔与卡特尔外部企业或外部企业之间的默示协调行为的聚点价格时，也可能引起相当大的伞形效应。

30 SSNIP 测试既不能设想到可以引起巨大伞形效应的策略性应对，也不能预见价格接受行为的变化。

31 这尤其在产品相同且没有产能限制的情况下十分明显。如果同一相关市场中的卡特尔外部企业不涨价，卡特尔无利可图也就无法形成。在伯特兰德竞争的极端情况下，企业会背离卡特尔从而获得所有产品需求。

32 主导价格用于经营者集中的市场界定，而假定竞争价格用于垄断或支配地位的市场界定。

33 例子根据三个企业的利润函数；$\pi_1 = (p_1 - c_1)(a_1 - bp_1 + dp_2 + ep_3)$；$\pi_2 = (p_2 - c_2)(a_2 - bp_2 + dp_1 + ep_3)$；$\pi_3 = (p_3 - c_3)(a_3 - bp_3 + ep_1 + ep_2)$，当 $a_1 = a_2 < a_3$，$b > d > e$ 且 $c_1 = c_2 = c_3$。

34 如果与 SSNIP 一般的实际做法相反，假定企业 3 能根据该价格上涨作出最优反应，该涨价盈利还可继续保持。

35 在价格竞争的设定下，卡特尔与非卡特尔生产相同产品，卡特尔企业不会首先把产品价格提高到竞争价格之上。

36 Maier-Rigaud & Schwalbe, 前引注释 4; Inderst, Maier-Rigaud & Schwalbe, 前引注释 4 (关于垄断损失计算的讨论)。

37 Commission Decision, COMP/39. 396 – Calcium Carbide and Magnesium Based Reagents for the Steel and Gas Industries, 2009 (C 2009) 5791 final, Recital 37 (July 22, 2009) (卡特尔之外还有 7 个供应商, 共同占有 calcium carbide powder 市场 15%, 及 calcium carbide granulates 市场 31%); Commission Decision, Case COMP/38543 – International Removal Services, 2008 (C 2008) 926 final, Recital 89 (Mar. 11, 2008) (卡特尔占有市场 50%). 另见 Commission Decision, Case COMP/38. 628 – Nitrile Butadiene Rubber (also known as synthetic rubber), 2008 (C 2008) 282 final, Recital 15 (Jan. 23, 2008) (Bayer 和 Zeon 组成卡特尔, 分别的市场份额为 36% 和 19%, 其他匿名竞争对手市场份额共达 45%)。注意, 欧盟委员会只能确认有证据证明违法行为的卡特尔成员企业, 意味着采用欧盟委员会的决定中的市场份额至少在平均上低估了卡特尔的市场份额。

38 Commission Decision, Case COMP/39482 – Exotic Fruit (Bananas), 2011 (C 2011) 7273 final (Oct. 12, 2011) (市场中最活跃的四大跨国企业中的两个组成卡特尔, 分别是 Chiquita 和 Pacific, 在行为发生的两年中, 两家合并市场份额在葡萄牙市场分别为 30% 和 40%。葡萄牙是唯一一个国家, 市场上除四大企业外竞争边缘企业达到 25% 的市场份额)。在意大利, 合并市场份额两年都是 50%, 希腊 2004 年 65% ~70%, 2005 年 60%, 前引, 第 22 段和第 326 段。Commission Decision, Case COMP/39188 – Bananas, 2008 (C 2008) 5955 final, Recital 457 (Oct. 15, 2008) (估计参与违法的企业的合并市场份额至少 40% ~45%)。另见: James M. Griffin, Previous Cartel Experience: Any Lesson for OPEC, in ECONOMICS IN THEORY AND PRACTICE: AN ECLECTIC APPROACH 179 (LawrenceR. Klein & Jaime Marquez eds., Kluwer Academic 1989) (样本为 54 个国际卡特尔的市场份额: 35% 占有至少 75% 的市场份额, 17% [9 个卡特尔] 占有至少 90% 的市场份额); Valerie Y. Suslow, Cartel Contract Duration: Empirical Evidence from Inter-War Interna-

tional Cartels, 14 INDUS. & CORP. CHANGE 705（2005）（71 个卡特尔组成的样本中，39 个卡特尔的平均市场占有份额至少为 50%）；George A. Hay & Daniel Kelley, An Empirical Survey of Price Fixing Conspiracies, *17 J. L. & ECON. 13*, 22 – 23（1974）（提供了产业集中度的评估，与本文发现相似："可以估计 50 个中有 38 个的集中率大于 50%"）。

39　在这一背景下，如前所述组成卡特尔的动力取决于市场竞争的方式以及企业采取的策略是策略补充还是策略性替代。在价格竞争下，价格是策略补充，卡特尔外部企业总有动力要加入卡特尔。参见：Raymond Deneckere & Carl Davidson, Incentives to Form Coalitions with Bertrand Competition, *16 RAND J. ECON. 473*（1985）。在产量竞争下，产量是策略性替代，且卡特尔相较于整个市场占有份额不是特别高，这种只占有部分市场的卡特尔不稳定，因为外部企业更容易在卡特尔减产时趁机搭便车。见：Stephen W. Salant, Sheldon Switzer & Robert J. Reynolds, Losses from Horizontal Merger: The Effects of an Exogenous Change in Industry Structure on Cournot-Nash Equilibrium, *98 Q. J. ECON. 185*（1983）（线性模型）。

40　也有较早的参考文献是基于静止的单次博弈分析。Reinhard Selten, A Simple Model of Imperfect Competition, Where 4 Are Few and 6 Are Many, *2 INT'L J. GAME THEORY 141*（1973）and d'Aspremont, Jacquemin, Gabszewicz &Weymark, supra note 11.

41　并不表示卡特尔就此瓦解，企业一次背离可能受到惩罚继而回归卡特尔协议。参见 Martin K. Perry & Robert H. Porter, Oligopoly and the Incentive for Horizontal Merger, *75 AM. ECON. REV. 219*（1985）。然而须市场中的所有企业都参与卡特尔的假定条件不变。

42　但是这不会发生在古诺竞争产品相同的模型下。

43　A. M. Bos, Incomplete Cartels and Antitrust Policy: Incidence and Detection（Nov. 20, 2009）（unpublished thesis, Tinbergen Institute）（on file with authors）；Iwan Bos & Joseph E. Harrington, Endogenous Cartel Formation with Heterogeneous Firms, *41 RAND J. ECON. 92*.

44 前面提到过，此类文献关注产品相同的条件，不考虑产品之间的替代性的不同。完全有理由相信较小的卡特尔稳定，而由不同企业组成的市场份额较大的卡特尔不稳定。尤其当前者的卡特尔成员的产品非常接近，替代性很高，而后者的卡特尔成员的产品则各自更具有代表性。

反垄断法视野下的
"最惠国待遇条款"

——以酒店预订市场中的"倒挂条款"为例

姜丽勇* 张 博** 撰

【摘 要】"最惠国待遇条款"（Most-Favored-Nation Clause，MFN）的含义是，现今的商事活动中，交易双方约定，交易相对方给予本方在商业政策等方面的待遇，不得低于该交易相对方给予任何其他第三方的待遇。一些在线酒店预订网站与合作酒店约定的"禁止倒挂条款"，便是一种典型的 MFN 条款。禁止倒挂条款要求酒店给予在线酒店预订网站的同一房型的网站售价不得高于酒店的前台价格，以及酒店网站价格、其他渠道的互联网销售价格和会员促销价等。国外已经出现反垄断调查机关认定某些 MFN 条款违反反垄断法的案例。在线酒店预订网站具有双向平台的特征，既连接酒店，

---

* 姜丽勇，高朋律师事务所合伙人，电子邮箱：jiangliyong@ gaopenglaw. com。

** 张博，高朋律师事务所律师助理。

也联系酒店预订客户，因而会形成两个市场。在我国，在线酒店预订市场中广泛使用的禁止倒挂条款在这两个市场中存在导致不同程度的横向和纵向垄断协议的风险。同时，具有事实上市场支配地位的在线酒店预订网站，也存在通过其支配地位，限制市场竞争的风险。因此，无论是在线酒店预订网站和酒店，还是作为市场监管方的政府反垄断机关，均应对禁止倒挂条款所可能导致的对市场竞争的限制加以关注。

【关键词】反垄断法；最惠国待遇条款；酒店预订；倒挂条款

"最惠国待遇"（Most-Favored-Nation）原本是在国际经济法中出现的法律制度，是指在国际贸易中，一国给予另一国的特权、优惠、豁免等法律待遇，不低于给予任何其他第三国的待遇。在现如今的商事活动中，交易双方也会约定类似的条款，即要求交易相对方给予本方在商业政策等方面的待遇，不得低于该交易相对方给予任何其他第三方的待遇。由于此类约定的精神和目的均与国际经济法中的"最惠国待遇"相近似，因此也被称为"最惠国待遇条款"（以下简称"MFN 条款"）。

在商事活动中的 MFN 条款，本身是通过主动或被迫限制自身的经营自由，来争取与更多交易相对人达成合作的一种常见的商业模式，尤其有助于上游厂商、知识产权授权人短时间内获得更为广泛的分销渠道或技术转让的机会，让作为中小企业的厂商或分销企业都能获得更多参与市场的机会。但 MFN 条款也可能导致严重的限制竞争：一方面，其必然会使处于竞争关系的一方缔约人与第三方间的竞争或多或少地受到限制，而且在该缔约人具备市场支配地位时，可以起到遏制边缘企业动摇其市场地位。另一方面，无论是上游厂商，还是下游分销商，如果同时与多家交易相对人签订了 MFN 条款，也可能客观上削弱这些交易相对人之间的竞争动力，甚至在一定条件下诱发价格协同。这就使MFN 条款自然而然地落入反垄断法的视野。

MFN 条款在当前的互联网经济中适用得较为广泛。例如，一些在线酒店预订网站与合作酒店签署的协议中所约定的"禁止倒挂条款"，便是一种典型的 MFN 条款。本文将结合此类"禁止倒挂条款"，就 MFN 条款在我国反垄断法律规制下的法律风险进行初步探讨。

一、禁止倒挂条款

禁止倒挂条款是现今在线酒店预订网站与酒店所签署的合作协议中，一种较为常见的价格条款。所谓"倒挂"是指在相同时间段，酒店给予在线酒店预订网站的同一房型的网站售价（包括服务费和早餐等条件）高于酒店前台执行价格，该执行价格包括但不限于酒店前台价格、酒店网站价格、其他渠道的互联网销售价格和会员促销价等。

我国在线酒店预订市场发展很快，各种在线预订模式层出不穷。但常见的在线酒店预订网站主要分为两类：第一类是网站直接与酒店签订合作协议，并按协议价格或包销价格在网站平台上发布合作酒店的价格及其他服务条件；第二类是网站仅是各酒店服务供应方或酒店服务信息发布方发布信息的平台，网站本身并不与酒店签订合作协议。前者在我国的代表为携程网，后者为去哪儿网。"禁止倒挂条款"主要出现在第一类在线酒店预订网站与酒店签订的合作协议中。

在"禁止倒挂条款"中，酒店作为酒店服务的卖方，承诺给予某一提供中介服务的在线酒店预订网站，不低于其他销售渠道的优惠政策（包括价格和早餐等服务）。这使得该在线酒店预订网站可以以最低的价格和最优惠的条件获得酒店的房源，并将该房源以最低的价格和最优质的服务介绍给预订酒店的消费者。因此禁止倒挂条款属于一种典型的 MFN 条款。

二、国外与 MFN 条款相关的案例

在我国的反垄断执法和司法实践中，还鲜有出现与 MFN 条款相关的案例。但在其他一些反垄断法发展程度更高的国家和地区，与 MFN 条款相关的反垄断执法和司法活动已逐渐成为一大热点。[1]

1. 导致"纵向限制竞争"的 MFN 条款

2013 年德国联邦卡特尔局裁定在线酒店预订服务商 HRS 公司与合作酒店间的 MFN 条款违反了《德国反限制竞争法》和《欧盟运行条约》（TFEU）第 101 条第 1 款。[2]

HRS 公司为合作酒店提供在线预订服务，并收取佣金。而消费者通过在 HRS 网站上在线选择希望预订的酒店。HRS 在与酒店签订的合作合同中附有 MFN 条款，该条款规定该酒店给予 HRS 的价格不会高于该酒店给予任何其他在线酒店预订网站的价格，并且在其他如客房条件和取消条款等方面的待遇也不得低于任何其他在线酒店销售渠道。随后，HRS 又将这一 MFN 条款延伸至线下，要求酒店前台的客房价格也不得低于给予 HRS 的价格。[3]由此可见，HRS 合同中的 MFN 条款已经构成上文所述的"禁止倒挂条款"。

德国联邦卡特尔局认为 HRS 的这种 MFN 条款构成对竞争的侵害。该局指出：首先，HRS 并非传统意义上的商业代理机构，因为其承担了传统商业代理机构不能比拟的商业风险，所以 HRS 不能适用与 TFEU 第 101 条第 1 款相关的纵向协议豁免。其次，此类 MFN 条款将使得其他酒店预订网站不再有降低其佣金标准以便酒店可以提供更优惠房价的动力。这也使得新的酒店预订网站更加难以进入这一市场。同时，该 MFN 条款还限制了酒店自主条件价格的权利。[4]

最终，德国联邦卡特尔局裁定 HRS 与其合作酒店适用的 MFN 条款违法，并要求 HRS 于 2014 年 3 月 1 日前删除与合作酒店签署的 MFN 条款。[5]

2. 导致"横向限制竞争"的 MFN 条款

从 2010 年开始，美国苹果公司大举进军电子书市场。为了对抗其主要竞争对手亚马逊公司，苹果公司与美国的五大出版公司签署了带有独特 MFN 条款的协议。在该 MFN 条款中规定，出版商享有在苹果线上书店销售电子书的定价权。如果有另外一家出版商以更低的价格销售一本电子图书，该出版商就必须以相同的价格在苹果线上书店销售。[6]

由于苹果与五大出版商都签订了类似的条款，从而导致电子书的售价在市场中渐渐趋于完全一致。美国法院认为，尽管这种 MFN 条款从性质上看可能是合法的，但是与多家出版商签订该条款，减少了电子书价格之间的竞争，导致价格的趋同。这就在事实上构成一种共谋的行为。美国法院认为，苹果积极、主动地促成与出版商之间涉及 MFN 条款的合同，构成横向垄断协议，因此违反了反托拉斯法。[7]

三、MFN 条款与垄断行为的联系

显然，MFN 条款通常出现在存在供销两方的合同或约定中，这意味着签订 MFN 条款的双方处于上下游的关系。而且，上下游的缔约方均可以主张签订 MFN 条款。

1. 普通上下游关系中的 MFN 条款是否构成垄断行为

普通的上下游关系是指产品的销售只存在一组上下游关系，即产品的生产者或销售者与最终用户或企业之间的关系。

比较容易理解的是下游企业主张的 MFN 条款。例如，作为下游买方的生产企业可以要求上游设备制造企业，提供给自己的设备价格不高于提供给任何其他第三方的价格。这样买方就可以最低的成本获取上游生产者提供设备，从而降低自己的生产成本。

同样，上游企业也可以主张 MFN 条款。例如，上游企业在销售产品时，往往会给予下游买方一定的折扣。一家上游企业可以主张，买方在购买该企业产品时所享受的折扣率，不高于任何第三方销售给买方同类产品时提供的折扣率。这样，该上游企业可以永远以最低的折扣，销售此类产品。

在普通的上下游关系中，MFN 条款只是在上下游双方间签订，不会在条款所在合同或协议中涉及横向的第三方。但是如果上游企业在向下游买方出售产品或服务后，上游企业仍然从事相同销售活动，那么此时上下游的企业间就构成一种竞争关系。此时的 MFN 条款就构成阻碍上下游企业在同一产品或服务市场进行竞争的障碍，从而构成横向的限制竞争。相应地，如果上游企业同时还与其他下游买方签订了此类 MFN 条款，那么，实际上也会限制上游企业和下游不同买方在同一产品或服务市场上的竞争。

从以上分析可知，MFN 条款可以限制上游企业之间，或下游企业之间的竞争。同时，我国《反垄断法》第 14 条还规定了纵向垄断行为。

只要上游企业不进入下游分销的相关产品或相关地域市场，那么两者间的 MFN 条款就可能构成《反垄断法》第 14 条意义上的经营者与交易相对人间的限制竞争协议。只不过，单纯的 MFN 条款不包含对交易相对人转售价格的限制，因此不属于《反垄断法》第 14 条第（1）项、第（2）项禁止的固定或限制最低转售价格行为。但是，如果与不具约束力的推荐转售定价相结合，因为 MFN 条款使下游经销商或加工制造企业的进货成本相同或更为趋同，因此会起到弱化下游经销商或加工制造企业之间的竞争动力，特别是在他们彼此之间其他运营或生产成本相近的情况下。例如同时接受了相同的特许经营协议的情况下，因为后者往往对特定地域分销商的经营场地、装潢、服务和销售人员配备等作出了统一的规定。

欧盟委员会在其颁布的《欧盟委员会关于纵向限制的指南》中指出，涉及转售价格维持的协议不适用针对纵向协议的《集体豁免条款》。该指南指出，转售价格维持可以通过直接或间接的手段实现。其中一种手段就是将直接或间接固定价格与削弱购买商降低转售价动机的方法相结合时更加有效。例如供应商在产品上标明建议转售价或者供应商迫使购买商使用 MFN 条款。相同的间接手段和相同的"支持手段"可用来使最高价或建议价起到转售价格维持的作用。[8]

是否构成滥用市场支配地位的行为，还应该加以仔细考量。从上文举出的简单例子可知，双方交易中提出 MFN 条款的一方，往往是在相关市场中拥有较强市场力量（Market Power）的一方，其具有更强的议价能力。[9]因此，其提出的 MFN 条款的目的是使本方的利益处于稳定的状态，不因市场价格或其他交易条件的变化而产生大的波动。这当然损害了交易中处于弱势一方的议价能力，使弱势一方无法按照正常的经济规律，调整针对提出 MFN 条款一方的价格或其他交易条件。此时，MFN 条款就构成一项不合理的交易条件。

根据《反垄断法》第 17 条所列举的行为，如果提出 MFN 条款一方具有市场支配地位，那么该条款很可能被认定为第 17 条第 5 款中的"在交易时附加其他不合理的交易条件"。

因此，通过以上分析可以认为，在普通上下游关系中的 MFN 条款存在违反反垄断法的风险，有可能构成滥用市场支配地位的行为。

2. "双向平台"所主张的 MFN 条款所具有的特殊性

"双向平台"（Two-sided Platform）是近年来欧美学者提出的一个新的概念。[10]双向平台处于两个相关联市场的交汇点上，为这两个市场同时提供服务，同时满足这两个市场的需求。最典型的双向平台莫过于在线酒店预订网站。此类网站既满足了酒店寻找客源的需求，也满足了住宿者寻找称心酒店的需求。

因此，在双向平台的商业模式中往往会存在两组上下游或交易关系。以在线酒店预订网站为例，首先是提供住宿服务的酒店与网站之间的关系，其次是网站与消费者之间的关系。在我国的在线酒店预订市场中，主要存在两种商业模式：商业代理和包销。

在商业代理的模式下，网站通过在线预订和呼叫中心的渠道和服务，向消费者展示酒店，按照酒店提供的价格接受预订。协议达成之后，由酒店向消费者直接提供服务，酒店向网站支付佣金。在其他一些司法区的反垄断机关，例如德国，甚至认为其实两者之间不是代理关系，而是纵向关系，因为，在线酒店预订门户网站承担的经济风险大于一般的商业代理机构。酒店价款既可能是在酒店前台直接支付给酒店（"前台现付"），也可能是向网站预付。在前台现付的情况下，消费者通过网站预订，将价款付给酒店，酒店支付佣金给网站；在预付的情况下，消费者通过网站预订，将价款付给网站，网站在扣除佣金后将余款付给酒店。商业代理模式下，网站并不从酒店采购客房，也不参与酒店客房价格的制定。但网站依然希望酒店能够提供给其更低的价格，以吸引消费者到该网站进行酒店预订操作。

在包销的商业模式情况下，网站和酒店之间是经销商的关系，即上下游的关系。此时，网站以固定的底价向酒店买断一定数量的房间，自主定价售卖。包销通常是预付的模式，即消费者将价款付给网站，网站按照底价跟酒店结算。

与普通的上下游关系不同，双向平台起到承上启下的作用。其与上游商品供应商所签订的合同条款将影响下游消费者获取商品或服务的价格。这其中就蕴含着"转售"的因素。如果双向平台提出的 MFN 条款对转售价格产生影响，将产生构成纵向垄断的风险。同时，如果同一相关市场中多个双向平台都主张 MFN 条款，要求自身能够以最低价格获得上游的产品或服务，那么可以想见，这些双向平台的采购价格将逐渐趋同。这就有可能造成这些双向平台在向下游消费者转售过程中也出现价格趋同的行为，从而产生类似竞争者之间横向固定价格的效果。最后，MFN 条款可以削弱甚至剥夺弱势交易一方的议价能力。而且，具有市场支配地位的平台企业实施这样的条款，可以排挤其他平台，使后者，尤其是新进入企业无法发挥其更好服务、更低代理费用的比较优势。[11]

下文将结合在线酒店预订网站的禁止倒挂条款，具体解释双向平台所适用的 MFN 条款在横向、纵向和滥用市场支配地位方面的反垄断法律风险。

四、我国反垄断法视野下的
禁止倒挂条款

如前文所述，在我国常见的在线酒店预订网站主要分为两类：第一类是以携程为代表的与酒店直接签订合作协议的网站，第二类是以去哪儿网为代表的信息发布平台网站。"禁止倒挂条款"主要出现在第一类在线酒店预订网站与酒店签订的合作协议中。

1. 在线酒店预订网站所在的相关市场

判断是否存在任何反垄断行为，往往首先离不开认定相关市场。

第一，酒店预订市场和其他的预订市场之间没有替代性。酒店预订市场提供的是酒店住宿的预订服务，与其他旅游或旅行市场中的服务如机票预订服务，以及提供全面安排吃住行服务的旅游线路打包服务等明显不同。

第二，在线酒店预订市场和线下酒店预订市场之间也没有替代性。从需求角度而言，酒店预订者可足不出户根据在线酒店预订网站提供的酒店信息、图片、视频等来主动地选择自己心仪的酒店，而无须与酒店发生直接的联系。酒店预订者使用在线酒店预订网站的目的，已从简单地获取信息，发展到能够快捷便利地获取酒店信息，完成多个酒店之间的比较，网上完成预订，事后进行满意度评论等一整套完整的服务。线下酒店预订多通过消费者直接到前台了解和咨询之后，完成预订。其便捷性、及时性、全面性、互动性完全无法与在线酒店预订相比。从供给的角度而言，在目前的技术条件下，还没有其他手段能够像在线酒店网站一样，能够为酒店预订者提供一个自主选择信息的平台，不需额外费用就能够获得自己所需的酒店信息，进而完成预订。预订服务的提供商既需要强大的 IT，也需要大量的地推人员进行推广。目前在线酒店预订已经设立了相当高的市场进入门槛，线上酒店服务的市场集中度较高。例如，在参与收购艺龙、去哪儿股权后，携程及其参股的其他在线酒店预订网站已经合计占据市场超过 70% 的市场份额（见图 1）。[12] 由此可见，携程及其参股网站所组成的"集团"，已经在事实上获得了在线酒店预订市场的市场支配地位。[13]

更重要的是，在线酒店预订市场能否进行细分，还需要具体分析。在线酒店预订网站是一个双向平台，既连接着酒店预订者，也连接着酒店一侧。从酒店预订者的角度看，在线酒店

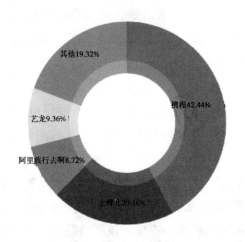

图 1　2015 年第 4 季度中国在线住宿预订市场厂商交易份额

注：2015 年第 4 季度易观智库基于最新估值模型、企业访谈等对历史数据进行了误差修正。

预订网站提供的服务内容类似，即酒店预订。而每个网站都提供各个种类、不同档次的酒店供预订者选择。但也存在一些只提供偏向经济型客房的预订网站。如果在考虑整个在线酒店预订市场时，将此类经济型客房预订网站，归入与提供各种房型的预订网站同样的相关市场显然是不合适的。而从酒店的角度看，考虑到在线酒店商业模式上的不同，以及代理费、预订成功率、搭售保险服务等相关因素的差异，酒店会对不同的在线酒店网站进行区分。如前所述，对于一些只提供偏向经济型客房的预订网站，高端酒店就很可能不选择与其合作。同时随着不同网络终端的发展，依托于不同终端的在线酒店预订平台也逐渐显现出差异性。例如手机在线酒店预订平台与电脑在线预订平台，就在服务目标人群的选择上存在差异。因此，在线酒店预订市场内部内能否细分，还需要考虑其提供的房间类型和服务人群等因素，适宜依据结合国内情况尝试借助经济学分析工具，例如国务院反垄断委员会《关于相关市场界定的指南》中提及的假定垄断者测试来进行分析。

2. 禁止倒挂条款与横向垄断行为

如前文所述，多个双向平台在与上游供应方的协议中加入MFN条款，可能会导致双向平台获得的上游销售价格逐渐趋同。

一家酒店往往会与多家在线酒店预订网站签署合作协议，如果其中几家网站提供的协议中均包含禁止倒挂条款，那么该酒店提供给这几家网站的价格不仅应该是最低的，而且必须相同，否则酒店便违反了禁止倒挂条款。如果该酒店想要降低或提高客房价格，就要同时在这几家网站上降价或提价。相应地，这几家网站提供给消费者的价格也会根据酒店提供价格的涨落而发生变化。这就使得这几家网站在提供给消费者的价格上，间接地构成一种共谋的效果。在这种情况下，这几家网站间接地构成一种价格的协同。

在美国苹果电子书案中，纽约地区法院认为：苹果发现单一一家出版商不可能改变电子书市场的现状，而MFN条款的最大作用就是使得所有出版商的电子书价格趋于一致，进而使得苹果无需面对零售价格的竞争。[14]进而，法院判定苹果的MFN条款促成了出版商之间的价格协同，违反了反托拉斯法。

而禁止倒挂条款恰巧与之对应，其可以促成各家接受价格的网站在提供给消费者的价格上趋于一致，从而避免这些网站间的竞争，达成一项垄断协议。从这个角度而言，禁止倒挂条款存在构成横向垄断行为的风险。

上文所述的第一类以携程为代表的模式更易诱发上游酒店分

销渠道与自主渠道间的价格串谋。第二类以去哪儿网为代表的模式则与苹果更加类似。但要区分的是，苹果电子书案中，五大出版集团是寡占格局，更易共谋，而去哪儿网的酒店都很分散，且差异化比较大，不易形成价格共谋。

3. 禁止倒挂条款与纵向垄断行为

纵向垄断行为要求交易双方达成的垄断协议对向第三人的转售价格构成限制。禁止倒挂条款涉及的是上游的酒店提供给在线酒店预订网站的价格，并没有针对网站提供给消费者价格的限制。

如前文所述，我国大部分的在线酒店预订交易采取的是商业代理模式。网站并不从酒店采购客房，当然也谈不上转售。而在包销模式中，禁止倒挂条款固然能够保证网站获得最低的价格，但这并不意味着网站必须按此最低价格将房间销售给消费者。我国在线酒店预订市场中常见的禁止倒挂条款，限制的仅仅是酒店提供给网站的价格。在网站并不从酒店采购客房的商业代理模式下，很难认定网站存在向消费者转售的行为。因此，禁止倒挂条款构成纵向垄断行为的风险是较低的。

4. 禁止倒挂条款与滥用市场支配地位的行为

正如前文所述，MFN 条款可以削弱甚至剥夺弱势交易一方的议价能力。尤其是一个交易方具有市场支配地位，那么 MFN 条款很容易构成附加的不合理交易条件。而且，具有市场支配地位的平台企业实施这样的条款，可以排挤其他平台，使后者，尤其是新进入企业无法发挥其更好服务、更低代理费用的比较优势。在线酒店预订市场中的禁止倒挂条款也不例外。一旦某个拥有市场支配地位的在线酒店预订网站签署有禁止倒挂条款，将对整个市场竞争产生很大的不利影响。

首先，禁止倒挂条款限制了酒店议价的能力。酒店作为和在线酒店预订网站相互独立的竞争者，有权独立地对其酒店的销售价格进行确定，从而实现其商业价格的最大化。酒店也有权根据其实际经营情况，例如促销的需要、拓展新的销售渠道等需要，灵活地进行定价，例如将空置的房间以非常优惠的价格提供给其他网站。但是禁止倒挂条款限定了酒店独立定价的权利，排除和限制了网站之间的竞争。

其次，可以打击其他在线酒店预订网站，进一步巩固自身的市场支配地位。由于竞争对手无法获得更优惠的合作酒店的销售价格，因此无法在价格上和拥有支配地位的网站展开竞争。竞争对手也没有办法用降低佣金的水平来吸引酒店降低销售价格，因为即便佣金降低为零，酒店也没有办法为其降低销售价格，否则就构成对禁止倒挂条款的违约。因此，禁止倒挂条款的存在排除和限制了网站之间在价格和佣金方面的竞争。

最后，增加市场准入的障碍。新的在线酒店预订网站进入市场伊始，在市场影响、占有率等方面都不能与拥有支配地位的网站竞争，价格就成为其最重要的竞争因素。但受制于禁止倒挂条款，新网站无法与酒店议定更低的价格，从而无法获得价格优势。这就会极大地挫伤在线酒店预订市场中新竞争者进入的积极性，阻碍市场竞争。

另外，这一行为使得消费者利益最终受损。虽然表面上看起来消费者总能在拥有支配地位的网站上获得最优惠的价格，但是，由于酒店不可能"赔本赚吆喝"，因此酒店最明智的选择，就是维持一个相对高的销售价格，从而损害消费者的利益。

五、结论与启示

MFN 条款的类型多种多样，禁止倒挂条款只是其中典型的一种。通过对禁止倒挂条款的分析可以得知，判定一种 MFN 条款是否构成违反反垄断法的行为，应具体结合交易各方之间的关系以及条款本身所产生的对竞争的影响综合分析。

从在线酒店预订网站和酒店的角度看，尽管酒店与在线酒店预订网站之间更多时候是商业代理的模式，但中国反垄断法并未将商业代理合同（或者居间合同）关系排除在外，反垄断法使用的是"经营者"和"交易相对方"的概念。而且，网站运用禁止倒挂条款既可能削弱酒店的议价能力，又可能限制和排除网站之间的竞争。因此，我国在线酒店预订网站所广泛使用的禁止倒挂条款，从反垄断法的角度审视，具有较大的合规风险。同时，酒店也正可以利用反垄断法，在合规工作中对在线酒店预订网站强加给酒店的禁止倒挂条款提出质疑，进而增强自身的话语权和议价能力。

另外，从反垄断执法部门的角度看，通过分析美国苹果电子书案，可以发现 MFN 条款能够在事实上导致价格趋同，从而产生共谋的效果。如果产生这种效果，那么就说明 MFN 条款很可能已经促使参与交易的多个交易相对方形成横向的垄断协议状态。这种情形自然就需要反垄断法的介入。

通过分析德国 HRS 案件则可以发现，该案中的 MFN 条款是在纵向商业关系中达成的协议，从而对市场竞争造成限制和扭曲。TFEU 第 101 条第 1 款并未将某种垄断协议区分为适用于横向上的具有竞争关系的经营者，或是纵向上的交易相对方。只要这种垄断协议对欧盟市场内的竞争产生限制或扭曲，就有可能导致欧盟竞争法的适用。

虽然我国的反垄断法针对经营者与交易相对方这种纵向商业关系，仅明确规定了两类垄断协议，即"固定转售价格"和"限定最低转售价格"，但如前文所述，如果上游的经营者与下游的交易相对方在签订 MFN 条款后，仍在同一市场中开展业务，那么 MFN 条款就会对这种横向的竞争关系产生限制。同时如果 MFN 与不具约束力的推荐转售定价相结合，则也会在纵向关系中产生限制转售价格的效果。以上情况，将会导致 MFN 条款涉嫌违反《反垄断法》第 13 条和第 14 条。

伴随着在线酒店预订市场集中程度的提高，滥用市场支配地位的行为应受到更多的关注。大型在线酒店预订网站通过其在市场上实际形成的支配地位，强制要求酒店签订包括禁止倒挂条款在内的协议，已经限制酒店议价能力。同时通过禁止倒挂条款，获得最低酒店房价，从而达到抑制其他在线酒店预订网站进入市场和发展的效果。习近平总书记在网信工作座谈会上强调："我国互联网市场也存在一些恶性竞争、滥用市场支配地位等情况，中小企业对此意见不少。这方面，要规范市场秩序，鼓励进行良性竞争。"可见在互联网产业集中度愈来愈高的当下，整治互联网产业中滥用市场支配地位的行为已愈加迫切。

一家被认定没有市场支配地位的企业，并不意味其在相关市场上真实的"市场力量"就是孱弱的，其附加不合理条件的行为同样会对市场竞争造成一定的损害。而实际上，如果我国反垄断执法机构和/或司法机关能将禁止倒挂条款视为一种"垄断协议",其对市场竞争的扭曲是很容易被发现的,可以大大降低禁止倒挂条款对酒店和其他在线酒店预订网站等市场主体的权益的损害,降低反垄断执法机关查处这种行为的执法成本。将《反垄断法》第 14 条中关于纵向垄断的垄断协议类型加以延伸和扩展,并借鉴欧盟等国家和地区反垄断立法的先进经验,使其不单局限于针对转售商品价格的协议,可能是未来进一步完善该法的方向之一。同时,在新出炉的《反不正当竞争法(修订草案送审稿)》中也规定了经营者不得利用"相对"优势地位所进行的行为。规定"相对"优势地位就可以更好地理解,市场份额不超过 50% 的企业是如何利用其在市场中的地位,对市场造成限制竞争的效果。

在"互联网 +"日渐向实体经济各个领域渗透的大背景下,兼顾互联网经济特性的相关立法实践不仅有助于改善旅游业的市场竞争环境,为中小企业、新创互联网平台企业提供更好的发展条件,而且有助于其他行业的发展与深化改革,例如当下媒体高度关注的医院联盟采购医药和医疗器械、新车销售与汽车零配件市场等。

【注释】

1 在欧美国家近期针对 MFN 条款比较有影响的案例包括美国"苹果电子书案"和欧盟内部多个国家酒店经营者控告 Booking. com、Expedia 和 HRS 等大型全球在线酒店预订网站等案例。

2 关于本案的更多内容可参见:http://www. bundeskartellamt. de/Shared-Docs/Meldung/EN/Pressemitteilungen/2013/20_ 12_ 2013_ HRS. html; http://www. bundeskartellamt. de/SharedDocs/Entscheidung/EN/Entscheidungen/Kartell-verbot/B9-66-10. pdf?_ blob = publicationFile&v =4。

3　德国联邦卡特尔局（Bundeskartellamt），《第 B 9-66./10 号行政程序决定》第 8 页。载 http：//www. bundeskartellamt. de/SharedDocs/Entscheidung/EN/ Entscheidungen/Kartellverbot/B9-66-10. pdf?＿blob＝publicationFile&v＝4。

4　Commeo 律师事务所，新闻通讯《审查视野下的 MFN 条款——德国联邦卡特尔局禁止在线酒店预订网站 HRS 使用最优价格条款》(*Most favored nation clauses under scrutiny-German Federal Cartel Office prohibits best price clause of online hotel portal HRS*)，2014 年 5 月 27 日。

5　同注释 3，第 2～3 页。

6　凤凰科技，"苹果电子书反垄断案上诉失败需赔偿 4.5 亿美元"，载 http：//tech. ifeng. com/a/20150701/41123228_ 0. shtml，2015 年 7 月 1 日。

7　关于美国苹果案的相关信息和裁决，可参见：黄勇、田辰："网络分销模式中最惠国待遇条款的反垄断法分析"，载《法律适用》2014 年第 9 期；以及美国纽约州地区法庭的相关裁决意见，载 http：//t. cn/zQLGWlc。

8　《欧洲联盟微会员关于纵向限制的指南》(2010/C130/01)，欧盟官方公报，2010 年 5 月 19 日，第 22～23 页，苏华译。

9　市场力量通常可以理解为市场中的一个或一群参与者（自然人、公司、全体合伙人或其他）影响市场上产品的价格、数量和性质的能力。需要注意的是，有市场力量，或者市场力量很强，并不必然意味着具有市场支配地位。商务部不少附限制批准的审查决定中使用了市场支配地位概念，但其余的则都没有使用，而只是认定当事人有很强的市场力量或市场地位。这从侧面反映出两个概念是不同的。简单地说，市场支配地位是特定条件下企业市场力量由量变引发的质变。在美国法院对苹果电子书案的判决中，曾明确提及对最惠条款的违法认定未必需要以苹果具有市场支配地位为前提。

10　如 Daniel Zimmer and Martin Blaschczok, Most-favoured-customer clauses and two-sided platforms, *Journal of European Competition Law & Practice*, 2014, Vol. 5, No. 4。

11　Daniel Zimmer and Martin Blaschczok, Most-favoured-customer clauses and two-sided platforms, *Journal of European Competition Law & Practice*, 2014,

Vol. 5，No. 4.，p. 192.

12 "易观智库：2015 年第四季度在线酒店市场巨头联姻，在线度假租赁首获政策肯定"，载 http：//www. 199it. com/archives/414158. html，2016年2月2日。

13 与此同时，为应对在线酒店预订市场集中程度的提高，争取更大的话语权和议价能力，一些酒店集团已经开始自建在线分销平台，以抗衡在线酒店预订网站。更多信息可参见：http：//finance. ifeng. com/a/20151031/14050516_ 0. shtml。

14 Evan D. Brewer, The e-bookprice fixing litigation：curious outlier or harbinger of change in antitrustenforcement policy? *Hasting Science and Technology Law Journal*, Vol. 6：1 Winter2014, p. 5.

第二编

竞争法与知识产权政策

Bolar 例外以及向仿制药厂商提供专利活性药物成分：对第 2004/27 号指令第 10 条第 6 款的解读

[德] 约瑟夫·斯特劳斯（Joseph Straus）*　撰

李琳虹　译　张韬略　校

【摘　要】根据欧盟 Bolar 例外规定，为仿制药药品上市许可而进行的必要的研究和实验不构成专利侵权。本文考察在欧盟法律背景下 Bolar 例外的适用范围，并且强调 Bolar 例外这一欧盟规则是符合与贸易相关的知识产权协议（TRIPS 协议）的。更具体地说，本文讨论第三方供应给仿制药厂商专利活性成分使之获得药品上市许可的问题，并就如何适用 Bolar 例外解决该问题提出建议。

【关键词】Bolar 例外；仿制药；专利权；专利活性药物成分

---

* 约瑟夫·斯特劳斯博士，慕尼黑大学和卢布尔雅那大学法学院的教授、南非大学国际知识产权管理中心（NIPMO-UNISA）的会长、华盛顿大学法学院国际比较法客座教授，慕尼黑马克思·普朗克创新竞争研究所名誉主任。

一、争议焦点

所谓的"Bolar"例外是于2004年通过"第2004/27/EC号指令关于对第2001/83/EC号指令的修改（涉及欧共体人用药品规范）"的第10条第6款引入欧盟法律的。[1]根据Bolar例外，为了获得仿制药药品上市许可而进行必要的研究和试验以及"随后实践所必需的相应行为"，不构成对医药产品的专利侵权，也不受药品补充保护证书（SPC）的限制。[2]在通过第2004/27指令10年后，欧盟成员国通过国内法吸收了Bolar例外规则，不过在涉及该例外所适用的研究试验目的的规定方面，有着明显的不同，[3]因此某些成员国对其进行审查，比如英国。[4]此外，该例外在适用时尚有一些基本问题没有得到澄清，仍在等待欧盟法院（CJEU）的判决。

其中的一个争议点在于，如果医药药品生产商生产活性药成分不是为了药品上市许可，而是出于商业目的向仿制药厂商提供活性药物成分（APIs），使仿制药厂商进行这样的研究和试验，这种生产行为是否也适用Bolar例外。

到目前为止，波兰最高法院和杜塞尔多夫高等法院都曾经遇到过这个问题，并且涉及同样的当事人以及同样的争议事实：Astellas东京制药集团起诉制药公司Polpharma SA，Pharmaceutical Works和Starogard Gdanski侵犯专利权。Astellas东京制药集团持有一个欧洲专利，该专利包含一种活性药物成分索利那新（solifenacin），商业名为Vesicare。而Polpharma制造、销售或供应了

30.5 千克的该活性药物成分给 Hexal 公司（瑞士 Sandoz 公司的德国子公司，世界最大仿制药生产商之一）。Polpharma SA 在答辩中援引了 Bolar 例外，因为它提供了一份针对活性药物成分索利那新的欧盟药物主文件（DMF），并且认为提供活性药物成分给 Hexal 的行为，只是为了获得药品上市许可而进行的必要的研究和试验。

二、波兰最高法院的判决

波兰最高法院在 2013 年 10 月 23 日作出判决，[5]维持了下一级法院的判决。[6]它认为 Bolar 例外只能适用于试验本身，而不适用于制造销售活性药物成分给仿制药厂商进行仿制药试验和申请药品上市许可。法院强调，《波兰知识产权法》（IPL）第 69条第 1 款第（4）项吸收转化了欧盟 Bolar 例外规则，应该在欧盟法律范围内进行解释。法院补充道，专利所有人所享有的专有权是以《与贸易有关的知识产权协议》（TRIPS 协议）第 28条为基础的，因此只可能受到第 30 条的限制。第 30 条规定只允许对专利赋予的专有权进行有限的例外限制，条件是这种例外不会不合理地与专利的正常利用发生冲突，也不会不合理地损害专利所有人的合法利益，同时考虑到第三方的合法利益。而法院认为，第 2007/27 指令的第 10 条第 6 款虽然允许为获得药品上市许可而进行必要的研究和试验，但是，作为一个例外，它必须要被严格地予以限制，同时要特别注意平衡权利和利益的原则。而要平衡利益就需要清楚，对专有权进行限制是在专利所有人损失利益的基础上给予第三方特权。根据《波兰知识产权法》第 69 条第 1 款第（4）项，对于发明的限制必须要在"必要的范围内"，但是同时需要注意的是所有限制行为都是对专利所有人专有权的限制与渗透。因此，这种特殊权限的范围必须严格根据这种特权的目的而定。仿制药生产商有权在合适的范围内，为了例外规则中规定的目的，使用他人的发明，这是对专利权的合法限制。只有在确定第三方的行为符合规定的目的，而不是为了管理控制另一家公司，才能将这种行为看作对专利的合理使用，这个时候由于合理使用可以不用真正地保护药物活性成分。因此，根据《波兰知识产权法》第 69 条第 1 款，只有在为了获得注册或授权的法定情况下，才能对专利所有人的专有权作出限制。这种实施他人发明的特权并不能扩大到下述情况：在生产他人专利产品时，既不是为了获得药品上市许可也不是在进行必要的测试，而是为了许诺销售以及使之进入市场。这些行为不被视为是为了获得授权或注册的必要行为。

Polpharma 认为上诉法院对于《波兰知识产权法》第 69 条第 1 款第（4）项的解释会违反了《欧盟运行条约》（TFEU）第 34 条，波兰最高法院还驳回了该观点。第 34 条禁止在成员国间规定数量限制以及有同样效果的其他措施。这一规定的宗旨在于消除成员国之间不恰当的商业障碍，以及防止划分国内市场，主要是防止贸易保护主义和歧视性措施。相反，《欧盟运行条约》第 36 条允许基于工商业产权等原因对货物自由流动进行限制。

三、杜塞尔多夫高等法院提至
欧盟法院的提交审断

杜塞尔多夫高等法院在解释《德国专利法》第 11 条第 2b 款时（该条规定了 Bolar 例外[7]），与一审法院在 2012 年 7 月 26 日作出的判决[8]一样，认为第三方为了获得特权地位，必须遵守法律规定的意图，即他们在提供专利产品或物质的时候必须是为了进行试验或者研究。根据这个观点，第三方仅仅知道它的顾客的意图是符合特权规定的目的是不够的；供应商知道顾客使用其提供的物质的意图是行使特权也不够；即使第三方通过附加提示函或者包含违约金的停止侵权声明，确保它的顾客以符合《德国专利法》第 11 条第 2b 款的方式使用其供应的产品或物质，也是不够的。法院强调，仅当该第三方既有供应给顾客的商业利益，自己又有研究和试验的利益，才能够推定具有进行试验的目的。因此，第三方必须能够被看做一个共同组织者，并且它在研究和试验方面的利益必须客观明确。[9]

2013 年 12 月 5 日，[10]杜塞尔多夫高等法院中止了从杜塞尔多夫地区法院上诉的案件，并且根据《欧盟运行条约》第 267 条第 1 款第（b）项和第 2 款将下列问题提交给欧盟法院进行先决裁决。

（1）如果第三方只出于商业目的，向仿制药厂商提供或者交付专利活性物质，而该仿制药厂商使用该专利活性物质的目的，却是符合第 2001/83 号指令第 10 条第 6 款规定的为了获得药品上市许可或授权而进行研究或试验的，那么在解释第2001/83号指令的第10条第6款时，是否应该认为，第三方的这种提供行为不落入专利权保护的范围？

（2）如果第一个问题的答案是肯定的话，那么：

（a）该第三方的特权地位是否取决于，其供应的仿制药厂商是否真的把所提供的活性物质应用于符合第2001/83号指令第10条第6款规定的研究或试验？在这种情况下，限制专利权的情形是否也包括第三方在不知道也没有查明其客户的意图是否符合特权规定的情况？

或者，第三方的特权地位是否仅仅取决于，在交付行为的时候，第三方在综合各方面情况的前提下有权假设（综合该公司的资料、是否只提供少量的活性物质、活性物质专利保护是否即将到期以及关于客户可靠性的经验），其供应的仿制药厂商将只会将其提供的活性物质用于为了获得药品上市许可而有权进行的研究和试验？

（b）在交付中，第三方是否有义务采取不同的预防措施，以确保其顾客只会将活性物质用于特权特定的试验或研究，或者取决于仅仅是许诺提供专利活性物质还是实际供应专利活性物质，第三方应该采取不同的预防措施？[11]

法院强调，《德国专利法》第11条第2b款吸收了第2004/27号指令第10条第6款，该规定允许有多种不同的但是同样合理的解释，不过这些解释必须在指令的措辞及目的的框架之内，故而欧盟法院对此问题的先决裁决尤为必要。[12]

法院在其提交令（referral order）中，表达了自己对所涉问题的看法，并在该背景下特别陈述了下述观点。第三方的商业供应行为在原则上同样受到《德国专利法》第11条第2b款和指令第

10 条第 6 款的关于药品上市许可特权的规制。但前提是，当第三方提供[13]活性药物成分的时候，必须可以综合情况得出，这些活性药物成分会被用于为了获得药品上市许可的试验和研究。在这种情况下，可以考虑被供应的公司的资料、是否只提供少量的活性物质、活性物质专利保护是否即将到期以及以往获取的关于客户可靠性的经验。此外，供应商自身本应该采取预防措施，防止其提供的活性药物成分被用于非享有特权的情况。取决于第三方仅仅许诺提供专利活性药物物质抑或实际供应了专利活性药物物质，第三方可以采取不同的预防措施。在仅仅许诺提供专利活性药物物质的情况下，只需要明确地指出，其只提供了少量的活性药物物质并且只会被用于为取得药品上市许可的研究当中即可。而在实际供应的情形中，第三方需要经常签订协议约定适当的违约金。法院还补充道，在个案特定情形下，可能还需要采取其他措施。[14]

　　根据对指令第 10 条第 6 款所援引的第 10 条各款的详尽分析，法院认为，专利权的效力不应该拓展到如下行为：研究（特别是临床和临床前研究）、试验（指为了获得药品上市许可的有计划的活动）和"源自研究和试验的随后发生的实践中所必需的行为"。法院认为"实践所必需的行为"指的是对专利教义的任何类型之使用，它为从事 Bolar 例外的研究或试验创造了必要的前提条件。例如对于活性药物成分的生产或进口所需进行的研究、生产测试样品，比如片剂或相类似的东西。根据《德国专利法》第 11 条第 2b 款的立法沿革，法院还认为，有关药品上市许可的特权至少在原则上可以适用于那些为实现试验或研究创造了实质性先决条件的提供行为。因此，生产医药品的行为，只要在涉及研究和试验所必需的范围进行，也应该适用该规定。所以，《德国专利法》第 11 条第 2b 款规定从事研究和试验的当事人，也应该允许其生产用于研究或试验中的专利药品或者专利活性药物成分。[15]

在《德国专利法》第 11 条第 2b 款的立法理由中，提及了进行试验者所实施的供应行为，但是并没有提及第三方供应商。法院认为，这并不绝对意味着必须由同一个人进行试验准备行为和试验实施行为，或者意味着第三方供应的行为就不包括在内。根据法院的理解，《德国专利法》第 11 条第 2b 款包括第三方供应商，因为这条规定并不是适用于提交药品上市许可申请的主体，而只是适用于试验和研究的目的。法院最后还强调，从纯粹的语言学角度来看，第 11 条第 2b 款不仅可以认为是个人的特权，还可以认为是一项实质性的特权。是否适用《德国专利法》第 11 条第 2b 款，决定因素在于试验、研究和所需的供应行为（实践中必需的）是否是为了获得药品上市许可，而不在于是谁促成这些行为。

法院认为，它对《德国专利法》第 11 条第 2b 款的解释可参照适用于指令第 10 条第 6 款。不管是《德国专利法》第 11 条第 2b 款还是指令第 10 条第 6 款都没有禁止第三方的提供行为，也没有局限于必须是提交药品上市许可申请的主体。相反，它们规定试验和研究的目的才是相关的标准，授予特权的基础在于目的。[16]参考指令说明部分的第 14 条，法院指出，指令强调了如果有必要支持仿制药生产商，应该方便它们进入欧盟市场。[17]

该提交令也已经根据仿制药厂商的实际情况，探讨了指令第 10 条第 6 款的目的。法院认为，在很多情况下，如果商业第三方没有提供专利活性物质的话，那么为获得药品上市许可而进行的试验和研究是不可能或者是特别困难完成的。这是因为不是所有的仿制药厂商，特别是规模较小的仿制药厂商，自己内部都有能力生产活性药物成分。这些公司需要在没有专利的外国购买活性药物成分，或者从专门的生产商那边购买最终医药成品，而这些专门厂商需要既能合成活性物质和医药产品又要能进行必要的试验和研究，获得药品上市许可再将其打包出售。[18]法院指出：

考虑到实际情况，如果专利权限制既适用于那些可以自己生产药品上市许可研究所需的活性物质，又可以适用于那些自己没有生产设备、需要依靠第三方供应的仿制药厂商，那么仿制药在专利期间过后进入市场的情况才会被改善。没有必要让市场准入对于他们而言变得如此困难，原则上，应该使市场准入对于无法自己生产活性药物成分的仿制药厂商和自己内部有生产设备的仿制药厂商一样简单，它们应该可以购买相应数量的活性物质。这就需要允许它们在原市场上而不是在没有专利的国家里（如果在这些国家存在合适的资源）能够获得为药品上市许可而准备的原料。[19]

目前至少在可预见的未来，尚不能确定欧盟法院是否能有机会把这些由杜塞尔多夫法院提交的问题解决阐明，因为就在提交的同时，Astellas 制药集团撤回了其对 Polpharma 的诉讼。不过，这一事实并不意味着提请先决裁决的问题是无关紧要的。相反，它是下文的重点，并且本文会更加深入更加仔细地对其进行探讨检验。

四、Bolar 规则在欧共体法中的来龙去脉

2003 年 7 月 1 日，欧盟委员会理事会、欧洲议会、经济和社会委员会和地区委员会共同发起吸收 Bolar 例外至国内法的行动。[20]这份文件要解决的问题也包括了写在副标题（e）"仿制药竞争市场"下的"发展仿制药竞争市场"这个问题。委员会认定越来越多地使用仿制药将有利于药品医疗金融的可持续性。委员会观察得出，仿制药可以使医疗服务提供者省下一大笔费用，但是必须平衡利益，使得存在足够的创新激励开发创新产品。委员会还进一步认为，在欧盟内仿制药行业普遍很强大，但是每个国家的仿制药市场差别很大。仿制药市场在英国（2001 年估计 18%）和德国（27%）特别强大，而在比利时、葡萄牙、法国和西班牙的市场占有率很低（3%～6%）。委员会确定，知识产权和开拓促进仿制药市场占有率的需要，是提高仿制药竞争市场的重要方面。[21]

委员会最后还给出了采取"重要行动"背后的下述理由：

Bolar 规则允许在专利保护期结束前进行仿制药测试以及实践所必需的与之相伴随的活动，目的是避免在专利期满后延迟仿制药进入市场。[22]

这已经是而且仍然是在药品医疗金融的可持续性方面的进步，比如通过仿制药市场的占有率为医疗服务提供者节省了一大笔费用。

五、仿制药行业在欧共体中的功能

为了了解应该如何适用 Bolar 规则以达到其预期目标，必须要了解实际的技术、经济上的限制、控制仿制药生产的规制机制，以及欧盟仿制药的市场。

根据欧洲仿制药协会（EGA）[23]，仿制药公司通常根据不同的活性药物成分，生产范围广泛的仿制药产品组合。一些大的公司基于 300 种不同的活性药物成分提供成品。仿制药厂商把重点放在生产最后的剂型，不论是片剂、胶囊或者可注射溶液：这是它们的核心制造能力和集中运用专业知识的地方。第三方提供由其研发的活性药物成分，逐渐发展成为推动成品完成的一个环节，因为即使是规模大的仿制药公司也没有生产设备去生产所有需要的活性药物成分。而对于规模较小的仿制药厂商，它们中有许多甚至没有监管部门所批准的活性药物成分生产设备，因此需要完全依赖于第三方的供应。对欧洲仿制药协会成员的调查显示，大约 80% 用于生产仿制药的药物活性成分是通过第三方供应商获得的。根据欧洲仿制药协会的信息，在开发阶段和监管测试阶段要使用专利药物成分，必然包括在药品上市许可申请，而且最终构成这些申请的基础。用于开发阶段的同一种活性药物成分，一般也用于专利期满后仿制药品进入市场的阶段。如果活性药物成分的供应商发生了改变，那么药品上市许可也要发生改变，而且需要对新供应商提供的活性药物成分进行另外的研究，耗时耗钱。

欧洲仿制药协会强调，从逻辑上讲，每一个药品上市许可申请所需的活性药物成分可以由自己生产提供（适合于垂直型综合性公司）或者由欧盟或者欧盟以外的第三方生产。为了保证活性药物成分供应的连续性，药品上市许可的申请一般包括至少两个不同供应商提供的活性药物成分来源。这些活性药物成分来源都必须被记录在案，并且要符合药品上市许可申请的条件。因此，即使是垂直型综合性公司也经常从其他供应商处采购活性药物成分。此外，活性药物成分的第二个来源可能来自欧盟内也可能是欧盟外。[24]

为了能够在欧盟内使用活性药物成分，活性药物成分供应商必须要证明它的产品是符合第 2001/83 号指令附件 1 第 1 部分第 3 段第 2 句的欧盟标准。这涉及活性物质主文件或者药物主文件（或称 DMF），这些文件包含可以证明其制造的活性药物成分符合欧盟标准的数据。活性药物成分供应商允许成品配药制造商通过"授权凭证"（Letter of Access）的方式援引它的药物主文件。这种药物主文件程序可以使活性药物成分供应商和成品剂型制造商在无须共享他们各自商业秘密的前提下进行合作。如果药物主文件申请人在专利有效期内为了证明其符合欧盟监管要求而进行测试，并且不适用 Bolar 例外的话，那么这将构成专利侵权行为。[25]

因此，在仿制药品上市许可申请阶段中，由第三方供应活性药物成分对于整个仿制药生产体系和市场供应是关键因素，换句话说，它是仿制药品市场占有率的关键点。任何引起第三方减少供应活性药物成分的措施，在社会中会必然严重影响竞争性的仿制药品市场。它将直接违背委员会在欧盟法中引进 Bolar 例外时明确声明想要达到的目的。

六、在欧共体更大的立法背景下审视该指令

自 20 世纪 80 年代，第 2004/27 号指令及其第 10 条第 6 款规定的欧共体立法中的 Bolar 例外规则，已经发生了演变。这项立法涉及医药产品，并且涉及许多医药保健的重要领域，比如医药品的质量、安全和功效。它还涉及为发展和产生新的创新医药产品提供激励措施的必要的行政程序和措施。欧共体该领域的整个法律"网络"主要关注，在考虑所有相关合法利益特别是患者的利益后，找到一个平衡各方权益的方案。指令及其规定的 Bolar 规则应该被理解为在欧共体经验基础上达成的一个发展演化的阶段，这些欧共体经验不仅包括欧共体法律，还包括成员国各自的国内法律。

首先，在此背景下，值得注意的是，1992 年 6 月 18 日，欧共体通过理事会第 1768/92 号条例，该条例涉及设立药品补充保护证书制度，[26] 并于 1993 年 1 月 2 日开始生效。补充保护证书（SPC）规定于该条例第 5 条，它可以使持有补充保护证书的人享有与基本专利所赋予的同等权利、义务和限制，可以有效地将专利药品的保护期延至 5 年（条例第 13 条）。就如条例说明所述，补充保护证书是为了弥补专利所有人无法有效地利用其发明而制定的，因为：

从申请新药品专利到专利医药品上市许可所需的这段时间，使得仅仅凭借有效的专利保护期间所取得的利益无法覆盖为此投

入研究的资本。[27]

对补充保护证书的期间设置限制，是因为有必要考虑所有相关利益，特别是公众健康的利益。[28]

同样值得注意的是，1986 年 12 月 22 日理事会第 87/21 号指令在关于专利药品方面通过法律、法规或者行政法规做了一些类似的改变。[29]第 65/65 号指令[30]第 4 条第 8 款作了修订，特别为数据所有者提供不少于 6 年的所谓的数据专有权保护，在高技术药品方面提供 10 年的保护。[31]对赋予数据专有权保护原因，第 87/21 号指令的事实陈述第二部分解释到：

经验表明，最好更加明确地规定下述情况：为了获得与已经授权的药品实质相似的私人药品的授权，不必提供药理试验和毒理测试或者临床试验的结果，从而确保创新型企业不会处在劣势。

这里也得提及 1999 年 12 月 16 日颁布的第 141/2000 号条例第 8 条关于孤儿医药产品的规定。[32]该条规定，欧共体及其成员在孤儿医药品被授予药品上市许可的市场里，10 年之内不可以对涉及相同的医疗治疗适应症和相类似的医药品，接受其他的药品上市许可申请、授予药品上市许可或者接受申请延期现有药品市场许可。

最后，为了清楚起见，指令第 2004/27 号第 10 条第 1 款规定：

……如果申请人能证明，如果该药品是对照药的仿制药，而且对照药已经根据第 2001/83 号指令第 6 条在欧共体或者成员国内获得上市许可不低于 8 年的话，则不应该要求申请人提供临床前测试和临床试验的结果；

在对照药最初上市许可满 10 年之前，根据该条获得许可的仿制药不应该在市场上销售……

如果在这 10 年期限中的头 8 年，获得药品上市许可的权利人获得了一项或者多项的新的治疗适应症授权，而且在授权之前的科学评价认为其与现有疗法相比有显著的疗效的，那么该 10 年期限可以最多被延长至 11 年。

综上可知，多年来，除了现存的专利保护体系以外，欧共体还设立另外三个进入欧共体仿制药市场的法律障碍：有利于原创者的补充保护证书、数据专有权保护和市场独占权。[33]现行指令第 6 条第 1 款规定，数据独占权的保护期为 8 年；指令还明确规定了 2~3 年的市场独占权，即有限的销售垄断权，这些条款进一步在法律上保护了原创者，并约束到了成员国。[34]

在这个背景下，考虑到欧共体立法为有效地保护原创者而补充设立的对仿制药厂商不利的规则从而致使利益失衡，第 2004/27 号指令第 10 条修订了 Bolar 规则。Bolar 规则不应该再对仿制药厂商设立障碍，而是应该进一步地提高仿制药市场的占有率以及促进仿制药厂商之间的竞争。

七、第 10 条第 6 款的历史

在 2001 年 10 月 23 日总结第 2309/93 条例[35]药品上市许可程

序执行结果的经验报告中，从欧洲 Bolar 规则发展的起点出发，针对仿制药的情况，委员会指出：

> 为了避免单纯仅因法律原因而必须在欧共体外进行仿制药品上市许可申请所需的科学性测试，并且在不实质影响市场准入的情况下，制定一项规则，允许在原产品专利保护期限内进行这类活动，应该是合适的。[36]

在 2001 年由欧洲委员会提交的第 2001/83/EC 号欧洲议会和理事会指令关于共同体人用药品规范的提案背景说明第 11 段强调[37]：

> 因为仿制药占医药产品市场的主要部分，根据已有经验，应该促进其进入欧共体市场。

已修订的第 2001/83 号指令中新提议的第 10 条第 4 段提到：

> 4. 进行第 1~3 项所涉及的仿制药药品上市许可所需的必要研究和试验，不应被视为对医药产品的专利侵权或者违反药品补充保护证书。

在 2002 年 10 月欧洲议会首次对其进行审阅并通过了欧盟委员会的提案，但是提议应对第 10 条修订添加一个第 5 款：

> 进行第 1 项、第 3 项和第 4 项所涉及的申请、出口、提交申请、提交第 19 条要求的样品所必要的测试和试验，不应被视为

对医药产品的专利侵权或者违反药品补充保护证书。[38]

2003 年 4 月，该委员会公布了对议会修订意见的看法[39]：

该委员会不接受第 34 条、第 39 条、第 134 条、第 202 条的修订，这些修订允许在 10 年数据专有权的保护期内进行因为授权需要、提交授权申请而进行测试和试验，以及授权仿制药。它还提出，在相关专利药品受专利权保护或者药品补充证书保护时，Bolar 规则可以适用于仿制药产品、提交授权申请、提交样品、授予许可以及出口。在委员会最初提出的提案里，这些数据保护以及专利权保护的限制不利于利益之间的平衡。保持利益平衡是很重要的，特别是在对创新药 10 年的数据保护，和允许仿制药生产商在专利权保护期内为了药品上市有权做测试和试验的 Bolar 规则之间，达到平衡。[40]

2003 年 7 月 1 日，委员会在上述提及的意见交换第 4 点"仿制药竞争市场"[41]中，建议实施如下行动：

4.1 Bolar 规则允许在专利保护期结束前进行仿制药测试以及实践中必需的相应活动，从而避免在专利期满后延迟仿制药进入市场。[42]

2003 年 9 月，理事会通过欧洲议会提议的修正案确立了共同立场，并特别指出[43]：

11. 除了涉及出口规定的部分，原则上通过了修正案中提到的所谓的关于专利保护方面的 Bolar 规则，在关于提交药物上市许可授权申请这一方面，委员会认为，由于这些活动是行政性质的活动，故而不会侵犯专利保护。[44]

八、第 10 条第 6 款的理论基础

鉴于该立法的历史背景，以及指令第 10 条第 6 款的构想、讨论和最终采纳的更为宽泛的背景，人们对它的真实且广泛的理论基础，即对为何仿制药品可以在专利权保护期限、药品补充证书保护以及对于原创医药产品的市场独占权保护期限后立即进入欧共体市场，所持的疑问已经很少。因为我们应该促进仿制药市场的扩大，增大它们的使用量，从而提高医药品医疗金融的可持续性以及降低药品价格。[45]毫无疑问，病人将从这些变化中获得利益，因为他们可以以更低的价格买到药品。

从该法最初的演进到最后通过指令第 10 条第 6 款的规定，其中一个根本的原因是"为了避免单纯仅因法律原因而必须在欧共体外进行仿制药品上市许可申请所需的科学性测试，并且不实质影响市场准入"。[46]值得注意的是，在欧共体内应该建立并促进一个有竞争性的仿制药市场，[47]而且毫无疑问，Bolar 原则一旦出台，那么为获得欧共体药品上市许可而需要满足的必要的事实和法律上的先决条件，完全可以独立地通过不论欧共体外的提供资源或者欧共体外进行的活动而实现。

因为这点看似没有在委员会最初上交的提案中加以阐释，或者至少没有明确提出，所以欧洲议会坚持对其进行一些修正。[48]委

员会和理事会只要一条没有接受,[49]那就是拒绝了关于"进行必要的测试和试验……以及出口……"的修订。对这个不被接受的修订,需要将它放在整个修正案的合适背景下去理解,即"以第1~4项的申请以及出口、提交……符合第19条要求的样品……为目的,所进行的相关的必要研究和试验"。

因此,修正后的 Bolar 规则在一般情况下不适用"为出口而进行的必要的测试和试验",即它独立于第10条第6款的其他内容。此外,被删除的修正条款"为出口而进行的必要的测试和试验"不能与"提交第19条要求的样品"产生任何联系,即不能与在欧共体内有资格授予市场许可的主管机关产生任何关系。因此,"出口"指的是从欧共体国家到欧共体外国家;Bolar 规则完全没有涉及欧共体内部的出口行为。

这里还存在进一步的问题:什么是第10条第1~4款规定的申请所必需进行的研究和试验以及在实践中所必需的相应活动?这里,应该充分分析第10条第1~2款。根据第10条第1款的第一个分段:

……如果申请人能证明仿制药本质上与在欧共体或者成员国内8年之内已经根据第2001/83号指令第6条授权的医药品类似的话,申请人不应该被要求提供临床前测试和临床试验的结果。

第2款第(a)项把"相关医药产品"定义为"在符合第8条情况下根据第6条授权的医药品",第10条第2款第(b)项进一步阐述:

仿制药品是一种与相关医药产品有同质同量组成成分的活性

147

物质、有相同的药物形式，并且通过合适的生物利用度研究证明了其与相关医药产品有生物等效性……

换言之，申请仿制药品上市许可的申请者必须拥有"相关医药产品"的专利活性药物成分，这是进行必要研究和试验的最低的后续实际要求。申请者必须证明仿制药的专利活性药物成分和相关医药产品的专利活性药物成分有同质同量的组成成分、有相同的药物形式以及生物等效性。此外，申请人还必须证明想要申请药品上市许可的仿制药符合既定的欧盟标准。为了符合这些规定，申请者可能要用到自己的药物主文件，如果需要的话，可能需要提交"授权凭证"援引其供应商的药物主文件。

考虑到 Bolar 例外的明确目的，以及欧共体现存的仿制药厂商的结构和运作机制，必须强调的是，在 Bolar 规则下，对待由申请人自己生产活性药物成分、拥有必要的药物主文件以及进行了必要的研究申请药品上市许可，和对待由第三方向申请人提供活性药物成分及"授权凭证"申请药品上市许可之间，不应该有区别。先撇开许多仿制药厂商没有必需的设备来生产活性药物成分这个事实以及不应该受到歧视不说，只针对那些生产"相关医药产品"所需的活性药物成分的仿制药厂商适用 Bolar 例外，将会严重影响欧共体仿制药市场的竞争性，提高仿制药的成本，限制仿制药降低药品价格的作用。如果有区别地适用 Bolar 规则的话，将会大幅度地减少现有的在欧共体内基于活性药物成分制造的仿制药品的数量，因为"垂直型综合性公司"无法承受在自己工厂中制造其仿制药生产所需要的所有活性药物成分。最后，应该强调的是，如果 Bolar 例外规则只能适用于那些在欧共体内生产受专利保护的"相关医药产品"的活性药物成分的医药公司，这些医药公司在进行药物主文件要求的必要测试，并且要求它们在进行仿制药品上市许可所需的必要研究和试验时意图使用或者已经在使用这些生产的活性药物成分，那么这将会导致减少或者消除欧共体内现存的活性药物成分资源的数量，增加了欧盟内仿制药厂商对于欧盟外活性药物成分的依赖。这将与 Bolar 例外规则真正明确表达的目的产生矛盾。[50]

德国专利法在吸收实施 Bolar 例外规则的时候，为指令第 10 条第 6 款的"实践所必需的相关活动"的含义提供了一种宝贵的见解。2005 年 4 月，德国政府向联邦参议院（联邦国家的众议院）提交了一个修正案草案，建议有关医药品的《德国专利法》第 11 条增加一款第 2b 款[51]，即专利权的效力不应延伸至：

为使药品得到能在欧盟内或者欧盟成员国内流通的药品上市许可所需的研究和实验。[52]

联邦参议院在答复[53]中，建议草案在"实验"后面加入"实践所必需的相关活动"的表述，[54]因为有必要澄清，除了必要的开发步骤之外，也有其他相关的步骤，比如活性药物成分的进口和样品的生产。[55]

德国政府接受了这一修订，德国联邦议院最后通过了联邦参议院建议的说法，并进一步修正，Bolar 规则也适用于为了在第三国获得监管药品批准的研究。所以，现在《德国专利法》第 11 条第 2b 款规定：

专利权对此行为不具有效力：2b. 为获得在欧盟范围内的药品上市许可，或者在欧盟成员国或者第三国的药品上市许可而在实践中所必需的研究和试验行为。

　　显然，联邦议会大多数都支持通过第 11 条第 2b 款，并明确指出，"第 11 条第 2b 款适用于必要程度内的生产医药品的研究和试验"。[56]朗芬格认为，根据德国法律的原则，根据第 11 条第 2b 款，供应商可以基于定购或者委托，为那些有意在药品上市许可所需要的研究和试验中使用供应物质的厂商，制造以及提供专利产品，但是对只是潜在可能主动进行这样研究和试验的厂商制造或者许诺销售专利产品是不适用的，因为这样的行为完全出于供应商销售产品的经济利益。因此这样的行为是不会与广大公众的任何权益相关的。[57]然而，胡夫纳格尔（Hufnagel）认为，是否第 11 条第 2b 款所规定的生产只局限于仿制药厂商为了进行申请药品上市许可所需的研究和试验而自己进行的生产，或者该条款还可以适用于供应、分配和提供专利产品给为了药品上市许可的人，仍是不明确的。胡夫纳格尔理解的是，根据第 11 条第 2b 款，这两种解释都是允许存在的，因为该规定指涉的是研究和试验的目的，而不是药品上市许可的申请人。[58]

九、批评意见概述

　　有必要强调的是，给 Bolar 例外规则贴上一个仿制药厂商特权的标签，这是存在误解的。这种观点忽略了 Bolar 例外规则是利益平衡的结果，因为欧共体为了更好地保护创新型公司，除了真正的专利权保护外，还为仿制药进入欧共体药品市场另外设置了三个法定的障碍。奇怪的是，药品补充保护证书、数据专有权保护和市场独占都没有被理解为"特权"，尽管它们与其他技术领域的专利权人相比，确实延长了专利权保护并正式地使专利权所有人处于特权地位。这并不是为了挑战欧共体采取的立法措施的正当性，它们是为了平衡该制度的明显缺陷所必需的，只是为了以正确的角度来看待 Bolar 例外规则。Bolar 规则并不是仿制药厂商以牺牲专利权人利益为代价的一种特权，相反，根据欧共体立法者的初衷，这是为了平衡其他措施而必须采用的必然结果。需要反复强调的是，Bolar 规则的最终目标在于提高欧共体医药金融的可持续性，提高欧共体仿制药市场的竞争，以及降低仿制药的价格。同样这也避免了对在欧盟外进行研究和试验，以及对欧盟外活性药物成分供应资源的依赖。因此，需要在不会对创新医药产品所有人产生不当影响的前提下，对 Bolar 规则进行解读，并确保其目标的实现。

十、波兰最高法院的判决

波兰最高法院在 Astellas 医药集团诉 Polpharma SA 一案[59]中肯定误解了 Bolar 规则，并且以明显不同于共同体立法者明确制定该规则的真正作用的方式适用了该规则。因此，法院未能考虑，Bolar 规则是欧共体医药品市场和生产领域更为广泛的欧共体立法中的一个组成部分。特别是，法院并没有注意到活性药物成分供应商在仿制药厂商进行药品上市许可所必需的研究和试验中扮演的重要角色。这一决定使得针对共同体的活性药物成分供应商，没有资格制造或者许诺销售活性药物成分，给那些缺少必要活性药物成分生产设备，或者出于其他原因无法生产全部或者部分在仿制药药品上市许可研究和试验中所需活性药物成分的仿制药厂商。法院的判决很明显误解了 Bolar 规则的基本功能，并且完全忽略了如果缺少共同体内第三方供应活性药物成分带来的后果。如 Astellas 诉 Polpharma 所涉及的事实，即使是 Hexal 公司（瑞士 Sandoz 公司的子公司，世界上最大的仿制药厂商之一）也可能会因为出于经济原因如节约成本、提高竞争力而使用第三方提供的活性药物成分。这样的商业模式有利于仿制药厂商提供更低价格的药品，这个效果正是 Bolar 规则应该追求的。

波兰最高法院认为，《波兰知识产权法》第 69 条第 1 款第 (4) 项的"特权"并不适用于下述实施他人发明的行为：该行为既不是为了获得药品上市许可也不是进行许可申请的必要测试，而只是根据他人的专利制造产品以便许诺销售以及使之进入市场。但该说忽略了关键性的两点。首先，它没有考虑 Bolar 规则下欧共体市场供应商所扮演的角色，即增加仿制药的竞争、减少或避免对于欧盟外活性药物成分的依赖。其次，同样重要的是，法院忽略了为仿制药厂商提供活性药物成分，实际上不能被看做出于商业利益的供应商。因为根据仿制药协会 2012 年 7 月 2 日的声明[60]，实践中用于开发阶段的活性药物成分一般也同样用于专利期满后仿制药品进入市场的阶段。如果活性药物成分的供应商发生了改变，那么药品上市许可也要发生改变，耗时耗钱。所以待仿制药进入药品市场的三个法定条件障碍期满之后，活性药物供应商的经济利益才会越来越明显。在此之前，供应完全与欧共体立法者设想的 Bolar 概念模型相一致：它向仿制药商提供"伴随的相应要求"所需的一切，并且它在本质上也承担了欧共体内

"发展竞争性仿制药市场"的责任。这种推理在 Astellas 诉 Polpharma 所涉及的事实得到了验证：考虑到 Polpharma 获得药物主文件的成本，一年多只提供 Hexal 公司 30.5 千克的活性药物成分 solifenacin，这可以单独地被视为一个业务吗？答案是否定的：这项供应是最终实现 Bolar 目标的必需投资。

一旦指令第 10 条第 6 款规定了 Bolar 规则，那么波兰最高法院对《欧盟运作条约》第 34 条和第 36 条的解释就经不起推敲。对《欧盟运作条约》这种简单的解释放在 Bolar 规则生效之前可能是正确的，1997 年欧盟法院在 Generics BV 诉 French Laboratories 有限公司的案件[61]中，法院确认，根据建立欧洲经济共同体（《欧共体条约》）第 36 条，第 30 条的限制（这是适用国别专利法规定的结果）是合理的。然而第 2004/27 号指令第 10 条第 6 款已经明确限制成员国如何依据指令去规范这个主题了。各成员国与欧共体 Bolar 规则有矛盾的国内法，或者采纳可能无法使 Bolar 规则产生预期效果的解释，都不再经得起推敲。欧盟法院的大审判庭在 Monsanto Technology LLC 诉 Cefetra BV 等人一案[62]中明确指出，第 98/44 号指令[63]的特殊规定被国内法协调吸收后，应彻底排除与此相反的国内专利法规定。显然，欧盟法院确立的原则需要对欧盟法律的具体规定进行详细地分析，而这种分析的结果可能会有所不同。但是，可以这么说，波兰最高法院对于《波兰知识产权法》第 69 条第 1 款第（4）项的解释，违反了欧盟法律的正式承诺，它并没有在欧盟法律制定的大背景下考虑 Bolar 规则真正的目的。

最后，虽然波兰最高法院明确指出，像 Bolar 例外这样的限制必须符合 TRIPS 协议第 30 条的规定，但它只限于对条文简单的复制而没有对其作进一步的分析。正如欧盟法院大审判庭在

Daiichi Sankyo 有限公司及他人诉 DEMO Anonimos 一案中[64]明确指出的，根据欧盟法律，TRIPS 协议同样具有约束力。[65]

因此，有必要研究世界贸易组织的争端解决机构（DSB）对欧共体及其成员国申诉[66]的决定，在该案件中成员国对 TRIPS 协议第 28 条第 1 款和第 30 条的解释产生了争议。特别有意思的是，欧洲共同体（EC）认为，《加拿大专利法》第 55 条第 2 款第（1）项即加拿大的 Bolar 例外并不是 TRIPS 协议第 30 条规定的"有限的例外"，因为它允许"大范围运营商的大范围活动"和"程度显著的侵权行为"。具体来说，欧洲共同体反对的是加拿大专利法该规定授权那些经常给仿制药厂商提供产品测试所需成分的精细化学品生产商对该成分进行商业销售。欧共体还认为，监管规则经常要求申请人或者他们的供应商生产商业数量的药物，以证明他们确实有能力在这样的生产水平中维持所需要的质量。最后，欧共体还强调，按照该规定，在 20 年专利保护期限内的侵权行为是获得许可的，而且该规定适用于在世界上任何地方提交的监管申请；因此表明，涉外监管生产商的数量和种类以及加拿大无力监管或者影响它们的事实将会进一步扩大该例外排除的活动范围。[67]然而，争端解决机构的专家组拒绝了这些意见，他们认为加拿大的监管审查例外属于 TRIPS 协议第 30 条规定的有"限制"的例外。该规定是有限制的，因为第 28 条第 1 款规定的权利缩减是有限的。根据专家组的意见，只要该例外所允许的行为是限于遵循管理批准程序要求所必须进行的行为，那么该条允许的可以不经专利所有人许可的行为范围就是很小的而且受到限制的。即使是管理批准程序要求的用以证明产品可靠的生产制造水平所需要进行的大量测试，只要它们仅仅是为了管理审查目的，并且没有最终导致产品的商业销售，它就不会因为该生产规模较大而导致影响专利所有人本身权利的进一步损害。[68]根据加拿大专利药品保护案中世贸组织争端解决机构对于 TRIPS 协议第 28 条第 1 款和第 30 条的解释，可以得出对于指令第 10 条第 6 款的一种解释，即只要制造、许诺销售和供应仿制药厂商专利药物的目的是药品上市许可所需的研究和试验，那么就符合 TRIPS 协议第 30 条，而不论制造商和供应商使用的药物活性成分是否为了自己的药品上市许可申请，只要不对最终产品进行商业性使用。

十一、杜塞尔多夫高等法院的提交审断

在提交令中，杜塞尔多夫高等法院考虑了指令第 10 条第 6 款和《德国专利法》第 11 条第 2b 款的立法沿革。法院至少部分考虑了，解释 Bolar 规则的适用将会如何影响欧共体内仿制药产品的生产商。然而，法院既没有分析在欧共体立法大背景下的第 10 条第 6 款（第 10 条第 6 款是欧共体立法不可分离的一部分），也没有分析欧共体 Bolar 规则是否符合 TRIPS 协议第 28 条第 1 款和第 30 条。

正如上面所提到的，法院指出，从纯粹的语言学角度来看，可以认为第 11 条第 2b 款不仅仅是个人的特权，而只是特权的实质性规定。第 11 条第 2 款规定的申请所需的仅是，试验和研究以及活性药物成分的必要交付（实践的需求），而不论是谁进行这些医药品药品上市许可的行为；指令第 10 条第 6 款也是同样的。然而法院认为，在第三方生产、许诺销售以及销售活性药物成分的情况下是否适用 Bolar 规则，取决于他是否采取了若干措施，使得这些提供的活性药物成分会毫无疑问地只用于 Bolar 特权的目的。

最终，法院总结了自己的意见：

（e）供应商特权的附加程序：在进行商业交付的时候，必须清楚这个提供/交付活性药物成分的行为是否侵犯了专利权。因此，是否能够对受益的供应商适用药品上市许可特权并不取决于最终顾客如何使用其提供的活性药物成分。而是取决于供应商可以综合所有情况，得出他的顾客只会按照 Bolar 特权许可的目的使用这些活性药物成分的结论。更重要的是，这种提供行为的范围（活性物质的供应数量）必须和药品上市许可程序中要求的研究和试验所需数量一致。[69]

可以肯定的是，法院同意指令第 10 条第 6 款可以适用于第三方生产、许诺销售以及销售活性药物成分给仿制药厂商用于药品上市许可研究和试验；这个解释正确地反映了 Bolar 规则潜在的真正的目标，并且也与加拿大专利药品保护案中世贸组织争端解决机构专家组的立场一致。不过，法院认为，必须对第三方供应商设置的约束并不必然符合 TRIPS 协议，也并非完全符合 Bolar 规则在欧共体立法背景下所需扮演的角色。

除了毫无疑问要平衡专利权人的利益外，[70]法院给出的理由似乎还集中在依据《德国专利法》第 10 条第 1 款和第 3 款去解释《德国专利法》第 11 条第 2b 款。根据《德国专利法》第 10 条第 1 款，不得向没有权利实施专利的人提供或者许诺销售发明的实质部分，当其明知或者根据情势应知这些行为适于且就是用于专利发明的实施的，这种行为构成间接专利侵权。法院看到，问题存在于《德国专利法》第10条第3款，其规定实施第11条第1～3项的任何人，不属于第1款规定的有权实施专利的人。换句话说，就系争问题而言，提供或者供应只与药品上市许可所需研究和试验相关的发明专利的实质部分（给《德国专利法》第11条第2b款规定的权利人），将被看做间接侵权行为。

法院推断，如果第三方提供或者供应只和发明专利有关的实质部分的手段，即不是侵权产品本身，就构成间接侵权的话，那么第三方提供、销售侵权产品给那些有权适用 Bolar 规则的人，就得承担比《德国专利法》第10条第1款要求的更严格的义务。然而就像赫斯韦尔（Chrocziel）和胡夫纳格尔[71]观察到的那样，当《德国专利法》修订增加第11条第2b款时，《德国专利法》第10条第3款并没有修订，这使得实践中实验用途例外几乎不可能实现。第10条第3款的适用，可能导致有权进行试验的权利人因为无权使用必要的方式手段，从而无法实现前面所述的权利。这种在 Bolar 规则和《德国专利法》第10条第3款之间进行类推的理由看起来并不合理，这显然违背了指令第10条第6款的意图。根据欧盟法院在 Monsanto 诉 Cefetra[72]一案中所形成的规则，它将会被共同体法律推翻。只有按照更宽泛的欧共体法律框架给仿制药厂商设定的角色来对待他们，才能充分考虑反映在 Bolar 规则解释里的广大公众的利益。德国的立法者应该调整《德国专利法》第10条第3款，以适应统一协调后的 Bolar 规则所确立的情形。

十二、真正的利益应该得到保护

鉴于加拿大专利药品保护案中世贸组织争端解决机构专家组报告[73]明确裁决，以及考虑到针对共同体的活性药物成分供应商和仿制药厂商的真正利益，药物活性成分供应商只有提供和交付在正常情况下药品上市许可研究和试验所需数量的药物活性成分，并要求/得到一张由定制方所提供的有关定制的药物活性成分只会用于有权进行的活动的书面承诺，这才算是充分、真正地遵守 Bolar 规则。如果提出更多要求的话，将导致不必要地复杂化共同体仿制药市场的运作功能，以及增加从欧盟外供应活性药物成分的概率，将导致更多地在欧盟外进行研究和试验。在专利权保护期限、补充保护证书、数据专有权保护和市场独占权保护的期限内，如果被供应商的使用行为不适用 Bolar 规则，即只要最终的产品用于商业用途，那么仍将承担专利侵权责任;[74]并且，如果供应商以不符合 Bolar 规则的目的而去制造、许诺销售或销售专利活性药物成分，将承担责任。

第三方是否享有 Bolar 规则的权利，取决于第三方在供应活性药物成分时，能否能综合情况（如被供应的公司的资料、是否只提供少量的活性物质、活性物质专利保护是否即将到期以及关于客户可靠性的经验），推断出这些活性药物成分会被用于为了获得药品上市许可的试验和研究。一个附加于订单的书面承诺就足够了：它将由仿制药厂商签署，表明仿制药厂商只会将得到的活性药物成分用于药品上市许可所需的研究和试验的目的。

【注释】

1 2004 年 3 月 31 日欧洲议会和理事会第 2004/27/EC 号指令，关于修改第 2001/83/EC 号指令（关于欧共体人用药品规范），OJL 136/34（2004年 4 月 30 日）。关于该规定的起源和名称，参见 P L'Ecluse and C Longeral, "The Bolar Clause in the New European Pharmaceutical Regulatory Package", （2004）5 *Life Sciences*, p. 113；L Cohen and L Peirson "The UK Research and Bolar Exemptions: Broadening the Scope for Innovations"（2013）11 JIPLP p. 837。

2 第 2004/27 号指令第 10 条第 6 款："进行以第 1~4 项所涉及的必要研究和试验以及实践中所必需的相应间接行为，不应被视为对医药产品的专利侵权或者违反 SPC 药品补充保护证书。"第 10 条第 1 款和第 2 款涉及在"简化"程序中仿制药为了获得药品上市许可的活动，而第 3 款和第 4 款涉及的是在"混合简化"程序中非仿制药的医药品获得药品上市许可而需要进行的进一步的临床前及临床试验数据的活动。参见 Cohen and Peirson, 同注释 1，第 839~840 页。

3 参见 Cohen and Peirson, 同注释 1，第 840 页及以后。

4 英国的立法程序直到 2014 年 7 月 25 日才在立法改革（专利）命令 2014（S. I. 2014/1997）出台后结束。根据 2014 年 10 月 1 日生效的这一命令，在 1977 年专利法（b）第 60 节（侵权的含义）中增加了（6D）、（6E）、（6F）和（6G）这四个条款，这使得英国的法律与其他许多欧盟国家的法律相符合。英国专利法案修订后的 Bolar 例外规定涵盖了所有药物为获得药品上市许可和卫生技术评估（HTA）的情况，不论该种药物是仿制药还是创新药，以及在英国或者其他地方药品上市许可的所有申请。

5 Astellas Pharma Inc v Polpharma SA, Supreme Court of Poland, Docket No IVCSK 92/13，2013 年 10 月 23 日。

6 参见 W Marciniak, "New Case Law Suggests a Bumpy Ride for Bolar Exemption in Poland"，（2014）VOL（*ISSUE*）*IP Value*, p. 117, p. 119；

RWitek，"The European Take on the Bolar-Provision：Conclusions from Astellas v Polpharma"，*Life Sciences Intellectual Property Review*（2013 年 4 月 1 日）。in http：//www. lifesciencesipreview. com/article/the-european-takeon-the-bolar-provision-conclusions-from-astellas-v-polpharma（访问日期：2014 年 3 月 13 日）。

7 1980 年 12 月 16 日颁布的《德国专利法》修订于 2007 年 12 月 13 日（OJ 2007 I p. 2897）。该法第 11 条规定："专利权对此行为不具有效力：2b. 为获得在欧盟范围内的一个药品上市许可，或者在欧盟成员国或者第三国的一个药品上市许可而在实践中所必需的研究和试验行为"。

8 刊载于（2013）*Beck RS 01711*。

9 No. IV. 2 决定的理由（载 Beck，同注释 8，第 18 页）。同样参见 the Referral Order of the Higher Regional Court of Düsseldorf of 5 December 2013（Case No I-2U68/12 – Marktzulassungsprivileg［Marketing Authorization Privilege］［2014］GRUR-RR，第 100 页、第 104 页）。

10 Marktzulassungsprivileg，同注释 9，第 100 页。

11 同上，第 100 页。

12 同上，第 103 页（右栏）。

13 原文德语"Bereitstellungshandlung"无法翻译成准确的相对应的英语单词。在这篇文章中，翻译为"提供行为"（act of supply）或者"提供"（supply）。

14 Marktzulassungsprivileg，同注释 9，第 104 页。

15 同上，第 105 页。

16 同上，第 106 页（左栏）。

17 同上，第 106 页（右栏）。

18 同上，第 106 ~ 107 页（过渡段）。

19 同上，第 107 页（左栏）。

20 EU Commission，"A Stronger European Based Pharmaceutical Industry for the Benefit of Patient – A Call for Action"，Communication to the Council，the European Parliament，the Economic and Social Committee and the Committee of

Regions（2003 年 7 月 1 日）COM（2003），第 383 页。

21 同上，第 16 页。

22 同上，第 16 页。

23 2012 年 7 月 2 日的声明，由 Polpharma 在 Astellas v Polpharma 一案中提交给杜塞尔多夫地区法院。(判决刊载于［2013］Beck RS 01711。)

24 EGA Statement，同注释 23。

25 这些背景信息来源于欧洲仿制药协会 "Consequences of a Narrow Interpretation of the Bolar Provision"，*Position Paper*（2014 年 3 月）。

26 OJ EU L 182/1（1992 年 7 月 2 日）。

27 Recital 3 of the SPC Regulation 1768/92.

28 同注释 27 第 9 条。本文对于补充保护证书条例的任何进一步的分析都在条例范围之内。

29 OJ EU L 15/36（1987 年 1 月 17 日）。

30 1965 年 1 月 26 日法律、法院或者行政法规规定了有关医药品的类似规定（OJ L 22/269［1965 年 2 月 9 日］）。

31 Art 4（8）（iii）of the Directive 87/21.

32 Regulation 141/2000 on orphan medicinal products，OJ EU L 18/1（22 January 2000）.

33 UM Gassner，"Unterlagenschutz im Europäischen Arzneimittelrecht"，(2004) *GRUR Int*，pp. 983 – 984.

34 对于在现行规则的通过之前的发展细节，参见同上，第 988 ~ 989 页。

35 比如 1993 年 7 月 22 日理事会条例为了公众和动物健康规定了欧共体药品上市许可监督管理程序以及建立了评估医药品的欧洲机构（OJ L 214/1［1993 年 10 月 24 日］）。

36 COM（2001）606 final，at 21，No 2.5（ "Specific Issues，Generic Medicinal Products"）（original emphases）.

37 Directive 2001/83 on the Community code relating to medicinal products

for human use，COM（2001）404 final – 2001/0253（COD），*OJ EU No C 75 E/216*（2002 年 3 月 26 日）。

38　2002 年 10 月 23 日欧洲议会通过欧洲议会和理事会第 2002/…/EC 号指令关于对第 2001/83/EC 号指令的修改（涉及欧共体人用药品规范），2001 年 10 月 23 日（Doc. A5-240/2002 最终版本）。

39　EU Commission，"Amended Proposal for a Directive of the European Parliament and of the Council Amending Directive 2001/83 on the Community Code Relating to Medicinal Products for Human Use"，*COM*（*2003*）*163 final*（2003 年 4 月 3 日）。

40　同上，第 21 页。

41　EU Commission Communication，同注释 20。

42　EU Commission Communication，同注释 20、注释 30。

43　援引、分析以及部分复制自委员会的理由声明 OJ EU No C 297 E/ 63（2003 年 12 月 9 日）。

44　同上，第 66 页。

45　EU Commission Communication，同注释 16、注释 20。

46　第 2309/93 号条例，同注释 21、注释 35。

47　EU Commission Communication，同注释 16、注释 12、注释 20。

48　EU Commission，"Amended Proposal"，同注释 39。

49　Statement of the Council's Reasons，同注释 43。

50　参见第 2309/93 号条例，同注释 35。

51　Bundesrat Drucksache 237/05（2005 年 4 月 15 日）。

52　德语原文：2b. Studien und Versuche, die für die Erlangung einer arzneimittelrechtlichen Genehmigung für das Inverkehrbringen in der Europäischen Union oder einer arzneimittelrechtlichen Zulassung in den Mitgliedstaaten der Europäischen Union erforderlich sind.

53　Bundesrat Drucksache 237/05（Beschluss）（2005 年 5 月 30 日）。

54　同上，32. In the original German："und die sich daraus ergebenden praktischen Anforderungen"。

55 德语原文：Es bedarf einer Klarstellung, dass neben den erforderlichen Entwicklungschritten weitere, damit im Zusammenhang stehende Schritte, wie beispielsweise der Import des Wirkstoffs und die Produktion von Mustern möglich sind（同上，第 32 页）。

56 德语原文：Die Herstellung von Arzneimitteln wird von § 11 Nr. 2b des Patentgesetzes erfasst, soweit sie für die Durchführung der Studien und Versuche erforderlich ist（Bundestag Drucksache 15/5316 ［2005 年 4 月 19 日］ 第 48 页）。

57 KD Langfinger, "Versuchsprivileg und mittelbare Patentverletzung", （2011）*1 VPP Rundbrief*, p. 53、p. 57.

58 F-E Hufnagel, "Schutz von Erfindungen in den Bereichen der Pharmazie und Biotechnologie", in P Dieners and U Reese, *Handbuch des Pharmarechts* （CH Beck Munich 2010）845, under the subtitle "Reichweite von Versuchsprivileg und Roche-Bolar Regelung in der Praxis" （at 881 – 882）. 同样参见 P Chrocziel and F-E Hufnagel, "Versuchsprivileg und Unterstützungshandlungen – Abgrenzungsfragen im 'Bermuda-Dreieck' der § § 9, 10 und 11 Nr. 2/2b PatG", in M Bergermann, G Rother and A Verhauwen （eds）, *Festschrift für Peter Mes zum 65. Geburtstag* （CH Beck Munich 2009）59, 63. 赫斯韦尔和胡夫纳格尔也强调，当 Bolar 规则只局限适用于仿制药厂商为了进行申请药品上市许可所需的研究和试验而自己进行的生产，将会使得很多仿制药厂商没有合适的活性药物成分供应来源。

59 同注释 5。

60 由 Polpharma 在 Astellas v Polpharma 一案中提交给杜塞尔多夫地区法院（刊载于 ［2013］ Beck RS 01711）。

61 Judgment in Case Generics BV v SmithKline & French Laboratories Ltd, C316/95, ［1997］ E. C. R. I-03954.

62 Judgment in Case Monsanto Technology LLC v Cefetra BVand others,

C428/08, ECLI; EU: C: 2010: 402, [2010] E. C. R. I-06765.

63 Specifically EU Directive 98/44 on the Legal Protection of Biotechnologi-cal Inventions of the European Parliament and of the Council of 6 July 1998, *OJ L 213/13* (30 July 98), Art 9.

64 Judgment in Case Daiichi Sankyo Co Ltd, and others v DEMO Anoni-mos, C414/11, ECLI; EU: C: 2013: 520 [not yet published in E. C. R.].

65 在直接利害关系的背景下，法院在第59段指出：诚然，在FEU条约生效以后，由于国内市场领域竞争该知识产权主题的欧盟立法还是开放的。然而，在此基础上以及旨在欧盟具体有效性的行为，必须遵守TRIPS协议规定的相关的知识产权权利的可用性、范围和使用的规则。因为这些规则仍然像以前一样旨在对世界范围的主题确定规范，从而促进国际贸易。

66 Canada – Patent Protection of Pharmaceutical Products, Panel Report, WT/DS114/R (17 March 2000).

67 参见注释66，No 7.43。

68 同上，第45页第7段。专家组也考虑到，加拿大有充足的理由认为专利权实际中延长的市场独占时间排除了市场授权的申请提交，不能被视为"正常"的。因为对于绝大多数专利产品而言，没有《加拿大专利法》第55条第2款第（1）项所规定的市场规则，故而也不会因为市场许可程序的迟延导致专利独占权的延长。

69 Marktzulassungsprivileg，同注释9，Considerations of the Court, No 3 (a)。

70 同上，II.（2bb）（d），para 1（不是复制于 [2014] GRUR-RR)。

71 Chrocziel and Hufnagel，同注释59。

72 Judgment in Case Monsanto Technology LLC v Cefetra BVand others, C-428/08, ELI; EU: C: 2010: 402, [2010] E. C. R. I-6765 第62~63段。

73 WT/DS114/R（2000年3月17日）。

74 同上，第45页第7段。

专利池：政策和问题

［德］ 汉斯·乌尔里希（Hanns Ullrich）* 撰

伍 君 译 张韬略 校

【摘 要】针对专利池的相关问题，欧盟委员会制定了技术许可指南。该指南允许国内外专利池在同一平台运行，使国内竞争法的执法实践与其他司法管辖区的政策保持协调，避免合法专利池因遵循不同的法律规定而产生额外的交易成本。该指南针对限制性协议采用的现代的、以经济为基础的评估具有局限性。例如，必要性检验法和互补性概念模糊，较少说明不可或缺的标准和不排除竞争的标准，也未涉及除专利池外更少限制的替代方法，并忽视企业的整体战略、专利池可能支撑的标准化项目等评估因素。

【关键词】专利池；技术许可指南；联营协议标准

---

* 汉斯·乌尔里希，德国马克斯·普兰克知识产权与竞争法研究所客座研究员，慕尼黑联邦国防军大学以及欧洲大学教授。

一、概　　况

两个或两个以上的专利持有者之间出于联合开发其针对第三方的排他性权利的目的所进行的协议安排，通常被称为专利池。根据汇集专利的目的，专利池可以采取不同的形式。人们通常将涉及集中开发专利的协议作出以下区分：一方面，将控制权转移到合资企业甚至其代理机构或直接以自身名义实施行为的独立实体；另一方面，也可以由一个内部成员管理打包专利的许可事务。[1]鉴于当事人所选择形式可能反映了联营协议所追求的竞争策略，[2]而且从经济和分析层面来看，联营协议的特征在于，如何开发两个或两个以上企业的技术的工业产权，[3]成为设立联合的专利包和集中管理对外许可事务的主题，[4]因此上述区别并不是与反垄断分析完全无关。联合对外许可使得专利池不同于交叉许可协议，通过交叉许可，成员可以按照约定的条款，互相许可对方使用他们的排他权利。通常情况下，交叉许可与联营一同进行，特别是当专利权人本身在下游产品或服务市场从事经营的时候。但是专利池内部成员间的交叉许可对于专利池而言并不是必要的。此外，这两种类型的协议在竞争法的分析和评估上有各自不同的问题；当其共存的时候，可能还会引发额外的问题。[5]

专利池（联营）现象并不鲜见。专利池起初形成于装配行业或者系统技术领域，在这些领域，专利池可用以联合独立发明。[6]在美国，部分专利池曾受到挑战，其中有些专利池经受住了挑战，主要当其限制性做法超越了简单的联营时（也就是说，有必要将多个发明的功能作为复杂技术的元素加以集合）。[7]在欧盟，专利池很少引起执法部门的关注，[8]直到两股潮流的汇聚：一是美国阐明了关于信息产业中与合作研究和标准化相关的非限制、促进竞争的专利联营的执法政策；[9]二是联合研发和制定标准的国际化发展，这些国际化发展恰恰发生在那些涉及欧洲大型企业甚至其占据主要地位的产业和通信业。[10]正如装配产业或者系统技术要求大量来自不同组件制造商的专利组合一样，现代信息和通信技术则要求所有要素的互通性，这可以通过创新驱动即以专利为基础的标准化得以解决。[11]因此，专利池往往表现为或伴随着或多或少的策略以及或松或紧的创新联盟，有时甚至还由公共资金所支持，至少在早期是这样的。[12]创新联盟通常被反垄断法所忽视，[13]而专利池则可能导致不同的竞争规则的同时适用。[14]然而，由于对于联合研发和专利联营（以及标准化[15]）的普遍包容，至今还没有出现真正的冲突。

实际上，欧盟委员会以 2001 年发布的更多以经济学为基础的条款重新评估技术许可协议的方法时，就设法使其"技术池"的执法政策与新的实际情况以及美国实例相符合。鉴于此，为了避免《欧共体条约》第 81 条第 1 款（《欧共体条约》自 2012 年修改为《欧盟运行条约》，原先《欧共体条约》第 81 条为现行《欧盟运行条约》第 101 条——译者注）的禁止性规定过窄地限制委员会条例所豁免的限制性协议类型，欧盟委员会制定了以下简称"指南"（Guidelines），[16]"指南"提出了关于联营协议的分析框架和评估标准。虽然"指南"可能间接约束欧盟国家的竞争主管机构，但是并不包括所有的法院，法院仍然可以给所有利益相关方和机构提供指导。因此，法院可以作为对当前欧盟竞争规则下执行政策的批判性分析的参照。如果粗略一瞥美国行政机关根据反垄断法对联营协议所进行的评估，就会发现其实这种执行政策并非欧盟特有，事实上也不是"本地发明"，而只是说明了主要司法管辖区采取的实践做法。

二、竞争法问题

（一）复杂合同的清晰标准？

1. 多层结构

在自主创新的理想世界，企业将自主开发所有供其生产和产品所需的技术，并将这些技术中的创造性元素申请专利以保护自己免受模仿，亦可作为一个互利的技术转让将专利许可给不同市场领域的第三方。这样在技术与产品整合方面会存在一些小的问题——毕竟，即使是理想世界也会产生工作和劳动的划分——但是，这些问题都会被自我调整和标准化所克服。然而，在现实世界里，大部分技术属于公知技术。很多人对公知技术进行研发，促进公知技术的创新和改进，专注于其中某些领域并且试图控制这些领域的交集，而且为了获得市场竞争优势以及市场控制权，所有人都寻求对自己的研究成果进行专利保护。这导致技术领域变成一件件零散的专利知识，而不是领域集拢的私有知识领域。因此，专利权人可能会彻底地相互阻碍或者阻碍对方改进技术。另外，从理想的角度来说，他们将会为了使用互补性技术而进行权利的交易，并且因此进入许可交换，特别是交叉许可。但是太多的互补性技术被分散在众多企业中，以致互补性技术的权利人之间的技术引入和技术转让，以及更加重要的是将技术（或者他独有的部分）许可给其他使用者，都变得困难和昂贵。因此，部分或者大部分甚至可能全部互补性技术持有者之间的联营协议是解决复杂技术（特别是系统技术领域[17]）零散分布的一种方法。在此，专利有助于确定这些技术的片段以及其所有人，并且允许专利权人在商业条款基础上联营这些技术片段，同时保持某种或宽或窄的控制，就像他们通常在技术市场授权交易那样。[18]

专利池这种交易说明及其对技术应用效率的提高绝不是新的。[19]但是它清楚地表明，不同于一般许可交易，专利池主要用于技术整合而非技术许可。它同时解释了为什么专利池具有一个多层次的结构。这两个方面在委员会的指南中都有所体现。专利池区别于许可交易是基于后者关注于将被许可技术实际且有效应用到生产中的权利，而前者只是成立一个将技术（以技术包的形式）许可给第三方的协议。[20]这种区别反映了专利池的两个维度，一方面是专利池成员之间的内部关系，另一方面是专利池与第三方、潜在被许可人的外部关系。然而，这种区别无法揭示关系的复杂性和相互依赖性。

实际上，关于专利池成员内部关系，还必须作出另一个区分，即成员仅在技术市场[21]活动的专利池，与成员全部或部分在产品市场活动的专利池之间的区别。前者通常仅为了对第三方许可而建立技术包，因此仅在个别情况下才包含专利池成员之间的许可交换，[22]而后者通常依赖于许可交换，这个许可交换有时先于专利池达成一致，有时与专利池一同进行。虽然在这种情况下专利联营协议仅仅可能是交叉许可协议的衍生物或者执行，"指南"仍不会在技术池里处理交叉许可的问题，而是将交叉许可和专利池分开讨论。[23]

这种沉默导致的问题是，专利联营协议和内部交叉许可是怎样相互关联的，以及如何考量这种相互关系。一方面，交叉许可与其他任何技术许可协议的待遇是一样的。因此根据《欧盟技术许可集体豁免条例》[24]（以下简称《豁免条例》），交叉许可可以从集体豁免中受益，而这取决于交叉许可的市场份额以及是否包含核心限制，这两个标准反过来又取决于许可协议本质是纵向协议还是横向协议。在纵向关系可以被假定的情况下（当"指南"根据专利法中的位置关系而不是处于这些位置的技术持有人之间既有的实际竞争关系来定义一个协议为纵向或者横向时，"指南"正是怂恿人们做这样的假定），[25]甚至联营相关的交叉许可协议都会找到自己的"避风港"。在特殊情况下，即使不是这样，它们仍然可以享受"指南"对协议所承诺的优惠待遇，提供技术转让。[26]总之，看起来用以建立专利联营的交叉许可已经得到充分的便利，除了根据《豁免条例》第4条第（1）项受到互惠协议的限制。大概只有在这些情况下，才会出现联营的利益能否证明专利池成员间采取颇具限制性的交叉许可合法的问题。

另一方面，对联营协议和专利池成员间的许可交换进行概念区分虽然可能支持联营协议，但忽视了成员间交叉许可可能对专利池与第三方之间的外部关系产生影响。当联营协议的技术基础被扩大时，它甚至会影响成员和非成员间的竞争关系。如果额外的知识特别是技术诀窍被交换，或者给予池内成员一定的领先时间（专利池最有可能这样操作），那么专利池很有可能还会加强池内成员的竞争优势。"指南"也注意到了专利池成员和非成员之间不公平竞争的问题，但只涉及了许可使用费。[27]然而，由于交叉许可中关于许可使用费的整体博弈和第三方交易中的博弈完全不同，那么歧视性许可使用费可能是合理的，而无歧视许可使用费可能并不反映整体协议的实际情况。总之，把池内成员的交叉许可和联营协议分开分析，将遗漏两者之间的协同效应，协同效应可能是积极的，也可能是消极的，或者两者兼有。

2. 联营协议

事实上，有人甚至可能想知道，是否只从建立一个完整、全面、综合且能有效许可给第三方的专利包这一层面来定义联营协议，这样可以在竞争法的框架下提供一个足够宽泛的评估基础。毕竟，联营涉及选择哪些专利入池和决定如何收取使用费这些问题，当成员作出选择和决定时，他们不会只考虑市场的需求和产量。事实上，他们将根据所认为的自己的意图或者应当在市场中获得的竞争地位而行动。无论何时，只要一个或者多个成员自身存在于产品市场，专利联营的建立就不再是许可交易本身，而是服务于他们在相关市场中战略性利益的战术。在这种意义上，交叉许可和专利联营相互补充，且交叉许可决定了专利联营。然而，相对于当事人投入专利池的客体，以及这（和专利池的许可实践）对技术和下游市场可能产生的影响而言，"指南"较少关注池内成员在市场定位问题上为自己保留的部分。因此，其关注焦点主要在于仅在上游市场活动的技术供应者所形成的专利池。

"指南"接着评估联营协议本身限制竞争的潜在影响。这种限制竞争的影响可能主要源自以下四种情形：（1）专利池成员之间在确定其投入的专利许可费率时的固定价格行为；（2）集体捆绑销售，也就是当专利包含可以并且应当单独许可的专利时；（3）减少了成员努力创新的激励；（4）阻碍了替代技术的市场进入。[28]针对这些潜在的负面影响，"指南"基本设定了联营协议可以承诺的两个积极条件。也就是说，一方面，由于集中管理授权，联营协议可以减少作为许可方的专利持有者和作为被许可方的第三方的交易成本；[29]另一方面，由于联营不允许累积在单独许可情况下可能出现的许可费，整体的许可费得以减少。[30]如果限制竞争影响的风险可以被排除或至少被控制，这些（以及其他[31]）益处就可能出现。

为了保障这种最优化的效果，"指南"依赖于以下的双重区分：一方面，入池专利必须是互补性专利而不是替代性专利，替代性专利也就是那些在产品配置或制造过程中互相竞争、相互替代的专利。另一方面，入池专利必须是必要专利而不是非必要专利：替代性专利本质上是非必要专利；没有替代技术的互补性专利基本上是必要专利；如果互补性专利存在可替代的技术，那么它们就是非必要专利。[32]

基于以上区分，如果专利池仅包含必要技术，[33]那么这些专利池是完全促进竞争的，根据《欧共体条约》第 81 条第 1 款本质上为合法。它们并不涉及横向固定价格，而是优于累积的专利许可费；它们不会导致不合理的捆绑销售，也不会限制技术创新的竞争。它们只是单纯地把技术的必要成分集中在一起使得许可更简便。因此，根据"指南"，前述联营协议免受质疑，即使专利池成员是占市场支配地位的企业。[34]相比之下，如果联营协议同时包含一个"程度明显的"的替代性技术，那么联营协议将被认为限制了技术间的竞争，相当于集体捆绑；如果它在很大程度上由替代性技术组成，那就变成了固定价格的情形。这些协议适用第 81 条第 1 款的禁止条款，并且不可能根据第 81 条第 3 款的豁免条款而认为其合法，因为节约交易成本顶多涉及专利池的部分事项，并且包含替代性技术很难被认为是必不可少的。就这一点而言，成员保持单独许可的自由也无济于事，因为单独许可不太可能会发生。[35]

介于纯粹促进竞争的联营协议和基本上限制竞争的联营协议之间，存在一些根据《欧共体条约》第 81 条第 3 款豁免条款可能取得合法资格的联营协议，即那些（也）包含非必要的互补技术或者非显著部分的替代性技术的专利池。这种类型的专利池可能在建立时就是这种形式，也有可能是由于替代技术的出现使得技术性质改变而导致的结果，[36]它们通常阻碍了第三方技术的竞争，因为专利池的许可成本的优势往往不仅吸引了被许可方，而且使他们依附联营技术。[37]因此，"指南"介绍了很多抵偿的标准来帮助证明这些专利的联营是正当的，例如，专利池的包含内容必须是事实上促进竞争的，许可方应当保持单独许可他们技术的自由，在多功能技术的情况下，这些技术应当在专利池合理使用范围之外的领域内可以独立利用，以及只要可能，联营技术应当整合成较小的技术包，而不是一味做成大的技术包。[38]显然相对于实践操作，这些抵偿标准更可能在理论上最小化联营限制竞争的影响。指南没有详细列举具体情况下符合第 81 条第 3 款标准的情形，例如，消费者在效率收益中的合理份额、参照联营目的的不可或缺性或者不排除实质竞争等。相反，"指南"增加若干普遍的、在某种程度上矛盾和多余的考量，以此回避处理这些重要的标准。比如"专利池的市场地位越强大，其限制竞争的危险越大"，拥有强市场地位的专利池"应当开放、非歧视"，以及专利池"不应不适当地排除第三方的技术或者限制替代的专利池的设立"。[39]

根据这种"限制—豁免—类似"（Block-Exemption-Like）的方法——含有互补性专利的小规模联营并不需要担心，复杂技术的大规模联营可能会存在这种问题——"指南"宣布了一些核心限制为不合法，例如不竞争协议，或者通过提升挑战有效性的风险而对可能无效的专利进行庇护。[40]

3. 专利池和第三方

专利池对第三方的许可规则构成分析的第三层次。从概念上来讲它也许是一个独立的操作；但实际上它与另外两层分析紧密相关。首先，通过限制那些需要通过第 81 条第 3 款[41]测试的专利池的排他性，"指南"力图确保潜在的被许可人至少存在一定的选择自由，以提高在技术上以及间接地在下游市场中的竞争力。其次，"专利池和第三方的许可关系与单独行动中许可方和被许可方的双边关系并没有不同，因此可以完全适用第 772/2004 号条例"[42]这种原则并不是完全没有问题，其适用范围也不似它乍看的那样大。其原因在于，决定许可关系竞争的本质为横向抑或纵向，不能仅参考专利池的市场地位，而必须考虑专利池成员的市场地位。否则，相对于通过单独许可，专利池成员可以通过专利池许可在许可竞争中获得更多的保护，因为就其本身而言，专利池仅活跃在技术市场，且通常被许可方并不出现在技术市场。因此，只要当某一被许可方是池内成员的竞争者时，[43]至少根据《豁免条例》第 4 条和第 5 条第 2 款，专利池的对外许可在本质上必须被认定为横向协议。然而，适用《豁免条例》关于专利池和第三方的许可交易的规定往往将专利池成员置于比他们单独行动时更有利的地位，因为这建立在以专利池交易具有双边交易属性的假设基础之上。尽管从技术而言这种假设是真实的并且是专利包集中管理的逻辑性结果，实际上它却把专利池成员和许可人放在一个平行的位置，而当他们是真实的竞争者时，这个问题就不再完全不相干了。[44]

最后，实践中关于豁免条例对第三方许可的适用，无论是直接的还是类推适用，都不能广泛应用，因为很多现代的专利池都与创新技术的标准相关，其中大部分在相关技术市场[45]中都占据主要支配地位。如果是这种情况，那么第三方许可将会受到《欧共体条约》第82条规定（现行《欧盟运行条约》［TFEU］第102条——译者注）的特殊限制。因此，不再享有首先专利池成员内部制定许可费标准然后针对第三方的自由，"许可费和其他许可条件应当公平且无歧视"无论针对不同的被许可人还是同为被许可方的专利池成员。[46]为了避免排除下游市场的竞争，许可必须是非排他的。[47]此外，在涉及维持专利池的技术和市场地位的问题上，允许专利池给第三方施加回授义务，但这些回授许可必须是非排他性的，且仅限于那些对使用入池技术起着必要或者重要作用的技术。[48]

（二）问题和看法

1. 对检验标准的检验

如果仅仅将专利池看做为了必要的集中管理那些原本分散许可给第三方的专利而建立的专利包，"指南"似乎提供了一个在普通竞争法下相当一致且得到国际认可[49]的评估框架。然而，当人们进一步审查这个框架时，就会发现这个框架更多的是一个设想在社会福利经济学分析中的理论框架，而社会福利经济学分析的标准建立在并不牢固的假设基础上。"指南"并不区分专利池为了集中授权而可能覆盖或者提供的各种不同的知识产权类型，[50]而是一致无差异地适用于技术池。然而，大部分现代专利池的客体——信息和通信技术，典型地包含大量的受版权保护的软件，而这些软件并不符合指南的必要性标准。从法律和实际上来说，它的替代物基本上属于成本的范畴，尽管可能属于经济上不合理的成本。因此纵然版权可能通常不是技术联营的核心，必要性检验法将不得不在版权联营方面放宽标准，以使之成为经济合理性的检验法。[51]这实际上也是美国实践在任何情况下所建议的，[52]以及很多学者在欧洲所呼吁的。[53]

事实上，必要性检验法在本质上是模糊的。它起源于技术标准，用于限制专利技术纳入标准，而且它在描述性标准方面表现良好。[54]必要性检验法并不适合于性能标准（Performance Standards），但显然也被用于与这种标准相关的专利池，或者其他那些必要性不随着时间而改变的专利池。[55]在这种情况下，替代性技术的可获得性只是一个成本上的问题。在与标准无关的情况下，甚至决定必要性的参照因素也会变得难以捉摸，因为按照定义，除非该技术具有垄断地位（因此成为事实标准），否则无论成员以何种方式定义他们的技术，[56]替代性技术都将是可获取的，并且可获取的替代性技术越多，必要性标准将越失去其竞争意义。如果任何技术在既定的联营项目中都可以认为是"必要的"，那么交易成本的论据将不再站得住脚，随之专利池服务的真正目的就会被质疑。因为专利许可的交易成本减少的同时，选择正确的专利池交易的选择成本将会增加。[57]这并不意味着非标准化技术联营总存在竞争法下的问题。但它的确意味着在标准之外，技术的必要性并不决定专利池具有促进竞争的属性，更确切地说正好相反：专利池是否促进竞争，决定了哪些技术将被认定为是必要的。值得一提的是，这个检验法也会更加有利于与标准相关的专利池，因为该检验法可以避免将那些因为等同而原本属于可替代性的（大部分是"辅助性的"）技术被纳入标准所导致的过度标准化。

2. 强大的专利池

除此之外，还存在更多值得详细评论的地方。首先，互补性的概念也是模糊的。严格来说，只有当专利在法律层面上相互依赖时才满足互补性,[58]这实际上"根据定义"是必要性的一种情形。[59]但这仅仅是使汇集复杂技术的形式能简易实用这一系列进程的开始。只有在真的可以期待专利池成员和第三方有意愿进行单独而又有效的许可谈判时,才能够确保依赖专利池的非排他性来限制它对竞争的影响。[60]但希望他们之间进行单独有效的许可谈判不太可能实现,就如同专利池很难成功一样,因为存在不止两三个而是更多的专利池成员[61],而且潜在被许可人的数量巨大。[62]另外,回授条款将有助于专利池的成功,回授的非排他性很少被起诉而减缓谈判的进度,就如同专利池本身的非排他性很少被起诉一样。[63]

其次,更常见的批评来自两方面。其中一方面是批评该标准借鉴了美国反垄断法,而美国竞争法松散的一般原则允许实施细则按照当前的学说思想来发展,[64]而且如果原告挑战这些实施细则,法院就会根据具体个案来检验这些实施细则。[65]在欧盟,《欧共体条约》第 81 条第 3 款提出了一个四步检测的方法。针对这四步检测法,"指南"提供了某些指导,但这些指导仍必须符合具体的情况。就这一点,"指南"除了描述专利池对促进竞争和限制竞争的影响,很少详细说明有关市场实质部分的不可或缺的标准和不排除竞争的标准。特别是,"指南"甚至没有涉及是否可以采用比联营更少限制的替代方法而充分节约交易成本,比如结算协定。[66]此外,"指南"在第 81 条的框架内处理具有市场支配地位的专利池问题,好像占市场支配地位的专利池只是例外情形,其问题能够在第 81 条基础上通过对其组织和行为设置一些边际约束就可以得到解决似的。[67]

另一方面,"指南"被普遍诟病还在于,由于大部分现代化的专利池已成为行业标准化战略的一部分,"指南"基本上是基于与标准相关的专利池而产生的，或者更确切地说，是基于以支撑标准的专利池而产生的，[68]然而"指南"没有非常明确地阐明，标准化关系是如何影响（或者应当如何影响）竞争性评估。诚然，"指南"仅仅涉及《欧共体条约》第81条，而且相当多的专利池与不太重要的事实标准工作相关。但无论如何，对现代更多以经济为基础的竞争法执法而言，这些仅仅是边缘的问题而已。[69]问题实际在于，委员会不仅实施一个有利于标准化的执行政策，[70]而且该标准化在本质上旨在通过标准化技术来获得市场支配地位，[71]再者恰恰就在那些互通性标准化最重要的行业，关键的标准化技术仅由几个主要的专利池所"支撑"。[72]因此，对"大型"支撑标准的专利池进行某些说明本来会十分有用。例如，"专利池的市场地位越强大，其限制竞争的危险越大"[73]这个原则如何适用于由支撑标准的并且包含有必要性技术乃至单纯互补性技术的专利池？[74]鉴于委员会倾向于所有利益相关方都参与标准和专利池的创立，[75]那么为什么支撑标准的专利池的公开仅仅意味着它的许可政策的公开，而不同时开放专利池，[76]以及其限制条件又可能是什么？如果实质竞争被排除，那么那些支撑法定标准抑或全行业形成的事实标准的专利池，难道不应该被强制要求单独授予特定的使用许可以及提供更小的联营技术包，[77]这些专利池究竟可否包含除必要技术以外的技术？鉴于（至少根据政府标准化组织的规则）任何在标准中包含的知识产权均要求在"合理、非歧视"（RAND）的条件下自愿授予许可，如果不是在"公平、合理、非歧视"（FRAND）条件下的话，那么占据市场支配地位的企业在"公平"层面上设置"许可使用费及其他许可条款"的义务意味着什么？[78]"指南"使用"公平"这一术语是否含有其他特殊含义？[79]如同指导性规则表面暗示的那样，是否占据市场主导地位且支撑标准的专利池不用承担许可的责任而仅需遵循非歧视规则?[80]
如果《豁免条例》第 4 条规定的"豁免"规则（如果可以适用的
话)[81]并不适用于占据市场支配地位许可方的授权许可，那些"其
他许可条款"呢?《欧共体条约》第 82 条是否仍然强加其他约束
条件，至少在专利池可能支撑强制或者类似强制的技术标准的过
度市场垄断的情形中？

（三）超出竞争法的范畴

1. 为了专利的专利池和为了专利池的专利

正确评估技术池的技术层面[82]和规范层面的困难，再次引发
了一些思考：技术池旨在解决哪些问题，并且作为制度，技术池
是否真的呈现了最佳解决办法。这些问题超出了竞争法的范畴，
但是它可能解决了一些竞争法上的问题，也就是以最少限制的方
式，将分散的专利集中起来以达到技术合并效果这一合法目的
办法。

在此有这样一个旧的观点，[83]即彻底改变传统反垄断对专利池
的敌意的主要原因是，通过大量的隶属不同公司的"交叠"专利
来不断增加技术领域的覆盖范围，例如信息和通信产业的技术领
域。[84]人们通过对专利池的二次发明和"重新调整"，克服过度拥
挤的"反共用"问题。专利保护稳定扩张到新领域，特别是软件
相关的技术和生物技术，以及传统工业取得专利权的活动依旧稳
定增长，[85]这些情况为旧观点提供了充足的事实证据。这种事实背
景是否足以稳定支持人们将建立专利池作为普遍方法，从而穿过
所产生的"专利灌丛"，[86]这是一个基于专利法稳定良好发展的政
策判断的问题。然而，当入池专利不稳定时，建立专利池的事实
论据必然变得不可靠。[87]同样，很多不好的专利灌丛并不是简单地

179

自生自灭，而是人们自己搞出来的结果。获取专利权活动的增长是由于相当精密和复杂的公司的专利战略所导致的，具体包含阻碍型战略、防御型战略、累积专利权战略以及鉴于合作和标准化的专利申请战略。[88]为了将专利汇集在一起的专利池，与被汇集到专利池里的专利同样多。交易成本的基础理论可能由于战略上的目标而失色。在标准化中，战略目的是创造专利池来允许标准化的网络效应的应用，从而实现新技术的快速扩散和获取市场控制权。[89]

无论这样的总体战略的重要性如何，只要它们存在，交易成本的论据通常就不会如乍看那样简单。事实上，之所以如此，是因为存在许多涵盖大量（必要的）专利的大型专利池的同时，[90]还存在更多仅拥有少量的成员和专利的专利池，这些小型的专利池有时会涉及技术的核心，有时仅仅只是与其他专利池"共同拥有"系统技术中的要素。此外，交易成本的论据在法律上同样行不通。一方面，它过于宽泛，因为其适用于所有技术相关的专利，无论是必要性专利，[91]还是互补性专利或者仅仅是（特别）有利的专利。另一方面，它没有解释为什么联营是必要的，而不是选择一个约束力相对较弱的协议。实际上，很多的交易成本来自搜寻成本。[92]一旦搜寻过程非常顺利且结果为有限的必要专利时，其他的成本就会最小化。所以，对完全成熟的专利池而言，结算协议是限制相对较小的替代性选择。尽管专利池也可以承担清算功能，[93]但是并不存在或有人提议较为宽松且效率类似的清算机制。[94]此外，结算协议较少影响专利权作为财产权的基本功能，并且结算协议可以由私营机构制订，也可以由专利行政机关确立以改进专利制度的运作。[95]

2. 民主的联营

更多从专利制度方面研究专利池相关问题是合理的，不仅因为这是问题的起源，还首先因为专利池往往使竞争法负荷了比其规模更大更重要的工作。因此，委员会建议专门为专利池建立一个"制度框架"。[96]这个框架部分重申了显而易见的问题，部分表明委员会无能为力的状况，部分内容则不切实际，至少超出了委员会管理权限。比如，很显然，联营必须避免"敏感信息"的交换，[97]因为共谋是最被怀疑的。其次，"专利池专家应当具备专业知识并且是独立的，否则将不被信任"[98]的规定，恰恰表明委员会在面对专利池成员的信息优势时的无奈。再次，制度框架规定，在标准化和专利池建立时应当遵守民主程序的法规，根据规定标准化和专利池建立的程序应当对所有利益关系方公开，而且常设委员会应当包含所有利益方的代表。[99]而这些规定对于大部分规模小却充满雄心的专利池而言并不切实际，对于那些支撑由政府认可的标准化组织所制定的标准的大型专利池而言，则忽略了其实际情况。无论如何，这些做法都寻求遵循民主的程序，尽管没能获致民主的结果，[100]而且这不仅仅是因为专利池交易的重要因素都预先在较为重要的参与人之间被解释清楚从而使得程序更富有效率。[101]最后，至于自律机构的组织模式，例如专利池，一般观点是，竞争监管机构既不是专家，也不能完全胜任这些问题，但必须坚持原则：他们必须评估经济目标和联营活动所产生的影响，而不是联营活动的投入或者产出的形式。他们的任务不是评估专利池的民主或者其他组织的优势，更不是在此基础上进行推断，[102]而是要清晰地评价其活动是促进竞争还是限制竞争。

三、结　　论

欧洲技术许可指南关于专利池体制框架的建议承载着更深远的问题。以这种或那种形式组成的专利池是以专利为基础的系统创新的重要组成部分。大部分这种现代化技术的系统创新，例如在信息技术和通信技术领域，以及出于不同原因在生物技术领域，其本质上都是全球化的，或者自然而然地超越国界地传播。因此，从避免合法专利池因遵循不同的法律规定而产生额外的交易成本，以及允许国内外专利池在同一平台运行这两个角度出发，使国内竞争法的执法实践与其他司法管辖区的政策保持协调是一种合理的选择。然而，人们实际上已经选择的"共同方法"，清楚地表明了针对限制性协议采用的现代的、以经济为基础的评估具有局限性。它有限的分析框架请求可能迫使主管机关孤立地考虑每一个竞争行为，而不是将其放在交易环境中综合考虑。在专利池的情况中，无论是在先的合作研究成果还是专利池可能支撑的标准化项目，均没有纳入考虑范围。在专利池提升微观经济效率的潜力，以及其可能带来的促进竞争抑或限制竞争的影响方面，人们带着抑制反竞争影响以及肯认促进竞争的影响的目的，孤立地审查每一个步骤。然而，企业的整体战略，小型或大型的企业团体为了在不同的领域共同控制市场发展尤其是创新进程所作出的努力，以及对由此产生对自由竞争体系的负面影响，这些因素依然不予考虑，甚至被故意忽略。[103]

此外，就专利池代表一种旨在弥补专利制度漏洞的避开装置而言，在竞争规则下的协调或者事实上的模仿而非某种虚构的处理方法，将忽视（可能甚至否定了）各国专利体制间的差异以及他们解决至少部分联营问题的潜在可能性。[104] 同时，作为一个预防措施，对这种专利池建议某种"制度框架"，表明现行竞争法狭隘的思维与解决体系环境下复杂理论和实践问题所需的更为广泛的方法之间存在差距。在这种背景下，"民主"约束的（自我）监管机构可以在专利保护的全面运行中扮演非常有用的"补充"角色。

【注释】

1　近来缺乏关于专利池组织结构的法律文献；反垄断的著作往往将专利池作狭义定义，即由于集中管理研发的需求，向中心单位转让所有权或排他许可，并因此放弃反垄断法合法性的一个重要标准，即成员间自由地平行许可；参见 Stumpf, Herbert and M. Groβ （2005），Der Lizenzvertrag, *Frankfurt am Main：Recht und Wirtschaft*, 8th ed. , notes 543 et seq. ；Schulte, Hans-Jürgen （1971），Lizenzaustauschverträge und Patentgemeinschaften im amerikanischen und im deutschen Recht, Frankfurt am Main：Athenäum, pp. 94 et seq. ；有关实践的例子，参见注释 9f. 。就经济学的分类，参见 Bekkers, Rudi, Erik Iversen and Knut Blind, "Patent Pools and Non-assertion Agreements：Coordination Mechanisms for Multi-party IPR Holders in Standardization", Paper for the EASST 2006 Conference, Lausanne, 23 – 6 August, http：//www2. unil. ch/easst2006/Papers/B/Bekkers% 20Iversen% 20Blind. pdf, accessed 4 November 2007, section 2. 5。

2　参见本文"二、竞争法问题"部分。联营涉及政策决定，由谁来决定和支付有关入池专利的专利战略花费（适用哪些方面，如何处理适用问题，在哪些方面以及维持多久，在哪些方面以及如何执行专利等）。

3　较为典型的是发明和发明申请，但包括实用新型；可能还有软件方面的版权；几乎很少涉及技术诀窍（不适于独立控制或者大规模的开发利用）或者外观设计（尽管在某些产业是可能的，然而外观设计联营将会增加自身竞争法上的问题）。

4　技术许可指南给予了广泛含义（TT Guidelines, Commission Notice-Guidelines on the application of Article 81 of the Treaty to technology transfer agreements, OJ 2004 No. C 101, p. 2），paras 41 and 210。为了汇集成专利包和自主开发而单独"收集"专利不构成反垄断法意义上的联营（但可能引发市场支配地位和滥用市场支配地位的问题）。

5　参见本文"二、竞争法问题"相关部分。作为一个普遍性的问题，根据欧盟法，交叉许可协议属于《欧共体技术许可协议集体豁免条例》管理范畴（TTBER, Commission Regulation 772/2004 of 27 April 2004 on the application of Article 81（3）of the Treaty to categories of technology transfer agreements, OJ 2004 No. L 123, p. 11），即使它们被认定为两个以上当事人之间的许可协议，也类推适用于该豁免条例（技术许可指南，参见注释4，第40条）。相反，美国反垄断执法机构将两种协议类型适用于相似的标准；参见the US IP Antitrust Guidelines, Antitrust Guidelines for the Licensing of Intellectual Property, Issued by the US Department of Justice and the Federal Trade Commission, 6 April 1995, note 1, section 3, http：//www. usdoj. gov/atr/public/guidelines/0558. htm, accessed 4 November 2007），section 5. 5；Department of Justice（DoJ）& Federal Trade Commission（FTC）（2007），Antitrust Enforcement and Intellectual Property Rights：Promoting Innovation and Competition, Washington, DC, http：//www. ftc. gov/reports/innovation/P040101PromotingInnovationandCompetitionrpt0704. pdf, accessed 4 November 2007, p. 59 et seq.

6　Merges, Robert（2001），"Institutions for Intellectual Property Transactions：The Case of Patent Pools", in Rochelle C. Dreyfuss, Diane L. Zimmerman and Harry First（eds），*Expanding the Boundaries of Intellectual Property*, Oxford：Oxford University Press, p. 123, at 135 et seq. ；对于第二次世界大战之前的专利池的详细描述参见 Neumeyer, Friedrich（1932），Patentgemeinschaften und deren Aufbau bei amerikanischen Industrieverbänden, Marburg, Elwert'sche Verlagsbuchhandlung, passim; 以 及 参 见 Kronstein, Heinrich (1967), *Das Recht der internationalen Kartelle*, Berlin: Schweitzer, pp. 32 et seq. , 187 et seq。

7　Andewelt, Roger B. (1985), "Analysis of Patent Pools under the Antitrust Law", Antitrust L. J. , 53, 611, 633 et seq. Pietzke, Rudolf (1983), Patentschutz, *Wettbewerbsbeschränkungen und Konzentration im Recht der Vereinigten Staaten von Amerika*, Cologne: Carl Heymanns, pp. 83 et seq. ; Schulte, supra note 1, at 107 et seq. , 129 et seq.

8　European Commission, 11th Report on Competition Policy 1981, No. 93 (Concast/Mannesmann); ibid. , no. 94 (IGR-Stereo TV); 以及参见 as regards the latter pool, 14th Report on Competition Policy 1984, no. 92。

9　US IP Antitrust Guidelines, supra note 5, and their implementation by a number of Business Review Letters of the DoJ, namely of 26 June 1997 (MPEG LA/MPEG 2 – compression technology standard); of 16 December 1999 (Philips, Sony, Pioneer-DVD-ROM, DVD-Video formats); of 10 June 1999 (Hitachi, Matsushita, Mitsubishi-DVD-ROM, DVD-Video formats); of 12 June 2002 (3G Patent Platform-3G Standards).

10　参见 Bekkers et al. , supra note 1, at section 4, 该文献对技术、经济和组织的发展进行了充分描述；同上注, at section 2. 5, with Table 2, 列举了近期基于标准的专利池。有关合作的标准制订, 参见 Lemley, Mark A. (2002), "Intellectual Property Rights and Standard-Setting Organisations", Cal. L. Rev. , 90, 1889; Blind, Knut et al. (2002), "Study on the Interaction between Standardization and Intellectual Property Rights", http: // www. isi. fhg. de/publ/downloads/isi02b56/interaction. pdf, accessed 4 November 2007, pp. 59 et seq. , 83 et seq. ; Ullrich, H. (2007), "Patente, Wettbewerb und technische Normung", GRUR, 817, all with references。

11　Blind, Knut (2004), *The Economics of Standards*, Cheltenham, UK and Northampton, MA, US: Edward Elgar, pp. 94 et seq. , 186 et seq. ; Ullrich, supra note 10, at 819 et seq. , both with references; 以及参见 *the DoJ Business Review Letters*, supra note 9。

12 有关 GSM 标准和 UMTS 技术, 参见 Bekkers et al. , supra note 1, at section 4. 2 (public procurement as well as public subsidies); 有关共同体的研究资助及其合同机制包括合伙协议, 参见 Godt, Christine (2006), "Forschungs-, Wissenschafts-und Technologiepolitik", in Manfred A. Dauses (ed.), *Handbuch des EU-Wirtschaftsrechts* (*loose-leaf*), Munich: C. H. Beck, notes 26 et seq。

13 批评的文献有: Monopolkommission, Wettbewerbspolitik vor neuen Herausforderungen, Hauptgutachten VIII 1988/1989, Baden-Baden: Nomos, no. 1082; Ullrich, Hanns (1988), *Kooperative Forschung und Kartellrecht*, Heidelberg: Verlag Recht und Wirtschaft, p. 166 et seq。

14 委员会条例第 2659/2000 号第 1 条第 1 款 (b) 项和第 2 条第 8 款、第 9 款、第 11 款 [Articles 1 (1) (b) and 2 (8), (9) and (11) of Commission Regulation 2659/2000 of 29 November 2000 on the application of Article 81 (3) of the Treaty to categories of research and development agreements, OJ 2006 No. L 304, p. 7], 免除了在先合作研发导致的联合开发。鉴于第 3 条第 4 款、第 4~5 条, 将会引发规则第 2059/2000 号是否会给予基于共同研发的专利池超出其他专利池特权的问题。

15 Commission Notice-Guidelines on the application of Article 81 EC Treaty to horizontal cooperation agreements, OJ 2001 No. C 3, p. 2, paras 159 et seq. ; Ullrich, supra note 10, at 823 et seq.

16 委员会条例第 19/65 号第 1 条第 1 款 (b) 项 (Article 1 (1) lit b), Council Regulation 19/65, OJ 1965 No. L 36, p. 533) 授权委员会针对双边协议仅可授予"集体豁免", 在过去, 该限制完全束缚了专利池问题的处理 (参见 Article 5 [1], Commission Regulation 240/96 of 31 January 1996 on the application of Article 81 [3] of the Treaty to categories of technology transfer

agreements，OJ 1996 No. L 31，p. 2）。欧共体讨论了是通过集体豁免规则还是通过指南执行新方法，Evaluation Report on Block Exemption Regulation 240/96 for Technology Transfer Agreements，Brussels，December 2001，paras 132 et seq，最终，选择了指南的方法；参见 TT Guidelines，supra note 4，paras 210 et seq。

17　参见 Merges，supra note 6，at 124 et seq.，133 et seq。然而，相对产生的原因，他更多的强调了财产权的分裂。技术在创新体系的自然分裂基于竞争和专门化（或者是劳动分工）。这种碎片通常由技术"所有者"所持有的大量专利所造成。

18　参见 Ullrich，Hanns（2001），"Intellectual Property，Access to Innovation，and Antitrust：Harmony，Disharmony，and International Harmonization"，in Dreyfuss et al.，supra note 6，p. 365，at 371 et seq.；ibid.（1996），"Lizenzkartellrecht auf dem Weg zur Mitte"，GRUR Int.，554，at 564 et seq.；Merges，supra note 6，at 155 et seq.，准予入池专利作为"谈判筹码"，入池专利的排他性往往被转变为一种责任机制。虽然是正确的，这种特征显示了交叉许可更优于专利池，专利池本质上是基于对排他性的联合控制对第三方许可。

19　Schulte，supra note 1，at 101 et seq.，100 et seq.；Kronstein，supra note 6，at 183 et seq.；Andewelt，supra note 7，at 612 et seq. and 633 et seq.（引用 Standard Oil v. US 案，283 US 163，171 et seq.［1931］）.

20　TT Guidelines，supra note 4，para. 41.

21　这些可能是研究机构，但也可能是专门从事技术发展的企业（如在生物技术产业）或已经退出产品市场的企业。

22　例如基于研究和发展的目的。

23　技术许可指南（The TT Guidelines，supra note 4，paras 78，204 and 207）将交叉许可当做互惠许可进行处理，原则上，互惠许可可以适用豁免条例。委员会于 2003 年 9 月 25 日（第 211 段）在主页上发布了技术许可指南（TT Guidelines）的草案。该草案认为，相对建立联营而言，为了解决阻碍情况而订立的交叉许可限制更少。

24 虽然是多边协议；见注释5。

25 TT Guidelines, supra note 4, paras 29，30，32 and 204；Article 1 (1)（j）TTBER. 应注意，尽管当企业在可预知的时间内会进入市场的情况，"指南"认定为横向关系，但是"指南"的确认为，阻碍性专利是绝对的阻碍。不管阻碍性专利法律上的优点和缺点（指南会考虑），在通常的动态竞争中，阻碍专利可以通过研究和开发的努力加以克服，当然，标准化的情况除外。即使它们不能被克服，"指南"对技术竞争的误解仍然存在，其实技术竞争恰恰就是（除了别的以外）给竞争对手制造阻碍情况。解决阻碍情况的协议可能会产生效率，并且可能因此根据《欧共体条约》第81条第3款得到豁免，如果协议同时又满足第81条第3款的其他标准。通过虚构地重新定义协议性质而使这种协议得到豁免是政策上的方法而不是法律上的方法，并且根据规则第1/2003号第2款是毫无保证的方法。

26 TT Guidelines, supra note 4, paras 8，9，37，130 and 131（扩展到实际上的集体豁免）。当互补性技术的交叉许可不包含额外的限制条件时，完全不会落入第81条第1款的范畴；即使这种交叉许可包含额外的限制条件，他们仍然可以根据第81条第3款得到豁免；参见 TT Guidelines, paras 204 and 207。

27 TT Guidelines, supra note 4, para. 226（有关强大的专利池的部分）。

28 TT Guidelines, supra note 4, paras 213 and 219. "指南"强调支持技术标准的专利池对替代技术的创新产生了消极影响；然而，"指南"并没有阐明相对联营，许可交换是否更多地导致专利池成员间创新竞争的减少。

29 TT Guidelines, supra note 4, paras 214 and 217. "指南"更多地关注被许可方交易成本的节约，但是同样有益于许可方，因为它提高了被许可方引进技术的意愿。这种交易成本节约包括技术选择的费用、搜寻许可方的费用和谈判费用，但是不包括更广泛的交易成本以及有关执行和维持许可关系的成本。

30 TT Guidelines, supra note 4, paras 214 and 217. "必要"专利（参见下文）许可使用费的设定可能会变得相当困难和极端；它招致敲竹杠的战略。

31 其他效率的论据时常被提出，例如专利池的清算功能或者诉讼风险和成本的减少；参见 Bekkers et al., supra note 1, at 31；Andewelt, supra note 7, at 614 et seq. 然而，专利清算功能可以通过更少限制的协议而实现（参见"（三）超出竞争法的范畴"相关部分），并且当专利的有效性遭到质疑时，有关避免专利诉讼的论点就变得不确定了（参见技术许可指南［TT Guidelines, paras 229 and 233］和"（三）超出竞争法的范畴"相关部分）。此外，相对联营它更多涉及交叉许可，并且它仅仅适用于专利持有人之间的诉讼。第三方会发现专利池对原本有希望的诉讼具有妨碍作用，因为某一专利无效或者不侵权不会动摇许可协议（参见技术许可指南［TT Guidelines, para. 229］）。

32 TT Guidelines, supra note 4, paras 215, 216 and 218. 当全部技术中部分是互补的，部分是可代替时，这些技术会视为全部是互补来处理，因为即使许可是独立于专利池而进行的单独谈判，被许可方会趋向于整体的交易。

33 TT Guidelines, supra note 4, para. 220. 尽管指南关于许可授权条件会作出保留，然而这个保留并不明确。由于专利池成员被认为不会成为竞争对手（见注释25），这种保留不可能意味着专利池成员间内部协议会关注第三许可条款。专利池和第三方之间的关系在任何情况下都是被单独处理的（参见本小节"3. 专利池和第三方"部分）。

34 TT Guidelines, supra note 4, para. 220.

35 TT Guidelines, supra note 4, para. 219. 替代性技术的"重要"部分的含义不清晰。DoJ and FTC, *Antitrust Enforcement*, supra note 5, at 77 et seq., 建议一个比询问一些替代技术的内容是否有效的商业评论信件更宽泛的方法。

36 TT Guidelines, supra note 4, para. 222.

37　TT Guidelines, supra note 4, para. 221.

38　同注释 36。如同技术许可指南在第 222 段文献 d）注解的那样（TT Guidelines, para. 222, lit. d），把入池技术分解为更小的技术包需要单独决定可分配的许可费以及在长期的专利池情况下的终止许可的权利，专利池成员可以通过某种程度上终止许可来影响专利池。更普遍的是，专利池和专利池成员间的许可关系应当更加灵活，而不是坚决排外性。

39　TT Guidelines, supra note 4, para. 224. 专利池的"开放和非歧视"指的是专利池的成员资格还是对第三方的许可，这并不十分清楚。因为后者已经在第 225 段及以下段被处理，且不排除全行业的专利池（比较技术许可指南 [TT Guidelines], 第 231 段）。

40　TT Guidelines, supra note 4, paras 227 and 229; 同时见注释 31。

41　Section 2. 1. 2 supra, text following note 37.

42　TT Guidelines, supra note 4, paras 212, 223; Commission Press release IP/03/1152 of 7 August 2003- "Commission Clears Philips/Sony CD Licensing Program", http: //europa. eu/rapid/pressReleasesAction. do? reference = IP/03/1152&format = HTML&aged = 0&language = EN&guiLanguage = en, accessed 4 November 2007. 指南将大量"类推"适用《豁免条例》，甚至《豁免条例》第 3 条规定的市场份额阈值。事实上，在处理许可中的特殊限制时，指南几乎不根据市场力量阈值来进行区分，而是适用一般条款第 81 条第 1 款和第 3 款来进行推论; 参见 Ullrich, Hanns (2007), "The Interaction between Competition Law and Intellectual Property Law-An Overview", in Claus D. Ehlermann and Isabel Atanasiu (eds), *European Competition Law Annual* 2005: *The Interaction between Competition Law and Intellectual Property Law*, Oxford: Hart Publishing, p. XXVII, at section 2. 2; 以及参见 recital 12 of the TT-BER and supra note 26。

43　典型地，这种情形是指当联营被垂直整合时，成员不仅出现在技术市场，而且在下游产品市场行动。专利池成员间的许可交换，通过扩展他们的技术能力，可能会导致额外的横向关系。

44 关于专利池成员间的竞争关系的测定，参见注释 25。

45 Ullrich, supra note 10, at 823 et seq. with references.

46 TT Guidelines on Technology Transfer Agreements, supra note 4, paras 225 and 226; Section 2.1.2 supra, following note 27.

47 TT Guidelines, supra note 4, para. 226.

48 TT Guidelines, supra note 4, para. 228. 在这个方面，由于专利池许可很少涉及专有技术，因此指导性规则并没有真正地违反《豁免条例》第 5 条第 1 款（a）项和（b）项太多。"重要的"改进的含义并不清晰，也许它仅仅意味着非必要的互补性技术。

49 DoJ and FTC, *Antitrust Enforcement*, supra note 5, at 66, 重申了美国实践，确切来说，它在专利池方面，对委员会有关技术许可协议指南起着规范作用。

50 The TT Guidelines, supra n. 4, para. 216 with note 69. 在第 221 段不同的术语（互补性专利）显示指南已经存在有关专利池的设想，并且事实上，在美国或者欧盟竞争法下，行政机关的决策也聚焦于专利池。

51 不同于专利权，版权本身不保护技术方案，也不排除独立的重复发明/创造，但是当不能获得软件专利保护时，版权可以起到缺席保护的作用；对于这一点，参见 Ullrich, Hanns（2005），"Patent Pools: Approaching a Patent Law Problem Via Competition Policy", in Claus D. Ehlermann and Isabel Atanasiu（eds），*European Competition Law Annual* 2005: *The Interaction between Competition Law and Intellectual Property Law*, Oxford: Hart Publishing, pp. 305, at 311 et seq., 参考有关软件的专利保护和版权保护的区别。

52 DoJ and FTC, *Antitrust Enforcement*, supra note 5, at 77 with references.

53 Plompen, Peter（2007），"The New Technology Transfer Guidelines（TTG）as Applied to Patent Pools and Patent Pool Licensing: Some Observations Regarding the Concept of 'Essential Technologies'", in Claus D. Ehlermann and Isabel Atanasiu（eds），*European Competition Law Annual 2005*: *The Interaction*

between Competition Law and Intellectual Property Law, Oxford: Hart Publishing, pp. 295, at 298 et seq.

54　这类标准可能根据专利的权利要求而被定义；参见 Plompen, supra note 53, at 298 et seq。

55　TT Guidelines, supra n. 4, para. 222.

56　这个问题在美国司法部和联邦贸易委员会被讨论过（DoJ and FTC, *Antitrust Enforcement*, supra note5, at 74 et seq. ）。

57　这个论点的早期表述，参见 Ullrich, supra note 51, at 313et seq。

58　也就是说，在改进方案落入主专利的权利要求范围的情况下，在很多专利制度中这种改进方案受到一些强制许可规则的限制。

59　这是 Plompen 使用的术语，见注释53，但参照了有关标准。

60　这并不意味着要求非排他性总是无意义的；恰好相反，见注释8参考文献，以及 DoJ and FTC, *Antitrust Enforcement*, supra note 5, at 73 et seq. （联邦贸易委员会关于 Summit-VISX 案的裁决）。

61　DoJ and FTC, *Antitrust Enforcement*, supra note 5, at 79 with note 146.

62　注意，拥有充分的谈判力的潜在的被许可方在标准化的过程中已经被专利池成员咨询过，以便使以专利为基础的标准可以被接受。参见 Plompen, 注释53, 第301页。

63　在第三方许可中回授权条款的主要目的是将改进技术和专利池联系起来，以及避免通过第三方的专利引起的套牢（hold-ups）；以及参见 DoJ and FTC, *Antitrust Enforcement*, supra note 5, at 80 et seq。

64　最常引用于合并，注释6；Shapiro, Carl（2001）, "Navigating the Patent Thicket: Cross Licenses, Patent Pools, and Standard Setting", http://haas. berkeley. edu/ ~ shapiro/thicket. pdf, accessed 4 November 2007; Carlson, Steven C. （1999）, "Patent Pools and the Antitrust Dilemma", *Yale J. Reg.*, 16, 359; Lerner, J. and J. Tirole （2004）, "Efficient Patent Pools", *Am. Econ. Rev.*, 94, 691; Barton, John H. （2001）, "Antitrust Treatment of

Oligopolies with Mutually Blocking Patent Portfolios", *Antitrust L. J.*, 69, 851; 当然以及 Andewelt, supra note 7.

65　The US IP *Antitrust Guidelines*, supra note 5, section 4.2, 也使用了最小限制性替代措施测验 (least-restrictive-alternative test); 以及参见 DoJ and FTC, *Antitrust Enforcement*, supra note5, at 73, 但是这个测验无论在美国或在欧盟均不用于询问是否存在联营的替代选择, 更不用说根据专利池成员或者目的判断专利池是否过大 (或者过小), 只要专利满足必要性和互补性的标准。

66　参见下文"(三) 超出竞争法的范畴"相关部分。

67　*TT Guidelines*, supra note 4, paras 220, 224, 226 and 230.

68　*TT Guidelines*, supra note 4, paras 211 and 225.

69　Communication from the Commission-Notice-Guidelines on the application of Article 81 (3) of the Treaty, OJ 2004 No. C 101, p. 97, paras 24 et seq. ; *Guidelines on horizontal cooperation agreements*, supra note 15, paras 19 and 168.

70　*Guidelines on horizontal cooperation*, supra note 69, paras 159 et seq. ; Ullrich, supra note 10, at 823 et seq.

71　Ullrich, supra note 10, at 819 et seq. ; 这存在免责条款, 但是免职条款是有限的, 这不仅仅在技术许可指南里有所表明。*TT Guidelines*, supra note 4, para. 211 with note68; 参见 Choumelowa (2003), "Competition Law Analysis of Patent Licensing Arrangements-The Particular Case of 3 G 3P", *Comp. Pol'y Newsletter*, (1), 41; Bekkers et al. , supra note 1, at section 4.2。

72　参见注释9、注释10; 以及 Pena Castellot, M. A. (2003), "Commission settles allegations of abuse and clears patent pools in the CD market", *Comp. Pol'y Newsletter*, (3), 53 (仅涉及第三方许可)。

73　*TT Guidelines*, supra note 4, para. 224.

74　切记, 仅包含必要专利的专利池本身合法, 与市场支配力无关, 见注释34。

75　参见 *TT Guidelines*, supra note 4, para. 230 以及下文"(三) 2. 民

主的联营"部分。

76 *TT Guidelines*, supra note 4, paras 224 and 226.

77 *TT Guidelines*, supra note 4, para. 222, lit. c）and d）；以及参见 Commission Press release IP/03/1152 – "Commission Clears Philips/Sony CD Licensing Program", supra note 42, and Commission Press release IP/06/139 of 9 February 2006 – "Commission Closes Investigation Following Changes to Philips CD-Recordable Disc Patent Licensing", http：//www. europa. eu/rapid/pressRe-leasesAction. do? reference = IP/06/139&format = HTML&aged = 1&language = EN&guiLanguage = en, accessed 4 November 2007. 两份新闻稿都提到专利许可费率大幅度的减少，但都没有作出解释。

78 Ullrich, supra n. 10, at 826 et seq. with references.

79 如果公平意味着对消费者公平，而不是合理的专利报酬，将会面临许多特别的问题，因为任何专利池中的必要性专利都有可能同整个专利包等价。所以专利池成员的相对份额有多少？他们如何才可能就对消费者公平的内容达成一致？同时见"（三）1. 为了专利的专利池和为了专利池的专利"部分，注释82。

80 German Federal Supreme Court（Bundesgerichtshof, BGH）of 13 July 2004-Standard-Spundfass II, WuW DE-R 1329 = Standard Tight-Head Drum,（2005）IIC, 36, 741（English translation），with comments by Matthias Leist-ner.

81 参见以上"（一）3. 专利池和第三方"部分。

82 特别是，关于必要性的认定，竞争管理机构必须依赖于技术人员专家的建议，并且要求公司咨询独立的专家；参见 *TT Guidelines*, supra note 4, para. 232。不过，当事人都似乎倾向于夸大必要性；例如，参见 Pena Castel-lot, 注释72，第58页：在飞利浦/索尼专利池中，在宣称有44件必要性专利中，只有4件专利是必要的，每个专利池成员1件。Melamed, Douglas and D. Lerch（2006），"Uncertain Patents, Antitrust, and Patent Pools", in Claus-Dieter Ehlermann and Isabel Atanasiu（eds），*European Competition Law*

Annual 2005：The Interaction between Competition Law and Intellectual Property Law, Oxford：Hart Publishing, p. 275, at 288 et seq. , 提出列举有关必要性不确定的例子作为论据，使得专利池的可容许性扩张到那些随后被证明为非必要的专利。然而，这个论点的主旨似乎是用于预防（合作伙伴）许可方的埋伏，而不是增强专利池促进竞争的影响。

83　Kronstein, supra note 6, 40 et seq. , 172 et seq.

84　Merges, supra note 6；Shapiro, supra note 64.

85　这两个问题以及专利授权的稳定性已经成为普遍关注的问题；参见 Wissenschaftlicher Beirat beim Bundesministerium für Wirtschaft und Technologie, "Patentschutz und Innovation", Opinion of 24 March 2007, http：//www. bmwi. de/BMWi/Redaktion/PDF/G/gutachten-des-wissenschaftlichen-beirats-patents-chutz-und-innovation, property = pdf, bereich = bmwi, sprache = de, rwb = true. pdf, accessed 4 November 2007；Ullrich, Hanns (2007), "National, European and Community Patent Protection：Time for Reconsideration", in Ansgar Ohly and Dietmar Klippel（eds）, *Geistiges Eigentum und Gemeinfreiheit*, Tübingen：Mohr Siebeck, p. 61；Ghidini, Gustavo (2006), *Intellectual Property and Competition Law*, Cheltenham, UK and Northampton, MA, US：Edward Elgar, p. 13 et seq. ; all with references。

86　Shapiro, 注释64，他杜撰了术语"专利灌丛"，他清楚地（但是不恰当地）从他的分析中排除了这个问题，因为他对为已存在的问题提供实践的解决方法更感兴趣。

87　DoJ and FTC, *Antitrust Enforcement*, supra note 5, at 78；*TT Guidelines*, supra note 4, para. 229.

88　generally Granstrand, Ove（1999）, *The Economics and Management of Intellectual Property*, Cheltenham, UK and Northampton, MA, US：Edward Elgar, 176 et seq. , 209 et seq. ; with regard to standardization, 参见 Blind, supra note 11, at 125 et seq. ; Simcoe, Timothy S.（2005）, "Explaining the Increase in Intellectual Property Disclosure", http：//www. rotman. utoronto. ca/timothy. simcoe/papers/SSO _ IPR _ Disclosures. pdf, accessed 4 November 2007；Bekkers et al. , supra note 1, atsection 4.

89　综述 Ullrich，supra note 10，at 819 et seq. with references。

90　参见注释 82 以及，指代伴随着大量的"孤立的"专利权人和少数的专利池（不可能解决交易成本问题）的被分散的必要专利的情形，Bekkers 等人，注释 1，第 4.2 部分（表格 6）有关通用移动通信系统。

91　注意，必要性要求意在解决限制/固定专利许可费的问题（参见上文"（一）2. 联营协议"部分），因此只能反映出为了节省交易成本允许专利池和在竞争利益上限制它们这两者间的权衡。

92　很多搜寻成本来源于寻找相关专利，并筛选和评估这些相关专利。一个具备良好管理的专利部门的公司无论如何都会意识到相关专利，并且某些相关专利甚至应当会因合作研究和发展而众所周知。但是现实情况显然不同：一方面，问题来自现实中存在大量的专利，另一方面，障碍性专利（或者少数相关专利，"阻碍性"是技术层面的问题）可能通过提高超出其盈利能力的成本阻挠一个公司的创新发展。

93　这被 Bekkers 等人强调过，注释 1，在第 3.1 部分。对比之下，与许可交换不同，大部分专利池除了提供技术方案外并不提供技术诀窍；相反：美国专利和商标局（2000），*US Patent and Trademark Office*（*2000*），*White Paper* "*Patent Pools*: *A Solution to the Problem of Access in Biotechnology Patents*?"，Washington，DC，www. uspto. gov/web/offices/pac/dapp/opla/patpoolcover. html，accessed 4 November 2007，section V。

94　Van Overwalle, Geertrui（ed. ）（2006），*Gene Patents and Clearing Models*（Proceedings of the Workshop，Leuven，8 June 2006）（forthcoming）；van Zimmeren, E. , B. Verbeure, G. Matthijs and G. Van Overvall（2006），"A Clearing House for Diagnostic Testing：The Solution to Ensure Access to and Use of Patented Genetic Invention?"，*Bull. WHO*，84（5），352. 清算所的概念似乎在生物技术领域得到了最大的支持；参见 Graft, G. and D. Zilberman（20010 "Towards an Intellectual Property Clearinghouse for Agricultural Biotechnology", IP Strategy Today, (3) = http: //www. cnr. berkeley. edu/csrd/tech-nology/ipcmech/IPCM-background. html, accessed 4 November 2007, 但是标准化组织同样可以起到更积极作用（到目前为止，标准化组织的数据库仅限于在标准化计划时产业自愿通知的必要专利），专利局亦可以如此（而不是将这个任务委派给私有的专利池；至于美国的专利和商标局，参见注释93）。

95 参见两个论点 Ullrich, supra note 51, at 321 et seq。

96 *TT Guidelines*, supra note 4, paras 230 et seq.

97 *TT Guidelines*, supra note 4, para. 234；以及参见 DoJ and FTC, *Antitrust Enforcement*, supra note 5, at 81 et seq。但是为什么"清算所"协议为专利池提供特权呢？这个问题不在于许可的通径是关闭还是半开，而当事人将哪些专利放入池内和哪些排除在池外。

98 *TT Guidelines*, supra note 4, para. 233. （文中概述是对"指南"内容真实的描述。）

99 *TT Guidelines*, supra note 4, para. 231.

100 Ullrich, supra note 10, at 824, with references to the literature pointing to the sociological reasons underlying democratic deficits of large associations.

101 参见 Plompen, 注释53, 第301页, Plompen 简单地表明了对实践的必然性和现实（如同重要的标准化项目较典型的拖延议程；参见 Bekkers 等人，注释1，第4部分）。

102 可能由于其"民主的"的外观导致了对某些专利池的容忍，而不是其他方面。

103 合作研究发展，标准化和产业政策之间的关系众所周知；参见 Godt, supra note 12; Ullrich, supra note 10, at 824 et seq。

104 参见注释95。

日本反垄断法下的专利许可和技术秘密许可

［日］ 柴田润子（Junko Shibata）* 撰

黄亚男 译 张韬略 校

【摘 要】许可专利时，许可人对被许可人规定附加条件的行为可能构成贸易中的不合理限制、私人垄断或者不公平交易行为，违反了日本的反垄断法案。分析日本反垄断法和知识产权法在许可协议、技术秘密许可协议、不主张规定和拒绝许可等问题上的具体操作情况，得出日本知识产权法和竞争法之间虽然存在一定的紧张关系，但知识产权法的根本原则是激励创新，这与竞争法是没有根本性冲突的，两套法律都旨在寻求促进经济增长，最终提高消费者福利。

【关键词】日本反垄断法；知识产权法；许可协议；技术秘密许可

---

* 柴田润子，日本香川大学法学部讲师、助理教授。

一、介　　绍

在许可专利时，许可人对被许可人规定了许多附加条件（反之亦然），在这种情况下，考虑到许可的细节、许可方和被许可方在市场上的地位，上述许可行为可能构成贸易中的不合理限制、私人垄断或者不公平交易行为，这些都违反了日本的反垄断法案（*Japanese Antimonopoly Act*，AMA[1]）。

二、AMA 第 21 条：关于知识产权

长期以来，日本对竞争法和知识产权法之间的关系一直存在讨论。AMA 第 21 条规定该法豁免的情形："该法案的规定不适用于行使版权法、专利法、实用新型法、设计法或商标法所规定的权利的行为。"如何理解这一规定一直是讨论的关键所在。

现在人们普遍承认，知识产权权利的保护不应导致竞争法定义下的相关市场的垄断。1999 年《关于专利和技术秘密许可协议指南》（以下简称 1999 年指南）[2]提供给日本公平贸易委员会（JFTC）关于专利许可限制协议与 AMA 第 21 条关系的看法。根据 1999 年指南，当某种行为被确认为行使专利法或者其他相关法权利时，是不适用反垄断法的。这个观点可能被理解为，由于某些许可限制是行使知识产权权利的表现，所以在类型上为 AMA

所豁免。而批评的观点可能认为，依据 AMA 对这些条款进行评估时，不应该再去考虑是否认定正当行使了相关知识产权的问题。

然而，该准则也指出，这些行为往往限制了其他公司的商业活动，因此，即使某种行为可能被认为是在行使专利法或其他相关法下的权利，但是如果该行为与知识产权的目标——以竞争去鼓励创新——相违背，那么该行为也就不会被认为是在行使相关权利。准则中给出了这样的例子：如果一个行为的实施构成不合理限制竞争和私人垄断系列行为的一部分，那么这个行为就被认为是违反了知识产权制度的目标。此外，即使某一行为表面上是在行使知识产权权利，但如果该行为的目标、具体情况和它对市场竞争的影响程度被评价之后，被认为是违反知识产权目标的，那么 AMA 也可能会适用于该行为，因为该行为不再被认为是知识产权法律"所承认的行使权利的行为"。

最后，从指南的这一表述来看，首先有必要根据 AMA 第 21 条去评价这些行为。原则上，根据 AMA，专利权利的行使不可以被区别对待，所有的许可限制都适用 AMA。[3]

三、1999 年指南

1999 年指南应用于专利和技术秘密使用许可协议，包括三个或多个当事人之间的相互许可协议，如交叉许可协议、专利池和多重许可协议。该指南在某种程度上也覆盖其他知识产权，如版权和商标，根据该指南也可以被覆盖，不过这在一定程度上取决于其他知识产权的性质。对此得适用个案分析的方法。

欧盟委员会修订了《技术转让集体豁免条例》（*Technology Transfer Block Exemption Regulation*，TTBER）[4]，特别是通过删去白名单条款，简化了集体免责的结构，而日本的 1999 年指南仍含有此类条款清单。

欧洲 TTBER 建立了一个区分竞争对手和非竞争对手之间协议的框架。日本反垄断当局一般倾向于区分水平和垂直限制，然后在 AMA 下对其适用不同的标准，但 1999 年指南没有对竞争对手和那些非竞争者之间的限制性协议进行任何特殊的区分。

四、AMA 第 3 条：关于限制性行为

《日本反垄断法》第 3 条包含日本对不合理限制贸易行为的禁止，该规定禁止当事人以协议或一致行动的方式共同制约商业活动，如果这些行动造成对市场竞争的实质限制。例如，在一个专利许可协议中，当事人在实践中对例如销售价格、制造量、销售量、销售网点、专利产品的销售区域、研究和开发领域、所采用的技术和专利许可的第三方这些因素上，对竞争者共同设置了限制，而这些限制实质限制了特定产品或特定技术市场的竞争。不管许可协议是否采取交叉授权、多重许可或专利池的形式，这种限制都被认为对贸易的不合理限制，根据 AMA 属于非法行为。同时，1999 年指南大体上仍然承认，交叉许可、多重许可证和专利池鼓励了竞争。[5]

此外，1999 年指南并没有规定市场份额门槛或安全港的适

用，也没有对竞争者之间的许可协议确立明确的豁免。人们一般假定，竞争者之间的许可协议可以促进他们之间的协调行动，从而可能限制竞争。在日本公平贸易委员会已经介入的有关不合理限制贸易的协议的案件判决中，尤其当各方的市场份额已经被考虑在内时，在大多数的情况下，50%的份额已被认为是有问题的。[6]例如，在这些被审议的协议中，例如，判决认为存在对销售量、销售价格或客户所设置的共同限制。

至于绝对的限制，例如对销售价格、销售区域划分的限制和对最终用户的主动或被动的销售限制，日本1999年指南和TT-BER之间应该没有实质性的区别。欧洲TTBER认为，绝对性限制本身，由于该限制的性质，几乎总被认为是反竞争的。

五、AMA第19条：不公平贸易行为

作为贸易限制的另一个重要类型，AMA规定了对不公平贸易行为的控制。《日本反垄断法》第19条所谴责的限制包括那些确切构成"不公平贸易做法"的限制。该指南第2条第9款将"不公平贸易行为"定义为"任何一种趋于妨碍公平竞争并被JFTC所认定的行为"。根据JFTC对不公平贸易行为的认定，[7]不公平贸易行为包括拒绝交易、歧视性定价、不合理低价销售、对客户欺骗性诱导、通过不正当利益诱导客户、捆绑销售、独家经营、转售价格限制、以限制性条款销售和滥用优势地位谈判。

这些贸易行为根据AMA是否违反，需要根据它们对市场竞争的影响和每个行为的本质来加以确定。

（一）许可协议中某些有争议的限制和不公平贸易行为的概念

非竞争者之间关于价格限制的许可协议落入不公平贸易行为的黑色区域，违反了 AMA，对每一个部门而言都是如此。就价格限制的非法性，并没有争议。

除了价格限制，其他不公平贸易行为的限制在 AMA 下的待遇却并不一样。原则上，下述限制性做法不属于不公平贸易行为的范畴：单独发放生产许可证、限制使用和销售、限制期限，限制地域和限制技术领域。这些类型的许可行为一般都可以视为专利法范围内的利用活动，并且被认为是在行使根据专利法规定的权利。此外，因为这种行为被视为在市场上对竞争的影响甚微，因此人们不认为它们会导致 AMA 的问题。此外，要求被许可人维持专利产品最低生产量或者使用其专利方法的最少次数在原则上也不属于不公平贸易行为的范畴，如果它确保最低许可费收入的话。

这些限制性做法被认为属于白色区域，原则上是合法的。指南的这一观点与欧盟的 TTBER 的假定——只有在限制性行为阻碍了没有许可情况下会出现的竞争时，反垄断机构才会介入——是一样的。

另外，对范围的限制、技术领域的限制和最低产量的限制是否应认定为行使专利权并因此不属于任何类别的非法行为，人们存有争议。[8]不要忘记，许可协议的这些限制能够消除竞争、分化许可者与被许可者之间或是被许可者之间的市场，因此这些限制也应该按照一般垄断标准去评估。仅仅因为它们是知识产权许可而给予类型化的豁免，是不合理的。

对于这些限制，TTBER 指出，考虑到许可协议的目的是激励被许可人投资和开发被许可的技术，因此对基于特定领域许可技术的独家生产许可，一般给予豁免。此外，非竞争者之间的独家许可很可能会满足《欧盟条约》（EC）第81条第3款，欧盟因此只会特别地插手反对这种协议中的独家许可。至于对非竞争者之间的关于技术领域和产量的限制协议，当没有任何一方的市场份额在受影响的相关技术和产品市场超过30%的，对该协议不适用豁免。

TTBER下的安全港概念并没有出现在1999年指南中。然而，在一类似的规定上，日本1991年关于分配系统和商业行为的指南把"有影响力的市场地位"，设置为在相关市场的10%。虽然这构成执行或规制不公平贸易做法的一种标准，但是如果认为，把1991年指南将市场份额必然限定在10%作为应用AMA的前提，则是错误的。

再者，根据TTBER，非竞争对手可能不会同意在对被许可人可以销售的领域或销售客户方面的限制。但一些豁免确已达成。对主动销售的限制可以产生促进竞争的作用，而对被动销售加以限制，则不仅受规制于EC第81条第1款，而且不能根据第81条第3款获得豁免。1999年指南没有涉及销售地域的限制，因此在实践中适用1991年有关分布系统和商业行为指南。1991年指南还根据地域限制的性质区别了积极与被动销售，但TTBER规定的某些豁免在日本不被承认。这些限制为对被许可人在专属领域被动销售的限制，或者是限制向分配给另外的被许可人的顾客群进行被动销售的限制（享有两年的豁免），或者是限制被许可人出售给未经授权的分销商。对这些豁免的处理与选择性分销系统一致，但实际上与知识产权本身是不相关的。关于选择性分配被豁免的基本假定，并不包括在日本AMA中。

由于客户限制可能会通过限制被许可人选择销售点的自由，对市场竞争产生不利影响，因此可能会落入不公平贸易行为的范畴，并违反 AMA。

欧洲 TTBER 列出了可能不会获得集体豁免的四种限制性做法，即独家许可回授、转让回授（Assignment Back）、不质疑条款和促进创新的有关研发义务。对欧洲 TTBER 情况，1999 年指南认为这些限制或义务可能会落入不公平贸易的范畴（黑色或灰色地带[9]）。排他的许可回授就是最典型的许可条件，它降低了被许可人的创新动力，而非独家回授可能属于集体豁免并且原则上不会落入 1999 年指南的不公平贸易行为的范畴。

（二）技术秘密许可协议

如同 TTBER，1999 年指南也适用于技术秘密使用许可协议。在这方面，日本公平贸易委员会（JFTC）曾作出一个决定。[10]该案涉及一家日本公司和一家中国台湾地区化工公司已经订立的一份为期 10 年的技术秘密许可协议。这两个公司都是在各自国家和地区化工制品市场上最重要的公司，日本公司授予一项关于化工产品的技术秘密。根据该协议，中国台湾地区公司在协议终止后可以继续生产该产品，但它不能将（基于该技术秘密的）产品出口到日本。根据 1999 年指南的规定，在技术秘密许可协议终止后限制利用相关技术秘密是合法的，前提是这么做是避免技术秘密泄露给第三方所必不可少的。然而，在该案中，JFTC 认为，涉案技术秘密实际上已经被公开，因此，继续保护该技术秘密保护的合理必要性就不再存在。

（三）不主张之规定

不主张之规定（Non-Assertion Provisions，NAPs）禁止被许可人主张自己的知识产权。在获得专利保护的情况下，这种许可协议可能会妨碍被许可人针对许可人或者是许可人指定的其他人，行使属于被许可人的全部或部分的当前或未来的专利权利。这样的禁止可能对市场竞争产生不利影响，将落入不公平贸易行为的范畴。例如，如果这种限制增加了许可人在相关的产品或技术领域的影响力，或抑制被许可人从事研究和发展的动力，从而妨碍新技术的发展，就属于这种情况。

2004 年 7 月，JFTC 对微软违反 AMA 的情况给出了建议函。[11] JFTC 认为，微软"以限制性条款进行销售"。微软在许可其 Windows 操作系统时，与个人计算机制造商"缔结了包含某些特定条款的协议，这些条款包括被许可人不准以侵犯被许可人专利为由，起诉、提起、协助或参与任何形式的司法、行政或其他法律程序，以对抗微软及其附属公司或其他被许可人"。该建议函还考虑了以下因素：首先，微软自 1995 年开始许可 Windows 95 起，Windows 的市场份额大幅提升。2003 年，微软的市场份额大约达到 95% 并在全球市场和日本 PC 操作系统市场获得支配地位。自1998 年以来，微软一直在加强 Windows 防病毒功能，一些被授予 Windows 许可的 PC 制造商发展了防病毒功能技术。其次，微软占据优势地位，最终用户非常喜欢使用微软。因此，对个人电脑制造商来说，获得 Windows 的每个新版本的许可证并在销售个人电脑时安装上 Windows 系统是非常重要商业策略。再次，即使个人电脑制造商已经开发出的或即将开发出来的任何技术将被纳入新的 Windows 版本，不主张条款也将限制个人电脑制造商对微软和其他被许可人主张侵权。特别在预防病毒技术领域拥有自我专利的 PC 制造商，即使这些个人电脑制造商的专利很有可能被微软侵权，这些制造商也被限制针对微软和大多数其他制造商执行其专利权。最后，这种情况可能导致这些个人电脑制造商失去投资和开发防病毒功能相关技术的动力，从而在日本这一技术领域，导致一种妨碍公平竞争的倾向。

该建议函提出，微软应当终止其非法行为，但微软并没有接受这一建议，因此 JFTC 启动了听证会的程序。

JFTC 对微软这个建议很有道理。知识产权权利人不得侵犯其他人的知识产权，即使它们来自改进创新。一项专利本身只是禁止他人利用它，因此许可也不应给专利附加任何特殊功能。从推动研发活动和有效利用技术来看，NPA（不主张规定）具有阻碍竞争的结果，因为该协议减少了一方的创新激励，并消极影响竞争过程的重要部分。

（四）拒绝许可

拒绝许可问题也值得特别关注。同其他权利一样，知识产权授予所有者排除他人使用专利的权利。一般情况下，知识产权权利人可以决定是否进行许可。因此，拒绝许可原则上不落入 AMA 的规制范围之内。然而，如果仅仅是因为许可证是以知识产权为基础，就认为它没有违反竞争法的话，将会剥夺潜在被许可人投资的动力。因此，知识产权法的功能应该限制在保护知识产权权利这个目标本身之上。更重要的是，设置合理的许可费用并不会减少创新动力。AMA 对滥收过高费用并没有特别规定，对于在 AMA 中如何最好地处理高额定价，包括许可费，仍然在讨论中。[12]

根据 1999 年指南，拒绝许可并没有明确分入某一类，然而指南对该问题作了说明。根据这项说明，在专利池、交叉许可和专利集中的情况下的拒绝许可很难被认为是正当行使专利权利，如果其他企业或新来者的商业活动被拒绝许可排除在外，那么只要满足第 3 条的条件即禁止私人垄断（相当于《美国谢尔曼法》第 2 条）得到满足，就可以认定为这违反了 AMA。根据 AMA 的定义，私人垄断当一个经营者通过单独或与另一企业的联合或共谋，排除或者控制其他经营者的经营活动，从而造成对特定产品或特定技术市场竞争的实质性限制，就可以认定私人垄断。在判例弹珠子制造商专利池案（Patent Pool in Pachinko Makers case[13]）中，JFTC 认定以专利池形式联合拒绝许可的行为违反了 AMA 第 3 条。为了防止竞争对手的进入，该专利池成员联合起来拒绝给非成员制造商发放专利许可。JFTC 认为，这种行为超越行使专利权的范围。此外，该专利池的成员的市场份额异常高，达到 90%。其共同使用的核心专利是用来制作弹球机的。[14]

然而，与此同时，真正的问题是对个人单方拒绝颁发许可证的行为如何适用 AMA。如何根据目前反垄断的法律制度处理这种类型的拒绝许可，尚未得到解决。日本公平贸易委员会从来没有对个人单方面拒绝颁发许可证适用 AMA，指南也没有明确哪个条款可以适用于这种情况。

而根据 1999 年指南，AMA 第 3 条有关私人垄断的规定可以适用于单方面拒绝颁发许可证，与联合拒绝许可的情况一样。就个人单方拒绝许可而言，只要满足了私人垄断的所有条件，就可以考虑适用第 3 条。

此外，JFTC 在执行 AMA 时，从未根据现行法律体系，适用过所谓的关键设施学说。虽然 JFTC 提议设立一项与关键设施直接相关的新规定，类似于《德国反托拉斯法》 （*German Act Against Restraints of Competition*）第 19 条第 4 款第（4）项，但由于日本工业界的强烈反对没有成功。JFTC 认为，在电信、能源和空气部门的业界标准、技术信息、网络或基础设施可以被看做关键设施，JFTC 本应该明确哪些将被认为是一个关键设施。

除了在 AMA 第 3 条之外，更重要的是，单方不公正地拒绝许可有可能会落入 AMA 第 19 条对不公平贸易行为的禁止。[15]当占支配地位或者在市场上有影响力的一方拒绝交易，从而使另一方很难找到等效替代主体的，这种拒绝在原则上就被认为是不公正的单方拒绝。当占支配地位或具有影响力地位的专利持有者拒绝发放许可时，情况是一样的。在这样的情况下，随之而来的问题是无论该拒绝是否合理，只要专利权利人至少具有支配地位，就很难认为该拒绝是合理的。

此外，如果事实技术标准拥有者的支配地位不仅是从其技术先进性而且从其网络效率派生出来，情况也是一样的。在这种情况下，知识产权法不应该以这样的方式激励创新，即事实标准技术的拥有者可以通过该技术标准来获得利益。因此，在某些情况下，根据 AMA，拒绝许可可以被认为是不公平的交易行为。

此外，还可以根据对另一当事人滥用优势谈判地位的规定，将个别单方面拒绝许可作为一种不公平贸易行为加以禁止。[16]如果被许可人依赖许可开展商业活动，将存在优势谈判地位。优势谈判地位可以被定义为不同于优势市场地位的相对力量，但与《德国反托拉斯法》第 20 条第 2 款的概念类似。不过，剩下的问题是，在有关滥用优势谈判地位规定的范围内，如何确定单方拒绝许可滥用的条件。

六、结　　论

由此可以认为，知识产权法和竞争法之间存在一定的紧张关系，但不是根本性的冲突。这两套法律都寻求促进经济增长，最终提高消费者福利。知识产权法律通过创设专有权利从而激励创新。如前所述，知识产权法律不是为了创造市场上的垄断。只要存在替代技术，授予某一特定技术专有权就不会导致垄断。

在判断知识产权行使的合法或者非法时，应该适用哪种制度，这个问题直接牵涉该权利性质本身。从专利法的观点出发，专利法本身的目的是促进对创新的保护和利用的平衡。专利制度作为整体应该被设计为不仅直接保证专利权利，还促进改善发明，或包括后续发明的进一步创新。例如，即使知识产权的行使在实质上限制市场竞争，因而被竞争法所禁止，这与知识产权法的基本原则也不存在根本矛盾。知识产权的行使如果不符合知识产权法律的终极目的，即促进经济增长（这也是竞争法共同具有的目标），是不被允许的。在所谓的亲专利时代，考虑到专利权设计的最终的目的是服务，竞争政策也应适当地应用于专利权的行使。竞争压力下的公司将更加积极地创新，从而获得较大的市场份额。我们现在需要的是一个促进创新、激励竞争的竞争或知识产权政策。

知识产权的拥有者在利用自己的技术时没有义务去创造竞争。然而，特别是在亲专利时代，专利持有人应始终有权决定是否准予许可的观点，不再是适当的。拒绝许可的合法性必须受到一般竞争原则的审查。

如前所述，在解释 AMA 的规定时，1999 年指南所根据的方法是，被评价的许可限制是否落入专利权的行使范围内。假定知识产权法和竞争法服务于共同的目的，则 1999 年指南与一般竞争原则是相一致的。新的指南预计将很快公布。它可能与 TTBER 相一致，并可以与 TTBER 进行比较，因此我们可以期待反垄断原则将更加协调。[17]

【注释】

1　http：//www. jftc. go. jp/e-page/legislation/index. html，最后访问时间：2007 年 11 月 4 日。

2　http：//www. jftc. go. jp/e-page/legislation/index. html#ama，最后访问时间：2007 年 11 月 4 日。

3　如果知识产权权利的行使阻碍了 AMA 意义下的竞争，那么它将受到 AMA 的规制。关于这一点，参见 Chaen, S.（2002），"知识产权与反垄断法（1）"，Keizaihou—讲座，（2），167。

4　欧盟委员会法规（EC）2004 年 4 月 27 日 No. 772/2004 对第 83 条第 3 款对技术转让协力类别的条款的应用，OJ 2004 No. L 123，p. 11。参见 generally，Anderman，Steve，第 5 章，本卷；Drexl，J.（2004）"Die neue Gruppenfreistellungsverordnung überTechnologietransfer-Vereinbarungen im Spannungsfeld von ökonomisierung und Rechtssicherheit"，*GRUR Int.*，716。

5　关于专利池，参见 "标准化和专利池布局的准则"，2005，http：//www. jftc. go. jp/e-page/legislation/index. html#ama，最后访问时间：2007 年 11 月 4 日。

6　Negishi，Akira 和 Masayuki Funada（2006），*Dokusenkinshi hou kaisetsu*（《日本反垄断法》），3rd ed.，Tokyo：Yuhikaku，p. 157.

7　对不公平贸易行为的认定，1982 年 6 月 18 日，公平贸易委员会通告，No. 15 of 1982，http：//www. jftc. go. jp/e-page/legislation/ama/unfair-tradepractices. pdf，最后访问时间：2007 年 11 月 4 日。

8 详情见 Takigawa，T. (2003)，"知识产权许可和单方拒绝许可下的反垄断干预：日本和美国政策的比较分析"，*Antitrust Bull*，p. 885。

9 限制性做法"极大可能落入不公平贸易行为范围内并因违反 AMA 被视为'黑灰色'"。

10 JFTC，1995. 10. 13，案例——Asahidenka-kougyou，Shinketsushu，42，163.

11 http：//www. jftc. go. jp/e-page/pressreleases/2004/july/040713. pdf，最后访问时间：2011 年 11 月 4 日。

12 Hienuki，T. (2002)，"知识产权权利和市场力量"，Keizaihou-kou-za，(1)，p. 310.

13 JFTC 1997. 8. 6，案例——Patent Pool of Pachinko Makers，Shinket-sushu，44，p. 238。

14 Pachinko 是用于娱乐和获得奖品的游戏设备，它类似于一个弹球机。该机器是广泛存在于日本名为"pachinko parlours"的机构中，该机构往往也设有一定数目的老虎机。

15 《不公平贸易行为的指示》第 2 章，supra note 7。

16 《不公平贸易行为的指示》第 14 章，supra note 7。

17 本章不包括新准则对发表在 2007 年 9 月反垄断法下知识产权的使用，在新的准则中，明确的分类被减少，更灵活和经济的方法被通过。

网络标准中知识产权效应的分析

[德] 马克–奥利弗·马肯罗特[*]

（Mark-Oliver Mackenrodt） 撰

元柳芸 译　　　张韬略 校

【摘　要】制定知识产权相关法律政策或商业策略时，应当考虑其对经济的影响效果。而知识产权经济效果分析则涉及其对静态竞争和动态竞争的作用。此外，基于网络市场的特殊市场机制，其与知识产权经济效应相互作用，最终促成网络标准中知识产权的创新成果，并最终引导法律政策和商业策略的制定方向。分析网络市场和知识产权的特性及其相互作用，为以上目标提出可行性建议。

【关键词】知识产权；网络标准；经济效应；创新

---

　　* 马克–奥利弗·马肯罗特，德国马克斯·普兰克知识产权与竞争法研究所资深研究员。

一、引　言

本文将分析知识产权保护在网络市场创新方面的影响。评估知识产权促进竞争和反竞争效应，可以为法律政策在某些方面提供重要信息。最重要的是，如果能确定较为理想的知识产权制度，那么对知识产权经济效应的评价就可以得到保证。更进一步，为了在决策分析时引入经济学知识，人们在适用和解释知识产权法时，可能会考虑求助竞争效应分析。[1]此外，知识产权保护的促进竞争和反竞争效应在反垄断法的应用领域上，对涉及知识产权的商业策略起着决定性作用。[2]

知识产权最主要的目的是激励创新。然而其在促进动态竞争的同时，静态竞争会被削弱。"动态竞争"和"静态竞争"的概念将会在下文第二部分介绍。知识产权法所提供的竞争压力和激励都服务于促进创新（详见下文"三、激励制度和竞争压力作为诱导创新的工具"）。竞争压力和知识产权效应都取决于市场机制。相较于传统市场（详见下文"四、网络市场中的特定市场机制"），在网络产业中，市场机制有自己具体的特征。在网络中，知识产权展现出战略效应，因为它们可以作为向网络市场引进非兼容性的工具。知识产权使用的战略导致知识产权保护更加昂贵（详见下文"五、网络市场中知识产权的战略效应"）。

网络标准中知识产权创新效应的评估取决于对知识产权和网络影响相互作用的分析。知识产权效应取决于其对静态竞争和动态竞争的影响。网络市场同时具有静态竞争和动态竞争的特征。

网络市场竞争过程占优势的特征取决于是存在标准竞赛还是锁定。因此，知识产权的竞争效应可以在两个不同的场景下进行分析：第一，在标准竞赛过程中的效应分析（详见下文"六、标准竞赛中对创新的影响"）；第二，知识产权效应可以在市场拐向（tipping）之后出现锁定的网络市场中进行评价（详见下文"七、厂商锁定对创新的影响"）。

二、动态竞争和静态竞争的概念

因为知识产权涉及动态竞争和静态竞争之间的平衡，所以对知识产权的经济效应分析需要同时考虑其对动态竞争和静态竞争的影响。

新古典主义静态竞争指的是关于价格因素和质量因素的竞争。[3]在一个单纯的静态设置中，为了达到低价格或者高产量，竞争者普遍在为生产中的成本优势奋斗。在静态新古典主义价格理论中，竞争产品被认为是相同的。消费者从竞争生产商的产品中获得的效用是相同的，也因此他们仅以价格为标准选择生产商。这种假设意味着，竞争者可以随意相互模仿，且产品的特征也不受知识产权保护。[4]因此静态竞争的竞争模式是模仿。[5]如果竞争厂商的产品拥护同样的网络标准，那就是某网络标准下的静态内部网络竞争。

静态竞争产生静态效率，即配置效率[6]或生产效率[7]。生产效率意味着处在竞争压力下的公司会尝试低成本运营。配置效率则指稀缺资源配置，以使生产效用最大化。配置效率可以通过价格机制来实现，即价格反映了消费者的取舍。

相比较而言，动态竞争的出现有赖于优质产品的市场引入和质量进步。[8]因为动态竞争的存在，竞争产品在质量和特征上会有所不同，这些特征能给消费者提供不同程度的效用，且往往受到知识产权保护。正因为竞争产品有多种方式来达到同一个目标，[9]动态竞争也意味着替代性竞争。在网络市场中，网络竞争（网际间竞争）呈现的是一种动态竞争。

动态竞争产生动态效率。动态效率指的是新产品引入市场的速率。[10]消费者利益来自坚持更高效用的新产品之间的竞争。动态竞争对整体福利[11]的影响往往明显高于基于激烈静态竞争的低价格所出现的消费者利润。[12]

动态竞争的概念是非常复杂的。[13]尤其在正式的经济模型中分析起来非常困难。该理论的重要一支可追溯到经济学家约瑟夫·熊彼特，他认为，质量和产品进步才是市场竞争过程中的主要因素，而不是价格和数量。[14]高新技术市场最能体现熊彼特式竞争的条件。然而，竞争过程几乎难以单纯地认为仅是静态或者动态的，取决于产品周期的长度，通常两种因素同时出现在市场中。

三、激励制度和竞争压力作为
诱导创新的工具

当试图评估知识产权对促进创新的影响时，不能忽略两种主要的诱导竞争的机制，即创新激励和竞争压力。

知识产权试图寻找一种通过影响竞争过程的方式来激励创

新，尤其希望通过减少静态竞争而鼓励动态竞争（详见"（一）创新激励和知识产权法"）。一个设计最优化的 IP 系统会为竞争压力留下空间，以强化动态竞争；同时，反垄断法试图推进市场中的竞争压力，以同时促进动态竞争和静态竞争（详见"（二）创新的竞争压力和反垄断法"）。在特殊情况下，如果知识产权导致动态竞争的扭曲或者静态竞争上的损失（且动态竞争并没有得到促进），那么这两种法律之间的冲突将会显现。

然而，最新的观点认为两种法律制度并没有根本上的冲突，反而是一种相互补充的关系。[15]这种观点正确地指出了反垄断法和知识产权法有着促进创新和动态效率的共同目标。欧洲技术转让准则[16]和美国知识产权反垄断指南[17]都明确地建立于"互补"的概念之上。因此，在评估知识产权效应时必须考虑知识产权和市场机制的相互作用。尽管反垄断法和知识产权是一种互补的关系，然而它们促进动态竞争的方式仍然是不一样的。

（一）创新激励和知识产权法

知识产权法是依靠排他性来促进动态竞争的。知识产权通过排除靠"模仿"而引发的静态竞争，从而激励创新并通过替代品来刺激动态竞争。[18]知识产权绘制了对研究和发展进行投资的美好蓝图，然而这需以低生产效率为代价。因此，知识产权保护涉及抑制静态竞争和促进动态竞争之间的权衡。在许多情况下，更繁荣的动态竞争的结果之一就是向消费者介绍新产品，从中获得的利益明显高于因抑制静态的价格竞争而丢失的利益。[19]

因为知识产权可以改变市场中的竞争压力，所以知识产权与市场机制以及市场中的竞争过程存在相互作用，即知识产权并非通过自身的优点而促进创新的。或者说知识产权是一种市场竞争过程中的工具，它可以将创新转化成经济利益。[20]如果创新受到知识产权的保护，操纵竞争过程，就可以对市场中适当的超竞争利益进行预测。创新的回报取决于市场而不是知识产权本身。知识产权只能在和市场的相互作用中展现其影响力。因为排除了模仿式的静态竞争，知识产权不会当然地导致市场中的垄断。更进一步，经济效应和知识产权的经济效益取决于特殊的市场机制。根据 1995 年欧盟法院在 Magill 一案中所指出的，知识产权本身不等于市场垄断地位。[21]类似的，美国最高法院在"Independent Ink"一案中也指出，拥有专利权不能被假定为拥有市场支配力。[22]如果因为专利的存在，市场中很难有什么发明创新，那么该专利将会带来相当的市场支配力并产生高回报率。相对地，如果某特定的技术可以很轻易地被另一种技术取代，该专利能带来的回报率和市场支配力都会很低。所以，知识产权并不会给权利人带来固定的回报。更确切地说，专利制度假设，在特定市场中能够实现的回报，反映了该创新对社会的价值。

作为法律政策方面的问题，其他机制如商业秘密和薪酬制度也可以为加强创新而服务。

举例来说，企业可以简单地对其发明创造进行保密，以防止抄袭模仿并从市场中捞取高额利润。[23]但是，与专利制度相比，保密意味着社会将会丧失一些福利，因为专利允许更高效的社会劳动力配置——这些最高效的专利权人希望将专利许可给最高效的生产者。发明者无法在所有情况下都有合适的生产设备，以高效开发其专利。但是，如果创新仅仅受到商业秘密的保护，发明人就不会乐意将其创新转给另一个效率更高的生产者。此外，获得专利保护的代价是技术公开。专利公开和许可可以使创新在社会范围内传播，并允许第三方的后续创新。商业秘密在理论上有无限的持续可能，与其不同的是，他人可以自由使用到期的专利。

为了进一步保护专利，可以设置专利奖励制度。此时，即使该专利到期被自由使用，发明人依然可以直接地从其发明中获得补偿。[24]这种奖励机制可以避免在排除静态竞争后因技术信息扩散而带来的损失。然而，发明人的奖励直接取决于其发明的社会价值。新产品价格的确定取决于市场而非经销商。专利系统通过一定时间内排他性的授权，利用市场回报发明人。

总的来说，知识产权是通过影响竞争过程来提高动态竞争的一种制度设计。最佳程度的知识产权保护取决于绕开该知识保护进行发明的难度，[25]或者说取决于特定的市场。为了最优化权衡动态和静态竞争，需要分析在网络市场中，为达到动态效率，知识产权是如何与特定市场机制相互作用的。需要强调的是，在某些情况下知识产权也会被用做阻碍创新或者操纵创新的路径。[26]如果某种知识产权为这种策略提供了激励的话，则需权衡考虑"动态无效率"（Dynamic Inefficiency）的问题。

（二）创新的竞争压力和反垄断法

相较于知识产权，反垄断法是依靠竞争压力鞭策创新活动。[27]而竞争压力取决于特定的市场机制。

垄断者将新产品或改进产品带入市场的动力是有限的。[28]只要其市场支配地位不可动摇，它就能收获"超竞争利润"。如果垄断者将其优势产品带入市场，这个产品的收益将蚕食其垄断租金（Monopoly Rent）。[29]这样看来，垄断是一种"动态无效率"。举例来说，一个通过电缆经营网络服务的垄断者不会对电话线快速网络服务进行投资，那么人们会转向电话线网络服务，其收益份额会侵蚀电缆网络服务的收益份额。相对地，那些无法拥有电缆网络的公司会有很高的兴致投资电话线网络服务，因为这些投资将会征服新市场。

然而，如果垄断者面临某种威胁，即有公司企图通过创新进入市场，那么它投入创新活动的动力也会增大。[30]如果竞争者在市场中成功创新，那么现任垄断者将会丧失垄断租金。因此，出于害怕损失垄断租金的原因，现任垄断者会争取第一个完成创新以驱逐竞争者。可以看出，在市场中赚取"超竞争利润"的前景吸引着各竞争者通过创新进入市场。尽管如此，如果阻挡创新进入市场的壁垒太牢固，现任垄断者就没有多大动力去创新。就激烈的创新活动而言，市场外围者的动力显然高于现任垄断者。[31]激烈创新会淘汰现有产品。在网络市场中，激烈的创新会引导新型网络标准的建立。

综上，反垄断法不仅促进静态竞争，而且通过维持市场中的竞争压力来促进创新。这里的竞争压力取决于市场机制。

四、网络市场中的特定市场机制

术语"网络效应"指的是一套特别的市场机制。在现有的网络效应下，市场机制存在有别于传统市场的经济特征。[32]市场机制同时决定了市场中的竞争压力和知识产权中的权衡。从而，网络市场中的特定市场机制对于在网络标准中评估知识产权效应是必不可少的。

（一）网络市场中保持上升的需求曲线

网络效应影响的微观经济学概念来自古典网络工业，比如人们正是基于电话网络，第一次分析了网络效应。随着某产品或其附属产品的使用者增多，该产品的价值随之增长，网络效应也随之显现。

在诸如电话网络等有实物的网络中，存在直接的网络效应。如果遵循同一网络标准的网络中有更多的消费者，那么网络产品的作用就会更为显著。例如，如果有更多的用户，电话网络会变得更有价值，因为在一个更大的网络中，有更大数量的连接可以被实现。间接网络效应产生于虚拟网络世界，如果更多用户使用对网络产品起到补充作用的产品，网络产品的价值将会增加。在这样的虚拟网络世界，不能用实物直接将用户连接起来，而是两种附属产品被它们所依附的共同的网络标准连接起来。举例说明，体现在特定播放器软件中的数字版权保护系统（DRM System）可以被解读为就数字内容连接了供应商和消费者。这样数字内容的消费者和供应商之间的间接网络效应就产生了。因为如果消费者能通过数字版权保护技术这一标准获得更多的媒体内容，更多的消费者就会使用这种技术。同时，如果一个特定的数字版权保护技术被更多的消费者使用，更多的供应商将会通过这种技术将他们的服务内容提供给社会。类似的，电脑操作系统也被解释为可以产生间接网络效应的虚拟网络：有更多的用户使用同一特定的操作系统，就会有更多软件供应商针对这一操作系统进行软件编程。相应的，如果有很多软件针对这种标准设计，更多的消费者会选择使用这种操作系统。

总而言之，网络市场中的需求曲线存在有别于传统市场的经济特征。在传统市场中，需求曲线基本上呈下降的趋势，因为当市场中的高质量产品已经达到饱和时，消费者消费意愿就会下降。相反的，在网络市场中的需求曲线本来就是呈上升趋势，因为对于消费者来说，网络价值以及消费意愿会随着网络的成长而上升。因为能产生更强的网络效应，成长中的网络将会吸引更多的消费者。

（二）网络市场中的技术采用

对于评价知识产权效应，需要注意技术采用在网络市场中存在两个特征。

第一，一旦针对某个特别的标准建立起临界规模的客户群，网络市场就容易转而支持单一的网络技术。如果一个网络企业能吸引附属客户，它将获得两份盈利：不仅从新客户身上得到额外收益，而且获得因网络效应上升带来的网络技术标准的发展价值。接着这个网络又会吸引更多的客户。与此同时，因为网络效应的降低，一个失去客户的网络技术对于现有客户将变得没有吸引力。结果是，更多消费者会转而进入具有更大网络效应的网络中去。在某些时候为了赢得网络标准，这种效应合起来会促成市场份额的突变。一旦某种网络技术达到临界规模，整个市场就会倾向于单一化，而其他对手的网络技术将被迫退出市场。只有很少的竞争网络可以通过产品的差异存活下来，但它们也只能占领很少的市场份额。在一个不兼容的市场平衡中，单一的网络标准几乎主导了整个市场并收获了市场中的大部分利益。而第二大网络公司的市场份额和获益将会非常少。网络市场因此被形象化为"赢者通吃"（Winner-Takes-Most）的市场。

第二，一旦网络市场逐渐形成一个技术标准，那么市场格局将会比较持久。消费者会被控制在该网络标准中，网络效应将继续阻碍新技术的进入。[33]

五、网络市场中知识产权的战略效应

在网络市场中，知识产权有着非常强大的战略效应，因为它们可以被用来作为战略工具，去创造或推进不兼容性，又或者用来打开封闭的网络标准以促进兼容性。[34]

兼容性意味着基于统一标准的网络产品不一定来自同一公司。在直接网络效应下，兼容性意味着该主要网络产品的用户可以与生产相似网络产品公司的用户对接。例如，如果两个电话网络不相容，电话呼叫只可能运行于各自的网络系统中，而不能在竞争的网络中传递。在间接网络效应下，兼容性又意味着网络产品可以与竞争公司生产的附属网络产品结合。比如，一个只支持由同一公司开发的应用软件的操作系统，组建了一个不兼容的虚拟网络。然而，对消费者来说，一个能够兼容更多样化应用软件的操作系统才更有价值。就网络效应而言，如果两个网络产品能互相兼容，则消费者福利最高。标准化后的兼容性将会引导一个最大化的网络效应。

如果网络标准被知识产权保护，权利人可以拒绝竞争者的参与。[35]在通过知识产权制造非兼容性的情况下，公司可以使用其客户基础作为战略因素。在兼容的情况下，所有基于这种网络标准的竞争网络将平等地从网络效应中获益，并且总体网络效应最大。相反的，在不兼容的情况下，每个单独的网络利益只能来自那些仅仅由他们自己的客户基础形成的网络效应。不兼容的网络市场会逐渐形成一个有利于首先达到客户临界规模的网络企业，因为其他竞争网络将不得不退出市场。

兼容性与非兼容性的战略选择取决于公司对其市场渗透的期望：如果一个网络公司想要成为第一个获得临界规模客户的公司，它将会选择非兼容性。随着市场拐向对某网络公司有利，该公司将得以摄取整个市场的利益，而其他竞争者就得退出市场。在这种情况下，网络公司就已经使用网络效应作为其战略工具。相反，如果担心竞争对手先一步达到临界规模，或其他竞争对手之间的网络互相兼容以使市场倾向于它们，某网络公司将会选择兼容性。一般地，网络公司在早期的网络产品发展过程中会倾向于一个开放的标准，以便快速建立起临界规模。一旦达到临界规模，同时客户被控制在某一网络标准中，为了从网络效应中驱逐其他网络产品竞争者，同时从那些自愿由竞争者网络转入自己网络中的消费者身上获得更高的收益，该网络公司就会加强知识产权保护。

将网络效应作为战略因素（尽管引入非兼容性）表现出多种形态。[36]例如，当出现网络效应时，是否实施知识产权将取决于特别的战略考虑：只要网络公司寻求快速建立临界规模的客户基础，那么它就没有实施知识产权的动力。[37]相反，一旦网络市场有利于知识产权人，如果消费者被控制在其特定的网络标准中，它就会乐意实施其知识产权并提高产品价格。

参加标准化过程的网络公司更倾向于在一个设计好的网络标准中隐藏它的知识产权。多方参与的标准化过程在于结束标准竞赛（Standard War）。一旦标准化组织确定了整个市场范围内统一遵守的标准，权利人就会积极地实施其知识产权，因为通过标准化市场已经对它有利。标准化之后，知识产权所传递的市场力量远高于标准化之前。这种"事前"和"事后"市场力之间的区别，预示着知识产权在市场中的力量不仅通过创新，而且取决于特定的市场机制。

考虑到间接网络效应，虚拟网络的所有者倾向于建立开放的网络标准，为网络产品和附属产品吸引临界规模的客户。一旦在虚拟网络标准范围内，某产品已经吸引到临界规模的客户，这时它会希望将此标准封闭。面对封闭的标准，只有权利人自己的附属产品才能从建立起来的网络效应中获益。这种策略可以通过一个"捆绑"（Tie）[38]来实现，而这个"捆绑"是借助两种附属产品界面连接中的知识产权来实施的。如果其中一个产品产生高水平的网络影响，为了从该网络效应中获益的客户将不得不选择同一个生产者的附属产品。比如，如果某个操作软件具有较高网络影响，网络标准的拥有者就能关闭软件端口，防止竞争者的应用软件进入。

知识产权的策略性使用会影响静态竞争，因为排除竞争者会导致产品价格的升高。静态竞争的大量减少意味着知识产权保护更为昂贵。同时知识产权的策略性使用也会影响动态竞争。如果企业在市场中成功的概率因为频繁的反竞争行为而变得越来越低，那他们对产品的研展将会失去兴趣。[39]市场中的竞争者越少，创新也就越来越少。

然而，在设计知识产权制度的时候，很难预测到所有可能的滥用行为。通过知识产权来实现的商业策略在网络市场中也可能促进竞争。只是因为某些策略行为的有害性从一开始就否定知识产权保护，将会导致所有依据知识产权法实施的策略性使用都构成本身被禁止的使用。鉴于网络市场中存在大量不同的竞争策略，想通过单一的、一刀切的知识产权法决策去分析每一种策略行为是不大实际的。并且在大多数情况下，网络市场中反垄断法的应用能更妥善地平衡知识产权的策略性使用。[40] 反垄断法更灵活且没有知识产权法那么形式化，也因此能对市场中的变化作出更好的反应。若以知识产权作为网络市场中的战略工具，反垄断法和知识产权法之间的冲突在网络市场中将会比在传统市场中更为频繁。尽管如此，立法者也应当避免授权明显有害的策略行为。因此，由于知识产权和反垄断之间的冲突发生率很高，应当警惕创设过高水平的将来只能由反垄断法进行限制的知识产权保护。

六、标准竞赛中对创新的影响

网络市场中知识产权对创新的影响取决于知识产权和网络效应之间的相互作用。网络标准的知识产权保护如果能做到在促进动态竞争的同时，很小程度地抑制静态竞争，就是合适的。动态竞争和静态竞争之间的积极平衡可以作为使用知识产权保护网络标准的论据支撑。相反，如果这种平衡过于隐晦不明，那么知识产权弱保护也许才是合适的。

在标准竞赛过程中，如果因为知识产权的存在而使竞争过程中动态因素得到加强，那么即使是动态无效率的标准竞赛也可能发生［详见"（一）标准竞赛的强动态竞争"部分］，此时静态竞争的重要性较弱［详见"（二）标准竞赛中静态竞争的低关注度"部分］。

标准竞赛的意思是，公司会竭力成为市场中的首个标准建立者，对于网络，标准竞赛容易发生于尚无在先网络标准的市场中。甚至在有些网络市场过气之后，一个创新人员可以轻易地使市场调整为更先进的网络标准。在这样一个市场调整期，一个新的标准竞赛会就此展开。在标准竞赛过程中，竞争的网络标准之间可能在各自定义上就具有不兼容性。如果标准竞赛中各标准出现兼容，那标准比赛也就结束了，并且只可能剩下唯一的标准，一种包容静态竞争的标准。

（一）标准竞赛的强动态竞争

在标准竞赛过程中，网络公司之间会有激烈的竞争，以求在市场中第一个建立起自己的网络标准。

即使不涉及知识产权，在网络市场中首先建立创新标准的动力也要高于在传统市场中的动力，理由有两个。其一，在不兼容的情况下，网络市场中的市场均衡会被一个收获近乎整个市场利益的公司所代表。和大部分传统市场相比，网络市场是"赢者通吃"的市场。[41]其二，不能及时达到临界规模客户的公司将退出市场，并且彻底丢失其沉没成本。这就使得网络市场中动态竞争的压力高于传统市场。如果标准竞赛结束之后呈现出一个封闭的市场，竞争压力甚至会更高，因为胜者的市场地位会更持久。网络标准的知识产权保护会加强这种封闭性并且产生更强的创新动力。

然而，在网络市场中赢得标准竞赛的高动力也有可能导致动态无效率，因为这种高动力会刺激网络公司过度投资：在网络市场中，只有首个创新者能够期望日后的经营能补偿产品研发上的投资；而第二位的创新者则有可能输掉全部投资。相反地，在传统市场中，非第一位创新者的其他几个公司的市场总份额足以为它们挽回投资成本，同时它们会因其发展新产品的贡献而获得奖励。所以，网络公司面临的是高昂的网络竞争。在网络市场中一个微小的、短暂的竞争优势可能足以颠覆整个市场并且发展成为一个长期持续的优势。为了超过竞争对手，网络公司会进行大量的投资，并且向资本市场和消费者夸大自己的市场前景，因为消费者的期望值可以用来评估网络的价值。[42]网络市场中的公司会比传统公司更加积极地去从事无效重复投资。最后，所有网络公司的投资总量可能会比创新本身给社会带来的价值更高。同时，那些选择即将退出市场的网络标准的消费者将会与其网络设备的沉没投资一同遭遇困境。

就算没有网络影响，专利保护因其自身特点也可能导致无效的专利竞赛。[43]专利只会给实际上获得专利权的首个发明人带来回报前景。[44]而第二位的发明人就会丢失其在研发上的投资成本。结果是一旦创新工作接近专利成果，公司就会积极地加强投资，其投资量甚至超过专利的可期待回报，因为它们担心丧失全部的沉没成本。

如果网络标准可以是一种知识产权，那么由于网络效应和知识产权之间的相互作用，动态无效率的标准竞赛就会凸显。知识产权通常会激励首先在市场中建立网络标准，然后加强动态竞争。因为有知识产权在手，网络公司可以在主导市场后轻易地推进非兼容性，并因此使其市场地位更持久、利润更大。这种暴利前景导致无效专利竞赛。[45]如果知识产权的激励作用在没有网络效应的市场中达到最大值，那么在有网络效应的情况下就会产生过剩的激励作用。[46]

（二）标准竞赛中静态竞争的低关注度

在标准竞赛过程当中，静态竞争处于次要地位。对于网络市场静态平衡的舞台，抬高价格或限制数量都不是合理的策略。相反地，为了快速建立客户基础，网络公司更愿意降低价格和扩大输出以达到更大的客户量。一旦网络市场拐向以低价策略获取临界规模的竞争对手的网络标准，任何通过超竞争价格获得的优势就都将很快丧失。[47]

因此，在标准竞赛过程中，知识产权对静态竞争几乎没有副作用。进一步说，当存在标准竞赛时，对于网络标准，网络公司并没有实施网络标准中知识产权的动力。允许抄袭可以更快地推动网络标准的扩散，同时强化企业的客户基础。

（三）标准竞赛中竞争影响的结论

总的来说，标准竞争过程中网络市场的竞争压力会强化动态竞争。在这种背景下，对网络标准提供知识产权保护以更多地刺激创新并非是必要的。毋宁是，对网络标准进行知识产权保护可能会激化无效率的标准竞赛。

与此同时，标准竞赛过程中也不用担心知识产权会导致静态竞争的弱化，因为竞争压力会阻止超竞争价格和数量控制。

七、厂商锁定对创新的影响

如果标准竞赛结束，并且网络效应阻碍市场中新技术的建立，就会出现厂商锁定。单一网络标准在市场上的广泛确立，将结束标准竞赛。

在厂商锁定的情况下，创新动力和竞争压力取决于市场中是否存在兼容性或非兼容性。如果标准竞赛的结束伴随着有利网络市场的动向，通常会出现非兼容性。[48]这意味着只有唯一的网络公司可以存在于此标准之下。非兼容性很容易通过标准中的知识产权加强。相反地，如果此标准不被知识产权保护，竞争者很可能单方面地将兼容性带入市场。[49]因此，在本节中，非兼容性之下的竞争过程被作为评估厂商锁定情况下网络标准中知识产权的效应的参考情景。

相对地，如果标准竞赛被多元化标准所终结，兼容性就会盛行。在这种情况下，任何标准化参与者会都不会因为标准中的知识产权而被驱逐出网络市场。[50]更进一步，如果引入非兼容性的网络公司担心市场会拐向有利于支持兼容性的竞争者，则兼容性是一种市场平衡。例如，在电子邮件的竞争网络中存在兼容性。如果一个电子邮件系统只允许其用户与使用相同电子邮件系统的其他用户交流的话，则其吸引力将会下降，甚至可能被迫退出市场。

在厂商锁定中，动态竞争很弱，因为比起没有网络效应的情形，建立新的创新更加困难。网络标准中的知识产权会加剧这种困难［详见"（一）厂商锁定中的动态竞争"部分］。静态竞争则因此变得更为重要。然而，比起处于传统市场的情况，网络标准中的知识产权将更大地弱化静态竞争［详见"（二）厂商锁定中的静态竞争"部分］。

（一）厂商锁定中的动态竞争

在厂商锁定的情况下，网络标准的动态竞争是很弱的。对网络标准没有影响的创新，知识产权通常会完全排除动态竞争。

1. 厂商锁定情况下促进网络标准的弱竞争压力

如果某网络技术已经在市场中建立起来，在标准中的创新竞争压力一般低于传统市场的情况，因为消费者被锁定在现行的技术当中。

如果消费者从一个已建成的大网络转换到小网络中，他将放弃高网络效应且需承担转换成本。而且许多网络技术需要相当大的技术方面的前期投资，比如说某种特别的硬件。这些投资是沉没成本，因为离开该网络的消费者无法回收在先投资。沉没成本会进一步增高转换成本。当消费者企图转换到更优秀的技术网络中时，集体行动困境会加剧厂商的锁定：消费者作为一个整体都希望更卓越的网络技术在市场中得以推广应用。然而，对于消费者个体，他们通常不愿意冒险成为第一个转换到新网络标准中的人。早期的转换者一开始会失去网络效应，而且必须承担新技术可能无法达到临界规模客户的风险。在这种情况下，新网络技术将不得不退出市场，同时早期转换者对该项技术的投资也会被搁置。结果就是，消费者个体不会乐意从现行的网络中转换出去，除非新技术达到临界规模并且市场趋于拐点。

结果是，网络效应影响构建了一个强大的进入障碍，甚至对于技术领先新成员也是如此。如果消费者被锁定在较次的网络标准中，就会导致大量的动态无效率。[51]对于一个将要代替现行网络标准的创新，单纯能给消费者提供更高程度的效用是不够的。如果厂商希望消费者转换接受新技术，其创新的提高程度必须足以弥补消费者所面临的网络效应的损失。因此，创新要求得有较大的革命性跳跃，从而对现行状态构成竞争性威胁。[52]如果这个跳跃步伐小了，即使该创新是社会所期望的，也会被市场驱逐在外。在网络市场中，传统运营商从事创新活动的压力比在传统市场中的压力更小。熊彼特明确地指出，如果新产品的引入对垄断者而言是"永存的威胁"时或者存在"于攻击之前进行规范"的竞争压力时，动态竞争才有效率。[53]然而，网络效应会使现任的垄断者隔离于动态竞争。

传统运营商的垄断者不会愿意引入新的、改革性的网络标准来代替自己的标准。从新标准中获得的盈利只会剥夺其垄断利益。市场的外围人员则不同，他们非常愿意改善网络标准，因为他们有赢得整个市场的潜力。如果网络标准被知识产权保护，传统运营商可以阻止竞争者改善现行标准。所以说，知识产权加强了非兼容性。相反地，如果一些网络公司使用兼容性标准，就会有很多潜在的创新者。因此，知识产权强化了厂商锁定的消极影响。另外，知识产权可能会对战胜市场构架中的惰性起到激励作用。然而，这种额外的激励是以下一个市场拐向后更坚实的厂商锁定为代价的。正如标准竞赛[54]中，市场机制提供的激励作用可能是充分的。

2. 动态竞争和后续创新

对于并非网络标准组成部分的产品特征，如果网络标准被强化非兼容性的知识产权保护着，那么动态竞争的强度会很弱。

标准之内的后续创新不会导致非兼容性，因为它们不会改变形成标准的特征。比如，铁路网络中的运输服务可能只由唯一的运输公司提供。在这种情况下，通过复制铁路网络，并不可能带来更好的铁路运输服务的竞争。然而在兼容的条件下，多个运输公司可能会在同样的铁路网络中竞争从而提高服务质量。相似地，通过指令的相互连接，相互竞争的远程通信网之间也存在兼容性。近年来可以看到，基于同一网络标准的先进的远程通信服务存在很大的创新潜力。如果操作系统的标准是开放的，应用软件公司就会竞相为客户提供更丰富的产品。

然而，后续创新要求连接到网络标准。在非兼容性的情况下，引入后续创新对于传统运营商几乎没有竞争压力，因为这个企业是市场中的唯一运营者，而且网络影响会阻止潜在创新者进入市场。如果可以从消费者身上获得更高的利益，传统运营商会积极地引进后续创新。然而，没有竞争压力，他们对研发新产品没有多大动力。[55]并且如果存在标准内的垄断价格，后续创新能争取到的消费者更少。

相反的，在兼容性的条件下，一些公司能够接入网络标准中。因此后续创新竞争激烈，并且会有创新的多种潜在资源。因为网络效应对于标准中的所有公司都是相同的，而消费者对于后续创新的喜好不会有太大的偏差。[56]后续创新会使同一网络标准中的产品多元化。产品多元化能提高消费者福利，因为它能满足更广范围内的消费者需求。

总之，如果网络标准的知识产权保护导致非兼容性，后续创新的动态平衡就会弱化，因为权利人可以阻碍竞争者的产品研发。[57]共享同一标准的积极影响，应该与在市场中建立一个先进标准可能产生的消极影响平衡：[58]如果网络标准本身并没有创新潜力但有很高的后续创新潜力，在这种情况下应当拒绝知识产权对标准的保护。

3. 有关市场拐向后动态竞争和知识产权的结论

总的来说，网络市场拐向后，现任垄断者几乎没有创新压力，因为市场入口受到保护而且消费者被锁定在该标准之内。网络标准中的知识产权加强了锁定效应。同时，知识产权造就了一个更持久的垄断的前景。这也可能对市场结构的惯性产生额外的刺激。对必须与标准对接的后续创新而言，在兼容的市场条件下，动态竞争会更激烈。此时应慎重衡量标准自身的创新和后续创新的潜力，后者有可能更为重大。

（二）厂商锁定中的静态竞争

标准竞赛结束之后，静态竞争就显得更重要了，因为能够扭转静态竞争中的亏损的动态竞争是有限的。

对于静态竞争，知识产权在网络市场中比在传统市场中涉及更多的交易。如果知识产权造成非兼容性，就会完全排除静态竞争，并导致垄断。因此，网络标准中的知识产权会引发更大范围的保护和比传统市场更高的回报。同时，这种回报并不必然地取决于网络标准的创新质量，但和网络中特别的市场机制有关。因此，静态效率的亏损和标准中创新程度之间的联系是微弱的。

1. 静态亏损和动态增益之间的微弱联系

网络市场中静态效率的较高亏损会引起知识产权上的高回报。然而，静态竞争中的亏损和高回报并不必然地代表标准中创新的价值。

网络市场中知识产权的有效保护范围大于在传统市场的范围，因为标准中的知识产权能覆盖整个市场。[59]在传统市场中，知识产权并不必然代表经济垄断，因为消费者可以选择另外一种提供相同服务的技术。在网络市场中则相反，消费者对现行的网络标准几乎没有选择权，因为市场拐向之后只剩一家企业独大。同时，市场新成员很难绕开覆盖市场标准的知识产权进行新的发明创造。知识产权创新难度的加剧会推助更强的保护。[60]因此，网络标准中的知识产权更可能获得垄断地位，而且竞争对手很难撼动这种地位。所以，网络市场中对知识产权的回报期待值比在传统市场中的要高，因为网络市场中的市场地位会更加持久，有时即使是标准竞赛中的准冠军也能获得整个市场利益。[61]

通常，知识产权法让市场来决定创新对社会的价值。专利的回报被认为是奖励创新对社会福利的贡献。在传统市场中，如果一项技术很难被替代，说明这项前沿技术超越了其他的可替代技术。龙头企业的地位会受到提供可替代技术的第二位公司的牵制。企业各自的收益应当反映每个公司对技术进步的贡献。

然而在网络市场中，网络标准中一项知识产权的替代难度几乎不是由发明的创新成就所决定，而是由网络效应中的特别的市场机制所决定。因此，在网络标准中的创新程度和因网络效应而放大的高额回报之间，只有很微弱的联系。甚至一个在技术上简单随意的网络标准也可能产生最大化的网络影响，而且该标准内的知识产权可能会覆盖整个市场并产生高额回报。

网络标准的价值既取决于创新的程度，又取决于通过整个市场的标准化而获得的最大化网络效应。如果一个网络标准比其可替代标准涉及更高的创新含量，知识产权保护就更有保障。这种情况下，静态竞争的损失与创新成果紧密相连。相反，当垄断的发生不是因为知识产权，而是因为现行的特定市场机制时，应该允许人们进行模仿。[62]如果在市场拐向之前，两种网络标准的外在表现非常相似，但是其中的一种标准在市场拐向之后成为主导标准，这意味着这种主导地位不单单是因为技术领先，也有市场机制的因素。如果创新是显而易见的，[63]或者该标准和其可替代标准只有轻微的不同，那么高额回报就不是合理的。这种情况下高额回报和静态亏损更可能是由于市场机制引起的，而非创新的成就。

总的来看，网络标准的专利保护比版权保护或者商标保护更优越。[64]版权对原创性的要求很低。[65]专利保护则相反，专利局需根据其设立的标准对专利的新颖性和非显而易见性进行审查。

2. 有关静态竞争和知识产权的结论

总体来说，与传统市场相比，在网络市场中知识产权会更大地弱化静态竞争。与在传统市场中不同，知识产权在网络标准中可以覆盖整个市场并且传递垄断力量——甚至即使这个标准只含有很少的创新价值。兼容性则相反，它会导致高程度的网络效应以及标准之内的静态竞争。

网络市场中知识产权的高回报并不必然代表该创新对社会的价值，而更应该说是因为网络市场中特别的市场机制，以及市场内唯一的网络标准扩大网络效应的结果。

对于包含重大创新成果的网络标准，知识产权保护应当受到一定的限制。当标准的价值更多地取决于标准化影响而非创新成果的时候，人们还不如允许模仿行为。

八、结　　论

知识产权的经济效应可以就其对动态竞争和静态竞争的影响来评估，因为知识产权涉及动态和静态竞争的权衡。市场竞争压力和知识产权带来的动力都可以促进动态竞争。反过来，竞争压力和知识产权效应也取决于市场机制。由于网络市场中的市场机制是特别的，网络效应会同时影响竞争压力和知识产权效应。网络标准中的知识产权是强化非兼容性的重要策略性工具。非兼容性可以改变网络市场竞争过程的特征。

在标准竞赛中，创新的竞争压力是很高的。再加上获得网络标准知识产权的动力，人们对创新的追求会更热切。然而，过高的创新刺激可能会产生无效率标准竞赛。市场机制本身带来的创新刺激已经足够。

知识产权对静态竞争的危害在这种网络市场中可以忽略不计，因为静态竞争的扭曲可以很快地被纠正。在网络市场拐向之后，创新的竞争压力变得微弱，因为消费者被锁定在已经建立起的技术当中，同时网络效应阻碍了市场准入，即使卓越的技术也难以逾越。网络标准中的知识产权强化了市场的厂商锁定，但同时对克服网络市场的惯性也起到了额外的刺激作用。如果标准中的知识产权能轻易地加强非兼容性，那么标准之外针对产品特征的动态竞争就会被削弱。必须在标准本身的创新潜力和其后续创新潜力之间进行复杂的权衡。

对于静态竞争，在厂商锁定的情况下，知识产权会引导更高程度的权衡。与在传统市场中不同，网络标准中的知识产权可以传递垄断力，并且覆盖整个市场。此外，在网络市场中知识产权传递的市场力和竞逐力的缺乏只能有限地代表基础创新的创新高度，因为它们在很大程度上都取决于特定的市场机制。而且，在网络市场中通过知识产权传递的市场力量和竞争性的缺乏，只能较弱地反映基础创新的创新高度，因为两者在很大程度上都取决于市场机制。知识产权保护也因此变得更昂贵，而且有可能是过度的。

综上，相较传统市场，网络标准的知识产权保护涉及更复杂的权衡问题。考虑到对创新的影响，采取弱保护也许更为合适。

【注释】

1　US FTC（2003），"To Promote Innovation: The Proper Balance of Competition and Patent Law and Policy", http：//www. ftc. gov/os/2003/10/innovationrpt. pdf, accessed 4 November 2007, Recommendation 10 at p. 17.

2 然而，为了避免事后的冲突，在设计知识产权制度时，应当提前考虑到经济效应。

3 有关新古典主义价格理论的概述可参见 Hovenkamp, Herbert (2005), *Federal Antitrust Policy*, St Paul, MN：Thompson West, § 1; Gellhorn, Ernest, William Kovacic and Steven Calkins (2004), *Antitrust Lawand Economics*, StPaul, MN：West Group, chapter III。

4 然而，产品的生产方法也可能被专利保护，一个优越的生产方法可以带来成本优势，专利则可以使这种成本优势更持久。

5 有关替代性竞争和模仿性竞争作为分析工具的探讨，参见 Drexl, Josef (2004), "IMS-Health and Trinko-Antitrust Placebo for Consumers Instead of Sound Economics in Refusal-to-DealCases", IIC, 35, 788, at 790。

6 关于配置效率的定义参见 Motta, Massimo (2004), *Competition Policy*, New York, NY：Cambridge University Press, at p. 40; Drexl, *supranote 5*, at 804。

7 关于生产效率的定义参见 Motta, *supra note 6*, at 46。

8 相关案例参见 Hovenkamp, *supra note 3*, § 5.2; *Motta*, *supra note 6*, at 39。

9 当然，新产品不需要完全替代旧技术也能创造出新的需求。例如通过电子邮件的交流方式并没有完全替代采用固定电话交流的方式。根据消费者不同的喜好，新产品或产品的新特征并不会完全取代旧产品的价值或者让它们从市场上消失。

10 Motta, *supra note 6*, at 55. Tirole, Jean (1988), *Industrial Economics*, Cambridge, MA：MIT Press, chapter 10, 其中指出过程创新也是产品创新的一种。

11 福利的不同概念参见 Motta, *supra note 6*, at 18–21。

12 Tirole, *supra note 10*, chapter 10; and Peritz, Rudolph (2001),

"DynamicEfficiency and US Antitrust Policy", in Antonio Cucinotta, Roberto Pardolesi and Rogervan den Bergh（eds）, *Post-Chicago Developments in Antitrust Law*, Cheltenham, UKand Northampton, MA, US：Edward Elgar, p. 108, at 116, 其中强调经济学中创新的整体重要性。就专利政策而言, *supra note 3*, §5.2 指出在一个精心设计的专利政策下, 从创新获得的福利会高于因价格竞争而导致的福利损失。

13　关于不同动态竞争概念的探讨参见 Ellig, Jerry and Daniel Lin（2001）, "A Taxonomy of Dynamic Competition Theories", in Jerry Ellig（ed.）, *Dynamic Competition and Public Policy*, New York, NY：Cambridge University Press, pp. 16 – 44。

14　Schumpeter, Joseph（1950）, *Capitalism, Socialism and Democracy*, reprint 1976, New York, N. Y.：Harper Perennial, at pp. 81, 87；熊彼特使用术语"创造性破坏"。

15　Heinemann, Andreas（2002）, *Immaterialgueterschutz in der Wettbewerbsordnung*, Tübingen：Mohr Siebeck, at pp. 25, 26；Drexl, Josef, Beatriz-CondeGallego, Stefan Enchelmaier, Markus Feil and Mark-Oliver Mackenrodt（2004）, "Comments on the Draft Technology Transfer Block Exemption Regulation", *IIC*, 35, 187, at 188；Drexl, *supranote 5*, at 798；Drexl, Josef, Beatriz CondeGallego, StefanEnchelmaier, Matthias Leistner and Mark-Oliver Mackenrodt（2006）, "Comments of the Max Planck Institute for Intellectual Property, Competition and Tax Law on the Directorate-General Competition Discussion Paper of December 2005 on the Applicationof Art. 82 of the EC Treaty to Exclusionary A-buses", *IIC*, 37, 558, at 560 et seq.

16　Commission Notice-Guidelines on the Application of Article 81 of the EC Treaty to Technology Transfer Agreements, *OJ 2004* No. C 101, p. 2, at para. 7.

17　*Antitrust Guidelines for the Licensing of Intellectual Property*, Issued by the US Department of Justice and the Federal Trade Commission, 6 April 1995, http：//www. usdoj. gov/atr/public/guidelines/0558. htm, accessed 4 November

2006, Section 1. 0.

18 案例详见 Motta, *supra note* 6, at 57; Farrell, Joseph and Michael Katz （1998）, "The Effects of Antitrust and Intellectual Property Law on Compatibility andInnovation", *Antitrust Bull.*, 43, 609, at 612。

19 Hovenkamp, *supra note* 3, at § 5. 2.

20 更深入的探讨, 参见 Ullrich, Hanns and Andreas Heinemann （2007）, "Die AnwendungderWettbewerbsregeln auf die Verwertung von SchutzrechtenundsonstigenKenntnissen", in Ulrich ImmengaandErnst-Joachim Mestmäcker （eds）, *Wettbewerbsrecht*, *EG/Teil 2*, 4th ed., Munich: C. H. Beck, p. 119, paras 21 – 23。

21 Joined Cases C-241 and 242/91P, RTE and ITP v. Commission （"Magill"）, ［1995］ ECR I-743, para. 47.

22 Illinois Tools Works et al. v. Independent Ink, 126 S. Ct. 1281 （2006）; 也参见 Drexl, supra note 5, at 798。

23 Landes, William M. and Richard Posner （2003）, *The Economic Structure of Intellectual Property Law*, Cambridge, MA: Harvard University Press, at pp. 326 and 330.

24 例如参见 Tirole, *supra note 10*, chapter 10. 4。

25 Landes and Posner, *supra note 23*, at 300.

26 Menell, Peter （1998）, "An Epitaph for Traditional Copyright Protection of Network Features of Computer Software", *Antitrust Bull.*, 43, 651, at 673.

27 例如参见 Heinemann, *supra note 15*, at 27; Hovenkamp, *supra note 3*, at § 5. 2。

28 Tirole, *supra note 10*, at section 10. 1. 3; Motta, supra note 6, at 55 et seq.

29 Cabral, Luis （2000）, *Introduction to Industrial Organization*, Cambridge, MA: MIT Press, at p. 294.

30 例如参见 Motta, *supra note 6*, at 60。

31 Cabral, *supra note 29*, at 298.

32 有关网络效应经济理论的分析基于下述文献: Katz, M. and C. Shapiro(1985), "Network Externalities, Competition, and Compatibility", *Am. Econ. Rev.*, 75, 424; Katz, M. and C. Shapiro(1994), "Systems Competition and Network Effects", *J. Econ. Persp.*, 8, 93; Economides, N. (1996), "The Economics of Networks", *IJIO*, 14, 673; Arthur, W. B. (1989), "Competing Technologies, Increasing Returns, and Lock-in by Historical Events", Econ. J., 99, 116。

33 参见下文"七、(一) 1. 厂商锁定情况下促进网络标准的弱竞争压力"部分。

34 Farrell and Katz, *supra note 18*, at 612.

35 需要注意的是,知识产权并非向网络市场引入非兼容性的唯一方式。网络标准还可以通过技术秘密保护。

36 这里仅勾勒了知识产权的特定竞争效应。有关网络效应和反垄断之间的关系,可参见 TEconomides, *supra note 32*; Lemley, M. and D. McGowan (1998), "LegalImplications of Network Economic Effects", *Cal. L. Rev.*, 86, 479, at 537; Economides, N. and L. White (1994), "Networks and Compatibility: Implications for Antitrust", *Am. Econ. Rev.*, 38, 651。

37 例如参见 Blackburn, D. (2006), "Network Externalities and Copyright-Enforcement", Working Paper, Harvard University, http://www. davidjhblackburn. com/papers/externalities. pdf, accessed 4 November 2006; Takeyama, Lisa(1994), "The Welfare Implications of Unauthorized Reproduction of Intellectual Property in the Presence of Demand Network Externalities", *J. Ind. Econ.*, 42, 155。

38 有关网络效应中捆绑的经济模型,可参见 Carlton, D. and M. Waldman (2002), "The Strategic Use of Tying to Preserve and Create Market Power in Evolving Industries", *RAND J. Econ.*, 33, 194。

39 Menell, *supra note 26*, at 674 points to the possible negative impact on-dynamic competition.

40 有关网络市场中的反垄断问题的概述，可参见 Economides and White，*supra note 36*。

41 Kwoka，John and Lawrence White（2004），*The Antitrust Revolution*，4th ed.，Oxford：Oxford University Press，p. 419.

42 千禧年间的 Dot-com 危机（网络危机）从某种程度上可由网络标准的特殊市场机制解释。即对资本市场和消费者的期望破灭，很多大型网络公司运营失败。同时那些第一位出线的公司则获得巨大的成功。

43 例如参见 Landes and Posner，*supra note 23*，at 301；for an economic-model for patent races see for example Tirole，*supra note 10*，chapter 10. 22.

44 据说 *Elisha Grey*（1835-1901）在 1867 年 2 月 14 日提出了电话专利，仅仅比亚历山大·格拉汉姆·贝尔晚了几个小时。于是美国专利局将专利授予第一位申请者贝尔。亚历山大·格拉汉姆·贝尔创建了贝尔电话公司，名称为 AT&T。AT&T 公司在美国长期占据垄断地位，直到授予专利的 100 多年后，即 1982 年被美国反垄断当局宣布破产。AT&T 的统治性市场地位一直延续到专利到期之后，可被解释为电话产业的网络影响。AT&T 案例分析请参考：Noll，Roger and Bruce Owen（1994），"The Anticompetitive Uses of Regulation：United States v AT&T（1982）"，in John Kwoka and Lawrence White（eds），*The Antitrust Revolution*，2nd ed.，Oxford：Oxford University Press，p. 328。

45 Landes and Posner，*supra note 23*，at 300.

46 Farrell and Katz，*supra note 18*，at 638.

47 在视频领域存在两种标准：VHS 和 Beta，Beta 标准在应用方面被视为高技术水准，也因此采用高价格策略。相反地，VHS 则追求低价格策略，迅速建立起临界质量客户，并最终建立市场标准，而 Beta 标准近乎消失。

48 网络公司对于引入兼容性的战略决策取决于其赢得标准竞赛的概率和竞争对手的兼容性决定。

49 Farrell and Katz，*supra note 18*，at 613.

50 标准化参与者通常会签署一份协议，关于可能存在于未来标准中的知识产权的许可事项。因此该项知识产权将不再有阻碍标准使用者的作用。而使用者必须为此支付相应的费用。

51 Menell, *supra note 26*, at 677; Farrell and Katz, *supra note 18*, at 639.

52 Farrell and Katz, *supra note 18*, at 639.

53 Schumpeter, *supra note 14*, at 85.

54 参见上文"六、(一)标准竞赛的强动态竞争"部分。

55 Farrell and Katz, *supra note 18*, at 639.

56 Ibid.

57 Menell, *note 26*, at 674; Farrell and Katz, *supra note 18*, at 639 and 642.

58 Farrell and Katz, *supra note 18*, at 648.

59 Farrell, Joseph (1995), "Arguments for Weaker Intellectual PropertyProtection in Network Industries", *Standard View*, 3 (2), 46, at 47.

60 Landes and Posner, *supra note 23*, at 300.

61 Farrell, *supra note 59*, at 48.

62 Drexl, *supra note 5*, at 790.

63 Farrell, *supra note 59*, at 47.

64 Menell, *supra note 26*, at 677.

65 Menell, *supra note 26*, at 678.

第三编

标准必要专利

信息技术的竞争：标准必要
专利、非专利实施体
和 FRAND 许可出价

［美］　赫伯特·霍温坎普（Herbert J. Hovenkamp）[*]　撰

蔡　葵　译　　　张韬略　校

【摘　要】标准制定在信息网络时代无处不在。专利与标准结合，若实施标准必然要实施某专利技术，即为标准必要专利。FRAND 是指一个事前承诺，即提供

＊　赫伯特·霍温坎普，爱荷华大学法学教授。本文源自 2012 年 9 月 21 日在纽约福特汉姆大学竞争法研究所举行的由笔者主持的 "信息和反托拉斯" 的小组讨论。小组讨论由副助理检察长约瑟夫·威兰阐述反垄断部门的政策声明开始。Antitrust Policy in the Information Age：Protecting Innovation and Competition（Statement of Joseph F. Wayland，*Acting Assistant Attorney General*，*Antitrust Division*，U. S. Dept of Justice，21，2012），载 http：// www. justice. gov/atr/public/speeches/ 287215. pdf（访问时间：2012 年 9 月 27 日）。感谢其他小组成员，包括马克·帕特森教授，福特汉姆法学院；雷纳托·纳兹尼（Nazzini）教授，南安普敦大学和米兰拉布鲁纳·马齐奥蒂·萨格尼（Labruna Mazziotti Segni）律师事务所律师，米兰；马可·莱斯曼教授，波士顿大学经济学院；凯－乌维（Kai-Uwe）教授，布鲁塞尔欧盟委员会竞争法总司首席经济学家，来自密歇根大学正休假。最后，感谢巴里·霍克教授使这一宝贵的年度项目成为可能。

其技术"公平、合理和非歧视的许可费"。同时需要考虑非专利实施体和禁令救济的问题。解决专利竞争问题通常需要结合垄断和反垄断的解决方案。

【关键词】标准必要专利；非专利实施体；FRAND；标准制定；禁令

信息技术在通信、计算机及相关设备、互联网、金融交易以及前者所需的软件方面业已成为现代生活中普遍存在并实质必要的基本元素。这些庞大的行业不仅影响几乎每个人，而且行业的部分市场是中度甚至高度集中的。此外，它们往往拥有专门的优势，以致在某些情况下造成市场进入的高壁垒。这些都预示着可能存在竞争法问题。尽管如此，得益于创新和频繁的技术更新，大部分的市场都能发挥相当的竞争力。

在信息技术市场中实现竞争的最大障碍是专利制度，但专利制度并没有很好地服务于这些行业，主要由于专利发布过多以及专利范围不明确。在这些行业中，比起促进创新，专利制度往往导致交易成本提高，这通常以诉讼成本或不必要的许可成本的形式表现出来。一项重要的研究显示，在信息技术市场的专利的价值要低于获取和维护专利的可预期企业成本。[1]如果企业私人价值为消极的，那么社会价值当然也是消极的，而且程度更甚。这一点与其他行业形成鲜明对比，例如在化工和医药行业中，专利制度普遍实施得更好。[2]

专利制度的一个特点是对专利授权或"申请"过程有大量的政府监管监督。该过程的大部分首先由美国专利法[3]加以界定，并且由美国专利和商标局进行管理，该局是一个大型的联邦机构，负责专利审查、批准以及部分上诉。因此专利授权过程很少有机会受到反垄断的干预。专利制度可能有很大的缺陷。至少在某些市场上，专利制度会造成弊大于利，且实际上起到阻碍而不是促进创新。但即使这是真的，反垄断也不是答案。控制联邦监管过程中的缺点并不是反垄断的目的。[4]一旦专利被发布，所有这一切就都改变了。专利变成一个资产，与其说几乎不受到监管，不如说在事实上与大多数类型的个人财产无异。没有政府机构会积极地监督专利许可、转让或是最核心的使用。其结果是，应用反垄断法并不需要依靠监管豁免权或以遵守其他监管制度的形式。与美国专利法阐述与已发布的专利唯一相关的，是专利权人享有起诉侵权的权利，[5]是专利可能被转让但还是有私人财产的特征，[6]以及专利可能被许可但可能包含某些类型的垂直限制，特别是地域限制。[7]此外，《美国专利法》第 271 条 d 款规定，某些做法不构成非法滥用专利，其中包括在没有市场支配地位的情况下的搭售或拒绝许可的做法。在 1978 年拒绝许可条款获得通过[8]时，对专利权滥用的惩罚是判定丧失所有专利权，直至滥用被彻底消除。[9]这项规定的目的不是改变专利法在侵权案件中的补救结构，而且在其 eBay 案判决中，联邦最高法院认为，衡平法的四大传统原则确定专利权人是否有权对侵权提出禁令或必须限制在损害赔偿金方面。为了获得禁令：

原告必须证明：（1）原告遭受了不可弥补的损害；（2）例如金钱赔偿金等法律救济措施，不足以补偿损害；（3）从平衡原告与被告之间艰辛难易的角度考虑，公平的救济措施是必要的；（4）公共利益不会被永久禁令所损害。[10]

其结果是，寻求使用他人专利的公司在专利权人可能构成滥用的拒绝许可的情况下，可能无法免费使用专利。相反，寻求使用该专利的人可能有权要求在支付一定许可费的条件下使用该专利，该许可费可以私下协商确定抑或在损害赔偿诉讼中由司法确定，例如根据之前的许可予以确定。

人们最不愿反垄断法适用于已授权专利的原因是专利的模糊性，这一特性部分根源于专利的本质，部分源自专利授权过程中没有坚持专利起草的清晰性。如果在专利申请时，专利权人真的"占有"专利技术——专利授权的前提条件[11]——那么对于一个训练有素的读者来说，确定专利的边界或有效性应该不是特别困难的事情。[12]

法律可以通过更直接地把专利模糊的举证责任负担在专利权人身上，从而大大提高专利的清晰度，在涉及不动产、格式合同或保险合同的情况，法律通常就是这么做的。如果对于含糊的解释有利于涉嫌侵权人而不是专利权人，其结果几乎肯定会在专利文件撰写实践中产生显著的变化，会更加强调表达的清晰，而不是权利要求的宽度。[13]这甚至可能导致，法院仅仅因为其厌恶涉足有关专利的有效性和范围的问题，就不批准反竞争专利解决方案，而在制药行业中，有许多法院根据哈奇—维克斯曼法（Hatch-Waxman Act）批准了"付费延迟上市"（Pay for Delay）的和解方案。[14]

当今许多信息技术专利问题并不需要法院介入专利和解的谈判。通常在诉讼时不会达成和解，或者说交易根本不是一种和解。此外，许多交易可能违反了反托拉斯法，不管是否隐藏着专利纠纷以及和解，因为交易本身是非法的。例如，专利让与也即专利由一个所有者转让给另一个，完全落入《克莱顿法》第7条的规制范围内，只要它们满足该法"可能实质削弱竞争"的规定。[15]专利是生产性资产，而且根据反托拉斯标准，如果它们可能导致较低的市场产出或较高的市场价格，资产转让是非法的。[16]如果它们限制贸易，这样的协议可能违反了《谢尔曼法》第 1 条；或者如果有非法的排他性做法时，则通过《谢尔曼法》第 2 条加以规制。[17]

一、标准必要专利

在信息技术中，一个普遍存在的要素是标准制定，这是由含有大量参与者的网络的兼容性需求所驱动的。虽然有一定的竞争风险，[18]但协同标准的制定可推定是一件好事，尤其是当人们考虑到有备选方案时。最庞大的网络控制商，如在 1982 年解体前的 AT&T 公司，[19]就不大需要关于制造每个产品并管理网络上发生的每个交易的标准。在更主导的网络中，如微软的 Windows 系统，标准是必不可少的，但可能某些标准要从上到下强制实行，因为为了实现兼容性，微软有必要在协议中指导独立软件开发商。随着网络变得越来越具有竞争力，越来越多的合作标准制定也显得尤为必要。[20]当今每一个纳入蜂窝式电话、计算机、数码相机或类似的设备中的交互技术，实质上都是由一个标准所约束。此外，一些标准被用来减少信息成本，或实现在非交互装置上的一致性。在反垄断法中一个著名的例子是联合钢管案（Allied Tube），其中涉及一个由旨在设立关于建筑产品统一标准的组织所颁布的电动管道国家标准。[21]尽管电动管道和大多数其他建筑产品在很大意义上并不是网络化的，然而标准设置仍然重要，原因有两个：

其一，设计每一个州或市的建筑规范成本很高，尤其是如果全国各地的每一个城市都要单独测试产品的安全性或功能性，成本会更高；其二，大部分建筑产品将在全国市场销售，如果生产商必须遵守不同的甚至在不同领域往往相互排斥的标准，那么生产和销售建筑产品的成本将更加昂贵。

然而，联合钢管案的判决说明当标准被用以反竞争时会发生什么。原告开发了塑料（PVC）管道，这是一个革命性的产品，最终从钢管道市场抢走了大部分的市场份额，因为 PVC 成本更低，更易于使用，而且不导电。被告联合钢管和其他公司制定了计划，通过"打点"标准制定组织（SSO），得到了不准使用塑料管道的批文，因此塑料管道被当地的建筑法规禁止。该案例表明，反竞争的标准，能抑制的不仅是价格和产量，在某些情况下还可以防止更好的产品进入市场。该标准对创新的阻碍造成很高的社会成本。[22]

参与标准制定组织通常是自愿的，但如果生产商希望"在网络上"提供其产品或服务，那么接触到现有的标准往往是必要的。例如，手机必须能够连接到无线系统，并在某些情况下能连接到互联网。若在硬件本身需要被转移，或者在读取或创建的文件及图像将被共享的情况下，计算机或摄像机的存储器装置必须能够兼容。在某些情形下，标准制定组织所采用的标准已然是公共领域范畴的，这可能是因为相关的专利已经届满，也可能是被用户奉献给公众，或是一个开源协议的一部分。在其他情况下，标准制订机构可能认为其采用的标准是在公共领域，但之后可能会发现实际上该标准侵犯了某专利。这可能是在不经意间发生的，或者可能是专利权人故意隐瞒技术信息所导致的。[23]

故意隐瞒可以采取不同的形式。首先，可能是专利权人利用了专利授权公开与专利申请之间的"间隔期"，这里的专利申请比那些在后开发的技术具有专利权，但因为在申请日之后的 18 个月内尚未公布。[24]此外，这个问题还会因为专利的持续过程被放大，因为在专利申请待决过程中甚至在某些情形下在专利授权后，可以添加或者扩大权利要求。[25]公司积极参与标准制定组织后，可能会暗中修改其专利的权利要求，以覆盖一个正在形成中的标准。然后，它可能埋伏以待，直到其他成员已在标准化技术中作出重大投资，再在某个能设法得到最高许可费的时刻宣布专利。最后，导致故意隐瞒的原因还可能在于专利的模糊以及解释成本高，所以专利权人可能会一直等到标准已被制定，再宣称其认为专利被侵权。

因此，极为重要的是，从一开始标准制定组织就得坚决要求其成员作出有关自身专利状况的承诺，以此作为它们参与制定标准的条件。标准制定过程通常不是由律师而是由电气工程师、产品经理或者具备某些技术技能而非法律背景的人士来运作的。其结果是，有时某些标准制订过程可能在战略设计方面出现很幼稚失误。例如 Rambus 案就是这样子，在该案中，JEDEC 作为一个标准制定组织，并没有在预先承诺上做足工作。[26]

当标准参与者被要求作出预先承诺而采取行动时，它们各自具有的技术的价值仍具有很大的不确定性。[27]换句话说，如果它们自身没有技术拿出来提供给他人，他们并不会清楚别人期待他们支付多少。譬如，标准制定组织可能在开始时考虑一个有特定功能的诸如在音频传输中限制不良噪音的技术。可以选择专利技术 α、β、γ，也可以是专利期已届满的技术 δ。δ 可能并不像其他可选择的专利一样好，但它是免费的。直到专利技术 α、β 和 γ 的专利权人作出承诺，他们才都可能具有积极的但却不确定的成本。如果 α、β、γ 的专利在效性或范围方面存有疑问的，那么还会增加额外的不确定性。

正是在这里，FRAND 许可费出现了。FRAND 是指一个公司的承诺，即只要其技术被采用为标准，那么该技术将以"公平、合理和非歧视的许可费"来许可。[28] 也就是说，FRAND 承诺是一种招标的形式。通常情况下，FRAND 承诺并不是承诺任何特定的价格，而是一个能符合 FRAND 预期的价格。例如，第九巡回法庭引用了下面这个典型的 FRAND 条款：

> 专利持有人将在世界范围内、在非歧视性的基础上、以合理的条款和条件将专利许可授予不限数量的申请者，允许其使用所必需的专利材料以制造、使用和/或销售体现上述……标准的器具。[29]

这一承诺使得标准制定组织的成员先专注于技术问题后关心价格成为可能。当然，如果该承诺没有任何意义，那么 FRAND 的概念将在很大程度上失去它的价值。然而首先，在承诺 FRAND 之后计算 FRAND 许可费是不容易的。[30] 但是，如果受 FRAND 约束的专利已许可给其他人，从而为将来的许可费确立了一个"衡量标准"，那么许可费的计算可能就会变得更加容易。这一非歧视条款至少设立了一个强有力的推定，即给第一个被许可人的条款也将适用于随后的被许可人。[31]

FRAND 义务在某种意义上是在确定专利价值的"级别"，因为它们对那些被主张的必要专利适用统一的许可费标准。当然，专利权人可以声称他们的特定专利因为涵盖的功能而异常有价值。然而，虽然专利具有市场价值，但没有内在价值。其价值取决于次优替代品的成本。一项专利在一个设备中可能覆盖 16 个不同的"必要"的事情，但是如果一个或一组替代专利或公域技术也可以做这些事情，那么专利的价值应根据这些替代品进行衡量。例如，清洁饮用水是"必要的"，但如果有 6 种不同的技术可以有效地过滤水，那么任何特定专利的价值就等于它在一个具有 6 种技术相互竞价的市场中所主张的价格。

当然，一旦某项专利由标准制定组织宣布为标准必要专利且要纳入技术中，该出价就会结束。如果忽略 FRAND 承诺，专利的价值就主要是由该特定技术因素的抽取成本，而不是由专利本身固有的因素的成本所决定。进一步讲，公司提前知道这一切，因此如果它们希望之后主张在适用标准的组合中的某个特定专利是异常有价值的，它们当然可以一直这样说，而让标准制定组织来决定是否采纳该主张。[32]除了这一点，似乎没有任何好的理由来解释，为何不对所有专利一视同仁，因为确定每个专利价值的成本将很可能淹没整个系统。

二、估算 FRAND 许可费

"FRAND"通常是指参与者之间的一个相当不明确的协议，先就技术进行讨价还价，并延后讨论具体的许可费问题。专利法规定，在侵权诉讼中专利权人有权诉诸不低于"合理使用费"的损害赔偿[33]，但在侵权案件中合理使用费的确定已经成为一个代价极高并往往不确定的过程。此外，如下所述，在专利侵权诉讼中作为损害赔偿的许可费，可能在某些重要方面与市场价格杠杆内谈判的许可费有所不同。就 FRAND 承诺是合同损害赔偿金而言，其应反映公平的议价条件而不是诉讼的设定。

在 FRAND 语境中，"非歧视"（Nondiscriminatory）指不存在第三级的价格歧视，即一个卖方对两个或更多可识别性的客户群收取不同的价格。但"非歧视"一词当然不是指承诺不从事第二级的价格歧视，即基于数量的不同而收取不同的价格。例如，专利权人可以对销售 100 个单位和 1 000 个单位的被许可人收取不同的价格，这是因为许可的成本对于双方是相同的，即每单元的价格均为五分。但是，在包括 FRAND 许可的专利许可中，经常可以在每单位、每美元或"每次点击"授权条款，在这类授权中，这类价格歧视是固有的。

一个 FRAND 承诺往往会有重要的问题未解决，而这些问题恰恰是计算许可费率和许可费率本身的基础。关于该基础，举个例子，GPS 装置的存储器芯片可能拥有 10 项专利，而其中有一项专利是受 FRAND 承诺约束的。费率（无论以什么形式）应该是以芯片，还是根据包含芯片的 GPS 设备，抑或是基于包括 GPS 设备的汽车来计算呢？[34]在一般情况下，许可费必须反映识别搭售的特定专利的功能性的根据。[35]另外，它必须反映包含在装置内的专利总数的真实分配。例如，某人主张一个装置侵犯了其 10 个专利并寻求 3% 的许可费，但之后只被侵犯一个专利的该人便不应主张这个专利值得全部 3% 的许可费。[36]可以推断，许可费应是这个数额的 1/10。

联邦法院已越来越多地拒绝"整体价值法"（Entire Value），即将"整个"产品作为衡量许可费的根据。相反，在普通的专利侵权诉讼中，损害赔偿金是基于每单位许可费的，此时法院更倾向于"最小可销售的专利实施单元"方法。就如联邦巡回法院最近所述：

损害赔偿金必须根据"侵权者对本发明创造的使用"来裁决。[37]当多组分产品的小元件被指控侵权时，基于整个产品计算许可费会带有相当大的风险，即该专利权人将会被不适当地补偿并没有侵犯该产品的部分。因此，一般要求许可费不能基于整个产品，而应基于"最小可销售专利实施单元"。[38]

法院在拒绝接受朗讯科技案（Lucent Technologies）的专家报告时，就使用了相同的思路，该专家报告涉及一个相对较小的专利，即通过触摸屏而不使用实体键盘将信息输入电脑，而这个报告恰恰使用了将许可费建立在整个电脑的价值上的计算方法。[39]法院认为，专利权人只有在证明"整个产品的'客户需求基础'为所涉专利特征"的情况下，才能够将损害赔偿金立足于整个产品的价值之上。[40]该判决以 19 世纪的判决为基础，认为当一个专利是一种改进而不是原设备时，基于合理许可费的损害赔偿金必须被限制在改进的价值范围内。[41]

这种"客户需求的基础"的表述并不是特别有用。一台计算机可以在存储器芯片、处理器芯片、存储设备和控制器上都可能拥有对计算机运作起关键作用的专利。此外，以上所述的这些东西恰恰构成"客户需求的基础"，因为消费者并不想购买缺少其中任何一个组件的计算机。任何"必要"组件的价值之所以能实际上成为整个装置的价值，就在于没有这些必要组件，整个装置将一文不值。但 10 个必要的组件并不能分别都代表整个装置的价值。

在任何情况下，许可费基础的大小与能否任意抬高许可费率，在很大程度上是不相关的。朗讯案的判决正是强调了需要做这样的尝试。因法院禁止基于整台计算机的 1% 来估算合理的许可费率，专家修改了他的意见，认为应将许可费率仅基于微软 Office 软件的一个组成部分，即微软的 Outlook 系统之上，这也是许可费可根据的最小可销售单元，但他接着将专利许可费提至 8%。[42]

尽管使用最小可销售单元作为估算许可费的基础并不是毫无问题，它的价值却不容否认，它确实提供了差不多共同和客观的衡量标准用于评估许可费基础的大小。在这一点上，市场本身是十分希望提供一个计算许可费多少的标准，即应以协商好的许可费而不是裁定的损害赔偿金为准绳。也就是说，在涉及受 FRAND 原则约束的专利侵权案件中计算衡量损害赔偿金时，应有别于一般的专利案件。

使用协商好的许可费而不是裁定的损害赔偿金作为合理许可费标准的原因，在于在正常情况下和诉讼情境下许可费是如何计算的存在重要差别。当事人在标准制定过程中所提供的技术，在双重意义上具有盖然性：（1）所披露的专利通常不会为了确认其有效性或范围而被提起诉讼；（2）在选择标准的过程中标准制定组织（SSO）通常有可供选择的替代技术。与此相反，在诉讼情境下，侵权被告已经因其侵权行为而"选择"了标准，并且该专利已被确定或确认是有效的。当我们处理事前 FRAND 承诺而不是事后侵权时，应该对事前价值给予重视。[43] 例如，如果在违反合同的诉讼中，原告承包商在竞争激烈的市场中投标，那么根据垄断交易所索取的价格来确定损害赔偿金就是不合理的。

尽管有很多歧义的地方，开放性的 FRAND 承诺仍是一个有价值的和有竞争力的工具，即使考虑到承诺在必须作出的那一刻是具有不确定性的。标准设定如果没有这样的承诺，将会是一个更昂贵的以及更不确定的过程。FRAND许可费默认一般应该是很低且易于管理的，因为标准设定组织的参与者总能够事前"投标"更高的许可费，然后标准设定组织可以根据所报的价格，决定接受哪项技术。

一般认为，拒绝参与标准设定过程的非专利实施体（NPE）应以相同的价格来计算其损害赔偿金。也就是说，"合理"的许可费是，NPE在它本可能已参与但拒绝参与的竞争市场中本会获得的许可费。当NPE实际了解标准设定的过程却拒绝参与标准设定，或者当一个客观理性的NPE本应知道该标准设定的过程时，以这种方式计算NPE损害赔偿金是最具说服力的。而当标准设定的过程没有很好地传达给外人或系争的NPE不被允许参与标准设定时，以这种方式计算NPE损害赔偿金的说服力最弱。

该FRAND过程允许标准制定组织选择一个基于运行特性的标准，这立足于一个假设，即所有标准都会被合理定价而无需过分担心确切的价格。一旦标准被采用，从该标准是该网络必要组成部分的意义而言，写在标准中的专利也就是"必要"的了。那些提供替代技术的人的经济状况变化可以说是巨大的。回到先前的假设，先于标准采用前，α、β、γ为了其专利被选择为标准而相互竞争。若α的技术被采用，结果将是α的专利的价值会有一个立即的以及显著的增长，因为它现在是一个"标准必要专利"（SEP）。相比之下，β和γ的专利没有被采纳。在极端的情况下，这些专利可能会变得一文不值。这是真实的，例如，如果这些专利所涵盖的技术除了被纳入某个特定标准设定组织的标准，没有任何其他市场。[44]进一步讲，随着时间的推移，参与该标准的生产商将投资于生产设施，并开始按照该标准来生产，从而转变成本变得非常昂贵。

当然，α 专利已经极其有价值，但是如果它可以不受 FRAND 承诺约束，则可能会更有价值。α 有点像承包商，以一个险胜的低价投标，但后来意识到，卖方很可能愿意支付更多。因此，为了增加其现已成为标准必要专利的专利价值，人们可以预期 α 会采取各种合法所为。首先，α 可能会试图通过谈判来获得较高的许可费率或计算许可费的较大基数，以使许可费最大化；其次，α 可能会干脆逃避其 FRAND 义务的后果。

三、专利受 FRAND 原则约束时的转让和禁令

法院需要以填补不完整合同的方式来解释 FRAND 承诺。[45] 评估基础和许可费率会造成一系列问题；其中一类问题与"逃避"手段即转让和禁令有关。

受 FRAND 承诺约束的专利权人并不能仅仅通过向他人转让专利就逃避 FRAND 承诺的约定，从这一角度而言，FRAND 承诺应"随土地转移"吗？物权法的一个基本原则就是，物权所有人不能转让比其拥有更多的利益。当然这可能引发一个问题，即权利人到底拥有的是什么权利。更重要的是，如果专利权人能够通过向他人转让受约束的专利的简单方式逃避 FRAND 承诺以消除约束，那么整个 FRAND 承诺程序就没有意义了。因此适当的默认规则是 FRAND 承诺应"随专利而转移"。如果一个公司想转让少些，就应当在技术正式选择之前表明该意愿。例如，如果一

家公司想将其 FRAND 承诺限制为 2 年，那它应当尽量在其原始承诺中表达该意愿。然后 SSO 就可以考虑该要约，并将其与其他方案相比，或者提出反对方案。相对而言，如果专利权人声明其 FRAND 承诺只持续到将专利卖给其他人之前，那么无论具体卖专利是在什么时候，都无异于自始至终未作出 FARND 承诺。有些公司就有类似的政策，比如微软，[46]但是无论在任何情况下，都应当明确其法律义务。[47]

禁令救济的问题可能相对要复杂一点。FRAND 承诺表面上是一个要约，以许可所有要在符合标准的产品中使用其专利的人。的确，精确的许可费条款通常并不会提前确定，但是 FRAND 许可费将会由主体参考费率的常见态势所决定，例如对于类似技术在相同或其他情况下的费率支付情况。此外，如前所述，FRAND 承诺有效地将许可费问题转化为合同违约而不是主张许可费诉讼。如果我们允许受 FRAND 约束的专利权人拥有与愿意支付 FRAND 许可费的人相抗衡的禁令，则无异于使专利权人成为许可费率的独裁者，也就相当于根本没有 FRAND 承诺。[48]当无辜的侵权人投资某一技术，之后出其不意地被专利权人所发现，而该专利权人可以声称许可费的金额主要由侵权人设法得到该专利技术的成本所决定，则允许禁令将有效地把一个专利权人和潜在侵权人摆在同样的位置。

美国联邦最高法院对于 eBay 案的判决推翻了联邦巡回法院的一系列判决，而那些判决已使得禁令几乎成为专利侵权案中最重要的权利。[49]系争专利已受 FRAND 约束的事实证明，专利权人的合理期待是有权获得 FRAND 许可费，而不是排除该权利。进一步讲，FRAND 原则本身要求许可费是无歧视的——也就是说，一旦许可费被确定，那么只要支付了相应的费用那么参与者就有权使用该项技术。除此之外，系争专利是标准必要专利的事实，加大了 eBay 案中公共利益需求在天平上的筹码。在这里，禁令有可能支撑起整个网络或降低其竞争力。总之，受 FRAND 约束的专利应该从不采取禁令予以强制执行，至少不是在侵权被告同意支付 FRAND 许可费的情况。第九巡回法院在微软案判决中就持这种观点。[50]

四、排除令和国际贸易委员会

美国国际贸易委员会对获取禁令的权利的看法有些特别。美国国际贸易委员会是一个具有排除某些非法进口商品的准司法权的监督机构。从历史上看，创立于 1916 年的美国国际贸易委员会关注的是诸如倾销以及外国政府非法补贴货物进口的行为等。最近以来，通过采取禁止侵犯美国专利、版权或商标的货物进口的方式，美国国际贸易委员会在国外知识产权执法方面扮演了越来越重要的角色。[51]美国国际贸易委员会通常实施的救济方式是"排除令"（Exclusion Order），这并不是一个笼统的禁止生产的禁令，而是一个阻碍外国产品进口美国的禁令。[52]对于国内企业将生产外包给外国公司或者海外的生产工厂的情况，也有可能受到此排除令的约束。如果一家大型美国公司外包生产的产品装运回美国，这些产品是属于美国国际贸易委员会管辖范围之内的。例如，2012 年 5 月，美国国际贸易委员会发布了一份对摩托罗拉移动的排除令，这是因为微软投诉摩托罗拉移动的某些已进口的移动设备侵犯了微软的专利权。[53]在一个极端的例子中，如果一家公司的大部分产品都由海外生产，在遭遇此项排除令的时候就相当于禁止生产的禁令了。

美国国际贸易委员会执行排除令的难度源自两个方面。其一，排除令并不是字面意义上的禁令而只是禁止进口，联邦巡回法院认为这并不适用最高法院在 eBay 案中确立的原则；[54] 其二，美国国际贸易委员会对于专利侵权并没有裁定损害赔偿额的独立授权。无法获得损害赔偿金的事实可能通常会让人们倾向于寻求禁令救济。然而，同样重要的是，一旦侵权产品在美国销售，其销售者构成侵权，并且服务提供者就可能被判共同侵权或帮助侵权。其结果是，侵权人更倾向于先去美国国际贸易委员会而不是地区法院，以获得一种并不会从联邦地区法院得到的准禁令救济方式。鉴于美国市场上很大一部分采用标准必要专利的设备或其部件都是来自海外市场，那么如果美国国际贸易委员会因为某个受到 FRAND 原则约束的专利被侵权而发布排除令，那么该排除令将会有效终止 FRAND 承诺。

另外，在该情形下，美国国际贸易委员会的合理解决方法是拒绝颁发排除令。值得注意的是，这并不否认对专利权人的救济。然而，这降低了专利权人在联邦地区法院中的地位，而该法院在之后会根据 FRAND 承诺、eBay 案和其他相关因素，判决禁令或者损害赔偿金。排除令的适用，应当针对明确表示不履行 FRAND 义务的情况。在一个递交给美国国际贸易委员会的申请案中，联邦贸易委员会已经作出了这样的表态。正如委员会所指出的：

标准制定过程带来的后果便是存在专利挟持的可能性，而这源自技术竞争下相关成本的改变。在一个标准被采纳之前，替代技术竞相纳入标准中。标准制定组织的成员往往同意在 RAND 条款下许可标准必要专利，作为将其专利纳入标准的回报。一旦标准被采用，制定人就开始进行实现标准的投资。因为除非在产业中的全部或大多数参与者一致同意放弃标准，否则不可能背离标准，并且由于大多数参与者都可能面临因放弃原方案用不同技术代替所需的巨大转换成本，所以整个产业可能被标准所锁定，这种情况将使得标准必要专利人有能力要求并得到专利许可费，而且该许可费并非基于该专利的真正市场价值，而是基于偏离标准化技术的成本与延迟。[55]

尽管如此，美国国际贸易委员会已经表示，不会仅仅因为专利请求的基础是受到 FRAND 原则约束的专利，就不颁发排除令。[56]

五、非专利实施体的特殊问题

非专利实施体（NPE），是指不通过生产专利产品但是通过授权他人使用其专利或提起侵权诉讼而盈利的公司。NPE 的经典形象是公司在自己的实验室或其他工厂研发专利，但随后授权他人而非自己生产。最近一个常见现象是，NPE 往往从别处获得大量的专利授权，然后再次授权该专利或提起侵权诉讼。eBay 案中遇到的一个重要问题就是 NPE。因为一个不生产产品的公司只能通过许可专利而获利，对于 NPE 而言，其很难证明损害赔偿金是一个不充分的救济，正如 eBay 案所确定的。因此，自 eBay 案之后，大多数 NPE 都限于获得损害赔偿金的救济。[57]

NPE 有着动摇整个标准制定过程的潜力，因为它们与其他参与人员有着不同的动机。它们是否同意 FRAND 条款是基于不同的情形的。首先，在采纳标准或"投标"阶段，NPE 必然有动力去劝说标准设定组织采纳自己的技术作为标准。回到前面的例子，如果标准设定组织在 α、β、γ 三种专利标准中选择，那大概会适用相同的评价标准，即使 α 并非任何涉及标准的产品生产商，而仅仅是一个专利权人。为了得到标准必要专利的地位，α 必须与其他任何人一样，作出相同的 FRAND 承诺。其次，NPE 无须担心该标准被采用之后所带来的侵权问题，因为它们并不实际生产任何产品。其结果是，它们可能决定避免一起制定生产标准，以求标准被广泛应用之后取得追究他人侵权行为的法律地位。如果它们认为可以对标准设定组织隐瞒其技术，它们这么做的动机将会更强烈，例如它们有某个涉及一个或多个标准的等待许可但未公开的专利申请或者其专利如此的多以及不明确乃至标准设定组织会忽略其中一个或更多。一般而言，如果 NPE 拥有的相关专利越多，解释成本越高，其要避免作出任何 FRAND 承诺并且在将来主张许可费诉请要的动力也就更大。

然而，缺少 FRAND 承诺只是有关 NPE 的部分情况。由于 NPE 并不能成为潜在的侵权主体，其面临的风险状况远不同于生产商。当 NPE 强制实施受 FRAND 承诺约束的专利时，其强制实施 FRAND 承诺的理由，并不比由专利实施体在实施时来得少。

涉及 NPE 的更大的问题则是那些从未同意过 FRAND 承诺的主体，以及那些威胁提起侵权诉讼或者直到在被声称侵权的技术已经投入使用后才要求许可的主体。尽管其 NPE 的地位很可能导致法院拒绝颁发禁令，然而由于它从未作出 FRAND 承诺，它将会得到更多的损害赔偿金。这个问题实际并不局限于标准设定的情况。然而，这个问题在网络通信技术方面已经变得十分严重，因为在这方面有大量边界不确定的专利。

在这里，专利制度的缺陷（无论是否是固有的）使得 NPE 享有大量的额外利益。也许最重要的问题是，如同版权法一样，专利法未能对独立开发者提供保护。即使你已经完全依靠自己研发出了相关的专利，你也仍有可能侵犯某项专利。再结合异常高昂的专利解释成本以及大量争讼的专利的事实，人们很容易会怀疑，专利是主要导致这些技术交易成本的因素。NPE 或者拥有数千项专利的专利整合者可以去找生产商，然后主张后者侵犯其专利库中一系列不确定的专利权，并要求支付一笔相对于查明该生产商技术是否侵犯其专利权（更不用说专利有效性问题）的成本要廉价得多的许可费。[58]

诉争双方都有相当数量的专利组合并且各方都是生产者的情况很少发生。如果出现这种情况，那么各方都是处于向对方提供相同报价的地位，此时通常能看到一种所谓的"隐性专利池"的现象，在这种情况下，各方不会起诉其他人，从而达到一种平衡。[59]这就解释了为什么许多生产商或其代表曾经试图收购大量的专利组合以达到防御的目的。这一现象有别于传统的暗中合谋，因为后者出现在成对主体之间而不是贯穿整个行业；也就是说，每个公司是否起诉其他公司都取决于其专利组合的规模以及范围。在某些情况下，最好的策略是提起侵权诉讼，特别是如果专利组合优势严重不对等的情况，但是在其他大多数情况下最好是不起诉。[60]

隐性专利池是一个社会性的明智做法，因为它使企业通过产品生产而不是诉讼来盈利。专利集合的做法在当下十分流行，因为专利集合者比单个专利拥有者更容易从专利中获取经济收益。但是接下来人们必须质疑这些收入的来源。可以想象，专利集合可以提供能消除双重边缘化问题的一揽子许可，并且向生产商提供用以生产一个产品所需的全部技术。然而，这些额外收入的来源只不过是可以用来威胁制造商的交易成本，它们即使可能没有使用专利集合者的任何有效专利技术，但由于该交易成本的存在，也还是宁愿支付专利许可费。

鉴于这种可能性，阿雷达（Areeda）和透纳（Turner）在30多年前提出的救济方案值得考虑。[61]一个公司如果通过专利获得了超竞争性质回报的地位，应降低地位以获得外部者专利的非排他许可。也就是说，从事内部创新和专利活动的公司，相比那些从他人获得专利的公司而言，处于更加强势的地位。当然，处于支配地位的制造企业需要别人的专利去更新其技术。从要实施专利的意义上讲，制造企业有合法的利益去获取专利。但是非排他性的许可与独占许可或转让一样，都能达到这样的目的。

为什么专利在收购者手中，比起其前所有者，变得更有价值？一种可能性是，比起一般竞争者，垄断生产商会从这个专利中获利更多，但是这种理由仅适用于公司真正实施专利的情况。另一种可能性是，互补专利的所有权联合可能会减少双重边缘化的问题。一般而言，当两家或更多拥有市场支配力的公司各自许可自己的技术时，各家独自许可的价格的总和，将高于一个公司拥有各家公司的技术然后一起许可的价格。这种联合对于许可人和被许可人都有好处，因此可以解释非专利实施体聚集的某些情况，但这类具体例子笔者并未耳闻。[62]但即使在这里，聚集者也仅需要一个非独占许可和再许可的权利。也就是，通过将两个互补性的专利纳入一个共同的许可机构并允许该机构再许可，该许可机构将能够提供一个相对于各自许可而言更低的许可价格。

无论如何，如果 NPE 知道或者理应知道标准制定程序但自愿拒绝参加的，应当享有与实际参与者相同的救济——FRAND 的损害赔偿金。对这种情况下的损害赔偿金，专利法相关的标准是"合理"许可费的标准，并且此处法律政策应当支持根据其竞争力而不是基于其事后专利挟持的可能性来确定许可费率。

六、总　　结

解决专利竞争问题通常需要结合反垄断和非反垄断的解决方案。例如，eBay 案根本不是一个垄断的案例，而是一个涉及私人救济的衡平法判决。这与第九巡回法院判决拒绝对受到 FRAND 原则约束的专利颁发禁令的判决是相类似的。[63] 如果存在 FRAND 承诺，这通常依照合同法基本原则加以实施；或在某些情况下，根据另一个衡平法原则即禁反言原则加以实施，因为公司一旦让他人产生信赖并采取行动，就要履行其诺言。[64] 相比之下，反竞争的专利转让显然属于传统的反垄断所要考量的问题。

【注释】

1　关于信息技术中的公共成本和企业成本，参见 James Bessen & Michael J. Meurer, Patent Failure: How Judges, Bureaucrats, and Lawyers Put Innovators At Risk, 11-19, 98-146 (2008)；也参见 Dan L. Burk & Mark A. Lemley, the Patent Crisis and How the Courts Can Solve It (2009)。

2　Bessen and Meurer, 见上。

3　美国法典第35篇即美国专利法。

4　在该点上，参见 Christina Bohannan & Herbert Hovenkamp, Creation Without Restraint: Promoting Liberty and Rivalry in Innovation 13（2012）。

5　35U. S. C. § 281.

6　35 U. S. C. § 261（允许书面转让，并且承认专利具有私人财产的属性）。

7　35 U. S. C. § 261（"在全部或特定的美国领土内，申请人、专利权人，或其受让人或法定代理人在其专利申请下可以相同的方式授予和传达一种排他性权利"）。

8　35 U. S. C. § 271（d）（4）&（5）.

9　Morton Salt Co. v. G. S. Suppiger Co., 314 U. S. 488, 493（1942）; U. S. Gypsum Co. v. Nat'l Gypsum Co., 352 U. S. 457, 465（1957）.

10　eBay Inc. v. MercExchange, L. L. C., 547 U. S. 388, 391（2006）.

11　例如, Boston Scientific Corp. v. Johnson & Johnson, 647 F. 3d 1353, 1362（Fed. Cir. 2011）; Ariad Pharm., Inc. v. Eli Lilly & Co., 598 F. 3d 1336（Fed. Cir. 2010）. 参见 Bohannan & Hovenkamp, 同注释4，第65~78页。

12　Bessen & Meurer, 同注释1，第46~72页。

13　Bohannan & Hovenkamp, 同注释4，第78~82页、第122~132页。

14　对付费延迟解决方案的反垄断合法性目前在上诉巡回法院中还处于冲突阶段。参见 in re K-Dur Antitrust Litigation, 686 F. 3d 197（3d Cir. 2012）（不赞成解决方案）; in re Cardizem CD Antitrust Litig., 332 F. 3d 896（6th Cir. 2003）（同上）; Valley Drug Co. v. Geneva Pharms., Inc., 344 F. 3d 1194（11th Cir. 2003）（同意解决方案）; Schering-Plough Corp. v. FTC, 402 F. 3d 1056（11th Cir 2005）（同上）; Tamoxifen Citrate Antitrust Litig., 466 F. 3d 187（2d Cir. 2006）（同上）; in re Ciprofloxacin Hydrochloride Antitrust Litig., 544 F. 3d 1323（Fed. Cir. 2008）（同上）. 对于支付延迟解决方案，参见注释1 Herbert Hovenkamp, Mark D. Janis, Mark A. Lemley, and Christopher R. Leslie, *IP and Antitrust: An Analysis of Antitrust Principles Applied to Intellectu-*

al Property Law Chs. 7 & 15. 3（2d. ed. 2010 & 2012 Supp. ）；*12 Herbert Hoven-kamp*, *Antitrust Law* ¶ *2046c* （3d ed. 2012）；C. Scott Hemphill & Mark A. Lemley, Earning Exclusivity：Generic Drug Incentives and the Hatch-Waxman Act, *77 Antitrust L. J.* 947（2011）；C. Scott Hemphill, "An Aggregate Approach to Antitrust：Using New Data and Rulemaking to Preserve Drug Competition", 109 Colum. *L. Rev.* 629 （2009）；Michael A. Carrier, Innovation For the 21st Century：*Harnessing The Power of Intellectual Property and Antitrust Law*, 345 – 371 （2009）。

15   15 U. S. C. § 18. 关于专利作为资产，参见 5 Phillip E. Areeda & Herbert Hovenkamp, *Antitrust Law* ¶ *1202f*（3d ed. 2009）。

16   Louis Kaplow, Market Definition and the Merger Guidelines, *39 Rev. Indus. Org. 107*, 122 – 23 （2011）；Herbert Hovenkamp, Markets in Merger Analysis, *57 Antitrust Bull. #3* （*2012*）（in press）currently, 载 http：// papers. ssrn. com/sol3/papers. cfm? abstract_ id = 1945964。

17   12 Herbert Hovenkamp, *Antitrust Law* ¶ *2046* （3d ed. 2012）.

18   12 Id. at ¶ 2014 （threat of collusion）；13 id. at ¶¶ 2230-2235 （3d ed. 2012）（possibility of anticompetitive exclusion）.

19   United States v. AT&T, 552 F. Supp. 131, 136 （D. D. C. 1982）, aff 'd mem. sub nom. , Maryland v. United States, 460 U. S. 1001 （1983）.

20   13 Herbert Hovenkamp, *Antitrust Law* ¶¶ *2230 – 2235* （3d ed. 2012）.

21   Allied Tube & Conduit Corp. v. Indian Head, Inc. , 486 U. S. 492, 494 （1988）.

22   Bohannan & Hovenkamp, 见注释4，第238～257页。

23   例如，Rambus Inc. v. FTC, 522 F. 3d 456 （D. C. Cir. 2008），调卷令被拒绝，555 U. S. 1171 （2009）；同时参见 In re Dell Computer Corp. , 121 F. T. C. 616 （1996）（计算机制造商参加了标准制定组织并且认证了其没有在形成中的标准上有知识产权，但实际上它有。）

24   35 U. S. C. § 122 （b）（1）.

25 Mark A. Lemley & Kimberly A. Moore, "Ending Abuse of Patent Continuations", *84 B. U. L. Rev. 63*, 70 (2004); Michael J. Meurer & Craig Allen Nard, "Invention, Refinement and Patent Claim Scope: A New Perspective on the Doctrine of Equivalents", *93 Geo. L. J. 1947*, 1993 (2005).

26 Rambus, 522 F. 3d at 467 – 469.

27 Doug Lichtman, Understanding the RAND Commitment, *47 Hous. L. Rev. 1023*, 1039 – 1043 (2010); Joseph Scott Miller, Standard Setting, Patents and Access Lock-In: RAND Licensing and the Theory of the Firm, *40 Ind. L. Rev. 351*, 358 (2007); Daniel G. Swanson & William J. Baumol, Reasonable and Nondiscriminatory (RAND) Royalties, Standards Selection, and Control of Market Power, *73 Antitrust L. J. 1*, 7 – 11 (2005); Mark A. Lemley, Intellectual Property Rights and Standard – Setting Organizations, *90 Cal. L. Rev. 1889* (2002).

28 美国文献经常说"Rand"许可费，因此明确要求许可费必须是"合理的"但不是必须"公平"的。现在这两个词很普遍地交换使用，正如在本文中所展示的一样。

29 Microsoft Corp. v. Motorola, Inc. , __ F. 3d __, 2012 WL 4477217 (9th Cir. 2012)。

30 In particular Judge Posner's opinion in Apple, Inc. v. Motorola, Inc. , __ F. Supp. 2d __, 2012 WL 2376664 (N. D. Ill. June 22, 2012).

31 Joseph F. Wayland, Dep't of Justice, Antitrust Policy in the Information Age: Protecting Innovation and Competition (Sept. 21, 2012), at * 5 – 6, available at http://www. justice. gov/atr/public/speeches/287215. pdf.

32 Microsoft Corp. v. Motorola, Inc. , __ F. 3d __, 2012 WL 4477217 (9 th Cir. 2012)（"摩托罗拉向国际电信联盟作出承诺其会在全球范围内许可其标准必要专利给所有参与人。作为交换，其会得到使其专利纳入标准的好处。摩托罗拉本可以在标准制定时隐瞒其承诺从而达到使国际电信联盟回避其专利的价格，但摩托罗拉并没有选择这么做。"）

33 35 U. S. C. § 284（"……损害赔偿金足够补偿侵权行为，但在任何情况下不得低于使用发明部分的合理许可费……"）

34 Eingestellt von Florian Mueller um, Newly-Discovered Apple Letter to Wireless Standards Body Proposed Solution to Rampant FRAND Abuse, *FOSS PATENTS*（Feb. 8, 2012, 11：41 AM），http：//www. fosspatents. com/2012/02/newly-discovered-apple-letter-to. html（访问时间：2012 年 9 月 26 日）. 同时参见 Ove Granstrand & Marcus Holgersson, The 25% Rule Revisited and a New Investment-Based Method for Determining FRAND Licensing Royalties, *47 les Nouvelles*, No. 3（2012）.

35 如 Uniloc USA, Inc. v. Microsoft Corp., 632 F. 3d 1292（Fed. Cir. 2011）；IP Innovation L. L. C. v. Red Hat, Inc., 705 F. Supp. 2d 687（E. D. Tex. 2010）.

36 Apple, Inc. v. Motorola, Inc., __ F. Supp. 2d __, 2012 WL 2376664 at *11（N. D. Ill. June 22, 2012）.

37 Citing 35 U. S. C. § 284.

38 LaserDynamics, Inc. v. Quanta Computer, Inc., __ F. 3d __, 2012 WL 3758093（Fed. Cir. Aug. 30, 2012），quoting Cornell Univ. v. Hewlett-Packard Co., 609 F. Supp. 2d 279, 287 – 288（N. D. N. Y. 2009）.

39 Lucent Technologies, Inc. v. Gateway, Inc., 580 F. 3d 1301（Fed. Cir. 2009）. The method consisted in using a keyboard displayed on the screen together with a calculator, and touching the screen directly. The patentee did not claim to invent the touchscreen itself.

40 同上，第 1336 页。

41 Garretson v. Clark, 111 U. S. 120（1884）；Seymour v. McCormick, 57 U. S.（16 How.）480, 491（1853）.

42 Lucent, 580 F. 3d at 1301, 1338（"他排除了将计算机作为许可费的基础，而使用了软件的价格，相应地也抬高了许可费率"）。

43 参照波斯纳法官的结论，对 FRAND 许可费的分析应该由此开始，即"在宣布专利发明乃符合行业标准所必要的发明之前，被许可人获得该许可以通过该专利实现技术功能将会付出多大的代价"。Apple, Inc. v. Motorola, Inc., ＿ F. Supp. 2d ＿, 2012 WL 2376664 at ＊ 11-12 (N. D. Ill. June 22, 2012)。

44　例如, Golden Bridge Tech., Inc. v. Motorola, Inc., 547 F. 3d 266 (5th Cir. 2008) (驳回原告的反垄断的抵制主张，该原告的技术没有被采纳作为无线通信技术的标准)。

45　参见 Microsoft Corp. v. Motorola, Inc., ＿ F. 3d ＿, 2012 WL 4477215 (9 th Cir. Sep. 28, 2012)。

46　参见微软对行业标准的支持 (2012 年 2 月 8 日), 载 http：// www. microsoft. com/about/legal/en/us/IntellectualProperty/iplicensing/ip2. aspx (访问时间：2012 年 9 月 26 日) (承诺继续承认 FRAND 承诺)。

47　Generally Mark A. Lemley, Intellectual Property Rights and Standard - Setting Organizations, *90 CALIF. L. REV. 1889* (2002)。

48　Accord Apple, Inc. v. Motorola, Inc., ＿ F. Supp. 2d ＿, 2012 WL 2376664 (N. D. Ill. June 22, 2012)。

49　eBay Inc. v. MercExchange, L. L. C., 547 U. S. 388, 391 (2006)。

50　Microsoft Corp. v. Motorola, Inc., ＿ F. 3d ＿, 2012 WL 4477215 (9 th Cir. Sep. 28, 2012)。

51　Colleen V. Chien & Mark A. Lemley, Patent Holdup, the ITC, and the Public Interest, ＿ *Cornell L. Rev.* ＿ (2012)；Sapna Kumar, The Other Patent Agency：Congressional Regulation of the ITC, *61 Fla. L. Rev.* 529 (2009)。

52　19 U. S. C. § 1337 (d) (f). 涉及几乎整个智能手机行业一个突出的例子是某些具有通信功能的电子装置及其组件，以及相关软件；调查机构的公告；调查机构根据 19 U. S. C. 1337, 76 Fed. Reg. 60870-01 (Sept. 30, 2011)。

53　例如有关某些手机装置，配以软件及其组件, Inv. No. 337-TA-744, 2012 WL 3715791 (USITC, May 18, 2012)。

54　Spansion，Inc. v. ITC，629 F. 3d 1331，1359（Fed. Cir. 2010），调卷令被拒绝，132 S. Ct. 758（2011）。联邦贸易委员会主张相反意见。参见 Federal Trade Comm'N，the Evolving IP Marketplace：Aligning Patent Notice and Remedies with Competition 31 – 72（2011）。

55　参见有关特定游戏和娱乐控制台，与软件以及其构件有关，初始决定，第三人美国联邦贸易委员会基于公共利益，Inv. No. 337-TA-752（USITC，June 6，2012），载 http：//www. ftc. gov/os/2012/06/1206ftcgamingconsole. pdf。

56　In re Certain Gaming and Entertainment Consoles，Related to Software，and Components Thereof，Initial Determination，Inv. No. 337-TA-752，2012 WL 1704137 at ＊163（USITC，Apr. 23，2012）。

57　Chien & Lemley，Patent Holdup，同注释 51；Bohannan & Hovenkamp，见注释 4，第 79 页。

58　例 如，Eon-Net LP v. Flagstar Bancorp.，653 F. 3d 1314（Fed. Cir. 2011），调卷令被拒绝，132 S. Ct. 2391（2012）（在无根据的专利权利要求申请中找到违法行为，得到基于专利有效性和侵权的法律意见的成本要远高于许可费请求）。

59　Erik Hovenkamp，*Tacit Pooling*（2012）（未出版的作者存档的手稿）。

60　同上。

61　注释 3 Phillip E. Areeda & Donald F. Turner，*Antitrust Law* ¶ *705d*（1978）。对于有点扩充的现行版本，参见注释 3 Phillip E. Areeda & Herbert Hovenkamp，*Antitrust Law* ¶ 707b-G（3d Ed. 2008）；以及 Bohannan & Hovenkamp，见注释 4，第 293 ~ 295 页。就笔者所闻该建议还未被任何一个法院所采纳。

62　就双重边缘化问题，参见 Erik Hovenkamp & Herbert Hovenkamp，Tying Arrangements，in Oxford Handbook of International Competition Law（2012），载 http：//papers. ssrn. com/sol3/cf ＿ dev/AbsByAuth. cfm? per ＿ id = 23858。在专利问题上，参见 Mark A. Lemley & Carl Shapiro，Patent Holdup and Royalty Stacking, *85 Tex. L. Rev. 2163* （2007）。

63 Microsoft Corp. v. Motorola, Inc. , __ F. 3d __, 2012 WL 4477215 （9 th Cir. Sep. 28, 2012）.

64 例如, Broadcom Corp. v. Qualcomm, Inc. , 501 F. 3d 297, 314 （3d Cir. 2007）。

标准必要专利默示许可制度：
也许是误读

张伟君[*]　撰

【摘　要】各界对《专利法》修订草案（送审稿）第85条规定的"标准必要专利默示许可制度"存在争议。在标准制定过程中，专利权人并不承担绝对的专利信息披露义务。标准组织的知识产权政策中一般只是要求专利权人"尽合理的努力"披露"必要专利"。而在司法实践中，如何确定标准必要专利的范围，也往往是有争议的。将不披露专利信息的行为一律视为默示许可，实际上相当于规定了一个专利法定许可制度，这很有可能违背TRIPs协议规定的专利非授权许可必须"一事一议"的要求，也罕有国外立法和司法实践可以用来借鉴，并且和标准制定中专利信息披露的实际情况并不相符。因此，这个规定应该加以修改完善，而任何一个完善方案都应该遵循对未披露标准必要专利行为的合理

---

　　* 张伟君，同济大学法学院教授，博士，研究方向：知识产权法、竞争法。

性进行个案判断的原则。

【关键词】标准必要专利；默示许可；侵权抗辩；法定许可；强制背书；当然许可

一、对《专利法》修订草案（送审稿）第85条的争议

国家知识产权局于2011年11月启动《专利法》"特别修改"工作以后，形成《中华人民共和国专利法修订草案（送审稿）》，于2013年1月上报国务院。在广泛征求社会各界意见的基础上，国家知识产权局对2013年《专利法》修订草案（送审稿）作了进一步补充完善，形成新的《中华人民共和国专利法修订草案（送审稿）》（以下简称草案）。国务院法制办公室于2015年12月2日公布该草案，征求社会各界意见。[1]

这次修改的主要内容之一是"促进专利的实施和运用，实现专利价值"，其中包括"为处理好标准与专利的关系，规定标准必要专利默示许可制度"，[2]即草案第85条（新增）：

参与国家标准制定的专利权人在标准制定过程中不披露其拥有的标准必要专利的，视为其许可该标准的实施者使用其专利技术。

许可使用费由双方协商；双方不能达成协议的，可以请求国务院专利行政部门裁决。当事人对裁决不服的，可以自收到通知之日起十五日内向人民法院起诉。

这个草案规定出台后，有两种针锋相对的意见。

一种意见认为："该条款写入专利法，不仅弥补了我国专利法缺少专利默示许可的空白，而且有利于妥善处理标准与专利之间的关系，促进先进技术的推广应用，并对推动相关产业发展，维护专利权人、标准实施者和消费者各方利益具有重要意义。"[3]

但也有强烈反对的声音认为："目前，国际标准组织知识产权政策在这个问题上并没有作出任何解读，也很难达成一个意见，最终是由司法机构进行个案判断。但世界范围内每一个国家的判决和判例都不一样。……到目前为止，没有任何一个国家对国家标准的标准必要专利用成文法的方式进行限制。……中国标准的参与者即国家标准专利的权利人，受制于专利法修改草案的第82条[4]，但国际标准的权利人没有参与中国标准制定，所以不受第82条的约束。最终就是第82条约束对象只是中国企业，相当于只缴了中国企业的枪。"[5]

本文无力分析《专利法》草案规定的这个新制度将会对中国企业造成怎样的后果和影响，而是通过考察这个规定产生的相关制度背景，分析该制度的真实性质以及与国外相关制度（特别是英国的强制当然许可制度）的区别，从而判断该制度是否与我国加入的国际协定（TRIPs协议）相违背，最后提出完善该规定的建议。

二、对不披露标准必要专利行为的不同规制制度

（一）标准和专利行政主管部门就标准必要专利披露义务作出的规定

根据 1989 年 4 月 1 日起施行的《中华人民共和国标准化法》的规定：对需要在全国范围内统一的技术要求，应当制定国家标准。[6]国家标准分为强制性标准和推荐性标准。保障人体健康，人身、财产安全的标准和法律、行政法规规定强制执行的标准是强制性标准，其他标准是推荐性标准。[7]制定标准应当有利于……推广科学技术成果……做到技术上先进。[8]

事实上，很多先进技术往往是受专利法保护的专利技术。因此，如果要通过国家标准的制定和实施来实现先进技术在全国范围内的推广和应用，必然会面临将他人享有专利权的技术纳入国家标准的问题。为此，2013 年 12 月 19 日国家标准委、国家知识产权局发布《国家标准涉及专利的管理规定（暂行）》，就在国家标准制定中专利信息的披露、专利实施许可、强制性国家标准涉及专利的特殊规定等问题作出规定，自 2014 年 1 月 1 日起施行。根据该暂行规定的要求，国家标准中涉及的专利应当是必要专利，即实施该项标准必不可少的专利。[9]在国家标准制修订的任何阶段，参与标准制修订的组织或者个人应当尽早向相关全国专业标准化技术委员会或者归口单位披露其拥有和知悉的必要专利，

同时提供有关专利信息及相应证明材料，并对所提供证明材料的真实性负责。参与标准制定的组织或者个人未按要求披露其拥有的专利，违反诚实信用原则的，应当承担相应的法律责任。[10]鼓励没有参与国家标准制修订的组织或者个人在标准制修订的任何阶段披露其拥有和知悉的必要专利，同时将有关专利信息及相应证明材料提交给相关全国专业标准化技术委员会或者归口单位，并对所提供证明材料的真实性负责。[11]

而这个规定仍有不少模糊之处。比如，怎样才能满足"尽早"披露的要求？"按要求"披露的"要求"所指何意？怎样的未披露行为才是"违反诚实信用原则"？尤其是，"承担相应的法律责任"究竟是什么样的责任，如何承担该责任，该规定没有作出任何规定和解释，笔者也无法在其他法律法规中找到"承担相应的法律责任"的依据。因此，这个披露标准必要专利的法律义务很大程度上成为"没有牙齿的老虎"，中看而并不中用。这其实也反映了国家有关主管部门在该规定的制定中对于未按要求披露标准必要专利的行为究竟如何处置，如何追究法律责任，尚未找到明确的答案。

（二）反垄断执法机构的规则：对不披露行为进行反垄断审查

我国《反垄断法》第55条规定：经营者依照有关知识产权的法律、行政法规规定行使知识产权的行为，不适用本法；但是，经营者滥用知识产权，排除、限制竞争的行为，适用本法。那么，标准必要专利的权利人如果在参与标准制定过程中不披露其专利，是否会涉嫌滥用知识产权而违反《反垄断法》第55条的规定呢？

　　对此，工商行政管理总局于 2015 年 4 月 7 日颁布的《关于禁止滥用知识产权排除、限制竞争行为的规定》[12]作出规定，该规定于 2015 年 8 月 1 日实施。根据该规定，经营者不得在行使知识产权的过程中，利用标准（含国家技术规范的强制性要求）的制定，从事排除、限制竞争的行为。尤其是，具有市场支配地位的经营者没有正当理由，不得在在参与标准制定的过程中，故意不向标准制定组织披露其权利信息或者明确放弃其权利，但是在某项标准涉及该专利后却对该标准的实施者主张其专利权。[13]如果经营者滥用知识产权排除、限制竞争的行为构成滥用市场支配地位的，由工商行政管理机关责令停止违法行为，没收违法所得，并处上一年度销售额 1% 以上 10% 以下的罚款。[14]

　　这个规定对于经营者在参与标准制定过程中不披露标准必要专利而事后又主张专利权的行为规定了反垄断的处罚措施，但是，认定这个行为构成违反反垄断法需要符合一系列严格的条件，起码包括：（1）经营者具有市场支配地位；（2）不披露专利是没有正当理由的；（3）不披露专利是故意的。因此，是否能够满足这些条件，只能通过个案来分析判定，而并不能一概而论地认为不披露标准必要专利就会违反反垄断法。

　　目前，国务院反垄断法委员会也正在准备制定有关规制滥用知识产权行为的反垄断指南。在已经公布的几个草案文本中，就披露标准必要专利的义务和法律责任，也有所涉及。比如，工商行政管理总局起草了《关于滥用知识产权的反垄断执法指南（国家工商总局第七稿）》[15]，其中第 28 条作出与上述规定基本一致的规定：“经营者不得在行使知识产权的过程中，利用标准（含国家技术规范的强制性要求）的制定从事排除、限制竞争的行为。具有市场支配地位的经营者没有正当理由，在参与标准制定的过程中，故意不向标准制定组织披露其权利信息，或者明确放弃其权利，但是在某项标准涉及该专利后却对该标准的实施者主张其专利权，会排除、限制相关市场的竞争。"[16]

在欧盟竞争法的执法中，也曾就不披露标准必要专利是否导致滥用市场支配地位的问题有过探讨。[17]由于标准，特别是高科技领域的技术标准变得越来越重要，欧共体委员会近年来对技术标准制定中可能存在的"专利陷阱"（Patent Ambush）也予以了极大的关注。这里所谓的"专利陷阱"是指，在技术标准制定过程中，对作为该标准基础或关键的技术享有知识产权的企业，隐瞒或迟延披露其享有知识产权的事实，在该标准确立后却宣布或主张其权利的行为。[18]在欧洲电信标准协会（ETSI）一案中，欧洲电信标准协会（ETSI）是一个负责欧洲信息和通信技术（包括电信、广播以及相关领域技术）标准化的独立非营利组织，其成员包括来自欧洲内外 59 个国家的 654 个信息通信技术领域的制造商、网络营运商、管理组织、服务提供商、研究机构和用户。[19]该协会在 1994 年制定了"知识产权政策"，其中，关于如何披露"关键知识产权"（Essential IPRs），[20]第 4.1 条规定："每一成员应尽合理的努力将其已经知晓的关键知识产权及时告知 ETSI。尤其是，当某一成员提交某一技术作为标准或技术规范的建议时，应以诚实信用为基础，使 ETSI 注意到若该建议被采纳后任何可能成为关键的该成员的知识产权。"第 4.2 条规定："上述第 4.1 条规定的义务并不意味着成员有任何进行知识产权检索的义务。"[21]在标准制定中通常在两种情形下会发生成员故意不披露关键知识产权：（1）代表某一成员参与某一技术部工作的代表实际上已经知道关键知识产权，而该成员隐瞒不报；（2）某一成员在其职员中营造对参与 ETSI 毫无知觉的氛围，在于避免其关键知识产权的披露并逃避公正、合理和非歧视（FRAND）的许可义务。[22]

欧共体委员会认为，在 ETSI 标准制定程序中，有关知识产权政策（特别是第4.1条）不足以防止"专利陷阱"的出现，因此决定对 ETSI 的规章进行调查。[23] 2005 年 11 月 23 日 ETSI 第 46 次大会接受了欧共体委员会竞争指导部（DG COMP）的意见，将上述第4.1条第一句修改为："根据下面第4.2条，每一成员应尽合理的努力，尤其是在其参与制定标准或技术规范期间，将关键知识产权及时地告知 ETSI。"[24]这个修改最重要的地方是删除了"其已经知晓的"字样，避免成员以"尚未知晓"为借口来故意隐瞒关键知识产权。2005 年 12 月 12 日，欧共体委员会宣布停止对 ETSI 的调查，并鼓励 ETSI 制定有关"事先许可"（Ex Ante Licensing）的规定。[25]ETSI 案顺利结案。

欧共体委员会在这里并没有回答技术标准制定中的"专利陷阱"是否违反欧共体竞争法，但是"专利陷阱"会受到竞争法的关注是毫无疑问的。2002 年 6 月 17 日，在布鲁塞尔举行的美国律师协会关于国际标准的国际圆桌会议上，欧共体委员会竞争指导部的马格达丽娜·布雷宁指出：通过专利陷阱而订立的标准设定协议很可能被认为是限制竞争的协议，因为正是由于这种不透明的程序才导致排除了事实上的或潜在的市场竞争的后果，根据欧共体条约第81（2）条这种标准设定协议将是无效的。而故意隐瞒标准中的关键专利的企业，如果该企业在隐瞒该标准中的关键专利时还不具有支配地位，而后来由于该标准的成功使得其拥有了支配地位，该条约第82条看来很难对此进行约束；但是如果设置专利陷阱后，又在以后的许可中主张过度的价格或不公平的许可条件，或者拒绝许可的，就可能构成滥用支配地位。[26]

美国联邦贸易委员会（FTC）也对专利权人不披露标准专利

作出过违反反托拉斯法的裁定。2002 年 5 月，在 Rambus 案[27]中，FTC 指控 Rambus 采用"非公平"的方法，企图垄断内存芯片市场。FTC 的主要理由有两点：一是 Rambus 在标准制定过程中有义务披露它涉及的专利，但是它没有披露；二是它在制定标准的过程中故意修改专利申请覆盖标准中可能涉及的专利。2006 年 8 月 2 日，FTC 最终裁定认为 Rambus 的目的是误导 JEDEC 成员相信 Rambus 不持有也没有申请实施该标准生产的产品会涉及的有关专利，这是"通过欺骗的手段误导 DRAM 内存标准，企图通过锁定内存产业，以实现垄断的目的"，因此 Rambus 的行为构成《联邦贸易委员会法》（*Federal Trade Commission Act*）第 5 条款项下的欺诈行为，而且，这种排他性的欺骗行为同时违反《谢尔曼法》第 2 条。2007 年 2 月 5 日，FTC 限制了 Rambus 在 SDRAM 和 DDR SDRAM 产品上的授权费用，并敦促 Rambus 必须遵守标准化组织的专利政策，以保证 Rambus 相关专利和专利申请在其参加的标准化组织中加以披露。[28]Rambus 上诉至哥伦比亚特区巡回上诉法院，该法院于 2008 年 4 月 22 日作出判决，推翻了 FTC 的裁决。法院的质疑主要集中在 Rambus 的行为是否构成反垄断意义上的违法，是否满足《谢尔曼法》第 2 条所要求的"不正当获取垄断地位"这一前提。FTC 认为，Rambus 由于未尽披露义务这一欺骗性行为而取得了在相应标准技术市场上的垄断地位。但是法院指出，FTC 的裁决中写道，如若 Rambus 事前进行了披露，可能导致两种结果：一是 JEDEC 这一标准组织决定不再使用 Rambus 披露的专利技术；二是 JEDEC 要求 Rambus 同意以 FRAND 条款许可其专利，而 JEDEC 依然将其专利纳入标准。如果能够证明第一种结果是必然成立的，那么可以认定，Rambus 事后取得的垄断地位完全是由于其"欺诈"行为导致的，属于

"不正当获取垄断地位"。但是问题在于，FTC 没有办法证明这一点。第二种结果存在的可能性依然很大，在这种情况下，Rambus 依然有可能取得垄断地位。因此，法院认为，不能认定 Rambus 垄断地位本身是"不正当获取"的；而 Rambus 依据这一地位索要较高的许可费用，也不能被认定为违反反垄断法。[29]

可以看出，无论是欧盟还是美国，对于专利权人未披露标准必要专利是否构成垄断行为，是否违反反垄断法的分析和判定，也都是依据个案特定事实情况，而且是非常谨慎地作出的。

（三）司法机关的规则和判例：不披露构成默示许可并成为侵权抗辩理由

我国司法机关在一些判例、解答和司法解释中，对于专利权人参与标准制定的情况下，如何限制其专利权的行使，也作出了一定的回答。

辽宁省高级人民法院在审理原告季强、刘辉诉被告朝阳兴诺公司专利侵权纠纷上诉案[30]中，就被告朝阳兴诺公司是否构成专利侵权向最高人民法院请示。2008 年 7 月 8 日，最高人民法院复函称："鉴于目前我国标准制定机关尚未建立有关标准中专利信息的公开披露及使用制度的实际情况，专利权人参与了标准的制定或者经其同意，将专利纳入国家、行业或者地方标准的，视为专利权人许可他人在实施标准的同时实施该专利，他人的有关实施行为不属于《专利法》第 11 条所规定的侵犯专利权的行为。专利权人可以要求实施人支付一定的使用费，但支付的数额应明显低于正常的许可使用费；专利权人承诺放弃专利使用费的，依其承诺处理。"[31]这个规则被很多人视为我国最高人民法院认可了在专利权人参与标准的制定或者同意将专利纳入标准的情形下，视为专利权人已经"默示许可"他人在实施标准的同时实施该专利，并可以此作为侵权抗辩的理由。

需要指出的是，最高人民法院的这个复函提到的"专利权人参与了标准的制定"的情形中，并未说明专利权人是否披露了其专利，因此，这似乎可以扩大解释为：只要专利权人参与了标准的制定，如果专利权人没有披露其专利，就构成对该标准专利的"默示许可"，这可以成为专利侵权抗辩的理由。[32]

而2016年4月1日起施行的《最高人民法院关于审理侵犯专利权纠纷案件应用法律若干问题的解释（二）》对于标准专利的侵权抗辩问题的规定显得更为谨慎。[33]根据该解释第24条的规定，推荐性国家、行业或者地方标准明示所涉必要专利的信息，被诉侵权人以实施该标准无需专利权人许可为由抗辩不侵犯该专利权的，人民法院一般不予支持。[34]然而，这个规定并没有明确指出在专利权人未披露标准必要专利的情况下，被告是否可以据此提出"默示许可"（无须专利权人许可）的侵权抗辩，虽然从该规定明确"明示所涉必要专利的信息"的情形下"不支持"这种侵权抗辩的表述来看，似乎反过来隐含着这样的意思：在专利权人没有明示或者没有披露标准必要专利的情形下，法院是有可能支持以此作为被告侵权抗辩的理由的，但是，这个抗辩理由的成立仅仅是在个案中具有可能性而已，而并非必然成立。

在美国法院审理的专利侵权纠纷案中，也有被告以专利权人未披露标准专利而提出抗辩的情形，但这种抗辩的成立同样并不是一帆风顺的。比如，在上述 Rambus 案中，Rambus 起诉指控 Infineon 在其某些电脑记忆产品设计中侵犯了 Rambus 的某些专利。由于 Infineon 公司和 Micro、Hynix 公司一起反诉 Rambus 在参与 JEDEC 标准化组织会议时，没有按照知识产权政策的要求披露其在 SDRAM 标准关键技术的已有专利和正在申请的专利，2001 年 5 月，美国弗吉尼亚联邦法院判决 Rambus 败诉，并撤销其中 3 项指控。但是，Rambus 在败诉之后继续上诉。2003 年 1 月，联邦巡回上诉法院推翻了弗吉尼亚州关于 Rambus 欺诈的裁决，裁定 Rambus 没有欺诈行为。上诉法院认为：（1）JEDEC 仅仅鼓励成员披露专利而不是强制成员披露专利；（2）JEDEC 专利政策仅仅要求公司披露已经获得的专利，而没有要求披露正在申请的、尚未获得的专利；（3）Rambus 没有违反 JEDEC 专利政策，因为该政策仅仅鼓励自愿披露标准中必要专利；（4）即使政策是强制性的，JEDEC 也没有说明未披露专利的处罚措施。2003 年 10 月，根据联邦上诉法庭的要求，此案返回弗吉尼亚重新审理。2005 年 3 月，Rambus 控告 Infineon 专利侵权案件达成协议，Infineon 同意每 3 个月支付 590 万美元作为授权费用。作为回报，双方撤除全部针对对方的诉讼。[35]

美国联邦巡回上诉法院（CAFC）在 2008 年 12 月 1 日颁布了高通诉博通专利侵权纠纷案[36]的二审判决，对于标准化组织成员的专利披露义务再次表明立场。在一审过程中，尽管高通一再坚决否认自己参与了 JVT 的标准化活动，最后法院查明高通早在 2002 年 1 月就已经参与到 JVT 的活动中去，而且，高通在 H. 264 标准发布之前，一直没有向 JVT 披露自己拥有的'104 和'767 这两项专利。一审判决认为，高通未披露上述两项专利的行为违反了其应承担的披露义务，因此构成权利放弃（waiver），判决高通的这两项专利对世不可实施（unenforceable against the world）。[37]高通将案件上诉到 CAFC。二审要解决的有四个问题：（1）是否存在披露义务；（2）披露义务的范围；（3）如何判断是否违反披露义务；（4）法律救济，或者说是法律责任。一审法院基于权利放弃这一衡平法上的救济形式，判决高通的两项专利对世不可实施，这一点遭到 CAFC 的改判。CAFC 在认定高通的行为构成"默认权利放弃"之后，又进一步指出，权利放弃所导致的衡平法上的责任应当"公平、公正、能够衡平地反映不当行为（的程度）"。在本案中，由于高通的不当行为仅限于 H. 264 标准制定过程之中，因此其权利放弃后果也应当仅限于所有实施 H. 264 标准的产品，也就是说，高通的两项专利仅针对实施 H. 264 标准的产品而不可实施，这就大大缩小了法律责任的范围。[38]

需要强调的是，不管是中国法院认为的"默示许可"，还是美国法院认定的"默认权利放弃"或者"欺诈"，最终导致的法律效果都是不披露标准专利仅仅是可能成为侵权抗辩的理由，而并不意味着因为不披露标准必要专利而导致任何人都可以未经专利权人的许可而实施该专利；而且，这个抗辩的成立与否是需要法官结合案件事实来个案判定的，不能简单地认为不披露标准专利必然可以对抗专利权人的侵权指控。

三、专利法修改草案"标准必要专利默示许可制度"存在的问题

2015 年 4 月 1 日，国家知识产权局公布的《关于〈中华人民共和国专利法修改草案（征求意见稿）〉的说明》第 26 条对该草案新增的第 82 条（新增 X9 条，现草案第 85 条：参与国家标准制定的专利权人在标准制定过程中不披露其拥有的标准必要专利的，视为其许可该标准的实施者使用其专利技术。许可使用费由

双方协商；双方不能达成协议的，由地方人民政府专利行政部门裁决。当事人对裁决不服的，可以自收到通知之日起 3 个月内向人民法院起诉)[39] 作出如下说明：

妥善处理标准和专利之间的关系对于促进先进技术的推广应用，推动相关产业发展，维护专利权人、标准实施者和消费者各方利益具有重要意义。参与标准制定的专利权人在标准制定过程中应当遵循诚实信用的原则，尽合理努力披露自己拥有的标准必要专利。为了防止参与标准制定的专利权人在标准制定过程中不披露其拥有的标准必要专利，将其拥有的专利技术纳入标准中，在标准实施后又通过专利"挟持"标准实施者，损害标准实施者和消费者利益，专利法有必要对此种行为进行规制。

为了平衡专利权人与标准实施者和消费者的利益，结合国内外的法律实践，草案规定了标准必要专利默示许可制度，即参与标准制定的专利权人在标准制定过程中不披露其拥有的标准必要专利的，视为其许可该标准的实施者使用其专利技术，在此情形下专利权人无权起诉标准实施者侵犯其标准必要专利。但默示许可不等于免费许可，专利权人仍有权要求标准实施者支付合理的使用费。使用费的数额不能由专利权人单方决定，而是由当事人自行协商；双方不能达成协议的，由地方人民政府专利行政部门裁决；对裁决不服的，可以向人民法院起诉。[40]

从上述立法解释来看，草案这一条规定的"视为许可"在性质上属于"默示许可"，其法律意义似乎在于使得"专利权人无权起诉标准实施者侵犯其标准必要专利"，而"无权起诉"似乎与我国司法实践中人民法院将不披露标准必要专利作为侵权抗辩理由的做法是一致的。

而在该草案条文的正文中，既没有规定专利权人在已经"尽合理努力"却没有披露标准必要专利的情形下是否仍然可以视为"默示许可"，也没有显示这只是一个侵权抗辩理由或者说只是一个不构成侵权的例外。相反，从该条文规定"许可使用费由双方协商；双方不能达成协议的，由地方人民政府专利行政部门裁决"来看，似乎意味着一个标准必要专利一旦是未曾被披露的，专利权人不仅"无权起诉"（被告可以此对抗专利权人的诉讼请求），而且任何一个需要实施该标准专利的企业只要支付了一定的使用费，就可以未经许可而实施该专利。如果这样，那么这就不仅仅是在侵权纠纷的个案中对抗专利权的侵权指控的理由了，而是相当于在这种情形下对该专利设定了一个"法定许可"，以至于任何一家企业都可以在支付使用费的情况下实施该标准专利，甚至是可以先未经许可而直接实施该专利，然后再进行许可费的磋商或者裁定。因此，与其说这是一个"默示许可制度"，不如说这是一个"强制"或"法定"许可制度。

仅仅作为侵权抗辩理由的"默示许可"与可以直接实施的"法定许可"在法律效果上是有很大差异的。

首先，如果只是作为侵权抗辩理由的话，未经许可的专利实施人并不知道自己的行为是否会构成侵权，也不知道是否会被责令停止侵权，因此，他可能慑于不确定的侵权法律风险而不敢轻易实施该专利；但是，在法律明文规定"视为许可"的话，需要实施该标准必要专利的人就可以直接实施而无所顾忌。

其次，如果"默示许可"构成侵权抗辩理由的话，其结果应该是被告的行为不构成侵权，因此法院就不应再判令被告停止侵权和赔偿损失；但在"法定许可"的制度下，却会涉及专利使用费的谈判和支付问题。而这次专利法修改草案中，又巧妙地增加了一个政府机关的裁决权力：对于使用费，双方不能达成协议的，由地方人民政府专利行政部门裁决。也许，这才是该草案将一个侵权抗辩理由有意无意地引向法定许可制度的内在动机。

不仅如此，笔者以为，这个名为"默示许可"实为"法定许可"的制度还可能存在以下几个问题。

（一）可能违反 TRIPs 协议关于非授权许可的规定

众所周知，TRIPs 协议所允许的"未经授权"的使用专利，仅仅限于个案的、有条件的强制许可，这种强制许可只颁发给特定的申请人，而不是任何人都可以"未经授权"地实施。根据 TRIPs 协议第 31 条关于"未经权利持有人授权的其他使用"的规定，如一成员的法律允许未经权利持有人授权即可对一专利的客体作其他使用，[41]应遵守一系列的规则限制，其中首要的限制是：授权此种使用应一事一议。

如果说我国司法实践中已经存在的不披露标准必要专利的"默示许可"抗辩制度，以及有的外国专利法中规定的"默示许可"制度尚能满足 TRIPs 协议对于"非授权许可"需要经过"一事一议"的规定的话，那么，我国上述《专利法》修改草案第 85 条规定的"默示许可"制度（实为"法定许可"）就可能与 TRIPs 协议的要求相违背了。

法定许可和默示许可一样，虽然都属于一种"非自愿许可"或者法律允许的"未经授权的使用"，但是两者还是有所不同。以美国为例，在美国法中，确实存在知识产权的"默示许可"制度：无论专利权人是否具有授权许可的真实意图，根据某一特定案件的事实与情形——例如，根据交易的过程——而可能产生默示许可。[42]有关默示许可的大部分案件涉及专利——如果专利产品被销售后用作更大设备的组成部分，而该设备被另外不同的专利请求所覆盖，并且在组成部分被出售时对此未予以说明，或者它是被用于专利方法中的，则仍有可能被要求获得许可，这是最经常出现默示许可争议的两种情况。[43]但是，并没有简单的公式可以决定何时发生默示的专利许可，而且，一般原则也过于模糊，因而在对于一些相近似的案件作出判决时无甚大用。[44]而且，"与任何其他的默示合同一样，默示许可产生于当事人的客观行为，而一个理性的人可以将此作为一种暗示，认为已经达成一个协议"。[45]可见，在美国法中，默示许可问题一般是在专利侵权纠纷案件中产生的，是被告用来作为侵权抗辩的一个理由，而默示许可的成立与否只能依据个案的特定情形来加以判定，而并不存在绝对可以适用的情形。因此，美国法中的"默示许可"制度，仍然是符合 TRIPs 协议的要求的。

而按照我国上述《专利法》修改草案第 85 条的所谓"默示许可"规则，一旦参与国家标准制定的专利权人在标准制定过程中被确认未披露其拥有的标准必要专利的，任何人就都可以未经专利权人授权而实施该专利，甚至无须和专利权人达成许可使用费的协议，而留待有关部门或法院裁决就行。且不说"未披露其拥有的标准必要专利"是否就应该意味着"默示许可"，单就这个"默示许可"可以不经"一事一议"而实行，就已经和 TRIPs 协议第 31 条所规定的"一事一议"要求相悖。

（二）在外国法中无先例可循且不同于英国强制性背书当然许可制度

上述《关于〈中华人民共和国专利法修改草案（征求意见稿）〉的说明》第 26 条中提到：为了平衡专利权人与标准实施者和消费者的利益，"结合国内外的法律实践"，草案规定了标准必要专利默示许可制度。这似乎意味着这样的专利默示许可制度，是有同样的外国法可循的。

而在国外法中，特别是在美国法中，如前所述，对于未披露标准必要专利的行为，美国法院并非是按照"默示许可"的理由来处理的，而是按照"欺诈"（Rambus 案）或者"放弃权利"（高通案）的理由来处理的。而且，无论是在美国专利法，还是在德国专利法中，都没有规定所谓的标准必要专利"默示许可"（或者"强制许可"）的制度。

在笔者目前所尽力查找的法律文献范围内，就法律效果而言，唯一和上述专利法草案中规定的未披露标准必要专利的默示许可制度有点相似的是英国专利法中尚存的强制背书"当然许可制度"。当然许可（Licences of Right）最早出现在 1919 年修订的英国 1907 年专利法"强制许可与取消"一节中。1919 年修订的英国 1907 年专利法第 24 条则规定了在专利上背书"当然许可"的制度。[46]"当然许可"既可以是自愿背书，也可能是根据审查官的命令强制背书。[47]如果是强制背书，就相当于一个总的强制许可，只不过在强制背书"当然许可"后，任何人只要认为某个专利产品的生产还有市场空间，都可以通过"当然许可"来实施专利，而无须再一一申请强制许可了。这是强制许可与强制背书当然许可之间的主要差异。在 1907 年《英国专利法》中，强制背书"当然许可"与强制许可一样，是对"滥用专利权"的一个救济措施。根据该法第 27（3）（a）条规定：在满足滥用专利垄断权的案件已经成立的条件下，专利审查官可以命令该专利背书"当然许可"（licences of right）。[48]专利强制背书当然许可后，任何人可以在任何时间有权获得该专利许可（包括被诉侵害该专利权的人）。[49]1949 年《英国专利法》更加突出了强制背书当然许可在强制许可中的地位。关于强制背书当然许可的措施继续规定在该法第 37 条和第 45（2）条中，另外，该法新增加的第 40 条另行规定了两种特殊的"应官方申请"（on Application of Crown）而强制背书当然许可的情形。

（1）根据政府部门的申请而强制背书。根据 1949 年《英国专利法》第 40（1）条的规定，在专利授权 3 年后，任何政府部门可以随时向专利审查官申请在该专利上背书"当然许可"，或者向在申请书中列明的所有人颁发该专利许可。这种强制许可的申请理由、条件、程序与一般的强制许可完全一样，但是由于其申请人为政府部门，它自身不可能作为被许可人去实施专利，所以就背书"当然许可"让所有有兴趣和能力实施该专利的人去实施或者由事先确定的数个人去实施。而且，在一个专利的实施与公共利益相关的时候，由政府部门出面申请强制许可，更具有可能性和正当性。在许多企业都希望强制实施该专利的情形下，还可以避免——申请强制许可带来的程序上的麻烦。[50]

（2）根据垄断委员会（现"竞争委员会"）报告而强制背书。根据 1949 年专利法第 40 条（3）、（4）规定：在垄断或限制性做法委员会根据 1948 年《垄断和限制性做法（调查与控制）法》第 9 条向英国下议院提交报告之日起 3 个月后，下议院可以通过决议宣布报告中的垄断或限制性条件已经或可能违背公共利益（Public Interest），这时，有关政府主管部门（Competent Authority，1969 年后改为"国务秘书"）[51]可以请求专利审查官作出一个救济的命令。专利审查官将考虑上述决议中提到的违背公共利益的条件是否包括：（a）专利权人颁发的许可证所包含的条件限制了被许可人对发明的利用，或者限制了专利权人颁发其他许可证的权利；（b）专利权人拒绝以合理条件颁发许可证。如果存在上述情形，专利审查官可以命令删除或修改这种条件，或者命令（或同时命令）专利权人对该专利背书"当然许可"。[52]这个规定在现行有效的 1977 年《英国专利法》第 51 条中基本没有变化。[53]

1977 年《英国专利法》关于强制背书当然许可的规定基本上延续了 1949 年专利法。但是，根据 1999 年 7 月 29 日生效的 *The Patents and Trade Marks（World Trade Organisation）Regulations 1999* 对 1977 年《英国专利法》第 48 条的修改，这个强制背书当然许可的规定被删除了，虽然政府部门仍然可以申请强制许可，但是被许可人仅限于申请书中所明确列举的人。[54]

在 TRIPs 协议背景下，英国的强制背书当然许可至今仍然作为强制许可措施的一个重要形式规定在其专利法中，包括滥用专利时的强制背书以及根据竞争委员会的报告进行强制背书两个情形。而且，这个制度直接影响了印度等英殖民地国家的专利强制许可立法。[55]那么，如果专利强制背书当然许可后，任何人可以在任何时间有权获得该专利许可，这是否与 TRIPs 协议的"一事一议"要求相违背呢？

笔者以为，英国专利法中的强制背书当然许可制度与我国上述《专利法修改草案》第 85 条规定的默示许可制度之间有一个重要的区别：在强制背书当然许可的情形，仍然需要有关机构对于是否强制背书当然许可作出"一事一议"的决定——或者是由某个政府部门向专利局申请强制背书当然许可，以便众多企业实施专利，或者是根据英国下议院的决议，由国务秘书向专利局申请强制背书当然许可。可见，这样的强制背书当然许可是非常偶然或个别的情形。但是，我国上述《专利法修改草案》第85条规定的所谓默示许可制度，并没有规定由哪个机构（或人民法院，或专利主管部门，或标准主管部门）来确定该专利是否属于标准必要专利以及专利权人是否未合理地披露该专利，也没有规定只有该机构确认该专利权人的未披露行为可以"视为许可"后，他人才可以实施该标准必要专利。因此，即使英国的专利强制背书当然许可制度与我国专利法修改草案规定的所谓默示许可制度在法律效果上有一定的相似之处，其产生的机制和程序也并不一定相同。即使英国的专利强制背书当然许可制度没有违反TRIPs协议的问题，我们仍无法得出该草案规定的标准必要专利默示许可制度也不会违反 TRIPs 协议的结论。

（三）标准必要专利披露义务的范围具有不确定性

我国《专利法修改草案》第85条规定的标准必要专利默示许可制度实质上是给参与标准制定的专利权人设定了强制披露标准必要专利的法定义务。那么，这样的法定义务是否合理？在某些情形下，是否存在专利权人不披露该专利的合理理由呢？

事实上，在标准制定过程中，专利权人应该尽到多大范围的信息披露义务，或者说，何谓标准必要专利，这是一个非常具有争议的问题，专利权人的专利信息披露义务的边界并不是非常清晰的。因此，在标准组织的知识产权政策中，对标准组织成员所要尽到的披露义务也只能作出原则性的要求。比如，如前所述，2005 年 11 月 23 日欧共体委员会竞争指导部（DG COMP）给标准组织 ETSI 第 46 次大会提出的有关信息披露问题的意见是："每一成员应尽合理的努力,尤其是在其参与制定标准或技术规范期间,将关键知识产权以及时的形式告知 ETSI。"[56]这里"尽合理的努力"和"关键知识产权"都是非常具有弹性、有很大解释空间的词语。

在美国,标准必要专利披露义务的范围也是比较微妙而棘手的一个问题。这一问题之所以棘手,就在于成员对于披露义务的范围和程度十分敏感。一方面,范围过宽,就会加重标准组织成员的负担,降低他们参加标准化组织的积极性;另一方面,范围过窄,就会减少标准化过程中的信息交流,出现典型的专利"阻抑"情况。[57]在上述 Rambus 案[58]中,美国联邦巡回上诉法院法院(CAFC)曾经就披露的范围提出了一个原则:具有成为标准必要专利的合理可能性(Reasonably Might be Necessary)。当一个合理的竞争者预见到不获得这个专利的许可自己就无法实施该标准时,这个专利就落入"合理可能必要"的范围之内。[59]但是,法院进一步认为:在标准制定过程中,即使 Rambus 公司主观上相信其专利或专利申请将成为实施标准的必要专利,但是在标准制定完成后,客观上来说 Rambus 公司的专利并不是针对标准最终方案的必要专利,那么,Rambus 公司那些未经披露的专利和专利申请就不落入"合理可能必要"的范围,即 Rambus 公司没有违反披露义务,因此也就没有构成欺诈(Fraud)。[60]因此,如 Rambus 判决所强调的:"合理可能必要"原则是一个客观的原则,而不是一个主观的原则。尽管如此,对于何谓"合理可能必要"的判定并非易事,在作出 Rambus 判决的三名法官(雷德、布里逊和普罗斯特)间也存在不同意见。普罗斯特法官撰写了反对意见(dissent opinion),针对的焦点之一就是 Rambus 公司所承担的应当披露专利的范围。普罗斯特法官认为：这样的披露范围太窄了。其主要理由有两点：第一，严格客观的"合理可能必要"原则要求在确定披露范围时，首先要对所涉专利的每项权利要求都进行专业的分析，这在标准化过程当中几乎是不可能的。第二，标准化是一个动态的过程，涉及多个提案的讨论和研究，不可能在标准制定完成前，仅要求披露最终标准方案的必要专利，因为这只能在标准制定结束后才可以确定。因此，在标准制定过程中需要披露的专利范围，应当远远大于最终标准方案的实际必要专利的范围。[61] 在高通诉博通案的二审判决中，[62] 美国联邦巡回上诉法院形式上看起来是对 Rambus 案确立的"合理可能必要"原则的忠实适用，在披露义务的范围的认定上，同一规则的适用却产生了截然不同的结果。而高通案二审判决的执笔人恰好是上述普罗斯特法官。在二审过程中，高通公司申辩"合理可能必要"原则应该等同于"实际必要"（实际成为最终标准方案必要专利）的范围。普罗斯特法官对此进行了驳斥，认为"合理可能必要"的范围应当大于"实际必要专利"的范围。而在具体认定高通公司涉案专利是否落入"合理可能必要"范围之内时，法官使用了许多高通公司的主观认知因素作为认定依据，作出了肯定的判断。因此，在某种意义上，高通判决重新解释了"合理可能必要"原则，使其大于 Rambus 判决中描述的范围。[63] 可见，美国的法官们虽然对于"合理可能必要"原则达成共识，但是，在实际适用中仍然存在分歧之处，并导致截然不同的判决结果。

总之，在标准制定过程中，专利权人并不承担绝对的专利信息披露义务。标准组织的知识产权政策一般只是要求专利权人"尽合理的努力"披露"必要专利"。而在司法实践中，如何确定标准必要专利的范围，也往往是有争议的。因此，我国《专利法》第四次修订草案将专利权人未披露标准必要专利一律视为"默示许可"，需要实施该技术标准的所有企业都可以未经许可而实施专利，这很有可能违背国际公约的规定，也罕有国外立法和司法实践可以用来借鉴，并且和标准制定中专利信息披露的实际情况并不相符。因此，这个规定无论在法律理论上，还是在实践价值上，都值得进一步反思和斟酌。

四、对《专利法》第四次修订草案（送审稿）第85条的修改意见

根据上述对《专利法》第四次修订草案（送审稿）第85条所存在问题的分析，笔者认为，对于这个规定将来的命运安排，可以有三种不同的方案。

第一种方案是彻底删除该规定，将问题留给法院在处理侵犯标准必要专利的专利权纠纷案件或者在处理标准必要专利权人因拒绝许可而涉嫌滥用市场支配地位的反垄断纠纷案件中，去个案判定。如果确实存在专利权人在标准制定过程中未尽到合理努力，将应该披露的专利未作披露的话，人民法院在判定被告侵权的同时，可以基于原告未披露的事实，酌情不判令被告停止侵权，但判令其支付必要的专利使用费；如果被告的事后拒绝许可行为涉嫌构成垄断的话，还可以对被告实施反垄断法规定的制裁措施。

第二种方案是明确该不披露的法律效果仅作为在专利侵权纠纷个案中被告的抗辩理由，如果抗辩成立，被告的行为可以判定

不构成侵权。但是，专利法应该更加明确地规定怎样的情形下不披露专利信息才会成为侵权抗辩理由。例如，可以借鉴美国法院的做法，明确只有在标准制定时一个专利就具有成为标准必要专利的合理可能性，且最后该专利事实上已经成为标准必要专利的时候，专利权人不披露该专利才可以成为侵权抗辩理由。

第三种方案是借鉴英国法，将草案中的"默示许可"制度改造成为强制背书当然许可制度。如果按照此方案设计，那么，我国上述专利法修改草案第 85 条应该明确由哪个机构（比如，或专利主管部门，或标准主管部门，或反垄断执法机构）来裁定该专利是否属于标准必要专利以及专利权人是否未合理地披露该专利。如果答案是肯定的，那么就可以在该专利上背书当然可以，允许需要实施该技术标准的企业在支付合理的专利使用费的前提下实施该标准必要专利。与强制许可的使用费类似，使用费可以当事人自己协商确定，协商不成再由相关机构裁决确定。[64]

上述三个方案其实都坚持了一个基本原则：个案判定。只有这样，才不会违反 TRIPs 协议规定的专利非授权许可必须"一事一议"的要求。从这个意义上说，本文也是支持华为公司宋柳平先生提出的"应该个案判断"的主张的。

【注释】

1 "国务院法制办征求意见的通知"，2015 年 12 月 2 日，载 http://www. sipo. gov. cn/ztzl/ywzt/zlfjqssxzdscxg/xylzlfxg/201512/t20151202_ 1211994. html。

2 "国家知识产权局关于《中华人民共和国专利法修订草案（送审稿）》的说明"，2015 年 12 月 2 日，载 http://www. sipo. gov. cn/ztzl/ywzt/zlfjqssxzdscxg/xylzlfxg/201512/t20151202_ 1211994. html。

3 李文江："我国专利默示许可制度探析——兼论《专利法》修订草案（送审稿）第85条"，载《知识产权》2015年第12期，第78页。

4 《专利法》第四次修改草案曾经在2015年4月形成征求意见稿向有关部门征求意见，该稿中涉及标准必要专利默示许可的规定，当时是规定在第82条。参见："关于《中华人民共和国专利法修改草案（征求意见稿）》的说明第二十六条"，2015年4月2日，载 http://www.sipo.gov.cn/zcfg/zcjd/201504/t20150402_1096196.html。

5 宋柳平："专利法修改草案82条——不要缴了中国企业的枪"，载《中国知识产权》网络版，2015年11月25日，http://www.chinaipmagazine.com/news-show.asp?id=18483。

6 《中华人民共和国标准化法》第6条。"根据《中华人民共和国标准化法实施条例》（国务院令第53号，1990年4月6日发布并施行）第11条的规定：对需要在全国范围内统一的下列技术要求，应当制定国家标准（含标准样品的制作）：（一）互换配合、通用技术语言要求；（二）保障人体健康和人身、财产安全的技术要求；（三）基本原料、燃料、材料的技术要求；（四）通用基础件的技术要求；（五）通用的试验、检验方法；（六）通用的管理技术要求；（七）工程建设的重要技术要求；（八）国家需要控制的其他重要产品的技术要求。"

7 《中华人民共和国标准化法》第7条。

8 《中华人民共和国标准化法》第9条

9 《国家标准涉及专利的管理规定（暂行)》第4条。

10 《国家标准涉及专利的管理规定（暂行)》第5条。

11 《国家标准涉及专利的管理规定（暂行)》第6条。

12 国家工商行政管理总局令第74号公布。

13 《关于禁止滥用知识产权排除、限制竞争行为的规定》第13条。

14 《关于禁止滥用知识产权排除、限制竞争行为的规定》第17条。

15 国家工商行政管理总局，2016年2月4日，http：//www.gov.cn/xinwen/2016-02/04/content_5039315.htm。

16 《关于滥用知识产权的反垄断执法指南（国家工商总局第七稿)》第28条。

17 张伟君：《规制知识产权滥用法律制度研究》，知识产权出版社2008年版，第150～153页。

18 欧共体委员会新闻公告："Competition：Commission welcomes changes in ETSI IPR rules to prevent 'patent ambush'"，IP/05/1565，Brussels，12th December 2005。http：//europa. eu. int/rapid/pressReleasesAction. do? reference = IP/05/1565&type = HTML&aged = 0&language = EN&guiLanguage = en。

19 信息截至2006年4月13日，载 http：//www. etsi. org/about_ etsi/5_ minutes/home. htm。

20 所谓关键知识产权，简单地讲，是指某个知识产权已经被包含在一个标准内，而且如果不使用该知识产权就将无法执行该标准。要执行该标准，唯一避免侵害该知识产权的途径就是请求权利人的许可。参见 "ETSI Guide on IPRs-Version of December 2005"，第1. 5条，载 http：//www. etsi. org/legal/documents/ETSI_ Guide_ on_ IPRs. pdf。

21 "ETSI Guide on IPRs-Version of December 2005"，第4. 5. 1条载 http：//www. etsi. org/legal/documents/ETSI_ Guide_ on_ IPRs. pdf。

22 "ETSI Guide on IPRs-Version of December 2005"，第4. 5. 3. 2条，载 http：//www. etsi. org/legal/documents/ETSI_ Guide_ on_ IPRs. pdf。

23 欧共体委员会新闻公告："Competition：Commission welcomes changes in ETSI IPR rules to prevent 'patent ambush'"，IP/05/1565，Brussels，12th December 2005，载 http：//europa. eu. int/rapid/pressReleasesAction. do? reference = IP/05/1565&type = HTML&aged = 0&language = EN&guiLanguage = en。

24 "ETSI Guide on IPRs-Version of December 2005"，第4. 5. 1条，载 http：//www. etsi. org/legal/documents/ETSI_ Guide_ on_ IPRs. pdf。

25 事先许可，就是在一个标准确立之前，就对将来发生的知识产权许可使用费进行规定或讨论。共体委员会新闻公告："Competition：Commission

welcomes changes in ETSI IPR rules to prevent 'patent ambush'", IP/05/1565, Brussels, 12th December 2005, 载 http：//europa. eu. int/rapid/pressReleas-esAction. do? reference = IP/05/1565&type = HTML&aged = 0&language = EN&guiLanguage = en。

26 Magdalena Brenning, "Competition and Intellectual Property Policy Im-plications of late or no IPR Disclosure in Collective Standard-Setting", American Bar Association's International Roundtable on International Standards, 17 June 2002, in http：//europa. eu. int/comm/competition/speeches/text/sp2002 _ 037_ en. pdf.

27 JEDEC 是一个以促进电子元器件及其相关产品的发展为目的的标准制定组织，自 20 世纪 90 年代初，JEDEC 开始为电脑存储新一代技术制定标准 SDRAMs 和 DDRSDRAMs。Rambus 公司主要通过专利授权作为基本的商业模式，并不生产存储器产品。Rambus 在 1992 年加入 JEDEC，并参与该标准的制定。同时 Rambus 利用它在标准制定组织中了解到的相关信息，进一步修改其专利申请，使其专利覆盖正在制定中的标准。Rambus 在 1996 年退出 JEDEC。在其控制的存储器私有标准 Direct RambusDRAM（DR DRAM）在市场上失败之后，Rambus 开始专利侵权的诉讼，宣称拥有 SDRAM 与 DDR DRAM 标准相关的专利权，要求所有标准的实施者缴纳专利授权费用。2000 年，Rambus 公司正式向美国弗吉尼亚州 Richmond 市联邦地区法院起诉，指控 7 家大型存储器厂商侵犯 SDRAM 与 DDR DRAM 标准相关的四项专利权，同时威胁说："那些期望通过反诉解决问题的公司将要比直接支付授权费用的公司付出更多的专利使用费"，并且对于"在诉讼中失败的公司不授予专利使用权"。从 2000 年 6 月开始，包括东芝、日立、索尼在内的多家日本公司开始让步，申请从 Rambus 处获得 SDRAM 技术的专利授权，但是很多公司也强烈反对 Rambus 的这种做法，并开始积极反诉。丁蔚："Ram-bus 专利侵权诉讼与标准中知识产权的管理"，载《电子知识产权》2007 年第 2 期，第 45~46 页。

28 FTC, In the Matter of Rambus Incorporated, available at http：//

www. ftc. gov/os/adjpro/d9302/index. htm，转引自丁道勤："从 Rambus 案看标准化中专利权滥用的法律规制"，载《法律适用》2012 年第 4 期，第 114 页。

29　522 F. 3d 456，380 U. S. App. D. C. 431. 转引自刘晓春："标准化组织专利披露政策相关规则在美国的新发展——解读高通诉博通案"，载《电子知识产权》2009 年第 2 期。

30　2006 年 5 月 19 日，原告季强、刘辉获得"混凝土桩的施工方法"发明专利（专利号 ZL 98101041.5）的独占实施许可并支付使用费 8 万元，该专利经专利权人同意，已纳入建设部的行业标准《复合载体夯扩桩设计规程》，并向全国建筑行业推广。同年，原告发现被告朝阳兴诺公司在某项目的施工中使用的施工方法落入了涉案专利权利要求书记载的保护范围，遂向法院起诉。一审法院判决朝阳兴诺公司承担侵权责任，赔偿原告经济损失及制止侵权的合理费用共计 13.5 万元。被告朝阳兴诺公司不服，认为自己按照建设部的行业标准设计、施工并无不当，上诉至辽宁高院。邓志伟、黄姝："论技术标准中的专利默示许可抗辩规则之适用"，载《法律适用》2013 年第 3 期，第 74 页。

31　最高人民法院《关于朝阳兴诺公司按照建设部颁发的行业标准〈复合载体夯扩桩设计规程〉设计、施工而实施标准中专利的行为是否构成侵犯专利权问题的函》（〔2008〕民三他字第 4 号）。

32　事实上，最高人民法院在 2009 年公布的《关于审理侵犯专利权纠纷案件应用法律若干问题的解释（征求意见稿）》第 20 条就明确了这个意思："经专利权人同意，专利被纳入国家、行业或者地方标准制定组织公布的标准中，且标准未披露该专利的，人民法院可以认定专利权人许可他人在实施该标准的同时实施其专利，但专利依法必须以标准的形式才能实施的除外。"载中国新闻网，2009 年 6 月 18 日，http://www. chinanews. com/gn/news/2009/06-18/1740249. shtml。

33　《最高人民法院关于审理侵犯专利权纠纷案件应用法律若干问题的解释（二）》（公开征求意见稿）第 27 条规定：非强制性国家、行业或者地方标准明示所涉专利的信息，被诉侵权人以其实施该标准而无须专利权人许可为由主张不构成专利侵权的，人民法院一般不予支持。但是，专利权人违反公平、合理、无歧视的原则，就标准所涉专利的实施许可条件恶意与被诉侵权人协商，被诉侵权人据此主张不停止实施行为的，人民法院一般应予支持。标准所涉专利的实施许可条件，应当由专利权人、被诉侵权人协商确定；经充分协商，仍无法达成一致的，可以请求人民法院确定。人民法院应当根据公平、合理、无歧视的原则，综合考虑专利的创新程度及其在标准中的作用、标准所属的技术领域、标准的性质、标准实施的范围、相关的许可条件等因素，确定上述实施许可条件。法律、行政法规对实施标准中的专利另有规定的，从其规定。载中国法院网，2014 年 7 月 31 日，http://www. chinacourt. org/article/detail/2014/07/id/1355338. shtml。

34 法释〔2016〕1 号，2016 年 1 月 25 日最高人民法院审判委员会第 1676 次会议通过。

35 丁道勤："从 Rambus 案看标准化中专利权滥用的法律规制"，载《法律适用》2012 年第 4 期，第 114 页。

36 Qualcomm Incorporated v. Broadcom Corp. ，548 F. 3d 1004（2008）. 高通诉博通案件涉及的标准组织是 JVT（Joint Video Team），其成立于 2001 年，负责开发光盘压缩技术标准，并于 2003 年 5 月发布 H. 264 标准。高通于 2005 年 10 月起诉博通，声称博通制造 H. 264 兼容产品的行为侵犯了其专利号为 5452104 和 5576767 的两项专利，参见刘晓春："标准化组织专利披露政策相关规则在美国的新发展——解读高通诉博通案"，载《电子知识产权》2009 年第 2 期。

37 Qualcomm Inc. v. Broadcom Corp. ，No. 05-CV-1958，2007 U. S. Dist. LEXIS 28211，at 34（S. D. Cal. Mar. 21，2007）. 转引自刘晓春："标准化组织专利披露政策相关规则在美国的新发展——解读高通诉博通案"，载《电子知识产权》2009 年第 2 期。

38 刘晓春："标准化组织专利披露政策相关规则在美国的新发展——解读高通诉博通案"，载《电子知识产权》2009 年第 2 期。

39　国家知识产权局："关于就《中华人民共和国专利法修改草案（征求意见稿）》公开征求意见的通知"，2015 年 4 月 1 日，载 http：// www. sipo. gov. cn/tz/gz/201504/t20150401_ 1095939. html；以及"《中华人民共和国专利法修改草案（征求意见稿)》条文对照"，载 http://www. sipo. gov. cn/ztzl/ywzt/zlfjqssxzdscxg/xylzlfxg/201504/t20150401_ 1095940. html。

40　"国家知识产权局：关于《中华人民共和国专利法修改草案（征求意见稿)》的说明"，2015 年 4 月 2 日，载 http：//www. sipo. gov. cn/zcfg/zcjd/201504/t20150402_ 1096196. html。

41　"其他使用"指除第 30 条允许的使用以外的使用。第 30 条规定的是：授予权利的例外，即各成员可对专利授予的专有权规定有限的例外，只要此类例外不会对专利的正常利用发生无理抵触，也不会无理损害专利所有权人的合法权益，同时考虑第三方的合法权益。

42　[美] 德雷特勒（Jay Dratler）著：《知识产权许可》，王春燕等译，清华大学出版社 2003 年版，第 151 页。

43　同上书，第 184 ~ 185 页。

44　同上书，第 184 页。

45　Medeco Security Locks，Inc. v. Lock Technology Corp. , 199 U. S. P. Q. (BNA) 519, 524 （S. D. N. Y. 1976)。转引自，同注释 42，第 185 页。

46　Terrell, 8 th edition, by J. R. Jones, 1934, at 280, 324。

47　Terrell, 8 th edition, by J. R. Jones, 1934, at 280。自愿背书当然许可自然是法律所要鼓励的，因此，英国专利法规定该专利的维持费可以减半收取。参见 *Patent and Design Act，1907*（as amended up to 12 th July 1932)，第 24 (1) (f) 条。

48　张伟君：《规制知识产权滥用法律制度研究》，知识产权出版社 2008 年版，第 287 页。

49　*Patent and Design Act，1907*（as amended up to 12 th July 1932)，第 24 (1) (a)、(e) 条。

50　张伟君：《规制知识产权滥用法律制度研究》，知识产权出版社

2008 年版，第 289 页。

51 根据 *Monopolies and Restrictive Practices*（*Inquiry and Control*）*Act 1948* 第 10（2）条规定：有关政府主管部门（competent authority）有权作出命令（order），宣布上述垄断或限制性做法为非法。这些部门包括贸易委员会、供给部长、劳工部长、能源部长、卫生部长、渔农部长、粮食部长、国务秘书等。参见 Peter Meinhardt，*Inventions*，*Patents and Monopoly*，2 nd edition，1950，at 295。根据 S. I. 1969 No. 1534，改为"国务秘书"，参见 Terrell，12 th edition，R. Jones，1971，at 444，note 5。

52 英国 1949 年专利法第 40（3）、（4）条，参见 Peter Meinhardt，*Inventions*，*Patents and Monopoly*，2 nd edition，1950，at 295 – 296。

53 Terrell，16 th edition，by Simon Thorley etc，2006，at 461.

54 根据 Patent Act 1977，s. 48（1）（c），在政府部门申请的情况下，可以强制背书当然许可。参见 Terrell，13th edition，by William Aldous，1982，at 516，300；以及 Terrell，14th edition，by David Young etc，1994，at 323。根据 *The Patents and Trade Marks*（*World Trade Organisation*）*Regulations 1999*，英国 1977 年专利法第 48（1）（c）和第 48（2）（c）规定不再根据政府部门的申请强制背书当然许可。载 http：//www. wipo. org/clea/docs_new/pdf/en/gb/gb117en. pdf。

55 张伟君：《规制知识产权滥用法律制度研究》，知识产权出版社 2008 年版，第 291 页。

56 *ETSI Guide on IPRs-Version of December 2005*，第 4. 5. 1 条，载 http：//www. etsi. org/legal/documents/ETSI_ Guide_ on_ IPRs. pdf。转引自张伟君：《规制知识产权滥用法律制度研究》，知识产权出版社 2008 年版，第 151 页。

57 刘晓春："标准化组织专利披露政策相关规则在美国的新发展——解读高通诉博通案"，载《电子知识产权》2009 年第 2 期，第 31 页。

58 Rambus Inc. v. Infineon Technologies AG，318 F. 3d at 1100.

59 刘晓春："标准化组织专利披露政策相关规则在美国的新发展——

解读高通诉博通案"，载《电子知识产权》2009 年第 2 期，第 31 页。

　　60　同注释 59，第 32 页。

　　61　同注释 60。

　　62　Qualcomm Incorporated v. Broadcom Corp. ，548 F. 3d 1004（2008）.

　　63　刘晓春："标准化组织专利披露政策相关规则在美国的新发展——解读高通诉博通案"，载《电子知识产权》2009 年第 2 期，第 31 页。

　　64　但是，这个制度在英国已经成为末日黄花，在英国最经典的专利法教科书 *Terrell on Patents* 2014 年版中，甚至已经对此不再提及。

"华为诉中兴案"的过去、现在和未来

——欧盟法框架下标准必要专利禁令救济的反垄断抗辩之规则嬗变

魏立舟* 撰

【摘 要】标准必要专利可能引发专利劫持的危机。对此，德国联邦最高法院在"橘皮书标准案"的判决中引入了反垄断抗辩制度，以限制标准必要专利权人的禁令救济。欧盟法院就"华为诉中兴案"所作出的先行裁决，提出了"五步骤＋三保留"的规则，对反垄断抗辩的成立要件进行重构。与过于倾向保护标准必要专利权人利益的"橘皮书标准案"判决相比，欧盟法院的新规则被认为更好地平衡了标准必要专利权人和标准实施者之间的利益。在"华为诉中兴案"之后，德国法院在具体个案的判决中又进一步补充和阐释了这个由欧盟法院

* 魏立舟，德国慕尼黑大学博士研究生。本文原载于《环球法律评论》2015 年第 6 期；本文在原文本基础上又进一步的修改和更新，增加欧盟法院先行裁决之后德国地方法院对新规则适用的介绍，删去原有对中国立法比较法意义的论述部分。

确立的规则。

本文从介绍"华为诉中兴案"出发，力图对德国法中的反垄断抗辩制度进行全面介绍和分析。在区分为什么要对标准必要专利权人的禁令救济进行反垄断法上的限制，以及在什么条件下可以实行这种限制这两个问题的基础之上，本文将通过梳理反垄断抗辩在欧盟/德国司法体系之的历史演变，系统性地介绍欧盟法院作出这一先行裁决的历史背景和其所直面的理论问题，以及"后华为诉中兴案"时代德国法院对这项新规则的适用情况。

【关键词】 华为诉中兴案；标准必要专利；禁令

一、引　言

2015 年 7 月 16 日，在业界的期冀中，欧盟法院终于对"华为诉中兴"一案作出了先行裁决[1]。法槌甫一落下，就吸引了全世界关注的目光。该案具有巨大的影响力，不仅因为两者都来自中国，"兄弟阋于墙外"的看点使这则裁决的关注度远播于欧盟境外。更关键地，在这则裁决中，欧盟法院从反垄断法角度为标准必要专利权人获得禁令救济[2]确立了新的限制性规则。这套规则不仅将会在整个欧盟范围内为各成员国法院处理类似问题提供统一标准，而且很可能会在世界范围内影响非欧盟国家在这一问题上的立法和司法走向，对涉及标准必要专利相关产业的授权许可模式产生重大影响，因此值得特别关注。

"华为诉中兴案"的案情如下：该案诉争专利由原告华为公司所有，该项专利在 2009 年被欧洲电信标准协会（ETSI）选为涉及 LTE 标准的必要专利，作为该标准化组织的成员，华为公司承诺在遵守公平合理无歧视条件（FRAND 条件）的情况下愿意许可任何第三人使用该专利。该案被告中兴公司与原告在 2010 年 11 月 ~ 2011 年 3 月就该诉争专利的使用情况及签署该专利的许可合同的可能进行磋商。原告华为公司方面提出了其认为合理的许可费数额，而被告中兴公司则寻求缔结交叉许可合同，并没有就许可合同提出正式要约。在双方并未就许可合同达成一致的情况下，被告中兴公司开始销售使用了诉争专利的产品，并且未向原告华为公司支付费用，也没有提交详尽的使用情况报告。因此，原告华为公司以被告中兴公司专利侵权为由，向德国杜塞尔多夫地方法院提起诉讼，主张停止侵权、提供销售数据、召回侵权产品以及损害赔偿请求权。

本案中被告侵权的事实清楚，争议不大。关键的法律争点在于是不是应该支持原告华为公司停止侵权的诉讼主张。对于一般专利侵权案件，专利权人得请求法院给予禁令救济，本是权利保护题中应有之义，如此可以排除他人继续使用专利的可能性。[3] 然而，"华为诉中兴案"的特殊之处在于，本案的诉争专利并非普通专利，而是一项与 LTE 标准相关的标准必要专利。任何移动通信设备生产商，如果希望产品满足 LTE 标准，则无可避免地需要使用诉争专利。在此情况下，专利权人依仗标准必要专利，等于握住了通向标准的咽喉。如仍然因循"有侵权行为发生即授予禁令救济"的传统理念处理，就会给予标准必要专利权人过于强大的市场地位，无益于相关行业的发展、消费者的利益，甚至阻碍社会创新。因此，在标准必要专利的语境下，为了保障标准实施者实施标准的机会，各国通过不同途径对专利权人的停止侵害请求权进行限制。[4]其中，以德国为代表的作法是通过反垄断法来实现对权利限制。2009 年，德国联邦最高法院通过"橘皮书标准案"（Orange Book Standard）[5]引入了反垄断抗辩制度，以法官造法的形式，承认在必要专利权人主张禁令救济可能构成滥用市场支配地位时，则标准实施者可基于此抗辩阻却权利人的停止侵害请求权。同时，在此判决中德国联邦最高法院还首次明确了该抗辩成立的条件。然而，欧盟委员会在 2012 年一起针对三星公司的反垄断行政执法中，就标准必要专利权人在什么条件下主张禁令可能构成滥用市场支配地位的问题，提出了与德国联邦最高法院不同的意见。[6]在这个大背景之下，德国杜塞尔多夫地方法院于 2013 年借审理"华为诉中兴案"的机会，围绕德国联邦最高法院与欧盟委员会的分歧，向欧盟法院提出一系列释疑请求，[7]希望借此能够厘清标准必要专利权人的禁令救济和反垄断法滥用市场支配地位之间的关系。欧盟法院就此案所作的先行裁决，[8]对相关法律问题进行权威解释，可谓为欧盟反垄断法如何规制标准必要专利权人的禁令救济问题画上了一个休止符。

在德国法教义学的框架中，反垄断法对标准必要专利权人禁令救济的限制以反垄断抗辩的形式体现。欧盟法院就"华为诉中兴案"的先行裁决，可以说对反垄断抗辩成立的条件进行修正性的重构。本文将借此机会，对反垄断抗辩制度进行全面介绍和分析，力图释明"华为诉中兴案"所设新规则产生的来龙去脉，以及该规则背后的法理勾连。

因此，本文结构拟作如下安排：首先，介绍德国法引入反垄断抗辩制度的因由和司法演进史，说明为什么要对标准必要专利权人进行限制，以及为什么德国法选择从反垄断法的角度对标准必要专利权人的禁令救济进行限制（第二部分）；其次，通过具体梳理从"橘皮书标准案"到"华为诉中兴案"关于反垄断抗辩成立要件的规则嬗变，揭示为什么在后"橘皮书标准"时代，需要对标准必要专利权人禁令救济的限制条件进行重构，以及欧盟法院在"华为诉中兴案"中所定新规则的合理以及不足之处（第三部分）；最后，本文将以 Sisvel 案为例，介绍"后华为诉中兴案"时代，德国地方法院对新规则的理解和适用（第四部分）。

二、反垄断抗辩之引入：原理、路径和司法演进史

反垄断抗辩制度在德国通过法官造法（Richterrecht）的方式引入，以此来限制标准必要专利权人的停止侵害请求权。但是，德国司法界对该制度的引入并非一蹴而就，而是几经波折。该制度背后涉及是否应该对标准必要专利权人的停止侵害请求权进行限制，应该通过何种路径对其进行限制，以及如何从法解释学上进行说理等多个问题，实具研究价值。对这些问题，本文将依次进行解读。

（一）对禁令救济进行限制的正当性原理

在当代产业发展中，标准化保障了各个供应商的产品之间的可兼容性、互操作性、可重复性，在整个行业的发展中起到越来越重要的作用。[9]无论是通过竞争而生的事实标准（Defacto Standards），[10]还是通过协商达成的法定标准（De Jure Standards），[11]遵循

标准进行产品生产，无论对企业还是对消费者来说都有积极的意义。因为一般来说，消费者都倾向于选购兼容性较高的产品，而符合标准的产品则完美回应了这一需求。需求决定生产，对企业来说，遵循标准进行生产符合市场的需求，因此当然乐于接受。

与事实标准相比，通过标准化组织制定的法定标准，因其独特的制度优势，[12]在实践中的应用更加广泛。尽管从严格意义上来说，竞争者之间通过协议拟定标准的过程，有构成反垄断法所禁止的横向限制竞争协议行为的嫌疑，但是，正因为标准化所具有的不容忽视的制度优势，在标准化组织章程规定了成员有 FRAND 许可声明的义务的情况下，法律不认为竞争者之间协议标准的行为构成反垄断法所禁止的垄断协议。[13]

然而，需要注意的是，标准化也可能蕴含负面效应。这种潜在危害在标准与专利相遇的情况下尤其明显，并通过"网络效应"（Network Effect）[14]进一步放大。因为标准确立后，转换的成本往往极高，这就导致相关市场的参与者一般只能选择因循标准，即被锁定于该标准所涵盖的技术，发生所谓的"技术锁定"（Lock-in）[15]现象。如果某种被标准所涵盖的技术已获得专利保护，就成为所谓的标准必要专利，此时专利权所具有的排他性与"技术锁定"现象相结合，就一下子赋予标准必要专利权人极大的议价能力。因为显而易见地，此时权利人手中掌握的"权力"，已经超出如一般专利权人那样可以决定是否许可他人使用其专利的范畴，进一步地，标准必要专利权人能决定是否让他人进入标准，进入适用该标准的相关市场。为了避免标准必要专利权人利用专利的排他权（尤其是禁令救济）来要挟使用人对许可支付高价，防止引发"专利劫持"（Hold-up）[16]的危机，从而导致所谓的"反公地悲剧"（Tragedy of the Anticommons）现象[17]的出现，最终影响消费者利益，所以主流意见都认为应该在标准必要专利的情形下对专利权人的禁令救济进行有条件的限制。[18]

（二）禁令限制的路径选择

德国专利法采"停止侵害当然论"，认为有侵权行为发生，就应给予权利人禁令救济。[19]专利法内部并没有任何法条依据，可以对标准必要专利权人的停止侵害请求权进行限制。因此德国学说和实务一般从民法和反垄断法这两条外部路径入手，讨论对标准必要专利权人的限权问题。然而，由于FRAND许可声明存在法律效果并不明晰、适用类型有局限等问题，德国法院基本放弃了从民法路径来限制标准必要专利权人之权利的努力，而将重点转移到反垄断法的路径。反垄断抗辩之生成，就是德国法在此一路径下对权利人禁令救济寻求限制的体现。

1. 民法路径：FRAND 许可声明及其不足

在法定标准的情况下，标准化组织为了防止成员滥用标准必要专利，都会在组织规则的知识产权政策（IPR-Policy）中明确规定，成员在加入标准化组织后必须作出许可声明承诺，即在其专利被选中的标准所覆盖，成为标准必要专利的情况下，承诺以公平、合理、无歧视（Fair, Reasonable and Non-Discrimination, FRAND）的条件许可任意第三方使用其标准必要专利。[20]

对于这个FRAND许可声明的法律性质，德国实务界和学术界意见不一。[21]有学者认为，从民法上看，FRAND许可声明是一种第三人利益合同，直接约束标准必要专利的权利人，因此，权利人的在标准必要专利上的权利要受此限制。[22]

这种从民法角度入手，通过FRAND许可声明的法律效力来探讨对标准必要专利权人进行权利限制的方法，有其内在的不足。首先，各标准化组织的知识产权政策对许可声明的内容规定不一，这就导致对其法律效力认定有很多不同的看法。有法院甚至认为 FRAND 许可声明实际上是个要约邀请，仅具有"装饰意义"，不能从其推出对标准必要专利权人有权利限制的意思。[23] 其次，FRAND 许可声明只存在于通过标准化组织所协定的法定标准的情形中，如果诉争的标准必要专利所关联的是事实标准，则不存在有 FRAND 许可声明一说，因此，在这种情形下，希望通过 FRAND 许可声明来主张对标准必要专利权人的权利进行限制就成了镜花水月。[24] 此外，即使在法定标准的情况下，FRAND 许可声明一般也只直接约束标准化组织的成员，如果一项标准必要专利被转让给不属于该标准化组织的第三方，那么 FRAND 许可声明是否仍然能够约束该新的标准必要专利权人，就不无疑问。

因为上述不足，德国法院在审理类似案件中，鲜见有直接依据 FRAND 许可声明从民法角度来对标准必要专利权人的禁令救济进行限制。多数情况下，德国法院都从反垄断法的角度入手来解决这个问题。

2. 反垄断法路径：滥用市场支配地位

专利权与反垄断法具有天生的紧张关系，因为专利制度人为地制造垄断，具有一定的反竞争性，而反垄断法的制度目的却是打破垄断，保障自由竞争。专利权的行使是否受反垄断法的调整，对此一直多有争论。传统的观点认为，专利法的垄断权服务于促进社会创新，因此在专利权范围内部反垄断法不能干预。[25] 而现代理论认为，虽然正常行使专利权本身并不会触发反垄断法，但当行使专利已经成为妨碍竞争的因素和市场势力时，需要受到反垄断法的制约，这种理论目前已经被广为接受。[26]

在标准必要专利的情况下，德国法院一般将每一个标准必要专利视做一个相关产品市场，而标准必要权利人为该相关市场的唯一经营者，其占有的市场份额为100%，可以认为标准必要专利权人在该相关标准必要专利许可市场具有支配地位。因此，标准必要专利权人在无正当理由的情况下，对第三人拒绝许可、主张过高的许可费或主张的许可费构成差别对待，以及在此情形下对他人未经许可的使用向法院主张禁令救济，都可能构成反垄断法上的滥用市场支配地位（《德国反限制竞争法》第18～19条[27]/《欧盟运作条约》第102条），因此都在禁止之列。

通过反垄断法中的滥用市场支配地位之禁止，来对标准必要专利权人的权利进行限制的作法，已经为德国法院普遍接受。无论是本文所讨论的"华为诉中兴案"，还是之前德国联邦最高法院审理的"标准紧口桶案""橙皮书标准案"，均是从反垄断法角度切入，讨论对标准必要专利权人的权利进行限制的可能。

（三）反垄断抗辩的前命题：基于反垄断法的强制许可制度

在具体介绍反垄断抗辩生成的司法演进史之前，仍有必要厘清该制度跟另一制度之间的关系，即基于反垄断法的强制许可制度。两个制度的相同点在于，两者都是德国法院通过法官造法的方式从反垄断法的角度出发对标准必要专利权人的权利进行限制。两个制度的不同在于，两者所限制的权利内容不同。基于反垄断法的强制许可制度是为了破解标准必要专利权人拒绝许可的情形，而反垄断抗辩制度对抗的则是必要专利权人的停止侵害请求权的行使。

关于是否应该引入基于反垄断法的强制许可制度，德国对此的相关争论要早于对反垄断抗辩的讨论。其核心命题是，如果标准必要专利权人拒绝许可或其主张的许可费过高（或构成不合理的差别对待）时，法院是否可以依据这种行为构成滥用市场支配地位，直接判决对专利授予强制许可。

对此，欧盟法院在之前的 Magill 案[28]和 IMS Health 案[29]等与著作权纠纷有关的案件中，曾表达过如下立场：如果著作权人拒绝许可他人使用经营特定行业所不可或缺的产品或服务，构成反垄断法上的滥用市场支配地位，那么法院可以判决对著作权授予强制许可。[30]但是，这一由欧盟法院所确定的原理，其适用范围可否由著作权扩张到专利权一直多有争论。其中，反对者认为，在专利法内部已经有强制许可制度（《德国专利法》第24条）的情况下，[31]不应当再通过《德国反限制竞争法》的规定引入其他强制许可规范，否则会造成专利权不合理的缩减。[32]

德国联邦最高法院在2004年的"标准紧口桶案"[33]所作出的判决，为这种争论画上了句号。本案涉及德国化工产业中四家公司研发的产业标准，该四家公司均为"化学工业协会"（VCI）的会员。该协会在1990年决议采用基于上述四家公司之一的原告公司所有的专利技术方法作为"VCI紧口桶整体条件"，此项标准后被 BASF 等产业巨头采用。原告免费授权四家公司中的另外三家使用其专利，但对其他紧口桶生产商则收取许可费。1996年7月原告拒绝授权被告使用其专利，并且起诉被告侵害其专利。而被告则抗辩主张原告有义务对其像另三家公司那样提供免费许可，否则可能违反《德国反对限制竞争法》第20条第1款的禁止歧视规定。[34]

德国联邦最高法院在判决中认为，原告作为支配市场的经营者恣意拒绝被告进入下游市场的管道，有违反限制竞争法之虞，并且明确认为，知识产权法和反垄断法的立法目的不完全一致，所以知识产权法原则上不能成为适用反垄断法的障碍，因此人们可以依据反垄断法对诉争专利实施强制许可。[35]进一步地，在满足如下两个条件的情况下，基于反垄断法的强制许可即可成立：首先，专利许可成为进入相关市场必不可少的条件；其次，专利权人的拒绝许可缺乏合理性和公正性。[36]

从法解释学上来看，反垄断抗辩与基于反垄断法的强制许可之间具有紧密的联系。德国联邦最高法院在2009年"橘皮书标准案"的判决中正式引入反垄断抗辩制度。从该案的说理逻辑可见，对反垄断抗辩的引入是建立在德国法律体系已经承认基于反垄断法的强制许可制度的基础之上。[37]为了便于读者理解，故对该制度在此先行介绍。

（四）反垄断抗辩之生成：前"橘皮书标准案"时代的德国司法演进史

虽然从"橘皮书标准案"之后，援用反垄断抗辩来限制标准必要专利权人的禁令救济已成为德国法院处理相关问题时的一致选择，但是，事实上反垄断抗辩被学说和实务所接受并非顺理成章，而是经历了多年的起伏演变，经历了"拒绝—刻意回避—逐渐接受"这三个阶段。在这司法变迁的脉络中蕴含了法解释学上的一种重要转向。

1. 司法变迁

（1）拒绝引入。

德国联邦最高法院最早在2001年的"明镜光盘案"（Spiegel CD-Rom）[38]中对是否能在知识产权侵权案件中引入反垄断抗辩对抗权利人的停止侵害请求权作了表态。当时，德国联邦最高法院的判决否决了在侵权程序中提起反垄断抗辩的可能。但是，因为德国联邦最高法院在说理时依据的是《德国著作权集体管理法》

（*UrhWahrnG*）第 11 条第 2 款，而在专利法中并没有相似的规定，所以德国联邦最高法院在本案中对反垄断抗辩的否定意见并不能直接类推适用于专利领域。

拒绝反垄断抗辩的意见还可以从杜塞尔多夫高级法院在 2002 年的"标准紧口桶案"的二审判决[39]中见到。在该案判决中法官认为被控侵权人既没有从权利人处获得许可，也没有在拒绝授予许可之后诉诸反垄断局或反垄断法院，而是径直根据反垄断法规则提起抗辩，这种作法不符合《德国民法典》第 229 条关于"自助行为"的构成要件，故而不予支持。

（2）刻意回避。

在此之后的一系列案子中，一审、二审地方法院在处理相关可能涉及反垄断抗辩的案件时，采取了一种顾左右而言他的策略，尽量避免从实质上回答这个问题。比如曼海姆地方法院在 2007 年的一个判决[40]中，直接认为因为可读写 CD 光盘和录像带从消费者角度看具有可替代性，所以无论如何在该案中权利人不构成市场支配地位，因此不管是否承认反垄断抗辩，被控侵权人都不能以此来对抗权利人的请求权。在随后一个相似的案件[41]中，曼海姆地方法院仍然采取回避的办法，明确表示不能回答反垄断抗辩是否可以直接适用的问题，并认为即使可适用，也会因为被控侵权人没有及时说明权利人要的许可费率过高而抗辩失败，从而不支持被告提起的抗辩。

（3）逐渐接受。

主张侵权诉讼中可以引入反垄断抗辩来限制权利人的停止侵害请求权的一方，经常会援引前述最高法院在 2004 年"标准紧口桶案"的判决来说理。该判决承认基于反垄断法的强制许可制度，但并没有直接承认反垄断抗辩。[42]然而，因为考虑到该案的特殊案情，判决认为原告的标准必要专利可能以免费的条件被强制许可，在这一逻辑下，被告有可能可以对抗原告的损害赔偿请求权。[43]

在处理一审、二审的地方法院中，最先认可反垄断抗辩可以在专利侵权程序中针对停止侵害请求权提起的判决是由杜塞尔多夫地方法院在 2006 年的"视频信号编码案"（Videosignal-Codierung）中作出的一审判决。[44]在这个案子中，杜塞尔多夫地方法院没有采纳其上级杜塞尔多夫高级法院在 2002 年"标准紧口桶案"中的二审意见，而是认为即使不能根据《德国民法典》第229 条的"自助行为"引入该抗辩，也可以依据第 242 条"诚实信用原则"中包含的子原则——"恶意主张"抗辩（Dolo-Petit-Grundsatz），来引入反垄断抗辩。然而，在最后的判决中，法官认为被控侵权人并不能证明原告有滥用支配地位的情节，因此抗辩虽然被引入但在该案中并未成立。

首例判决被控侵权人反垄断抗辩成功的例子是杜塞尔多夫地方法院在 2007 年的"西门子诉夏新"案，[45]在该案的判决中法院认为由权利人提出的要约要价过高，且其中有关无偿交叉许可的内容不合理，因此判定被告可以依据反垄断抗辩来对抗原告的停止妨害请求权。此后，杜塞尔多夫地方法院在相关案件的判决[46]中一直延续了在此案中确立的标准。2009 年，德国联邦最高法院在"橘皮书标准案"中最终对反垄断抗辩的引入作出了明确承认。

2. 法解释学的此间转向

前"橘皮书标准案"时代，在德国司法对反垄断抗辩"由拒到迎"的态度变化表象下，实质上隐含了一种法解释学上的转向。对于法教义学观念根深蒂固的德国人而言，必须回答这样一个问题。一方面，专利法内部并没有提供反垄断抗辩的规范基础，另一方面，反垄断法只规定了经营者在违反滥用支配地位条款时可能需要承担的法律责任（《德国反限制竞争法》第33条第1款结合第18～19条），而且主张禁令救济并不被直接认为是"滥用"行为中的一种，所以反垄断抗辩在法律体系内并没有直接的规范基础。因此，只能以解释学的方法通过某些"转介规则"才能将反垄断抗辩引入法体系。在这点上，德国的解释学大致经历了从自力救济说到恶意主张抗辩说的转向。

（1）自力救济说。

《德国民法典》第229条规定，在不能适时地获得公权力的救助，而且不立即自力救济就会导致请求权落空或极难行使的情况下，以实现自己的请求权为目的而取走、破坏或毁损物，或扣留有逃跑嫌疑的义务人，或除去义务人对某一行为的抵抗的这些行为皆不认定为不法行为。易言之，如果一个行为符合所有侵权行为的构成要件，但因为其符合第229条关于自力救济的规定，那么该行为就因为不具有违法性（Rechtswidrigkeit），而被认为是一个合法行为。

支持反垄断法条款可以通过自力救济这条管道来对抗权利人禁令救济的观点[47]认为，一般情况下未经权利人许可使用专利构成侵权，但是在标准必要专利的情况下，被控侵权人如果已经向权利人表达了寻求许可的意向且在被拒绝的情况下穷尽了所有公权力救济途径，在这样的情况下未经同意使用专利，相当于构成第229条的自力救济，就不构成专利侵权。

在杜塞尔多夫高级法院2002年的"标准紧口桶案"的二审判决[48]中，法官认为即使被控侵权人可以根据反垄断法中滥用支配地位的规则要求标准必要专利人在有偿的条件下授予许可，但如果被控侵权人没有向权利人表达寻求许可的意向，或是在被拒绝后没有诉诸反垄断机关或者法院，则没有满足自力救济的构成要件，因此仍构成专利侵权行为。可见，自力救济说的条件非常严格，在现实中基本没有成功的可能，因此难逃式微的命运。

（2）"恶意主张"抗辩说。

在解释学上取代自力救济说的是"恶意主张"抗辩说，"恶意主张"抗辩（Doloagit，Qui Petit，Quod Statimredditurusest）是《德国民法典》第242条诚实信用原则引申出来的子原则，大意是指如果权利人在领受一项给付后，旋即因为其他理由需要归还该给付给义务人的，则一开始的主张就不能得到支持。在标准必要专利的情形下，该抗辩可以作这样理解，如果一方面专利权人可以向被控侵权人主张停止妨害请求权，另一方面被控侵权人又有权请求强制专利权人授予许可使用该专利的权利，那么权利人向被控侵权人主张停止妨害请求权就不应当得到支持。

可见，该种抗辩说以基于反垄断法的强制许可制度为基础。只有在基于反垄断法的强制许可获得承认的前提下，这种抗辩才能成立，因此有学者亦称反垄断抗辩为"基于反垄断法的强制许可抗辩"。[49]

杜塞尔多夫地方法院在"视频信号编码"案的一审判决中，就采纳了这个解释方法。[50]这个解释方法也被德国联邦最高法院在"橘皮书标准案"的判决中所采用，[51]进一步地，基于此种解释方法，德国联邦最高法院认定，一个占市场支配地位的企业，如不合理地拒绝许可、差别对待或不公平地阻碍第三方获得相关标准必要专利的许可，那么该企业主张禁令救济就同样构成滥用市场支配地位。[52]欧盟法院在"华为诉中兴案"先行裁决的关联法条部分[53]提到《德国民法典》第 242 条诚实信用原则，就是因为"橘皮书标准案"通过此管道引入反垄断抗辩之故。

三、反垄断抗辩成立要件之重构：从卡尔斯鲁厄到卢森堡[54]

在反垄断抗辩的制度演进史中具有标志性意义的判决是德国联邦最高法院在 2009 年就"橘皮书标准案"所作出判决。该判决代表最高司法机关正式承认反垄断抗辩。但是，反垄断抗辩的引入绝不意味着标准必要专利权人在任何情况下主张停止侵害请求权都受到限制，实际上，根据"橘皮书标准案"的判决，只有在满足一定条件的基础上，反垄断抗辩才能成立。

如果把"橘皮书标准案"作为一个分水岭，那么在"前橘皮书标准案"时代，实务和学界争论的焦点集中在专利侵权诉讼的情况下，是否可将违反反垄断法规则作为针对权利人主张停止侵害请求权的抗辩理由在侵权诉讼程序中直接适用；而在"后橘皮书标准案"时代，关注的焦点则转移到了"橘皮书标准案"所确立的这种反垄断抗辩的构成要件是否合理，即究竟在什么样的条件下，被控侵权人才可以提起反垄断抗辩来对抗权利人的停止侵害请求权。而"华为诉中兴"一案先行裁决的作出，意味着"后橘皮书标准案"时代的结束。欧盟法院推翻了德国联邦法院在"橘皮书标准"一案中所确立的规则，为反垄断抗辩的成立要件设置了新的标准。

（一）再访"橘皮书标准案"

1. 案情概述

在该案中，原告飞利浦公司拥有一项关于可刻录光盘（CD-Rs）相关标准的专利技术。该标准是一项事实标准，因详细记载于橘皮书，故称为橘皮书标准。任何企业，如果要生产符合橘皮书标准的可刻录光盘，就必须在原告处获得授权，因此诉争专利的许可本身就构成一个"相关市场"，且原告作为唯一的供应商在该市场占有支配地位。被告曾向原告作出过缔结许可合同的要约，报价为净销售价格的3%，但原告认为报价过低，拒绝许可。对被告未经许可利用诉争专利生产并销售相关产品，原告向法院主张停止侵害、损害赔偿等请求权。对此，被告之一则主张原告寻求禁令救济构成滥用市场支配地位，因此法院不应该授予原告以禁令救济。

德国联邦最高法院认为，拥有市场支配地位的经营者，如果拒绝许可或提出歧视性的许可条件不合理地阻碍第三方获得许可，那么该经营者主张排他权就构成滥用市场支配地位，此时该经营者就负有强制许可的义务。在这样的情况下，该经营者在侵权诉讼程序中主张禁令救济，则视同拒绝履行强制许可义务，因此法律须予禁止。[55]在这种思路之下，法院采纳了"恶意主张"抗辩说，正式承认标准必要专利的使用人可以向权利人的停止侵害请求权主张反垄断抗辩。[56]值得强调的是，德国联邦最高法院在这里还明确提出反垄断抗辩成立的两个条件。[57]由于此案被告并没有完全满足这里提出的两个条件，[58]所以在本案中，德国联邦最高法院最终维持了二审法院的判决，给予原告以禁令救济。

2. 反垄断抗辩成立的两个特殊要件

从判决可见，反垄断抗辩的成立在逻辑上以反垄断强制许可为前提。[59]因此，在专利侵权诉讼中，反垄断抗辩的成立亦需满足反垄断强制许可成立的两个要件：第一，专利许可成为进入相关市场必不可少的条件，即标准必要专利权人拥有相关市场的垄断地位；第二，专利权人的拒绝许可缺乏合理性和公正性，即标准必要专利权人对相关市场的垄断地位进行滥用。有所区别的是，在反垄断抗辩的情况下，除了需满足拥有市场支配地位的权利人（原告）歧视性或不合理地对待被告之外，德国联邦最高法院还首次对标准实施者（被告）提出两个特殊条件：

（1）关于专利许可合同的缔结过程，必须由标准实施者先向专利权人发出要约，该要约必须无条件且合理。[60]

（2）标准实施者如果在未获得许可前就开始使用诉争专利，则必须先履行其要约中所承诺的义务。[61]

最高法院在判决书中提到，上述条件（1）中的"要约必须无条件"，尤其指标准实施者所作出的要约不能以专利侵权成立为生效条件，易言之，反垄断抗辩成立的前提是标准实施者必须放弃另行主张其使用未构成专利侵权的机会。[62]另外，此项中所谓的要约必须合理，指标准实施者要约中包含的许可费报价必须达到一定数额，以至于如果专利权人拒绝此报价，就构成无合理原因区别对待或者不公平地阻碍标准实施者。[63]

条件（2）中所提到的"预先履行"义务，是指标准实施者如果一方面希望在未获权利人许可的情况下就开始使用相关标准必要专利，另一方面又希望反垄断抗辩能够成立，免受禁令之苦，那么其在使用之前必须向权利人提交拟使用情况（如生产数量），并根据要约中所提出的许可费率，对使用相关标准必要专利产生的许可费进行支付或提存。[64]

（二）"后橘皮书标准案"时代的纷争

德国联邦最高法院的"橘皮书标准案"判决，虽然明确引入了反垄断抗辩，但是其所提的两个特殊要件给标准实施者设定的义务过于严格，有明显保护标准必要专利权人的倾向，导致在现实案件的处理中主张反垄断抗辩的成功率极低，专利劫持现象并没有得到缓解。[65]因此，该判决自作出以来，理论和实务界对此多有议论，[66]人们开始将关注的重点转向对反垄断抗辩成立要件的检讨。于此，意味着"后橘皮书标准案"时代的到来。

1. 欧盟委员会的反对声明和决定

"后橘皮书标准案"时代最响亮的异见来自比利时布鲁塞尔。[67]2012 年，针对作为标准必要专利权人的三星公司向德国法院提出对标准实施者苹果公司颁布禁令的行为，欧盟委员会进行了有关滥用市场支配地位的反垄断调查，并于该年 12 月公布了对三星公司的反对声明（Statement of Objection）。[68]在这则反对声明中，欧盟委员会提出，如果权利人基于标准必要专利主张禁令救济，在满足下列两点的情况下，即构成滥用市场支配地位：[69]

（1）标准必要专利权人已作出 FRAND 许可声明；

（2）标准实施人原则上愿意就缔结符合 FRAND 条件的许可合同进行协商（具有"协商意愿"）。

值得注意的是，欧盟委员会在这则反对声明中所提出的新规则并非只具有个案效力，在之后 2013 年 4 月针对摩托罗拉有关滥用市场支配地位的调查反对声明中，欧盟委员会亦采取了相同见解。[70]

这种新规则在欧盟委员会于 2014 年 4 月 29 日公布的对三星

和摩托罗拉两起反垄断调查的最终决定中得到确认。关于如何认定标准实施人是否具有"协商意愿"（Willingtonegotiate），欧盟委员会在最终决定中也做了进一步的具体化。决定明确指出，标准实施人可以对诉争专利的有效性以及是否构成侵权保留进一步寻求法律救济的可能，此种保留不代表标准实施人无"协商意愿"。此外，欧盟委员会认为其提出的规则为愿意在 FRAND 条件下寻求许可的标准实施者提供了一个"避风港"，任何标准实施者如果希望免于受到禁令的困扰，只需要表明自己有"协商意愿"即足够，例如标准实施者同意交由法院或仲裁机构来裁决 FRAND 许可费率就是具有"协商意愿"的表现。[71]

虽然欧盟委员会是从反垄断的行政执法角度入手，与德国的反垄断抗辩从民事救济援用反垄断法规定以限制禁令救济的思路完全不同，但是因为核心问题都涉及对《欧盟运作条约》第102条的解释，因此原则上必须遵循同一标准。[72]与"橘皮书标准案"判决对标准实施者所提出的"无条件、合理要约"以及"预先履行"这两个条件相比，欧盟委员会认为，只要标准实施者具有"协商意愿"，标准必要专利权人寻求禁令救济就构成"滥用"市场支配地位。虽然欧盟委员会自己认为其决定与"橘皮书标准案"的判决不产生冲突，[73]但是业界普遍认为，在如何判断标准专利权人的禁令主张是否构成"滥用"这一点上，欧盟委员会明显提出了跟德国联邦最高法院不一样的规则———一种对标准实施者更有利的规则。

2. 杜塞尔多夫地方法院的释疑请求

欧盟委员会针对三星公司作出的反对声明中所提出的新标准，为重新检讨"橘皮书标准案"判决提供了绝佳的机会。根据欧盟第 1/2003 条例的第 16 条规定，各成员国法院对《欧盟运作条约》第 102 条（关于滥用市场支配地位条款）的理解不能与欧盟委员会对该条款的理解发生冲突。因此，德国法院亟需就如何判断标准必要专利人主张禁令救济是否构成"滥用"寻求权威解读，而"华为诉中兴案"恰恰提供了一个这样的契机。

"华为诉中兴案"的案情并不复杂，本文在引言部分已有具体介绍。该案耐人寻味之处在于，如果按照德国联邦最高法院的"橘皮书标准"进行判断，被告中兴公司既没有提出"无条件且合理"的要约，也没有提前支付或提存所承诺的许可费，因此不能主张反垄断抗辩，法院应授予原告禁令救济。但是，如果按照欧盟委员会的标准判断，该案涉及标准必要专利，原告华为公司作出过 FRAND 许可声明而且被告的确有就缔结许可合同进行磋商的意愿，所以即使双方未就许可费达成一致，原告仍然不能主张禁令救济，因为这样会构成滥用市场支配地位。

面对这种矛盾，杜塞尔多夫地方法院于 2013 年 3 月 21 日，根据《欧盟运作条约》第 267 条，向欧盟法院就如何解释"滥用市场支配地位"（《欧盟运作条约》第 102 条）提出下列释疑请求：第一，关于判断是否"滥用"市场支配地位，到底应该遵循欧盟委员会的规则还是遵循"橘皮书标准案"所定的规则；第二，如采纳欧盟委员会的规则，则如何判断标准实施者有足够的"协商意愿"；第三，如采纳"橘皮书标准"规则，则由标准实施者发出的要约应该满足哪些条件；第四，就"橘皮书标准"规则而言，由标准实施者承担的"预先履行"义务的程度为何；第五，上述关于限制禁令救济的条件是否也适用于诸如损害赔偿等其他请求权。[74]

（三）欧盟法院关于"华为诉中兴案"的先行裁决

就德国杜塞尔多夫地方法院关于"华为诉中兴案"所提出的释疑请求，欧盟法院在2015年7月16日终于作出先行裁决。[75]这则裁决在欧盟范围内，为标准必要专利权人的禁令救济划定了界限，为德国的反垄断抗辩制度重构了成立要件，具有里程碑的意义。

1. 五步骤 + 三保留

因为释疑请求的核心在于确定判断标准必要专利权人的行为是否构成"滥用"的标准，所以欧盟法院最终的先行裁决在参考佐审官意见[76]的基础上，并没有逐一对释疑请求中的前四个问题进行回答，而是直击问题实质，提出了"五步骤"标准。欧盟法院认为，标准必要专利权人在未通知被控侵权人或者事先与被控侵权人协商的情况下，直接诉请法院要求禁令救济或者要求召回侵权产品，就会构成《欧盟运作条约》第102条所禁止的滥用市场支配地位。因此，标准必要专利权人和标准实施者必须遵循如下"五步骤"加"三保留"标准。

步骤一：标准必要专利权人在向法院起诉之前，必须向标准实施者发警告信，告知被侵权的标准必要专利以及具体的侵权行为。

步骤二：在标准实施者表达了愿意在遵守FRAND条件的基础之上就缔结许可合同进行协商以后，由标准必要专利权人向标准实施者提出一个具体的、书面的要约，该要约必须符合权利人之前所作的FRAND承诺，有明确许可费的数额并告知该数额是如何计算出来的。

步骤三：针对标准必要专利权人的要约，标准实施者必须根据该领域交易惯例和善意原则进行勤谨的回应。标准实施者是否满足勤谨回应的要求，应该根据客观因素来确定。标准实施者如采用任何拖延策略都不得视为满足上述要求。如果标准实施者不接受权利人提出的要约，则应立即以书面形式向权利人发出一个具体的、符合 FRAND 要求的反要约。

步骤四：如果标准实施者的反要约被权利人拒绝，则标准实施者必须从反要约被拒绝后立即对标准必要专利的使用提供适当的担保，如向权利人提供银行担保或者将必要的价款进行提存等。在计算担保金额时，必须将之前已经使用的情况计算在内，并向权利人披露已使用的情况。

步骤五：在标准实施者的反要约被拒绝之后，双方不能就具体的 FRAND 许可费率达成一致的，可以在双方同意的情况下，立即交由独立的第三方来决定合适的许可费率。

三保留：在整个协商过程中，标准实施者都可以对诉争专利的有效性、专利对标准的必要性以及其使用是否构成相关专利的侵权这三个问题交相关机构处理，或保留在将来对此类问题提出异议的权利。这种保留不会对标准必要专利权人是否构成"滥用"的判断造成影响。

2.（不）构成"滥用"的判断标准

针对标准必要专利权人向法院主张禁令救济在什么情况下会构成"滥用"支配地位，"橘皮书标准案"所确定的条件（标准实施者提出无条件、合理的要约 + 标准实施者预先履行要约承诺）因为对标准实施者课以了较高的义务，所以有过于保护权利人利益的倾向，而欧盟委员会的标准（标准实施者有"协商的意愿"）则因为没有对"协商意愿"的具体解释而缺乏可操作性，使得在实践中该要件很容易被认定成立，所以有过于保护使用者利益的倾向。欧盟法院的先行裁决则提供了一条"中间"道路，很好地平衡了权利人和使用者的利益。根据上面提到的"五步骤"加"三保留"标准，可归纳出在标准必要专利情况下，判断权利人是否构成"滥用"支配地位的新规则。

欧盟法院认为，在满足下列两个条件的情况下，标准必要专利权人诉请法院主张禁令、召回侵权产品请求权的，不构成《欧盟运作条约》第102条所禁止的"滥用"行为。[77]

（1）标准必要专利权人的作为：标准必要专利权人在起诉之前必须首先向标准实施者发出警告，告知被侵权的专利以及具体的侵权方式。然后，当标准实施者表达了愿意在遵守FRAND条件的基础之上就缔结许可合同进行协商以后，由标准必要专利权人向标准实施者提出一个具体的、书面的要约，该要约必须符合权利人之前所作的FRAND承诺，有明确许可费的数额并告知该数额是如何计算出来的。

（2）标准实施者的不作为：在标准必要专利权人作出要约之后，标准实施者没有根据该领域交易惯例和善意原则给予勤谨回应（如采取拖延策略），而继续使用诉争专利的。未满足勤谨回应的义务，包括在标准实施者不接受权利人提出的要约时，没有立即以书面形式向权利人发出一个具体的、符合FRAND要求的反要约；也包括在反要约被权利人拒绝之后，标准实施者继续使用诉争专利，却没有向权利人提供适当担保的情况。

从欧盟法院的裁决可见，只有在权利人履行了步骤一和步骤二，而且使用者未履行步骤三或步骤四的情况下，权利人主张禁令救济才不会构成滥用支配地位。易言之，法院只有在满足上述条件的情况下，才可以给予标准必要专利权人以禁令救济。

此外，欧盟法院借回答释疑问题五的机会，进一步确认，从反垄断法角度对标准必要专利权人的权利进行限制，只及于禁令救济和召回侵权产品两项，并不涉及权利人的信息披露请求权和损害赔偿请求权。

（四）"华为诉中兴案"的余响：几点未臻完善之处

欧盟法院对"华为诉中兴案"所作的先行裁决，通过对《欧盟运行条约》第102条有关滥用市场支配地位规则的解释，对德国法中反垄断抗辩成立的要件进行重构，确定了在标准必要专利的情况下权利人可以主张禁令救济的新条件。

理论和实务界对欧盟法院的这个裁决多有赞许，认为判断"滥用"的新规则，很好地平衡了权利人和使用者的利益，而且贴合业界实践中奉行的"先使用后谈判"的做法。[78]此裁决的作出意味着"后橘皮书标准案"时代围绕反垄断抗辩成立条件的争论终于可以落幕。

而笔者认为，虽然欧盟法院对于何为"滥用"的解释恰到好处，但是从反垄断抗辩成立条件的大框架观之，仍有几处不尽如人意之处，虽然瑕不掩瑜，但实有进一步澄清的必要。

1. 标准必要专利与市场支配地位

根据反垄断法，判断一个行为是否构成滥用市场支配地位，大体上需要满足两个要件。首先，主体必须在相关市场具有支配地位；其次，该主体的行为构成滥用。反垄断抗辩成立以标准必要专利权人滥用市场支配地位为起点，所以在逻辑上亦须证成上述两个条件。在"华为诉中兴案"中，因为杜塞尔多夫地方法院径直认定作为标准必要专利权人的华为公司具有市场支配地位，需要提请欧盟法院裁决的核心问题主要是在怎么样的条件下标准必要专利权人向法院主张禁令救济会构成滥用，所以欧盟法院所作的先行裁决亦围绕对"滥用"的解释展开，并没有讨论是否每个标准必要专利权人都具有市场支配地位这个问题。

德国法院一直认为标准必要专利权人都具有相关市场的支配地位，但是实际上，这种认定并不严谨，很可能存在反例。佐审官瓦特莱（Wathelet）在"华为诉中兴案"的意见中就指出，事实上，一个拥有标准必要专利的公司并不必然构成相关市场的支配地位，对此各国法院必须在事实基础上进行个案判断。[79]

欧盟法院的"华为诉中兴案"裁决为反垄断抗辩规则的确立解决了如何判定"滥用"的问题，而其没有（实际上也无义务）回答"市场支配地位"问题。标准必要专利权人是否天然具有市场支配地位，在什么样的情况下该假设可以被推翻，此问题实值继续讨论。

2. 对 FRAND 许可声明法律意义的评价

在讨论标准必要专利权人的禁令救济和滥用市场支配地位之关联的过程中，需不需要将 FRAND 许可声明纳入考量，德国法院的观点与欧盟委员会和欧盟法院的观点大相径庭。

因为德国司法在限制标准必要专利权人权利行使的问题上选择了反垄断法的路径，而不是以 FRAND 许可声明为基础的民法路径，[80] 所以法院在涉及反垄断抗辩的判决中基本不会提及 FRAND 许可声明。而欧盟委员会在三星和摩托罗拉这两则反垄断调查决定中，将"权利人作过 FRAND 许可声明"作为构成滥用市场支配地位的条件之一，似乎倾向于认为在诉争专利是标准必要专利且专利权人向标准化组织作出过 FRAND 许可声明的，即可推定权利人有相关市场的垄断地位。[81]

欧盟法院在"华为诉中兴案"的先行裁决中，也提到了 FRAND 许可声明，认为权利人作出的 FRAND 许可声明使标准实施者产生了一种"合理期待"（Legitimate Expectations），使其相信权利人会在 FRAND 条件下给予许可，因此权利人的拒绝许可原则上会构成支配地位之"滥用"。[82]

欧盟法院将"滥用"行为的认定与权利人违反 FRAND 承诺相挂钩的做法，看似结合了反垄断法和民法两种路径，实际上却是"风马牛不相及"的一种妥协。一个拒绝许可的行为如能构成反垄断法意义上的滥用支配地位，必然是因为作出该行为的经营者本身构成了市场支配地位，而非因为该经营者违反了之前作出的承诺。如果"华为诉中兴案"先行裁决对标准必要专利权人禁令救济的限制建立在"必须存在 FRAND 许可声明"的基础之上，不仅理论上难以自洽，而且在效果上限制了该判例的适用范围，使其不能适用涉及事实标准的案件。这种意见是否妥适，实值进一步商榷。

3. 对专利之于标准的必要性进行保留之质疑

欧盟法院在这则裁决中允许标准实施者对诉争专利的有效性、专利之于标准的必要性以及侵权行为是否成立进行保留。与"橘皮书标准案"所要求的"要约不得附加条件"相比，无疑对标准实施者更加有利。法院认为，"三保留"的提出，一方面是因为在标准化的过程中，标准化组织一般不对专利的有效性和该专利之于标准的必要性进行检查，所以应该允许标准实施者对此保留质疑的权利；另一方面，这样做也符合《欧盟基本权公约》第47条的规定。[83]

但需要指出的是，欧盟法院意图保护标准实施者利益的"三保留"规则，其实并不完全有的放矢。允许标准实施者对诉争专利的有效性和侵权行为是否构成提出异议，固然能够实现保护标准实施者利益的初衷。然而，允许标准实施者对诉争专利之于标准的有效性提出质疑，就实际效果论，反而不利于标准实施者。因为如果对必要性的质疑成立，诉争专利从标准必要专利降格为普通专利，如此专利权人反而不用受到反垄断规则的约束，留下南辕北辙的笑柄。因此，对必要性之保留是否能实现规则目的，笔者亦持怀疑态度。

四、反垄断抗辩在"后华为诉中兴案"时代的个案适用：以杜塞尔多夫地方法院的 Sisvel v. Haier 案为例

欧盟法院就"华为诉中兴案"的先行裁决，在反垄断抗辩成立要件的构成上推翻了德国联邦最高法院之前的"橘皮书标准案"判决。自此，欧盟有关标准必要专利禁令救济的规则进入一个新的时代。

值得注意的是，作为对欧盟法的解释，欧盟法院的先行裁决对欧盟各成员国法院具有拘束力，但是如何进行个案适用，仍由各成员国国内法院决定。申言之，"华为诉中兴案"的先行裁决将原本过于倒向标准必要专利权人的利益天平向保护标准实施者的方向做了一定的倾斜，但是对双方的利益平衡还需要成员国法院以个案为基础进行最终的具体微调。

从 2015 年 7 月 16 日"华为诉中兴案"先行判决公布至今，德国地方法院又接连审理了若干起涉及标准必要专利禁令救济的争议。[84]其中，杜塞尔多夫地方法院审理的 Sisvel v. Haier 案[85]时间最早而且最为典型，特在此进行专门介绍。

（一）Sisvel 案的案情概述

本案的原告是意大利某专利管理公司 Sisvel，被告是海尔德国和海尔欧洲贸易。被告未经许可使用了两项由原告所有的专利。该两项涉案专利分别被欧洲电信标准机构（ETSI）选入GPRS 和 UMTS 标准，而且在这两项标准必要专利上原告作过FRAND 许可声明（2013 年 4 月 10 日）。

2014 年 8 月 29 日，原告向两被告的母公司发出有关专利许可的要约，但被告海尔欧洲贸易拒绝了该要约，而且没有提出任何反要约。2014 年 9 月 8 日，原告径直在杜塞尔多夫地方法院对被告提起专利侵权之诉。一直到欧盟法院于 2015 年 7 月 16 日就"华为诉中兴案"作出先行裁决之后，2015 年 8 月 12 日和 9 月 21日，被告才两次以书面形式向原告作出了反要约，但都被原告拒绝。在 2015 年 9 月 29 日的口头辩论阶段（Mündliche Verhandlung），被告又向法院递交了其根据 9 月 21 日所作的反要约中所提供的担保。

本案的焦点在于，原告主张停止侵权、销毁以及召回侵权产品，而被告则认为根据反垄断抗辩，原告所主张的上述请求不能成立。

（二）杜塞尔多夫地方法院的判决

杜塞尔多夫地方法院于 2015 年 11 月 3 日对此案作出判决。这是德国地方法院在"后华为诉中兴案"时代首例有关标准必要专利禁令救济反垄断抗辩的判决。根据"华为诉中兴"规则，只有在权利人履行了诉前告知义务（步骤一）和主动先作出FRAND 许可要约（步骤二），而且被控侵权人对要约未及时回应

（步骤三）或者虽然作出反要约但是在反要约被拒绝后没有马上提供相应担保（步骤四）的情况下，权利人主张禁令救济才不会构成滥用支配地位。在本判决中，法院在欧盟法院先行裁决的基础上进一步补充了"五步骤"的细节，并仔细探讨了本案中原告主张禁令救济是否触碰了由该"五步骤"标准所衍生的反垄断高压线；最终判定被告主张的反垄断抗辩不能成立，原告有权主张停止侵权、销毁以及召回侵权产品的请求权。

法院判决的要点如下：

首先，法院认为本案原告并没有违反其诉前告知的义务（步骤一）。虽然在本案中原告在向法院起诉前（2014 年 9 月 8 日）并没有正式向被告告知其侵权行为。但是，因为本案的起诉时点早于欧盟法院就"华为诉中兴案"的先行裁决（2015 年 7 月 16 日），甚至早于本案佐审官意见的发表（2014 年 11 月 20 日）。因此，在起诉时仍然适用德国联邦最高法院所确定的"橘皮书标准"规则，而该规则并不要求必要专利权人在起诉前对被告进行提示。

其次，因为本案原告向被告发出过相关专利许可的要约（2014 年 8 月 29 日），所以也没有违反主动先作出 FRAND 许可要约的义务（步骤二）。值得注意的是，法院认为没有必要去审查原告所作出的要约是否满足 FRAND 原则，更不能以原告的要约不满足 FRAND 原则为由而直接判定原告的禁令救济主张违反反垄断法。因为即使该要约不满足 FRAND 原则，被控侵权人也可以通过反要约进行回应。[86]此外，本案中原告发出的要约指向本案被告的母公司，而非本案的被告。对此，法院认为"许可合同的签订经常是与康采恩企业的中央部门相协商，所以母公司是更值得信赖的联系人。可以认为母公司与其他各子公司间有良好的沟通，因此权利人的要约在必要时候会被送到相关负责的子公司"。[87]因此，向被告的母公司发出要约，即相当于向被告发出要约。

接着，在收到原告的要约后，被告必须"按照客观第三人的角度，谨慎地、遵循交易习惯和诚实信用原则、不故意延迟地"回应原告的要约；如果不接受要约，则必须立即作出一个反要约（步骤三）。在这里，标准实施者是不是只有通过提反要约这一种方式来对必要专利权人进行回应，换句话说，可否允许标准实施者以其他方式回应，比如向权利人指出该要约不符合 FRAND 原则并要求其重新作出一个要约？另外，如果权利人的要约符合 FRAND 原则，那么标准实施者是否必须接受？对于这两个问题，法院并没有回答。

如果被告不接受要约，则需要立即作出反要约；如反要约被拒绝，则必须从被拒绝起立即对该必要专利的使用提供适当的担保（步骤四）。欧盟法院的先行裁决并没有明确，所谓适当的担保的金额，应该以权利人的要约中所提许可费率还是应该按照标准实施者提出的反要约中建议的许可费率为标准进行计算。对此，杜塞尔多夫地方法院认为标准实施者提供的担保金额，必须不低于其在反要约中建议的许可费率。如果提供的担保低于此最低标准（反要约中提出的费率），就可以直接认定标准实施者并无寻求许可的意愿或有故意拖延的嫌疑。[88]

在本案中，被告在拒绝原告提起要约后（2014 年 8 月 29 日），并没有马上作出反要约，而是在将近一年以后（2015 年 8 月 21 日）才重新向原告提出要约。这里就牵涉一个问题，如果被告拒绝原告的要约发生在欧盟法院先行裁决（2015 年 7 月 16 日）之前，且于此时间点前一直没有作出反要约和提供担保，但是在先行裁决作出之后，就提供了反要约并且也进行担保，在这样的情况下是否可以认为被告根据"步骤三"和"步骤四"的要求对要约作出了及时的回应，进而可以基于反垄断抗辩主张原告的禁令救济不成立？对此，杜塞尔多夫地方法院倾向于认为被告对反要约和担保义务的"补救行为"并不符合"华为诉中兴案"所确立的规则。因为此前的"橘皮书标准"对标准实施者课以的"担保提存义务"比"华为诉中兴案"的标准更为严格，在先行裁决作出之前不及时提供担保已经违反规则，若仍允许被告在先行裁决作出后进行补救，则相当于架空了之前"橘皮书标准"规则。[89]但是，在本案中法院认为没有必要回答可否"补救"的问题，因为法院认为本案被告在先行裁决（2015 年 7 月 16 日）之后将近一个月才作出第一个反要约（2015 年 8 月 21 日），此后又过了一个半月才提供担保（2015 年 9 月 29 日），仅此就不满足"及时回应"的要求，所以反垄断抗辩无论如何难以成立。[90]

五、结　语

如何因应标准化可能带来的"专利劫持"问题，德国法院选择从反垄断法滥用支配地位入手对标准必要专利权人的禁令救济进行限制的路径。不可否认的是，反垄断抗辩的路径有其自身的局限，但是德国和欧盟法院一系列判决（或先行裁决）对该制度进行了不断的充实、平衡和重构，[91]在解决"专利劫持"和可能出现的"专利反劫持"问题之间，逐渐探索出一条可供借鉴的"中间道路"。从这个意义上说，"华为诉中兴案"的过去、现在和将来绝不仅仅是一桩发生在他乡的"美丽故事"，其必将对中国"本土叙事"会有潜移默化的影响。对此，且拭目以待。

【注释】

1　欧盟法院基于欧盟成员国法院或仲裁机构的请求，可以对欧盟相关法律进行解释。这种解释以先行裁决（Preliminary Ruling）的方式作出，只限于对法律的解释，不及于个案的裁判。对个案的具体裁判仍将由提起释疑请求的法院作出。

2　禁令救济广义上包括诉前禁令、诉中禁令和永久禁令。诉前禁令和诉中禁令是程序法上的制度，而本文所讨论的禁令指的是永久禁令。从请求权角度看，永久禁令即为权利人的停止侵害请求权。为行文方便，本文禁令救济和停止侵害请求权在同一意义上使用。因此，本文的主题亦可表述为"在反垄断法视角下对标准必要专利权人停止侵害请求权的限制"。

3　以德国为代表的大陆法系原则上遵循"停止侵害当然论"，即有侵权行为发生，即给予权利人以禁令救济。而美国的禁令救济源于衡平法，美国最高法院在 eBay 案中认为侵权行为发生并不必然导致禁令救济，必须在考量四个相关因素的基础上进行个案衡量。李扬、许清："知识产权人停止侵害请求权的限制"，载《法学家》2012 年第 6 期，第 75 页。关于 eBay 案及美国专利法的禁令救济制度，详见和育东："美国专利侵权的禁令救济"，载《环球法律评论》2009 年第 5 期，第 124 页。

4　大体而言有依据反垄断法、民法或者专利法内部特殊规范这几种路径：采反垄断法路径的有德国；采民法路径的有荷兰、日本，其中日本知识产权高等裁判所在 2014 年的"三星诉苹果案"中，通过民法中的滥用权利条款对停止侵害请求权进行限制，该判决的英文版见："Sumsang v. Apple"，IIC 2015，124；中国正在讨论的《最高人民法院关于审理侵犯专利权纠纷案件应用法律若干问题的解释（二）》第 27 条，拟通过在专利法下制定特殊规则的方式对标准必要专利权人的停止侵害请求权进行专利法内部限制。

5　BGH，GRUR 2009，694 – Orange-Book-Standard，关于此案的中文介

绍可参阅张怀印："橙皮书标准案：基于反垄断法的强制许可的辩护"，见单晓光、江青云主编：《欧洲知识产权典型案例》，知识产权出版社 2011 年版，第 54 页。

6　European Commission, Press Release, 21 December 2012, IP/12/1448.

7　LG Düsseldorf, decision of 21 March 2013, Case No. 4 b O 104/12 No. 51 – LTE-Standard.

8　Judgment in Huawei v ZTE, C-170/13, EU：C：2015：477. 中文（非官方）译本可见智合东方网站。

9　轻视标准而导致失败的一个典型案例是日本的移动通信业。在 2G 移动通信时代，因为使用完全"自主创新"的 PDC 技术，导致其与世界主流的 GSM、CDMA 网络无法兼容，成为信息孤岛，日本手机用户到世界各地都不能漫游，而日本的电信企业也因为把主要精力用在 PDC 的开发，没有机会推出市场空间更大的 GSM 和 CDMA 产品，从而失去了在 2G 时代发展的机会，导致现在全球五大电信设备商，一家日本厂商都没有。转引自华为北京知识产权部部长闫新在 2014 年知识产权强国论坛上的发言。

10　事实标准的建立，是某一企业的技术解决方案，经过严酷的竞争筛选，将其他企业的解决方案排挤出市场，从而定于一尊的过程。此类标准战的典型案例：远的有当年家用录像机领域内，索尼公司的 Betamax 录像带和 JVC 公司的 VHS 录像带的格式之争，最后以 Betamax 没落，VHS 一统天下而结束。近的有高清 DVD 光盘与蓝光光盘之争，最后以蓝光光盘独占鳌头而落幕。对事实型标准的介绍，具体见：S. Beth, *Rechtsproblemepropritärer Standards in der Softwareindustrie*, CuvillierVerlagGöttingen, 2005；P. Grindley, *Standards, Strategy and Policy*, OUP, 1995, p. 74 et seq。

11　法定标准的产生，典型的情况就是标准化组织的各成员（除相关领域的专家外，主要由该领域各竞争者组成），通过协商而选出共同遵守的技术标准。"华为诉中兴案"中所涉及的由欧洲电信标准化协会（ETSI）这个标准化组织所制定的 LTE 标准，即属于此种法定标准。关于对法定标准的其他类型还包括"俱乐部标准"以及"国家标准"等，具体介绍可参考 Peter Picht, *Standardsetzung und Patentmissbrauch-Schlagkraft und Entwicklungs-bedarf des europäischenKartellrechts*, GRUR Int. 2014, 1, FN 5。

12　与事实标准相比，通过标准化组织成员协商产生的法定标准，更有独特的制度优势。一方面，法定标准的制定，避免了事实标准产生所必须经历的你死我活的"标准大战"，从而避免资源浪费。另一方面，事实标准的产生，主要取决于支持该标准的企业实力及多方因素，而与该标准本身在技术上是否最优并无直接关系。这就导致某些技术上而言优质的方案，因为没有为大企业所采用，而在竞争中被逐渐边缘化，不能最终成为标准。而标准化组织通过协商产生的法定标准，则能使这些技术上有优势的方案脱颖而出，成为标准。

13　*Guidelines on the applicability of Article* 101 *of the Treaty on the Functioning of the European Union to horizontal co-operation agreements*，［2011］OJ C211/1，Paragraphs 278、280 – 286.

14　网络效应是指产品价值随着购买这种产品及其兼容产品的消费者的数量增加而不断增加。Nicholas Economides，The Economics of Networks，*International Journal of Industrial Organization* 14（1996），pp. 673 – 699.

15　关于技术锁定，参见 J. S. Miller，Standard Setting，Patents，and Access Lock-in：RAND Licensing and the Theory of the Firm，*Indiana Law Review*，2007，p. 351。

16　Hold-up 是一个经济学术语，经济学者译为"套牢"，指如果一项交易活动，需要一方投资，而一旦投资就不能收回形成沉没成本，而有关交易价格的条款却不能事先确定，只能事后确定，那么就存在这样一种情况，在先期投资者已经投入的情况下，后者会借机剥削前者的利益，这就是套牢行为。见 Stanford Grossman/Oliver Hart，"The CostsandBenefitsof Ownership：A Theory of Verticaland Lateral Integration"，*Journal of Political Economy*，Band 94，1986，S. 691 – 719. 在专利法领域，hold-up 被译为（专利）劫持，指专利权人使用法院签发的禁令（或者仅仅是禁令威胁），"要挟"使用人支付高昂许可费的现象，而使用人因为无法避开这个专利，所以只能支付高昂许可费的现象。参见 Mark Lemley, Ten things to do about patent holdup of standards（and one not to）, *48 Boston College Law Review*, 149 - 168（2007）。

17 反公地悲剧指本应共有的产权由于细分化、私有化导致社会未能充分利用资源的情形，是由公地悲剧理论所衍生的概念；参见 Michael Heller, The Tragedy of the Anticommons: Property in the Transition from Marx to Markets, *111 Harv. L. Rev.* 621 - 688（1998）。

18 张雪红："标准必要专利禁令救济政策之改革"，载《电子知识产权》2013 年第 12 期，第 32 页。

19 《德国专利法》第 139 条。

20 这里的许可声明通常被称做 FRAND 许可声明，或 FRAND 承诺。

21 对于该问题的整理和分析，参见魏立舟：《FRAND 许可声明的法律性质研究：判例、学说和评价》，未刊稿。

22 Joseph Straus, *Das Regime des European Telecommunications Standards Institute-ETSI: Grundsätze, anwendbaresRecht und die Wirkung der ETSI gegenüberabgegebenenErklärungen*, GRUR Int. 2011, 469; Maume/Tapia, *Der ZwangslizenzeinwandeinJahrnach Orange Book Standard-mehrFragenalsAntworten*, GRUR Int. 2010, 923, 927.

23 LG Düsseldorf, Urt. v. 12. 2. 2007, Siemens/Amoi.

24 "橘皮书标准案"所涉标准即为事实标准，故此案中不存在 FRAND 许可声明。

25 Loewenheim/Meessen/Riesenkampff/Nordemann, Kartellrecht, 2 Aufl., 2009, GWB, § 1 Rn. 203; Beier, in Westermann/ Rosener, Festschrift fuer Karlheinz Quack zum 65 Geburtstag, 1991, S. 15-32.

26 这种在当下占主流的观点，又称为"互相承认"理论（Concept of Mutual Recognition），最早见于欧盟法院 1968 年在"Parke, Davis & Co"案的判决，在该判决中提到，"成员国授予专利所有人的权利不受条约第 85 条第 1 款和第 86 条（现《欧盟运作条约》第 101 条第 1 款和第 102 条）的限制性规定之约束。对该等权利之行使本身并不导致第 85 条第 1 款（现《欧盟运作条约》第 101 条）的适用，除非存在该条所禁止的协议、决定或其他协同行为；同样，对该等权利之行使本身不导致第 86 条（现《欧盟运作条约》第 102 条）的适用，除非存在该条所禁止的滥用市场支配地位的行为"。European Court of Justice, 29 February 1968, case no. 24/67, p. 71 – Parke, Davis & Co.

27　《德国反限制竞争法》第八次修订于 2013 年 6 月 30 日生效。此次修订对有关滥用市场支配地位的条款进行了形式上的调整，因此修改前的第 19 条和第 20 条被新法的第 18 条和第 19 条取代。本文所讨论的案件如果是 2013 年修法以前的情况，仍然直接援用当时判决所用的旧法条，此处提请读者留意。

28　Judgment in RTE and ITP v. Commission（'Magill'），joined Cases C-241/91 P and C-242/91 P, EU：C：1995：98.

29　Judgment in IMS Health v NDC Health, Case C-418/01, EU：C：2004：257.

30　对此具体分析，见刘孔中："以关键设施理论限制专利强制授权之范围"，载《公平交易季刊》（台湾）第 15 卷第 1 期，第 25 页；张伟君："版权扩张对信息准入的影响及其反垄断法规制"，载《科技与法律》2006 年第 1 期，第 32 页。

31　《德国专利法》第 24 条虽然规定了强制许可制度，但通说认为该规范的适用不包括涉及标准必要专利的情形。

32　Benkard/Rogge, PatG, 9 Aufl., §24 Rdn. 19；Knöpfle/Leo in Gemeinschaftskommentar, 5. Aufl., §19 GWB Rdn. 2466.

33　BGH, GRUR 2004, 966-Standard-Spundfass, 关于此案的中文介绍请参阅张韬略："Spundfass 标准案：关于反垄断法下对专利授予强制许可的条件"，见单晓光、江青云主编：《欧洲知识产权典型案例》，知识产权出版社 2011 年版，第 48 页。

34　对此判决的介绍亦可见李素华："专利权行使与公平交易法——以

近用技术标准之关键专利为中心"，载《公平交易季刊》（台湾）第16卷第2期，第85页。

35　BGH, GRUR 2004, 966 Rn. 31 – Standard-Spundfass.

36　王晓晔："知识产权强制许可中的反垄断法"，载《现代法学》2007年第4期，第91页。

37　关于具体的解释方法，详见本文"二（四）2（2）：'恶意主张'抗辩说"部分。

38　BGHZ 148, 221 – Spiegel CD-Rom.

39　OLG Düsseldorf, InstGE 2, 168 – Spundfass.

40　LG Mannheim, Urt. v. 20. 4. 2007-7 O 287/02-CD-R.

41　LG Mannheim, NJOZ 2008, 960-MP3.

42　对该案的案情以及基于反垄断法的强制许可制度的介绍，见本文之"二（三）反垄断抗辩的前命题：基于反垄断法的强制许可制度"部分。

43　判决中，德国联邦最高法院认为如果原告的做法构成滥用市场支配地位中的不合理歧视行为，那么被告就有可能从原告处获得免费许可。而被告的损害赔偿责任与被告是否能获得专利免费许可息息相关，因此无法排除被告可以此对抗原告的损害赔偿请求权。值得注意的是，德国最高法院的判决只涉及法律审，不涉及案件事实的认定。因此，该判决只能在规范意义上揭示被告可以获得强制（免费）许可的可能，至于原告是否真的构成不合理歧视，则需要下级法院来确定。

44　LG Düsseldorf, Urt. v. 30. 11. 2006 – 4 b O 508/05 – Videosignal-Codierung.

45　LG Düsseldorf, Urt. v. 13. 2. 2007-4a O 124/05 – Siemens/Amoi.

46　比如 LG Düsseldorf, NJOZ 2009, 930 – MPEG2-Standard II.

47　E. g., Jaecks&Doermer in："Festschrift fuerSaecker", at 97, 106 et seq.；Rombach in："Festschrift für Günter Hirsch", at 311, 321 et seq.

48　同注释39。

49　有德国学者称此为 FRAND 抗辩，但为了避免与基于民法角度的

FRAND 许可声明相混淆，故本文不采此称谓。

50 参见注释 44。该解释方法最早由德国专利法权威托马斯·库恩（Thomas Kühnen）法官提出，见 Kühnen, Der kartellrechtl. Zwangslizenzeinwand, in：Festschr. f. Tilmann, 2003, S. 513ff。

51 BGH, GRUR 2009, 694 Rns. 24, 26, 27 – Orange-Book-Standard.

52 Ibid, Rn 27.

53 Ibid, Rn 9.

54 卡尔斯鲁厄是德国联邦最高法院所在地，卢森堡是欧盟法院所在地。从卡尔斯鲁厄到卢森堡，借喻从"橘皮书标准案"到"华为诉中兴案"关于反垄断构成要件的规则嬗变之路。

55 Ibid, Rn 27.

56 Ibid, Rn 26.

57 Ibid, Rn 29 ff.

58 Ibid, Rn 41.

59 在此案中，德国联邦最高法院对反垄断抗辩的引入亦基于"恶意主张"抗辩说。

60 BGH, GRUR 2009, 694 Rn. 30 – Orange-Book-Standard.

61 Ibid, Rn. 33.

62 Ibid, Rn. 32.

63 Ibid, Rn. 30.

64 Ibid, Rn. 33.

65 自橘皮书标准判决作出后至今，共有百余件有关标准必要专利侵权案件诉讼至德国各级法院，但据不完全统计，只有 2 件判决中，法官判决反垄断抗辩成立。见 OLG Karlsruhe, Urteil v. 27. 2. 2012, Nr. 6 U 136/11 – GPRS-Zwangslizenz II；LG Mannheim, Urteil v. 27. 5. 2011, Nr. 7 O 65/10。

66 E. g. , Hanns Ullrich, Patents and Standards-A Comment on the German Federal Supreme Court Decision *Orange Book Standard*, IIC 2010, 337.

67 欧盟委员会办公地点。

68 发布反对声明是欧盟委员会相关调查程序中的一个解释，以这种方式欧盟委员会向被调查人通知其存在的反垄断行为，而相关被调查方可以进行书面回应并要求口头听证。

69 European Commission, Press Release, 21 December 2012, IP/12/1448.

70 European Commission, Press Release, 6 May 2013, IP/13/406.

71 European Commission, Press Releases, 29 April 2014, IP/14/489 and IP/14/490.

72 虽然德国的反垄断抗辩基础来源于《德国限制竞争法》第18～19条，但是根据欧盟第1/2003号条例，对德国反垄断法的适用不能与欧盟反垄断法的适用相冲突。

73 European Commission, 29 April 2014, MEMO/14/322.

74 在上述五问中，只有最后一问与标准必要专利权人的禁令救济无关，而且无论是从德国联邦最高法院的"橘皮书标准"判决还是欧盟委员会的决定来看，都不认为滥用支配地位涉及禁令救济之外的其他请求权。之所以仍然就这个问题提出释疑请求，主要是借此机会希望欧盟法院进一步明确在此问题上的态度，增加法的安定性。

75 Judgment in Huawei v ZTE, Case C-170/13, EU：C：2015：477.

76 Opinion in Huawei v ZTE, Case C-170/13, EU：C：2014：2391.

77 Opinion in Huawei v ZTE, Case C-170/13, EU：C：2014：2391, Paragraph 71.

78 因为同类标准与标准之间已存在竞争，而标准的"网络效应"使得参与标准的主体越多其价值越大，因此业界实践中一般都允许第三方在未经许可的情况下先使用标准必要专利，等到时机成熟之后再对使用而产生的许可费进行谈判。另外，确定符合FRAND条件的许可费必须基于市场反应，因此这种"先使用后谈判"的作法更利于双方基于市场的反应确定合理的许可费（此点为中兴公司知识产权总监赵启杉博士所提示，特此致谢）。

79　Court of Justice of the European Union, Press Release No 155/14, 20 November 2014.

80　见本文"二（二）：反垄断法的路径选择"部分。

81　参见注释 71、73。德国库恩（Kühnen）法官亦持此见解，见 Thomas Kühnen, Handbuch der Patentverletzung, 7. Auflage, Carl Hermanns-Verlag, 2014, Rn. 1708。

82　Judgment in Huawei v ZTE, Case C-170/13, EU：C：2015：477, Paragraphs 53 and 54.

83　Ibid, Paragraph 69.

84　除了本文介绍的 Sisvel 案以外，还包括 LG Mannheim, Urt. v. 27. 11. 2015-2 O 106/14 – Saint Lawrence v Deutsche Telekom 等。

85　LG Düsseldorf, Urt. v. 03. 11. 2015 – 4 a O 93/14 – Sisvel v Haier.

86　Ibid, Rn. 172.

87　Ibid, Rn. 169.

88　Ibid, Rn. 178.

89　Ibid, Rn. 186.

90　Ibid, Rn. 187.

91　反垄断抗辩路径的"阿喀琉斯之踵"在于，难以证明所有的标准必要专利人都在相关市场具有支配地位。近来有观点认为，无论 FRAND 许可声明还是反垄断抗辩都不能非常自洽地解决标准必要专利可能导致的"专利劫持"，最好的方法还是通过修改专利法，在专利法内部对专利权人的禁令救济作出具体限制。参见 RetoHilty/Peter Slowinski, *Standardessentielle-Patente-Perspektivenauβerhalb des Kartellrechts*, GRUR Int. 2015, 781。

标准必要专利的合理许可费判定研究

李 奇[*] 撰

【摘 要】标准必要专利诉讼的案件近年来频频发生，并且此类案件的焦点问题往往在于许可费是否合理。因此，FRAND 原则作为利益平衡的手段应运而生。本文通过考察国内外立法政策以及相关案例，梳理、总结出目前国内外司法界关于许可费问题的最新审判规则及审判经验。在此基础上，结合我国司法实践的实际情况，提出我国标准必要专利案件中较为切实可行的许可费判定方法——"基础许可费 + 调整因素判定法"。

【关键词】标准必要专利；FRAND 原则；合理许可费；华为案；类似许可

---

* 李奇，同济大学法学院 2013 级硕士研究生。

一、绪 论

（一）选题背景及意义

标准必要专利（Standard-Essential Patent，SEP）是指"实施该标准必不可少的专利"。[1] 其本质是标准与专利的结合。标准是一种公共产品，而专利则是一种垄断的私权，二者之间存在与生俱来的矛盾。当专利一旦为标准所采纳而成为标准必要专利，专利权人可能会利用标准的公共性滥用其权利，例如专利挟持、专利许可费堆叠以及歧视性许可等，侵害标准实施者以及公众的利益。为了平衡专利权人与标准实施者以及公众之间的利益，国际通行的做法是采用 FRAND 原则，即公平、合理、无歧视（Fair, Reasonable and Nondiscrimination）原则。

而 FRAND 原则过于抽象，缺乏明确的含义和适用规则，导致在具体个案中难以判断该许可是否符合 FRAND 原则。因此，关于标准必要专利许可的诉讼近年来频频发生，并且在该等诉讼中，焦点问题往往在于合理许可费的判定，即什么样的许可费才是符合 FRAND 原则的。目前，国际上关于标准必要专利的诉讼主要有三种路径：合同之诉、侵权之诉以及反垄断之诉。而无论是基于哪种路径提出诉讼，合理许可费的判定依旧是其核心问题。

2013 年 4 月，美国法院判决了著名的"Microsoft v. Motorola案"，在借鉴并修改了"Georgia-Pacific"因素的基础上，对标准必要专利合理的许可费问题进行了大量论证。2014 年 12 月，美国联邦巡回上诉法院对"Ericsson v. D-Link 案"作出判决，就FRAND 条款下，下级法院如何计算标准必要专利许可费问题提供了重要指导。2013 年 10 月，中国法院在"华为诉 IDC 案"（以下简称"华为案"）中就如何判定标准必要专利合理的许可费问题进行了初步探索。但是，由于标准必要专利的许可费问题十分复杂，如何判定其合理与否目前仍然是各国司法界共同面临的难题。

近年来我国也从立法层面对标准必要专利许可费问题进行积极的探索。在国家标准化管理委员会、国家知识产权局于 2013 年 12 月 19 日联合颁布的《国家标准涉及专利的管理规定（暂行）》，以及国家工商行政管理总局于 2015 年 4 月 1 日颁布的《关于禁止滥用知识产权排除、限制竞争行为的规定》中，均明确规定了"公平、合理、无歧视"原则。2014 年 7 月 31 日，最高人民法院发布《最高人民法院关于审理侵犯专利权纠纷案件应用法律若干问题的解释（二）》（征求意见稿），该解释第 27 条对标准必要专利许可费问题作了较为细致的规定，从而进一步激发了学术界就此问题的探讨。[2]

中国拥有世界第一大电信网络，因而中国市场对全球大多数电信行业的企业而言都是具有强大吸引力的沃土。在全球"专利大战"之火蔓延而至之际，我国如何形成标准必要专利合理许可费判定的司法环境不但关系到全球电信行业参与者的切身利益，也关系到我国电信产业的发展。

（二）研究现状

1. 国内的研究现状

考察我国的相关研究，关于标准必要专利诉讼以及合理的许可费问题在近几年开始逐渐为学术界所重视。

（1）关于司法介入标准必要专利许可费。

大多数学者着眼于标准必要专利许可费的计算，而谢雄雅、胡伟华（2015）从司法的角度对合理的许可费问题进行研究，并提出在标准必要专利谈判中，由于专利劫持的存在，出于维护合同的实质正义，司法介入许可费谈判具有正当性。但司法干预许可费的前提应是"谨慎且适时的介入"。[3]

（2）许可费计算的考量因素。

许可费计算的考量因素是学者们研究的重点，具有代表性的观点主要有以下几种。

何怀文（2008）介绍了欧盟委员会于 2004 年微软滥用市场支配地位案中确立的对于 FRAND 客观标准的基本立场：①被许可技术具有创新性且许可费与创新性成正比（前提是该技术属于创造而非标准）；②与"可比技术"的市场估价相符。[4]

马海生（2009）则提出，许可费的数额应当与以下因素相关：①实施该专利或类似专利的所获利润，以及该利润在被许可人相关产品销售利润或销售收入中所占的比例；②排除因标准而获得的收益；③技术标准中有效专利的数量；④有效专利的法律状态；⑤限制最高专利许可费率；⑥专利许可费在专利权人之间的合理分配。[5]

刘强（2011）提出另外两个因素：①专利许可费与技术市场竞争；②专利许可费与专利信息披露时机。[6]

江苏省高级人民法院法官宋健（2015）则提出，在标准必要专利诉讼中，法院应当将举证责任合理地分配给双方当事人，由其各自提供证据，法院基于此在双方的攻辩对抗中得出许可费的裁决。[7]

（3）对华为案中许可费判定的研究与评价。

华为案是国内标准必要专利许可费第一案。该案对于标准必要专利许可费的裁决一出，引起学界广泛讨论。在华为案之后，该案一审的主审法官叶若思、祝建军、陈全文（2013）就该案提出，许可费的"合理"，既包括许可费本身合理，也包括许可费相比较的合理，并提出：①专利许可使用费应限定在产品利润的一定比例范围内；②排除专利权人因其专利被纳入标准而获得额外的利益。[8]

就华为案许可费的判定而言，张平（2014）提出法院可以适用以下方法：①历史许可协议＋自由裁量因素确定费率；②按优先级从高到低确定费率；③确定不超过和不低于 IDC 在国际市场上的最高和最低许可费率的范围；④由双方谈判协商确定；⑤低于非技术标准专利许可的费率。[9]

罗娇（2015）在评价华为案时提出，法院判决 FRAND 费率时应考虑：①确保专利权人会继续参与到标准制定中；②确保标准实施者能够使用该标准；③许可费在标准实施者的产品利润可承担范围内；④相似情况的标准实施者的许可费大致相同。[10]

（4）对国外司法实践的研究与借鉴。

近几年来，美国标准必要专利诉讼频发，其中不乏"Microsoft v. Motorola 案"等影响广泛的判例，国内学者也对此加以关注。张吉豫（2013）介绍了"Microsoft v. Motorola 案"中罗巴尔（Robart）法官如何修改并适用新的"Georgia-Pacific"因素来判定合理许可费。[11]徐朝峰（2014）将"Microsoft v. Motorola"案的关键因素总结如下：①专利技术对标准及其实施者的价值；②参照物的选择，即选择权利人之前的类似许可作为参考。[12]

多数国内学者主张借鉴"Microsoft v. Motorola 案"罗巴尔法官修改的"Georgia-Pacific"因素来构建假想谈判法。李扬、刘影（2014）主要从美国"Microsoft v. Motorola 案"和中国华为案的比较出发，提出不主张简单的比较法，而主张在利益平衡等政策考量基础上借鉴假想谈判法计算许可费。[13]

秦天雄（2015）除了主张借鉴假想谈判法以外，还提出借鉴专利池比较法，而这也是罗巴尔法官在"Microsoft v. Motorola 案"所运用的方法之一。[14]

2. 国外的研究现状

美国、欧盟等专利技术标准化的进程早于我国多年，无论是理论还是司法实践都领先于我国。国外学者对此问题的关注早在20世纪90年代就已开始，对许可费的计算，经济学界、法学界人士都从不同的角度提出不同的方案、模型及理论。在司法实践方面，法官在一系列案例中不断改进判例法，并从中总结了较为丰富的审判经验。因此，对国外理论成果及其司法实践的研究与考察，对我国有很大的借鉴意义。

主要有以下几种理论。

理论一：事前理论（Ex Ante）。

卡尔·夏皮罗和哈尔·瓦里安（Carl Shapiro and Hal Varian）（1999）早在20世纪末已指出，合理的许可费应当是专利权人可与其他技术竞争阶段的使用费，而非标准制定后，标准参与者都被技术锁定后专利权人可收取的使用费。[15]丹尼尔·斯文森和威廉·鲍姆（Daniel Swanson and William Baumol）（2005）在此基础上提出，合理许可费"必须以事前（Ex Ante）竞争加以确定和实施"。[16]

理论二：合理许可费取决于双方的谈判。

与此相反的是，埃尔卡·拉赫纳斯托（IllkaRahnosto）（2003）指出，是否为合理的许可费无法事先认定，该类许可的任何具体条款都取决于各方的谈判。[17]即一般而言，如果许可条件可以在面对面的谈判中被对方接受，则该许可就可以认定为是公平、合理的。

理论三：专利许可费 = π（v1 – v2）+ c。

毛里茨·多尔马斯（Maurits Dolmans）（2007）提出以该公式计算合理的许可费：π 表示专利无效的可能性，v1 表示每单位产品使用专利所增加的价值，v2 表示每单位产品使用最佳替代技术所增加的价值，c 表示许可成本。该公式最突出的特点就是强调专利增量价值，同时也考虑到专利无效对许可费的影响。[18]

理论四：下降型许可费计算规则。

马克·A. 莱姆利（Mark A. Lemley）（2007）提出，对标准组织参与者中先披露专利者予以奖励，比如第一个参与者的许可费上线为5%，第二个为3%，依次递减，但最后的披露者将不会为零，而会减少到0.5% 或 0.25%。该理论有利于标准制定参与者尽快披露自己的专利。[19]

理论五：25% 法则（25% Rule of Thumb）。[20]

简单来说，25% 法则基本上可以理解为被许可人应向专利权人缴纳其25% 的营业利润（或有时毛利润或税息折旧及摊销前利润）作为一项标准费率。而"经典25% 法则"（the Classic 25% Rule）则认为，25% 法则应当取决于具体的谈判以及视案件的具体因素而调整，比如运用所谓的"Georgia-Pacific"因素。

除了以上理论界对合理许可费的探讨，美国法院也在司法实践中试图不断寻求进一步对 FRAND 原则进行解释与澄清。主要案件有："Microsoft v. Motorola 案" "In re Innovatio IP Ventures 案" "Ericsson v. D-Link 案" 和 "Realtek Semiconductor, Corp. v. LSI Corp. 案"。[21]

案例一：Microsoft v. Motorola 案[22]

在 "Microsoft v. Motorola 案" 中，为了确定 Motorola 的邀约是否符合事实上的 FRAND 原则，该案法官分析了相关事实以判定涉诉专利的合理价值。在此过程中，罗巴尔法官通过修改 "Georgia-Pacific" 因素的部分因素，将 "Georgia-Pacific" 因素适用于标准必要专利。而 "Georgia-Pacific" 因素即在构建一种在专利侵权之前由专利权人与实施者之间进行的假想谈判，并在该过程中考虑 14 个（"Georgia-Pacific" 因素总共有 15 个因素，但第 15 个因素即构建假想谈判）不同方面的因素，最初确立时适用于一般专利侵权案件的许可费判定。

案例二：In re Innovatio IP Ventures 案[23]

在 "In re Innovatio IP Ventures 案" 中，双方要求地方法院计算 802.11 中一组标准必要专利合理的许可费率。该案主审法官霍尔德曼（Holderman）主要使用 "Microsoft v. Motorola 案" 中的计算方法，但也做了一些修改。同时，霍尔德曼法官提出与 FRAND 许可费率相关的概念，包括专利劫持、许可费堆叠，以及激励发明人参加标准制定过程。接下来，法院论述了在考虑以上因素的基础上，许可费率：（1）必须区分专利技术本身的价值和专利技术标准化过程中产生的价值；（2）考虑到该专利实际上在标准中覆盖的部分；（3）必须能够达到一定水平，以确保发明人在将来的发展中仍有动力继续发明创造，并将其发明贡献于标准化制定的过程。

案例三：Ericsson v. D-Link 案[24]

在"Ericsson v. D-Link 案"中，美国联邦巡回上诉法院在计算标准必要专利许可费率的问题上，向下级法院提供了实质性的指导。（1）上诉法院认为，没有完全适合所有案件的"Georgia-Pacific"因素，应当个案分析，选取其中与案件相关的因素。（2）许可费计算的基础是标准必要专利的增量价值，而排除将标准作为一个整体的价值以及标准化的价值。（3）如果被诉侵权人主张专利劫持和许可费堆叠的，必须有实际证据证明该等专利劫持和许可费堆叠事实上已经发生。

案例四：Realtek Semiconductor, Corp. v. LSI Corp. 案[25]

在"Realtek Semiconductor, Corp. v. LSI Corp. 案"中，地方法院在指示陪审团时，告知陪审团不应当考虑 LSI 的专利被标准采纳所产生的优势（如有）。但是，陪审团必须考虑任何专利技术本身的优越性带来的优势。法官进一步对陪审团提出判定 FRAND 许可费率的两步法：（1）比较涉诉标准必要专利与该标准内其他标准必要专利对标准的贡献；（2）考虑标准作为一个整体对实施该标准的产品的市场价值。

事实上，专利进入技术标准是个棘手的新问题，各国的标准组织、法院目前都处在摸索的阶段。而标准必要专利的合理许可费认定又是其中最关键、最复杂的问题，即使在司法实践经验相当丰富的美国，该问题到目前为止也远未被解决。

（三）研究内容及思路

本文将分为六部分。第一部分为绪论，主要包括本文的研究背景及研究现状，即本研究问题的由来，以及目前针对该问题，国内外学者的主要理论以及司法判例。第二部分为标准必要专利的合理许可费判定概述，主要介绍 FRAND 原则，论述司法介入标准必要专利合理许可费的理论基础，以及标准必要专利诉讼的主要类型。第三部分为中国法律规定及司法实践，主要介绍我国标准必要专利许可费判定原则的变化过程：从"明显低于"原则到 FRAND 原则的确立。重点分析华为案中我国法院则判定合理许可费的方法及局限。第四部分为美国的司法实践，主要考察并分析 Microsoft v. Motorola 案、In re Innovatio IP Ventures 案以及 Ericsson v. D-Link 案 3 个美国法院判决的有关标准必要专利许可费的案件，以及美国司法部关于标准必要专利许可费的最新观点。第五部分提出、分析标准必要专利合理许可费的判定方法——"基础许可费 + 调整因素判定法"，主要对该方法的四个步骤进行展开论述，具体包括许可费计算基础、专利增量价值、类似许可等三个合理许可费判定的核心问题。第六部分为结语。

二、标准必要专利的合理许可费判定概述

（一）标准必要专利合理的许可费与 FRAND 原则

标准组织（Standard-Setting Organizations，SSOs）设立技术标

准在于，确保来自不同生产者生产的产品能够相互兼容。标准化的过程无论是对消费者或者生产者来说都产生了巨大价值。但标准组织在制定标准的过程中，往往包含大量专利技术，标准的实施者必须获得那些专利权人的许可，这些专利即标准必要专利。因此标准的普及与发展也给了那些标准必要专利权人实施反竞争行为的机会。不同于一般专利许可，由于标准必要专利的不可替代性，专利权人在谈判中具有天然的优势。标准实施者如果选择替代技术而绕开标准必要专利，往往将付出昂贵的转换成本，并且可能因为与市场上其他产品兼容性差而销量大减。因此，许多标准必要专利权人容易采用专利挟持、专利许可费堆叠等手段，提高许可条件，以使其自身利益最大化。这样一来，标准实施成本增加，一方面，不利于标准被广泛采用，真正实现促进技术进步的目的；另一方面，标准实施者的利益空间被大大压缩后，将成本转移至消费者，最终使得消费者福利减少，公众利益受损。

因此，为了重新调平标准必要专利许可中失衡的利益天平，FRAND 原则应运而生。FRAND 原则是指标准制定过程中，标准组织将某项专利纳入标准时，要求专利权人作出的一项承诺，即以"公平、合理、无歧视"的方式向标准实施者进行授权许可。其目的是防止专利权人实行专利劫持，规范专利授权行为，保障标准制定过程的顺利进行，平衡专利权人与标准实施者、社会公众之间的利益。比如，国际电信联盟（International Telecommunications Union，ITU）在其一般专利政策中规定："一项专利如果全部或部分落入一项标准之中，则该专利必须向所有人开放而不能加以不合理地限制。"此外，任何专利权人想加入 ITU，则必须提交其有关承诺的声明："在无歧视、合理的条款和条件的基础上与他方进行谈判许可。""如果专利权人在与所有潜在实施者谈判许可中不同意遵守有关要求，则其专利不应当被纳入标准。"[26]

尽管 FRAND 原则在标准制定过程中得到了广泛的采用，但一直以来该原则也饱受争议。一方面，由于 FRAND 原则本身语言的模糊性和概括性，该原则在具体实务中显得空泛而不实用。另一方面，标准制定者往往不具备相关法律知识，再加上在制定标准过程中具体化或量化 FRAND 原则（如确定一个封顶的许可费率）有违反反垄断法的风险，[27]因此，大多数标准化组织在 FRAND 原则解释与判断方面选择了"不作为"的中立地位。有学者在调研了 29 家标准化组织中，只有 4 家标准化组织的知识产权政策规定涉及对 FRAND 原则的理解。[28]因此，FRAND 原则也被称为"没有牙齿的老虎"。[29]

FRAND 原则的核心是合理的许可费问题。而这也是标准必要专利纠纷中最受关注的问题。由于标准必要专利的特殊性，专利权人已失去拒绝许可的权利，其剩余的权利主要体现在对许可费的制定上。究竟什么样的许可费才符合 FRAND 原则呢？这是目前各国法院普遍面临的一大难题。正如美国最高院大法官布雷耶所说，"法官或陪审团怎么决定一个公平的价格呢？是其他供货商出售同样产品的价格吗？可是找不到其他供货商呢？是假定市场不存在垄断时通过竞争确定的价格吗？可是如果法院不是像价格管理部门那样花几年的时间去研究成本和需求，法院又怎能确定这个价格呢？……当成本和需求随着时间发生变化后——这是必然的，法院又该如何应对？"[30]

（二）司法介入标准必要专利合理许可费的理论基础

本文研究的逻辑起点应当是论证司法介入标准必要专利的合理许可费问题的正当性。[31]有人提出，许可费问题应该是专利权人与专利使用人双方协商谈判的结果，体现双方的意思自治与合同自由，司法不应当介入。甚至有的法官也认为，许可费的问题当然只有一种情况下才能由法院介入，就是发生专利侵权，被侵权人主张赔偿的情况。除此之外，法院怎么能随便介入本该属于意思自治的领域呢？

然而，合同自由并没有考虑到当事人之间经济实力和地位的差异可能造成的强制性，因而并不可能完全实现社会正义。[32]笔者认为，对于普通的专利许可，由于双方的谈判地位与议价能力大致相当，因此，许可费应当由专利许可合同双方自由约定。但在标准必要专利的许可谈判中，如果存在专利劫持，司法就有必要介入以重新平衡专利权人与标准实施者之间的利益。具体来说，主要有以下依据。

（1）弥补 FRAND 条款的不足。如前所述，几乎大多数标准组织回避了 FRAND 原则中关于许可条件等关键问题，而是将该等问题留给专利许可谈判中决定。事实上，专利许可合同双方谈判达成的协议往往是不对外公开的，有的甚至专门就标准必要专利的许可条件签订保密协议。这样操作的结果是，标准必要专利的许可条件与成本具有很强的不确定性。对于专利权人来说，完全可以在加入标准化组织的时候承诺接受 FRAND 条款的约束，而又在与标准实施者的谈判中将 FRAND 条款架空。可想而知，仅凭 FRAND 条款约束专利权人许可标准必要专利的实际效果是有限的。因此，司法介入相当于二道防线，其意义在于将专利权人与标准实施者之间失衡的利益天平再次拨正。

（2）维护合同双方的实质公平。公平原则即要求双方当事人在权利义务的分配上公平合理，不得滥用权力。在普通的专利许可中，专利实施人一般有多种替代技术可以实现技术目标，而一且专利被纳入标准，即产生专利锁定，实施者如果不采用该标准必要专利，就可能面临支付高昂的转换成本或者甚至退出市场的不良后果。因而，如果不能诉诸司法途径，除了接受不合理的许可条件，标准实施者几乎没有选择的余地，合同双方实质上明显处于不对等的地位。

（3）国外司法机构亦介入许可费判定。比如，著名的"Microsoft v. Motorola 案"中，罗巴尔法官判定合理许可费的目的是让陪审团可以认定 Motorola 给 Microsoft 的许可要约是否遵守了其 FRAND 义务，而并不是为了计算 Microsoft 侵犯 Motorola 标准必要专利的损害赔偿金。[33]在德国"Standard Tight-Head Drum 案"和"橘皮书标准（the Orange Book Standard）案"中，法院肯定了其有权裁判标准必要专利许可费的合理性，有权对其是否符合 FRAND 原则进行审查。[34]

在华为案中，法官认为，许可费问题在当事人不能达成合意的情况下，可以由法院判定。理由是类比了我国专利法对强制许可的规定，即取得强制许可的单位或个人应当付给专利权人合理的使用费，使用费由双方相互协商；协商不成的，由国务院专利行政部门裁决。该案法官认为，尽管标准必要专利许可不属于强制许可，但二者在许可费问题上有相似之处。笔者同意以上论述，原因是标准必要专利许可与强制许可确实具有相似之处——公共性。尊重双方意思自治的同时保证对许可费的诉权，体现了公共利益与个人利益之间的平衡。

需要指出的是，由于司法具有被动性与审慎性，因此行使司法权要正当合理。只有在确有必要时，即当双方谈判僵持，严重损害一方利益以及社会公众利益时，法院才能依申请对标准必要专利合理许可费进行判定。2014 年 8 月公布的《最高人民法院关于审理侵犯专利权纠纷案件应用法律若干问题的解释（二）（公开征求意见稿）》第 27 条第 2 款就此问题作出具体规定：标准所涉专利的实施许可条件，应当由专利权人、被诉侵权人协商确定；经充分协商，仍无法达成一致的，可以请求人民法院确定。从以上条款来看，肯定了许可费双方自由协商的权利，也从立法的角度再次肯定了许可费的可诉性。

从实践看，那些认为司法介入许可费问题缺乏正当性的观点往往是标准必要专利权人出于自身利益的主张，目的是切断被许可人寻求司法救济的可能，最大化地利用其谈判中的优势地位迫使被许可人接受其不合理的许可条件。在华为案中，双方在 2008 年开始就许可费进行谈判。IDC 公司一方面在美国不断对华为公司提起诉讼，对其实施禁令，迫使其接受 IDC 公司的报价，另一方面又提出专利许可合同的商业条款分歧不宜由司法机关裁判，阻止华为公司获得司法救济。华为公司被 IDC 公司双面夹击，如果不寻求司法救济，除被迫接受 IDC 公司单方面的许可条件外，没有任何谈判余地，合法权益无从保障。在此情况下，华为公司提请法院判定合理许可费的诉讼请求应当得到支持。

（三）标准必要专利许可费诉讼的基本类型

司法实践中，当事人大致从合同法、竞争法以及侵权责任法三条不同的路径提出标准必要专利许可费诉讼。因此，标准必要专利诉讼的基本类型主要有三种：第一种是合同之诉，第二种是反垄断之诉，第三种是侵权之诉。之所以产生三种不同诉讼路径，还应从专利许可的法律基础开始考察。在专利许可的法律基础中，专利法赋予专利权人禁止他人未经许可实施受保护专利的权利，这成为专利许可的法律根源。然而，专利法仅明确了专利许可权利的来源，而未具体规定专利许可的行为。专利许可合同作为一种特殊类型的合同，被归入"技术转让合同"，由《合同法》第18章专门调整。因此，合同法是专利许可的主要法律依据。与此同时，专利权作为一项私权，本质是一种合法的垄断权。垄断权的取得虽然合法，但其行使未必合法。出于逐利的本性，专利权人往往会利用自身的垄断地位，进一步排除或限制竞争，从而减少消费者福利。当专利权作为一项私权在行使过程中损害了社会公众的利益，则必然受到公权力的调整。因此，专利权在行使中也将受到反垄断法的规制，以保障公平、自由的竞争秩序。

1. 合同之诉

许可费的谈判系一项合同行为，由合同法调整是一般思路。但是，如果专利权人与标准实施者之间尚未就标准必要专利许可达成一致时，是否存在合同关系呢？这是基于合同法路径提起标准必要专利诉讼首先要回答的问题。在标准必要专利许可实施中，主要涉及专利权人、标准组织与标准实施者这三者之间的关系。在"Microsoft v. Motorola 案"中，美国联邦第九巡回上诉法院则肯定了专利权人与标准组织之间的合同关系，专利权人与标准实施者之间不成立合同关系，而应当将标准实施者认定为第三方受益人。欧盟国家的主流观点以德国法官的观点为代表，即FRAND 原则作为一项许可准备声明，既不构成专利权人与标准实施者之间的合同，也不存在第三方受益合同，而仅应被视为将反垄断法的效力具体化的意愿。[35]在华为案中，华为公司方面的专家提出，FRAND 原则是标准组织向专利权人提出的要约，专利权人同意将其专利纳入标准系对标准组织的承诺，同时也是对第三方的要约。而第三方一旦为实施标准而使用该标准必要专利，则构成对专利权人的承诺，至此，标准实施者与专利权人之间合同关系成立。因此，华为公司方面认为存在两组合同关系。而该案法官采用的基本上是德国法官的观点。

2. 反垄断之诉

如果专利权人滥用权力，比如对其许可费过高定价、歧视定价等，从而导致排除、限制竞争，扰乱市场竞争秩序，即可基于竞争法提起反垄断之诉。对标准实施者而言，反垄断之诉相比于合同之诉具有一定的优势。首先，可以回避合同之诉中合同关系认定这一争议不断的问题。其次，反垄断之诉适用范围更广。境外的垄断行为只要对境内市场竞争产生排除、限制影响的，均可适用。但是，提起反垄断之诉涉及相关市场的界定、市场支配地位的认定等，相比较合同之诉更为复杂。另外，由于反垄断法的公法性质，反垄断之诉虽然也有民事救济，但本身更强调垄断行为的行政责任。在司法实践中，具体到某一案件时，当事人也可能基于不同的法律依据同时提出多种诉讼，这也体现了标准必要专利诉讼的复杂性。比如华为案，华为公司同时提起了许可费诉讼和反垄断诉讼。[36]

3. 侵权之诉

虽然专利法赋予专利权人有权禁止他人未经许可使用其专利的行为，但由于标准的特殊性，一旦专利落入标准，标准必要专利权人即不得拒绝许可，或者其有权拒绝许可，但标准实施者亦有权以违反反垄断法抗辩。当然，如果标准实施者无意支付许可费，专利权人仍然有权以侵权为由提起诉讼。事实上，根据有关学者的统计，2010～2014 年，美国标准必要专利诉讼案件共计 55 件，其中侵权之诉共计 46 件，占总额的 84%。而合同之诉与反垄断之诉分别为 4 件与 5 件。[37]侵权之诉的主要目的是获得侵权赔偿金，而侵权赔偿金的计算往往以许可费为依据。如《美国专利法》第284条规定，法院应判给原告足以补偿其所受侵害的赔偿金，其不得少于合理的许可费。据统计，1990～2004年，超过60%的专利侵权损害赔偿是基于合理的许可费方法计算得出的，近年来亦有所增长。[38]

三、中国法律规定及司法实践

（一）从"明显低于"原则到FRAND原则的确立

1. "明显低于"原则

2008年，最高人民法院《关于朝阳兴诺公司按照建设部颁发的行业标准〈复合载体夯扩桩设计规程〉设计、施工而实施标准中专利的行为是否构成侵犯专利权问题的函》（〔2008〕民三他字第4号，以下简称"4号函"）[39]首次明确了标准必要专利许可费问题的"明显低于"原则，即标准必要专利权人可以要求实施人支付一定的使用费，但支付的数额应明显低于正常的许可使用费。由于4号函语言表达较为模糊，尚存解释的空间。第一，如何理解"参与"？是指参加了若干标准制定的会议，还是指向标准组织作出承诺？第二，如何理解"标准"？是仅指"国家标准"，还是也包括"地方标准"和"行业标准"？第三，如何理解"明显低于"的"明显"？

2009年11月，国标委颁布《涉及专利的国家标准制修订管理规定（暂行）（征求意见稿）》（《国家标准涉及专利的管理规定（暂行)》，以下简称"征求意见稿"）。[40]该征求意见稿关于国家标准必要专利的专利许可费问题的态度是，要么免费许可，要么明显低于正常许可费，如果两个都不属于，则该专利将不被列入标准。实质上是对"明显低于"原则的延续。但该征求意见稿最终没有被通过。

如前所述，标准属于公共产品，而专利权是私权，包含专利权的标准是"掺有杂质的公共产品"。因而，标准必要专利权已经不再单纯属于一种私权，而应当出于保护公共利益的目的加以限制。"明显低于"原则的实质是对标准公共性的维护，让更多的企业能以更低的成本生产出符合标准的产品，参与国际市场的竞争，从而使得我国在全球化经济发展及技术进步的浪潮下迎头赶上。而该原则的弊端也非常明显，即专利权人并未获得与之智力成果相对应的对价，因而从长远来看并不利于激发创新，不利于我国专利战略的实施。因此，这一原则也注定将被取代。

2. FRAND 原则在中国

2009 年 6 月，最高院发布的《最高人民法院关于审理侵犯专利权纠纷案件应用法律若干问题的解释（征求意见稿）》[41]放弃了"明显低于"原则，而是列出了确定许可费的 5 个考量因素，即专利的创新程度及其在标准中的作用、标准所属的技术领域、标准的性质、标准实施的范围。但该条文在同年 12 月正式颁布的《最高人民法院关于审理侵犯专利权纠纷案件应用法律若干问题的解释》中被删除。

2013 年 10 月，"华为诉 IDC 案"中，广东省高级人民法院首次运用 FRAND 原则审理标准必要专利许可费纠纷。该案二审判决书[42]中总共出现"FRAND"79 次，"公平、合理、无歧视"22 次。在该案中，法院对 FRAND 原则的内涵作出解释。这是我国法院第一次引入"FRAND 原则"作为判案依据。在此之前，FRAND 原则仅作为国际标准组织通常采用的许可模式，而我国法律并未对此作出相关规定，也无相关司法判例。即在华为案审理时，我国尚无法律明确支持 FRAND 原则，故有的学者评价，我国法院在华为案中对 FRAND 原则的阐释和适用具有开创性和创新性，对标准必要专利许可费问题具有重大影响。[43]

2013 年 12 月，国家标准化管理委员会与国家知识产权局颁布的正式的《国家标准涉及专利的管理规定（暂行）》[44]明确写入"公平、合理、无歧视"原则。这是 FRAND 原则首次被写入我国规范性法律文件中。该规定放弃了其征求意见稿中采用的"明显低于"原则，而是由专利权人选择免费许可或收费许可，选择收费许可的，许可费由当事人协商决定。

2014 年 1 月，最高人民法院在《张晶廷与衡水子牙河建筑工程有限公司等侵害发明专利权纠纷提审民事判决书》[45]中明确指出，"实施该标准，应当取得专利权人的许可，根据公平合理无歧视的原则，支付许可费。在未经专利权人许可使用，拒绝支付许可费的情况下，原则上，专利侵权救济不应当受到限制"。这是最高人民法院首次在判决书中提及公平合理非歧视原则。

2015 年 4 月，国家工商行政总局颁布的《关于禁止滥用知识产权排除、限制竞争行为的规定》[46]第 13 条规定明确规定经营者在其专利成为标准必要专利后，不得违反公平、合理、无歧视原则。至此可见，最高人民法院、国家知识产权局、国家标准化管理委员会、国家工商行政总局等在标准必要专利问题上适用 FRAND 原则的态度基本上是一致的。

2016 年 3 月，最高人民法院发布的《高人民法院关于审理侵犯专利权纠纷案件应用法律若干问题的解释（二）》[47]第 24 条就标准必要专利许可作出明确规定。该解释就标准必要专利许可至少规定了以下几层意思：首先，肯定 FRAND 原则在标准必要专利许可中的适用。其次，关于许可条件，应当先由双方协商，协商不成的再请求法院确定。最后，列举专利的创新程度及其在标准中的作用、标准所属的技术领域、标准的性质、标准实施的范围、相关的许可条件等作为确定许可费的考量因素，在一定程度上体现了对司法经验的提炼和总结。

由以上规定可知，我国已经开始从"明显低于"原则向 FRAND 原则转变。相比较"明显低于"原则，FRAND 原则具有以下优势：第一，许可费与专利权人智力创造的价值相符，有利于激发专利权人创造的热情。第二，体现了保护私权，尊重市场的精神，维护了合同法的实质公平。既不至于为了维护标准的公共性而牺牲专利权人的利益，也有效地限制了专利权人权力滥用——专利挟持、专利许可费堆叠、歧视性许可等，平衡了双方的谈判地位。第三，体现了我国专利政策与国际趋势相接轨，也体现了我国作为专利大国的自信与底气。

（二）华为案

1. 华为案的基本案情

华为公司系一家生产无线电设备的世界 500 强公司。IDC 公司（美国交互数字公司，Inter Digital）不直接生产设备，主要依靠专利许可盈利。据通信行业内人士称，只要是通信行业，一般就无法绕开 IDC 公司。华为公司与 IDC 公司均为欧洲电信标准化协会（ETSI）会员。IDC 公司单方声称其在 2G、3G、4G 等领域中拥有众多标准必要专利，且该等专利已被纳入中国无线通信标准。为了使自己的产品符合标准，华为公司不得不使用 IDC 公司的标准必要专利。而在 2008 年 9 月至 2012 年 8 月，IDC 公司先后 4 次向华为发送书面许可要约，拟向华为授权其在 2G、3G、4G 等领域中国标准必要专利的全球性、非排他的专利许可。然而，在该等要约中，IDC 公司不但不区分标准必要专利与非标准必要专利，并且给予华为公司的许可费要高达苹果公司的 100 倍、三星电子的 35 倍，还在第四次要约中明确，对任何一个条款的拒绝意味着对整个要约的拒绝。除了在许可谈判中的强势态度，IDC 公司还于 2011 年 7 月向美国国际贸易委员会（ITC）投诉，并于同年 9 月向美国联邦地方法院起诉，以华为公司的产品侵犯其专利权为由，申请禁令，试图以此方式迫使华为公司接受其不合理的标准必要专利许可条件。

2011 年年底，华为公司向深圳市中级人民法院提起标准必要专利许可费纠纷的诉讼，要求法院判决 IDC 公司以合理的许可费授予其中国标准必要专利许可。一审法院支持了华为公司的诉讼请求，确认 IDC 公司四次要约均违反了 FRAND 原则，判决 IDC 公司以不超过相关产品实际销售价格 0.019% 的许可费率向华为公司授权。IDC 公司不服一审判决，向广东省高级人民法院提起上诉，二审法院维持了一审判决。

2. 华为案对合理许可费的判定

华为案一审和二审对许可费率的判定首先都采用了比较法。根据华为案二审判决书，法官认为，在基本相同的交易条件下，专利权人所收取的许可费或许可费率应当基本相同。故两审法官判定许可费的方法基本都是将 IDC 公司与苹果公司、三星电子达成的交易条件作为参照。

经法院查明，2007 年，IDC 公司向苹果公司授予全球范围内的、非独占的、不可转让的固定许可费用的专利许可协议，许可技术为适用于当时以及将来的苹果移动电话的专利组合，授权期限为自 2007 年 6 月 29 日始至 2014 年 6 月 28 日终的为期七年，许可费为 5 600 万美元。根据相关统计，苹果公司在 IDC 公司专利授权的前五年中，仅 iPhone 的销售总额已高达 1 916.92 亿美元。法院根据苹果公司历史销售业绩，并参考华为的保守计算，2007～2014 年苹果公司的销售收入至少应达到 3 000 亿美元。按照该数据计算，IDC 公司给予苹果公司的许可费率是其产品销售收入的 0.018 7% 左右。2009 年，IDC 公司向三星电子授予全球范围内的、非独占性的固定许可费用的专利许可，许可技术为适用于全球的 2G、3G 标准下的终端设备、基站的专利，授权期限至 2012 年，许可费为 4 亿美元。根据三星电子在授权期间的销售收入计算，IDC 公司给予三星电子的许可费率也在 0.19% 左右。[48]

在 IDC 公司给华为的许可费率的四次要约中，IDC 公司在第一次、第二次要约中提出的价格相当于给苹果公司的 100 倍、三星电子的 10 倍，第三次要约中提出的价格相当于给苹果公司的 35 倍，第四次要约中提出的价格相当于给苹果公司的 19 倍。据此，法院认为，在基本相同的交易条件下，IDC 公司给予华为的许可费远远高于给予苹果公司、三星电子的许可费率，属于不合理的许可费，违反了 FRAND 原则。

除了采用比较法，一审和二审法官在许可费的确定上，考量了以下因素。

（1）专利劫持（Hold-up）。专利劫持一般发生在标准实施者实施该标准后，专利权人向实施者索取不合理的高额许可费的情况。一旦标准被采用后，实施者往往投入大量人力、物力的资源以确保其产品符合该标准。如果此时转换至其他替代技术（如有）将付出非常昂贵的代价，并且将使得实施者的产品不符合标准而无法与市场上的大部分同类产品兼容。这种情况即形成技术锁定（Lock-in）。一旦形成技术锁定，专利权人往往向实施者索要超过其专利本身价值的高价，只因为实施者别无选择导致的专利权人对此有恃无恐。FRAND原则一个很重要的目的即防止专利劫持。华为案中，法官认为，IDC公司仅能就其标准必要专利的贡献收取许可费，而不能因为其专利标准化的过程而收费。同时还应当考虑其有效专利的数量和标准必要专利的数量，混同有效与无效专利、标准必要专利与非标准必要专利的收费是不合理的。

（2）专利许可费堆叠（Royalty Stacking）。事实上一个标准必然要涉及多个专利，有时甚至一个标准内包含成百上千个专利，而该等专利又往往为不同的专利权人所持有。而实施者需要向如此多个专利权人支付专利费可能导致的后果是，实施者向所有专利权人支付的许可费的总额超过其产品利润的一定比例，使得实施者无利可图而削弱其采用标准的意愿，从而不利于标准的有效推广，最终结果也不利于专利权人获利。因而，FRAND原则考虑的另一个重要因素是反专利许可费堆叠（Anti-Royalty Stacking），即在确定许可费时必须考虑该标准内所有专利权人许可的情形，并且包括获得所有必要许可的成本。华为案中，法官认为应当考虑许可费在专利权人之间的合理分配。

（3）考虑许可费占产品利润的比例。正如华为案的法官所述，产品获利是各种因素综合的结果，例如技术、资本、实施者的营销、管理等因素，而专利技术的贡献应当只是其中的一部分而不是全部。即如果能证明实施者的营销非常成功，使得产品销量大增，则实施者的营销管理因素在产品利润的贡献率应当相应增加，而专利技术和资本等其他因素的贡献率应相应减少。况且，应当考虑该产品由多个专利技术构成，单个专利权人应仅就其所许可的专利部分收取相应的许可费，而不能将标准所涵盖的所有标准必要专利视为一个整体而收取相应的许可费。

3. 华为案的局限性

通过分析华为案的判决，不难发现，本案对许可费的判定主要采用比较法，但在论证的过程中仍然有一些逻辑上的错误，论证的精细化程度不足的问题，主要体现在以下几个方面。

第一，未考虑参照对象是否符合 FRAND 原则。由以上论述可知，华为案采用的许可费确定方法主要是比较法。而比较法的结果是否准确很大程度上取决于比较对象的选取是否合理。该案选择 IDC 公司给予苹果公司和三星电子的许可费作为参照，其中，由于 IDC 公司与苹果公司的许可费是事前平等协商的结果，而 IDC 公司与三星电子的许可费是事后侵权诉讼确定的赔偿金，法院认为前者更有参考价值，故主要依据 IDC 公司给苹果公司的许可费作为本案许可费确定的参照。然而，本案忽略了一个很重要的前提，即作为参照的 IDC 公司给苹果公司的许可费是否符合 FRAND 原则呢？很遗憾，判决书没有对此进行论述。笔者认为，本案法官可能基于比较苹果公司与华为的许可费率后发现前者要远远低于后者，即得出低的许可费是合理的，而高的许可费是不合理，这一过于简单草率的结论。即使参照对象确实符合 FRAND 原则，法官也应当对此进行必要的论述。少了这一过程的比较法，逻辑上有明显的漏洞。

第二，未对如何选择参照对象作出论述。如前所述，参照对象的选择很大程度上决定了比较法的结果准确与否。参照对象应当为类似许可（Comparable License），原审法院将此表述为"基本相同的交易条件"。虽然法院也认为由于现实的商业情况十分复杂，FRAND 并不意味着许可费率及其他许可条件的完全相同，但法院认为，"在基本相同的交易条件下，如果标准必要专利权人给予某一被许可人比较低的许可费，而给予另一被许可人较高的许可费，通过对比，后者则有理由认为其受到了歧视待遇"。[49]那么，法院至少首先应当论述哪些条件属于"交易条件"，比如专利许可费的收取方式、交叉许可条件等应当纳入交易条件的范围吗？然后再论证什么是"基本相同"。在华为案中，如何判断 IDC 公司给苹果公司的许可条件与 IDC 公司给华为公司的许可条件是基本相同呢？

事实上，IDC 公司给苹果公司的许可条件与 IDC 公司给华为公司的许可条件具有一定的差异性。正如 IDC 公司在抗辩中所称，其给予苹果公司专利许可费系固定许可费。即被许可人一次性支付许可人一定数额的许可费，有可能被许可人的产品大卖，而许可人只赚取了当中很小一部分利润，因此许可人需承担一定的市场风险。当然，被许可人的产品滞销也并不影响许可人收益。而 iPhone 的风靡以及苹果公司取得的巨大成功是一个较为特殊的例子，具有一定的不可预见性，或许远远超出了 IDC 公司对 iPhone 利润的预期。而 IDC 公司给予华为公司的是比例许可费。不同于固定许可费率，比例费率的方式将被许可人与许可人之间的利益捆绑在一起，许可人的许可费随着被许可人产品销量的增加而增加。法官在参照 IDC 公司给苹果公司的许可费时，应当考虑以上许可费支付方式的差异性。因此，为了逻辑上的严谨，以苹果公司作为参照的合理性应当进一步进行论述。否则，即使 IDC 公司向苹果公司收取的许可费与向华为收取的许可费相当，法庭得出的结论也只能是"无歧视"许可费，而非"合理"的许可费。

第三，本案未区分有效专利与无效专利、标准必要专利与非标准必要专利。尽管法官在判决书中写道，就无效专利与非标准必要专利收费是不合理的，但法院并未在审理过程中对无效专利与非标准必要专利进行明确区分。对诉争标准必要专利，仅通过华为举例的方式证明了 IDC 公司在移动终端领域和电信基础设施领域的标准必要专利，判决始终没有对标准必要专利的名称、数量作出认定。显然，法院既然已经考虑到合理的许可费判定因素之一是有效专利和标准必要专利的数量，但又未实际将其进行区分而仅仅停留在理论论述，说服力明显不足。可以说在实际决定许可费的过程中对此因素并未充分予以考虑。

（三）小　结

中国拥有世界第一大电信网络，中国市场对全球大多数电信企业而言，都是具有强大吸引力的沃土。在全球专利大战的背景下，中国如何对标准必要专利纠纷、许可费判定等问题作出应答，将直接关系全球电信行业的发展。从 4 号函确定的"明显低于"原则，到 FRAND 原则被率先运用到司法案件中作为裁判依据，再到 FRAND 原则被正式写入规范性法律文件——这一过程体现了我国立法对 FRAND 原则的接纳与肯定，也体现了我国司法迎难而上、勇于应答与创新的精神。但同时应当看到，由于审判经验的缺乏，我国法院在审判标准必要专利许可费案件过程中体现出诸多不足与瑕疵，应当通过学习和借鉴国外的司法经验加以完善。

四、美国的司法实践

（一）"Microsoft v. Motorola 案"与"Innovatio 案"

2010 年 10 月 21 日与 10 月 29 日，Motorola 向 Microsoft 发送两封书面要约，要求其支付 Motorola 所有的 802.11 与 H.264 标准必要专利许可费，许可费率为 Microsoft 终端产品售价的 2.25%，即 Microsoft 每年支付给 Motorola 的许可费超过 40 亿美元。并且 Motorola 在所有实质条款中均强调了该要约符合其 FRAND 承诺。同年 11 月 9 日，Microsoft 以 Motorola 违反其向国际电信联盟（ITU）和美国电子和电器工程师协会（IEEE）作出的 FRAND 承诺为诉由，向华盛顿西区联邦地区法院提起诉讼。第二天，Motorola 在威斯康星州西区法院向 Microsoft 提起反诉，禁止 Microsoft 使用其所有的 H.264 专利。该案最后由华盛顿西区联邦地区法院的詹姆斯·罗巴尔（James Robart）法官合并审理。[50]

1. 假想谈判与"Georgia-Pacific"因素

该案的关键问题在于如何理解 FRAND 承诺。罗巴尔法官认为，如果不能对 FRAND 有一个清晰的理解，则很难判断 Motorola 是否违反了 FRAND 承诺。而罗巴尔法官采用的方法主要是假想谈判和"Georgia-Pacific"因素。正如霍德尔曼法官所言，假想谈判在于弄清楚侵权开始前，双方可能达成的协议。[51]严格来说，假想谈判是"Georgia-Pacific"15 个因素中的一个，那么，剩下 14 个因素如何适用呢？罗巴尔法官在·"Micorosoft v. Motorola 案"中首次回答了这个问题。由于"Georgia-Pacific"因素最初适用于一般侵权案件中损害赔偿的计算，罗巴尔法官修改了传统的"Georgia-Pacific"因素，以使其可能更好地体现 FRAND 承诺。

因素1：在其他类似于 FRAND 许可的情况下，专利权人曾收取的许可费；

因素2：与涉诉专利相类似的专利许可的被许可人曾支付的许可费率；

因素3：许可的性质与范围；

因素4~5：未在 FRAND 语境下运用（因素4与许可人的政策和营销方案有关；因素5与许可人与被许可人的商业关系有关）；

因素6：专利发明在增加专利产品销量中对许可人与被许可人的影响，仅包括专利技术本身的价值，且不包括专利技术被纳入标准的价值；

因素7：在 FRAND 条件下，对该因素的分析大大简化，原因是许可条款将与专利期限同时；

因素8：使用该专利的产品的现有盈利、商业成功，以及目前的市场普及率，只包括专利技术的价值，且不包括专利技术被纳入标准的价值；

因素9：专利相比较那些在标准制定前本可以被纳入标准的替代技术的作用与优势；

因素10~11：专利对标准的技术贡献，以及对被许可人以及被许可人的产品的技术贡献，只包括专利技术的价值，且不包括专利技术被纳入标准的价值；

因素12：在特定商业领域或者类似商业领域中，为获得

FRAND 承诺的专利或类似专利的花费通常占产品利润或者销售价格的比例；

因素 13：在可实现利润中可归因于专利的部分，区别于非专利因素，制造过程，商业风险，侵权人增加的重要特征或提升，或者专利被纳入标准的价值；

因素 14：有资质的专家证词；

因素 15：许可人与被许可人达成的协议（在侵权开始时），如果双方都考虑到了 FRAND 承诺及其程序，并且合理地、自愿地达成协议。（本因素即上文所提到的假想谈判）

基于以上因素的考量，罗巴尔法官在本案中指出判定合理许可费的基本原则：

（1）FRAND 许可费应该设立在与标准组织推广标准的目标一致的水平上。

（2）恰当的方法应该考虑如果其他标准必要专利权人向实施者要求许可费的情况下许可费总额所带来的许可费堆叠问题。

（3）FRAND 承诺应当被解释为，将专利权人限制在仅就其专利技术的经济价值收取合理的许可费，而排除其专利纳入标准所产生的价值。即采用事前理论，不考虑任何该专利成为标准必要专利的专利劫持价值，或者标准的价值。

（4）在关于认定许可费是否合理的情况下，恰当的方法应当是承认和试图降低专利劫持的风险，而这也是 FRAND 原则意在避免的。同时，一项 FRAND 许可费应当被设立在对标准组织意在建立有价值的标准的理解基础上。为了引导创建一个有价值的标准，FRAND 承诺必须保证有价值的智力财产的专利权人将就其智力财产获得合理的许可费。

罗巴尔法官运用修改后的"Georgia-Pacific"因素创设了双方之间的假想谈判，并把审理焦点放在标准必要专利对标准的重要性以及标准和标准必要专利对产品的重要性的分析上。罗巴尔法官重点关注了许可人的专利发明的特性以及其最终商业产品的特征。可见，专利对标准及其实施者的重要性才是全案的关键所在。

法院审理发现，Motorola 向 Microsoft 提供的许多专利仅对标准产生了很小的贡献，而且有些对 Microsoft 的产品来说，其专利也只是发挥了微小的作用。同时，罗巴尔法官得出的结论是，由于 Microsoft 和 Google（Motorola 的母公司）都是 MPEG LA H.264 专利池的成员，因此，该专利池的许可费成为 Motorola H.264 专利组合的 FRAND 许可费率的重要参照。该案一审判决书长达 207 页，罗巴尔法官不厌其烦地考察了所涉标准的来龙去脉，标准必要专利的数量，标准必要专利对标准的贡献以及对产品的贡献等。最后，在一审判决中，罗巴尔法官判决 Microsoft 胜诉，判决 FRAND 许可费率相当于每年 56 万美元，高于 Microsoft 的主张，但低于 Motorola 提出的 40 亿美元的许可费。

2015 年 7 月 30 日，美国联邦第九巡回上诉法院颁布了该案的二审判决书，维持华盛顿州西区联邦地区法院所做的一审判决。二审法院认为，在决定标准必要专利组合的 FRAND 许可费率问题上，一审法院给出严密而细致的分析，对双方的陈述与证据、证词都给予了仔细的考虑。而 Motorola 认为，一审法院以两个专利池作参照与本案无关，而应该更多地考虑 Motorola 的历史许可（Historical License）。此外，由于专利池存在专利回授许可（Grant-back License）等问题，专利池许可费率往往低于双方协商的许可费率，以专利池的许可费率作为参照不合理。对此，二审法院指出，尽管 Motorola 对一审法院所采用的方法进行了批判，但其也未能给出除严格遵循"Georgia-Pacific"因素以外的替代方法。因此，二审法院认为，一审法院所做的 FRAND 决定并未建立在法律错误或明显的对事实认识的错误基础上，故对一审判决予以维持。二审并没有就 FRAND 许可费问题提出实际的判定方法，而主要提供了程序上的指导。

2. 霍德尔曼法官对"Georgia-Pacific"因素的修改

继罗巴尔法官之后，霍德尔曼法官在 2013 年 10 月的"Innovatio 案"中适用了假想谈判法。霍德尔曼法官将罗巴尔法官判定 FRAND 许可费的方法归纳为三个步骤：

第一步，法庭应当考虑专利组合对标准的贡献。既要考虑标准内所有专利对标准的贡献的比例，也要考虑专利组合作为一个整体对标准的技术贡献。

第二步，法庭应当考虑专利组合作为一个整体对涉诉产品的贡献。

第三步，法庭应当考察其他类似专利的许可以决定涉诉专利组合的 FRAND 许可费率，同时考察专利组合对标准和产品的贡献（使用第一步和第二步的方法），以判定该许可与涉诉许可是否类似。

在该案判决书中，霍德尔曼法官指出其对罗巴尔法官的方法主要作了三方面修改。首先，霍德尔曼法官认为，两个案件判定 FRAND 许可费率的目的不同。在"Micorosoft v. Motorola 案"中，罗巴尔法官判定 FRAND 许可费在于陪审团可以认定 Motorola 的许可是否违反了 FRAND 义务。而在"Innovatio 案"中，霍德尔曼法官指出其计算 FRAND 许可费是为标准必要专利侵权设定赔偿。其次，霍德尔曼认为应当在法庭判定许可费之前先对标准必要专利的适格性作出认定。在"Micorosoft v. Motorola 案"中，原被告双方并未把焦点放在涉诉专利事实上是否真的为标准必要专利。该案法院认为，假想谈判的双方将在谈判桌上检查专利对标准的贡献率，如果缺乏相关性的有效证明，该专利的贡献率在评估中将被降低。与此相反，在"Innovatio 案"中，霍德尔曼法官设置了单独的程序以认定 Innovatio 专利的必要性，以确保其全部为标准必要专利。最后，霍德尔曼法官合并分析了标准必要专利对标准和对产品的贡献，即合并了罗巴尔法官第一步和第二步的步骤。理由是在"Innovatio 案"中，Wi-Fi 芯片的作用就在于实现 802.11 标准的功能，因此判定 Innovatio 专利对 802.11 标准的作用相当于判定该等专利对 Wi-Fi 芯片的作用。[52]

（二）"Ericsson v. D-Link 案"

2014 年 12 月 4 日，美国联邦巡回上诉法院签发"Ericsson v. D-Link 案"判决书，就 FRAND 条款下，下级法院如何计算标准必要专利许可费问题提供了重要指导。Ericsson 向 D-Link 以及其他侵犯其 802.11（Wi-Fi）标准必要专利的使用者提起诉讼。陪审团审理发现，D-Link 及其他被告侵犯了原告 3 项专利，并判定支付 1 000 万美元的赔偿金——相当于每一侵权设备需支付 15 美分的赔偿金。地方法院在审判后坚持了陪审团认定的 D-Link 等被告侵权和专利有效的认定，并拒绝由于涉嫌违反整体市场价值规则（Entire Market Value Rule，EMVR）以及就标准制定和 Ericsson 的 FRAND 许可义务对陪审团指导不充分而重新审判。

美国联邦巡回上诉法院取消了陪审团的赔偿金裁定，并指出地方法院在对其陪审团的指导中存在的法律错误。[53]就目前地方法院审理 FRAND 许可费案件中普遍采用"Georgia-Pacific"因素的做法，美国联邦巡回上诉法院认为，地方法院纷纷效仿罗巴尔法官对"Georgia-Pacific"因素进行修改后用于计算合理的许可费，但几乎并未充分解释该等因素被采纳或者放弃的原因，有的因素明显与案件无关，有的甚至与 FRAND 原则恰恰相反。美国联邦巡回上诉法院拒绝对地方法院审判 FRAND 许可费案件提供可适用的方法，并认为创设一套新的"Georgia-Pacific"因素适用于所有 FRAND 许可费案件并不是明智的做法，地方法院在审理时应当考虑案件的具体情况，避免生搬硬套。

在许可费的分配问题上，美国联邦巡回上诉法院认为，在处理标准必要专利案件中，要考虑以下许可费分配问题。首先，专利必须与非专利进行区分。其次，专利权人的许可费必须基于专利的价值，既不是专利被标准化的价值，也不是标准作为一个整体的价值。正如当今的电子设备，技术标准囊括多种技术，而专利权人常常仅能就一个多元件产品的一小部分提起侵权诉讼。充分考虑以上问题能够确保许可费判决是基于专利给产品带来的增量价值。

关于专利劫持和许可费堆叠问题，美国联邦巡回上诉法院认为，只有当有被诉侵权人提供事实证据表明专利劫持和许可费堆叠问题的存在，地方法院才需指导陪审团考虑专利劫持和许可费堆叠问题。具体到"Ericsson v. D-Link 案"，如果 D-Link 已经提供证据证明，Ericcson 的专利被纳入 802.11（n）标准后，开始要求高于原先的许可费，则法庭应当指导陪审团考虑专利劫持，或者将假想谈判的时间设定为专利被纳入标准之前。

总结"Ericsson v. D-Link 案"的判决书，该案对 FRAND 许可费的判定主要提出了以下主张。第一，没有完全适用于每个案件的"Georgia-Pacific"因素，应当个案分析。第二，许可费计算的基础是专利的增量价值，排除标准化的价值以及将标准作为一个整体的价值。第三，如果被诉侵权人主张专利劫持和许可费堆叠，必须要有相应证据证明。

该案美国联邦巡回上诉法院的判决对下级法院如何判定合理的许可费问题提供了重要指导。虽然该案的决定对下级法院有约束力，但是下级法院在审判中是否遵从该等判决仍然有待检验。

（三）DOJ 给 IEEE 的回图

2015 年 2 月 2 日，美国司法部（Department of Justice，DOJ）公布了一份法律意见，对标准必要专利与 FRAND 原则发表最新观点。2014 年 12 月 30 日，IEEE 向 DOJ 提交了其新版专利政策，以请求 DOJ 对其新版专利政策的态度，故该法律意见即 DOJ 给 IEEE 顾问的业务审查函（Business Review Letter）。2015 年 2 月 8 日，IEEE 董事会通过该新版专利政策。

在新版政策中，IEEE 将"合理的"许可费率进一步解释。将"合理的"许可费定义为，对专利权人就其标准必要专利的实施的适当补偿（Appropriate Compensation），而排除专利技术纳入 IEEE 标准的价值（如有）。此外，IEEE 还提出了三项因素，供许可费谈判时参考：（1）必要专利下的发明或发明属性的功能的价值对最小可售合标使用（Compliant Implementation）[54]的相关功能的价值的贡献；（2）必要专利对最小可售合标使用的价值，根据该合标使用所实施的相同的 IEEE 标准下的所有必要专利所贡献的价值；（3）包含标准专利的现有许可，当该等许可不是在明示或暗示的禁令威胁下取得，且其情况和许可结果足以和拟议许可的情况相类似。IEEE 并非意在决定标准专利应当收取的许可费率，而仍然是将其留给双方谈判协商。IEEE 在于通过定义合理的许可费以及提供推荐因素，以提供一个能更好地促进双方就合理的许可费问题达成一致的框架。

IEEE新版专利政策关于合理的许可费的规定可以归纳为，一个强制性因素和三个推荐因素。关于强制性因素，DOJ认为，其符合FRAND原则被普遍接受的目标，例如，向专利权人提供了合理的补偿，同时确保实施者将无须支付任何与标准化过程相关的专利劫持价值。如前所述，在"Ericsson v. D-Link案"中，美国联邦巡回上诉法院表示，专利权人的许可费必须基于专利的价值，排除该等专利被标准采纳所增加的任何价值。该条款减少了已作出FRAND承诺的专利权人就其发明取得比标准制定前更高的价格或者其他更有利许可条件的可能。

DOJ认为，三个推荐因素可能引导FRAND承诺下技术的适当估值，并对该等因素一一分析。就第一个因素而言，IEEE关注的最小可售合标使用可能在计算许可费问题上是恰当的，尤其是在产品复杂且包括多种专利技术的情况下。但该因素并不强制要求以最小可售合标使用作为正确的计算基础。就第二个因素而言，恰当地分配同一IEEE标准下的所有必要专利的价值有助于处理许可费堆叠的问题。就第三个因素而言，法官将考虑到是否提交作为证据的许可是否为类似许可并且与合理的许可费计算有关。

根据DOJ的回函，新版的IEEE专利政策就IEEE的FRAND承诺下，对合理的许可费率的定义提供了更清晰的解释，将有利于促进许可谈判，限制专利侵权诉讼，使得双方达成适当评估专利价值的互利交易，并增加纳入IEEE标准的技术间的竞争。因此，IEEE的新版政策将不太可能导致损害竞争。

（四）小　结

自"Microsoft v. Motorola 案"罗巴尔首次运用"Georgia-Pacific"因素用于计算 FRAND 许可费后，"Georgia-Pacific"因素已成为大部分地方法院在处理此类案件所适用的方法。但由于许可费问题的复杂性，被许可对象情况千差万别、许可条款不尽相同，没有哪一个方法或者因素是解决标准必要专利许可费判定问题这一疑难杂症的灵丹妙药。正如美国联邦巡回上诉法院在"Ericsson v. D-Link 案"中所指出的，法官在具体审理当中应当注重个案分析，生搬硬套显然是不可取的。而 DOJ 的回函对 IEEE 一个强制性因素和三个推荐因素的支持也表明 DOJ 在许可费计算的问题上灵活态度。由此可见，在合理的许可费判定问题上，审判经验丰富的美国司法界也仍然处于摸索阶段，是否会有更多的判决与规则用于计算许可费，仍需拭目以待。

五、"基础许可费 + 调整因素判定法"

本文在参考国内外司法实践的基础上，提出对中国的司法实践较为可行的许可费判定方法——"基础许可费 + 调整因素判定法"。运用该方法计算合理的许可费主要分为四个步骤：

第一步，确定许可费的计算基础。

第二步，采用专利增量价值规则计算专利对标准的贡献，对产品价值的贡献。

第三步，参考类似许可，包括该专利的历史许可与类似专利的许可。

第四步，其他调整因素。专利授权的性质、范围，标准实施者对产品利润的贡献等其他因素。下面，笔者将对以上几个步骤分别进行具体阐述（见图1）。

图1 "基础许可费＋调整因素判定法"

（一）确定许可费的计算基础

选择恰当的许可费计算基础是决定许可费合理与否的关键因素。以无线通信产品为例，产品一般由若干元件组成，如果标准中的专利覆盖整个产品，则毫无疑问应当以产品的整体售价作为计算基础。而如果标准中的专利仅覆盖产品中的某个元件时，此时若仍以产品的整体售价作为计算基础是否合理呢？针对此，许可费的计算基础之争主要围绕以下两种计算基础：第一种是终端产品的最终售价，第二种是最小可售单位的售价。事实上，并没有哪一种计算基础是普遍适用的。因而确定许可费的计算基础主要回答两个问题：首先，什么情况下选择终端产品的最终售价为计算基础，什么情况下选择最小可售单位为计算基础？其次，如果适用最小可售单位为计算基础，如何确定最小可售单位？

1. 整体市场价值规则

整体市场价值规则，即以终端产品的整体售价为基础计算许可费。该规则的理论基础在于，多元件产品包含许多组成部分，而各部分之间的相互作用会产生互补效应，从而提高产品的价值，超越各个部分简单相加的价值之和。而该互补效应在同一标准下的标准必要专利之间显得尤为明显。[55]采用整体市场价值规则，可以使得专利权人就其专利对产品所做贡献获得充分补偿。支持该规则的人认为，如果采用最小可售单位作为计算基础将不能反映各元件之间的互补效应及网络效应。从长远来看，专利权人无法得到充分补偿的后果是将减少对下游产品的供给。此外，采用整体市场规则作为许可费的计算基础也是多元件产品的许可谈判中行业通行的做法。之所以成为业内通行的做法，是由于以产品整体售价作为计算基础一方面便于计算，另一方面便于降低行政费用。[56]美国、欧盟以及亚洲的技术领先企业一般均以终端产品的零售价格为基础计算许可费。

2. 最小可售单位

近年来，整体市场价值规则由于易造成标准实施者负担过重、阻碍创新等负面作用的凸显而受到越来越多的诟病，而最小可售单位（Smallest Salable Patent Practicing Unit，SSPPU）作为许可费计算基础受到众多关注。包括在反垄断领域中，高通在中国被执行反垄断调查，爱立信在印度接受反垄断调查等。许多国家的反垄断机构都在研究，以终端产品整体售价为基础收取许可费的做法是否等同于"过高"或"不合理"收费。以高通案为例，与行业内大多数专利权人一样，高通主张其所持有的标准必要专利——通信技术是消费者购买手机的主要原因，因此应当以手机的整体售价作为许可费的计算基础。事实上，智能手机已经进入功能多元化时代，一部手机对于大众而言已经不再是通话、通信的工具，而其摄影、社交网络、多媒体、存储等功能日渐成为消费者关注的重点。因而消费者一般不会再以单一的通话目的作为购买手机的动因。一味强调通信技术对消费者购买的驱动力显然对其他标准必要专利权人、标准实施者而言是不公平的。

那么，如果选择适用最小可售单位为计费基础，该如何确定最小可售单位呢？笔者认为，最小可售单位应当是完全体现标准的最小可售元件。某个专利之所以为必要专利，是于某个标准而言，故其价值在于在使得终端产品因符合某个标准而在某项功能上具有兼容性、通用性。因此，必要专利只有当标准完全被实施才有意义，然后标准作为一个整体对终端产品的价值产生贡献。并且，该等符合某个标准的技术效果是该标准项下所有必要专利协同作用的结果，各个必要专利在该标准下密不可分。故而选取完全体现标准的最小可售元件作为计算基础，才能更为准确地反映必要专利对标准的贡献。如图 2 所示。

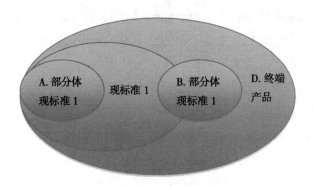

图 2　最小可售单位的选取

假设某终端产品（见图 2D）需符合 N 个标准，为实施该等标准，在每个标准项下都有 n 个标准必要专利。以标准 1 为例，现以图 2 中 A、B 两个圆表示部分体现标准 1 的元件（假设 A、B 都是可售元件），两者的区别在于：A 内的所有专利都是实施标准 1 的必要专利，而 B 内的专利有一部分对标准 1 来说是非标准必要专利，但两者都没有完全体现标准 1。在 D 中，只有 C 是完全体现标准 1 的原件，因此，在计算标准 1 中必要专利合理的许可费时，应当选取 C 作为最小可售单位更为合理。否则，选取 A 作为计算基础不能体现出必要专利对标准的贡献，选取 B 作为计算基础则包含非必要专利，因此都不合理。以上文所提到的 Wi-Fi 芯片为例，该芯片的作用就在于实现 802.11 标准的功能。在手机中放置 Wi-Fi 芯片使得该手机符合 802.11 标准，可以实现手机无线上网功能。因而，选取 Wi-Fi 芯片的售价作为计算 802.11 标准项下必要专利许可费的基础是合理的。

以最小可售单位为计费依据的最大的目的是降低专利劫持的风险。但是，最小可售单位也不是对所有许可费的计算都适用的。对某些技术而言，采用该方法可能会低估技术的价值。例如，尽管某些技术仅在一个单独的部分中被实施，但该技术可能与其他部分结合后产生高于该部分本身的价值，因而在这种情况下使用终端产品作为许可费计算的基础更有助于合理地反映该技术对产品的贡献。况且，标准必要专利组合的价值往往因最终产品不同而相差甚远。

因此，没有哪一种计算基础是适用所有情况的——对多元件产品而言，以产品的整体售价计算许可费可能将导致专利权人获得高于其专利价值本身的补偿；反过来，如果以部分元件作为许可费的计算基础又可能无法充分反映该专利的价值。因此，法院在适用"基础许可费＋调整因素判定法"审理标准必要专利许可费纠纷时，应当仔细考察案件的具体情况，对标准必要专利许可费计算基础的选择应当基于个案分析，而不是一概而论或者倾向性地选择哪一种计算基础。许可费的计算基础应当本着既能反应许可费的价值、给予专利权人充分补偿，又能降低专利劫持的风险，将标准实施的成本控制在合理范围内的原则进行选择。

（二）专利增量价值

专利增量价值（The Incremental Value Rule）是指被许可人由于实施专利所导致的获利的增加，即专利对产品利润的贡献。也有学者将此定义为，被许可人由于实施被许可专利导致的获利相比较实施另一个最优替代技术所获利润的增加，并且不包括许可的成本。[57]即标准必要专利的价值体现在其所能够比替代技术所产生的更多的价值。因此，合理的许可费应当不超过标准必要专利与替代技术相比所增加的价值。[58]

在"Ericsson v. D-Link 案"中，美国联邦巡回上诉法院认为，任何许可费判决必须基于专利的增量价值，而不是标准作为一个整体的价值或者该专利被纳入标准所增加的价值。因此，标准必要专利必须与那些非标准必要专利相区分，合理的许可费计算应当基于适格的标准必要专利的数量。美国联邦贸易委员会（The Federal Trade Commission，FTC）也曾提出，法院应该在标准制定时与已有替代技术相比专利的增量价值上规定一个封顶许可费。但是美国联邦巡回上诉法院并没有拒绝该方法，似乎也没有相应的措施，只是使用了"增量价值"替代比例原则（Apportionment）。

考虑专利的增量价值主要是为了防止专利劫持和专利许可费堆叠。专利劫持的理论主要关注的是，标准的锁定效应从而导致专利权人收取不合理的许可费，专利许可费堆叠理论主要基于专利持有人在设定各自专利许可费的时候不会考虑其他专利权人的收费，从而导致标准实施者实施标准需支付高昂的专利许可费总额，最终将导致产品市场受挫。但有学者提出，标准必要专利权人在制定许可费的时候无须考虑其他专利权人的收费。原因在于，一是标准必要专利在标准之外无适用之处，标准必要专利权人不会仅在唯一的市场中收取过高的许可费；二是标准必要专利权人在标准制定中的相互合作，因此，应当知晓其他专利权人的收费情况。[59]笔者认为，以上观点至少说明，专利权人的专利被纳入标准后并不必然导致其将实施专利劫持和许可费堆叠的行为。

在确定专利的增量价值时，应当依照专利技术对标准的贡献，以及专利技术对产品的贡献来确定合理的许可费。由于没有一个公式可以准确地量化出专利增量价值的大小，采用由双方当事人举证的方式证明专利的增量价值就成了较有可操作性的方式。例如，专利权人可以提出其专利的数量，在标准中所占的比重、在标准的制定中所起的作用，以及在产品的最终销售中的作用。反过来，标准实施者可以对此进行质疑，如果专利权人存在专利劫持，可以举证证明，例如，专利权人的专利收费在其专利被纳入标准后明显提高。同样地，如果存在专利许可费堆叠的问题，标准实施者可以提出其实施标准的许可费总额、占其利润的百分比等。标准实施者亦可举证证明其对产品最终销售的积极作用。此外，在对待专利劫持以及许可费堆叠的判定上，笔者同意美国联邦巡回上诉法院在"Ericsson v. D-Link 案"中所提出的，对主张专利劫持的，应当有证据予以证明，而不是停留在理论上的可能性；对主张专利许可费堆叠的，标准实施者应当至少说明其目前的许可费，以至于法官可以判断该许可费是否过量。

因此，就"基础许可费 + 调整因素判定法"步骤三确定专利的增量价值而言，许可费应当反映专利对标准以及产品的贡献，而排除标准化过程的价值以及标准作为一个整体的价值。具体由双方当事人举证，对专利权人而言主要包括专利的数量、授权的性质和范围、在标准中所占的比重、对标准制定的贡献、对产品销售的贡献等；对标准实施者而言，主要包括其在产品销售中的管理、营销等。同样地，对专利劫持和许可费堆叠，亦应当由实施者提出证据予以证明。

（三）类似许可

在判定合理的许可费问题上，类似许可提供了可靠的参考信息。市场中真实的许可费率能更好地反映标准必要专利的价值，因为它往往揭示了市场参与者如何将标准必要专利的价值从最终产品的未侵权部分分离出来。因此，以类似许可为参照计算专利侵权赔偿金可以降低错误的风险。从经济学的角度来说，类似许可体现了许可人与被许可人认为公平的专利使用费。自发的许可协议是一种双边福利的增加，即双方达成的许可费必然确保双方在许可协议达成后能获得更多利益，否则，将无法达成许可费协议。相同技术的许可费可以准确地体现被许可人愿意向许可人支付的许可费数额。美国联邦巡回上诉法院曾经强调，"事实上的许可"成为一个许可费是否合理的检验方式，因为该等"事实上的许可"清楚地反映了该专利技术在市场中的价值。

从司法实践的可操作性来说，参照类似许可的方法也是最具有可行性的。例如华为案中，法官选取 IDC 公司给予苹果公司和三星电子的许可费，以此评估出 IDC 公司的标准必要专利在市场中的大约价值，并以此作为参照判定 IDC 公司向华为收取的合理的许可费。同样，在"Microsoft v. Motorola 案"中，由于 Microsoft 和 Google（Motorola 的母公司）都是 MPEG LA H. 264 专利池的成员，因此，该专利池的许可费成为 Motorola H. 264 专利组合的 FRAND 许可费率的重要参照。

当然，类似许可的选取应当遵循一定的原则。决定一个许可是否为类似许可以及该类似许可应当在何种程度上被参照所应当考虑的因素包括并不限于以下六个方面：

（1）许可协议所包含的专利；

（2）许可的时间；

（3）被许可专利的使用；

（4）该许可协议中的其他许可条件；

（5）该等许可是否为诉讼或仲裁的结果；

（6）该等许可费是一次性支付的固定数额许可费或是比例许可费。

类似许可主要包括历史许可和类似专利的许可。历史许可是指同一个专利的既有许可。而如果不存在历史许可或者无法证明，则可以审查是否存在类似专利的许可。比较的方法也是运用以上六个因素来判断相似程度。

（四）其他调整因素

通过以上三个步骤，大致可以确定一个基础许可费。为进一步确保许可费判决的合理性，还应当考虑其他相关因素对许可费进行调整。主要包括以下因素：

（1）标准必要专利的适格性，即剔除无效专利和非必要专利；

（2）专利授权的范围；

（3）标准实施者对产品利润的贡献，包括但不限于经营管理、市场营销等。

第（2）和第（3）两个因素比较容易理解，笔者在此也不再予以赘述。

显然，合理的许可费必须基于适格的标准必要专利。目前市场上大多数专利权人都是将专利打包许可，向被许可人号称都是标准必要专利。其实混入非标准必要专利和无效专利专利，专利质量鱼龙混杂、参差不齐。如果不能有效区分标准必要专利的数量，默认被许可专利都是标准必要专利，则以此判定的许可费很可能高于专利的实际价值。

需要指出的是，由于标准必要专利的认定主体目前尚有争议，对司法审查标准必要专利的必要性学界也有不同认识。况且，标准必要专利的认定更大程度上属于事实问题而非法律问题，也就不宜作为单独的诉讼请求提出。但法院在审理的过程中，应当将此作为影响许可费判定的因素之一予以考虑。

考虑到现实的许可情况的复杂性，这个调整因素不是确定的，用来在许可费的判定中作为兜底，但许可费的判定应当是以前三个步骤确定的为主。

（五）华为案适用"基础许可费＋调整因素判定法"

第一步，确定许可费的计算基础。由于本案公开的资料有限，本案两审法院对诉争标准必要专利的认定亦不十分充分，恐怕难以权衡适用哪一种收费基础更为合理。但根据本案现有的公开资料来看，IDC 公司声称的标准必要专利主要涉及的是 WCD-MA 数字蜂窝移动通信网接口。[60] 即 IDC 公司的标准必要专利作用主要是实现手机终端的上网功能，故若以整机售价作为许可费计算基础，可能会增加 IDC 公司专利劫持的风险。但若选取最小可售单位作为许可费的计算基础，又尚需进一步考察标准必要专利的功能及与其他元件之间是否存在互补关系等，并确定最小可售单位。这些判断都有赖于第一步对标准必要专利的认定。

第二步，计算专利的增量价值。IDC 公司在要约中明确坚持，其每项要约均构成整体条件，华为公司如果拒绝任何一项要约均构成对要约整体的拒绝。[61]可见，IDC公司在许可条件的谈判中处于明显的强势地位。由于IDC公司声称的标准必要专利构成中国电信领域的移动终端和基础设施之技术标准对应的标准必要专利，故华为公司要么接受IDC公司对许可费的报价及其他许可条件，要么就无法使其产品符合中国电信领域的移动终端和基础设施之技术标准。IDC公司该等谈判行为应当被认定为构成专利劫持。

第三步，参考类似许可。该案主要选取了IDC公司给苹果公司的许可费作为确定IDC公司给华为公司的合理许可费的参照。第一，应当对比IDC公司授予苹果公司和华为公司的专利，二者的专利相似度越高，则苹果公司的许可费作为类似许可的合理性也越高。第二，对比二者的许可时间。由于通信市场技术日新月异，如果许可时间相差较远，则可比性降低；许可时间越近，则二者的可比性越高。第三，考虑二者被许可专利的使用。一个具有可信度的类似许可与被诉许可之间对被许可专利的使用方式应当基本相同。举个略微极端的例子，如果被许可人将专利用来生产该专利的水平替代技术，将大大减少该专利的销量。此时，许可人可以收取更高的价格以弥补该等损失。第四，对比二者许可协议中的其他许可条件。例如，IDC公司是否要求华为公司免费回授华为公司的专利给其使用。如果IDC公司仅对华为公司提出免费回授的要求，则IDC公司给予华为公司的许可费应当低于其给予苹果公司的许可费。第五，考虑该等许可是否为自愿许可，而不是诉讼或仲裁的结果。华为案的法官也考虑到，由于IDC公司与三星电子之间的许可费是在诉讼背景下达成的，而其与苹果公司之间的许可费完全是双方平等、自愿协商达成的，因此后者较前者的相似度更高，故主要选取了后者作为许可费计算的参照。第六，考虑该等许可的许可费支付方式。如前所述，IDC公司给予苹果公司的许可费是固定许可费，而给予华为公司的是比例许可费。二者之间存在一定的差异性。采用固定许可费，即被许可人一次性支付许可人一定数额的许可费，有可能被许可人的产品大卖，而许可人只赚取了当中很小一部分利润，因此许可人需承担一定的市场风险。当然，被许可人的产品滞销也并不影响许可人收益。而比例费率的方式将被许可人与许可人之间的利益捆绑在一起，许可人的许可费随着被许可人产品销量的增加而增加。法官在参照IDC公司给予苹果公司的许可费时，应当考虑到以上许可费支付方式的差异性。

第四步，其他参考因素。首先是剔除非标准必要专利和无效专利。笔者认为，比较恰当的方式是由华为公司提出IDC公司声称的N个标准必要专利中，有n个是华为公司认可的，剩下m个华为公司认为是非标准必要专利或者是无效专利。法院就此要求IDC公司提出质证意见。如果IDC公司不能证明m个专利里有适格的标准必要专利，则法院应当认定该n个专利为标准必要专利。反之，如果IDC公司能够证明m个专利中有x个适格的标准必要专利，则应当认定为有n+x个标准必要专利。

考虑到专利许可范围，IDC公司与苹果公司、三星电子之间的专利许可的范围为全球范围，而IDC公司与华为公司之间的专利许可仅在中国范围，显然IDC公司给予华为公司的标准专利许可的价值低于其给予苹果公司和三星电子的价值。因此，IDC公司给予华为公司的许可费还应当考虑到华为公司使用IDC公司在中国以外的其他标准必要专利需另行支付许可费的成本，因而在前三步确定的技术许可费的前提下予以适当降低，以避免许可费堆积。

六、结　　语

回到本文最初的问题，什么样的许可费才算是合理呢？本文通过考察国内外相关案例，梳理、总结目前国内外司法界关于许可费问题最新的审判规则及审判经验，最终提出我国司法实践中较为切实可行的许可费判定方法。合理的许可费判定应当遵循"基础许可费＋调整因素判定法"，适用四个步骤逐步得出结论。

合理的许可费应当是利益平衡的结果，它可以同时促进标准必要专利权人和标准实施者对标准的参与。因此，法院在判定合理的许可费时应当把握利益平衡的原则，具体来说，一项合理的许可费既应当向标准必要专利权人就其在标准制定过程中的贡献提供充分的补偿，以确保标准的质量与价值，同时应当将许可费维持在标准能被广泛采纳的水平，这是标准设立的目的所在。

我们无法套用一个公式准确地计算出许可费的数值，采用各种不同的判定方法也只是期望更近一步逼近那个准确的数值，合理的许可费应当是一个区间。事实上，标准必要专利许可费的判定是个十分棘手的新问题，各国的标准组织、法院目前都处在摸索的阶段。可以说，要解决这个问题，我们依然任重道远。我们应当期待司法实践中出现更多的案例以完善、检验许可费的判定方法。

【注释】

1　《关于禁止滥用知识产权排除、限制竞争行为的规定》第 13 条。

2 秦天雄："标准必要专利许可费率问题研究"，载《电子知识产权》2015 年第 3 期，第 84 页。

3 谢雄雅、胡伟华："标准必要专利诉讼中 FRAND 原则的适用——以华为诉 IDC 案为视角"，见最高人民法院：《全国法院第二十六届学术讨论会论文集：司法体制改革与民商事法律适用问题研究》，2015 年 4 月 8 日，第 1178 ~ 1185 页。

4 何怀文："合理无歧视许可要求的客观衡量标准探析——从解读欧盟委员会对微软的裁决出发"，载《电子知识产权》2008 年第 8 期，第 29 ~ 31 页。

5 马海生：《专利许可的原则——公平、合理、无歧视许可研究》，西南政法大学 2009 年博士学位论文，第 35 ~ 48 页。

6 刘强："技术标准专利许可中的合理非歧视原则"，载《中南大学学报》2011 年第 2 期，第 83 ~ 88 页。

7 宋健："标准必要专利许可使用费的证明问题"，载《竞争政策研究》2015 年第 2 期，第 8 页。

8 叶若思、祝建军、陈全文："标准必要专利使用费纠纷中 FRAND 规则的司法适用——评华为公司诉美国 IDC 公司标准必要专利使用费纠纷案"，载《知识产权法研究》2013 年第 4 期，第 61 页。

9 张平："涉及技术标准 FRAND 专利许可使用费率的计算"，载《人民司法》2014 年第 4 期，第 14 ~ 16 页。

10 罗娇："论标准必要专利诉讼的'公平、合理、无歧视'许可——内涵、费率与适用"，载《法学家》2015 年第 3 期，第 86 ~ 94 页。

11 张吉豫："标准必要专利'合理无歧视'许可费计算的原则与方法——美国'Microsoft v. Motorola 案'的启示"，载《知识产权》2013 年第 8 期，第 25 ~ 33 页。

12 徐朝峰："从微软与摩托罗拉案例看 RAND 许可费率计算方法"，载《电子知识产权》2014 年第 4 期，第 80 ~ 83 页。

13 李扬、刘影："FRAND 标准必要专利许可使用费的计算"，载《科技与法律》2014 年第 5 期，第 866～883 页。

14　同注释 2。

15　Carl Shapiro & Hal Varian：*Information Rules*：*A Strategic Guide to the Network Economy*. Boston：Harvard Business School Press，1999，p. 241.

16　Daniel Swanson & William Baumol："Reasonable and Nondiscriminatory（RAND）Royalties，Standards Selection，and Control of Market Power"，*Antitrust Law Journal 1*，p. 5.

17　IllkaRahnosto：*Intellectual Property*，*External Effects and Anti-trust Law*，Oxford：Oxford University Press，2003：para. 4. 105.

18　Maurits Dolmans："Cleary Gottlieb Steen & Hamilton LLP，EC competition law and IP licensing in a standard-setting context"，http：//www. abanet. org/antitrust/at-committees/at-ip/ppt/programs/07/6-22-07/Maurits-Dolmans. ppt. 2007 - 8 - 16/2015 - 08 - 12.

19　Mark A. Lemley："Ten things to do about patent holdup of standards"，*Boston College Law Review*，2007，48（1），pp. 149 - 168.

20　OveGranstrand："Fair and Reasonable Royalty Rate Determination-When is the 25% rule applicable?"，*LES Nouvelles*，2006（8），pp. 2 - 6.

21　由于欧盟对标准必要专利纠纷主要从竞争法的路径解决，因而关注的焦点多在于标准必要专利的反垄断，而直接认定许可费合理与否的判例较少。因此，本文对国外案例的研究主要针对美国案例。

22　Microsoft Corp. v. Motorola，Inc. ，2013 U. S. Dist. LEXIS 161762.

23　In re Innovatio IP Ventures，2013 U. S. Dist. LEXIS 144061.

24　Ericsson v. D-Link，2014 U. S. App. LEXIS 22778.

25　Realtek，2014 U. S. Dist. LEXIS 81678.

26　同注释 22。

27　例如，欧洲电信标准化协会（Europe Telecommunications Standards Institutes，ETSI）曾于 2006 年试图确定一个封顶许可费率，最终也没有下文。

28 马海生："标准化组织的 FRAND 许可政策实证分析"，载《电子知识产权》2009 年第 2 期，第 35 页。

29 转引自刘强："技术标准专利许可中的合理非歧视原则"，载《中南大学学报》2011 年第 2 期，第 83 页。

30 孟雁北："标准制定与实施中 FRAND 承诺问题研究"，载《电子知识产权》2014 年第 11 期，第 30 页。

31 在标准必要专利的语境下，一般在两种情况下法院会面临判定合理的许可费问题：第一种即最常见的情况，即发生专利侵权，专利权人要求法院判定损害赔偿；第二种情况即没有发生侵权，单纯由于标准实施者认为专利权人的许可费不合理，违反了 FRAND 原则而提起的诉讼。本文所论述的合理许可费问题包含以上两种情况。由于第一种情况下，法院判定合理的许可费是侵权损害赔偿的需要，合理性自不待言，因而此处讨论的司法介入的理论基础是指在第二种情况下。

32 同注释 3。

33 美国法院将 FRAND 承诺认定为专利权人与标准组织之间的合同，而标准实施者是第三方受益人，因此，美国法院一般从合同法的角度考虑 FRAND 承诺。

34 张永忠、王绎凌："标准必要专利诉讼的国际比较：诉讼类型与裁判经验"，载《知识产权》2015 年第 3 期，第 86 页。

35 叶若思、祝建军等："关于标准必要专利中反垄断及 FRAND 原则司法适用的调研"，载《知识产权法研究》2013 年第 2 期，第 22 页。

36 华为公司先后向深圳市中级人民法院提起两个诉讼，一个是标准必要专利使用费纠纷诉讼，另一个是滥用市场支配地位的反垄断诉讼。华为诉 IDC 标准必要专利使用费纠纷案件，一审判决参见深圳市中级人民法院〔2011〕深中法知民初字第 857 号民事判决书，二审判决参见广东省高级人民法院〔2013〕粤高法民三终字第 305 号民事判决书。华为诉 IDC 滥用市场支配地位案件，一审判决参见深圳市中级人民法院〔2011〕深中法知民初字第 858 号民事判决书，二审判决参见广东省高级人民法院〔2013〕粤高法民三终字第 306 号民事判决书。

37　同注释 34。

38　阮开欣："解读美国专利侵权损害赔偿计算中的合理许可费方法"，载《中国发明与专利》2012 年第 7 期，第 64 页。

39　2008 年，最高人民法院《关于朝阳兴诺公司按照建设部颁发的行业标准〈复合载体夯扩桩设计规程〉设计、施工而实施标准中专利的行为是否构成侵犯专利权问题的函》（［2008］民三他字第 4 号，以下简称"4号函"）作出如下规定："鉴于目前我国标准制定机关尚未建立有关标准中专利信息的公开披露及使用制度的实际情况，专利权人参与了标准的制定或经其同意，将专利纳入国家、行业或者地方标准的，视为专利权人许可他人在实施标准的同时实施该专利，他人的有关实施行为不属于《专利法》第 11 条所规定的侵犯专利权的行为。专利权人可以要求实施人支付一定的使用费，但支付的数额应明显低于正常的许可使用费；专利权人承诺放弃专利使用费的，依其承诺处理。"

40　2009 年 11 月国标委颁布的《涉及专利的国家标准制修订管理规定（暂行）（征求意见稿）》（《国家标准涉及专利的管理规定（暂行）》，以下简称"征求意见稿"）第 9 条规定"国家标准制定和修订过程中涉及专利时，专业标准化技术委员会或归口单位应及时获得专利权人做出不可撤销的专利实施书面许可声明。该声明应包含以下内容，专利权人应选择其中一项：（一）专利权人同意在合理无歧视基础上，免费许可任何组织和个人实施该国家标准时实施其专利；（二）专利权人同意在合理无歧视基础上，许可任何组织和个人实施该国家标准时实施其专利，但支付的数额应明显低于正常的许可使用费；（三）专利权人不同意按照以上两种方式进行专利许可。在专利权人选择（三）的情况下，标准中不应包括基于该专利的条款"。

41　2009 年 6 月发布的《最高人民法院关于审理侵犯专利权纠纷案件应用法律若干问题的解释（征求意见稿）》第 20 条规定："专利权人要求标准实施人支付使用费的，人民法院应当综合考虑专利的创新程度及其在标准中的作用、标准所属的技术领域、标准的性质、标准实施的范围等因素合理确定使用费的数额，但专利权人承诺放弃使用费的除外。"

42　参见广东省高级人民法院（2013）粤高法民三终字第305号民事判决书。

43　林秀芹："FRAND原则助华为赢得'中国标准专利第一案'"，载《中国知识产权报》2013年11月13日，第10版。

44　2013年12月颁布的正式的《国家标准涉及专利的管理规定（暂行）》第9条规定，"国家标准在制修订过程中涉及专利的，全国专业标准化技术委员会或者归口单位应当及时要求专利权人或者专利申请人作出专利实施许可声明。该声明应当由专利权人或者专利申请人在以下三项内容中选择一项：（一）专利权人或者专利申请人同意在公平、合理、无歧视基础上，免费许可任何组织或者个人在实施该国家标准时实施其专利；（二）专利权人或者专利申请人同意在公平、合理、无歧视基础上，收费许可任何组织或者个人在实施该国家标准时实施其专利；（三）专利权人或者专利申请人不同意按照以上两种方式进行专利实施许可。"同时，该管理规定第17条规定，"国家标准中所涉及专利的实施许可及许可使用费问题，由标准使用人与专利权人或者专利申请人依据专利权人或者专利申请人作出的专利实施许可声明协商处理"。

45　参见最高人民法院（2012）民提字第125号民事判决书。

46　2015年4月，国家工商行政总局颁布的《关于禁止滥用知识产权排除、限制竞争行为的规定》第13条规定："经营者不得在行使知识产权的过程中，利用标准（含国家技术规范的强制性要求，下同）的制定和实施从事排除、限制竞争的行为。具有市场支配地位的经营者没有正当理由，不得在标准的制定和实施过程中实施下列排除、限制竞争行为：（一）在参与标准制定的过程中，故意不向标准制定组织披露其权利信息，或者明确放弃其权利，但是在某项标准涉及该专利后却对该标准的实施者主张其专利权。（二）在其专利成为标准必要专利后，违背公平、合理和无歧视原则，实施拒绝许可、搭售商品或者在交易时附加其他的不合理交易条件等排除、限制竞争的行为。本规定所称标准必要专利，是指实施该项标准所必不可少的专利。"

47 2016 年 3 月，最高人民法院发布的《最高人民法院关于审理侵犯专利权纠纷案件应用法律若干问题的解释（二）》第 24 条规定："推荐性国家、行业或者地方标准明示所涉必要专利的信息，被诉侵权人以实施该标准无需专利权人许可为由抗辩不侵犯该专利权的，人民法院一般不予支持。

"推荐性国家、行业或者地方标准明示所涉必要专利的信息，专利权人、被诉侵权人协商该专利的实施许可条件时，专利权人故意违反其在标准制定中承诺的公平、合理、无歧视的许可义务，导致无法达成专利实施许可合同，且被诉侵权人在协商中无明显过错的，对于权利人请求停止标准实施行为的主张，人民法院一般不予支持。

"本条第二款所称实施许可条件，应当由专利权人、被诉侵权人协商确定。经充分协商，仍无法达成一致的，可以请求人民法院确定。人民法院在确定上述实施许可条件时，应当根据公平、合理、无歧视的原则，综合考虑专利的创新程度及其在标准中的作用、标准所属的技术领域、标准的性质、标准实施的范围和相关的许可条件等因素。

"法律、行政法规对实施标准中的专利另有规定的，从其规定。"

48 该数据由 STRATEGY ANALYTICS 提供，并得到二审法院的认可。STRATEGY ANALYTICS 是一家全球著名的信息技术、通信行业和消费科技市场研究机构。

49 同注释 42。

50 同注释 22。

51 同注释 23。

52 同注释 23。

53 美国联邦巡回上诉法院指出：地方法院（1）未能就 Ericsson 的事实 FRAND 承诺对陪审团进行充分指导；（2）未能指导陪审团，专利许可费必须是占标准作为一个整体的价值中的一定比例；（3）未能指导陪审团，FRAND 许可费率必须基于专利技术的价值，而非该专利技术标准化所带来的价值，而是指导陪审团考虑无关的"Georgia-Pacific"因素。

54 根据笔者的理解，最小可售合标使用（Compliant Implementation）的含义等同于下文所述的最小可售单位（Smallest Salable Patent Practicing Unit，SSPPU）。

55 J. Gregory Sidak："FRAND in India：The Delhi High Court's emerging jurisprudence on royalties for standard-essential patents"，*Journal of Intellectual Property Law & Practice*，2015，Vol. 10，No. 8：616.

56 Anne Layne-Farrar &Koren W. Wong-Ervin："An Analysis of the Federal Circuit's Decision in Ericsson v. D-Link"，*CPI Antitrust Chronicle*，March 2015（1），p. 8.

57 J. Gregory Sidak："The Meaning of FRAND，Part I：Royalties"，*Jnl of Competition Law & Economics*，（2013）9（4），p. 4.

58 同注释 3。

59 同注释 57。

60 同注释 42。

61 陈文全："交互数字技术公司与华为技术有限公司标准必要专利使用费纠纷上诉案 - 标准必要专利使用费率纠纷具有可诉性"，载《人民司法》2014 年第 4 期，第 4~9 页。

附　　录

附录一　相关法律渊源

1. 中华人民共和国合同法

（自 1999 年 10 月 1 日起施行）

第三百二十二条　【定义】技术合同是当事人就技术开发、转让、咨询或者服务订立的确立相互之间权利和义务的合同。

第三百二十九条　【技术合同的无效】非法垄断技术、妨碍技术进步或者侵害他人技术成果的技术合同无效。

2. 中华人民共和国反垄断法

(2007 年 8 月 30 日第十届全国人民代表大会常务委员会第二十九次会议通过，自 2008 年 8 月 1 日起施行)

第一章　总则

第一条　为了预防和制止垄断行为，保护市场公平竞争，提高经济运行效率，维护消费者利益和社会公共利益，促进社会主义市场经济健康发展，制定本法。

第二条　中华人民共和国境内经济活动中的垄断行为，适用本法；中华人民共和国境外的垄断行为，对境内市场竞争产生排除、限制影响的，适用本法。

第三条　本法规定的垄断行为包括：

（一）经营者达成垄断协议；

（二）经营者滥用市场支配地位；

（三）具有或者可能具有排除、限制竞争效果的经营者集中。

第四条　国家制定和实施与社会主义市场经济相适应的竞争规则，完善宏观调控，健全统一、开放、竞争、有序的市场体系。

第五条　经营者可以通过公平竞争、自愿联合，依法实施集中，扩大经营规模，提高市场竞争能力。

第六条　具有市场支配地位的经营者，不得滥用市场支配地位，排除、限制竞争。

第七条　国有经济占控制地位的关系国民经济命脉和国家安全的行业

以及依法实行专营专卖的行业，国家对其经营者的合法经营活动予以保护，并对经营者的经营行为及其商品和服务的价格依法实施监管和调控，维护消费者利益，促进技术进步。

前款规定行业的经营者应当依法经营，诚实守信，严格自律，接受社会公众的监督，不得利用其控制地位或者专营专卖地位损害消费者利益。

第八条 行政机关和法律、法规授权的具有管理公共事务职能的组织不得滥用行政权力，排除、限制竞争。

第九条 国务院设立反垄断委员会，负责组织、协调、指导反垄断工作，履行下列职责：

（一）研究拟订有关竞争政策；

（二）组织调查、评估市场总体竞争状况，发布评估报告；

（三）制定、发布反垄断指南；

（四）协调反垄断行政执法工作；

（五）国务院规定的其他职责。

国务院反垄断委员会的组成和工作规则由国务院规定。

第十条 国务院规定的承担反垄断执法职责的机构（以下统称国务院反垄断执法机构）依照本法规定，负责反垄断执法工作。

国务院反垄断执法机构根据工作需要，可以授权省、自治区、直辖市人民政府相应的机构，依照本法规定负责有关反垄断执法工作。

第十一条 行业协会应当加强行业自律，引导本行业的经营者依法竞争，维护市场竞争秩序。

第十二条 本法所称经营者，是指从事商品生产、经营或者提供服务的自然人、法人和其他组织。

本法所称相关市场，是指经营者在一定时期内就特定商品或者服务（以下统称商品）进行竞争的商品范围和地域范围。

第二章 垄断协议

第十三条 禁止具有竞争关系的经营者达成下列垄断协议：

（一）固定或者变更商品价格；

（二）限制商品的生产数量或者销售数量；

（三）分割销售市场或者原材料采购市场；

（四）限制购买新技术、新设备或者限制开发新技术、新产品；

（五）联合抵制交易；

（六）国务院反垄断执法机构认定的其他垄断协议。

本法所称垄断协议，是指排除、限制竞争的协议、决定或者其他协同行为。

第十四条 禁止经营者与交易相对人达成下列垄断协议：

（一）固定向第三人转售商品的价格；

（二）限定向第三人转售商品的最低价格；

（三）国务院反垄断执法机构认定的其他垄断协议。

第十五条 经营者能够证明所达成的协议属于下列情形之一的，不适用本法第十三条、第十四条的规定：

（一）为改进技术、研究开发新产品的；

（二）为提高产品质量、降低成本、增进效率，统一产品规格、标准或者实行专业化分工的；

（三）为提高中小经营者经营效率，增强中小经营者竞争力的；

（四）为实现节约能源、保护环境、救灾救助等社会公共利益的；

（五）因经济不景气，为缓解销售量严重下降或者生产明显过剩的；

（六）为保障对外贸易和对外经济合作中的正当利益的；

（七）法律和国务院规定的其他情形。

属于前款第一项至第五项情形，不适用本法第十三条、第十四条规定的，经营者还应当证明所达成的协议不会严重限制相关市场的竞争，并且能够使消费者分享由此产生的利益。

第十六条 行业协会不得组织本行业的经营者从事本章禁止的垄断行为。

第三章　滥用市场支配地位

第十七条　禁止具有市场支配地位的经营者从事下列滥用市场支配地位的行为：

（一）以不公平的高价销售商品或者以不公平的低价购买商品；

（二）没有正当理由，以低于成本的价格销售商品；

（三）没有正当理由，拒绝与交易相对人进行交易；

（四）没有正当理由，限定交易相对人只能与其进行交易或者只能与其指定的经营者进行交易；

（五）没有正当理由搭售商品，或者在交易时附加其他不合理的交易条件；

（六）没有正当理由，对条件相同的交易相对人在交易价格等交易条件上实行差别待遇；

（七）国务院反垄断执法机构认定的其他滥用市场支配地位的行为。

本法所称市场支配地位，是指经营者在相关市场内具有能够控制商品价格、数量或者其他交易条件，或者能够阻碍、影响其他经营者进入相关市场能力的市场地位。

第十八条　认定经营者具有市场支配地位，应当依据下列因素：

（一）该经营者在相关市场的市场份额，以及相关市场的竞争状况；

（二）该经营者控制销售市场或者原材料采购市场的能力；

（三）该经营者的财力和技术条件；

（四）其他经营者对该经营者在交易上的依赖程度；

（五）其他经营者进入相关市场的难易程度；

（六）与认定该经营者市场支配地位有关的其他因素。

第十九条　有下列情形之一的，可以推定经营者具有市场支配地位：

（一）一个经营者在相关市场的市场份额达到二分之一的；

（二）两个经营者在相关市场的市场份额合计达到三分之二的；

（三）三个经营者在相关市场的市场份额合计达到四分之三的。

有前款第二项、第三项规定的情形，其中有的经营者市场份额不足十分之一的，不应当推定该经营者具有市场支配地位。

被推定具有市场支配地位的经营者，有证据证明不具有市场支配地位的，不应当认定其具有市场支配地位。

第四章　经营者集中

第二十条　经营者集中是指下列情形：

（一）经营者合并；

（二）经营者通过取得股权或者资产的方式取得对其他经营者的控制权；

（三）经营者通过合同等方式取得对其他经营者的控制权或者能够对其他经营者施加决定性影响。

第二十一条　经营者集中达到国务院规定的申报标准的，经营者应当事先向国务院反垄断执法机构申报，未申报的不得实施集中。

第二十二条　经营者集中有下列情形之一的，可以不向国务院反垄断执法机构申报：

（一）参与集中的一个经营者拥有其他每个经营者百分之五十以上有表决权的股份或者资产的；

（二）参与集中的每个经营者百分之五十以上有表决权的股份或者资产被同一个未参与集中的经营者拥有的。

第二十三条　经营者向国务院反垄断执法机构申报集中，应当提交下列文件、资料：

（一）申报书；

（二）集中对相关市场竞争状况影响的说明；

（三）集中协议；

（四）参与集中的经营者经会计师事务所审计的上一会计年度财务会计

报告；

（五）国务院反垄断执法机构规定的其他文件、资料。

申报书应当载明参与集中的经营者的名称、住所、经营范围、预定实施集中的日期和国务院反垄断执法机构规定的其他事项。

第二十四条 经营者提交的文件、资料不完备的，应当在国务院反垄断执法机构规定的期限内补交文件、资料。经营者逾期未补交文件、资料的，视为未申报。

第二十五条 国务院反垄断执法机构应当自收到经营者提交的符合本法第二十三条规定的文件、资料之日起三十日内，对申报的经营者集中进行初步审查，作出是否实施进一步审查的决定，并书面通知经营者。国务院反垄断执法机构作出决定前，经营者不得实施集中。

国务院反垄断执法机构作出不实施进一步审查的决定或者逾期未作出决定的，经营者可以实施集中。

第二十六条 国务院反垄断执法机构决定实施进一步审查的，应当自决定之日起九十日内审查完毕，作出是否禁止经营者集中的决定，并书面通知经营者。作出禁止经营者集中的决定，应当说明理由。审查期间，经营者不得实施集中。

有下列情形之一的，国务院反垄断执法机构经书面通知经营者，可以延长前款规定的审查期限，但最长不得超过六十日：

（一）经营者同意延长审查期限的；

（二）经营者提交的文件、资料不准确，需要进一步核实的；

（三）经营者申报后有关情况发生重大变化的。

国务院反垄断执法机构逾期未作出决定的，经营者可以实施集中。

第二十七条 审查经营者集中，应当考虑下列因素：

（一）参与集中的经营者在相关市场的市场份额及其对市场的控制力；

（二）相关市场的市场集中度；

（三）经营者集中对市场进入、技术进步的影响；

（四）经营者集中对消费者和其他有关经营者的影响；

（五）经营者集中对国民经济发展的影响；

（六）国务院反垄断执法机构认为应当考虑的影响市场竞争的其他因素。

第二十八条 经营者集中具有或者可能具有排除、限制竞争效果的，国务院反垄断执法机构应当作出禁止经营者集中的决定。但是，经营者能够证明该集中对竞争产生的有利影响明显大于不利影响，或者符合社会公共利益的，国务院反垄断执法机构可以作出对经营者集中不予禁止的决定。

第二十九条 对不予禁止的经营者集中，国务院反垄断执法机构可以决定附加减少集中对竞争产生不利影响的限制性条件。

第三十条 国务院反垄断执法机构应当将禁止经营者集中的决定或者对经营者集中附加限制性条件的决定，及时向社会公布。

第三十一条 对外资并购境内企业或者以其他方式参与经营者集中，涉及国家安全的，除依照本法规定进行经营者集中审查外，还应当按照国家有关规定进行国家安全审查。

第五章 滥用行政权力排除、限制竞争

第三十二条 行政机关和法律、法规授权的具有管理公共事务职能的组织不得滥用行政权力，限定或者变相限定单位或者个人经营、购买、使用其指定的经营者提供的商品。

第三十三条 行政机关和法律、法规授权的具有管理公共事务职能的组织不得滥用行政权力，实施下列行为，妨碍商品在地区之间的自由流通：

（一）对外地商品设定歧视性收费项目、实行歧视性收费标准，或者规定歧视性价格；

（二）对外地商品规定与本地同类商品不同的技术要求、检验标准，或者对外地商品采取重复检验、重复认证等歧视性技术措施，限制外地商品进入本地市场；

（三）采取专门针对外地商品的行政许可，限制外地商品进入本地

市场；

（四）设置关卡或者采取其他手段，阻碍外地商品进入或者本地商品运出；

（五）妨碍商品在地区之间自由流通的其他行为。

第三十四条　行政机关和法律、法规授权的具有管理公共事务职能的组织不得滥用行政权力，以设定歧视性资质要求、评审标准或者不依法发布信息等方式，排斥或者限制外地经营者参加本地的招标投标活动。

第三十五条　行政机关和法律、法规授权的具有管理公共事务职能的组织不得滥用行政权力，采取与本地经营者不平等待遇等方式，排斥或者限制外地经营者在本地投资或者设立分支机构。

第三十六条　行政机关和法律、法规授权的具有管理公共事务职能的组织不得滥用行政权力，强制经营者从事本法规定的垄断行为。

第三十七条　行政机关不得滥用行政权力，制定含有排除、限制竞争内容的规定。

第六章　对涉嫌垄断行为的调查

第三十八条　反垄断执法机构依法对涉嫌垄断行为进行调查。

对涉嫌垄断行为，任何单位和个人有权向反垄断执法机构举报。反垄断执法机构应当为举报人保密。

举报采用书面形式并提供相关事实和证据的，反垄断执法机构应当进行必要的调查。

第三十九条　反垄断执法机构调查涉嫌垄断行为，可以采取下列措施：

（一）进入被调查的经营者的营业场所或者其他有关场所进行检查；

（二）询问被调查的经营者、利害关系人或者其他有关单位或者个人，要求其说明有关情况；

（三）查阅、复制被调查的经营者、利害关系人或者其他有关单位或者个人的有关单证、协议、会计账簿、业务函电、电子数据等文件、资料；

（四）查封、扣押相关证据；

（五）查询经营者的银行账户。

采取前款规定的措施，应当向反垄断执法机构主要负责人书面报告，并经批准。

第四十条 反垄断执法机构调查涉嫌垄断行为，执法人员不得少于二人，并应当出示执法证件。

执法人员进行询问和调查，应当制作笔录，并由被询问人或者被调查人签字。

第四十一条 反垄断执法机构及其工作人员对执法过程中知悉的商业秘密负有保密义务。

第四十二条 被调查的经营者、利害关系人或者其他有关单位或者个人应当配合反垄断执法机构依法履行职责，不得拒绝、阻碍反垄断执法机构的调查。

第四十三条 被调查的经营者、利害关系人有权陈述意见。反垄断执法机构应当对被调查的经营者、利害关系人提出的事实、理由和证据进行核实。

第四十四条 反垄断执法机构对涉嫌垄断行为调查核实后，认为构成垄断行为的，应当依法作出处理决定，并可以向社会公布。

第四十五条 对反垄断执法机构调查的涉嫌垄断行为，被调查的经营者承诺在反垄断执法机构认可的期限内采取具体措施消除该行为后果的，反垄断执法机构可以决定中止调查。中止调查的决定应当载明被调查的经营者承诺的具体内容。

反垄断执法机构决定中止调查的，应当对经营者履行承诺的情况进行监督。经营者履行承诺的，反垄断执法机构可以决定终止调查。

有下列情形之一的，反垄断执法机构应当恢复调查：

（一）经营者未履行承诺的；

（二）作出中止调查决定所依据的事实发生重大变化的；

（三）中止调查的决定是基于经营者提供的不完整或者不真实的信息作出的。

第七章　法律责任

第四十六条　经营者违反本法规定，达成并实施垄断协议的，由反垄断执法机构责令停止违法行为，没收违法所得，并处上一年度销售额百分之一以上百分之十以下的罚款；尚未实施所达成的垄断协议的，可以处五十万元以下的罚款。

经营者主动向反垄断执法机构报告达成垄断协议的有关情况并提供重要证据的，反垄断执法机构可以酌情减轻或者免除对该经营者的处罚。

行业协会违反本法规定，组织本行业的经营者达成垄断协议的，反垄断执法机构可以处五十万元以下的罚款；情节严重的，社会团体登记管理机关可以依法撤销登记。

第四十七条　经营者违反本法规定，滥用市场支配地位的，由反垄断执法机构责令停止违法行为，没收违法所得，并处上一年度销售额百分之一以上百分之十以下的罚款。

第四十八条　经营者违反本法规定实施集中的，由国务院反垄断执法机构责令停止实施集中、限期处分股份或者资产、限期转让营业以及采取其他必要措施恢复到集中前的状态，可以处五十万元以下的罚款。

第四十九条　对本法第四十六条、第四十七条、第四十八条规定的罚款，反垄断执法机构确定具体罚款数额时，应当考虑违法行为的性质、程度和持续的时间等因素。

第五十条　经营者实施垄断行为，给他人造成损失的，依法承担民事责任。

第五十一条　行政机关和法律、法规授权的具有管理公共事务职能的组织滥用行政权力，实施排除、限制竞争行为的，由上级机关责令改正；对直接负责的主管人员和其他直接责任人员依法给予处分。反垄断执法机构可以向有关上级机关提出依法处理的建议。

法律、行政法规对行政机关和法律、法规授权的具有管理公共事务职能的组织滥用行政权力实施排除、限制竞争行为的处理另有规定的，依照其规定。

第五十二条　对反垄断执法机构依法实施的审查和调查，拒绝提供有关材料、信息，或者提供虚假材料、信息，或者隐匿、销毁、转移证据，或者有其他拒绝、阻碍调查行为的，由反垄断执法机构责令改正，对个人可以处二万元以下的罚款，对单位可以处二十万元以下的罚款；情节严重的，对个人处二万元以上十万元以下的罚款，对单位处二十万元以上一百万元以下的罚款；构成犯罪的，依法追究刑事责任。

第五十三条　对反垄断执法机构依据本法第二十八条、第二十九条作出的决定不服的，可以先依法申请行政复议；对行政复议决定不服的，可以依法提起行政诉讼。

对反垄断执法机构作出的前款规定以外的决定不服的，可以依法申请行政复议或者提起行政诉讼。

第五十四条　反垄断执法机构工作人员滥用职权、玩忽职守、徇私舞弊或者泄露执法过程中知悉的商业秘密，构成犯罪的，依法追究刑事责任；尚不构成犯罪的，依法给予处分。

第八章　附则

第五十五条　经营者依照有关知识产权的法律、行政法规规定行使知识产权的行为，不适用本法；但是，经营者滥用知识产权，排除、限制竞争的行为，适用本法。

第五十六条　农业生产者及农村经济组织在农产品生产、加工、销售、运输、储存等经营活动中实施的联合或者协同行为，不适用本法。

第五十七条　本法自 2008 年 8 月 1 日起施行。

3. 中华人民共和国技术进出口管理条例

（发文字号：国务院令第331号，自2002年1月1日起施行）

第二条 本条例所称技术进出口，是指从中华人民共和国境外向中华人民共和国境内，或者从中华人民共和国境内向中华人民共和国境外，通过贸易、投资或者经济技术合作的方式转移技术的行为。

前款规定的行为包括专利权转让、专利申请权转让、专利实施许可、技术秘密转让、技术服务和其他方式的技术转移。

第二十九条 技术进口合同中，不得含有下列限制性条款：

（一）要求受让人接受并非技术进口必不可少的附带条件，包括购买非必需的技术、原材料、产品、设备或者服务；

（二）要求受让人为专利权有效期限届满或者专利权被宣布无效的技术支付使用费或者承担相关义务；

（三）限制受让人改进让与人提供的技术或者限制受让人使用所改进的技术；

（四）限制受让人从其他来源获得与让与人提供的技术类似的技术或者与其竞争的技术；

（五）不合理地限制受让人购买原材料、零部件、产品或者设备的渠道或者来源；

（六）不合理地限制受让人产品的生产数量、品种或者销售价格；

（七）不合理地限制受让人利用进口的技术生产产品的出口渠道。

4. 中华人民共和国技术进出口管理条例（2011 年修正本）

（发文字号：国务院令第 588 号；生效日期：2002 年 1 月 1 日；
发布日期：2011 年 1 月 8 日）

（2001 年 12 月 10 日中华人民共和国国务院令第 331 号公布 根据 2011 年 1 月
8 日国务院令第 588 号《国务院关于废止和修改部分行政法规的决定》修订）

第二条 本条例所称技术进出口，是指从中华人民共和国境外向中华人民共和国境内，或者从中华人民共和国境内向中华人民共和国境外，通过贸易、投资或者经济技术合作的方式转移技术的行为。

前款规定的行为包括专利权转让、专利申请权转让、专利实施许可、技术秘密转让、技术服务和其他方式的技术转移。

第二十九条 技术进口合同中，不得含有下列限制性条款：

（一）要求受让人接受并非技术进口必不可少的附带条件，包括购买非必需的技术、原材料、产品、设备或者服务；

（二）要求受让人为专利权有效期限届满或者专利权被宣布无效的技术支付使用费或者承担相关义务；

（三）限制受让人改进让与人提供的技术或者限制受让人使用所改进的技术；

（四）限制受让人从其他来源获得与让与人提供的技术类似的技术或者与其竞争的技术；

（五）不合理地限制受让人购买原材料、零部件、产品或者设备的渠道或者来源；

（六）不合理地限制受让人产品的生产数量、品种或者销售价格；

（七）不合理地限制受让人利用进口的技术生产产品的出口渠道。

5. 国家标准涉及专利的管理规定（暂行）（征求意见稿）

(2012 年 12 月 20 日，国家标准化管理委员会)

一、总则

（一）为妥善处理国家标准涉及专利的问题，规范国家标准管理工作，鼓励创新，促进国家标准合理采用新技术，保护社会公众和专利权人及相关权利人的合法权益，保障国家标准的有效实施，依据《中华人民共和国标准化法》《中华人民共和国专利法》和《国家标准管理办法》等相关法律法规和规章制定本规定。

（二）本规定适用于在制修订和实施国家标准过程中对涉及专利问题的处置。

（三）本规定所称专利包括有效的专利和专利申请。

（四）国家标准中涉及的专利应是必要专利，即实施该项标准所必不可少的专利。

（五）国务院标准化行政主管部门不负责对国家标准是否涉及专利进行识别，不负责对专利权人/专利申请人提交材料的真实性、国家标准所涉及专利的有效性和专利申请的范围等进行鉴别。

二、专利信息的披露

（一）参与国家标准制修订的组织或个人应对其所知悉的必要专利，及时向专业标准化技术委员会或归口单位进行披露，并提供专利信息及相应的证明材料。

（二）鼓励没有参与标准制修订的组织或个人在该标准制修订过程中的任何阶段披露其所知悉的必要专利，并将有关专利信息书面通知相关专业标准化技术委员会或归口单位。

（三）国务院标准化行政主管部门在对国家标准项目建议进行征求意见时，应对专业标准化技术委员会或归口单位提交的国家标准项目建议中涉及专利的情况予以公布。

（四）参与标准制修订的组织或个人未按上述要求披露其所持有的必要专利，应承担相应的法律责任。

三、专利许可声明

（一）国家标准在制修订过程中涉及专利时，专业标准化技术委员会或归口单位应及时获得专利权人/专利申请人做出的专利许可声明。该声明应由专利权人/专利申请人在以下三项内容中选择一项。

1. 专利权人/专利申请人同意在合理无歧视基础上，免费许可任何组织或个人在实施该国家标准时实施其专利；

2. 专利权人/专利申请人同意在合理无歧视基础上，许可任何组织或个人在实施该国家标准时实施其专利；

3. 专利权人/专利申请人不同意按照以上两种方式进行专利许可。

（二）在专利权人/专利申请人选择 3 的情况下，标准中不应包括基于该专利的条款。

（三）涉及专利的国家标准报批时，专业标准化技术委员会或归口单位应同时向国务院标准化行政主管部门提交专利信息、证明材料和专利许可声明。涉及专利但未获得专利许可声明的国家标准草案暂不批准发布。

（四）国家标准发布后，发现标准涉及专利且没有专利许可声明，国务院标准化行政主管部门应责成专业标准化技术委员会或归口单位在规定的时间内获得专利权人/专利申请人做出的专利许可声明，并报国务院标准化行政主管部门。若专利权人/专利申请人拒绝做出上述专利许可声明，国务院标准化行政主管部门应暂停实施该涉及专利的国家标准，并责成相应的专业标准化技术委员会或归口单位修订该标准。

（五）对于已经向专业标准化技术委员会或归口单位提交许可声明的专利，当专利权人/专利申请人转让或转移该专利时，专利权人/专利申请人应保证专利受让人同意受该专利许可声明的约束。

四、强制性国家标准涉及专利的特殊要求

（一）强制性国家标准原则上不涉及专利。

（二）强制性国家标准如确有必要涉及专利，应由国务院标准化行政主管部门、国务院专利行政部门与相关部门和专利权人／专利申请人共同协商专利处置。未能取得一致的专利处置结果的相应国家标准暂不批准发布。

（三）国务院标准化行政主管部门应在涉及专利的强制性国家标准批准发布前对标准全文和已知的专利信息进行公示，公示期为 30 天。任何组织或个人可将其知悉的其他专利信息书面通知国务院标准化行政主管部门。

五、附则

（一）等同采用国际标准化组织（ISO）和国际电工委员会（IEC）的国际标准制定国家标准时，该国际标准中所涉及专利的许可声明依然适用于国家标准。除此之外，采用国际标准时应遵照一、二、三和四的规定处理。

（二）制修订国家标准涉及专利时，专利信息披露和专利许可声明的具体实施按照 GB/T《标准制定的特殊程序第 1 部分：涉及专利的标准》的要求执行。

（三）国家标准文本有关专利信息的编写要求按照 GB/T 1《标准化工作导则》的规定执行。

（四）制修订行业标准和地方标准中涉及专利时，可参照本规定处理。

（五）本规定由国务院标准化行政主管部门负责解释。

（六）本规定自二零一　年　月　日起施行。

6. 关于发布《国家标准涉及专利的管理 规定（暂行）》的公告

（国家标准化管理委员会国家知识产权局，2013 年第 1 号）

国家标准委、国家知识产权局关于发布《国家标准涉及专利的管理规定（暂行）》的公告

为规范国家标准管理工作，鼓励创新和技术进步，促进国家标准合理采用新技术，保护社会公众和专利权人及相关权利人的合法权益，保障国家标准的有效实施，依据《中华人民共和国标准化法》《中华人民共和国专利法》和《国家标准管理办法》等相关法律法规和规章，国家标准化管理委员会、国家知识产权局制定了《国家标准涉及专利的管理规定（暂行）》，现予发布，自 2014 年 1 月 1 日起施行。

国家标准化管理委员会 国家知识产权局

2013 年 12 月 19 日

7. 国家标准涉及专利的管理规定（暂行）

第一章　总则

第一条　为规范国家标准管理工作，鼓励创新和技术进步，促进国家标准合理采用新技术，保护社会公众和专利权人及相关权利人的合法权益，保障国家标准的有效实施，依据《中华人民共和国标准化法》《中华人民共和国专利法》和《国家标准管理办法》等相关法律法规和规章制定本规定。

第二条　本规定适用于在制修订和实施国家标准过程中对国家标准涉及专利问题的处置。

第三条　本规定所称专利包括有效的专利和专利申请。

第四条　国家标准中涉及的专利应当是必要专利，即实施该项标准必不可少的专利。

第二章　专利信息的披露

第五条　在国家标准制修订的任何阶段，参与标准制修订的组织或者个人应当尽早向相关全国专业标准化技术委员会或者归口单位披露其拥有和知悉的必要专利，同时提供有关专利信息及相应证明材料，并对所提供证明材料的真实性负责。参与标准制定的组织或者个人未按要求披露其拥有的专利，违反诚实信用原则的，应当承担相应的法律责任。

第六条　鼓励没有参与国家标准制修订的组织或者个人在标准制修订的任何阶段披露其拥有和知悉的必要专利，同时将有关专利信息及相应证明材料提交给相关全国专业标准化技术委员会或者归口单位，并对所提供证明材料的真实性负责。

第七条　全国专业标准化技术委员会或者归口单位应当将其获得的专利信息尽早报送国家标准化管理委员会。

第八条　国家标准化管理委员会应当在涉及专利或者可能涉及专利的国家标准批准发布前，对标准草案全文和已知的专利信息进行公示，公示期为30天。任何组织或者个人可以将其知悉的其他专利信息书面通知国家标准化管理委员会。

第三章　专利实施许可

第九条　国家标准在制修订过程中涉及专利的，全国专业标准化技术委员会或者归口单位应当及时要求专利权人或者专利申请人作出专利实施许可声明。该声明应当由专利权人或者专利申请人在以下三项内容中选择一项：

（一）专利权人或者专利申请人同意在公平、合理、无歧视基础上，免费许可任何组织或者个人在实施该国家标准时实施其专利；

（二）专利权人或者专利申请人同意在公平、合理、无歧视基础上，收费许可任何组织或者个人在实施该国家标准时实施其专利；

（三）专利权人或者专利申请人不同意按照以上两种方式进行专利实施许可。

第十条　除强制性国家标准外，未获得专利权人或者专利申请人根据第九条第一项或者第二项规定作出的专利实施许可声明的，国家标准不得包括基于该专利的条款。

第十一条　涉及专利的国家标准草案报批时，全国专业标准化技术委员会或者归口单位应当同时向国家标准化管理委员会提交专利信息、证明材料和专利实施许可声明。除强制性国家标准外，涉及专利但未获得专利权人或者专利申请人根据第九条第一项或者第二项规定作出的专利实施许可声明的，国家标准草案不予批准发布。

第十二条 国家标准发布后，发现标准涉及专利但没有专利实施许可声明的，国家标准化管理委员会应当责成全国专业标准化技术委员会或者归口单位在规定时间内获得专利权人或者专利申请人作出的专利实施许可声明，并提交国家标准化管理委员会。除强制性国家标准外，未能在规定时间内获得专利权人或者专利申请人根据第九条第一项或者第二项规定作出的专利实施许可声明的，国家标准化管理委员会可以视情况暂停实施该国家标准，并责成相应的全国专业标准化技术委员会或者归口单位修订该标准。

第十三条 对于已经向全国专业标准化技术委员会或者归口单位提交实施许可声明的专利，专利权人或者专利申请人转让或者转移该专利时，应当事先告知受让人该专利实施许可声明的内容，并保证受让人同意受该专利实施许可声明的约束。

第四章 强制性国家标准涉及专利的特殊规定

第十四条 强制性国家标准一般不涉及专利。

第十五条 强制性国家标准确有必要涉及专利，且专利权人或者专利申请人拒绝作出第九条第一项或者第二项规定的专利实施许可声明的，应当由国家标准化管理委员会、国家知识产权局及相关部门和专利权人或者专利申请人协商专利处置办法。

第十六条 涉及专利或者可能涉及专利的强制性国家标准批准发布前，国家标准化管理委员会应当对标准草案全文和已知的专利信息进行公示，公示期为 30 天；依申请，公示期可以延长至 60 天。任何组织或者个人可以将其知悉的其他专利信息书面通知国家标准化管理委员会。

第五章　附则

第十七条　国家标准中所涉及专利的实施许可及许可使用费问题，由标准使用人与专利权人或者专利申请人依据专利权人或者专利申请人作出的专利实施许可声明协商处理。

第十八条　等同采用国际标准化组织（ISO）和国际电工委员会（IEC）的国际标准制修订的国家标准，该国际标准中所涉及专利的实施许可声明同样适用于国家标准。

第十九条　在制修订国家标准过程中引用涉及专利的标准的，应当按照本规定第三章的规定重新要求专利权人或者专利申请人作出专利实施许可声明。

第二十条　制修订国家标准涉及专利的，专利信息披露和专利实施许可声明的具体程序依据《标准制定的特殊程序第1部分：涉及专利的标准》国家标准中有关规定执行。

第二十一条　国家标准文本有关专利信息的编写要求按照《标准化工作导则》国家标准中有关规定执行。

第二十二条　制修订行业标准和地方标准中涉及专利的，可以参照适用本规定。

第二十三条　本规定由国家标准化管理委员会和国家知识产权局负责解释。

第二十四条　本规定自 2014 年 1 月 1 日起施行。

8. 关于禁止滥用知识产权排除、限制竞争行为的规定

（国家工商行政管理总局令第 74 号公布，2015 年 4 月 7 日）

第一条 为了保护市场公平竞争和激励创新，制止经营者滥用知识产权排除、限制竞争的行为，根据《中华人民共和国反垄断法》（以下简称《反垄断法》），制定本规定。

第二条 反垄断与保护知识产权具有共同的目标，即促进竞争和创新，提高经济运行效率，维护消费者利益和社会公共利益。

经营者依照有关知识产权的法律、行政法规规定行使知识产权的行为，不适用《反垄断法》；但是，经营者滥用知识产权，排除、限制竞争的行为，适用《反垄断法》。

第三条 本规定所称滥用知识产权排除、限制竞争行为，是指经营者违反《反垄断法》的规定行使知识产权，实施垄断协议、滥用市场支配地位等垄断行为（价格垄断行为除外）。

本规定所称相关市场，包括相关商品市场和相关地域市场，依据《反垄断法》和《国务院反垄断委员会关于相关市场界定的指南》进行界定，并考虑知识产权、创新等因素的影响。在涉及知识产权许可等反垄断执法工作中，相关商品市场可以是技术市场，也可以是含有特定知识产权的产品市场。相关技术市场是指由行使知识产权所涉及的技术和可以相互替代的同类技术之间相互竞争所构成的市场。

第四条 经营者之间不得利用行使知识产权的方式达成《反垄断法》第十三条、第十四条所禁止的垄断协议。但是，经营者能够证明所达成的协议符合《反垄断法》第十五条规定的除外。

第五条 经营者行使知识产权的行为有下列情形之一的，可以不被认

431

定为《反垄断法》第十三条第一款第六项和第十四条第三项所禁止的垄断协议，但是有相反的证据证明该协议具有排除、限制竞争效果的除外：

（一）具有竞争关系的经营者在受其行为影响的相关市场上的市场份额合计不超过百分之二十，或者在相关市场上存在至少四个可以以合理成本得到的其他独立控制的替代性技术；

（二）经营者与交易相对人在相关市场上的市场份额均不超过百分之三十，或者在相关市场上存在至少两个可以以合理成本得到的其他独立控制的替代性技术。

第六条　具有市场支配地位的经营者不得在行使知识产权的过程中滥用市场支配地位，排除、限制竞争。

市场支配地位根据《反垄断法》第十八条和第十九条的规定进行认定和推定。经营者拥有知识产权可以构成认定其市场支配地位的因素之一，但不能仅根据经营者拥有知识产权推定其在相关市场上具有市场支配地位。

第七条　具有市场支配地位的经营者没有正当理由，不得在其知识产权构成生产经营活动必需设施的情况下，拒绝许可其他经营者以合理条件使用该知识产权，排除、限制竞争。

认定前款行为需要同时考虑下列因素：

（一）该项知识产权在相关市场上不能被合理替代，为其他经营者参与相关市场的竞争所必需；

（二）拒绝许可该知识产权将会导致相关市场上的竞争或者创新受到不利影响，损害消费者利益或者公共利益；

（三）许可该知识产权对该经营者不会造成不合理的损害。

第八条　具有市场支配地位的经营者没有正当理由，不得在行使知识产权的过程中，实施下列限定交易行为，排除、限制竞争：

（一）限定交易相对人只能与其进行交易；

（二）限定交易相对人只能与其指定的经营者进行交易。

第九条　具有市场支配地位的经营者没有正当理由，不得在行使知识产权的过程中，实施同时符合下列条件的搭售行为，排除、限制竞争：

（一）违背交易惯例、消费习惯等或者无视商品的功能，将不同商品强制捆绑销售或者组合销售；

（二）实施搭售行为使该经营者将其在搭售品市场的支配地位延伸到被搭售品市场，排除、限制了其他经营者在搭售品或者被搭售品市场上的竞争。

第十条　具有市场支配地位的经营者没有正当理由，不得在行使知识产权的过程中，实施下列附加不合理限制条件的行为，排除、限制竞争：

（一）要求交易相对人将其改进的技术进行独占性的回授；

（二）禁止交易相对人对其知识产权的有效性提出质疑；

（三）限制交易相对人在许可协议期限届满后，在不侵犯知识产权的情况下利用竞争性的商品或者技术；

（四）对保护期已经届满或者被认定无效的知识产权继续行使权利；

（五）禁止交易相对人与第三方进行交易；

（六）对交易相对人附加其他不合理的限制条件。

第十一条　具有市场支配地位的经营者没有正当理由，不得在行使知识产权的过程中，对条件相同的交易相对人实行差别待遇，排除、限制竞争。

第十二条　经营者不得在行使知识产权的过程中，利用专利联营从事排除、限制竞争的行为。

专利联营的成员不得利用专利联营交换产量、市场划分等有关竞争的敏感信息，达成《反垄断法》第十三条、第十四条所禁止的垄断协议。但是，经营者能够证明所达成的协议符合《反垄断法》第十五条规定的除外。

具有市场支配地位的专利联营管理组织没有正当理由，不得利用专利联营实施下列滥用市场支配地位的行为，排除、限制竞争：

（一）限制联营成员在联营之外作为独立许可人许可专利；

（二）限制联营成员或者被许可人独立或者与第三方联合研发与联营专利相竞争的技术；

（三）强迫被许可人将其改进或者研发的技术独占性地回授给专利联营管理组织或者联营成员；

（四）禁止被许可人质疑联营专利的有效性；

（五）对条件相同的联营成员或者同一相关市场的被许可人在交易条件上实行差别待遇；

（六）国家工商行政管理总局认定的其他滥用市场支配地位行为。

本规定所称专利联营，是指两个或者两个以上的专利权人通过某种形式将各自拥有的专利共同许可给第三方的协议安排。其形式可以是为此目的成立的专门合资公司，也可以是委托某一联营成员或者某独立的第三方进行管理。

第十三条　经营者不得在行使知识产权的过程中，利用标准（含国家技术规范的强制性要求，下同）的制定和实施从事排除、限制竞争的行为。

具有市场支配地位的经营者没有正当理由，不得在标准的制定和实施过程中实施下列排除、限制竞争行为：

（一）在参与标准制定的过程中，故意不向标准制定组织披露其权利信息，或者明确放弃其权利，但是在某项标准涉及该专利后却对该标准的实施者主张其专利权。

（二）在其专利成为标准必要专利后，违背公平、合理和无歧视原则，实施拒绝许可、搭售商品或者在交易时附加其他的不合理交易条件等排除、限制竞争的行为。

本规定所称标准必要专利，是指实施该项标准所必不可少的专利。

第十四条　经营者涉嫌滥用知识产权排除、限制竞争行为的，工商行政管理机关依据《反垄断法》和《工商行政管理机关查处垄断协议、滥用市场支配地位案件程序规定》进行调查。

第十五条　分析认定经营者涉嫌滥用知识产权排除、限制竞争行为，可以采取以下步骤：

（一）确定经营者行使知识产权行为的性质和表现形式；

（二）确定行使知识产权的经营者之间相互关系的性质；

（三）界定行使知识产权所涉及的相关市场；

（四）认定行使知识产权的经营者的市场地位；

（五）分析经营者行使知识产权的行为对相关市场竞争的影响。

分析认定经营者之间关系的性质需要考虑行使知识产权行为本身的特点。在涉及知识产权许可的情况下，原本具有竞争关系的经营者之间在许可合同中是交易关系，而在许可人和被许可人都利用该知识产权生产产品的市场上则又是竞争关系。但是，如果当事人之间在订立许可协议时不是竞争关系，在协议订立之后才产生竞争关系的，则仍然不视为竞争者之间的协议，除非原协议发生实质性的变更。

第十六条 分析认定经营者行使知识产权的行为对竞争的影响，应当考虑下列因素：

（一）经营者与交易相对人的市场地位；

（二）相关市场的市场集中度；

（三）进入相关市场的难易程度；

（四）产业惯例与产业的发展阶段；

（五）在产量、区域、消费者等方面进行限制的时间和效力范围；

（六）对促进创新和技术推广的影响；

（七）经营者的创新能力和技术变化的速度；

（八）与认定行使知识产权的行为对竞争影响有关的其他因素。

第十七条 经营者滥用知识产权排除、限制竞争的行为构成垄断协议的，由工商行政管理机关责令停止违法行为，没收违法所得，并处上一年度销售额百分之一以上百分之十以下的罚款；尚未实施所达成的垄断协议的，可以处五十万元以下的罚款。

经营者滥用知识产权排除、限制竞争的行为构成滥用市场支配地位的，由工商行政管理机关责令停止违法行为，没收违法所得，并处上一年度销售额百分之一以上百分之十以下的罚款。

　　工商行政管理机关确定具体罚款数额时，应当考虑违法行为的性质、情节、程度、持续的时间等因素。

　　第十八条　本规定由国家工商行政管理总局负责解释。

　　第十九条　本规定自 2015 年 8 月 1 日起施行。

9. 国务院反垄断委员会
关于滥用知识产权的反垄断指南

（征求意见稿）

（2015 年 12 月 31 日）

序　言

反垄断与知识产权制度具有共同的目标，即促进竞争和创新，提高经济运行效率，维护消费者利益，增进社会福祉。《反垄断法》通过维护市场竞争，推动创新，促进技术传播和利用；知识产权制度以保护和激励创新作为直接目标，促进市场竞争。因此，《反垄断法》不适用于经营者依照法律法规行使知识产权的行为。但是，知识产权行使行为有可能背离知识产权制度的初衷，排除、限制竞争，阻碍创新。《反垄断法》作为维护市场自由公平竞争的基本法律制度，对排除、限制竞争的行为进行规制，包括滥用知识产权排除、限制竞争的行为。

在反垄断执法实践中，分析和认定排除、限制竞争的滥用知识产权行为具有一定的特殊性，在适用《反垄断法》基本分析框架的基础上，需要进一步明确一系列具体问题。鉴于此，为了建立滥用知识产权反垄断规制的指引性规则，提高反垄断执法的透明度，给市场提供更为明确的合理预期，引导经营者正当行使知识产权，根据《反垄断法》，制定本指南。

一、基本问题

（一）执法原则

反垄断执法机构在涉及知识产权领域的反垄断执法过程中，坚持四个方面的原则：

1. 对知识产权行使行为进行反垄断规制，采用与其他财产性权利相同的规制标准，遵循《反垄断法》的基本分析框架，同时考虑知识产权的特点；

2. 不因经营者拥有知识产权而直接推定其在相关市场上具有市场支配地位；

3. 对可能排除、限制竞争的知识产权行使行为进行分析，根据个案需要，充分考虑知识产权行使行为对竞争和创新的积极影响；

4. 坚持公正透明，充分考虑经营者提出的行使知识产权正当与否的事实、证据和理由。

（二）相关市场界定

界定涉及知识产权的相关市场，既要遵循相关市场界定的一般原则和方法，即通常需要界定相关商品市场和相关地域市场，同时也需要考虑知识产权的特殊性。

知识产权既可以直接作为交易的标的，也可以被用于提供商品或者服务（以下统称商品）。因此，在涉及知识产权的反垄断分析中，如果仅界定相关商品市场难以全面评估相关知识产权行使行为的竞争影响，需引入对相关技术市场的界定。根据个案需要，还可以考虑知识产权行使对研发投资、创新活动的影响。

相关技术市场是指行使知识产权所涉及的技术和具有替代关系的技术之间相互竞争所构成的市场。判断技术的可替代性可以考虑的因素包括技术属性、用途、许可费、知识产权时间期限及其需求者转向其他可替代性技术的可能性及成本等。当利用不同的技术能够提供具有替代关系的商品时，这些不同的技术之间可能具有可替代性。

涉及知识产权的相关商品市场和相关技术市场均需界定相关地域市场。界定相关技术市场的地域市场，需考虑知识产权的地域性。当相关交易涉及多个国家和地区的知识产权时，还需考虑相关交易条件对相关地域市场界定的影响。

（三）总体分析思路

反垄断执法机构在分析和认定经营者是否违反《反垄断法》，滥用知识产权排除、限制竞争时，需综合运用法学、经济学等学科中的分析方法，就相关知识产权行使行为可能构成的垄断行为类型进行具体分析，可以考虑相关市场的竞争状况，相关知识产权行使行为是否排除、限制竞争，相关知识产权行使行为是否促进创新、提高效率。

1. 相关市场的竞争状况分析

对相关市场的竞争状况进行分析，可考虑以下因素：

（1）经营者与相关竞争者、交易相对人的市场地位；

（2）相关市场的集中度；

（3）相关市场进入的难易程度；

（4）交易相对人对相关知识产权的依赖程度；

（5）产业特点与产业发展状况；

（6）相关市场中的技术状况，包括技术的更新、可替代技术及其市场份额等。

在计算相关技术市场的市场份额时，根据个案，可以采用以下方法：

（1）相关知识产权的许可费收入在相关市场的许可费总收入的占比；

（2）利用相关知识产权提供的商品在下游市场的市场份额的占比计算市场份额；

（3）考虑相关知识产权在所有具有可替代关系的知识产权中的数量占比。

2. 排除、限制竞争的分析

分析知识产权行使行为是否排除、限制竞争，可考虑以下因素：

（1）行为对相关市场存在的竞争及潜在竞争的消除或者阻碍；

（2）行为控制关键技术等资源，设置或者提高相关市场进入障碍的可能性；

（3）行为对技术创新、推广和发展的阻碍；

（4）行为对相关产业发展的阻碍；

（5）行为在产量、区域、消费者等方面产生限制的时间、范围和程度。

3. 促进创新、提高效率分析

分析知识产权行使行为是否促进创新、提高效率，需考虑以下因素：

（1）知识产权行使行为与促进创新、提高效率之间的因果关系；

（2）知识产权行使行为促进创新、提高效率的程度；

（3）知识产权行使行为不会严重限制相关市场的竞争或者阻碍其他经营者的创新；

（4）消费者能够分享促进创新、提高效率所产生的利益。

二、可能排除、限制竞争的知识产权协议

判断经营者达成的相关知识产权协议是否排除、限制竞争，需要考虑知识产权的特点，结合个案进行具体分析。一般而言，具有竞争关系的经营者达成的知识产权协议比不具有竞争关系的经营者达成的知识产权协议，更有可能排除、限制竞争。判断达成协议的经营者之间是否具有竞争关系，需要考虑在没有达成该协议的情况下，经营者之间在相关市场上是否存在实际或者潜在的竞争关系，还需要考虑在达成该协议后，经营者在相关市场中行使知识产权或利用知识产权提供的商品或服务之间是否构成竞争关系。

（一）具有竞争关系的经营者达成的协议

结合《反垄断法》第十三条第一款第（一）至（五）项规定的垄断协议，具有竞争关系的经营者达成的下列知识产权协议，也可能排除、限制竞争。

1. 联合研发

本指南所称联合研发，是指两个或者两个以上经营者共同研发技术或者产品。

联合研发一般能够节约研发成本，提高研发效率，推动创新，具有促进竞争的效果。但是，联合研发也可能排除、限制竞争，具体分析时可以考虑以下因素：

（1）是否限制经营者在联合研发无关的领域独立研发新技术或者新产品；

（2）是否限制经营者在联合研发无关的领域与第三方合作研发新技术或者新产品；

（3）是否限定经营者在联合研发无关的领域研发的新技术或者新产品所涉知识产权的归属和行使。

2. 专利联营

本指南所称专利联营，是指两个或者两个以上的专利权人将各自的专利共同对外许可。专利联营包括专门成立公司、委托特定成员管理或者由独立的第三方进行管理等形式。

专利联营一般可以降低交易成本，提高效率，具有促进竞争的效果。但是，专利联营也可能排除、限制竞争，具体分析时可以考虑以下因素：

（1）联营中的专利是否完全或者主要由相互具有替代关系的技术组成；

（2）是否限制联营成员单独对外许可其在联营中的专利；

（3）是否利用专利联营排斥替代技术，或者阻碍其他经营者进入相关市场；

（4）联营成员是否通过专利联营交换并非专利联营所必需的商品价格、产量、市场划分等与竞争有关的信息；

（5）是否限制联营成员研发新技术。

3. 交叉许可

本指南所称交叉许可，是指经营者将各自拥有的知识产权相互许可使用。

交叉许可通常可以降低知识产权许可成本，激励创新，促进知识产权实施。但是，交叉许可也可能排除、限制竞争，具体分析时可以考虑以下因素：

（1）交叉许可是否为排他性许可；

（2）交叉许可是否构成第三方进入相关市场的壁垒；

（3）交叉许可是否阻碍了下游相关商品市场的竞争。

4. 标准制定

本指南所称标准制定，是指经营者共同制定在一定范围内统一实施的涉及知识产权的标准。

标准制定有助于实现不同产品之间的通用性，降低成本，提高效率，保证产品质量，促进竞争，增进社会福祉。但是，具有竞争关系的经营者共同参与标准制定也可能排除、限制竞争，具体分析时可以考虑以下因素：

（1）是否排除其他特定经营者；

（2）是否排斥特定经营者的相关方案；

（3）是否约定不实施其他竞争性标准；

（4）对行使标准中所包含的知识产权是否有必要、合理的约束机制。

分析不具有竞争关系的经营者达成的联合研发、专利联营、交叉许可及标准制定等知识产权协议是否排除、限制竞争，同样可以考虑上述相应的分析因素，但是需要充分考虑达成上述知识产权协议的经营者不具有竞争关系这一重要因素。

（二）不具有竞争关系的经营者达成的协议

结合《反垄断法》第十四条第（一）项、第（二）项规定的垄断协议，不具有竞争关系的经营者达成的下列知识产权协议，也可能排除、限制竞争。

1. 价格限制

许可人固定被许可人向第三人销售利用其知识产权提供的商品的价格，或者限定其最低销售价格，适用《反垄断法》关于固定转售价格、限定最低转售价格的规定。

2. 独占性回授

本指南所称回授，是指被许可人就被许可的知识产权所作的后续改进，或者通过使用被许可的知识产权所获得的新成果授权给许可人。独占性回授，是指仅许可人有权实施被许可人回授的改进或者新成果。

回授通常可以降低许可人的许可风险，推动对新成果的投资和运用，促进创新与竞争。但是，独占性回授可能使许可人获得对改进或者新成果的控制，降低被许可人的创新动力，可能排除、限制竞争，具体分析时可以考虑以下因素：

（1）许可人是否就该独占性回授提供实质性对价；

（2）许可人与被许可人在交叉许可中是否相互要求独占性回授；

（3）独占性回授是否导致相关知识产权的改进或者新成果向单一经营者集中，进而使其获得或者加强对相关市场的控制；

（4）独占性回授是否损害被许可人进行后续改进的积极性。

如果许可人要求被许可人将上述的后续改进或者新成果转让给许可人，或者独占许可、转让给其指定的第三人，分析该行为是否排除、限制竞争，同样考虑上述因素。

3. 不质疑条款

本指南所称不质疑条款，是指许可人要求被许可人不得对其知识产权的有效性提出异议。

不质疑条款一般可以避免滥诉，提高交易效率。但是，不质疑条款限制了被许可人质疑知识产权有效性的权利，可能排除、限制竞争，具体分析时可以考虑以下因素：

（1）许可人是否要求所有的被许可人不质疑其知识产权的有效性；

（2）不质疑条款涉及的知识产权是否为有偿许可或者可能构成下游市场的进入障碍；

（3）不质疑条款涉及的知识产权是否阻碍其他竞争性知识产权的实施；

（4）许可人是否通过提供错误或者误导性信息取得知识产权；

（5）许可人是否通过不正当手段使被许可人接受不质疑条款。

4. 其他限制条款

不具有竞争关系的经营者达成的知识产权协议中，可能包括下列限制条款：

（1）限制被许可人在特定领域内使用知识产权；

（2）限制被许可人利用知识产权提供的商品的销售渠道、销售范围或者交易对象；

（3）限制被许可人利用知识产权生产或者销售的商品的数量；

（4）禁止被许可人从第三方获得许可、使用其竞争性知识产权，或者禁止被许可人生产、销售与许可人商品相竞争的商品。

上述限制条款一般具有商业合理性，会提高效率，促进知识产权实施。但是，在特定情况下，上述限制条款可能排除、限制竞争，具体分析时可以考虑以下因素：

（1）限制的内容、程度及实施方式；

（2）利用知识产权提供的商品的特点；

（3）持有竞争性知识产权的其他经营者是否实施相同或者相似的限制；

（4）是否促进许可人知识产权的实施和发展；

（5）是否阻碍其他知识产权的实施和发展。

分析具有竞争关系的经营者在知识产权协议中达成的独占性回授、不质疑条款及其他限制条款是否排除、限制竞争，同样可考虑上述相应的分析因素，但是需要充分考虑达成上述知识产权协议的经营者具有竞争关系这一重要因素。如果上述协议实质上构成《反垄断法》第十三条第一款第（一）至（五）项规定的垄断协议，则适用《反垄断法》关于上述垄断协议的规定。

（三）协议的豁免

在考虑相关知识产权协议是否可以依据《反垄断法》第十五条的规定获得豁免时，应重点考虑该协议在促进创新、提高效率等方面的积极效果。市场份额较小的经营者达成的相关知识产权协议通常不会严重排除、限制竞争，为了提高反垄断执法效率，给市场主体提供明确的预期，达成相关知识产权协议的经营者符合下列条件之一的，推定该知识产权协议依据《反垄断法》第十五条的规定可以获得豁免：

1. 具有竞争关系的经营者在相关市场的市场份额合计不超过15%；

2. 不具有竞争关系的经营者在协议涉及的任一相关市场上的市场份额均不超过25%。

经营者达成的相关知识产权协议构成《反垄断法》第十三条、第十四条明确列举的垄断协议，以及本指南列举的价格限制，不适用上述推定。

如果相关知识产权协议虽然符合上述豁免推定情形，但有证据证明其实际上并不符合《反垄断法》第十五条的规定，则不能获得豁免。

三、涉及知识产权的滥用市场支配地位行为

分析经营者行使知识产权的行为是否构成滥用市场支配地位，需首先界定相关市场并认定该经营者是否在相关市场具有市场支配地位，再根据个案具体分析其行使知识产权的行为是否构成滥用市场支配地位的行为。

（一）市场支配地位的认定

经营者拥有知识产权，并不意味着其必然具有市场支配地位。认定拥有知识产权的经营者在相关市场上是否具有支配地位，应依据《反垄断法》规定的认定或推定市场支配地位的因素和情形进行分析，结合知识产权的特点，还可具体考虑以下因素：

1. 交易相对人转向替代知识产权的可能性及转换成本；

2. 下游市场对利用相关知识产权所提供的商品的依赖程度；

3. 交易相对人对经营者的制衡能力。

认定标准必要专利经营者是否具有市场支配地位，可继续考虑以下因素：

1. 相关标准的市场价值与应用程度；

2. 是否存在替代标准；

3. 行业对相关标准的依赖程度及使用替代标准的转换成本；

4. 不同代际相关标准的演进情况与兼容性；

5. 纳入标准的相关技术被替换的可能性。

（二）滥用市场支配地位行为

《反垄断法》第十七条禁止滥用市场支配地位的行为，对在相关市场具有支配地位的经营者行使知识产权是否构成滥用行为，需要考虑知识产权的特点和对竞争的影响，结合个案进行具体分析。

1. 以不公平的高价许可知识产权

经营者有权就其知识产权获得合理的激励性回报，以收回研发投入，继续创新。经营者依照有关知识产权的法律法规收取许可费的行为，通常不会受到《反垄断法》的规制。但是，如果经营者滥用其具有的市场支配地位，

以不公平的高价许可知识产权，会排除、限制竞争，损害消费者利益。

分析和认定经营者是否以不公平的高价许可知识产权，可考虑以下因素：

（1）经营者主张的许可费是否与其知识产权价值明显不符；

（2）相关知识产权所负担的许可承诺；

（3）相关知识产权许可历史或者可比照的许可费标准；

（4）经营者是否超出知识产权的地域范围或者覆盖的产品范围收取许可费；

（5）经营者进行一揽子许可时是否就过期或者无效的知识产权收取许可费；

（6）知识产权许可协议中是否包含其他导致不公平高价的许可条件；

（7）经营者是否采取不正当手段使被许可人接受其提出的许可费。

分析和认定经营者是否以不公平的高价许可标准必要专利，还可考虑符合相关标准的产品所承担的整体许可费情况及其对相关产业正常发展的影响。

2. 拒绝许可

拒绝许可是经营者行使知识产权的一种表现形式，一般情况下，经营者不承担与竞争对手或者交易相对人进行交易的义务。但是，具有市场支配地位的经营者无正当理由拒绝许可，可能排除、限制相关市场的竞争，损害消费者利益或者公共利益。

分析拒绝许可是否具有正当理由，在个案中根据具体情况，可以考虑以下因素：

（1）相关知识产权所负担的许可承诺；

（2）相关知识产权是否为进入相关市场所必需，以及是否存在可合理获得的替代知识产权；

（3）许可相关知识产权对经营者进行创新的影响及程度；

（4）被拒绝方是否缺乏支付合理许可费的意愿和能力；

（5）被拒绝方是否缺乏必要的质量、技术保障，以确保知识产权的正当使用或者产品的安全和性能；

(6) 被拒绝方使用知识产权是否会对节约能源、保护环境等社会公共利益产生不利影响。

3. 搭售

本指南所称搭售，是指经营者许可、转让知识产权时，要求交易相对人接受其他知识产权的许可、转让，或者接受其他商品。

搭售在一定程度上可以降低交易成本，促进商品功能的完善。但是，具有市场支配地位的经营者没有正当理由进行搭售，可能排除、限制竞争。

分析搭售是否构成滥用市场支配地位行为，可考虑以下因素：

(1) 是否违背交易相对人意愿；

(2) 是否符合交易惯例或者消费习惯；

(3) 是否无视相关知识产权或者商品的性质差异及相互关系；

(4) 是否为实现技术兼容、产品安全、产品性能等所必不可少的措施；

(5) 是否排除、限制其他经营者的交易机会。

4. 附加不合理的交易条件

具有市场支配地位的经营者在与知识产权有关的交易中附加下列限制条件，可能排除、限制竞争：

(1) 要求交易相对人将其改进的技术进行独占性回授；

(2) 禁止交易相对人对其知识产权的有效性提出质疑，或者针对其提起知识产权侵权诉讼；

(3) 限制交易相对人利用竞争性的技术或者商品；

(4) 对过期或者无效的知识产权主张权利；

(5) 禁止交易相对人与第三方进行交易，或者对交易相对人与第三方的交易行为在对象选择、交易地域等交易条件方面进行限制。

5. 差别待遇

经营者有权对不同的被许可人实施不同的许可条件。但是，具有市场支配地位的经营者，没有正当理由，对条件实质相同的被许可人实施不同的许可条件，可能排除、限制竞争。

判断差别待遇是否构成滥用市场支配地位，可以考虑以下因素：

（1）被许可人的条件是否实质相同，可以考虑被许可的知识产权范围、不同的被许可人利用相关知识产权提供的商品或服务是否存在替代关系；

（2）许可条件是否实质不同，除分析许可协议本身的条款外，还需综合考虑许可人和被许可人之间达成的其他商业安排对许可条件的实质影响；

（3）是否对被许可人参与相关市场竞争产生显著不利影响。

6. 禁令救济

本指南所称禁令救济，是指专利权人请求司法机构或者准司法机构颁发限制使用相关专利的命令。

禁令救济是标准必要专利权人依法享有的维护其合法权利的救济手段。但是，拥有市场支配地位的标准必要专利权人利用禁令救济申请迫使被许可人接受其提出的不公平的高价许可费或其他不合理的许可条件，可能排除、限制竞争。

分析和认定标准必要专利经营者申请禁令救济是否排除、限制竞争，可考虑以下因素：

（1）谈判双方在谈判过程中的行为表现及其体现出的真实意愿；

（2）相关标准必要专利所负担的有关禁令救济的承诺；

（3）谈判双方在谈判过程中所提出的许可条件；

（4）申请禁令救济对许可谈判、相关市场及下游市场竞争和消费者利益的影响。

四、涉及知识产权的经营者集中（略）

10. 关于滥用知识产权的反垄断执法指南

（国家工商总局第七稿）

（2016 年 2 月 4 日）

序　言

保护知识产权有利于激励创新和促进动态竞争，反垄断有助于维护公平竞争并产生创新的压力和动力，反垄断与保护知识产权具有共同的目标，即促进竞争和创新，维护消费者利益。但是，滥用知识产权排除、限制竞争行为损害了公平竞争，不仅不利于促进创新，反而会阻碍创新，背离知识产权保护的宗旨。《中华人民共和国反垄断法》（以下简称《反垄断法》）第五十五条规定，经营者依照有关知识产权的法律、行政法规规定行使知识产权的行为，不适用《反垄断法》；但是，经营者滥用知识产权，排除、限制竞争的行为，适用《反垄断法》。为了增强反垄断法的可操作性和可预见性，提高经营者对自身经营活动的预判性，维护和促进公平竞争，激励创新，提高消费者福利和资源分配效率，特制订本指南。

第一章　总则

第一条　反垄断与保护知识产权的关系

知识产权法赋予专利权、著作权、商标权和其他受到法律保护的权利人排他性的权利。根据知识产权法，知识产权权利人有权阻止对其知识产权的非授权使用。但是，知识产权法赋予排他性使用权的事实并不表明行使知识产权行为可以免受反垄断法的干预。

反垄断法和知识产权法具有促进消费者福利增长和资源有效配置的共同目的。创新是充满活力的市场经济的关键因素。知识产权法通过鼓励经营者从事新商品和新工艺的研发与投资，促进动态竞争。而竞争本身也使经营者有压力、有动力进行研发与创新。因此，两者在促进创新和维护公平竞争上都是必不可少的。

第二条 滥用知识产权与垄断行为

滥用知识产权，是指经营者违反法律、行政法规授予有关知识产权的界限和目的，以不正当方式行使知识产权，损害他人利益和社会公共利益的行为。

经营者滥用知识产权根据具体情形可以构成不同性质的违法行为，包括但不限于知识产权法、反不正当竞争法和反垄断法禁止的违法行为，需要依照相应的法律、行政法规进行认定和处理。

经营者滥用知识产权排除、限制竞争的，依照反垄断法的规定进行认定和处理。

第三条 滥用知识产权排除、限制竞争行为的界定

本指南所称滥用知识产权排除、限制竞争行为，是指经营者违反反垄断法的规定行使知识产权，实施垄断协议、滥用市场支配地位、具有或者可能具有排除、限制竞争效果的经营者集中。

第四条 知识产权领域反垄断执法的基本原则

国务院反垄断执法机构在知识产权领域进行反垄断执法时，遵循以下四个方面的基本原则：

（一）相比其他财产性权利，产生知识产权的成本通常较高，而使用知识产权的边际成本较低。知识产权的边界不像其他财产性权利那样清晰，需要国务院反垄断执法机构根据个案的实际情况进行分析认定，判断行使知识产权行为是否排除、限制竞争。既要规制滥用知识产权排除、限制竞争的行为，也要避免限制正当行使知识产权的行为。

（二）经营者拥有知识产权不应被直接推定其在相关市场上具有支配地

位，市场支配地位根据《反垄断法》第十八条和第十九条的规定进行认定和推定。经营者拥有知识产权可以构成认定其具有市场支配地位的因素之一。

（三）绝大多数知识产权行使行为在总体上具有促进竞争的效果，通过知识产权许可可以将知识产权与其他生产要素相结合，实现知识产权的价值。在知识产权行使过程中，合理、必要的限制行为对于保护知识产权权利人收回投资，获得创新回报，激励创新，具有重要作用。

（四）如果知识产权行使行为对竞争产生或者可能产生不利影响，但经营者能够证明该行为同时也会对创新和效率产生或者可能产生有利影响，且有利影响大于不利影响，则国务院反垄断执法机构可以对其不予禁止。

第五条 分析方法和步骤

国务院反垄断执法机构在分析认定经营者是否违反《反垄断法》，滥用知识产权排除、限制竞争时，需要综合运用经济学、法学等分析方法，就该行为产生或者可能产生的排除、限制竞争效果进行定性和定量分析。

分析认定经营者行使知识产权行为是否排除、限制竞争，可采取以下步骤：

（一）确认经营者行使知识产权行为的表现形式和特征；

（二）确定知识产权行使行为涉及的经营者之间是否具有竞争关系；

（三）界定行使知识产权行为所涉及的相关市场；

（四）认定行使知识产权的经营者的市场地位；

（五）分析经营者行使知识产权行为对相关市场竞争的影响。

第六条 分析因素

分析认定经营者行使知识产权行为对竞争的影响，可考虑下列因素：

（一）经营者与交易相对人的市场地位；

（二）相关市场的竞争状况；

（三）相关市场进出的难易程度；

（四）产业惯例与产业的发展阶段；

（五）在产量、区域、消费者等方面进行限制的时间和效力范围；

（六）对促进创新和技术推广的影响；

（七）经营者的创新能力和技术变化的速度；

（八）经营者之间的股权、业务和竞争关系；

（九）与认定行使知识产权行为对竞争影响有关的其他因素。

经营者行使知识产权行为对竞争和效率产生或者可能产生有利影响，包括促进技术的传播利用，增进资源的利用效率，提高市场的竞争水平等，但是前述有利影响需满足下列条件：

（一）有利影响是客观的和令人信服的；

（二）限制性行为是产生有利影响所不可缺少的；

（三）产生的有利影响能够为消费者所分享；

（四）限制性行为不会严重限制相关市场的竞争。

第七条 适用范围

本指南中的知识产权包括《中华人民共和国专利法》《中华人民共和国商标法》《中华人民共和国著作权法》《中华人民共和国反不正当竞争法》以及《中华人民共和国植物新品种保护条例》《集成电路布图设计保护条例》《计算机软件保护条例》《信息网络传播权保护条例》等有关知识产权的法律、行政法规以及国务院批准设立的地理标志所规定的财产性权利。

中华人民共和国境内滥用知识产权，排除、限制竞争的行为，适用本指南；中华人民共和国境外滥用知识产权，对境内市场竞争产生排除、限制影响的，适用本指南。

本指南所称商品，包括服务。

第二章　相关市场界定

第八条 总体原则

本指南所称相关市场，既包括使用知识产权生产的商品及其替代品所构成的相关商品市场，也包括所涉及的技术及其替代技术构成的相关技术市场，在某些情况下还包括相关创新市场。以上三类相关市场都会涉及相关地域市场，并且地域市场范围可能不同。

知识产权是一种整合在商品或者商品生产过程中的投入要素。知识产权行使行为会对上游投入要素市场和下游商品市场的竞争产生影响。例如，两个在下游市场具有竞争关系的经营者在上游市场的交叉许可协议，很可能影响下游商品市场和上游技术市场或者要素市场的竞争。为全面评估知识产权行使行为对竞争的影响，通常需同时界定所涉知识产权的相关商品市场和相关技术市场。

创新是技术进步和社会福利改善的重要源泉，创新市场是技术市场的上游市场。相关创新市场的竞争影响相关技术市场和相关商品市场的竞争。知识产权行使行为可能影响经营者之间的创新竞争，进而拖延或者阻碍商品或技术的改进与创新。当只考虑相关商品市场和相关技术市场不足以评估知识产权行使行为对竞争和社会福利的影响时，还需要界定相关创新市场。

第九条　相关商品市场

相关商品市场包括使用知识产权生产的商品及与其具有替代关系的其他商品。该商品既可以是下游使用知识产权生产的最终或者中间商品，也可以是上游生产特定商品的相关投入要素，如原材料、部件、设备等。

第十条　相关技术市场

相关技术市场包括所涉及的技术及其替代技术。在界定相关技术市场时，需考虑技术的特性、用途、兼容程度、许可费等因素，可考察在技术许可费小幅且持久上升时，被许可方可能转向的替代技术。技术的交易通常不受运输成本的影响，地域市场范围可能较大。但是，因技术标准化造成同一技术在不同地域之间不兼容，相关地域市场范围可能较小。

计算经营者在相关技术市场的市场份额时，根据所涉及技术的许可费收入在相关技术市场总许可费收入的占比进行计算。实际操作中，有关专利的许可费信息因作为商业秘密而难以获得，此时，可根据使用该技术生产的商品在相关商品市场所占的份额进行估算，或者根据该知识产权具有的可替代知识产权的数量进行分析。

第十一条 相关创新市场

相关创新市场是指经营者就未来新技术或者新商品的研究与开发进行竞争所形成的市场。

相关创新市场的界定需考虑所涉及的知识产权研发所需的投入要素，包括相关资产、关键研发设施、研发成本等，以及具有研发能力和动机的实体数量、核心技术研发人员数量、购买者和市场参与者的评价等。

第三章　涉及知识产权的垄断协议

第十二条 涉及知识产权的垄断协议的总体规定

在知识产权领域，与不具有竞争关系的经营者达成的协议相比，具有竞争关系的经营者达成的协议更有可能损害竞争。为了判定知识产权交易各方是否存在竞争关系，需考察在没有协议的情况下，协议各方是否为实际或者潜在的竞争者。根据个案需要，可分别在受协议影响的相关商品市场或者相关技术市场中进行分析认定，有时也需在相关创新市场中进行分析认定。

在判断知识产权交易各方是否为潜在竞争者时，需考虑相关各方在可预见的时间范围内进入相关市场的成本、财力、技术条件，以及当前相关知识产权的许可费或者使用其生产的商品的价格等因素。

本章所列举的竞争者之间达成的涉及知识产权的垄断协议，属于《反垄断法》第十三条规定的垄断协议；非竞争者之间达成的涉及知识产权的垄断协议，属于《反垄断法》第十四条规定的垄断协议。

涉及知识产权的垄断协议需根据反垄断法关于垄断协议的规定进行分析认定。但是，考虑到涉及知识产权的垄断协议有可能对创新和效率产生有利影响，如激发经营者的创新动力，保证和提高商品的质量，促进新产品进入相关市场等，在分析涉及知识产权的垄断协议对竞争的影响时，还可从相关市场的竞争是否充分、经营者在相关市场是否具有一定的市场力量、协议对相关市场竞争产生的实质性影响、协议是否会促进创新或者提高效率、经营者是否具有限制竞争的合理理由等多个方面进行综合分析判断。

第十三条 竞争者之间的价格限制

竞争者之间的价格限制，是指竞争者通过相关知识产权协议固定或者变更知识产权许可费或者使用知识产权生产的商品的价格。

竞争者之间的价格限制包括直接或者间接的价格限制。直接的价格限制包括固定价格，限定最低价，限定最高价，制定推荐价或者指导价，制定带有折扣上限的价格清单；间接的价格限制是指通过提高知识产权许可费率或者增加许可费，使经营者降低偏离所限定的相关知识产权商品的价格的动机等手段，间接地控制该商品的价格。

第十四条 竞争者之间的产量限制

竞争者之间的产量限制，是指竞争者通过相关知识产权协议限制使用知识产权的数量及方式，或者对使用知识产权生产的商品的生产数量或者销售数量进行限制。

竞争者之间的产量限制也包括间接的产量限制。间接的产量限制包括但不限于实行互惠产量限制；通过协议降低增加产量的动机，如随产量的增加而提高知识产权许可费率或者增加知识产权许可费。

第十五条 竞争者之间的市场分割

竞争者之间的市场分割，是指竞争者通过相关知识产权协议分割知识产权许可市场或者使用知识产权生产的商品的销售市场，以及投入要素的采购市场。

竞争者之间的市场分割通常表现为地域限制，通过相关知识产权协议使竞争者在特定区域不许可知识产权，以及不生产、不销售或者不积极销售使用该知识产权生产的商品或者与其生产相关的投入要素，或者将特定客户留给他方。

第十六条 竞争者之间的研发限制

竞争者之间的研发限制，是指竞争者通过相关知识产权协议限制知识产权交易各方自由且独立从事研发的机会和能力。

竞争者之间的研发限制包括但不限于限制被许可方使用其自有的知识产权的能力，以及限制任何协议当事方研究与开发的机会和能力，如不公平地限制对商品或者技术的改进及其为改进所进行的研发。但是，后一项限制是为防止向第三方泄露合作涉及的技术或者保护许可方商业秘密所必需的除外。

第十七条 竞争者之间的联合抵制

竞争者之间的联合抵制，是指竞争者通过相关知识产权协议联合拒绝将知识产权许可给特定交易相对人，或者联合拒绝将使用知识产权生产的商品销售给特定交易相对人。

第十八条 独占性回授

独占性回授，是指许可方通过相关知识产权协议要求被许可方就其对许可知识产权所作的后续改进，或者通过使用许可知识产权所获得的新成果，独家许可或者将相关权利转让给许可方或者许可方指定的第三方。

独占性回授可以同时在竞争者或者非竞争之间达成。与非竞争之间达成的独占性回授相比，竞争者之间达成的独占性回授对竞争的损害更大。

第十九条 非竞争者之间的定价限制

非竞争者之间的定价限制，是指许可方通过相关知识产权协议固定或者限定被许可方向第三方销售使用其知识产权生产的商品的价格或者最低价格。

非竞争者之间的定价限制包括直接或者间接的定价限制。直接的定价限制是指固定价格或者价格水平、限定最低价格或者价格水平；间接的定价限制包括但不限于通过协议固定收益率，固定最高折扣水平，将销售价格和竞争者的销售价格联动，以及采取威胁、胁迫、警告、惩罚或终止合同等手段实现定价限制。

第二十条 非竞争者之间的地域和客户限制

非竞争者之间的地域和客户限制，是指许可方通过相关知识产权协议对被许可方使用其知识产权生产的商品的销售地域或者客户进行限制。

非竞争者之间的地域和客户限制包括直接或者间接的地域和客户限制。直接的地域和客户限制包括但不限于许可方要求被许可方不向某些客户或者某些地域的客户销售，或者要求被许可方将这些客户的订单提交给其他被许可方；间接的地域和客户限制主要是指许可方采取提供财务激励、限制销售数量或者建立监控系统等手段实现地域和客户限制。

第二十一条 涉及知识产权的垄断协议的安全港规则

为提高涉及知识产权的反垄断执法效率，增强经营者对于自己行为的合法性预期，同时又不会放纵那些明显具有排除、限制竞争效果的垄断协议，针对《反垄断法》第十三条和第十四条所明确列举之外的其他情形设立安全港规则，在安全港范围内可以适用豁免规定。

经营者行使知识产权行为有下列情形之一的，可以不被认定为《反垄断法》第十三条第一款第六项和第十四条第三项所禁止的垄断协议，但是有相反的证据证明该协议具有排除、限制竞争效果的除外：

（一）具有竞争关系的经营者在受其行为影响的相关市场上的市场份额合计不超过百分之二十，或者在相关市场上存在四个或者四个以上能够以合理成本得到的被其他经营者独立控制的替代性技术；

（二）不具有竞争关系的经营者在受其行为影响的相关市场上的市场份额均不超过百分之三十，或者在相关市场上存在两个或者两个以上能够以合理成本得到的被其他经营者独立控制的替代性技术。

第四章 涉及知识产权的滥用市场支配地位

第二十二条 市场支配地位的认定和推定

经营者拥有知识产权可以构成认定其具有市场支配地位的因素之一，但不能仅根据经营者拥有知识产权推定其在相关市场上具有支配地位。分析拥有知识产权的经营者在相关市场上是否具有支配地位，应根据反垄断法关于市场支配地位的规定进行认定和推定。结合知识产权的技术与经济特征，还可考虑交易相对人转向替代知识产权的成本和难易程度，下游市场的经营者和消费者对相关知识产权商品的依赖程度，知识产权是否为相关经营者进入下游市场的必需设施等因素。

第二十三条 以不公平的高价许可知识产权

知识产权权利人有权自主决定知识产权的许可费标准，获得合理的激励性回报。但是，如果知识产权权利人滥用其在相关市场上的支配地位，以不公平的高价许可知识产权，会排除、限制相关市场的竞争，损害消费者利益。

分析认定拥有知识产权的经营者是否以不公平的高价许可知识产权，可考虑下列因素：

（一）主张或者收取的许可费是否与其知识产权对相关商品价值的贡献不相符；

（二）主张或者收取的许可费是否超出其收取的历史许可费或者其他可比照的许可费；

（三）主张或者收取的许可费是否超出其知识产权的地域范围或者许可范围；

（四）在一揽子许可时是否就过期和无效，或者被许可方未寻求许可的知识产权主张或者收取许可费；

（五）是否在许可协议中包含了其他导致许可费不公平的条款，如未提供合理对价的交叉许可和回授等；

（六）是否采取了不正当的手段迫使被许可方接受其提出的不公平的高价许可费，如滥用禁令救济和诉权等。

第二十四条　拒绝许可知识产权

拒绝许可是知识产权权利人行使知识产权的一种表现形式。通常情况下，国务院反垄断执法机构不会要求权利人承担许可其知识产权的义务。但是，如果知识产权权利人在相关市场上具有支配地位，尤其是其知识产权构成生产经营活动的必需设施，没有正当理由，知识产权权利人拒绝许可其他经营者以合理条件使用其知识产权，会排除、限制相关市场的竞争。

分析认定拥有知识产权的经营者是否实施了前款规定的拒绝许可知识产权，需同时考虑下列因素：

（一）该知识产权是否在相关市场上不能被合理替代，为其他经营者参与相关市场的竞争所必需；

（二）拒绝许可该知识产权是否会导致相关市场上的竞争或者创新受到不利影响，损害消费者利益或者社会公共利益；

（三）知识产权权利人许可该知识产权是否会对其造成不合理的损害。

拒绝许可知识产权也可能作为经营者实施其他限制性条件或者搭售的手段，对此国务院反垄断执法机构将结合相关限制性条件或者搭售，就其对竞争的影响进行分析。

第二十五条　涉及知识产权的搭售

涉及知识产权的搭售，是指权利人就一项知识产权以授予许可等方式行使权利时，违背交易相对人的意愿要求其接受另一项知识产权的许可，或者从权利人处或者权利人所指定的第三方处购买某种商品。构成搭售的知识产权或者商品应当可以分开单独许可或者销售，并且具有独立的消费需求，前一项知识产权被称为搭售品，而后一项知识产权或者商品被称为被搭售品。

涉及知识产权的搭售对相关市场的竞争产生或者可能产生的不利影响，主要表现为排除了被搭售品市场中其他供应商的交易机会、提高了被搭售品的许可费水平，以及损害了消费者的自主选择权。搭售也可能对相关市场的竞争和效率改进产生有利影响，主要表现为可以保证产品质量和安全、降低销售和管理成本、促进销售。

国务院反垄断执法机构在分析搭售对相关市场的竞争产生或者可能产生的影响时，将考虑搭售的目的、搭售品和被搭售品的性质与相互联系、交易习惯、搭售的影响范围和实施搭售者的实际经营能力、搭售是否具有重大的合理性和必要性，以及搭售是否阻碍第三方进入相关市场等因素。

具有市场支配地位的经营者没有正当理由，在行使知识产权的过程中，实施同时符合下列条件的搭售行为，会排除、限制相关市场的竞争：

（一）违背交易惯例、消费习惯等或者无视商品和技术的功能，将不同且独立的商品或者技术强制捆绑销售或者组合销售；

（二）实施搭售行为使该经营者将其在搭售品市场的支配地位延伸到被搭售品市场，排除、限制了其他经营者在搭售品或者被搭售品市场上的竞争。

第二十六条 涉及知识产权的附加不合理交易条件

具有市场支配地位的经营者没有正当理由，在行使知识产权的过程中，实施下列附加不合理交易条件的行为，可能排除、限制相关市场的竞争：

（一）要求交易相对人将其改进的技术进行独占性的回授；

（二）禁止交易相对人对其知识产权的有效性提出质疑；

（三）限制交易相对人在许可协议期限届满后，在不侵犯知识产权的情况下利用竞争性的商品或者技术；

（四）对保护期已经届满或者被认定无效的知识产权继续主张权利；

（五）在不提供合理对价的情况下要求交易相对人交叉许可；

（六）强迫或者禁止交易相对人与第三方进行交易；

（七）对交易相对人附加其他不合理的交易条件。

第二十七条 涉及知识产权的差别待遇

知识产权权利人有权对不同的交易相对人实施有差别的交易条件。但是，具有市场支配地位的经营者没有正当理由，在行使知识产权的过程中，对条件实质相同的交易相对人在价格等交易条件上实行差别待遇，会排除、限制相关市场的竞争。例如，知识产权权利人对与其有竞争关系的经营者收取过高的许可费；针对不同的交易相对人，在许可数量、地域和时间等方面实行差别待遇等。

第五章　涉及知识产权的经营者集中

（略）

第六章　涉及知识产权的若干特定行为的反垄断分析

第二十八条 涉及标准制定和实施的垄断行为

经营者不得在行使知识产权的过程中，利用标准（含国家技术规范的强制性要求，下同）的制定和实施从事排除、限制竞争的行为。

具有市场支配地位的经营者没有正当理由，在标准的制定和实施过程中实施下列行为，会排除、限制相关市场的竞争：

（一）在参与标准制定的过程中，故意不向标准制定组织披露其权利信息，或者明确放弃其权利，但是在某项标准涉及该专利后却对该标准的实施者主张其专利权；

（二）在其专利成为标准必要专利后，以不公平的高价许可其标准必要专利，不公平高价的判定方法可参见本指南第二十三条的规定；

（三）在其专利成为标准必要专利后，实施拒绝许可、搭售、差别待遇，或者在交易时附加其他的不合理交易条件等排除、限制竞争的行为；

（四）在其专利成为标准必要专利后，滥用禁令救济或者诉权强迫被许可方接受其提出的各种不合理的交易条件。

本指南所称标准必要专利，是指实施该项标准所必不可少的专利；禁令救济，是指专利权人请求司法机关或者其他组织向其颁发禁止或者限制相关经营者使用其专利的命令。

第二十九条　专利联营

经营者不得在行使知识产权的过程中，利用专利联营从事排除、限制竞争的行为。

专利联营的成员不得利用专利联营交换产量、市场划分等有关竞争的敏感信息，达成《反垄断法》第十三条、第十四条所禁止的垄断协议，如在管理专利联营过程中，不正当地就交易价格、交易数量、交易地域、交易对象和交易技术改进等条件达成一致。但是，经营者能够证明所达成的协议符合《反垄断法》第十五条规定的除外。

具有市场支配地位的专利联营管理组织没有正当理由，利用专利联营实施下列滥用市场支配地位的行为，会排除、限制相关市场的竞争：

（一）限制联营成员在联营之外作为独立许可方许可专利；

（二）限制联营成员或者被许可方独立或者与第三方联合研发与联营专利相竞争的技术；

（三）强迫被许可方将其改进或者研发的技术独占性地回授给专利联营管理组织或者联营成员，或者诱使被许可方将其独立研发取得的知识、经验或技术改进的成果与联营管理组织或者联营成员共享；

（四）禁止被许可方质疑联营专利的有效性；

（五）对条件实质相同的联营成员或者同一相关市场的被许可方在交易条件上实行差别待遇；

（六）向被许可方收取远远高于联营中的每个专利单独许可时的许可费总和的联营许可费，影响被许可方的竞争能力；

（七）国务院反垄断执法机构认定的其他滥用市场支配地位行为。

国务院反垄断执法机构在分析专利联营对相关市场的竞争产生或者可能产生的影响时，将考虑专利联营包含的技术是否为替代性技术、是否包含了不重要的或无效的专利，以及专利联营的许可类型等因素。

本指南所称专利联营，是指两个或者两个以上的专利权人通过某种形式将各自拥有的专利共同许可给第三方的协议安排。其形式可以是为此目的成立的专门合资公司，也可以是委托某一联营成员或者某独立的第三方进行管理。

第三十条　著作权集体管理组织的行为

著作权集体管理组织是指为权利人的利益依法设立，根据权利人授权、对权利人的著作权或者与著作权有关的权利进行集体管理的社会团体。著作权集体管理组织的设立及其活动的开展通常有利于单个著作权人权利的行使，有利于著作权使用单位和个人及时合法的使用作品。

如果著作权集体管理组织在开展活动过程中，从事符合下列条件之一的行为，国务院反垄断执法机构将运用本指南的分析方法进行分析认定：

（一）没有正当理由，主张或者收取不公平的高价代理费或者许可费；

（二）没有正当理由，对条件实质相同的著作权人和被许可方实行差别待遇；

（三）没有正当理由，强迫被许可方接受一揽子许可；

（四）没有正当理由，从事其他已经或者可能排除、限制相关市场竞争的行为。

第七章　附则

第三十一条　法律责任与救济

经营者被认定为滥用知识产权，排除、限制竞争的，国务院反垄断执法机构依照《反垄断法》的规定追究其法律责任。

对于国务院反垄断执法机构依法认定的垄断行为，其他经营者还可以根据其他法律、行政法规向相关执法部门寻求救济。例如，专利权人行使专利权的行为被国务院反垄断执法机构依法认定为垄断行为的，其他经营者还可依照《中华人民共和国专利法》第四十八条的规定，向国务院专利行政部门申请给予实施发明专利或者实用新型专利的强制许可。

第三十二条　施行日期

本指南自 年 月 日起施行。

11. 关于滥用知识产权的反垄断执法指南（国家工商总局第七稿）的起草说明

（2016 年 2 月 2 日）

　　根据国务院反垄断委员会有关工作部署，《国务院反垄断委员会关于滥用知识产权的反垄断执法指南》由商务部、工商总局、发改委、知识产权局四家单位依据职责分别起草，由委员会办公室统筹形成正式版本。早在 2009 年，工商总局就已率先启动了《关于滥用知识产权的反垄断执法指南》（以下简称《指南》）的制定工作。通过多年来的系统研究、实地调研、走访等工作，系统了解和掌握了我国现阶段滥用知识产权排除、限制竞争行为的总体状况及表现形式，几经征求意见和修订，在 2012 年形成了《指南（第五稿）》，并于 2015 年 4 月立足执法需要，先行出台了《关于禁止滥用知识产权排除、限制竞争行为的规定》。在《指南》起草过程中，工商总局以前期起草的《指南（第五稿）》的总体框架为基础，并结合国内外知识产权领域的最新发展，起草了《指南（第六稿）》。随后，通过书面征求意见、召开座谈会、组织专题研讨等方式征求了各方对《指南（第六稿）》的意见和建议，在充分研究和吸收各方对《指南（第六稿）》的意见和建议的基础上，制定了《指南（第七稿）》。

　　为了确保《指南》制定的科学性、合理性和公正性，工商总局坚持公开立法、民主立法，自《指南》起草工作启动以来，通过走访调研、召开座谈会、公开征求意见等方式征求了各方对《指南》的意见和建议。截至目前，工商总局已就《指南（第五稿）》《指南（第六稿）》向全国人大、最高人民法院、法制办、商务部等 22 个有关部门及全国省级工商局书面征求意见，共收到来自以上单位的意见和建议 300 余条；通过召开座谈会、书面征求意见等方式听取和收集了欧、美企业及商会、知名律师事务所、国内

ICT 行业的知名企业及实业代表对《指南（第五稿）》《指南（第六稿）》的意见和建议，共收到来自以上组织和企业的意见和建议 500 余条；多次组织几十名知名专家、学者，对《指南（第五稿）》《指南（第六稿）》征求意见。在征求意见的过程中，各方面提出了许多好的意见和建议。工商总局组织业务骨干、专家学者认真梳理和研究这些意见和建议，经过深入调查研究、开展专题论证和反复讨论修改，吸收了其中合理的意见和建议，并且体现在了《指南（第七稿）》中。

考虑到反垄断问题比较复杂，涉及滥用知识产权排除、限制竞争问题的情况就更加复杂，其中许多问题更是同时涉及法学和经济学的跨学科问题。工商总局在《指南》起草过程中，充分听取和吸收了法学和经济学两方面对《指南》制定的意见和建议。一方面，组织了反垄断法律方面的知名专家、学者召开专题研讨会，听取这些专家学者对《指南》制定的意见和建议；另一方面，组织了多位反垄断经济学方面的知名专家、学者对《指南》涉及的许多疑难问题进行了专题论证，并将相关研究成果吸纳到了《指南（第七稿）》中。

12. 最高人民法院关于审理技术合同纠纷案件适用法律若干问题的解释

（发文字号：法释〔2004〕20 号；

实施日期：2005 年 1 月 1 日）

第一条 技术成果，是指利用科学技术知识、信息和经验作出的涉及产品、工艺、材料及其改进等的技术方案，包括专利、专利申请、技术秘密、计算机软件、集成电路布图设计、植物新品种等。

技术秘密，是指不为公众所知悉、具有商业价值并经权利人采取保密措施的技术信息。

第十条 下列情形，属于《合同法》第三百二十九条所称的"非法垄断技术、妨碍技术进步"：

（一）限制当事人一方在合同标的技术基础上进行新的研究开发或者限制其使用所改进的技术，或者双方交换改进技术的条件不对等，包括要求一方将其自行改进的技术无偿提供给对方、非互惠性转让给对方、无偿独占或者共享该改进技术的知识产权；

（二）限制当事人一方从其他来源获得与技术提供方类似技术或者与其竞争的技术；

（三）阻碍当事人一方根据市场需求，按照合理方式充分实施合同标的技术，包括明显不合理地限制技术接受方实施合同标的技术生产产品或者提供服务的数量、品种、价格、销售渠道和出口市场；

（四）要求技术接受方接受并非实施技术必不可少的附带条件，包括购买非必需的技术、原材料、产品、设备、服务以及接收非必需的人员等；

（五）不合理地限制技术接受方购买原材料、零部件、产品或者设备等的渠道或者来源；

（六）禁止技术接受方对合同标的技术知识产权的有效性提出异议或者对提出异议附加条件。

第十一条 技术合同无效或者被撤销后，技术开发合同研究开发人、技术转让合同让与人、技术咨询合同和技术服务合同的受托人已经履行或者部分履行了约定的义务，并且造成合同无效或者被撤销的过错在对方的，对其已履行部分应当收取的研究开发经费、技术使用费、提供咨询服务的报酬，人民法院可以认定为因对方原因导致合同无效或者被撤销给其造成的损失。

技术合同无效或者被撤销后，因履行合同所完成新的技术成果或者在他人技术成果基础上完成后续改进技术成果的权利归属和利益分享，当事人不能重新协议确定的，人民法院可以判决由完成技术成果的一方享有。

第十二条 根据《合同法》第三百二十九条的规定，侵害他人技术秘密的技术合同被确认无效后，除法律、行政法规另有规定的以外，善意取得该技术秘密的一方当事人可以在其取得时的范围内继续使用该技术秘密，但应当向权利人支付合理的使用费并承担保密义务。

当事人双方恶意串通或者一方知道或者应当知道另一方侵权仍与其订立或者履行合同的，属于共同侵权，人民法院应当判令侵权人承担连带赔偿责任和保密义务，因此取得技术秘密的当事人不得继续使用该技术秘密。

第十三条 依照前条第一款规定可以继续使用技术秘密的人与权利人就使用费支付发生纠纷的，当事人任何一方都可以请求人民法院予以处理。继续使用技术秘密但又拒不支付使用费的，人民法院可以根据权利人的请求判令使用人停止使用。

人民法院在确定使用费时，可以根据权利人通常对外许可该技术秘密的使用费或者使用人取得该技术秘密所支付的使用费，并考虑该技术秘密的研究开发成本、成果转化和应用程度以及使用人的使用规模、经济效益等因素合理确定。

不论使用人是否继续使用技术秘密，人民法院均应当判令其向权利人支付已使用期间的使用费。使用人已向无效合同的让与人支付的使用费应当由让与人负责返还。

13. 关于朝阳兴诺公司按照建设部颁发的行业标准《复合载体夯扩桩设计规程》设计、施工而实施标准中专利的行为是否构成侵犯专利权问题的函

（〔2008〕民三他字第 4 号 1）

2008 年 7 月 8 日，最高人民法院《关于朝阳兴诺公司按照建设部颁发的行业标准〈复合载体夯扩桩设计规程〉设计、施工而实施标准中专利的行为是否构成侵犯专利权问题的函》（〔2008〕民三他字第 4 号）。

辽宁省高级人民法院：

你院《关于季强、刘辉与朝阳市兴诺建筑工程有限公司专利侵权纠纷一案的请示》（〔2007〕辽民四知终字第 126 号）收悉。经研究，答复如下：

鉴于目前我国标准制定机关尚未建立有关标准中专利信息的公开披露及使用制度的实际情况，专利权人参与了标准的制定或者经其同意，将专利纳入国家、行业或者地方标准的，视为专利权人许可他人在实施标准的同时实施该专利，他人的有关实施行为不属于《专利法》第十一条所规定的侵犯专利权的行为。专利权人可以要求实施人支付一定的使用费，但支付的数额应明显低于正常的许可使用费；专利权人承诺放弃专利使用费的，依其承诺处理。

对于你院所请示的案件，请你院在查明有关案件事实，特别是涉案专利是否已被纳入争议标准的基础上，按照上述原则依法作出处理。

此复。

二〇〇八年七月八日

14. 最高人民法院关于审理侵犯专利权纠纷案件应用法律若干问题的解释（征求意见稿）

（2009 年 6 月 18 日）

第二十条 经专利权人同意，专利被纳入国家、行业或者地方标准制定组织公布的标准中，且标准未披露该专利的，人民法院可以认定专利权人许可他人在实施该标准的同时实施其专利，但专利依法必须以标准的形式才能实施的除外。

专利权人要求标准实施人支付使用费的，人民法院应当综合考虑专利的创新程度及其在标准中的作用、标准所属的技术领域、标准的性质、标准实施的范围等因素合理确定使用费的数额，但专利权人承诺放弃使用费的除外。

标准披露了该专利及其许可实施条件，他人未按照披露的条件实施该专利，当事人主张按照披露的许可实施条件实施的，人民法院应当支持。披露的许可实施条件明显不合理的，经当事人请求，人民法院可以适当调整。未披露许可实施条件或者披露的许可实施条件不明确的，当事人可以协商解决，协商不成的，可以请求人民法院确定。

法律、行政法规对实施标准中的专利另有规定的，从其规定。

15. 最高人民法院关于审理因垄断行为引发的民事纠纷案件应用法律若干问题的规定

（法释〔2012〕5号）

《最高人民法院关于审理因垄断行为引发的民事纠纷案件应用法律若干问题的规定》已于2012年1月30日由最高人民法院审判委员会第1539次会议通过，现予公布，自2012年6月1日起施行。

二○一二年五月三日

为正确审理因垄断行为引发的民事纠纷案件，制止垄断行为，保护和促进市场公平竞争，维护消费者利益和社会公共利益，根据《中华人民共和国反垄断法》《中华人民共和国侵权责任法》《中华人民共和国合同法》等法律的相关规定，制定本规定。

第一条 本规定所称因垄断行为引发的民事纠纷案件（以下简称垄断民事纠纷案件），是指因垄断行为受到损失以及因合同内容、行业协会的章程等违反反垄断法而发生争议的自然人、法人或者其他组织，向人民法院提起的民事诉讼案件。

第二条 原告直接向人民法院提起民事诉讼，或者在反垄断执法机构认定构成垄断行为的处理决定发生法律效力后向人民法院提起民事诉讼，并符合法律规定的其他受理条件的，人民法院应当受理。

第三条 第一审垄断民事纠纷案件，由省、自治区、直辖市人民政府所在地的市、计划单列市中级人民法院以及最高人民法院指定的中级人民法院管辖。

经最高人民法院批准，基层人民法院可以管辖第一审垄断民事纠纷案件。

第四条 垄断民事纠纷案件的地域管辖，根据案件具体情况，依照民事诉讼法及相关司法解释有关侵权纠纷、合同纠纷等的管辖规定确定。

第五条 民事纠纷案件立案时的案由并非垄断纠纷，被告以原告实施了垄断行为为由提出抗辩或者反诉且有证据支持，或者案件需要依据反垄断法作出裁判，但受诉人民法院没有垄断民事纠纷案件管辖权的，应当将案件移送有管辖权的人民法院。

第六条 两个或者两个以上原告因同一垄断行为向有管辖权的同一法院分别提起诉讼的，人民法院可以合并审理。

两个或者两个以上原告因同一垄断行为向有管辖权的不同法院分别提起诉讼的，后立案的法院在得知有关法院先立案的情况后，应当在七日内裁定将案件移送先立案的法院；受移送的法院可以合并审理。被告应当在答辩阶段主动向受诉人民法院提供其因同一行为在其他法院涉诉的相关信息。

第七条 被诉垄断行为属于《反垄断法》第十三条第一款第（一）项至第（五）项规定的垄断协议的，被告应对该协议不具有排除、限制竞争的效果承担举证责任。

第八条 被诉垄断行为属于《反垄断法》第十七条第一款规定的滥用市场支配地位的，原告应当对被告在相关市场内具有支配地位和其滥用市场支配地位承担举证责任。

被告以其行为具有正当性为由进行抗辩的，应当承担举证责任。

第九条 被诉垄断行为属于公用企业或者其他依法具有独占地位的经营者滥用市场支配地位的，人民法院可以根据市场结构和竞争状况的具体情况，认定被告在相关市场内具有支配地位，但有相反证据足以推翻的除外。

第十条 原告可以以被告对外发布的信息作为证明其具有市场支配地位的证据。被告对外发布的信息能够证明其在相关市场内具有支配地位的，人民法院可以据此作出认定，但有相反证据足以推翻的除外。

第十一条 证据涉及国家秘密、商业秘密、个人隐私或者其他依法应当保密的内容的，人民法院可以依职权或者当事人的申请采取不公开开庭、限制或者禁止复制、仅对代理律师展示、责令签署保密承诺书等保护措施。

第十二条 当事人可以向人民法院申请一至二名具有相应专门知识的人员出庭，就案件的专门性问题进行说明。

第十三条 当事人可以向人民法院申请委托专业机构或者专业人员就案件的专门性问题作出市场调查或者经济分析报告。经人民法院同意，双方当事人可以协商确定专业机构或者专业人员；协商不成的，由人民法院指定。

人民法院可以参照民事诉讼法及相关司法解释有关鉴定结论的规定，对前款规定的市场调查或者经济分析报告进行审查判断。

第十四条 被告实施垄断行为，给原告造成损失的，根据原告的诉讼请求和查明的事实，人民法院可以依法判令被告承担停止侵害、赔偿损失等民事责任。

根据原告的请求，人民法院可以将原告因调查、制止垄断行为所支付的合理开支计入损失赔偿范围。

第十五条 被诉合同内容、行业协会的章程等违反反垄断法或者其他法律、行政法规的强制性规定的，人民法院应当依法认定其无效。

第十六条 因垄断行为产生的损害赔偿请求权诉讼时效期间，从原告知道或者应当知道权益受侵害之日起计算。

原告向反垄断执法机构举报被诉垄断行为的，诉讼时效从其举报之日起中断。反垄断执法机构决定不立案、撤销案件或者决定终止调查的，诉讼时效期间从原告知道或者应当知道不立案、撤销案件或者终止调查之日起重新计算。反垄断执法机构调查后认定构成垄断行为的，诉讼时效期间从原告知道或者应当知道反垄断执法机构认定构成垄断行为的处理决定发生法律效力之日起重新计算。

原告起诉时被诉垄断行为已经持续超过二年，被告提出诉讼时效抗辩的，损害赔偿应当自原告向人民法院起诉之日起向前推算二年计算。

16. 最高人民法院关于审理侵犯专利权纠纷案件应用法律若干问题的解释（二）

（发文字号：国务院令第 331 号，法释〔2016〕1 号，2016 年 4 月 1 日起施行）

第二十四条 推荐性国家、行业或者地方标准明示所涉必要专利的信息，被诉侵权人以实施该标准无需专利权人许可为由抗辩不侵犯该专利权的，人民法院一般不予支持。

推荐性国家、行业或者地方标准明示所涉必要专利的信息，专利权人、被诉侵权人协商该专利的实施许可条件时，专利权人故意违反其在标准制定中承诺的公平、合理、无歧视的许可义务，导致无法达成专利实施许可合同，且被诉侵权人在协商中无明显过错的，对于权利人请求停止标准实施行为的主张，人民法院一般不予支持。

本条第二款所称实施许可条件，应当由专利权人、被诉侵权人协商确定。经充分协商，仍无法达成一致的，可以请求人民法院确定。人民法院在确定上述实施许可条件时，应当根据公平、合理、无歧视的原则，综合考虑专利的创新程度及其在标准中的作用、标准所属的技术领域、标准的性质、标准实施的范围和相关的许可条件等因素。

法律、行政法规对实施标准中的专利另有规定的，从其规定。

17. 最高人民法院关于审理侵犯专利权纠纷案件应用法律若干问题的解释（二）（公开征求意见稿）

(2014 年 8 月 1 日)

第二十七条　非强制性国家、行业或者地方标准明示所涉专利的信息，被诉侵权人以其实施该标准而无需专利权人许可为由主张不构成专利侵权的，人民法院一般不予支持。但是，专利权人违反公平、合理、无歧视的原则，就标准所涉专利的实施许可条件恶意与被诉侵权人协商，被诉侵权人据此主张不停止实施行为的，人民法院一般应予支持。

标准所涉专利的实施许可条件，应当由专利权人、被诉侵权人协商确定；经充分协商，仍无法达成一致的，可以请求人民法院确定。人民法院应当根据公平、合理、无歧视的原则，综合考虑专利的创新程度及其在标准中的作用、标准所属的技术领域、标准的性质、标准实施的范围、相关的许可条件等因素，确定上述实施许可条件。

法律、行政法规对实施标准中的专利另有规定的，从其规定。

附录二 相关判决和决定

1. 北京书生电子技术有限公司诉上海盛大网络发展有限公司等垄断案

判决书字号

一审判决书：上海市第一中级人民法院（2009）沪一中民五（知）初字第113号民事判决书。

二审判决书：上海市高级人民法院（2009）沪高民三（知）终字第135号民事判决书。

案由：垄断。

诉讼双方

原告（上诉人）：北京书生电子技术有限公司（以下简称书生公司），**住所地**：北京市海淀区紫竹院路。

法定代表人：王东临，该公司董事长。

委托代理人：孟梅，该公司职员。

被告（被上诉人）：上海盛大网络发展有限公司（以下简称盛大公司），**住所地**：上海市浦东新区张江路。

法定代表人：陈天桥，该公司董事长。

委托代理人：游闽键，上海市协力律师事务所律师。

委托代理人：傅钢，上海市协力律师事务所律师。

被告（被上诉人）：上海玄霆娱乐信息科技有限公司（以下简称玄霆公司），**住所地**：上海市浦东新区张江镇中心路。

法定代表人：侯小强，该公司执行董事。

委托代理人：李艳，上海市协力律师事务所律师。

审级：二审。

审判机关和审判组织

一审法院：上海市第一中级人民法院。

合议庭组成人员：审判长：郑军欢；代理审判员：章立萍、徐燕华。

二审法院：上海市高级人民法院。

合议庭组成人员：审判长：丁文联；代理审判员：李澜、马剑峰。

审结时间

一审审结时间：2009 年 10 月 23 日。

二审审结时间：2009 年 12 月 15 日。

原告诉称

原告书生公司运营的 www.du8.com（读吧网）与被告盛大公司及被告玄霆公司旗下网站 www.qidian.com（起点中文网）的经营范围相似。案外人北京书生网络技术有限公司（以下简称书生网络公司）于 2008 年 5 月开始委托寇彬（笔名"不吃西红柿"）创作作品《星辰变后传》，并授权原告在其经营的读吧网上陆续发表。该作品发表后引起了广大读者良好的反响，点击量日渐高涨。但《星辰变后传》的作者受到两被告的无理威胁，迫于两被告在行业中的地位，在无奈之下停止为原告进行创作，并应两被告要求在其旗下的网站上发表了致歉信。原告书生公司指控两被告利用优势地位胁迫寇彬、李亚鹏发表致歉声明并停止《星辰变后传》创作的行为，系《中华人民共和国反垄断法》第 17 条第 1 款第（4）项所规定"没有正当理由，限定交易相对人只能与其进行交易或者只能与其指定的经营者进行交易"的行为，故原告根据《中华人民共和国反垄断法》第 17 条、第 19 条的规定请求一审法院：（1）确认两被告的行为构成滥用市场（中国网络文学市场）支配地位的行为。（2）判令两被告删除起点中文网上刊登的两位作者寇彬和李亚鹏的道歉声明。（3）判令两被告在读吧网、起点中文网上向原告赔礼道歉。（4）判令两被告赔偿原告经济损失包括公证费和律师费共计人民币 16 820元。

被告辩称

（1）被告盛大公司辩称：其主营业务为网络游戏，与原告书生公司诉称的经营行为不属同一市场范围，其对原告和被告玄霆公司之间的纠纷毫不知情，完全属于案外人的地位，故请求一审法院依法驳回原告对其的全部诉讼请求。

（2）被告玄霆公司辩称：原告书生公司未界定本案相关市场的范围也未能证明被告具有市场支配地位，被告从未胁迫《星辰变后传》的作者，没有滥用市场支配地位的行为。

上海市第一中级人民法院经公开审理查明：2004 年 10 月 8 日，案外人书生网络公司出具授权书 1 份，授权原告书生公司使用案外人享有著作权的作品。自 2008 年 5 月起，书生网络公司先后委托寇彬、李亚鹏以笔名"不吃西红柿"创作作品《星辰变后传》，该作品在原告的读吧网上通过连载的方式发表。2009 年 3 月，书生网络公司对《星辰变后传》进行了版权登记。在《星辰变后传》创作之前，被告玄霆公司曾委托朱洪志以笔名"我吃西红柿"创作《星辰变》并在 www.qidian.com（起点中文网）上连载，双方约定该作品的著作权归玄霆公司，后《星辰变》成为起点中文网的热门小说。

2009 年 1 月 1 日，《星辰变后传》的两位作者寇彬、李亚鹏在起点中文网上发表致歉声明，表示《星辰变后传》的写作没有经过《星辰变》著作权人允许，大量使用了《星辰变》中的人物、情节、环境等各种要素，特别是在故事结构、情节发展上，《星辰变后传》对《星辰变》有非常大的依赖性，现时对《星辰变》作者"我吃西红柿"和《星辰变》著作权人起点中文网致歉，并表示停止创作《星辰变后传》。

上述事实有下列证据证明：

起点中文网的版权信息显示该网站由两被告共同经营。

刊登在起点中文网、盛大公司官网、新华网上的若干文章有一些近似的陈述，称两被告经营的起点中文网、晋江原创网、红袖添香网占有中国网络文学市场80%以上份额，占有中国网络原创文学市场95%以上份额等。

上海市第一中级人民法院经审理认为：本案的争议焦点在于两被告是否实施了滥用市场支配地位的垄断行为。首先，原告的证据不能证明两被告具有市场支配地位。原告依据被告盛大公司官方网站、起点中文网及其他网站上关于"盛大文学"旗下三家网站的宣传内容，认定两被告在中国网络文学市场中占有80%以上份额，这些证据仅仅是各网站上的宣传内容，这些宣传未经核实且无其他证据可以印证，故原告将宣传的市场份额等同于实际所占的市场份额，其依据不足。其次，即便两被告在中国网络文学市场具有支配地位，原告的指控亦不能成立。因为仅具有市场支配地位本身并不违法，只有对这些地位加以滥用才会受到我国反垄断法的规制。原告提供的证据不能证明两被告对《星辰变后传》的作者采取了胁迫手段。另外，透过两作者致歉声明可以得知，《星辰变后传》的创作沿用《星辰变》中的人物、情节、环境等要素，这种创作方式会使读者误认为《星辰变后传》与《星辰变》之间存在关联，其目的在于借助《星辰变》在网络上积累的人气，吸引那些喜爱《星辰变》的读者去关注《星辰变后传》，上述行为确有不当之处，而《中华人民共和国反垄断法》第17条第1款第（4）项认定构成滥用市场支配地位限定交易行为的前提条件是审查其行为有无正当理由，因此，姑且不论两被原告的行为是否属于限定交易的行为，从其行为的正当性判断，应认定两被告未构成滥用市场支配地位的行为。据此，原告的诉讼请求缺乏事实依据和法律依据。

上海市第一中级人民法院依照《中华人民共和国反垄断法》第6条、第17条第1款第（4）项、第2款，最高人民法院《关于民事诉讼证据的若干规定》第 2 条，作出如下判决：

驳回原告书生公司的诉讼请求。

本案一审案件受理费人民币 800 元，由原告书生公司负担。

二审诉辩主张

（1）上诉人（原审原告）诉称

①上诉人书生公司在一审中提交的证据已经基本证明被上诉人具有市场支配地位。被上诉人盛大公司先后收购起点中文网、晋江原创网、红袖添香网 3 个网站，合并组成盛大文学公司。由于起点中文网、晋江原创网、红袖添香网 3 个网站组成了一个利益共同体，故应将其各自占有的市场份额合并计算。对于两被上诉人的市场地位，上诉人提供的不仅有两被上诉人网站的自我宣传，还包括新华社等第三方知名网站、主流媒体的宣传，一审法院应予采信。

②寇彬、李亚鹏创作《星辰变后传》是完全独立的创作，不是抄袭，也不是对原著的改编，不侵犯玄霆公司对朱洪志的创作《星辰变》所享有的著作权，两被上诉人胁迫寇彬、李亚鹏放弃《星辰变后传》的写作、胁迫第三方网站删除《星辰变后传》的行为不具有正当性，系利用其市场支配地位控制市场的行为。故此，请求二审法院改判支持原告一审的诉讼请求。

（2）被上诉人（原审被告）辩称

①被上诉人盛大公司辩称：上诉人未清楚地界定其所主张的市场，被上诉人盛大公司主营网络游戏，与上诉人非处于同一市场；被上诉人与上诉人不存在竞争关系，也未实施过限制竞争的行为。

②被上诉人玄霆公司辩称：上诉人未清楚地界定本案相关市场，被上诉人仅经营起点中文网；上诉人将不属于被上诉人玄霆公司的晋江原创网、红袖添香的市场份额计算在被上诉人身上缺乏依据；上诉人既没有说明也没有证明被上诉人玄霆公司占有的市场份额；《星辰变后传》系对《星辰变》的演绎作品，《星辰变后传》作者对原作品的续写建立在原作品整体架构的

基础之上，无论是小说人物还是故事情节的发展演进都受到原作品很大的影响，两作者在道歉信中承认这一点，两作者道歉出于自愿，并非出自被上诉人胁迫。因此，被上诉人既不具有市场支配地位，也没有实施滥用市场支配地位的行为。

二审事实和证据

上海市高级人民法院经审理，确认一审法院认定的事实和证据。

二审判案理由

上海市高级人民法院经审理认为：上诉人指控两被上诉人滥用市场支配地位，首先应证明两被上诉人具有市场支配地位。关于上诉人提交来源于两被上诉人网站的文章欲证明两被上诉人在"中国网络文学市场"占有80%以上的市场份额、在"中国网络原创文学市场"占有95%以上的市场份额；首先，没有清晰地界定"中国网络文学市场"或"中国网络原创文学市场"；其次，其市场份额如何计算不得而知，因为缺乏第三方相对中立、权威且经过调查统计取得的数据。上诉人仅以其现有的证据不能证明两被上诉人具有市场支配地位，故其诉请二审法院难以支持。

二审定案结论

上海市高级人民法院依照《中华人民共和国民事诉讼法》第153条第1款第（1）项、第158条，作出如下判决：

驳回上诉，维持原判。

本案二审案件受理费人民币800元，由原告书生公司负担。

2. 唐山市人人信息服务有限公司诉北京百度网讯科技有限公司垄断纠纷案

北京市高级人民法院（2010）高民终字第 489 号

原告（二审上诉人）：唐山市人人信息服务有限公司（简称唐山人人公司）

被告（二审被上诉人）：北京百度网讯科技有限公司（简称北京百度公司）

原告唐山人人公司诉称：原告是一家从事医药信息咨询服务的公司，从 2008 年 3 月起，原告开始对被告经营的百度搜索进行竞价排名的投入。2008 年 5 月，原告由于公司自身经营需要开始减少投入额。2008 年 7 月 10 日，原告发现自己所经营的全民医药网（mvw. qmyyw. com）的日访问量骤减，以该日为分界点的前后两个月的访问量也出现大幅降低。2008 年 9 月 25 日，原告通过对谷歌搜索和百度搜索收录情况进行查询后发现，谷歌搜索对全民医药网（www. qmyyw. com）的收录为 6 690 页，而百度搜索仅收录了 4 页，且百度搜索收录这 4 页的原因还是由于原告参与了百度搜索的竞价排名。以上证据充分证明，由于原告于同一时期降低了对百度搜索竞价排名的投入，被告即对全民医药网进行了全面屏蔽，从而导致全民医药网（www. qmyyw. com）访问量的大幅度降低。根据业界的相关报道及《中华人民共和国反垄断法》（以下简称《反垄断法》）第 19 条的规定，百度搜索已经具有了中国搜索引擎市场的支配地位。被告利用这种地位，对原告的网站进行屏蔽，给原告造成巨大的经济损失，违反了《反垄断法》第 17 条的规定，构成滥用市场支配地位强迫原告进行竞价排名交易的行为。综上，根据《反垄断法》的相关规定，请求人民法院判令被告：（1）赔偿原告经济损失 1 106 000 元；（2）解除对全民医药网（www. qmyyw. com）的屏蔽并恢复全面收录。后原告又向法院提交对于起诉意见的补充说明称，由于原告现已将全民医药网的域名变更为（www. qmyy. com），原诉讼请求中要求解除对原域名（www. qmyyw. com）的屏蔽已无实际意义，故请求法院判令被告解除对新域名（www. qmyy. com）的屏蔽。

被告北京百度公司辩称：首先，被告确实对原告所拥有的全民医药网（www. qmyyw. com）采取了减少收录的措施，实施该措施的原因是原告的网站设置了大量垃圾外链、搜索引擎自动对其进行了作弊处罚。但是，该项处罚措施针对的仅仅是百度搜索中的自然排名结果，与原告所称的竞价排名的投入毫无关系，也不会影响原告竞价排名的结果。其次，原告称被告具有反垄断法所称的市场支配地位缺乏事实依据。被告提供的搜索引擎服务对于广大网民来说是免费的，故与搜索引擎有关的服务不能构成反垄断法所称的相关市场。此外，原告所提供的关于被告市场占有率的证据均仅仅涉及短暂的时间段，市场份额或者市场占有率也不能作为评判是否具有市场支配地位的唯一标准。最后，关于原告在起诉意见中所提到的两个域名。域名一（www. qmyyw. com）是由于存在大量"垃圾外链"而被被告减少了收录，域名二（www. qmyy. com）在长达两年多的时间里是没有内容的。搜索引擎对于没有内容的网站是不会进行收录的。综上，请求人民法院驳回原告的全部诉讼请求。

北京市第一中级人民法院经审理查明：原告实际经营的全民医药网曾先后使用过两个域名，即域名一（www. qmyyw. com），该域名在2008年10月6日被原告停用，并于同日启用新域名即域名二（www. qmyy. com），该域名在启用前的两年内并没有内容。

2008年3月3日，原告通过一次性缴费的方式开始参与百度搜索的竞价排名。2008年5月，原告因公司自身经营需要，开始降低竞价排名的投入，至2008年7月，投入额降至最低。被告对上述事实不持异议。

2008年9月25日，原告通过公证程序对51. la网站（www. 51. la）页面显示情况进行了实时打印。从该网站中流量信息栏目中的内容可见，全民医药网（www. qmyyw. com）在2008年7月9日的访问量为2 666ip，浏览量为

10 331pv。2008 年 7 月 10 日，全民医药网（www. qmyyw. com）的访问量为 701ip，浏览量为 6 322pv。2008 年 7 月 11 日的访问量为 626ip，浏览量为 6 210pv。从 2008 年 6 月 10 日到 2008 年 7 月 9 日的访问量为 88 095ip，浏览量为 251 684pv。从 2008 年 7 月 10 日到 2008 年 8 月 9 日的访问量为 18 340 ip，浏览量为 123 905pv。

2008 年 9 月 25 日，原告通过公证程序对谷歌（Google）搜索对于全民医药网（www. qmyyw. com）的搜索结果进行了实时打印，从打印情况可见，在搜索关键同部分输入"site：qmyyw. com"后，共有 6 690 项自然排名部分的搜索结果符合查询要求。同日，原告通过公证程序在百度搜索网站（www. baidu. com）的搜索关键词部分输入"site：qmyyw. com"后，共有 4 项自然排名部分的搜索结果符合查询要求。

原告认为，根据其向法庭提交的《中国证券报》2008 年 9 月 17 日第四版中有题为"百度坐拥中国搜索市场近 2/3 份额"的文章的内容（该文指出："北京正望咨询有限公司昨日［2008 年 9 月 16 日］发布的中国搜索引擎市场调查结果显示，百度以 65.8% 的市场份额遥遥领先……正望咨询公司自 2007 年度的调查开始，采用任意一天内该搜索引擎使用的人次数占所有搜索引擎所使用的人次数的比例来定义该搜索引擎的市场份额。正望咨询公司表示，此次调查于 2008 年 8 月采用计算机辅助电话调查［cati］方式进行，共完成有效样本 4 150 个……涵盖 γ 中国东、中、西部总计 18 个主要城市，对经济区域和网民人口数均具有较高的代表性。"）及 2008 年 10 月 23 日在百度搜索网站（www. baidu. com）的"公司新闻"栏目下名为"百度 q3 客户数欲破 20 万大关付费搜索增长稳健"一文中的内容（该文指出："根据第三方的统计数据显示，2007 年中国搜索引擎广告整体市场规模已经达到 27.3 亿元人民币，而 2008 年搜索引擎广告市场规模将比 2007 年增长 80% 以上。……在分析师看来，作为全球最大的中文搜索引擎，百度已经在搜索引擎市场稳稳占据 70% 以上市场份额，并且是全国所有互联网站中单一品牌用户到达率最高的公司，这让客户在百度平台上的推广近乎扩大到'中国全体网民'，因而也是百度付费搜索业务一直保持快速增长的重要原因。"），北京百度公司已经占据"中国搜索引擎服务市场"1/2 以上的份额，应当认定其具有市场支配地位，由此，其滥用市场支配地位对原告的全民医药网（www.qmyyw.com）进行屏蔽的行为，应当为我国反垄断法所禁止。

在本案庭审过程中，被告承认在原告所诉争的时间内，确曾在 α 然排名部分勤全民医药网（www.qmyyw.com）采取了减少收录的措施。但被告同时指出，根据其向法院提交的证据显示，在百度搜索网站（www.baidu.com）"网页搜索帮助 - 站长 faq"栏目下，已经对什么是设置"垃圾外链"的行为，"垃圾外链"一旦被百度搜索引擎识别后可能受到的处罚等内容向社会公众进行了明确的告知。而根据被告通过公证程序对 20 个网络地址下的内容进行的查询显示，网络中确实存在大量指向全民医药网（www.qmyyw.com）的"垃圾外链"，原告对于上述事实也没有异议。被告正是基于全民医药网（www.qmyyw.com）存在大量垃圾外链的事实，才对其实施了减少收录数量的反作弊措施。因此，被告的行为是正当的。

北京市第一中级人民法院认为，根据现有证据，原告既未能举证证明被告在"中国搜索引擎服务市场"中占据了支配地位，也未能证明被告存在滥用市场支配地位的行为。相反，被告已经通过证据证明其对全民医药网（www.qmyyw.com）实施的减少收录数量的措施系对其存在大量"垃圾外链"行为的处罚，被告的行为具有正当性。原告所诉被告滥用市场支配地位的主张缺乏事实与法律依据，对其提出的要求被告赔偿经济损失并解除对域名一（www.qmyyw.com）屏蔽的诉讼请求，不予支持。域名二（www.qmyy.com）由原告于 2008 年 10 月 6 日启用，原告确认在此之前该域名并未指向任何网站，亦未提交证据证明被告对域名二所指向的网站也采取了减少收录数量的措施。因此，原告针对域名二所提的诉讼请求并无可依据的事实和理由，对此不予支持。综上，法院依据《中华人民共和国民事诉讼法》及《反垄断法》的相关规定，驳回原告唐山人人公司的全部诉讼请求。

一审宣判后，唐山人人公司不服提出上诉，其主要理由为：唐山人人公司所提交的证据已经足以证明北京百度公司占据中国搜索引擎服务市场的市场支配地位，北京百度公司屏蔽全民医药网的行为属于滥用市场支配地位的行为，系暗示交易相对人强制与之进行交易。综上，请求二审法院撤销一审判决，支持唐山人人公司的全部诉讼请求。

二审法院查明的事实与一审相符。

北京市高级人民法院认为：唐山人人公司提出北京百度公司滥用市场支配地位的主张因证据不足不能成立，北京百度公司实施涉案屏蔽行为具有正当性的，故唐山人人公司诉讼请求均缺乏事实与法律依据。一审判决认定事实清楚，适用法律正确，故依据《中华人民共和国民事诉讼法》第153条第1款第（一）项之规定，北京市高级人民法院判决：

驳回上诉、维持原判。

3. 张晶廷诉衡水子牙河建筑工程有限公司等侵害发明专利权纠纷申请再审案

（2012）民提字第 125 号

再审申请人（一审原告、二审被上诉人）：张晶廷。

委托代理人：安斌，河北江源方舟律师事务所律师。

被申请人（一审被告、二审上诉人）：衡水子牙河建筑工程有限公司。

法定代表人：刘万发，该公司总经理。

委托代理人：郭志，北京市东卫律师事务所律师。

委托代理人：单体禹，北京市东卫律师事务所律师。

一审被告、二审被上诉人：衡水华泽工程勘测设计咨询有限公司。

法定代表人：霍宝良，该公司总经理。

委托代理人：刘帅，该公司职工。

再审申请人张晶廷因与被申请人衡水子牙河建筑工程有限公司（以下简称子牙河公司）以及一审被告、二审被上诉人衡水华泽工程勘测设计咨询有限公司（以下简称华泽公司）侵害发明专利权纠纷一案，不服河北省高级人民法院于 2011 年 3 月 21 日作出的（2011）冀民三终字第 15 号民事判决，向本院申请再审。本院于 2012 年 6 月 28 日作出（2012）民申字第 490 号民事裁定，提审本案。本院依法组成合议庭，分别于 2012 年 9 月 13 日、2013 年 4 月 9 日公开开庭审理了本案。张晶廷及其委托代理人安斌，子牙河公司的法定代表人刘万发及其委托代理人郭志、单体禹，华泽公司的委托代理人刘帅到庭参加了第一次开庭审理，张晶廷的委托代理人安斌、子牙河公司的委托代理人郭志、华泽公司的委托代理人刘帅参加了第二次开庭审理。本案现已审理终结。

张晶廷于 2009 年 6 月起诉至河北省石家庄市中级人民法院称，其与石家庄晶达建筑体系有限公司（以下简称晶达公司）历时十多年，耗资 2 000 多万元，研究成功国家级重点科技成果"CL 建筑体系"，该建筑体系被建设部发展促进中心评定为"全国建筑行业科技成果推广项目""国家康居示范工程选用部品与产品"；获中国技术市场协会颁发的"金桥奖"。国家有关部、委多次召开专门会议进行推广，河北、山西、山东、天津、内蒙古等多个省、市、自治区专门颁发了或批准适用《CL 结构体系技术规程》。全国利用 CL 结构体系建造的住宅和在建的住宅已达几百万平方米。该建筑体系的主要发明专利是"预制复合承重墙结构的节点构造施工方法"。子牙河公司在承建的衡水市武邑县县城"和谐嘉园"小区 5#、6#、7#、8#楼工程中，没有取得涉案专利权人的合法授权，采用的材料和施工方法侵害了涉案专利权。请求法院判令：子牙河公司停止侵权行为；赔偿张晶廷经济损失 114.464 万元。

子牙河公司辩称，（1）涉案专利的技术方案是建筑行业普遍使用且是河北省建设厅推广的现有技术。子牙河公司的被诉侵权施工行为不构成侵权。（2）子牙河公司是按照华泽公司设计的工程图纸建造的，子牙河公司不知道该设计图纸墙体构造技术是张晶廷已申请的专利。根据《中华人民共和国建筑法》第 58 条、第 59 条的规定，子牙河公司必须按工程设计图纸施工，否则必须承担法律责任，子牙河公司不具有侵权的主观过错。（3）华泽公司应当作为必要的共同诉讼主体参加本案诉讼，申请追加华泽公司为本案被告。

华泽公司在一审法院依法追加其作为本案被告参加诉讼后辩称，（1）其遵照河北省人民政府办公厅下达的有关积极宣传贯彻政府提倡的大力推广应用 CL 建筑体系，促进节能省地型建筑发展的工作精神，在 2007 年 4 月已得到 CL 建筑体系专利权人张晶廷的授权许可，允许其应用 CL 建筑体系专利技术进行建筑项目的施工图设计。在本案纠纷发生后，也得到了张晶廷不予追究设计单位侵权责任的承诺。（2）华泽公司在对用户的服务过程中，本着对社会和用户负责的精神，积极宣传政府提出的各项节能政策，认真介绍 CL 建筑体系的优缺点，建议用户到正在使用 CL 建筑体系的建设现场进行参观了解。因该工艺施工难度较大、工程造价相对较高，一般用户都比较慎重。子牙河公司曾在涉案工程设计前到山东泰安、河北省安平、武强等 CL 建筑体系施工现场进行认真观摩。最后子牙河公司认为该工艺比较好，并且能承受其造价并完成其施工，才委托华泽公司进行设计。（3）华泽公司设计所依照的《CL 结构设计规程》DB13（J）43 – 2006 前言部分明确表明，"该规程的某些内容可能涉及专利，经专利人同意，本规程的发布机构不承担识别与保护专利的责任"。因此，华泽公司并无侵权行为，不承担责任。

一审法院审理查明，张晶廷于 2006 年 1 月 17 日向国家知识产权局申请发明专利，名称为"预制复合承重墙结构的节点构造施工方法"，2008 年 9 月 3 日被授予专利权，专利号为 ZL20061001×××.7。授权公告的权利要求为：1. 一种预制复合承重墙结构的节点构造施工方法，其特征在于：承重墙采用预制的保温夹心网骨架，将这种由承重墙主受力钢筋形成的保温钢筋网骨架，延伸至梁、柱的外侧，使梁、柱形成带保温层的复合受力构件；以高压石膏板作为浇铸混凝土的一侧永久模板，整体直接喷注或浇注形成柱、梁、墙板一体的三维结构，节点构造包括：在预制的夹心网骨架的搭接部位设置柱筋（8）和矩形框架箍筋（9），夹心网骨架的平网（5）搭接部位位置连接锚筋（7）、柱筋、箍筋、连接锚筋与预制夹心网骨架的钢筋连接形成整体受力结构。2. 根据权利要求 1 所述的预制复合承重墙结构的节点构造施工方法，其特征在于预制的夹心网骨架的搭接部位，连接锚筋（7）绑扎在夹心网骨架平网上。3. 根据权利要求 2 所述的预制复合承重结构的节点构造施工方法，其特征在于预制夹心网骨架在平网延伸端预留连接锚筋（13）或锚固网片（11）。4. 根据权利要求 1 所述的预制复合承重墙结构的节点构造施工方法，其特征在于预制的夹心网骨架是双层或三层钢丝平网（5）中间夹聚苯乙烯泡沫板（3）保温层，由立体交叉的钢丝衍条（4）将钢丝平网连接成为衍架预制而成。5. 根据权利要求 1 所述的预制复合承重墙结构的节点构造施工方法，其特征在于，在预制的夹心网骨架的搭接部位设置加强网片（10）与夹心网骨架绑扎。6. 根据权利要求 1 所述的预制复合承重墙结构的节点构造施工方法，其特征在于，在预制的夹心网骨架的墙角搭接部位设置加强角网（6）与夹心网骨架绑扎。7. 根据权利要求 1 所述的预制复合承重墙结构的节点构造施工方法，其特征在于，在预制的夹心网骨架的洞口部位设置 U 形锚筋（14）与夹心网骨架绑扎。8. 根据权利要求 1 所述的预制复合承重墙结构的节点构造施工方法，其特征在于，机车施工后楼盖混凝土浇注预留柱筋、锚筋，现场吊装预制夹心网骨架，就位后将夹心网骨架与箍筋、连接锚筋、加强网片或加强角网绑扎或焊接成为整体结构，安装墙、柱、梁模板，现场浇注梁、柱、网板承重墙，养护，施工下一楼盖板。9. 根据权利要求 8 所述的预制复合承重墙结构的节点构造施工方法，其特征在于所述夹心网骨架承重一侧浇注混凝土厚度为 8～18cm，协同承重一侧预制混凝土厚度为 3～5cm。涉案专利说明书记载：图 1 为双层夹心网骨架剪力墙结构图；图 2 为三层夹心网骨架剪力墙结构图，适用于多层结构所有剪力墙；图 3 为外墙保温转角节点构造图，主要用于对热桥敏感地区多层外墙大角等扭转力比较强的位置；图 4 为内墙保温转角节点构造图，主要用于楼（电）梯间等非外墙的连接，也可用于对热桥不敏感地区多层外墙大角位置；图 5 为外墙与室内侧扶壁柱节点构造图；图 6 为外墙与分户墙、楼梯间内墙节点构造图；图 7 为室内剪力墙相交连接的节点构造图；图 8 为内墙、外墙墙中柱节点构造图，主要用于室内分户墙、楼梯间墙或对热桥不敏感地区外墙墙中柱或梁下柱位置；图 9 为剪力墙拐角节点构造图，主要用于剪力墙阳角位置阴角构造与此近似；图 10 为小高层外墙与室内复合墙节点构造图；图 11 为小高层外墙与室内侧扶壁柱节点构造图；图 12 为多层外墙圈梁（横向边缘构件）节点构造图；图 13 为室内圈梁节点构造图，主要用于室内或对热桥不敏感地区剪力墙圈梁（横向边缘构件）；图 14 为外墙梁板节点构造图；图 15 为剪力墙端柱节点构造图；图 16 为剪力墙洞口节点构造图。

2008 年 6 月 14 日，河北省建设厅批准的《CL 结构构造图集》现为河北省工程建设标准设计，批准文号冀建质（2008）388 号，统一编号：DB-JT02－54－2008，图集号：J08G208，实施日期：2008 年 8 月 1 日。该图集中包括张晶廷的专利技术，其编制说明记载，"CL 结构体系系石家庄晶达建筑体系有限公司研发的一种完全自主知识产权的复合剪力墙结构体系，具有抗震性能好、保温层耐久性长、建筑工厂化、施工效率快、综合造价低等特点。为了贯彻执行国家和我省的墙体改革和节能政策，促进该技术的推广应用，编制本图集"。该图集的内容包括：CLQBI 型复合剪力墙边缘构件构造详图……（第 6～11 页）、CLQBI 型 CL 网架板节点详图……（第 12 页）、CLQBII 型 CL 网架板节点详图……（第 19 页）、CLQBIII、CLQBIV 型 CL 网架板节点详图……（第 23 页）。

张晶廷系 CL 建筑体系的发明人、主研人以及晶达公司董事长。张晶廷于 2008 年 10 月将"预制复合承重墙结构的节点构造施工方法"许可晶达公司使用。

2009 年 6 月 19 日，河北省石家庄市太行公证处公证员前往衡水市武邑县县城"和谐嘉园"小区内的建设工地，对被诉正在使用"预制复合承重墙结构的节点构造施工发明专利"的在建楼房、场地以及放置在场地内的被诉侵权产品、正在使用该产品在建的施工楼层及其他相关场景进行现场拍照，制作了（2009）冀石太正经字第 654 号、第 655 号公证书。第 654 号公证书图片 1、3、25 中的技术特征与涉案专利说明书附图 1 双层夹心网骨架剪力墙结构图，以及附图 5 外墙与室内侧扶壁柱节点构造图、附图 6 外墙与分户墙、楼梯间内墙节点构造图的技术特征相同。公证书图片 2、4、6、11、21、22 中的技术特征与涉案专利附图 5 外墙与室内侧扶壁柱节点构造图、附图 6 外墙与分户墙、楼梯间内墙节点构造图、附图 7 室内剪力墙相交连接的节点构造图的技术特征相同。公证书图片 5、13、14、16 中的技术特征与涉案专利说明书附图 1 双层夹心网骨架剪力墙结构图的技术特征相同。公证书图片 7、20 中的技术特征与涉案专利说明书附图 3 外墙保温转角节点构造图的技术特征相同。公证书图片 8 中的技术特征与涉案专利说明书附图

1 双层夹心网骨架剪力墙结构图、附图 16 剪力墙洞口节点构造图的技术特征相同。公证书图片 9、23 中的技术特征与涉案专利说明书附图 4 内墙保温转角节点构造图的技术特征相同。公证书图片 15 中的技术特征与涉案专利说明书附图 1 双层夹心网骨架剪力墙结构图、附图 2 三层夹心网骨架剪力墙结构图的技术特征相同。

2008 年 7 月 25 日，子牙河公司（发包人）与华泽公司（设计人）就"武邑县和谐嘉园 5#、6#、7#、8#住宅楼"签订建设工程设计合同。合同约定，"设计人应按国家技术规范、标准、规程及发包人提出的设计要求，进行工程设计……（第六条 6.2.1）"，"设计人为本合同项目所采用的国家或地方标准图，由发包人自费向有关出版部门购买（第八条 8.2）"。

华泽公司的建筑施工图设计所依据的是《CL 结构设计规程》DB13（J）43－2006。该规程"前言"部分记载："本规程的某些内容可能涉及专利，经专利人同意，本规程的发布机构不承担识别与保护专利的责任"。

2010 年 4 月 22 日，张晶廷出具书面承诺称，在本案中仅限于同意华泽公司有权使用涉案专利，不要求华泽公司承担任何专利侵权责任。

一审法院认为，河北省建设厅公开发布的《CL 结构设计规程》DB13（J）43－2006 及 J08G208《CL 结构构造图集》系地方标准。本标准属公开有偿使用的技术，任何单位和个人未经权利人允许不得使用。子牙河公司施工现场公证取证的照片证明，子牙河公司承建的武邑县和谐嘉园 5#、6#、7#、8#住宅楼未经专利权人允许，采用了涉案专利技术，构成侵权行为。

子牙河公司在工程立项前是经过详细考察的，子牙河公司与华泽公司签订建设工程设计合同中约定，华泽公司按照子牙河公司提出的设计要求进行工程设计；且《CL 结构设计规程》DB13（J）43－2006 中的"前言"部分已明确表明该规程的某些内容可能涉及专利，经得到专利权人授权，方许可使用。但子牙河公司未得到张晶廷的许可，应当承担侵权责任。

子牙河公司的售楼宣传页上套印的图片是张晶廷的专利产品。《CL 结构设计规程》DB13（J）43－2006 是公开文献，子牙河公司作为建筑单位，其侵害涉案专利权是明知的。子牙河公司在看到"CL 建筑体系"良好的经济和社会效益后，不是通过正当合法的手段向专利权人取得相关专利方法的使用权和专利产品，而是通过仿冒和私自使用等方法侵害张晶廷的专利权，应当承担侵权责任。

虽然张晶廷提交的计算赔偿的证据不被子牙河公司认可，但该公司认可建造的武邑县和谐嘉园 5#、6#、7#、8#住宅楼总建筑面积 32 704 平方米，CL 网架板用量 16 352 平方米。因张晶廷的损失、子牙河公司所获得的利益和专利许可使用费均难以确定，根据涉案专利的类型、子牙河公司侵权行为的性质以及情节，并参考张晶廷专利的推广情况、知名度等因素，酌定赔偿张晶廷经济损失 80 万元。本案中张晶廷承诺不追究华泽公司的专利侵权责任，视为放弃自己的权利。

综上，张晶廷要求子牙河公司立即停止侵权行为、赔偿经济损失的诉讼请求，予以支持。但张晶廷所主张的赔偿经济损失证据不充分，不予全额支持，酌情确定赔偿数额。因子牙河公司的工程至今未完工，一直处于侵权状态，故一审法院依据《中华人民共和国民事诉讼法》（2007 年修正）第 119 条、最高人民法院关于适用《中华人民共和国民事诉讼法若干问题的意见》第 58 条、《中华人民共和国专利法》第 11 条第 1 款、第 65 条第 2 款、《最高人民法院关于审理侵犯专利权纠纷案件应用法律若干问题的解释》第 19 条第 2 款的规定，于 2010 年 12 月 10 日作出［2009］石民五初字第 00163 号判决：（1）子牙河公司自判决生效之日起，立即停止侵害张晶廷发明专利权（发明名称：ZL20061001××××.7）的行为；（2）子牙河公司自判决生效之日起十日内，赔偿张晶廷经济损失 80 万元；（3）驳回张晶廷其他诉讼请求。一审案件受理费 15 102 元，由张晶廷负担 3 302 元，子牙河公司负担 11 800 元。

子牙河公司不服一审判决，向河北省高级人民法院提起上诉。其主要理由为：（1）涉案专利技术是早已为公众所知的现有技术，子牙河公司使用该技术方案，依法不构成侵权。（2）子牙河公司使用的墙体构造技术是依法受让而来，子牙河公司不知道该技术已被授予专利，故不构成侵权，不需承担侵权责任。（3）根据建筑法的规定，子牙河公司必须按照工程设计图纸施工，也是不得已的必须使用，无论按照法定义务，还是建筑行业标准，使用涉案技术不产生违法侵权行为。（4）张晶廷请求的赔偿数额，没有证据和法律依据，依法应予驳回。请求二审法院撤销一审判决，驳回张晶廷的诉讼请求。

张晶廷答辩称：子牙河公司诉称涉案专利技术属于公开的技术没有事实依据。子牙河公司并未否认使用了涉案专利技术。一审判决认定侵权以及确定的赔偿数额合法有据。请求二审法院驳回上诉，维持原判。

华泽公司答辩称：华泽公司于2007年4月已得到张晶廷的授权许可，允许使用其涉案专利进行建筑项目的施工图设计，在本案中也得到张晶廷不予追究设计单位侵权责任的承诺，其在本案中，不应承担任何责任。

二审法院另查明，河北省建设厅批准的《CL结构构造图集》，晶达公司为参编单位，张晶廷为参编人员之一。张晶廷对该图集为河北省工程建设地方标准没有异议。张晶廷在一审中主张的CL网架板损失数额为82.74万元，涉案专利许可使用费损失数额为33.9万元。

二审法院认为，本案中，子牙河公司虽以现有技术进行抗辩，但仅提交一份涉案专利申请日前发布实施的《CL结构工程施工质量验收标准》，其并非是一项完整的技术方案。"CL建筑体系"自1992年开始研发，先后取得多项专利，子牙河公司未能说明上述验收标准中涉及涉案专利的实质内容，且涉案专利是否符合专利法规定的授予条件，也不是本案审理的范围。子牙河公司关于涉案专利是公众所知的现有技术，以此主张不构成侵权的上诉理由，不予支持。关于子牙河公司按照工程设计图纸施工，是否构成侵权的问题。《最高人民法院关于朝阳兴诺公司按照建设部颁发的行业标准〈复合载体夯扩桩设计规程〉设计、施工而实施标准中专利的行为是否构成侵犯专利权问题的函》（［2008］民三他字第4号）中明确答复："鉴于目前我国标准制定机关尚未建立有关标准中专利信息的公开披露及使用制度的实际情况，专利权人参与了标准的制定或者经其同意，将专利纳入国家、行业或者地方标准的，视为专利权人许可他人在实施标准的同时实施该专利，他人的有关实施行为不属于专利法第11条所规定的侵害专利权的行为。专利权人可以要求实施人支付一定的使用费，但支付的数额应明显低于正常的许可使用费；专利权人承诺放弃专利使用费的，依其承诺处理。"本案中，涉案专利被纳入河北省地方标准，专利权人张晶廷参与了该标准的制定，故应视为专利权人张晶廷许可他人在实施标准的同时实施该专利，子牙河公司的有关实施行为不属于专利法第 11 条所规定的侵害专利权的行为。一审法院认定子牙河公司按照已纳入专利权人参与制定的河北省地方标准的涉案专利进行施工，构成对张晶廷专利权的侵害，并判决子牙河公司赔偿张晶廷损失，适用法律不当，应予纠正。根据最高人民法院上述答复精神，在本案中，子牙河公司依法应支付张晶廷一定数额的专利使用费。因张晶廷涉案专利的正常许可使用费难以确定，二审法院根据最高人民法院上述答复精神，酌情确定子牙河公司应支付给张晶廷专利使用费 10 万元。综上，二审法院依照《中华人民共和国民事诉讼法》（2007 年修正）第 153 条第 1 款第（二）项之规定，于 2011 年 3 月 21 日作出［2011］冀民三终第 15 号民事判决，判决：（1）撤销河北省石家庄市中级人民法院［2009］石民五初字第 00163 号民事判决；（2）子牙河公司自判决生效之日起十日内，给付张晶廷专利使用费 10 万元；（3）驳回张晶廷的其他诉讼请求。一审案件受理费 15 102 元，由张晶廷负担 10 000 元，子牙河公司负担 5 102 元；二审案件受理费 15 102 元，由张晶廷负担 10 000 元，子牙河公司负担 5 102 元。

张晶廷不服二审判决，向本院申请再审称，（1）二审判决认定事实不清，适用法律不当。本案不应当适用《最高人民法院关于朝阳兴诺公司按照建设部颁发的行业标准〈复合载体夯扩桩设计规程〉设计、施工而实施标准中专利的行为是否构成侵犯专利权问题的函》（［2008］民三他字第 4 号）。本案中，河北省建设厅发布的"CL 结构设计规程"前言载明：本规程所涉及的专利技术为石家庄晶达建筑体系有限公司所有，使用授权许可，应与之联系。专利权人张晶廷参与了行业的设计规程、图集和验收规程等公开发行标准的制定，并不应视为其许可他人实施标准的同时实施该专利。同时，这些设计规程、图集也清楚地表明这些标准涉及专利，须取得相关授权。（2）二审判决损害了专利权人的合法权益，不利于知识产权的保护。

专利权人历时十多年时间，耗资 2 000 多万元研究成功包括涉案专利在内的国家级重点科技成果 "CL 建筑体系"。该建筑体系被建设部科技发展促进中心评定为 "全国建筑行业科技成果推广项目" 等，国家有关部委多次召开专门会议进行推广。全国利用 CL 结构体系建造的住宅和在建的住宅已经达到几百万平方米。子牙河公司在工程立项前是经过详细考察的，也知道 CL 结构体系的优越性，并明确知道他人所享有的专利权。但是，子牙河公司在看到 CL 建筑体系良好的经济效益和社会效益后，不是通过正当合法的手段向专利权人取得相关专利的使用权和专利产品，而是通过仿冒和私自使用等方法非法使用涉案专利。子牙河公司利用涉案专利提高知名度和房屋售价，建造了几万平方米的房屋，取得非法效益的同时，造成专利权人各项经济损失共计 110 余万元。二审法院判令支付 10 万元，严重损害了张晶廷的合法权益，变相鼓励他人恶意侵害专利权。综上，请求本院撤销二审判决，依法改判。

子牙河公司辩称，（1）涉案专利权人已经在政府推广行为中利用专利技术获取了极大的竞争优势，又想获取正常的专利许可使用费，这是不公平的。二审法院适用 [2008] 民三他字第 4 号复函，并无不当。（2）子牙河公司在本案中严格遵守国家的法律规定，按图施工，在施工过程中没有任何侵权的故意和过失，缺乏构成侵权的主观要件。张晶廷和华泽公司有恶意串通，引诱子牙河公司侵权的故意。如果华泽公司及时向子牙河公司披露相关专利信息，子牙河公司肯定会选择其他设计以及施工方案，从而在保证质量的基础上有效降低成本。华泽公司没有尽到合理的提示和披露义务，应当在本案中承担大部分侵权责任。（3）子牙河公司使用的预制复合承重墙结构的构造施工方法为公知技术，不构成对涉案专利权利要求 1 所保护的技术方案的侵害。子牙河公司使用的 CL 网架板技术亦为公知技术，不构成对涉案专利权利要求 4 所保护的技术方案的侵害。此外，张晶廷诉请的经济损失是 CL 网架板的利润损失，其要求的 CL 网架板包括钢筋焊接网、保温板、斜插钢筋等要素，而由上述要素构成的技术方案是河北省工程建设标准 DB13/T（J）26-2000《CL 结构体系技术规程》和河北省工程建设标准 DB13（J）

43 - 2003《CL 结构设计规程》公开的 CL 网架板的技术方案。因此，张晶廷在本案中诉请保护的产品与涉案专利技术无关。（4）张晶廷虽然为涉案专利的专利权人，但其已将涉案专利许可给晶达公司使用，一、二审法院未能查明该专利许可使用性质的情况下，以张晶廷作为原告，诉讼主体不适格。（5）被诉的所有楼房的一楼均没有侵害其专利权，而且，CL 网架板的用量以及销售价、利润等均存在扩大计算的情况。张晶廷在本案中所提出的损失的计算标准过高，适用比例过高。综上，二审法院认定不侵权正确，判决确定的赔偿数额尚能接受。请求驳回张晶廷的再审申请。

华泽公司辩称，涉案工程是子牙河公司进行现场观摩后自行决定的设计方案，华泽公司履行了告知义务。华泽公司获得了专利权人的许可，经营合法合规，不存在侵权行为。

子牙河公司在本案提审后，向本院提交了如下证据。

证据 1：河北省建设厅于 2000 年 12 月 12 日发布并实施的河北省工程建设标准《CL 结构体系技术规程》，DB13/T（J）26 - 2000（以下简称 2000 年规程）。证明涉案专利为公知技术。

证据 2：河北省建设厅于 2004 年 2 月 6 日发布，2004 年 3 月 1 日实施的河北省工程建设标准《CL 结构设计规程》，DB13（J）43 - 2003（以下简称 2003 年规程）。证明涉案专利为公知技术。

证据 3：河北省建设厅于 2006 年 3 月 7 日发布，2006 年 4 月 1 日实施的河北省工程建设标准《CL 结构设计规程》，DB13（J）43 - 2006（以下简称 2006 年规程）。证明涉案专利的保护范围不包括网架板技术，网架板技术在专利申请日之前的规程中已公开。

证据 4：武邑和谐家园 5#、6#、7#、8#住宅楼的建筑施工图。设计人为华泽公司，设计依据的主要规范为民用建筑设计通则、住宅建筑规范、屋面工程技术规范、建筑地面设计规范、建筑设计防火规范、居住建筑节能设计规范、建筑内部装修设计防火规范、CL 结构设计规范 DB13（J）43 - 2006。证明其施工行为是按图施工，根据《建筑法》第 58 条的规定，无法改变设计单位设计的图纸。

证据 5：二审审理期间的庭审笔录。证明张晶廷承认网架板技术不包括在涉案专利的技术方案中。

张晶廷对子牙河公司提交证据的真实性无异议。关于证据 1～3，张晶廷认为均是河北省建设厅为了实施张晶廷的专利技术而编制的 CL 结构体系设计规程和 CL 结构体系施工验收规程。涉及的专利为"预制复合承重墙结构的节点构造施工方法""一种房屋建筑三维结构体系的施工方法""一种房屋建筑三维结构体系及使用方法"。上述专利组成 CL 建筑体系专有技术，专利权人均为张晶廷。涉案专利的发明核心是两面整体浇注混凝土，形成带保温层的复合受力构件，而 2000 年规程中的节点图是一面预制的保护层，完全不同于涉案专利。2000 年规程中的网板夹心墙体直接进入梁、柱的混凝土截面内，也与涉案专利完全不同。2003 年技术规程则是在 2000 年技术规程上作的改进。采用涉案专利的 2006 年规程是完全不同于 2000 年和 2003 年规程整体浇注复合受力构件的节点做法。涉案专利曾因案外人提起专利无效请求，经过国家知识产权局专利复审委员会的审查后，认定具备新颖性、创造性，现涉案专利权仍属于有效状态。子牙河公司提出涉案专利为公知技术无事实依据。关于证据 4，张晶廷认为该建筑施工设计图依据的就是纳入涉案专利的 2006 年规程。足以证明被诉侵权施工方法落入涉案专利的保护范围。关于证据 5，张晶廷认为并不能由此证明被诉侵权施工方法使用的网架板不是涉案专利保护的技术方案。2006 年规程中的网架板的技术方案不同于以往的专利技术和建筑规程，是对在先网架板技术的连接方式的改进，该连接部位的节点构造和施工方法就是涉案专利要求保护的权利范围。

张晶廷向本院提交的证据有：

证据 1：张晶廷与威海丰荟集团有限公司于 2010 年 11 月 30 日签订的《建设"节能省地"型住宅（CL 建筑体系）部品生产基地专利技术转让合同》。证明 CL 建筑体系系列专利费与安装技术服务费合计 443 万元。

证据 2：张晶廷与威海丰荟集团有限公司、荣成市丰荟住宅产业化开发有限公司于 2011 年 8 月 8 日签订的《合同主体变更协议》。证明 CL 建筑体系专利技术实施许可合同的甲方威海丰荟集团有限公司被荣成市丰荟住宅产业化开发有限公司取代，合同继续履行。

证据3：荣成市丰荟住宅产业化开发有限公司出具给张晶廷的发票，金额为443万元。

证据4：晶达公司与泰安市华新建材有限责任公司于2012年4月17日签订的《"CL建筑体系"技术转让（专利实施许可）合同》。证明专利权分期使用费总额为500万元。

证据5：泰安市华新建材有限责任公司出具给晶达公司的技术转让费发票，金额为400万元。

证据6：张晶廷与山东胜宏国际石油开发投资有限公司于2011年3月25日签订的《技术转让（专利实施许可）合同》。证明专利实施许可费分期使用费总额为398万元。

证据7：张晶廷、山东胜宏国际石油开发投资有限公司、山东光正节能科技有限公司于2011年6月9日签订的合同主体变更协议。证明CL建筑体系专利技术实施许可合同的甲方山东胜宏国际石油开发投资有限公司被山东光正节能科技有限公司取代，合同继续履行。

证据8：山东光正节能科技有限公司于2011年11月15日出具给张晶廷的技术转让费发票，金额为398万元。

上述证据4、证据6的合同涉及许可实施的专利名称为"预制复合承重墙结构的节点构造施工方法""一种房屋建筑三维结构体系的施工方法""一种房屋建筑三维结构体系及使用方法"，专利号分别为200610012332.7、99110073.5以及95100283.X。专利权人为张晶廷。证据1、证据4、证据6的合同约定，专利实施许可期限"截止到上述专利中最长一个专利的期限届满日"。

子牙河公司对张晶廷提交的证据的真实性不予认可，认为上述专利实施许可合同均没有履行备案登记手续，并且提供的发票中，付款单位不是许可合同的当事人。

本院对以上证据的认证意见为，子牙河公司提交的2000年规程和2003

年规程早于涉案专利的申请日，属于在申请日前国内外出版物上公开发表过，在国内公开使用过或者以其他方式为公众所知的已有技术，可以作为本案现有技术抗辩的技术方案。张晶廷提交的证据 1~8 涉及三件专利技术转让合同，是有关计算本案赔偿数额的证据。专利权实施许可合同的生效和履行不以合同进行备案为前提，且发票的付款方与张晶廷提交的主体变更协议相对应，子牙河公司对上述证据的质证意见本院不予采纳。上述合同均签订在本案纠纷发生之后，标的是 CL 建筑体系系列专利，并非单独的一件涉案专利，且履行期间截止到 2026 年。本院对上述证据将结合张晶廷在一审中提交的 CL 网架板委托生产协议记载的技术转让费、CL 结构体系相关产品购销合同记载的专利技术使用费、技术服务费等证据，在确定赔偿数额时酌情予以考虑。

本院再审查明，一、二审法院审理查明的事实基本属实。

本院另查明：

1. 关于 2000 年规程

河北省建设厅发布、实施的河北省工程建设标准 DB13/T（J）26-2000《CL 结构体系技术规程》，由石家庄开发区晶达建筑体系发展公司、北方设计研究院主编。该规程前言部分记载，"该规程是以国家现行的有关规范、标准与大量的实验研究成果为主要依据编制，体现了墙改与节能方面的政策，对设计、施工作出了规定。希望各有关单位在本规程的实施过程中注意积累资料，及时向编制单位提出意见或建议，以便今后修订时参考。"

该规程第 21 页 "7 施工与验收部分" 记载有 7.1CL 网架的材料要求以及结构形式。7.2CL 复合墙板的施工部分，记载有 CL 结构体系的施工工艺流程。第 31 页附录 B，记载有 CL 结构体系主要节点示意图。其中，标注为图 C1-C10 的分别是 CL 复合墙板与基础连接做法、CL 复合墙板与边缘构件（暗柱）连接做法（外墙内保温）（仅用于抗震等级四级）、CL 复合墙板转角做法（用于外墙内保温）、CL 复合墙板与边缘构件（暗梁）连接做法（用于外墙外保温）、CL 复合墙板、CL 复合墙板转角做法、CL 复合墙板与边缘构件（暗柱）连接做法（外墙外保温）、CL 复合墙板转角做法（用于外墙外保温）、CL 复合墙板与边缘构件（暗梁）连接做法（用于外墙内保温）、CL 复合墙板与边缘构件（暗柱）连接做法（用于外墙内保温）。

2. 关于 2003 年规程

河北省建设厅发布、实施的河北省工程建设标准 DB13（J）43 - 2003《CL 结构设计规程》，由河北北方绿野建筑设计有限公司、北方设计研究院、石家庄开发区晶达建筑体系发展公司共同修订。该规程前言部分记载，该规程是对 2000 年规程进行的必要的补充和调整。主要内容是对 CL 结构的材料、设计理论、设计构造措施等分别作出了较为系统的规定。应识别出的专利为，"一种轻质承重偏夹心网板""一种房屋建筑三维结构体系的施工方法""一种房屋建筑三位结构体系及施工方法"。标明所涉及的专利技术为石家庄开发区晶达建筑体系发展公司所有，使用授权许可，应与之联系。还记载该公司具体地址和联系电话。该规程第 2 页"2.1 主要术语"中记载，CL 墙板由两层冷拔光面钢丝焊接网用斜插钢丝（腹丝）焊接成空间骨架，中间夹以聚苯乙烯板形成 CL 网架板，内外两侧浇筑混凝土后构成 CL 墙板。该规程第 26 页"6 构造措施"记载有 CL 墙板、连梁、小墙肢构造要求。图 6.2.1 为 CL 墙板构造。

3. 关于 2006 年规程

河北省建设厅发布、实施的河北省工程建设标准 DB13（J）43 - 2006《CL 结构设计规程》是华泽公司建筑设计施工图所依据规程。该规程前言部分记载"本规程是在作了大量实验工作和在青岛、邯郸、石家庄、邢台等地完成了近 100 万平方米住宅设计与施工的基础上，根据国家新的建筑节能要求，对 CL 结构设计规程 DB13（J）43 - 2003 进行了必要的补充和调整，其主要内容是对 CL 结构的材料、设计理论、设计构造措施等分别作了系统的规定"。同时还记载，"本规程所涉及的专利技术为石家庄晶达建筑体系有限公司（地址：石家庄市广安大街 18 号美东国际 D 座 1305，电话 0311 - 860 × × × × 4）所有，使用授权许可，应与之联系。应识别出的专利为：一种轻质承重偏夹心网板、一种房屋建筑三维结构体系的施工方法、一种房屋建筑三维结构体系及施工方法。编制单位：河北北方绿野建筑设计有限公司、北方设计研究院、石家庄晶达建筑体系有限公司"。

4. 关于 CL 建筑体系的情况

河北省人民政府办公厅于 2009 年 2 月 2 日转发《关于推广应用 CL 建筑体系促进节能省地型建筑发展实施意见的通知》（办字［2009］23 号）记载，"CL 建筑体系是集建筑结构与保温隔热功能为一体的复合钢筋混凝土剪力墙结构体系，具有抗震性能好，节能效果完全满足现有标准要求，且保温与建筑同寿命，扩大使用面积，实现建筑工厂化生产，节约耕地等特点，建设部鉴定为综合技术达国际先进水平，列为全国建设行业科技成果推广项目。目前，我省及外省已建成 CL 体系住宅 600 多万平方米，取得了良好的示范带动作用"。衡水市人民政府办公室于 2009 年 5 月 1 日转发《关于大力推广应用 CL 建筑体系的实施意见的通知》，要求"自 2009 年 4 月 1 日起，我市新建居住建筑和公用建筑，要积极采用 CL 建筑体系，积极鼓励引导建设单位和开发商，采用 CL 建筑体系，2009 年完成 2~3 个住宅小区 20 万平方米的 CL 建筑体系推广应用示范工程的立项工作。同时及时总结经验和做法，以点带面，促进 CL 建筑体系在我市建筑中的应用，到 2011 年，我市新建建筑应用 CL 建筑体系的比重达到 50%。因此，要把推广应用工作落到实处"。同时，在人员培训中明确，"由市建设局负责组织设计、施工、监理等相关单位岗位操作人员的技术培训，通过参观、学习、熟悉 CL 建筑体系相关的技术文件，使推广应用工作达到安全、优质、文明、高效"。该通知还要求，"各级财政部门设立节能专项资金，对采用 CL 建筑体系的示范工程予以支持和奖励，各部门要对项目实施单位实行全程服务，减少办事环节，简化审批程序，减交城市配套费等措施，为推广应用 CL 建筑体系创造宽松的环境"。

本案再审庭审中，双方对和谐嘉园 5#~8#住宅楼总建筑面积为 32 704 平方米，所有楼房的一楼均没有使用涉案专利无异议，确认侵权的总建筑面积为 25 000 平方米。

本院再审认为，本案当事人的争议焦点为子牙河公司的被诉侵权施工行为是否侵害涉案专利权以及民事责任的承担。具体涉及以下问题：（1）张晶廷是否为本案的适格原告。（2）子牙河公司关于现有技术抗辩的理由能否成立；被诉侵权的 CL 网架板技术是否为公知技术。（3）子牙河公司实施被诉侵权施工方法时的主观状态、华泽公司是否应当承担责任。（4）二审判决适用法律是否存在错误。（5）张晶廷的诉讼请求是否应当支持。

1. 关于张晶廷是否为本案的适格原告

子牙河公司在本院再审审理中提出，张晶廷虽然为涉案专利的专利权人，但其已将涉案专利许可给晶达公司使用，张晶廷作为原告诉讼主体不适格。其理由为，如果张晶廷与晶达公司签订的是专利独占实施许可合同，则张晶廷无权实施涉案专利，不再享有专利实施权以及实施利益，晶达公司将成为本案的原告。一、二审判决仅将张晶廷作为原告，诉讼主体不适格。本院认为，对于 2009 年 10 月 1 日以前的被诉侵害专利权行为，适用修改前的专利法。根据《中华人民共和国专利法》（2000 年修正）第 57 条的规定，未经专利权人许可，实施其专利，即侵犯其专利权，引起纠纷的，由当事人协商解决；不愿协商或者协商不成的，专利权人或者利害关系人可以向人民法院起诉，也可以请求管理专利工作的部门处理。专利侵权诉讼的原告范围是专利权人或者利害关系人。《最高人民法院关于诉前停止侵犯专利权行为适用法律问题的若干规定》第 1 条规定了利害关系人的范围，即包括专利实施许可合同中的被许可人、专利财产权利的合法继承人等。专利实施许可合同被许可人中，独占实施许可合同的被许可人可以单独向法院提出申请；排他实施许可合同的被许可人在专利权人不申请的情况下，可以提出申请。本案中，张晶廷为涉案专利的发明人、专利权人，与他人签订专利实施许可合同，并不影响其享有单独提起他人侵害专利权的诉权。子牙河公司未证明张晶廷与晶达公司签订了独占实施许可合同。退一步讲，即便晶达公司为涉案专利独占实施合同的被许可人，也仅在于晶达公司可以作为利害关系人提起侵害专利权之诉。本案亦不存在晶达公司不参加诉讼，争议的权利义务以及当事人之间的权利义务关系难以确定，晶达公司与张晶廷对涉案专利存在财产共有的法律关系等情形。因此，晶达公司并非为本案的必要原告，张晶廷作为涉案专利的专利权人提起本案诉讼，一、二审法院依据其起诉审理本案，并无不当。

2. 关于现有技术抗辩

子牙河公司在本案中主张现有技术抗辩，辩称其所使用的预制复合承重墙结构的节点构造施工方法以及网架板技术方案已经公开。如果认定侵权行为成立，也应当扣除网架板的利润。其理由为，2000 年规程作为涉案专利申请日之前的国内的公开出版物，公开了与涉案专利权利要求 1 相同的技术方案，其中有 CL 复合墙板节点构造施工方法的描述。2000 年规程第 31 页图 C.7 和图 C.8 与涉案专利权利要求 1 及说明书附图 3 的技术方案都是采用预制的网架板，延伸至梁、柱的外侧，整体直接喷注或浇注形成柱、梁、墙板一体的三维结构，在预制的网架板的搭接部位设置柱筋、矩形框架箍筋、连接锚筋等连接形成的整体受力结构。子牙河公司还辩称，其使用的 CL 网架板技术是现有公知技术的理由为，2000 年规程在公开了 CL 网架板的结构形式和 CL 复合墙板的示意图，对 CL 复合墙板的定义为，由两层钢丝网用斜插钢筋（腹丝）连接的空间骨架，中间夹以聚苯乙烯板形成 CL 网架，内外两侧浇筑混凝土后构成 CL 复合墙板。2003 年规程中也定义了 CL 墙板，并公开了 CL 墙板构造的示意图。被诉侵权施工方法中使用到的部件名称无论是夹心网骨架还是 CL 网架板，都是将钢丝平网中间夹以聚苯乙烯板的保温层后，用钢丝桁条或者腹丝、斜插钢筋连接而成的。因此，网架板的技术方案与现有技术的相应技术特征无实质性差异。本院认为，现有技术抗辩作为被诉侵权人对抗专利权人侵权指控的不侵权抗辩，是 2008 年专利法修改新增加的一项制度，但专利权的保护范围不得包括现有技术是专利制度的基本内容。子牙河公司以现有技术抗辩，需要审查的是其施工使用的被诉侵权方法是否为涉案专利申请日之前的现有技术。如果子牙河公司举证证明被诉侵权施工方法与一项现有技术方案中的相应技术特征相同或者无实质性差异的，则应当认定子牙河公司实施的施工方法不侵害涉案专利权。

经审查，本案的被诉侵权方法已由公证员对施工楼层、场地及其他相关场景进行了现场拍照。公证书（655 号）照片 9 ~ 12 中，网架板是预制的，公证书（654号）照片5、13、14、16、19中，夹心网骨架是双层的钢丝平网，中间是保温层，桁架是立体交叉的钢丝桁条连接的。公证书（654号）照片12、13、16、19、26中，外墙等部位是在板两侧浇筑混凝土形成复合墙体。进行外墙等部位的施工时，保温板的外侧存在混凝土层，且与墙板以及柱、梁一体成型。公证书（654号）照片14、16、18、19以及公证书（655号）照片2、3、5、7、8、12中，均有网架板在梁柱界面网架板钢筋处延伸，不同于主墙体部位的特征。公证书（654号）照片1~11以及21~24和17中，标识在梁柱等夹心网骨架连接部位有附加连接锚筋。公证书（654号）照片1、2、6、17、21、24中，现场吊装预制夹心网骨架，就位后将夹心网骨架与箍筋、连接锚筋以及加强网片捆扎成整体结构。公证书（654号）照片9、11、12、15、17、24是安装墙柱以及梁模板的现场，公证书（654号）照片12、13、16、19是浇筑梁柱网板混凝土后，拆除模板，施工下一楼盖板。此外，墙身的受力以及保温骨架分别标注在建筑施工设计图纸的标准层平面图MKZ1、MKZ3、MKZ2的墙身大样中。该设计图纸中还标识出，所有外墙的翼柱、暗柱以及连梁均处于保温层内侧，且保温层外侧为混凝土。综上，被诉侵权方法使用的技术特征为：（a）承重墙采用预制的保温夹心网骨架；（b）保温夹心网骨架是由承重墙主受力钢筋形成的；（c）保温钢筋网骨架延伸至梁、柱的外侧，使梁、柱形成带保温层的复合受力构件；（d）浇铸混凝土的一侧存在模板与梁、墙板一体的三维结构；（e）预制的夹心网骨架的搭接部位有柱筋和矩形框架箍筋；（f）夹心网骨架的平网搭接部位有连接锚筋、箍筋、柱筋与夹心网骨架的钢筋连接，形成整体受力结构。本院再审庭审中，子牙河公司认可被诉侵权施工方法使用的是整体直接喷注或浇注。

本院再审庭审中，张晶廷认为2000年规程对应的专利是其名称为"一种房屋建筑三维结构体系及施工方法"的发明专利，是单面浇筑的技术。对此，子牙河公司未提出异议。该专利技术方案是由预制的墙板、楼板直接喷注或浇注混凝土的柱、梁、墙壁和楼板等，使之形成连成一体的三维整体结构，其特征是预制的墙板、楼板采用轻质承重夹心网板即网状钢筋砼组成，采用加强钢筋网状连接，构成这种结构的轻质承重夹心网板为偏夹心网板，网板一侧为保温层，另一侧为承重层，构成自承重墙板。自承重墙与内墙连接采用 T 形或十字网状钢筋砼暗梁连接，与楼板连接亦然。

2000 年规程的施工方案是将预制的各种板运至施工现场后，根据设计进行拼装，在安装好墙板、楼板、楼梯、阳台等预制板的基础上，校正固定绑扎加强钢筋网，同时进行砼施工、喷注该楼层的十字梁、柱、T 形梁、柱墙面和地面、顶面。剪力墙结构形式的墙板单面用模板喷注砼，另一面喷（抹）纤维砼，喷注从楼层底部开始，待墙板喷注到楼底面时，开始浇楼板上面砼，上面砼达到 70% 强度，再喷底面砼。

被诉侵权施工方法是将预制的保温夹心网骨架延伸至梁柱的外侧，形成的保温钢筋网骨架。该夹心网骨架是在墙的二层或三层立体交叉桁架受力，使得梁柱部位与梁柱受力钢筋结合为一体，形成带保温层的复合受力构件。墙体内主要受力钢筋与支撑带保温的钢网架与房屋的梁柱楼板整体施工。在公证保全中的照片中可以清楚看出网架板并非 2000 年规程中的两层网板的结构。子牙河公司以涉案专利说明书附图 3 公开的技术方案与 2000年规程中 CL 结构体系主要节点示意图中披露的技术方案为依据，主张其使用的预制复合承重墙结构的构造施工方法属于现有技术，但其忽视了其他技术特征对涉案专利技术方案的限定。2000 年规程的第 31 页的图 C.7 和图C.8 并未完整披露被诉侵权施工方法。在专利权无效宣告程序中，无效请求人可以将几项现有技术组合起来请求宣告专利权不具备创造性，但在专利侵权案件中，被诉侵权人不能以几项现有技术方案进行组合来进行现有技术抗辩。子牙河公司关于其使用的预制复合承重墙结构的构造施工方法是现有技术，不构成对涉案专利中权利要求 1 所保护的技术方案的侵害的主张，不予支持。

子牙河公司辩称其使用的 CL 网架板技术为现有技术，不落入涉案专利权利要求 4 的保护范围。涉案专利权利要求 4 为，根据权利要求 1 所述的预制复合承重墙结构的节点构造施工方法，其特征在于预制的夹心网骨架是双层或三层钢丝平网（5）中间夹聚苯乙烯泡沫板（3）保温层，由立体交叉的钢丝桁条（4）将钢丝平网连接成为衍架预制而成。涉案专利权利要求4引用了权利要求1，属于整体浇注。尽管包括钢筋焊接网、保温板、斜插钢筋等要素的 CL 网架板的技术方案已经在 2000 年规程和 2003 年规程中公开，但具体的施工方法方式并不相同。被诉侵权施工方法是整体浇注，使用的网架板有三层钢筋网架，其是将钢丝平网连接成为衍架预制而成。这与 2000 年规程中将剪力墙结构形式的墙板单面用模板喷注砼，另外一面喷（抹）纤维砼的方法明显不同。子牙河公司所主张的 CL 网架板技术仅涉及被诉侵权施工方法的一个技术特征，并未构成被诉侵权施工方法的整体技术方案。子牙河公司关于其使用的网架板是现有技术，张晶廷在本案中诉请保护的网架板产品与涉案专利技术方案无关的主张，本院不予支持。

3. 子牙河公司实施被诉侵权施工方法时的主观状态以及华泽公司是否应当承担侵权责任

本案再审庭审中，华泽公司的答辩与其在一、二审中的辩称一致，认为，因 CL 建筑体系工艺施工难度较大，工程造价相对较高，其建议用户到正在使用 CL 建筑体系的建设工地现场参观学习了解。在进行涉案工程设计前，子牙河公司曾进行认真观摩，最后认为该工艺做法比较好，并且能够承受其造价并完成其施工，于是委托华泽公司采用该工艺进行设计。子牙河公司对华泽公司所称进行过观摩的事实认可，但认为华泽公司没有向其明确提及过建筑施工设计图纸中包含有涉案专利技术，没有提示其应当在获得专利权人的许可后按图施工，存在过错。本院再审庭审中，各方当事人对"和谐嘉园"小区其他几幢小高层并没有使用涉案专利方法，并无异议。本院认为，2006 年规程为推荐性标准，子牙河公司作为建筑施工领域的经营者，有不选择该规程的权利。子牙河公司在对 CL 建筑体系工地施工现场进行市场观摩调查后，向华泽公司提出设计要求，且根据其与华泽公司签订的《建设工程设计合同》，华泽公司设计采用的标准是由子牙河公司自费向有关出版部门购买的。而且，华泽公司的设计施工图依据的 2006 年规程在前言部分明确记载了需要识别的专利技术以及专利权人的联系方式。此外，子牙河公司在和谐嘉园的售楼宣传材料中，载有 CL 复合剪力墙建筑结构户型的优点，并配合有与 CL 建筑体系网架板一致的图片。子牙河公司辩解其使用的是现有技术，但不论是 2000 年规程还是 2003 年规程，均记载有该技术规程包含有专利权的情形。子牙河公司关于被诉侵权施工方法中不存在张晶廷的专利权的辩解，本院难以支持。

《专利法》第 11 条规定，发明和实用新型专利权被授予之后，除了该法另有规定的以外，任何单位或者个人未经专利权人许可，都不得实施其专利。该条款规定了五种具体的实施方式：制造、许诺销售、销售、使用和进口。这是实施专利行为的穷尽性的规定。设计单位设计实现专利技术的图纸的行为并不属于《专利法》第 11 条规定的侵权行为。本案亦无证据证明华泽公司对子牙河公司存在诱导以及帮助等侵权行为。因此，本案中，华泽公司设计建筑施工图的行为，并不构成侵权。

本院再审审理中，子牙河公司最终拒绝张晶廷提出支付专利实施许可费的调解方案。因子牙河公司知道或应当知道华泽公司设计的施工方法中包含有涉案专利技术，在张晶廷进行了专利披露、子牙河公司能够识别专利并能够与张晶廷进行联系的情况下，未经张晶廷许可，使用涉案专利技术，且在发生纠纷后，在本案中拒绝向专利权人支付专利许可费。子牙河公司的行为，构成侵权。

4. 二审判决适用法律是否错误

张晶廷申请再审主张，二审法院适用 [2008] 民三他字第 4 号复函，存在错误。本院认为，上述复函是对个案的答复，不应作为裁判案件的直接依据予以援引。本案 2006 年规程为推荐性标准，张晶廷履行了专利披露义务，在被诉侵权施工方法所依据的 2006 年规程前言部分，明确记载有识别的专利技术和专利权人的联系方式。该规程的实施者不能从中推断出，2006 年规程不包含专利技术或者专利权人向公众开放了免费的专利使用许可的意图。实施该标准，应当取得专利权人的许可，根据公平合理无歧视的原则，支付许可费。在未经专利权人许可使用，拒绝支付许可费的情况下，原则上，专利侵权救济不应当受到限制。本案不存在专利权人隐瞒专利的行为导致标准的实施者产生该技术为无须付费的公知技术的信赖。张晶廷的再审申请理由成立，本院予以支持。二审法院简单适用上述复函，进而认定本案不构成侵权，适用法律存在错误，应予纠正。

5. 张晶廷的诉讼请求是否应当支持

如前所述，子牙河公司的被诉侵权施工方法落入涉案专利权的保护范围，子牙河公司关于现有技术的抗辩不能成立，张晶廷关于请求判令子牙河公司停止侵权行为的诉讼请求，应当予以支持。张晶廷主张 CL 网架板的销售价为 155 元。CL 网架板的生产成本为 104.4 元，故 CL 网架板的利润为每平方米 50.6 元。由于上述主张无其他证据佐证，故本院结合张晶廷在一审中提交的 2007 年与泰安华新建材有限责任公司 CL 网架板委托生产协议记载的 CL 网架板技术转让费、推广费为每平方米 11 元、2008 年与河北辛建建设集团有限公司就 CL 结构体系相关产品购销合同中约定的 CL 结构体系专利使用费、技术服务费每平方米 15 元，张晶廷在本院申请再审阶段认可网架板的许可费每平方米 11 元，以及本院再审审理中，张晶廷提交的三份技术转让合同。同时考虑涉案专利在被诉侵权施工方法中对产品利润的影响，具体侵权行为所涉面积等因素，根据《中华人民共和国专利法》（2008 年修正）第 65 条第 2 款的规定，酌定子牙河公司赔偿张晶廷经济损失 40 万元。

关于子牙河公司是否应当承担停止侵权的民事责任的问题。一审审理期间，被诉侵权的工程尚未完工，子牙河公司的被诉施工行为处于侵权状态，一审判决子牙河公司立即停止侵害涉案专利权的行为，并无不当。因被诉侵权的工程现已完工并交付使用，本院判决子牙河公司停止侵害涉案专利权的施工行为已无必要，故对张晶廷提出子牙河公司应承担停止侵权的民事责任，作出相应调整。

综上所述，本院认为，二审判决认定子牙河公司不构成对张晶廷专利权的侵害，适用法律错误，应予纠正。依据《中华人民共和国民事诉讼法》（2012 年修正）第 207 条第 1 款、第 170 条第 1 款第（2）项，《中华人民共和国专利法》（2000 年修正）第 11 条第 1 款、第 57 条，《中华人民共和国专利法》（2008 年修正）第 65 条第 2 款，《最高人民法院关于审理侵犯专利权纠纷案件应用法律若干问题的解释》第 7 条、第 19 条的规定，判决如下：

（1）撤销河北省高级人民法院（2011）冀民三终字第 15 号民事判决；

（2）撤销河北省石家庄市中级人民法院（2009）石民五初字第 163 号民事判决第一项；

（3）维持河北省石家庄市中级人民法院（2009）石民五初字第 163 号民事判决第三项；

（4）变更河北省石家庄市中级人民法院（2009）石民五初字第 163 号民事判决第二项"被告衡水子牙河建筑工程有限公司自判决生效之日起十日内，赔偿原告张晶廷经济损失 80 万元"为"衡水子牙河建筑工程有限公司自本判决生效之日起十日内，赔偿张晶廷经济损失 40 万元"。

如果未按本判决指定的期间履行给付金钱义务，应当依照《中华人民共和国民事诉讼法》第 253 条之规定，加倍支付迟延履行期间的债务利息。

一审案件受理费 15 102 元，由张晶廷负担 9 816 元，子牙河公司负担 5 286 元；二审案件受理费 15 102 元，由张晶廷负担 9 816 元，子牙河公司负担 5 286 元。

本判决为终审判决。

审　判　长　　金克胜

代理审判员　　罗　霞

代理审判员　　杜微科

2014 年 1 月 2 日

书　记　员　　张　博

4. 交互数字通信有限公司等与华为技术有限公司标准必要专利使用费纠纷上诉案

广东省高级人民法院

民事判决书

（2013）粤高法民三终字第 305 号

上诉人（原审被告）：交互数字通信有限公司（InterDigital Communica-tions，INC）。**住所地**：美利坚合众国宾夕法尼亚州普鲁士金。

授权代表：Scott A. McQuilkin。

委托代理人：胡斌，上海市方达律师事务所律师。

委托代理人：廖婷婷，上海市方达律师事务所律师。

上诉人（原审被告）：交互数字技术公司（InterDigital Technology Corpo-ration）。**住所地**：美利坚合众国特拉华州威林顿。

授权代表：Lawrence F. Shay，该公司总裁。

委托代理人：云劭君，上海市方达（深圳）律师事务所律师。

委托代理人：廖婷婷，上海市方达律师事务所律师。

上诉人（原审被告）：交互数字专利控股公司（INterDigital Patent Hold-ings Inc）。**住所地**：美利坚合众国特拉华州威林顿。

授权代表：Lawrence F. Shay，该公司总裁及首席行政长官。

委托代理人：佘轶峰，上海市方达律师事务所律师。

委托代理人：祁放，系公民代理。

上诉人（原审被告）：IPR 许可公司（IPR Licensing Inc.）。**住所地**：美利坚合众国特拉华州威林顿。

授权代表：Lawrence F. Shay，该公司总裁。

委托代理人：胡斌，上海市方达律师事务所律师。

委托代理人：廖婷婷，上海市方达律师事务所律师。

被上诉人（原审原告）：华为技术有限公司。

法定代表人：孙亚芳，该公司董事长。

委托代理人：王琪林，华为技术有限公司员工。

委托代理人：樊志勇，华为技术有限公司员工。

上诉人交互数字通信有限公司、交互数字技术公司、交互数字专利控股公司、IPR 许可公司（四上诉人以下统称"IDC 公司"）因与被上诉人华为技术有限公司（以下简称华为公司）标准必要专利使用费纠纷一案，不服深圳市中级人民法院（2011）深中法知民初字第 857 号民事判决，向本院提起上诉。本院受理后依法组成合议庭，并根据当事人的申请进行了不公开开庭审理，本案现已审理终结。

原审法院经审理查明：

一、华为公司和 IDC 公司的基本情况

（一）华为公司的情况

华为公司经营范围包括开发、生产、销售程控交换机、数据通信设备、无线通信设备等电信设备。该公司 2010 年年度报告记载，2010 年，华为年度研发费用达到人民币 165.56 亿元，同比增加 24.1%，投入 51 000 多名员工（占公司总人数的 46%）进行产品与解决方案的研究开发，并在美国、德国、瑞典、俄罗斯、印度及中国等地设立了 20 个研究所。截至 2010 年 12 月 31 日，华为累计申请中国专利 31 869 件，PCT 国际专利申请 8 892 件，海外专利 8 279 件，已获授权专利 17 765 件，其中海外授权 3 060 件。截至 2010 年年底，华为加入全球 123 个行业标准组织，如 3GPP、IETF、ITU、OMA、NGMN、ETSI、IEEE 和 3GPP2 等，并向这些标准组织提交提案累计超过 23 000 件。

华为公司所提交欧洲电信标准化协会（ETSI）会员名单显示，华为公司、交互数字通信有限公司均为欧洲电信标准化协会会员。

（二）IDC 公司的基本情况

交互数字通信有限公司（InterDigital Communications，INC）、交互数字技术公司（InterDigital Technology Corporation）、交互数字专利控股公司（InterDigital Patent Holdings Inc）、IPR 许可公司（IPR Licensing Inc.）均是在美国注册的企业法人，均是 InterDigital，Inc（交互数字公司）的全资子公司，互为关联公司，对外统称为"InterDigital Group"（交互数字集团）。交互数字公司所有执行官同时也具有全资子公司交互数字通信有限公司的相同职务。交互数字通信有限公司作为交互数字集团代表加入了"ETSI""TIA"（美国电信工业协会）等多个电信标准组织，参与了各类无线通信国际标准的制定，负责对外统一进行专利许可谈判事宜。交互数字公司通过全资子公司持有无线通信基本技术相关的专利。交互数字技术公司、交互数字专利控股公司、IPR 许可公司以登记的知识产权所有权人名义持有在中国的专利及专利申请。本案中 Lawrence F. Shay 是交互数字通信有限公司知识产权执行副主席、首席知识产权顾问，是交互数字技术公司、IPR 许可公司的总裁，也是交互数字专利控股公司的总裁及首席行政长官。同时，Lawrence F. Shay 还是四上诉人的共同授权代表。

在 2010 年年报中，InterDigital，Inc 自称，截至 2010 年年底，其持有 18 500项专利和待批的专利申请。公司目前通过全资子公司持有无线通信基本技术相关的专利组合。在公司的专利组合中，有许多专利和专利申请，已经成为或可能成为蜂窝以及其他无线标准（包括2G、3G、4G 和 IEEE802 系列标准）必要专利或专利申请。其他公司（包括所有主要的移动手持设备制造商）制造、使用或销售基于这些标准的产品需要得到其必要专利的许可，并将需要获得其待批专利申请中必要专利的许可。公司的大部分收入来自公司专利组合中的专利许可。

在 2011 年年报中，InterDigital，Inc 自称，截至 2011 年 12 月 31 日，通过全资子公司拥有由超过 19 500项与无线通信基本技术有关的专利和专利申请组成的专利组合。"InterDigital Group"（交互数字集团）的收入，主要来自根据专利许可协议所收取的专利使用费。公司的一些专利许可是"一次性支付",这些"一次性支付"许可约定的条件可以包括某一段期间内、某一类产品、销售的一定数量产品、某些专利或专利权利要求项下、用于特定国家销售的许可(或这些条件的组合)。

2011年7月26日,交互数字通信有限公司、交互数字技术公司、IPR许可公司向美国国际贸易委员会(ITC)起诉华为公司等侵犯其专利权,上述公司在起诉状附件介绍交互数字称……(提示:官方发布时将此处文字隐匿)

二、现行通信领域技术标准的基本情况

现行主要通信标准包括2G、3G、4G。2G标准包括GSM和CDMA标准。GSM标准由ETSI主持制定,并在欧洲推行使用。CDMA标准由TIA主持制定,并在美国推行使用。在中国的2G时代,中国移动、中国联通运营GSM网络,中国电信运营CDMA网络。3G标准包括WCDMA、CDMA2000、TD—SCDMA标准。其中,WCDMA、TD—SCDMA标准由3GPP(The 3rd Generation Partnership Project,第三代合作伙伴计划,由ETSI创立)制定并发布。WCDMA标准使用地区包括欧洲、中国。TD—SCDMA标准使用地区主要为中国。CDMA2000标准由3GPP2(The 3rd Generation Partnership Project 2,第三代合作伙伴计划2,由TIA创立)制定并发布,使用地区包括美国、中国。CCSA(中国通信标准化协会)是3GPP、3GPP2的会员。中国联通、中国电信、中国移动分别使用WCDMA、CDMA2000、TD—SCDMA标准。4G标准主要是指LTE标准,由3GPP制定并发布,在欧洲、美国、中国使用。

华为公司明确其生产相关通信产品必须符合包括中国联通、中国电信、中国移动分别使用的WCDMA、CDMA2000、TD—SCDMA标准在内的无线通信技术标准。

IDC公司认可,其在WCDMA、CDMA2000、TD—SCDMA标准等中国现行的无线通信技术标准中拥有必要专利。

三、《欧洲电信标准化协会》(英文简称为"ETSI")、美国电信工业协会(英文简称为"TIA")的知识产权政策以及IDC公司加入相关标准组织

及承诺

（一）《欧洲电信标准化协会》知识产权政策的主要内容

该政策第 3.1 条规定：《欧洲电信标准化协会知识产权政策》旨在降低欧洲电信标准化协会成员以及其他采用电信标准化协会标准和技术规范的人员的风险，以免对标准的编制、采纳及运用所投入的资金因不可用的标准或技术规范基本知识产权而被浪费掉。为实现这一目标，欧洲电信标准化协会（ETSI）知识产权政策旨在电信领域内公众使用标准化需求与知识产权所有者的权利之间平衡寻求一种平衡。

该政策第 4.1 条规定：各成员应当在合理范围内尽量（特别是在其参与的对标准或技术规范的制定过程中）及时将基本知识产权向 ETSI 通告。特别是：提交关于标准或技术规范技术提案的成员应当在诚信基础上提请 ETSI 注意任何在提案被采纳后可能变成基本知识产权的成员知识产权。

该政策第 4.3 条规定：如果同族专利的成员已被及时通告给欧洲电信标准化协会（ETSI），则根据上述第 4.1 条所规定的义务将被视为由所有同族专利的现有及未来成员共同履行。可通过自愿的方式提供关于其他同族专利成员的信息（如有）。

该政策第 6.1 条规定：当与某特定标准或技术规范有关的基本知识产权引起 ETSI 的注意时，ETSI 总干事应当立即要求知识产权所有者在 3 个月内以书面形式给予不可撤回的承诺，该承诺须说明知识产权所有者将准备根据该知识产权中所规定的公平、合理和无歧视条件来授予不可撤销的许可。

该政策第 8.1 条相关条款规定：8.1.1 如果在标准或技术规范发布之前，权利人通知 ETSI，他还不能按照以上第 6.1 款规定，提供关于标准或技术规范的许可，则全体大会应审核该标准或技术规范的需求，确保有一切实可行的替代技术用于该标准或技术规范，且该替代技术：不受知识产权所阻碍；且满足欧洲电信标准化协会（ETSI）要求。8.1.2 如果全体大会认为没有这么一个切实可行的替代技术存在，则有关标准或技术规范的工作应停止。

该政策第 12 条规定：本方针适用于法国法律。但是，任何成员不得以本方针之名，违反本国法律法规，或者从事违反适用于本国的超国家法律法规的活动，且此等法律不允许双方协议减损法规效力。

根据该政策第 15.1 条和第 15.9 条的解释，ETSI 的会员包括会员的关联方。

（二）TIA 的知识产权政策

TIA 鼓励权利人尽早披露纳入标准的专利，并要求权利人按照合理和无歧视的原则（RAND）许可其专利。

（三）IDC 公司加入相关标准组织及承诺

2009 年 9 月 14 日，交互数字技术公司的高级专利执行官 Bradey N. Ditty，向 ETSI 的主席 Walter Weigel 发去邮件称，通过这封信，交互数字技术公司向 ETSI 提交《知识产权信息声明和许可申报》以及《知识产权信息声明附录》。

交互数字技术公司在《知识产权信息声明和许可申报》中声称，依照欧洲电信标准化协会（ETSI）知识产权方针第 4.1 条的规定，申报人和/或其关联机构现在相信《知识产权信息声明附录》中所披露的知识产权可能会成为欧洲电信标准化协会（ETSI）之工作项目、标准和技术规范的基本知识产权，交互数字技术公司是《知识产权信息声明附录》中所披露的知识产权所有人。同时，申报人和、或其关联机构将准备按照欧洲电信标准化协会（ETSI）知识产权方针第 6.1 条所规定的条款和条件来授予该知识产权下的不可撤销许可。不可撤销承诺应符合以下条件：要求获得许可证的人员须同意互惠。交互数字技术公司在《知识产权信息声明附录》中声称，其拥有在 GSM、UMTS、GERAN、（UMTS；E-UMTS）、（GSM；UMTS）、（UMTS；E-UMTS；GERAN）、（GSM；UMTS；E-UMTS）、（UMTS；GERAN；E-UMTS）标准或项目下的大量标准必要专利和专利申请。交互数字技术公司声称的标准必要专利和专利申请，包括在中国的相应同族专利权和专利申请权。

交互数字专利控股公司、IPR 许可公司也均在 ETSI 网站中对其在各类标准中拥有的标准必要专利和专利申请作了声明，并承诺遵守 FRAND（即

Fair，Reasonable and Non-discriminatory，公平、合理、无歧视）义务。

TIA 官方网站显示，交互数字技术公司给 TIA 的邮件中声称，针对其标准必要专利，其将以无任何不公平歧视的合理条款与条件提供许可。

四、IDC 公司声称的标准必要专利在中国电信领域的使用情况

交互数字技术公司在 ETSI 声称的标准必要专利，对应中国电信领域的移动终端和基础设施之技术标准，亦是中国的标准必要专利。

在移动终端领域，华为公司通过举例的方式证明如下事实：

交互数字技术公司在 ETSI 中声称，其拥有 TS25.212 标准技术下的美国"METHOD AND SYSTEM FOR IMPLICIT USER EQUIPMENT IDENTIFICA-TION"标准必要专利，同时，该专利在中国的同族专利为 ZL02809881.1 号专利。经华为公司登陆中国知识产权局网站查询，ZL02809881.1 号专利名称为"内隐用户设备辨识的方法与系统"，专利权人为交互数字技术公司。中国信息产业部 2007 年 5 月 16 日发布的《中华人民共和国通信行业标准》显示，2GHz WCDMA 数字蜂窝移动通信网 Uu 接口物理层技术，要求采用 3GPP R99 TS25.212 标准技术，对于 2GHz WCDMA 数字蜂窝移动通信网 Uu 接口物理层部分的开发、生产、引用和购买适用该标准。

交互数字技术公司在 ETSI 中声称，其拥有 TS25.212 标准技术下的美国"METHOD AND SYSTEM FOR IMPLICIT USER EQUIPMENT IDENTIFICA-TION"标准必要专利，同时，该专利在中国的同族专利为 ZL02234564.7 号专利。经华为公司登陆中国知识产权局网站查询，ZL02234564.7 号专利名称为"一种基站及用户设备"，专利权人为交互数字技术公司。中国信息产业部 2007 年 5 月 16 日发布的《中华人民共和国通信行业标准》显示，2GHz WCDMA 数字蜂窝移动通信网 Uu 接口物理层技术，要求采用 3GPP R99TS25.212 标准技术，对于 2GHz WCDMA 数字蜂窝移动通信网 Uu 接口物理层部分的开发、生产、引用和购买适用该标准。

交互数字技术公司在 ETSI 中声称，其拥有 TS25.211 标准技术下的美国"CDMA COMMUNICATION SYSTEM USING AN ANTENNA ARRAY"标准必要专利，同时，该专利在中国的同族专利为 ZL00812637.2 号专利。中国信

息产业部 2007 年 5 月 16 日发布的《中华人民共和国通信行业标准》显示，2GHz WCDMA 数字蜂窝移动通信网 Uu 接口物理层技术，要求采用 3GPP R99TS25.211 标准技术，对于 2GHz WCDMA 数字蜂窝移动通信网 Uu 接口物理层部分的开发、生产、引用和购买适用该标准。

在电信基础设施领域，华为公司证明如下事实：

中国电信集团公司 2010 年颁布的技术标准称，本规范的制定是为了保证中国电信移动终端的正常运行，以及终端的开发生产提供依据，本规范适用于在中国电信商用 CDMA 网络中使用、支持 CDMA 制式的移动终端。包括 3GPP2/3GPP 在内的规范通过在本规范中引用而成为本规范的条文。《中国电信 CDMA1X 无线网络设备技术规范》是在参考 3GPP2 等国际标准化组织和信息产业部颁布的相关技术标准的基础上，结合最新技术发展动态和中国电信现有网络的实际情况制定，在技术内容上与国际和国内建议等效。

中国联通公司 2010 年颁布的技术标准规定，本标准的制定是为保证中国联通 WCDMA 数字移动通信网能正常运行和方便运营管理，并为移动台的开发生产提供依据，技术指标主要依据国际标准组织 3GPP 和国内相应行业标准中的规定，并根据中国联通实际商用的需求而编写。本标准是中国联通 WCDMA 数字蜂窝移动通信网移动台技术规范的一部分，本标准规定中国联通 WCDMA 移动台基本技术要求。《中国联通 2011 年 WCDMA 网工程无线设备技术规范书》记载：本文件是中国联合网络通信有限公司（以下称买方）为拟建的中国联通各省级分公司 2011 年 WCDMA 无线网建设工程向提供设备及技术服务的厂商（以下简称卖方）发出的《中国联通 2011 年 WCDMA 网工程无线设备技术规范书》。它与 1.2 所述文件一起作为引入设备的技术文件。卖方提供的所有设备（包括软、硬件）应依次符合以下规范要求：（一）本技术规范书要求……

中国移动通信集团 2009 年颁布的技术标准规定，本标准 TD—SCDMA 移动终端在技术方面的技术要素、技术特性进行了要求，确保 TD—SCDMA 终端能够满足网络运营和业务开展的需求。本规范是在参考 3GPP 国际标准和其他组织有关规范，并结合中国移动的实际业务需求的情况下编写，本标准适用于 2GHz TD—SCDMA 数字蜂窝移动通信网终端设备，对于 HSDPA 相关的要求，支持单载波 HSDPA 功能的终端为必选要求。

（提示：官方发布时将此处文字隐匿）

五、华为公司与 IDC 公司专利许可谈判的基本情况

×年×月至×年×月，华为公司与交互数字通信有限公司就涉案专利许可在中国广东省深圳市等地进行了×次谈判。

（一）双方专利谈判情况

（提示：官方发布时将此处文字隐匿）

2011 年 7 月 26 日，交互数字通信有限公司、交互数字技术公司、IPR 许可公司在美国特拉华州法院对华为公司、华为美国公司、诺基亚公司、中兴通讯股份有限公司、中兴通讯（美国）公司等提起专利侵权诉讼，称，华为公司制造、使用、销售、进口的产品（提示：官方发布时将此处文字隐匿）涉嫌侵犯了其在美国享有的×项专利（提示：官方发布时将此处文字隐匿）请求美国特拉华州法院初步并永久禁止华为公司等继续实施其专利并作出赔偿。同日，交互数字通信有限公司、交互数字技术公司、IPR 许可公司还向美国国际贸易委员会（ITC）起诉华为公司、华为美国公司、诺基亚公司、中兴通讯股份有限公司、中兴通讯（美国）公司侵犯其标准必要专利权，请求美国国际贸易委员会对华为公司等相关产品启动 337 调查并发布全面禁止进口令、暂停及停止销售令。

（提示：官方发布时将此处文字隐匿）

（二）IDC 公司向华为公司发出的专利许可条件之要约情况

1. IDC 公司×年×月×日发出的《交互数字集团向华为技术有限公司授予无线产品的专利许可的条款与条件》的主要内容

（提示：官方发布时将此处文字隐匿）

2. IDC 公司×年×月×日发出的《交互数字集团向华为技术有限公司授予无线产品的专利许可的条款与条件》的主要内容

（提示：官方发布时将此处文字隐匿）

3. IDC 公司 × 年 × 月 × 日发出要约的主要内容

× 年 × 月 × 日，IDC 公司向华为公司发送电子邮件（提示：官方发布时将此处文字隐匿）

× 年 × 月 × 日，IDC 公司发邮件给华为公司称……（提示：官方发布时将此处文字隐匿）

4. IDC 公司 × 年 × 月 × 日发出要约的主要内容

× 年 × 月 × 日，IDC 公司提出要约，主要内容为……（提示：官方发布时将此处文字隐匿）

六、IDC 公司与苹果公司、三星公司等达成专利交易情况

（一）IDC 公司与苹果公司的专利许可

交互数字公司 2007 年年报记载，2007 年第三季度，交互数字公司与苹果公司签订了一份全球性的、不可转让的、非排他性的、固定许可费专利许可协议。根据这份从 2007 年 6 月 29 日开始生效的七年许可协议，交互数字公司向苹果公司发出涵盖现款 iPhone（TM）和某些将来的移动电话（如有）的专利组合的许可，即苹果公司与 InterDigital 公司签订的许可合同范围明确包括 2G 通信标准专利许可和 3G 通信标准专利许可。

交互数字 2007 年第三季度财务指南、路透社、新浪网报道共同佐证了苹果公司向 IDC 支付许可费七年共计 5 600 万美元的许可条件。

苹果公司在 2011 年销售额、利润在所有厂商中均排名第一。苹果公司产品主要在中国制造，并销售于世界各地。

（二）IDC 公司与三星公司的专利许可

InterDigital, Inc 2010 年年报记载，2009 年，公司与三星及其子公司（包括三星美国公司）签订了一份专利许可协议（《2009 年三星 PLA》）。根据《2009 年三星 PLA》，直至 2012 年，针对根据（在 2010 年成为需要进行支付的）TDMA2G 标准进行设计运行的单模终端设备的基础设施的销售，公司授予三星非独占性、全球范围内固定专利权使用费许可；针对根据 3G 标准进行设计运行的终端设备和基础设施的销售，公司授予三星公司非独占性、全球范围内固定专利权使用费许可。《2009 年三星 PLA》取代双方在 2008 年 11 月

签订的捆绑条款文件，并终止本公司与三星在 1996 年签订的专利许可协议。《2009 年三星 PLA》也结束了双方正在进行的所有诉讼和仲裁程序。按照《2009 年三星 PLA》，三星已分期支付 InterDigital 公司 4 亿美元，超过 18 个月内分四期等额支付。三星在 2009 年已支付前两期付款各 1 亿美元。公司已分别在 2010 年 1 月和 2010 年 7 月收到了第三期和第四期付款各 1 亿美元。2010 年，公司确认《2009 年三星 PLA》相关收入计 1.027 亿美元。

交互数字公司在 2011 年年报中声称，2009 年，我们与三星公司订立了一份专利许可协议（《2009 年三星协议》）将三星公司的关联公司覆盖在内。根据《2009 年三星协议》，我们授予三星公司非排他性的、全球范围内的、支付固定许可费的许可，其中涉及单模终端单元和基础设施的销售，这些单模终端单元和基础设施旨在依据 TDMA2G 标准运行，该许可于 2010 年付清；同时，授予三星公司一项非排他性的、全球范围内的、支付固定许可使用的许可，其中涉及截至 2012 年终端单元和基础设施的销售，这些终端和基础设施旨在依据 3G 标准运行。根据《2009 年三星协议》，三星公司在 18 个月内分四次向交互数字公司（InterDigital）支付了 4 亿美元（每次数额相等）。三星公司于 2009 年支付了四笔 1 亿美元中的前两笔。我们于 2010 年 1 月和 2010 年 7 月收到了第三笔和第四笔美元付款。2011 年，我们确认与《2009 年三星协议》有关的 1.027 亿美元收入。

（三）Strategy Analytics 研究机构对手机市场的统计分析

华为公司向原审法院提交了 Strategy Analytics 研究机构对全球手机市场的分析报告。

Strategy Analytics 研究机构在其网站中称，该机构是一家全球性组织，分析师遍布欧洲、亚洲和美洲，帮助全球 500 强公司在复杂的技术市场发展成功路线，由于该机构全球存在，其了解区域市场，能用高度控制和完美的数据完整性进行基本研究和管理咨询。

Strategy Analytics 研究机构对全球手机市场进行了分析。该机构根据全球手机供应商出货量、市场份额、净销售额、营业收入等视角，分析了诺基亚、三星、苹果、LG 电子、RIM、摩托罗拉、HTC、索尼等全球几大手机供应商的情况，华为公司未被列入该分析报告中。根据 Strategy Analytics 公司发布的终端产品销售额、利润统计数据，苹果公司 2007~2011 年销售额分别为 14.31 亿美元、75.52 亿美元、148.46 亿美元、290.73 亿美元、583.48 亿美元，2007~2011 年销售总额为 1 112.50亿美元。根据 Strategy Analytics 公司发布的全球手机出货量分季度预测（2012 年），2012 年苹果公司预测净销售额预计为 804.42 亿美元，增长预计为 38%。三星公司 2007~2011 年的销售额分别为：242.13 亿美元、262.22 亿美元、274.78 亿美元、330.34 亿美元、451.94 亿美元，Strategy Analytics 公司并预计三星公司 2012 年销售额为 536.10 亿美元。

IDC 公司否认 Strategy Analytics 研究机构关于全球手机市场分析报告的真实性，理由为，以 2009 年为例，根据 IDC 公司方提交的苹果公司 2010 年年报显示，苹果公司 2009 年 iPhone 手机和相关产品服务的销售净额为 130.33 亿美元，而上述 Strategy Analytics 研究机构的报告认为，苹果公司 2009 年手机的销售净额为 148.46 亿美元，二者有出入。针对 IDC 公司的该否认观点，华为公司认为，Strategy Analytics 研究机构的全球手机市场分析报告是以日历年（每年的 1 月 1 日至 12 月 31 日）来计算的，而苹果公司的年度财务报告是以美国上市公司的财政年度（从上一年的 9 月到下一年的 9 月）来计算的，出现上述数据差异是因财务年度的计算差异导致。从 IDC 公司方提交的苹果公司 2010 年年报显示，其是以上一年的 9 月到下一年的 9 月作为计算财务年度的依据。

华为公司根据 IDC 公司向苹果、三星公司所收取许可费以及两公司销售情况分析得出 IDC 公司给予两公司的专利许可费率。

七、IDC 公司专利数量、质量以及许可收入情况

（一）IDC 公司声称标准必要专利分布情况

统计 IDC 公司在 ETSI 的标准必要专利声明，其中，AU（澳大利亚）的授权专利为 221 件、BR（巴西）的授权专利为 1 件、CA（加拿大）的授权专利为 150 件、CN（中国）的授权专利为 185 件、EP（欧洲）的授权专利为 206 件、JP（日本）的授权专利为 368 件、KR（韩国）的授权专利为

289 件、RU（俄罗斯）的授权专利为 75 件、TW（中国台湾地区）的授权专利为 192 件、US（美国）的授权专利为 685 件。AU、BR、CA、CN、EP、JP、KR、RU、TW、US 总共授权专利 2 372件。

（二）IDC 公司多项"标准必要专利"未被认定为标准必要专利

IDC 网站所登载 IDC 关于英国高等法院判断标准必要专利的声明显示，诺基亚寻求法庭确认交互数字在英国注册的 31 项 UMTS 专利并非该标准的必要专利。在诉讼过程中，诺基亚撤回了其对 1 项交互数字专利的质疑，交互数字因为不属于标准必要专利的原因撤回了 9 项专利，2 项专利不再有效，交互数字选择不在审讯中主张另 15 项专利是标准必要专利。因此，最近的审讯和这份判决涉及 4 项专利。在诉讼过程中，英国高等法院裁定 EP0515610 专利的一项权利要求为标准必要权利要求。另外，EP0515610 专利没有中国对应专利。

（三）IDC 公司部分专利被中国国家知识产权局专利复审委员会宣告无效

2011～2012 年，中国专利复审委员会对 IDC 公司第 03244389.7 号、第 03810259.5 号和第 02281994.0 号专利宣告无效。

（提示：官方发布时将此处文字隐匿）

（四）IDC 公司近年收取专利许可费以及出售专利资产获利情况

（1）在 2011 年年报中，InterDigital, Inc 自称，2009 年、2010 年、2011 年总收入分别为：2.974 04亿美元、3.945 45亿美元、3.017 42亿美元。

（2）交互数字公司在美国证券交易委员会公开的财务信息显示，2012 年 6 月 18 日，交互数字公司的附属公司已签署了一份决定性的协议，以 3.75 亿美元的价格向英特尔公司出售大约 1 700项专利与专利申请，包括大约 160 项已批准的美国专利和大约 40 项美国专利申请，该协议涉及主要与 3G、LTE 和 802.11 技术相关的专利。

（3）交互数字公司在美国证券交易委员会公开的财务信息显示，2012 年第二季度，交互数字公司的一家附属公司已签署一份决定性的协议，以 900 万美元的价格向北京新岸线移动通信技术有限公司出售一些专利和专利申请。2012 年 7 月 21 日，新浪网报道，北京新岸线移动通信技术有限公司从美国 InterDigital 公司购买了上百项国内外专利，这些专利涉及 WCDMA 和 LTE 标准必要专利。

八、交互数字公司近两年年报记载的其他内容

（一）交互数字公司 2010 年年报记载的其他内容

交互数字公司在其发布的该公司 2010 年年报还记载：

"我们的名字可能不是家喻户晓，但世界上每一个蜂窝无线通信设备都运用了我们的技术"。

"公司自 1972 年成立以来，已经设计和开发出许多用于数字蜂窝以及无线产品和网络的新技术，包括 2G、3G、4G 和 IEEE802 相关的产品和网络。公司目前通过全资子公司持有的无线通信基本技术相关的专利组合中，美国专利约 1 300 项，非美国专利约 7 500 项。使用本公司发明专利产品包括：移动设备，如手机、平板电脑、笔记本电脑和无线个人数字助理；无线基础设施设备，如基站；无线通信设备部件，如加密狗和无线设备模块。2010 年，公司的收入确认来自一半以上销往世界各地所有的 3G 移动设备，包括主要移动通信公司（如苹果、宏达、LG 电子、RIM 和三星电子）所售的移动设备。"

"保持实质性参与主要国际标准化机构，公司将继续致力于目前正在进行的无线标准定义工作，并继续将公司的发明纳入这些标准中。参与其中让公司技术开发有了很大的可见性，并能使公司在技术开发方面走在最前沿。此外，参与主要国际标准有利于促进行业采用本公司的技术，并加快使用本公司知识产权的产品的上市时间。"

"2000 年，运营商开始提供 3G 服务。3G 标准之下的五种规格（通常被看作是 ITU "IMT－2000" 推荐规格）包括以下几种 CDMA 技术形式：FDD 和 TDD（行业中统称为 WCDMA）以及多通道 CDMA（基于 CDMA2000 的技术，如 EV-DO 等）。此外，TD—SCDMA，一种 TDD 技术的中国版变种，已经列入标准规格中。

由于公司专利组合的独特性，在客户关系上，公司不与其他专利权利人

进行传统意义上的竞争，其他专利权利人不享有本公司专利组合中所涵盖的发明和技术相同的权利。在包含知识产权的任何设备或设备部件中，制造商可能需要获得多个知识产权权利人的许可。在申请专利组合许可时，公司与其他专利权利人在可能面临实际限制的专利使用费份额展开竞争。我们认为，制造和销售 2G、3G 以及最近的 4G 产品需要获得本公司许多专利的许可。但是，许多公司也声称他们持有 2G、3G 和 4G 必要专利。在多方寻求对同一产品的专利权使用费时，制造商可能宣称已经难以满足各专利权利人的财务要求。在过去，某些制造商在自愿的基础上共同寻求反垄断豁免。此外，某些制造商一直在试图限制必要专利的 3G 许可费用总额或费率。"

"本公司执行官被委任到上述办事处任职，直至其继任人妥为选出并证明具有资格。所有执行官同时也具有本公司全资子公司——交互数字通信有限公司（自 2007 年 7 月成立以来）的相同职务。"

交互数字公司（InterDigital）在 2010 年年报中还指出，交互数字通信有限公司、交互数字技术公司、交互数字专利控股公司、IPR 许可公司是其全资子公司。

（二）交互数字公司 2011 年年报记载的其他内容

交互数字公司在其发布的该公司 2011 年年报还记载：

"几十年来，交互数字公司（InterDigital）已开发出基本的无线技术，这些技术是全世界移动设备、网络和服务的核心。为促进我们的技术在全世界范围内得以运用，我们积极参与标准体并为标准体作出贡献，这些标准体促进每一代无线技术的设计和功能开发。交互数字公司参与全球标准组织，这对我们的成功起到了重要作用。我们相信，我们的参与使我们更加明确地进行技术开发，使我们始终处于技术开发的前沿。这也使交互数字公司有机会参与标准体分享我们的解决方案，同时我们也继续解决无线行业在今天所面临的最复杂挑战。而且，加入标准组织后，我们的技术获得更为普遍的使用，这有助于推动我们取得经济上的成功。"

"虽然我们在 4G 和非移动技术方面已取得的和正在申请的专利组合在

不断扩大，但我们在这些领域的专利组合许可计划还不够成熟，而且也许不会像我们的 2G 和 3G 许可计划那样带来同样成功的收入。我们认为，使用了我们的专利发明的某些产品（包括手机）也有越来越多的价格下调压力，而且我们的一些专利使用费率与手机的定价也相互关联。此外，其他许多公司也主张持有移动市场产品的关键专利。不断增加的价格压力加上许多在其移动技术上追求使用费的专利持有人，可能导致我们收到的专利发明使用费率下降。"

"我们不能保证我们的专利的有效性和可执行性会继续保持，也不能保证我们的专利将被确定为适用于任何特定产品或标准。"

"2011 年 7 月 26 日，交互数字公司（InterDigital）的全资子公司 Inter-Digital Communications. LLC、InterDigital Technology Corporation 及 IPR Licensing. Inc.（在此的叙述中，统称为"本公司""InterDigital""我们"或"我们的"）针对 Nokia Corporation 和 Nokia Inc，（统称"诺基亚"）、华为技术有限公司 FutureWei Technologies. Inc［以 FutureWei Technologies. Inc（USA）的名义经营］（统称为"华为"、中兴通讯股份有限公司和 ZTE（USA）Inc.（统称"中兴"，且与诺基亚和华为一起，统称"答辩人"），向美国国际贸易委员会提出申诉，指控答辩人从事不公平贸易活动，将侵犯 InterDigital 7 美国专利（简称"主张被侵权的专利"）的某些 3G 无线设备（包括 WCD-MA 和 cdma2000 功能移动电话、USB 闪存盘、平板电脑及这些设备的组件）进口或准备进口到美国，并在进口到美国后进行销售。该申诉也延伸到某些 WCDMA 和 CDMA2000 含有 WiFi 功能的设备。InterDigital 在向美国国际贸易委员会提出的申诉中，请求出具一项排除令，禁止答辩人进口的或他人代表答辩人进口的任何侵权 3G 无线设备（和组件）进入美国，同时也请求出具一份禁止令，禁止继续销售已经进口到美国的侵权产品。2011 年 8 月 31日，美国国际贸易委员会正式对答辩人展开调查。2011 年 9 月 29 日，诺基亚提出一项动议，请求终止美国国际贸易委员会的调查，并辩称，InterDigital 声称向欧洲电信标准协会（ETSI）承诺在对外许可关键专利时遵守公平合理和非歧视条款，这导致 InterDigital 放弃了向美国国际贸易委员会寻求排他性救济的权利。2011 年 10 月 19 日，InterDigital 提出反对此项终止动议。"

"在 InterDigital 提起本美国国际贸易委员会申诉案件的同一日，我们针对答辩人向特拉华州地区的美国地方法院提起了平行诉讼，指控侵犯了与美国国际贸易委员会申诉案件中相同的'主张被侵权的专利'。在特拉华州地区法院的起诉中，请求出具一项永久禁令及主张损害赔偿金和以故意侵权为由的加重损害赔偿金，以及支付合理的律师成本和费用。"

"2011 年 11 月 30 日，华为公司提交一份动议，请求部分解除中止动议，裁决 InterDigital 意图违反某些公平合理和非歧视义务为由提出的反诉，而案件其余部分仍然中止。2011 年 12 月 16 日，ZTE（USA）Inc.（中兴美国）提交一份诉状，加入华为的动议，并请求部分解除中止动议，使中兴美国以公平合理和非歧视为由的类似反诉得以裁决。2011 年 12 月 19 日，InterDigital 提交了一份答辩，应对华为的动议，并请求酌情中止华为和中兴美国提出的反诉。2011 年 12 月 30 日，华为提交答辩书，以支持其部分解除中止动议的请求。2012 年 1 月 9 日，InterDigital 提交了答辩书，以支持其酌情中止华为和中兴美国反诉的请求。"

九、无线通信领域标准必要专利的交易、诉讼情况

（一）无线通信领域标准必要专利的交易情况

1. IDC 公司提交的网站新闻信息等有如下报道及内容

飞鸿移动网站（www. 22SHOP. COM）登载了显示上传日期为 2009 年 5 月 4 日的"高通授予深圳三木公司 CDMA 及 TD 专利许可权"报道，主要内容为，美国高通公司授予深圳市三木通信技术有限公司 CDMA 及 TD—SCD-MA 标准的用户单元和模块/调制解调器卡的全球专利许可。

网易科技网站（tech. 163. COM）登载了显示上传日期为 2008 年 8 月 6 日的"高通公司授予华勤 CDMA2000 专利许可权"报道，主要内容为，美国高通公司授予上海华勤通讯技术有限公司专利组合的全球专利许可权、准许其开发、生产和销售 CDMA2000 用户单元与调制解调器卡的全球专利许可权。

比特网（ChinaByte. COM）登载了显示上传日期为 2008 年 12 月 23 日的

"天宇与高通达成专利协议发力 3G 终端市场"报道，主要内容为，美国高通公司授予天宇朗通公司 CDMA2000 和 WCDMA 用户单元与调制解调器卡全球专利许可权。

泡泡网站（pcpop. com）登载了显示上传日期为 2008 年 9 月 30 日的"诺基亚/诺基亚西门子获华为专利许可"报道，主要内容为，诺基亚/诺基亚西门子与华为及其子公司就标准必要专利达成专利许可协议，该协议覆盖了各方所有标准必要专利的全球使用权，包括移动终端、网络基础设施和服务中使用到的 GSM、WCDMA、CDMA2000、光纤网络、数据通信及 WiMAX 专利。

和讯网站（tech. hexun. com）登载了显示上传日期为 2009 年 5 月 14 日的"高通授予 Telit 商用 WCDMA 专利技术的全球许可"报道，主要内容为，高通公司与无线通信专业公司已达成商用 WCDMA 调制解调器卡技术许可协议，根据该协议，高通将授予 Telit 公司关于高通 CDMA 专利技术的全球许可协议。

2012 年 2 月 24 日，新浪科技（tech. sina. com）转载《通信信息报》"专利战成电信设备商竞争手段"一文提及：据了解，谷歌要求苹果每销售一台 Iphone 便支付最高 2.25% 的专利使用费。

2012 年 8 月 13 日，光明网（it. gmw. cn）转载腾讯科技"乔布斯曾向三星报价 2.5 亿美元即获专利许可"一文提及：据原先的新闻报道，三星向每台设备索取的专利费为 2.4%。

2012 年 2 月 7 日，IT 业界新闻与评论（new. chinaunix. net）登载新浪科技发布"摩托罗拉正式要求苹果支付专利许可费"称：据外国媒体周一报道，摩托罗拉已经正式要求苹果就 2011 年售出的每一台 Iphone 和 IPAD 支付相当于售价为 2.25% 的专利费。

2008 年 6 月 2 日，赛迪网（news. ccidnet. com）登载《第一财经日报》"中国电信将向高通缴纳 4% CDMA 专利许可费"一文提及：高通公司在中国市场上收取的 CDMA2000 手机的许可费率为 4% ~5%。

Huawei. com 登载"华为成为开放专利联盟的董事会成员"一文提及：

根据美国知名顾问公司 ABI 的分析报告指出，WCDMA3G 昂贵的终端专利费用是工厂设备价格的 12.2%。

Eric Stasik 著《LTE 通讯标准（4G）中标准必要专利的许可费和许可策略》记载：在 2007 年，Lemley 及 Shapiro 曾点评道，他们已经"看到（为 W-CDMA）产生的许可费估计高达每部电话总价的 30% ……基于在任何交叉许可协商开始之前产生的总计专利费需求"。更保守的估计则认为那些没有任何专利的公司为 GSM 支付的总计许可费将以 10% ~ 13% 的费率进行交易。阿尔卡特 - 朗讯声明："我们希望，我们以一个不大于 2% 的折扣许可费对我们手机上的 LTE 标准必要专利进行许可。"爱立信强调："为手机设定的总计许可费率最多为 6 ~ 8 个百分点"，声称其"为了手机支付的 LTE 的许可费为 1.5% 左右"。华为声明他们希望在"终端用户的产品"上提供一个"一个灵活的，但不超过 1.5% 的许可费率"。摩托罗拉："希望其在 LTE 系统和设备（包括手机）上的标准必要专利许可费率大约为 2.25%。"诺基亚声称其"作为仅使用 LTE 无线通信标准的设备，许可费率的范围大约为其终端用户设备售价的 1.5%"。诺基亚—西门子通信（NSN）颁布了一个单独的政策，其预测"对于终端使用设备的 LTE 许可费率将占产品售价的 0.8%"。高通："期望他们因许可 LTE 标准必要专利档案的而获得的许可费为销售总价的 3.25%。"中兴声称其"将以最多终端用户设备销售价的 1% 的费率对其为移动通讯终端设计的 LTE 标准必要专利进行许可"。Ilkka Rahnasto 在专著《知识产权，外部效应和反垄断法》中提到"一些评论家已经预测，高达 2% 的许可费将在通信行业中被支付"。目前已公布的为 LTE 设置的平均许可费率大约为 2.1%。在这点上，必须被澄清的是，"已公布的"许可费率可能会与因双边谈判而产生的"实际的"许可费率有着显著的区别。在进行公开声明之后，潜在的被许可人可能会合理期望该公开声明构成协商中的公开报价。而在该些公开声明中，这些事项都应该被预计到。

2. 华为公司方提交的网站新闻信息有如下报道及内容

中国信息产业网 2002 年 11 月 12 日曾经登载了标题为"DoCoMo 爱立信

等将共促 WCDMA 专利费公平合理"的新闻，该文提及，NTTDoCoMo、爱立信、诺基亚和西门子近日达成共识，共同提出专利许可计划。全球约有110 家运营商已经选择了 WCDMA 标准，相关的基本知识产权（IPR）绝大部分由以上几家公司拥有。该计划的达成将确保 WCDMA 的累计专利费率百分比保持适度的水平。诺基亚执行副总裁 YrjoNeuvo 说："这一计划意味着WCDMA 的累计专利使用费将保持健康水平。例如，根据中国最近的发展情况，累计专利使用费可能比我们早些时候预定的 5% 还要低。这种运营商、制造商和应用开发商都能够非常放心地对 WCDMA 标准进行投入。我们看到IPR 计划已经得到业界的支持，希望有更多的公司加入进来。"

3. IDC 公司提交的证据显示谷歌购买合并摩托罗拉案中的标准必要专利交易情况

2012 年 2 月 13 日，欧盟委员会根据第 139/2004 号理事会条例第 6（1）（b）条的规定就谷歌/摩托罗拉移动案作出委员会判决，该判决的主要内容有：

根据 2011 年 8 月 15 日签署的合并协议和计划，谷歌将通过股权购买合并整个摩托罗拉移动的唯一控制权，作为交易的一部分，谷歌将并购摩托罗拉移动的整个专利档案。摩托罗拉移动拥有很多标准必要专利，包括 LTE、3G、2G、WCDMA-UMTS、GSM-GPRS、CDMA、WiFi、WiMAX、MPEG-4 等专利。

2012 年 2 月 28 日，谷歌就其欲收购摩托罗拉移动的标准必要专利一事向多个标准设定组织发函，谷歌在信中称会尊重摩托罗拉现存的以公平、合理与无歧视的条款许可其标准必要专利的承诺，谷歌承认摩托罗拉移动已经准备以最多为每台终端设备净售价 2.25% 的费率许可其标准必要专利，并且该许可费率可以由交叉许可或其他对价所抵销，谷歌称将来会尊重该费率。

谷歌称其会在合理时间内与潜在被许可人以善意进行谈判，在这段时间里，任何一方都不可以启动针对另一方标准必要专利的法律程序，并且基于其标准必要专利寻求禁令救济。谷歌主张，对于摩托罗拉移动拥有的标准必要专利，在以下条件下，即使在善意的谈判失败后，一个潜在的被许可人也将有机会阻止禁令救济的寻求：（a）以一定条件提议许可摩托罗拉移动的标准必要专利，并且（b）为许可费的支付提供担保。在一开始就应当强调的是，摩托罗拉移动有着为其标准必要专利使用收取相关终端产品净销售价 2.25% 费率的长期实践。摩托罗拉移动公开声明这是一个 FRAND 费率。欧盟委员会认为，如果谷歌在并购完成后开始寻求高于 2.25% 的许可率，才有可能需要对此次并购提出质疑。

欧盟委员会认为，交叉许可通常而言不是反竞争的，此外，在移动通信领域，交叉许可是一个普遍的和可被接受的惯例，因此，谷歌也许有动机基于摩托罗拉移动的标准必要专利参与交叉许可并不是一个竞争法需要考虑的问题。此外，在标准必要专利的基础上寻求和实施禁令从其本身考量，也不是反竞争的，特别是，依据具体情况，标准必要专利权人对不愿意以善意对 FRAND 条款进行谈判的潜在被许可人寻求禁令可以是合法的。

（二）无线通信领域标准必要专利的诉讼情况

IDC 公司还提交网页打印资料显示：

2011 年 6 月 8 日，中国新闻网（chinanews. com）登载南方网"LTE 千亿订单争夺战欧洲爆发华为中兴不和解"，该文提及，华为称："华为公司是 LTE 技术的领先企业，标准必要专利份额 15%，据全球前列。"华为、中兴恩怨集中爆发缘起华为诉讼：4 月 28 日晚，华为在德国、法国和匈牙利，就中兴侵犯其数据卡、LTE 专利和商标权提起诉讼。

2011 年 6 月 13 日，中安在线（it. anhuinews. com）登载"中兴华为专利大战双方同质化竞争严重"，该文称，5 月 10 日，据彭博社报道，华为已经赢得了针对中兴德国公司商标侵权的初始禁令。该禁令于 5 月 2 日由德国汉堡法院颁布，内容是禁止中兴在其 USB 数据卡上使用华为的一项注册商标，并禁止在德国销售印有该商标的 USB 数据卡。记者在采访中获悉，在将中兴告上法庭前，华为已于去年 11 月 22 日就向中兴发出通告，要求坐下来协商，进行专利交叉许可谈判。3 天后，中兴给华为回函，声称华为也使用了中兴大量的专利，并未获得授权许可。此后，从去年（2010 年）12 月到今年（2011年）3月，双方又进行了三次面对面的谈判，但都无疾而终。

IDC公司所提交德国曼海姆地区法院于2012年5月2日就摩托罗拉诉微软有关ITU标准必要专利的侵权诉讼判决部分翻译显示：曼海姆地区法院认为，专利权人在专利标准组织作出的知识产权声明或是许可声明，并不构成权利人和潜在被许可人之间的许可合同。也不存在一份第三人为受益人的合同，通过使第三人受益的合同层面而创设的具有处分性质的许可授权于法无据，德国法不承认使第三人受益的物权合同。标准必要专利权利人作出的许可准备声明，也不能被视为针对不特定的、甚至标准必要专利权利人不认识的多数第三人作出的、仅需要第三人接受即可的具有约束力的要约，而仅仅是请求寻求许可的各方寻求符合FRAND条款的要约邀请。许可准备声明仅仅包含一项将反垄断法的效力具体化的意愿，但并不包含缔约的强制。它包含将会按照FRAND条款给予第三方许可的承诺，但仅仅是设定了一项请求权的基础，即使寻求许可方为满足其要求能够提出一项实际的请求权的基础。

上述事实有华为公司、IDC公司双方年报、工商登记资料、欧洲电信标准化协会（ETSI）知识产权政策、IDC公司加入ETSI的知识产权信息声明和许可申报、知识产权信息声明附录、中国电信集团公司、中国联通公司、中国移动通信集团颁布的电信设施技术标准、华为公司与IDC公司谈判往来的邮件、IDC公司与苹果公司、三星公司等专利许可情况、IDC公司在美国特拉华州法院起诉华为公司的诉状、IDC公司在美国国际贸易委员会（ITC）起诉华为公司材料、公证书、当事人陈述、庭审笔录等证据佐证。

另查明：2011年12月6日，华为公司向原审法院提起诉讼，请求判令：1. 按照公平、合理、无歧视（FRAND）条件判决确定IDC公司就其中国标准必要专利许可华为公司的许可费率或费率范围。2. 由IDC公司承担本案全部诉讼费用。一审诉讼过程中，华为公司明确其请求法院按照公平、合理、无歧视（FRAND）条件判决确定许可华为公司许可费率或费率范围对象为IDC公司的全部中国标准必要专利（IDC公司持有的、对应中国无线通信标准的、包括2G、3G、4G在内的中国标准必要专利及专利申请）。

原审法院经审理认为，本案为标准必要专利使用费纠纷。华为公司提起诉讼的请求权基础为，华为公司认为 IDC 公司作为标准必要专利持有人负有以符合 FRAND（公平、合理、无歧视）条件对华为公司进行中国标准必要专利授权的义务，IDC 公司向华为公司所提出的四次专利许可报价及条件均违反了 FRAND 义务，请求人民法院就 IDC 公司的全部中国标准必要专利（含标准必要专利申请，下同），按照公平、合理、无歧视（FRAND）条件，判决确定许可华为公司费率或费率范围。本案双方争议的焦点问题为：IDC 公司就其中国标准必要专利是否负有以 FRAND 条件对华为公司授权的义务；IDC 公司向华为公司所提出的专利许可报价及条件是否有违 FRAND 义务；IDC 公司全部中国标准必要专利许可华为公司，怎样的许可费率或费率范围符合 FRAND 条件。

一、关于交互数字通信有限公司是否为本案适格被告

四被告均是 InterDigital, Inc（交互数字公司）的全资子公司，互为关联公司，对外统称为"InterDigital Group"（交互数字集团），交互数字技术公司、交互数字专利控股公司、IPR 许可公司以登记的知识产权所有权人名义持有在中国的专利及专利申请，交互数字通信有限公司作为交互数字集团代表加入了"ETSI"等多个电信标准组织，参与了各类无线通信国际标准的制定，交互数字通信有限公司负责对外统一进行专利许可谈判事宜。IDC 公司在美国发起的针对华为公司的诉讼中，交互数字通信有限公司也是共同原告；本案中 Lawrence F. Shay 是交互数字通信有限公司知识产权执行副主席、首席知识产权顾问，是交互数字技术公司、IPR 许可公司的总裁，也是交互数字专利控股公司的总裁及首席行政长官。同时，Lawrence F. Shay 还是四被告的共同授权代表。由此可见，四个被告就专利申请、持有以及对外许可形成了权利义务的共同体。包括交互数字通信有限公司在内的四被告作为专利许可方，列为本案被告是合适的。IDC 公司辩称交互数字通信有限公司不能成为专利许可合同的当事人的意见，不予采信。

二、关于本案的法律适用

《中华人民共和国涉外民事关系法律适用法》第 49 条规定，当事人可

以协议选择知识产权转让和许可适用的法律。当事人没有选择的，适用本法对合同的有关规定，第41条规定，当事人可以协议选择合同适用的法律，当事人没有选择的，适用履行义务最能体现该合同特征的一方当事人经常居所地或者其他与该合同有密切联系的法律。本案没有证据证明双方当事人协议选择适用的法律。公平、合理、无歧视原则既是ETSI、TIA的知识产权政策，也是标准组织普遍适用的一项知识产权政策，是作为标准组织成员的标准必要专利权利人应普遍遵循的一项义务，且公平、合理、无歧视原则也与《中华人民共和国民法通则》第4条规定的"民事活动应当遵循自愿、公平、等价有偿、诚实信用的原则"以及《中华人民共和国合同法》第5条规定的"当事人应当遵循公平原则确定各方的权利和义务"、第6条规定的"当事人行使权利、履行义务应当遵循诚实信用原则"相符。在双方谈判过程中（提示：官方发布时将此处文字隐匿）本案所要解决的不是基于华为公司、IDC公司均系ETSI会员、ETSI的知识产权政策下的IDC公司的欧洲标准必要专利的许可问题，而是华为公司因实施中国通信标准而要求按照公平、合理、无歧视条件获得IDC公司在中国法域下的中国通信标准之下标准必要专利的授权许可，双方争议标的、华为公司住所地、主要经营场所、涉案专利实施地、谈判协商地均在中国，按照密切联系原则，本案应适用中国法律。IDC公司关于本案应适用法国法的辩解，没有事实以及法律依据，不予采信。

三、华为公司诉讼请求是否具体、明确，法院就标准必要专利许可费率做出裁决是否合适

原审法院认为，尽管IDC公司所拥有的标准必要专利系由其单方面声明，没有机构对其所谓标准必要专利一一验证，但标准是确定的，IDC公司标准必要专利也是确定的。（提示：官方发布时将此处文字隐匿）因此，华为公司的请求是明确的。

关于许可费率应否由司法裁决，原审法院认为，作为标准必要专利的权利人负有FRAND许可义务。由于被许可对象情况千差万别、许可条款各异，FRAND并不意味着费率及许可条件的完全一致。通常情况下，双方达

成专利许可协议，就无须司法机关的介入。（提示：官方发布时将此处文字隐匿）IDC 公司于 2011 年 7 月在美国法院以及美国国际贸易委员会分别提出诉讼，要求对华为公司实施禁令。（提示：官方发布时将此处文字隐匿）实际上，就华为公司、IDC 公司之间专利许可费率、条件问题，如果不寻求司法救济，除被迫接受 IDC 公司单方面所提出的条件，华为公司没有任何谈判余地。IDC 公司一方面通过诉讼（包括禁令申请），迫使华为公司接受其单方许可报价；另一方面 IDC 公司以双方在谈判中对于专利实施许可合同的商业条款的分歧，不宜由司法机关介入并作出裁判，应留待双方通过商业谈判予以解决为由，阻止华为公司获取司法救济，明显属于双重标准。IDC 公司该项辩解不能成立，不予采信。

由于标准必要专利的特殊性，标准必要专利权利人的许可只能是非排他的许可（本案并不涉及专利转让），如果是排他许可，标准必要专利权利人就无法再许可其他实施者，无法履行其对不特定实施者的 FRAND 义务。因此，只要专利许可的范围确定，费率确定，许可合同是可以成立的，不存在还要确定许可种类等问题。

四、关于 IDC 公司是否负有以符合 FRAND（公平、合理、无歧视）条件对华为公司进行标准必要专利授权的义务

所谓标准是指为在一定的范围内获得最佳秩序，经协商一致制定并由公认机构批准，共同使用的和重复使用的一种规范性文件。技术标准是指对一个或几个生产技术设立的必须得符合要求的条件以及能达到此标准的实施技术。技术标准具有强制性，其实质上是一种统一的技术规范，能保障重复性的技术事项在一定范围内得到统一，以保证产品或服务的互换性、兼容性和通用性，从而降低生产成本，并且消除消费者的"替换成本"以保护消费者的利益，并促进技术进步。

专利权，作为一种法定的垄断权，赋予权利人就特定专利技术排他性使用的独占性权利。专利与技术标准结合以后，经营者欲实施标准，必然要实施某专利技术或某专利技术的某项权利要求。在实施标准时必然要被实施的专利技术，通常被称为标准必要专利，如实施标准时必然要实施某项专利

技术的某项权利要求，则该权利要求通常被称为标准必要专利权利要求。为避免专利权人滥用专利标准化给自己带来的强势地位，拒绝向竞争对手许可实施专利技术，导致竞争对手因无法执行技术标准而被排除在市场之外，或者借助标准实施的强制性向被许可人索取高额专利使用费，形成专利"讹诈"，由此形成公平、合理、无歧视（Fair, Reasonable and Non-Discriminatory, FRAND）专利许可的基本原则。各个无线通信领域的标准组织在其成员加入时，均要求该会员（针对其标准必要专利）作出将准备根据公平、合理、无歧视的条件来授予不可撤销的许可。

本案查明的事实显示，IDC 公司是 ETSI、TIA 的会员，参与了至少这两大标准组织标准的制定。IDC 公司声称在 ETSI 中拥有大量标准必要专利，IDC 公司同时向 ETSI、TIA 承诺，其将按照 FRAND、RAND 许可其专利。由于通信产品的互联互通要求，其标准必须相对统一，中国的相关通信产品的标准技术实质地采用了相关国际标准。IDC 公司也多次声称，其在中国相关通信标准中均拥有必要专利。IDC 公司在 ETSI 声称的标准必要专利，对应中国电信领域的移动终端和基础设施之技术标准，也是中国标准必要专利。华为公司生产、销售通信产品必须保证其符合中国相关通信标准，通信标准对于诸如华为公司这类通信设备制造、服务提供商来说，无法替代、不可选择，华为公司不可避免要实施 IDC 公司中国标准必要专利。IDC 公司主动参与相关国际标准组织标准的制定，IDC 公司对中国标准采用其专利是有所预期的。并且，从华为公司与 IDC 公司方专利许可谈判往来的邮件看……（提示：官方发布时将此处文字隐匿）华为公司、IDC 公司谈判过程中……（提示：官方发布时将此处文字隐匿）根据我国的法律，IDC 公司方亦应将其标准必要专利以公平、合理、无歧视的原则授权给华为公司使用。因此，尽管 IDC 公司没有直接参与中国通信标准的制定，IDC 公司同样负有以符合 FRAND（公平、合理、无歧视）条件对华为公司进行标准必要专利授权的义务，IDC 公司负担的该义务贯穿于标准必要专利授权许可谈判、签订、履行的整个过程。

五、IDC 公司向华为公司所提出的专利许可报价及条件是否有违FRAND 义务

原审法院认为，公平、合理、无歧视许可的前提条件是"许可"的存在。对于愿意支付合理使用费的善意的标准使用者，标准必要专利权人不得径直拒绝许可，否则将不恰当地将技术标准使用者排除在市场竞争之外，危及他人基于对技术标准的信任所作的各种投资的安全，有悖于专利法的宗旨以及技术标准的内在要求。其次，落实公平、合理、无歧视原则应平衡标准必要专利相关当事人之间的利益，既保证专利权人能够从技术创新中获得足够的回报，同时也避免标准必要专利权利人借助标准所形成的强势地位索取高额许可费率或附加不合理条件。再次，公平、合理、无歧视原则的核心在于合理、无歧视，关键在于许可费率的合理，而许可费的合理既包括许可费本身的合理以及许可费相比较的合理。最后，从许可费自身的合理来说，至少应考量以下因素：（1）许可使用费数额的高低应当考虑实施该专利或类似专利的所获利润，以及该利润在被许可人相关产品销售利润或销售收入中所占比例。技术、资本、被许可人的经营劳动等因素共同创造了一项产品的最后利润，专利许可使用费只能是产品利润中的一部分而不应是全部，且单一专利权人并未提供产品全部技术，故该专利权人仅有权收取与其专利比例相对应的利润部分。（2）专利权人所作出的贡献是其创新的技术，专利权人仅能够就其专利权而不能因标准而获得额外利益。（3）许可使用费的数额高低应当考虑专利权人在技术标准中有效专利的多少，要求标准实施者就非标准必要专利支付许可使用费是不合理的。（4）专利许可使用费不应超过产品利润一定比例范围，应考虑专利许可使用费在专利权人之间的合理分配。

本案中，IDC 公司分别于……（提示：官方发布时将此处文字隐匿）向华为公司提出专利许可要约。

原审法院认为，上述×次报价均不符合 FRAND 原则。具体分析如下：

（一）关于第×次及第×次要约

IDC 公司方第×次及第×次要约主要内容为：……（提示：官方发布时将此处文字隐匿）

原审法院认为，上述专利许可条件不符合 FRAND 原则。理由如下：

（1）从费率本身来看，尤其是与 IDC 公司许可其他公司许可费、费率相比较，IDC 公司的第 × 次及第 × 次专利许可报价明显过高，不符合 FRAND 原则。

根据交互数字公司在美国证券交易委员会的财务报告显示，2007 年 9 月 6 日，IDC 公司方与苹果股份有限公司签订在全球范围内的、不可转让的、非独占的、固定许可费用的专利许可协议，许可期间从 2007 年 6 月 29 日始为期 7 年，许可的专利组合覆盖当时的 iPhone 和某些将来的移动电话技术，许可使用费为每季度 200 万美元，总额为 5 600 万美元。2007 年 9 月 11 日，新浪网报道"苹果 5 600 万美元购买 3G 专利 iPhone 将支持 HSDPA"，该报道和苹果股份有限公司的财务报告内容相吻合，因此，依法认定 IDC 公司授权给苹果股份有限公司的专利许可协议之内容属实。根据 Strategy Analytics 研究机构对全球手机市场的分析，苹果股份有限公司 2007 ~ 2012 年手机销售总额为 1 916. 92 亿美元。根据交互数字公司 2010 年年报公布的内容，2009 年，IDC 公司方与三星电子有限公司及其子公司签订专利许可协议 2009 年三星 PLA，授权三星公司非独占性、全球范围内之 2G、3G 标准下的终端设备和基础设施的固定专利权使用费，总额为 4 亿美元，许可期间截至 2012 年。根据 Strategy Analytics 研究机构对全球手机市场的分析，三星公司 2007 ~ 2011 年的销售额分别为：242. 13 亿美元、262. 22 亿美元、274. 78 亿美元、330. 34 亿美元、451. 94 亿美元，Strategy Analytics 公司并预计三星公司 2012 年销售额为 536. 10 亿美元。

IDC 公司提出，苹果公司取得巨大成功是一个商业特例，IDC 公司许可苹果公司的费率标准不具有可参照性。

原审法院认为，IDC 公司的这一辩解不成立。从相关统计数据来看，苹果、三星、诺基亚、摩托罗拉等公司手机销量一直名列前茅，因此，IDC 公司对苹果公司的销量以及 IDC 公司所称的成功是有所预测的。考虑苹果公司、三星公司在无线通信领域所居地位，没有理由将上述费率标准排除在本案确定专利许可费率考量因素之外。当然，原审法院也注意到，三星公司专利许可费率的达成确系在诉讼背景下达成，与此相比较，苹果公司专利许可费率完全系双方平等、自愿、协商达成，苹果公司专利许可费率更具参照价值。

将 IDC 公司方授权给苹果公司的专利许可条件与 IDC 公司方向华为公司发出的要约条件进行比较，如按照专利许可使用费率为标准，IDC 公司于 ×年×月×日拟授权给华为公司……（提示：官方发布时将此处文字隐匿）是 IDC 公司方许可给苹果公司专利许可使用费率近×倍，是 IDC 公司方许可给三星公司专利许可使用费率近×倍。

IDC 公司还提交了部分网页打印资料等，以证明其在谈判过程中向华为公司提出的许可费报价并不高，符合市场交易惯例。对此，原审法院认为，上述许可费率并非 IDC 公司自身给予不同被许可人的费率，而是 IDC 公司以外的其他标准必要专利权人根据自身情况，给予其交易相对方的许可费率报价，各个公司的研发投入、专利实力均不相同，不同公司许可费率不宜简单类比。

（2）IDC 公司要求华为公司就华为公司专利对 IDC 公司免费许可不合理。

（提示：官方发布时将此处文字隐匿）如前所述，2010 年，华为年度研发费用达到人民币 165.56 亿元，投入 51 000 多名员工进行产品与解决方案的研究开发。截至 2010 年 12 月 31 日，华为累计申请中国专利 31 869 件，PCT 国际专利申请 8 892 件，海外专利 8 279 件，已获授权专利 17 765 件，其中海外授权 3 060 件。截至 2010 年年底，华为加入全球 123 个行业标准组织，并向这些标准组织提交提案累计超过 23 000 件；而同时期，IDC 公司持有 18 500 项专利和待批的专利申请，投入 7 000 万美元进行研发，员工也仅有 260 余人。由此可见，无论是研发团队人数、研发投入，还是所拥有的专利数量、质量，华为公司均远远超过 IDC 公司，换句话说，华为公司专利的市场和技术价值远远超过 IDC 公司，在此条件下，IDC 公司不但要求高额许可费率，而且要求华为公司将其全部专利免费许可给 IDC 公司，显然既不公平，也不合理。

IDC 公司在诉讼中曾经辩解，IDC 公司并不实际生产和销售任何终端产品，华为的专利许可对其无意义，但是，不可否认的是，如果 IDC 公司获得了华为公司专利的免费许可，无疑将在很大的程度上使得 IDC 公司市场价值大大增加，另外，亦不排除 IDC 公司以各种形式生产实体产品，直接获取利益，因此，在评判 IDC 公司所提出专利许可报价及条件是否公平、合理时，显然应该将其要求华为公司对其交叉许可因素考虑在内。原审法院认为，IDC 公司这一要求将进一步加剧 IDC 公司收取过高的专利许可使用费对价。

（3）IDC 公司在提出专利许可报价时……（提示：官方发布时将此处文字隐匿）不具有正当性。

原审法院认为，通过商业谈判，无论将标准必要专利、非标准必要专利打包一揽子全球许可，抑或是仅针对标准必要专利进行全球或某一地域授权许可，均属合理可行的商业交易行为。但是，需要指出的是，只有纳入技术标准中的专利才属于标准必要专利，也仅对于标准必要专利的许可才涉及 FRAND 原则。IDC 公司所提交的证据显示……（提示：官方发布时将此处文字隐匿）IDC 公司的该行为显然不具有正当性。

另外，应该看到，本案所涉通信标准中存在数量庞大的"标准必要专利"（声明的标准必要专利），本案没有证据证明，在无线通信技术领域，IDC 公司系主要贡献者。原审法院认为，仅从费率本身来看，IDC 公司第×、第×次许可费率报价也明显过高，不符合 FRAND 原则。

（二）关于第×次报价

IDC 公司方×年×月×日要约的主要条件……（提示：官方发布时将此处文字隐匿）

原审法院认为，如按照一次性支付专利许可使用费为标准，IDC 公司于×年×月×日拟授权给华为公司每季度×万美元的专利许可费用，是 IDC 公司授权给苹果公司每季度×万美元之专利许可费用的×倍，而华为公司在终端领域的市场份额远落后于苹果或三星公司。如果将一次性许可费折算为按照实际销售价格计付的费率，IDC 公司给予华为公司许可费率仍远高于其给予苹果或三星公司许可费率。其次，IDC 公司年报显示其 2009～2011 年所有终端和系统的许可费收入均在 3 亿美元左右，IDC 公司对华为公司主张每季度 × 万美元，每年 × 亿美元的许可费……（提示：官方发布时将此处文字隐匿）这一收费标准、比例与华为公司在相关市场所居地位极不相称。最后，IDC 公司第 × 次许可报价仍未将非标准必要专利和标准必要专利予以区分。IDC 公司第 × 次要约报价也 ×。

（三）关于 IDC 公司第 × 次要约

IDC 公司 × 年 × 月 × 日向华为公司发出要约的主要内容为……（提示：官方发布时将此处文字隐匿）

原审法院认为，首先，IDC 公司报价过高。在该次报价中，IDC 公司对终端设备、基础设备许可费一次性付费报价仍分别高达 × 美元、× 美元，是 IDC 公司授权给苹果公司 × 美元之专利许可费用的 × 倍。针对 3G、4G 终端产品以及基础设施，其费率也维持在左右，远高于 IDC 公司许可给三星公司及苹果公司的标准。其次，IDC 公司仍然未将非标准必要专利和标准必要专利予以区分报价。再次，IDC 公司却于 2011 年 7 月提起针对华为公司的侵权之诉，要求相关法院及美国国际贸易委员会对华为公司作出禁令，在此情形下，IDC 公司在该要约中坚持……（提示：官方发布时将此处文字隐匿）这种捆绑式的强制性许可明显属于对标准必要专利权利的滥用，不符合 FRAND 的要求。

六、关于华为公司所诉请 IDC 公司中国标准必要专利 FRAND 许可费率的确定

IDC 公司认可其不从事实体产品生产，在 × 年 × 月 × 日以及 × 年 × 月 × 日的要约中……（提示：官方发布时将此处文字隐匿）因此，本案对于 IDC 公司给予华为公司 FRAND 许可费率的讨论不包含华为公司对 IDC 公司给予专利 × 许可因素。本案中，华为公司仅请求按照公平、合理、无歧视（FRAND）条件判决确定 IDC 公司许可华为公司实施 IDC 公司包括 2G、3G、4G 标准在内的全部中国标准必要专利及标准必要专利申请的费率或费率范围。根据中国法律，双方在本案中提交的证据，综合考虑 IDC 公司标准必

要专利数量、质量、价值，业内相关许可情况以及被告中国标准必要专利在被告全部标准必要专利中所占份额等因素，原审法院认为，IDC 公司中国标准必要专利对华为技术有限公司许可费率以相关产品实际销售价格计算，以不超过 0.019% 为宜。

综上，华为公司诉讼请求成立，原审法院予以支持。IDC 公司的抗辩主张缺乏事实及法律依据，不应被采信。根据《中华人民共和国民法通则》第 4 条以及《中华人民共和国合同法》第 5 条、第 6 条，《中华人民共和国民事诉讼法》第 64 条第 1 款的规定，经原审法院审判委员会讨论决定，判决如下：被告交互数字通信有限公司、交互数字技术公司、交互数字专利控股公司、IPR 许可公司就中国标准必要专利及标准必要专利申请给予原告华为技术有限公司许可，许可费率以相关产品实际销售价格计算，不超过 0.019%。本案一审案件受理费人民币 1 000 元，由被告交互数字通信有限公司、交互数字技术公司、交互数字专利控股公司、IPR 许可公司共同承担。

IDC 公司不服一审判决，向本院提起上诉认为：（1）原审判决上诉人就中国标准必要专利给予华为公司许可，许可费率以相关产品实际销售价格计算不超过 0.019%，缺乏事实和法律依据。①IDC 公司与华为公司之间并没有签订许可合同，在合同尚未成立的情况下，原审法院直接判定许可费率是没有依据的。②原审判决没有就如何确定 0.019% 的许可费率做任何说明，仅仅笼统地依据中国法律、本案证据、业内许可情况以及中国必要专利所占份额等因素确定，显然缺乏依据。③原审判决贬低 IDC 公司中国标准必要专利的价值。专利的数量和质量是不具有对等性的。④原审法院简单参照 IDC 公司给与苹果公司的"许可费率"进行处理，是不当的。IDC 公司与苹果公司之间采用的是事前确定固定数额的许可费的方式，并非根据实际销售收入的比例支付，两者没有可比性。在固定许可使用费的模式下，专利权人锁定了其收益，同时也承担了相应的市场风险。专利许可条件是非常复杂的，交易基础不同，许可费率也不同，原审法院根据研究机构 Strategy Analytics 发布的全球手机市场分析数据，并参照 IDC 公司许可苹果公司的许可费率处理本案是不当的。（2）在中国法律概念里并不存在与"FRAND"

义务对等概念，原审法院简单套用中国法律原则来解释"FRAND"义务，属于适用法律错误。从字面看民法通则与合同法中的"公平、等价有偿、诚实信用"可以找到"FRAND"义务中的"Fairness"（公平）、"Reasonableness"（合理）的含义，却无法找到"Non-discrimination"（无歧视）的含义。"FRAND"义务来源于境外标准组织的要求，根本没有对应的中国法律概念，即使在国外，对于"FRAND"义务的基本含义也始终没有定论。由于ETSI组织位于法国，应当查明相关的法国法律，如果在本案中不适用法国法，根本无法正确解释"FRAND"义务究竟是什么含义。（3）原审法院对于"FRAND"义务内容的解释存在严重偏差。根据法国法律，知识产权所有者单方面声明已做好准备公平、合理、无歧视地对基本专利授予不可撤销的许可，是邀请进行协商的标志，并不是一种缔约的强制要求，法院并不能在当事人仍未达成协议前为其创制合同。"FRAND"义务也不是国际贸易中的最惠国待遇，并不意味着所有寻求许可的相对方应从专利权人处获得相同的专利许可交易条件。（4）交互数字通信有限公司不是专利权人，不是本案的适格被告。交互数字通信有限公司不是专利权人，仅仅是负责对外统一进行许可谈判，其与其他几个上诉人之间仅是一般的委托代理关系，不属于案件的被告。（5）原审判决认定事实不清，判决内容不明确。原审判决语焉不详，没有查明本案究竟涉及哪些中国标准必要专利以及究竟华为公司使用了哪些专利，也没有明确使用于哪些产品，只是笼统的相关中国专利和相关产品。而且判决没有明确专利费率适用于判决生效前还是判决生效后。（6）原审诉讼程序严重不公。一审确定的开庭时间与证据交换时间之间只相隔了十余天，IDC公司要求延期开庭没有得到准许，IDC公司提供的专家意见没有质证，华为公司的诉讼请求也始终没有明确，没有保障当事人的程序权利。IDC公司上诉请求：（1）撤销原审判决，驳回华为公司的全部诉讼请求。（2）由华为公司承担本案一、二审全部诉讼费用。

华为公司答辩认为：（1）交互数字通信有限公司与其他几个被告在专利许可实施活动中已经形成权利义务共同体，属于本案适格的被告。……（提示：官方发布时将此处文字隐匿）而且在美国的诉讼中也是作为共同原告参加诉讼,并非其他被告的代理人,各被告均是交互数字集团的子公司,该公司应当作为共同的被告参加诉讼。(2)华为公司的诉讼请求是明确的,原审判决也是明确的,程序是合法的。华为公司的请求是按照公平、合理、无歧视(FRAND)条件判决确定 IDC 公司的全部中国标准必要专利(IDC公司持有的、对应中国无线通信标准的、包括 2G、3G、4G 在内的中国标准必要专利及专利申请)许可给华为公司的许可费率或者费率范围。由于相关技术标准是明确的,因此标准必要专利也是明确的,IDC 公司在中国的标准必要专利或者专利申请也是清楚明确的,华为公司与 IDC 公司之间的争议仅仅是许可费问题,华为公司请求确定许可费率,原审法院对此作出的相关费率的裁判是清楚明确的。本案一审期间,一审法院没有同意 IDC 公司的专家出庭,也没有同意华为公司的专家出庭,而是要求双方提交专家书面证言。相关证据也是多次提交和补充,并没有违反法律程序。(3)原审法院确认 IDC 公司负有 FRAND 义务,是有充分的事实和法律依据的。原审判决根据标准必要专利的特点、FRAND 义务条款、IDC 公司加入标准组织所作的声明、IDC 公司在中国就相关标准必要专利申请专利保护、IDC 公司明知其标准必要专利被中国标准采用……(提示:官方发布时将此处文字隐匿)认定 IDC 公司负有 FRAND 义务是正确的。FRAND 义务究竟属于何种性质的义务,无论是合同性质的义务,还是基于加入标准组织所承诺而产生的义务,或者是基于法律公平诚实信用原则确定的义务,华为公司均有权要求 IDC 公司按照公平合理的原则进行许可。(4)IDC 公司上诉提出原审判决对 FRAND 义务的理解出现严重偏差,完全是在模糊和虚化 FRAND 义务和责任。根据 ETSI 的知识产权政策,要求专利权人"已经准备好"而且是"不可撤销的"允许他人实施其标准必要专利,并不是 IDC 公司所说的"准备"或者"准备着"的意思,原审法院对 FRADN 义务的理解是正确的。(5)原审判决适用法律是正确的。本案适用中国法律有充分的依据。根据《中华人民共和国涉外民事关系法律适用法》规定,当事人依照法律规定可以明示选择涉外民事关系适用的法律,没有选择的,适用相关合同的规定处理。本案是双方基于中国标准必要专利实施而发生的纠纷,焦点是许可使用费问题，许可实施地以及华为公司的住所地等均在深圳，与本案有最密切的联系。IDC 公司提出中国法律项下并不存在与 FRAND 义务对应的规定，显然是曲解中国法律。中国民法通则以及合同法，都有"公平、平等、等价有偿、诚实信用"等规定，与 FRAND 是对应的。而且，在双方当事人对相关标准组织的知识产权政策没有争议的情况下，根本不需要适用法国法律来对相关概念进行解释。IDC 公司也没有向法庭提供任何法国法律以表明法国法上有 FRAND 义务的相关规定。（6）IDC 公司在费率协商过程中，严重违反了 FRAND 义务，原审判决将许可费率确定为 0.019% 是恰当的。IDC 公司向华为公司报高价明显带有歧视性，所报价格与其专利价值不匹配，还要求华为公司免费将华为公司的专利许可给 IDC 公司，其提出的交易条件不平等。华为公司在诉讼中请求按照 0.005% 确定费率，已经考虑了本案的情况，原审法院确定的许可费率 0.019% 已经大大高于华为公司主张的数额。从 IDC 公司与苹果公司的专利许可情况看，IDC 公司许可苹果公司使用其全球范围内的专利，七年共收取许可使用费 5 600 万美元，而苹果公司 2007~2014 年的销售收入，根据相关调查公司的调查和保守估算，应为 3 135 亿美元，许可费率仅为 0.018%。IDC 公司强调固定许可费与许可费率两种计算方法不可比，也是错误的，固定费用与许可费率之间具有很强的相关性……（提示：官方发布时将此处文字隐匿）华为公司的产品利润率约为 4.8%，专利许可费率的确定也应当考虑产品的利润率问题，IDC 公司提出过高的许可费率显然不符合 FRAND 原则。华为公司认为，一审判决认定事实清楚，适用法律正确，请求维持原判。

本院经审理查明，原审判决认定事实属实，本院予以确认。

另查明：根据 Strategy Analytics 研究机构对全球手机市场的分析，苹果股份有限公司 2007~2012 年手机销售总额为 1 916.92 亿美元。IDC 公司对其向苹果公司收取的专利费没有异议，对苹果公司 2007~2012 年的销售总额也没有提出相反意见。由于苹果公司仍在生产销售，该公司 2013 年和 2014 年仍有销售收入，根据苹果公司历史销售业绩数据并参考华为公司的估算，2007~2014 年苹果公司的销售收入至少应达到 3 000 亿美元左右，以此计算，IDC 公司许可给苹果公司的专利许可费率仅为 0.0187% 左右。

本案一审期间，IDC 公司曾在答辩期间向原审法院提出管辖权异议，认为该案不应当由中国法院管辖，如果中国法院有管辖权，也应当由北京的法院管辖。原审法院于 2012 年 4 月 23 日作出（2011）深中法知民初字第 857 号民事裁定书，驳回 IDC 公司的管辖权异议。IDC 公司不服，向本院提起上诉，本院于 2012 年 7 月 24 日作出（2012）粤高法立民终字第 159 号民事裁定，驳回上诉，维持原审裁定。

本案二审期间，IDC 公司又向本院递交了 17 份证据材料，包括：1. 第 03244389.7 号和第 03810259.5 号专利无效行政诉讼立案通知书和开庭通知书；2. 第 19864 号以及第 19838 号无效宣告请求审查决定书；3. IDC 公司 2012 年年报节选及翻译；4. 关于华为公司跻身智能手机厂商前三的新闻报道；5. 关于华为在中国智能手机市场排名第二的报道；6. 关于华为手机销量的报道；7. 关于苹果的 iPhone 手机在中国智能手机市场占有率排名靠后的报道；8. 华为智能手机市场售价；9. Roger G Brooks 和 Damien Geradin 著《FRAND 自愿承诺的解释和执行》及翻译；10. Damien Geradin 和 Miguel Rato 著《标准制定会否导致剥削性滥用？对专利挟持、许可费堆叠及公平、合理和不歧视条款（FRAND）的不同观点》及翻译；11. 从经济角度观察专利许可架构与条款；12. iPhone 五周年回眸：iPhone 推出前的 11 大预言；13. IDC 公司 2012 年年报及翻译；14. 瑞士信贷 2013 年 1 月出具的关于高通公司的行研报告及翻译；15. 关于智能手机销量的报告；16. IDC 公司 2012 年年报节选及翻译；17. 标准必要专利使用费纠纷中 FRAND 规则的司法运用——评华为公司诉美国 IDC 公司标准必要专利使用费纠纷案。IDC 公司在前述证据材料上注明，前述证据材料中的证据 1 来源于北京市第一中级人民法院，证据 2 来源于国家知识产权局专利复审委员会，证据 3、4、5、6、7、8、9、10、11、12、13、14、15、16 来源于互联网，证据 17 来源于《电子知识产权》杂志。IDC 公司提供前述证据，拟从法律角度对 FRAND 义务进行解释，并提供不同的参考数据和手机市场行情，以确定许可费或者费率。

华为公司对前述证据材料均不认可，理由是前述证据均为复印件，基本上来源于互联网，这些证据与本案没有关联性，而且相互矛盾，同时这些材料不能证明相关许可费问题。

华为公司也当庭提交了两份证据材料，一份是（提示：官方发布时将此处文字隐匿）一份是美国国际贸易委员会2013年6月28日针对IDC公司指控华为公司专利侵权有关纠纷做出的初步裁决。拟证明……（提示：官方发布时将此处文字隐匿）IDC公司在美国据以起诉华为公司的7件专利都被判无效或者不侵权。

IDC公司对华为公司提供的两份证据材料不予认可，理由是其与本案没有关联性，美国国际贸易委员会的初步裁决也不能对本案起到任何证据作用。

本案二审期间，IDC公司和华为公司还分别向法院递交了"专家陈述意见"或者"专家意见"，IDC公司所聘请的专家还当庭发表了专家意见。IDC公司的专家陈述意见支持IDC公司的诉讼主张，认为一审判决确定的0.019%许可费率不合理，远远未能反映IDC公司专利组合的真实许可价值。华为公司向本院递交的专家意见则支持华为公司的诉讼主张，认为当事人如果就许可费达不成协议，应当由法院裁决。美国法院2013年4月就摩托罗拉公司与微软公司之间的标准必要专利费纠纷进行了裁决，在确定专利费率时，国际上的观点是应当综合考虑各方面的因素和个案的具体因素。

本院认为，本案系标准必要专利使用费纠纷。根据双方当事人的上诉和答辩，本案二审期间的争议焦点在于：（1）交互数字通信有限公司是否为本案的适格被告；（2）原审诉讼程序是否合法；（3）原审判决适用法律是否错误；（4）原审判决对"FRAND"义务内容的解释是否存在严重偏差；（5）原审判决确定的按照相关产品实际销售价格0.019%的专利使用费率是否缺乏事实和法律依据；（6）原审判决的内容是否明确。

（1）关于交互数字通信有限公司是否为本案适格被告的问题。第一，交互数字通信有限公司与交互数字技术公司、交互数字专利控股公司、IPR许可公司均是InterDigital, Inc（交互数字公司）的全资子公司，且互为关联公司，对外统称为"InterDigital Group"（交互数字集团）。第二，交互数字通信有限公司与交互数字技术公司、交互数字专利控股公司、IPR 许可公司在专利登记、许可等事宜上分工合作，由交互数字技术公司、交互数字专利控股公司、IPR 许可公司以知识产权所有权人名义登记持有在中国的专利及专利申请，交互数字通信有限公司负责对外统一进行专利许可谈判事宜。第三，交互数字通信有限公司作为交互数字集团代表加入了"ETSI"等多个电信标准组织，参与了各类无线通信国际标准的制定……（提示：官方发布时将此处文字隐匿）第四，IDC 公司在美国发起的针对华为公司的诉讼中，交互数字通信有限公司作为共同原告。第五，本案中 Lawrence F. Shay 是交互数字通信有限公司知识产权执行副主席、首席知识产权顾问，是交互数字技术公司、IPR 许可公司的总裁，也是交互数字专利控股公司的总裁及首席行政长官，也是四被告的共同授权代表。由此可见，无论从交互数字通信有限公司与另外几个被告之间的关系看……（提示：官方发布时将此处文字隐匿）交互数字通信有限公司与本案有直接的利害关系，应属于共同被告。IDC 公司上诉认为交互数字通信有限公司不是本案的适格被告，理由不成立，本院不予采纳。

（2）关于原审诉讼程序是否合法的问题。IDC 公司上诉认为一审法院在本案证据交换后十余天就进行开庭，没有准许 IDC 公司延期开庭的请求和专家出庭作证的请求，违反了法定程序。经查，原审法院于 2012 年 9 月 26 日组织双方当事人进行证据交换，在 2012 年 10 月 15～17 日进行了开庭审理，双方当事人对本案证据进行了充分的质证和辩论。证据交换日期和开庭日期的确定，并无违反法律的情形。至于是否允许一方当事人聘请的专家证人出庭的问题，属于法院根据案件的审理需要和相关具体情况酌情确定的问题，一审法院没有采纳双方当事人的请求，也不违反法律规定。因此，IDC 公司上诉认为原审诉讼程序违反法律规定，没有事实和法律依据，本院予以驳回。

（3）关于原审判决适用法律是否错误的问题。IDC 公司上诉认为，欧洲电信标准化协会，即 ETSI 组织位于法国，因标准必要专利许可问题引起的纠纷应当适用法国法，否则无法正确解释"FRAND"义务的含义。本院认为，第一，本案纠纷属于标准必要专利使用费纠纷，双方争议和请求法院解决的问题并非华为公司与 IDC 公司是否要加入 ETSI 协议以及对 ETSI 协议的相关规定是否适当等问题，双方争议的问题仅仅是标准必要专利使用费问题。第二，根据当事人的诉辩主张，本案所涉及的标准必要专利仅仅是指 IDC 公司在中国申请或者获得授权的标准必要专利，并不涉及 IDC 公司在法国或者其他国家的标准必要专利问题。也就是说双方争议的标的是 IDC 公司在中国的专利或者专利申请。第三，华为公司与 IDC 公司之间并无约定如果双方就标准必要专利使用费问题发生纠纷应当适用哪国法律。而华为公司住所地、涉案专利实施地、谈判协商地均在中国，与中国有最密切的联系。第四，本案所涉 IDC 公司的中国标准必要专利或者专利申请，均是根据中国专利法的规定申请或者获得授权的。根据我国专利法规定，在中国没有经常居所或者营业场所的外国人、外国企业或者外国其他组织在中国申请专利，应当根据中国专利法办理。在中国申请专利应当依据中国专利法的规定，获得授权后，应当受到何等保护，比如专利保护期的长短、保护程序，等等，均应当依照中国法律的规定，而不应当依照申请人所在国的法律或者其他国家的法律。原审法院综合分析，认为本案应当适用中国法律并无不当。IDC 公司上诉认为本案应适用法国法，没有事实和法律依据，本院不予采信。

（4）关于原审判决对"FRAND"义务内容的解释是否存在严重偏差的问题。IDC 公司上诉认为，根据法国法，"FRAND"义务是指知识产权所有者单方面声明已做好准备公平、合理、无歧视地对基本专利授予不可撤销的许可，是邀请进行协商的标志，并不是一种缔约的强制要求，法院并不能在当事人未达成协议前为其创制合同。"FRAND"义务也不是国际贸易中的最惠国待遇，并不意味着所有寻求许可的相对方应从专利权人处获得相同的专利许可交易条件。本院认为，第一，IDC 公司根据法国法对"FRAND"义务的含义进行解释没有依据。如前所述，本案应当适用中国法律，而不是法国法律。第二，IDC 公司上诉时也指出，即使在国外，对于"FRAND"义务的基本含义也始终没有定论。因此，IDC 公司对"FRAND"义务的解释也并无权威的依据，也没有提供任何证据证明法国法上有明确的关于FRAND 条款的规定。第三，本案所涉的"FRAND"义务实际上是《欧洲电信标准化协会》（英文简称为"ETSI"）和美国电信工业协会（英文简称为"TIA"）中的知识产权政策和相关承诺。华为公司与 IDC 公司作为会员，应当受到前述协议约束。第四，"FRAND"义务的含义在前述协议中是明确的。《欧洲电信标准化协会》"知识产权政策"第 6.1 条明确规定：当与某特定标准或技术规范有关的基本知识产权引起 ETSI 的注意时，ETSI 总干事应当立即要求知识产权所有者在 3 个月内以书面形式给予不可撤回的承诺，该承诺须说明知识产权所有者将准备根据该知识产权中所规定的公平、合理和无歧视条件来授予不可撤销的许可。美国电信工业协会的知识产权政策也是鼓励权利人尽早披露纳入标准的专利，并要求权利人按照合理和无歧视的原则（RAND）许可其专利。第五，尽管中国法律没有具体规定"FRAND"的含义，却有类似的规定，诉讼中，如果双方当事人对合同条款或者协议中的词语的理解存在分歧，人民法院可以根据相关法律法规等对其作出解释。《中华人民共和国民法通则》第 4 条规定"民事活动应当遵循自愿、公平、等价有偿、诚实信用的原则"，《中华人民共和国合同法》第 5 条规定"当事人应当遵循公平原则确定各方的权利和义务"、第 6 条规定"当事人行使权利、履行义务应当遵循诚实信用原则"。这些规定可以用来对本案双方当事人争议的"FRAND"义务的含义进行解释。第六，原审法院根据中国法律对"FRAND"义务的含义所做解释并无不当。原审法院认为，"FRAND"义务的含义是"公平、合理、无歧视"许可义务，对于愿意支付合理使用费的善意的标准使用者，标准必要专利权人不得径直拒绝许可，既要保证专利权人能够从技术创新中获得足够的回报，同时也避免标准必要专利权利人借助标准所形成的强势地位索取高额许可费率或附加不合理条件。"FRAND"义务的核心在于合理、无歧视的许可费或者许可费率的确定。本院认为，无论是从字面上理解，还是根据欧洲电信标准化协会和美国电信工业协会中的知识产权政策和中国法律的相关规定，原审法院对"FRAND"义务的解释均是适当的。IDC 公司上诉认为，原审法院对

"FRAND" 义务的解释错误，没有事实和法律依据，本院不予采纳。

（5）关于原审判决确定的按照相关产品实际销售价格 0.019% 的专利使用费率是否适当的问题。IDC 公司上诉认为一审法院确定的使用费率不当，其理由主要是：IDC 公司与华为公司之间并没有签订许可合同，在合同尚未成立的情况下，原审法院直接判定许可费率是没有依据的；原审判决没有就如何确定 0.019% 的许可费率做任何说明；原审判决简单参照 IDC 公司给予苹果公司的"许可费率"进行处理不当；原审法院参照研究机构 Strategy Analytics 发布的全球手机市场分析数据也不当。

本院认为，第一，关于标准必要专利使用费或者使用费率的确定问题，在当事人不能达成协议的情况下，可以请求人民法院确定。尽管我国法律没有直接规定标准必要专利使用费问题，但《中华人民共和国专利法》对专利强制许可使用费问题进行了规定。《中华人民共和国专利法》第 57 条规定，取得实施强制许可的单位或者个人应当付给专利权人合理的使用费，或者依照中华人民共和国参加的有关国际条约的规定处理使用费问题。付给使用费的，其数额由双方协商；双方不能达成协议的，由国务院专利行政部门裁决。《中华人民共和国专利法》第 58 条规定，专利权人对国务院专利行政部门关于实施强制许可的决定不服的，专利权人和取得实施强制许可的单位或者个人对国务院专利行政部门关于实施强制许可的使用费的裁决不服的，可以自收到通知之日起 3 个月内向人民法院起诉。本案不属于专利强制实施许可的情形，对于专利强制实施许可，申请实施人应当向国务院专利行政部门提出。而对于标准必要专利而言，实施人并不需要向行政机关提出实施许可请求，而是直接根据专利权人所加入的相关标准协会所作出的承诺向专利权人提出，专利权人不得径行拒绝。但在确定使用费或者费率上，两者有相似之处，双方均可以自行协商，协商不成，则可以请求相关机构裁决。本案中，华为公司和 IDC 公司均是欧洲电信标准化协会的成员。根据《欧洲电信标准化协会》"知识产权政策"第 6.1 条规定：当与某特定标准或技术规范有关的基本知识产权引起 ETSI 的注意时，ETSI 总干事应当立即要求知识产权所有者在 3 个月内以书面形式给予不可撤回的承诺，该承诺须说明知识产权所有者将准备根据该知识产权中所规定的公平、合理和无歧视条件来授予不可撤销的许可。因此，IDC公司负有许可华为公司实施其标准必要专利的义务。关于使用费或者使用费率的问题，双方应当按照公平、合理和无歧视条款，即"FRAND"条款进行协商，协商不能时，可以请求人民法院裁决。

第二，标准必要专利使用费数额的确定，应当符合"FRAND"条款"公平、合理和无歧视"的条件。根据标准必要专利的特点，原审法院认为，在确定合理的使用费时，至少应考量以下因素：①许可使用费数额的高低应当考虑实施该专利或类似专利所获利润，以及该利润在被许可人相关产品销售利润或销售收入中所占比例。技术、资本、被许可人的经营劳动等因素共同创造了一项产品的最后利润，专利许可使用费只能是产品利润中的一部分而不应是全部，且单一专利权人并未提供产品全部技术，故该专利权人仅有权收取与其专利比例相对应的利润部分。②专利权人所作出的贡献是其创新的技术，专利权人仅能够就其专利权而不能因标准而获得额外利益。③许可使用费的数额高低应当考虑专利权人在技术标准中有效专利的多少，要求标准实施者就非标准必要专利支付许可使用费是不合理的。④专利许可使用费不应超过产品利润一定比例范围，应考虑专利许可使用费在专利权人之间的合理分配。对此，本院予以认可。关于"无歧视"条件的问题，尽管标准必要专利许可使用费的收费模式各有不同，有收取固定许可使用费模式，也有按照销售额比例收取使用费模式，而且不同的交易基础也可能有不同的许可费率。但是，在交易条件基本相同的情况下，应当收取基本相同的许可费或者采用基本相同的许可使用费率。在判断是否符合无歧视的条件时，往往需要通过比较的方法才能确定。在基本相同的交易条件下，如果标准必要专利权人给予某一被许可人比较低的许可费，而给予另一被许可人较高的许可费，通过对比，后者则有理由认为其受到了歧视待遇。标准必要专利权人就违反了无歧视许可的承诺。

第三，IDC公司在与华为公司就标准必要专利使用费协商过程中，IDC公司×次报价均不符合FRAND条件。IDC公司×次报价均有以下共同特点：

①IDC 公司在提出专利许可报价时……（提示：官方发布时将此处文字隐匿）华为公司多次明确提出……（提示：官方发布时将此处文字隐匿）由于只有纳入技术标准中的专利才属于标准必要专利，标准必要专利的许可才涉及 FRAND 原则……（提示：官方发布时将此处文字隐匿）②IDC 公司要求华为公司（提示：官方发布时将此处文字隐匿）在协商过程中，IDC 公司方要求华为公司……（提示：官方发布时将此处文字隐匿）显然，双方的许可条件不对等。③IDC 公司在协商条款中提出……（提示：官方发布时将此处文字隐匿）显然该要求违反自愿平等的基本原则。而且，在双方就相关专利许可正在谈判过程中，IDC 公司却于 2011 年 7 月针对华为公司提起侵权之诉，要求美国相关法院及美国国际贸易委员会对华为公司作出禁令。IDC 公司提出的条件和进行的诉讼行为，明显不符合 FRAND 的要求，导致双方谈判难以继续，始终不能就标准必要专利使用费达成一致意见。

第四，原审法院确定的标准专利许可使用费率是恰当的。原审法院在确定标准专利许可使用费的过程中，其一，充分阐述了 FRAND 条款的内涵，充分考虑以下因素：许可使用费数额与相关产品销售利润或销售收入的关系；标准必要专利对技术创新的贡献率；扣除非标准必要专利以及其他知识产权应当支付的许可使用费；标准必要专利权权人不能因为专利技术纳入相关标准而获得额外利益；标准必要专利的数量和质量等因素对使用费的影响。其二，原审法院参考 IDC 公司与苹果公司以及三星公司就通信领域标准必要专利的许可使用费，对本案的使用费予以确定是符合公平、合理和无歧视条款的。众所周知，苹果、三星、诺基亚、摩托罗拉、华为公司均生产和销售手机等通信设备，而且从统计数据看，苹果、三星、诺基亚、摩托罗拉公司手机销量一直名列前茅，他们在生产通信设备时也必然要使用 IDC 公司的标准必要专利，双方也确定了相应的标准必要专利使用费。因此，在华为公司实施 IDC 公司同样的标准必要专利时，IDC 公司与苹果公司、三星公司等之间的标准必要专利许可费率具有重要的参考价值。原审法院也考虑到本案的实际情况，三星公司与 IDC 公司的专利许可费率的达成是在诉讼背景下达成的，苹果公司与 IDC 公司之间的专利许可费率完全系双方平等、自愿、协商达成的，因此，主要参考 IDC 公司与苹果公司之间的专利许可费率，是适当的。其三，IDC 公司给华为公司的许可费报价远远高于该公司与苹果公司以及三星公司之间的专利许可使用费。从 IDC 公司的报价看，第×、×次是……（提示：官方发布时将此处文字隐匿）

而 IDC 公司与苹果公司和三星公司之间的专利许可使用费则明显不同。根据交互数字公司在美国证券交易委员会的财务报告显示，2007 年 9 月 6 日，IDC 公司方与苹果股份有限公司签订在全球范围内的、不可转让的、非独占的、固定许可费用的专利许可协议，许可期间从 2007 年 6 月 29 日始为期 7 年，许可的专利组合覆盖当时的 iPhone 和某些将来的移动电话技术，许可使用费为每季度 200 万美元，总额为 5 600 万美元。2007 年 9 月 11 日，新浪网报道"苹果 5 600 万美元购买 3G 专利 iPhone 将支持 HSDPA"，该报道和苹果股份有限公司的财务报告内容相吻合，因此，依法认定 IDC 公司授权给苹果股份有限公司的专利许可协议之内容属实。根据 Strategy Analytics 研究机构对全球手机市场的分析，苹果股份有限公司 2007～2012 年手机销售总额为 1 916.92 亿美元。IDC 公司对其向苹果公司收取的专利费没有异议，对苹果公司的 2007～2012 年的销售总额也没有提出相反意见。由于苹果公司仍在生产销售，该公司 2013 年和 2014 年仍有销售收入，根据苹果公司历史销售业绩数据并参考华为公司的保守计算，2007～2014 年苹果公司的销售收入至少应达到 3 000 亿美元，以此计算，IDC 公司许可给苹果公司的专利许可费率仅为 0.0187% 左右。根据交互数字公司 2010 年年报公布的内容，2009 年，IDC 公司方与三星电子有限公司及其子公司签订专利许可协议"2009 年三星 PLA"，授权三星公司非独占性、全球范围内之 2G、3G 标准下的终端设备和基础设施的固定专利权使用费，总额为 4 亿美元，许可期间截至 2012 年。根据 Strategy Analytics 研究机构对全球手机市场的分析，三星公司 2007～2011 年的销售额分别为：242.13 亿美元、262.22 亿美元、274.78 亿美元、330.34 亿美元、451.94 亿美元，Strategy Analytics 公司并预计三星公司 2012 年销售额为 536.10 亿美元。按照许可费率计算，IDC 公司许可三星公司的专利许可费率也应当在 0.19% 左右。

可见，IDC 公司方许可给华为公司的专利许可使用费率是其许可苹果公司的×倍左右，是 IDC 公司方许可给三星公司专利许可使用费率×倍左右。

原审法院考虑到，在 IDC 公司与苹果公司和三星公司之间的专利许可中，许可使用的专利及其范围是全球范围内，而本案华为公司要求 IDC 公司许可的专利仅仅是指 IDC 公司在中国的标准必要专利，故根据以上情况，综合考虑他们之间专利许可实际情况的差别，以及华为公司如果使用 IDC 公司在中国之外的标准必要专利还要另行支付使用费的情况，避免专利使用费的过高堆积，在 IDC 公司许可苹果公司的许可费率即 0.0187% 的基础上，将专利许可使用费率确定为 0.019%，是适当的。IDC 公司上诉认为前述许可使用费率不当，理由不充分，本院予以驳回。

（6）关于原审判决的内容是否明确的问题。IDC 公司上诉认为原审判决内容不明确，没有明确本案究竟涉及哪些中国标准必要专利以及哪些产品，只是笼统地确定使用费率，而且判决没有明确专利费率适用于判决生效前还是判决生效后。关于该问题，首先，华为公司的诉讼请求是：按照公平、合理、无歧视（FRAND）条件判决确定 IDC 公司就其中国标准必要专利许可华为公司的许可费率或费率范围。因此，人民法院围绕当事人的诉讼请求进行审理并依法作出裁判，而对当事人没有提出的事项不予审理和裁判，是符合法律规定的。其次，原审判决的判项是清楚的，不存在 IDC 公司上诉所称不明确哪些专利或者哪些产品以及究竟适用于判决生效前或者生效后的问题。从双方协商过程可以看出，IDC 公司就哪些专利进行许可，已经列出了明确的清单，如×年×月×日，IDC 公司向华为公司发送了电子邮件……（提示：官方发布时将此处文字隐匿）可见，双方当事人之间究竟针对哪些中国标准必要专利进行许可协商，是清楚的，也可以在专利清单中自行列明或者补充。关于许可使用费率究竟适用于判决生效前或者生效后的问题，双方当事人在协商过程中也是清楚的。比如在 IDC 公司×年×月×日发出的《（提示：官方发布时将此处文字隐匿）》中，明确记载……（提示：官方发布时将此处文字隐匿）而且，双方当事人对这些问题没有争议。因此，IDC 公司上诉认为原审判决内容不清楚，没有依据，本院不予采纳。

综上所述，原审判决认定事实清楚，适用法律正确。IDC 公司的上诉理由均不成立。依照《中华人民共和国民事诉讼法》第 170 条第 1 款第（一）项规定，判决如下：

驳回上诉，维持原判。

本案二审受理费人民币 1 000元，由上诉人交互数字通信有限公司、交互数字技术公司、交互数字专利控股公司和 IPR 许可公司共同负担。

本判决为终审判决。

审判长　欧修平

代理审判员　岳利浩

代理审判员　欧丽华

2013 年 10 月 16 日

书记员　黄慧懿

5. 华为技术有限公司与 IDC 公司滥用市场支配地位纠纷上诉案*
——标准必要专利权人滥用市场支配地位构成垄断

（2013）粤高法民三终字第 306 号

上诉人（原审原告）：华为技术有限公司，**住所地**：中华人民共和国广东省深圳市龙岗区⋯⋯

法定代表人：孙亚芳，该公司董事长。

委托代理人：徐静，北京市金杜律师事务所律师。

委托代理人：赵烨，北京市金杜律师事务所律师。

上诉人（原审被告）：交互数字技术公司（InterDigital Technology Corporation），**住所地**：美利坚合众国特拉华州威林顿⋯⋯

授权代表：Lawrence F. Shay，该公司总裁。

委托代理人：胡斌，上海市方达律师事务所律师。

委托代理人：廖婷婷，上海市方达律师事务所律师。

上诉人（原审被告）：交互数字通信有限公司（InterDigital Communications, Inc.），**住所地**：美利坚合众国宾夕法尼亚州普鲁士金⋯⋯

授权代表：Scott A. McQuilkin，该公司总裁。

委托代理人：云劭君，上海市方达（深圳）律师事务所律师。

委托代理人：廖婷婷，上海市方达律师事务所律师。

---

* 由于本案涉及商业秘密，根据有关规定，本判决书中涉及商业秘密的内容以省略号代替。

上诉人（原审被告）：交互数字公司（InterDigital，Inc.），**住所地**：美利坚合众国宾夕法尼亚州普鲁士金……

授权代表：Lawrence F. Shay，该公司知识产权执行副主席、首席知识产权顾问。

委托代理人：佘轶峰，上海市方达律师事务所律师。

委托代理人：祁放，……系公民代理。

上诉人华为技术有限公司（以下称华为公司）与上诉人交互数字技术公司、交互数字通信有限公司、交互数字公司（以下将该三公司统称为交互数字）因滥用市场支配地位纠纷一案，不服中华人民共和国广东省深圳市中级人民法院（2011）深中法知民初字第858号民事判决，向本院提起上诉。本院受理后，依法组成合议庭，不公开开庭审理了本案。华为公司的委托代理人徐静、赵烨，交互数字技术公司的委托代理人胡斌、廖婷婷，交互数字通信有限公司的委托代理人云劲君、廖婷婷，交互数字公司的委托代理人佘轶峰、祁放到庭参加了诉讼。本案现已审理终结。

2011年12月6日，华为公司向原审法院提起诉讼称：华为公司是全球主要的电信设备提供商。交互数字技术公司（InterDigital Technology Corporation）与交互数字通信有限公司（lnterDigital Communications，LLC）皆为交互数字公司（lnterDigital，INC）的全资子公司。该三公司虽然属于不同民事主体，但其实际控制人和管理团队相同，对外统称为交互数字集团（InterDigital Group），其在经营中分工缜密，每一个民事主体通常实施一个完整法律行为的不同环节，构成共同诉讼的主体性质和形式。多年以来，交互数字参与各类无线通信国际标准的制定，将其直接或间接拥有的专利权通过种种方式纳入无线通信的国际标准，并以此形成相关市场的支配地位。华为公司主张，本案相关商品市场为交互数字为专利权人的必要专利的许可市场，相关地域市场为全球必要专利许可市场中的中国市场和美国市场。交互数字在相关市场处于垄断地位。交互数字无视其在加入标准组织时对公平、合理、无歧视原则的承诺，对其专利许可设定不公平的过高价格，对条件相似的交易相对人设定歧视性的交易条件，在许可条件中附加不合理的条件，在许可过程中涉嫌搭售，通过在美国国际贸易委员会和美国联邦法院同时起诉华为公司及华为公司的美国子公司来拒绝与华为公司进行交易，滥用其市场支配地位，不仅损害了竞争秩序，也对华为公司造成实质损害，已威胁到华为公司在相关市场的正常运营，给华为公司造成严重损失。故华为公司请求法院判令：（1）交互数字立即停止垄断民事侵权行为，包括停止过高定价行为、停止差别定价行为、停止搭售行为、停止附加不合理交易条件行为以及停止拒绝交易行为；（2）交互数字连带赔偿华为公司经济损失人民币2 000万元，华为公司保留根据进一步获知的证据以及交互数字技术公司、交互数字通信有限公司、交互数字公司侵权延续造成的损失对赔偿数额予以增加的权利；（3）交互数字共同承担本案的诉讼费用以及华为公司为维权而支付的合理开支，包括调查费、公证费、律师费等。

交互数字共同答辩称，（1）交互数字不认可华为公司所主张的相关市场的划分。仅凭交互数字自身的必要专利涵盖的技术不可能制造任何终端产品。本案当中相关的地域市场应该是全球市场，而不是华为公司所划分的中国市场和美国市场。（2）交互数字在相关市场中不具有市场支配地位，以及排除或限制竞争的能力。（3）交互数字没有实施任何违反反垄断法、从事限制竞争的行为。（4）交互数字没有给华为公司造成任何实际损害。交互数字公司除上述答辩意见外，还辩称，其既不是标准化组织的成员和专利权人，也不是具体许可合同的谈判人，其仅仅是交互数字技术公司、交互数字通信有限公司的母公司；华为公司所称的其高管和交互数字通信有限公司的高管混同的问题，需华为公司举证证明；即使两公司在高管上有重合，亦不能否定其独立法人人格。故此，交互数字公司作为本案被告不适格。

原审法院经审理查明：

一、当事人基本情况

（一）华为公司的情况

华为公司于1987年在深圳注册成立，其经营范围包括开发、生产、销售程控交换机，传输设备，数据通信设备，宽带多媒体设备，电源、无线通讯设备，微电子产品，系统集成工程，计算机及配套设备，终端设备及相关的设备及维修，技术咨询服务等。

华为公司2010年年度报告显示，2010年，华为公司年度研发费用达到人民币16 556百万元，同比增加24.1%，投入51 000多名员工（占公司总人数的46%）进行产品与解决方案的研究开发，并在美国、德国、瑞典、俄罗斯、印度及中国等地设立了20个研究所。截至2010年12月31日，华为公司累计申请中国专利31 869件，PCT国际专利申请8 892件，海外专利8 279件，已获授权专利17 765件，其中海外授权3 060件。截至2010年年底，华为公司加入全球123个行业标准组织，如3GPP、IETF、ITU、OMA、NGMN、ETSI、IEEE和3GPP2等，并向这些标准组织提交提案累计超过23 000件。华为公司根据内部管理要求，将其区域分部划分为中国和海外。2009年，华为公司全球收入（包括电信网络、全球服务、终端收入）为1 490.59亿元人民币。2010年，华为公司全球收入（包括电信网络、全球服务、终端收入）为1 851.76亿元人民币。

（二）交互数字基本情况

交互数字技术公司（InterDigital Technology Corporation）、交互数字通信有限公司（InterDigital Communications，LLC）、交互数字公司（InterDigital，INC）均是在美国注册的企业法人。交互数字技术公司、交互数字通信有限公司是交互数字公司的全资子公司。包括交互数字技术公司、交互数字通信有限公司、交互数字公司在内的关联公司对外统称为"InterDigital Group"（交互数字集团）。本案中Lawrence F. Shay是交互数字技术公司的总裁，也是交互数字通信有限公司、交互数字公司的共同知识产权执行副主席、首席知识产权顾问。同时，Lawrence F. Shay还是本案交互数字技术公司、交互数字通信有限公司、交互数字公司的共同授权代表。

交互数字公司在2011年年报中声称，"其通过全资子公司持有超过19 500项与无线通信基本技术有关的专利和专利申请组成的专利组合，这些专利组合中有许多专利和专利申请是或可能成为移动或其他无线标准（包括2G、3G、4G和IEEE 802系列标准）的关键。交互数字集团（InterDigital

Group）的收入，主要来自根据专利许可协议所收取的专利使用费"。

二、现行通信领域技术标准的基本情况

现行通信领域技术标准主要包括 2G、3G 和 4G。

2G 标准包括 GSM 和 CDMA 标准。GSM 标准由欧洲电信标准化协会（ETSI）主持制定，并在欧洲推行使用。CDMA 标准由美国电信工业协会（TIA）主持制定，并在美国推行使用。在中国 2G 时代，中国移动、中国联通运营 GSM 网络，中国电信运营 CDMA 网络。

3G 标准包括 WCDMA、CDMA2000、TD—SCDMA 标准。其中，WCDMA、TD—SCDMA 标准由 3GPP（The 3rd Generation Partnership Project，第三代合作伙伴计划，由 ETSI 创立）制定并发布。WCDMA 标准使用地区包括欧洲、中国。TD—SCDMA 标准使用地区主要为中国。CDMA2000 标准由 3GPP2（The 3rd Generation Partnership Project2，第三代合作伙伴计划 2，由 TIA 创立）制定并发布，使用地区包括美国、中国。中国通信标准化协会（CCSA）是 3GPP、3GPP2 的会员。中国联通、中国电信、中国移动分别使用 WCDMA、CDMA2000、TD—SCDMA 标准。

4G 标准主要是指 LTE 标准（包括 FDD-LTE、TDD-LTE 标准），LTE 标准由 3GPP 制定并发布，在欧洲、美国、中国使用。

华为公司明确其生产相关通信产品必须符合无线通信技术标准。交互数字认可，其在中国现行的无线通信技术标准（WCDMA、CDMA2000、TD—SCDMA 标准）中均拥有"标准必要专利"（以下将"标准必要专利"简称为"必要专利"）。

三、以欧洲电信标准化协会（ETSI）为例介绍标准化组织的知识产权政策

（一）交互数字技术公司加入 ETSI 的情况

2009 年 9 月 14 日，交互数字技术公司的高级专利执行官 Bradey N. Ditty，向 ETSI 主席 Walter Weigel 发去邮件称，通过这封信，交互数字技术公司向 ETSI 提交"知识产权信息声明和许可申报"以及"知识产权信息声明附录"。

交互数字技术公司在"知识产权信息声明和许可申报"中声称，依照欧洲电信标准化协会（ETSI）知识产权方针第4.1条的规定，申报人和/或其关联机构现在相信"知识产权信息声明附录"中所披露的知识产权可能会成为欧洲电信标准化协会（ETSI）之工作项目、标准和技术规范的基本知识产权，交互数字技术公司是"知识产权信息声明附录"中所披露的知识产权所有人。同时，申报人和或其关联机构将准备按照欧洲电信标准化协会（ETSI）知识产权方针第6.1条所规定的条款和条件来授予该知识产权下的不可撤销许可。不可撤销承诺应符合以下条件：要求获得许可证的人员须同意互惠。交互数字技术公司在《知识产权信息声明附录》中声称，其拥有在 GSM、UMTS、GERAN、（UMTS；E-UMTS）、（GSM；UMTS）、（UMTS；E-UMTS；GERAN）、（GSM；UMTS；E-UMTS）、（UMTS；GERAN；E-UMTS）标准或项目下的大量必要专利和专利申请。交互数字技术公司声称的必要专利和专利申请，包括在美国的专利权和专利申请权，以及在中国的相应同族专利权和专利申请权。

（二）欧洲电信标准化协会（ETSI）知识产权政策的主要内容

欧洲电信标准化协会，英文简称为"ETSI"，该标准化协会知识产权政策的主要内容为：

该政策第3.1条规定：欧洲电信标准化协会知识产权政策旨在降低欧洲电信标准化协会成员以及其他采用电信标准化协会标准和技术规范的人员的风险，以免对标准的编制、采纳及运用所投入的资金因不可用的标准或技术规范基本知识产权而被浪费掉。为实现这一目标，欧洲电信标准化协会（ETSI）知识产权政策旨在电信领域内公众使用标准化需求与知识产权所有者的权利之间平衡寻求一种平衡。

该政策第4.1条规定：各成员应当在合理范围内尽量（特别是在其参与的对标准或技术规范的制定过程中）及时将基本知识产权向 ETSI 通告。特别是：提交关于标准或技术规范技术提案的成员应当在诚信基础上提请 ETSI 注意任何在提案被采纳后可能变成基本知识产权的成员知识产权。

该政策第4.3条规定：如果同族专利的成员已被及时通告给欧洲电信标

准化协会（ETSI），则根据上述第4.1条所规定的义务将被视为由所有同族专利的现有及未来成员共同履行。可通过自愿的方式提供关于其他同族专利成员的信息（如有）。

该政策第6.1条规定：当与某特定标准或技术规范有关的基本知识产权引起ETSI的注意时，ETSI总干事应当立即要求知识产权所有者在3个月内以书面形式给予不可撤回的承诺，该承诺须说明知识产权所有者将准备根据该知识产权中所规定的公平、合理和无歧视条件来授予不可撤销的许可，并且至少涉及以下范围：制造，包括制造或代工用于制造符合被许可人自行设计标准的定制组件和子系统；出售，出租或以其他方式处置按此方式制造的设备；维修、使用或操作上述设备；以及使用方法。

该政策第8.1条相关条款规定：8.1.1有一个切实可行的替代技术的情况，如果在标准或技术规范发布之前，权利人通知ETSI，他还不能按照以上第6.1款规定，提供关于标准或技术规范的许可，则全体大会应审核该标准或技术规范的需求，确保有一切实可行的替代技术用于该标准或技术规范，且该替代技术不受知识产权所阻碍；且满足欧洲电信标准化协会（ET-SI）要求。8.1.2如果全体大会认为没有这么一个切实可行的替代技术存在，则有关标准或技术规范的工作应停止，且ETSI总干事应遵照以下程序执行工作，a) 当权利人为成员时，i) ETSI总干事应要求该成员重新考虑其立场。ii) 但是，如果该成员仍决定拒绝提供知识产权（IPR）许可，则该成员应将其决定通知ETSI总干事，并在收到总干事要求的3个月内，就拒绝提供知识产权（IPR）许可的原因提交一份书面解释。iii) 然后，ETSI应将该成员的书面解释及其全体大会会议纪要的相关摘要发送给ETSI顾问，供其考虑。b) 当权利人为第三方时，i) ETSI总干事应在任何适当情况下，向任何表示无法按照第6.1条规定提供许可证的成员索要完整的支持文档，且/或要求相关成员出面斡旋，找到一个问题解决方案。ii) 如果无法通过此方法找到解决方案，ETSI总干事应向相关权利人作书面解释，并发出最终要求，需要对方按第6.1条规定提供许可。iii) 如果权利人仍然回绝主席要求，决定拒绝提供知识产权（IPR）许可，或者在接到ETSI总干事要求信的 3 个月内未能作出回复，则 ETSI 总干事应将权利人的解释，及全体大会会议纪要的相关摘要（如果有）发送给 ETSI 顾问，供其考虑。

该政策第 12 规定：本方针适用于法国法律。但是，任何成员不得以本方针之名，违反本国法律法规，或者从事违反适用于本国的超国家法律法规的活动，且此等法律不允许双方协议减损法规效力。

根据该政策第 15.1 条和第 15.9 条的解释，ETSI 的会员包括会员的关联方。

四、交互数字声称的必要专利在中国电信领域里的使用情况

交互数字技术公司在 ETSI 声称的必要专利，对应中国电信领域的移动终端和基础设施之技术标准，亦是中国的必要专利。在移动终端领域，华为公司通过举例的方式证明如下事实：

交互数字技术公司在 ETSI 中声称，其拥有 TS25.212 标准技术下的美国"METHOD AND SYSTEM FOR IMPLICIT USER EQUIPMENT IDENTIFICA-TION"必要专利，同时，该专利在中国的同族专利为 ZL02809881.1 号专利。经华为公司登陆中国知识产权局网站查询，ZL02809881.1 号专利名称为"内隐用户设备辨识的方法与系统"，专利权人为交互数字技术公司。中国信息产业部 2007 年 5 月 16 日发布的《中华人民共和国通信行业标准》显示，2GHz WCDMA 数字蜂窝移动通信网 Uu 接口物理层技术，要求采用 3GPP R99 TS25.212 标准技术，对于 2GHz WCDMA 数字蜂窝移动通信网 Uu 接口物理层部分的开发、生产、引用和购买适用该标准。

交互数字技术公司在 ETSI 中声称，其拥有 TS25.212 标准技术下的美国"METHOD AND SYSTEM FOR IMPLICIT USER EQUIPMENT IDENTIFICA-TION"必要专利，同时，该专利在中国的同族专利为 ZL02234564.7 号专利。经华为公司登陆中国知识产权局网站查询，ZL02234564.7 号专利名称为"一种基站及用户设备"，专利权人为交互数字技术公司。中国信息产业部 2007 年 5 月 16 日发布的《中华人民共和国通信行业标准》显示，2GHz WCDMA 数字蜂窝移动通信网 Uu 接口物理层技术，要求采用 3GPP R99TS25.212 标准技术，对于 2GHz WCDMA 数字蜂窝移动通信网 Uu 接口物

理层部分的开发、生产、引用和购买适用该标准。

交互数字技术公司在 ETSI 中声称，其拥有 TS25.211 标准技术下的美国"CDMA COMMUNICATION SYSTEM USING AN ANTENNA ARRAY"必要专利，同时，该专利在中国的同族专利为 ZL00812637.2 号专利。中国信息产业部 2007 年 5 月 16 日发布的《中华人民共和国通信行业标准》显示，2GHz WCDMA 数字蜂窝移动通信网 Uu 接口物理层技术，要求采用 3GPP R99 TS25.211 标准技术，对于 2GHz WCDMA 数字蜂窝移动通信网 Uu 接口物理层部分的开发、生产、引用和购买适用该标准。

在电信基础设施领域，华为公司证明如下事实：中国电信集团公司 2010 年颁布的技术标准规定，本规范的制定是为了保证中国电信移动终端的正常运行，以及终端的开发生产提供依据，本规范适用于在中国电信商用 CDMA 网络中使用、支持 CDMA 制式的移动终端，包括 3GPP2 CDMA2000 在内的规范通过在本规范中引用而构成为本规范的条文。《中国电信 CD-MA1X 无线网络设备技术规范》是在参考 3GPP2 等国际标准化组织和信息产业部颁布的相关技术标准的基础上，结合最新技术发展动态和中国电信现有网络的实际情况制定，在技术内容上与国际和国内建议等效。

中国联通公司 2010 年颁布的技术标准规定，本标准的制定是为保证中国联通 WCDMA 数字移动通信网能正常运行和方便运营管理，并为移动台的开发生产提供依据，技术指标主要依据国际标准组织 3GPP 和国内相应行业标准中的规定，并根据中国联通实际商用的需求而编写，本标准是中国联通 WCDMA 数字蜂窝移动通信网移动台技术规范的一部分，本标准规定中国联通 WCDMA 移动台基本技术要求。

中国移动通信集团 2009 年颁布的技术标准规定，本标准 TD—SCDMA 移动终端在技术方面的技术要素、技术特性进行了要求，确保 TD—SCDMA 终端能够满足网络运营和业务开展的需求。本规范是在参考 3GPP 国际标准和其他组织有关规范，并结合中国移动的实际业务需求的情况下编写，本标准适用于 2GHz TD—SCDMA 数字蜂窝移动通信网终端设备，对于 HSDPA 相关的要求，支持单载波 HSDPA 功能的终端为必选要求。

五、当事人专利许可谈判的基本情况

从×年×月始，华为公司与交互数字通信有限公司就涉案专利许可在中国广东省深圳市等地进行了多次谈判。

（一）在谈判中交互数字声称其享有必要专利的情况

××年×月×日，交互数字将……通过电子邮件发给华为公司。电子邮件声称，……

（二）交互数字向华为公司发出的专利许可条件之要约情况

交互数字向华为公司发出的专利许可要约主要为×次，具体情况为：

1. ×年×月×日发出要约的主要内容

……

2. ×年×月×日发出要约的主要内容

×年×月×日，交互数字向华为公司发送电子邮件……

3. ×年×月×日发出要约的主要内容

×年×月×日，交互数字向华为公司发送电子邮件……

4. ×年×月×日发出要约的主要内容

×年×月×日，交互数字向华为公司发送电子邮件……

六、交互数字与苹果公司等达成的专利交易情况

（一）交互数字与英特尔公司专利交易情况

交互数字公司在美国证券交易委员会公开的财务信息显示，2012 年 6月 18 日，交互数字公司的附属公司已签署了一份决定性的协议，以 3. 75 亿美元的价格向英特尔公司出售大约 1 700 项专利与专利申请，包括大约 160项已批准的美国专利和大约 40 项美国专利申请，该协议涉及主要与 3G、LTE 和 802. 11 技术相关的专利。

（二）交互数字与北京新岸线移动通信技术有限公司专利交易情况

交互数字公司在美国证券交易委员会公开的财务信息显示，2012 年第二季度，交互数字公司的一家附属公司已签署了一份决定性的协议，以 900万美元的价格向北京新岸线移动通信技术有限公司出售了一些专利和专利申请。2012 年第二季度结束时，这笔款项已记录为收入。此外，交互数字

公司确认了与 2012 年第二季度专利出售相关的费用 70 万美元。

交互数字公司 2012 年第二季度 6 240 万美元的专利许可费用与 2012 年第一季度相比下降了 620 万美元或 9%，下跌的原因是，两家按设备许可的被许可人的出货量下降，导致许可费下降 630 万美元。

2012 年 7 月 21 日，新浪网报道，北京新岸线移动通信技术有限公司从美国交互数字公司购买了上百项国内外专利，这些专利涉及 WCDMA 和 LTE 标准必要专利。

（三）交互数字与苹果公司专利交易情况

交互数字公司在美国证券交易委员会的财务报告显示，2007 年 9 月 6 日，交互数字技术公司、交互数字公司和急速通信股份有限公司和知识产权许可股份有限公司，与苹果股份有限公司共同签署了一份适用于世界范围的、不可转让的、非独占的、固定许可费用的专利许可协议。根据该 2007 年 6 月 29 日生效的为期 7 年的许可协议，将交互数字的专利组合许可给苹果公司，该专利组合覆盖目前的 iPhone 和某些将来的移动电话技术。交互数字在不久后发布更新的 2007 年第三季度的财务指南。

2007 年 9 月 7 日，交互数字公司在美国证券交易委员会的财务报告中更新了其 2007 年第三季度财务指导，该指南称，交互数字公司的专利许可和技术方案持续性营收应在 55.5 百万美元至 56.5 百万美元，而之前发布的财务指南中其持续性营收在 53.5 百万美元至 54.5 百万美元之间。此外，交互数字公司有望在不久的将来收到 2 000 万美元，该 2 000 万美元与最近签署的许可协议有关。同时，该指南称，交互数字是一个全球无线标准的主要推动者，并拥有强大的专利技术组合，交互数字将这些专利组合许可给 2G、2.5G、3G 和 802 产品的全世界的生产商。

2007 年 9 月 11 日，新浪网报道"苹果 5 600 万美元购买 3G 专利 iPhone 将支持 HSDPA"，主要内容为，苹果公司与美国交互数字公司签署了一项 3G 专利许可协议，这份为期七年的协议价值 5 600 万美元，涵盖已经上市的 iPhone 和即将发行的 3G 版 iPhone。

（四）交互数字与三星电子有限公司和 LG 电子公司专利交易情况

交互数字公司在 2010 年年报中声称，客户创收超过 2010 年总收入的 10% 。三星电子有限公司（"三星"）和 LG 电子公司（"LG"）分别约占公司 2010 年总收入的 26% 和 15% 。2009 年，公司与三星及其子公司（包括三星电子美国公司）签订了一份专利许可协议（"2009 年三星 PLA"）。根据"2009 年三星 PLA"，直至 2012 年，针对根据（在 2010 年成为需要进行支付的）TDMA2G 标准进行设计运行的单模终端设备的基础设施的销售，公司授予三星非独占性、全球范围内固定专利权使用费许可；针对根据 3G 标准进行设计运行的终端设备和基础设施的销售，公司授予三星非独占性、全球范围内固定专利权使用费许可。"2009 年三星 PLA"取代双方在 2008 年 11 月签订的捆绑条款文件，并终止本公司与三星在 1996 年签订的专利许可协议。"2009 年三星 PLA"也结束了双方正在进行的所有诉讼和仲裁程序。按照"2009 年三星 PLA"，三星已分期支付交互数字公司 4 亿美元，超过 18 个月内分四期等额支付。三星在 2009 年已支付前两期付款各 1 亿美元。"2009 年三星 PLA"相关收入在协议有效期内按照直线法计入。2010 年期间，公司确认"2009 年三星 PLA"相关收入计 10 270 万美元。

本公司与 LG 签订了世界范围内、非独占性专利权使用基于方便的专利权许可协议，涵盖（ⅰ）根据 2G 和基于 2.5G TDMA 以及 3G 标准进行设计运行的终端设备的销售；（ⅱ）根据 CDMA 2000 技术及直至有限起点金额的延伸技术进行设计运行的基础设施的销售。根据该专利许可协议条款，LG 分别在 2006 年、2007 年和 2008 年的第一季度向本公司支付 9 500 万美元。2010 年年底，该协议有效期届满，有效期间 LG 被给予有偿许可，在许可的专利范围内销售单模 GSM/GPRS/EDGE 终端设备，本协议下的所有其他产品不被许可。从协议开始生效至 2010 年 12 月 31 日，公司将该协议有关的收入按照平均年限法计入。2010 年期间，公司确认与 LG 专利许可协议相关的收入计 5 750 万美元。

交互数字公司在 2011 年年报中声称，2009 年，我们与三星公司订立了一份专利许可协议（"2009 年三星协议"）将三星公司的关联公司覆盖在内。根据"2009 年三星协议"，我们授予三星公司非排他性的、全球范围内的、支付固定许可费的许可，其中涉及单模终端单元和基础设施的销售，这些单模终端单元和基础设施旨在依据 TDMA2G 标准运行，该许可于 2010 年付清；同时，授予三星公司一项非排他性的、全球范围内的、支付固定许可使用的许可，其中涉及截至 2012 年终端单元和基础设施的销售，这些终端和基础设施旨在依据 3G 标准运行。根据"2009 年三星协议"，三星公司在 18 个月内分四次向交互数字（InterDigital）支付了 4 亿美元（每次数额相等）。三星公司于 2009 年支付了四笔 1 亿美元中的前两笔。我们于 2010 年 1 月和 2010 年 7 月收到了第三笔和第四笔美元付款。我们在 2009 年三星协议整个期限采用直线法处理与该协议有关的收入。2011 年，我们确认与 2009 年三星协议有关的 1.027 亿美元收入。

（五）交互数字与 RIM 公司专利交易情况

交互数字公司在 2011 年年报中声称，2003 年，我们与 RIM 针对旨在依据 GSM/GPRS/EDGE 标准运行的终端单元订立一份非排他性的、全球范围内的、以方便为基础的、支付使用费的许可协议。我们于 2007 年修订了本协议，加入旨在依据 TIA/EIA – 95 和 3G 标准运行的终端单元。根据该协议条款，RIM 应当针对 RIM 或关联公司出售的每个被许可产品支付使用费。RIM 协议将于 2012 年 12 月 31 日到期。被许可产品的销售额上报时，我们确认与本协议有关的收入。2011 年，我们确认收到与 RIM 专利许可协议有关的收入 4 290 万美元。

（六）交互数字与 HTC 公司专利交易情况

交互数字公司在 2011 年年报中声称，2003 年，我们与 HTC 订立了一份非排他性的、全球范围内的、以方便为基础的、支付使用费的许可协议，其中涉及旨在依据 2G 和 3G 标准运行的终端单元和基础设施的销售。根据该协议条款，HTC 应当针对 HTC 或其关联公司出售的每个被许可产品支付使用费。HTC 协议将于协议项下最后一项被许可专利期限满时到期。被许可产品根据被许可产品的销售额上报时，我们确认与本协议有关的收入。2011 年，我们确认收到与 HTC 专利许可协议有关的收入 3 380 万美元。

七、无线通信领域必要专利的交易情况

（一）交互数字提交的证据显示无线通信领域必要专利的交易情况

交互数字提交的网站新闻信息有如下报道：飞鸿移动网站（www.22SHOP.com）登载了显示上传日期为 2009 年 5 月 4 日的"高通授予深圳三木公司 CDMA 及 TD 专利许可权"报道，主要内容为，美国高通公司授予深圳市三木通信技术有限公司 CDMA 及 TD—SCDMA 标准的用户单元和模块/调制解调器卡的全球专利许可。

网易科技网站（tech.163.com）登载了显示上传日期为 2008 年 8 月 6 日的"高通公司授予华勤 CDMA2000 专利许可权"报道，主要内容为，美国高通公司授予上海华勤通讯技术有限公司专利组合的全球专利许可权、准许其开发、生产和销售 CDMA2000 用户单元与调制解调器卡的全球专利许可权。

比特网（ChinaByte.com）登载了显示上传日期为 2008 年 12 月 23 日的"天宇与高通达成专利协议发力 3G 终端市场"报道，主要内容为，美国高通公司授予天宇朗通公司 CDMA2000 和 WCDMA 用户单元与调制解调器卡全球专利许可权。

泡泡网站（PCPOP.com）登载了显示上传日期为 2008 年 9 月 30 日的"诺基亚/诺基亚西门子获华为专利许可"报道，主要内容为，诺基亚/诺基亚西门子与华为及其子公司就标准必要专利达成专利许可协议，该协议覆盖各方所有标准必要专利的全球使用权，包括移动终端、网络基础设施和服务中使用到的 GSM、WCDMA、CDMA2000、光纤网络、数据通信及 WiMAX 专利。

和讯网站（tech.hexun.com）登载了显示上传日期为 2009 年 5 月 14 日的"高通授予 Telit 商用 WCDMA 专利技术的全球许可"报道，主要内容为，高通公司与无线通信专业公司已达成商用 WCDMA 调制解调器卡技术许可协议，根据该协议，高通将授予 Telit 公司关于高通 CDMA 专利技术的全球许可协议。

交互数字提交上述证据欲证明，在无线通信领域中必要专利全球许可是较常见的交易模式。

（二）交互数字提交的证据显示谷歌购买合并摩托罗拉案中的必要专利交易情况

2012 年 2 月 13 日，欧盟委员会根据第 139/2004 号理事会条例第 6（1）（b）条的规定就谷歌/摩托罗拉移动案作出委员会判决，该判决的主要内容有：

根据 2011 年 8 月 15 日签署的合并协议和计划，谷歌将通过股权购买合并整个摩托罗拉移动的唯一控制权，作为交易的一部分，谷歌将并购摩托罗拉移动的整个专利档案。摩托罗拉移动拥有很多标准必要专利，包括 LTE、3G、2G、WCDMA-UMTS、GSM-GPRS、CDMA、WiFi、WiMAX、MPEG-4 等专利。

2012 年 2 月 28 日，谷歌就其欲收购摩托罗拉移动的标准必要专利一事向多个标准设定组织发函，谷歌在信中称会尊重摩托罗拉现存的以公平、合理与无歧视的条款许可其必要专利的承诺，谷歌承认摩托罗拉移动已经准备以最多为每台终端设备净售价 2.25% 的费率许可其标准必要专利，并且该许可费率可以由交叉许可或其他对价所抵销，谷歌称将来会尊重该费率。

谷歌称其会在合理时间内与潜在被许可人以善意进行谈判，在这段时间里，任何一方都不可以启动针对另一方必要专利的法律程序，并且基于其必要专利寻求禁令救济。谷歌主张，对于摩托罗拉移动拥有的必要专利，在以下条件下，即使在善意的谈判失败后，一个潜在的被许可人也将有机会阻止禁令救济的寻求：（a）以一定条件提议许可摩托罗拉移动的必要专利，并且（b）为许可费的支付提供担保。在一开始就应当强调的是，摩托罗拉移动有着为其必要专利使用收取相关终端产品净销售价 2.25% 费率的长期实践。摩托罗拉移动公开声明这是一个 FRAND 费率。欧盟委员会认为，如果谷歌在并购完成后开始寻求高于 2.25% 的许可率，才有可能需要对此次并购提出质疑。

欧盟委员会认为，交叉许可通常而言不是反竞争的，此外，在移动通信领域，交叉许可是一个普遍的和可被接受的惯例，因此，谷歌也许有动机基于摩托罗拉移动的必要专利参与交叉许可并不是一个竞争法需要考虑的问题。此外，在必要专利的基础上寻求和实施禁令从其本身考量，也不是反竞争的，特别是，依据具体情况，必要专利权人对不愿意以善意对 FRAND 条款进行谈判的潜在被许可人寻求禁令可以是合法的。

八、Strategy Analytics 研究机构分析手机市场的情况

由于交互数字未向原审法院提交其授权给苹果、三星等公司专利实施许可合同等证据材料，华为公司向原审法院提交了 Strategy Analytics 研究机构对全球手机市场的分析报告。

Strategy Analytics 研究机构在其网站中称，该机构是一家全球性组织，分析师遍布欧洲、亚洲和美洲，帮助全球 500 强公司在复杂的技术市场发展成功路线，由于该机构全球存在，其了解区域市场，能用高度控制和完美的数据完整性进行基本研究和管理咨询。

Strategy Analytics 研究机构对全球手机市场进行了分析。该机构根据全球手机供应商出货量、市场份额、净销售额、营业收入等视角，分析了诺基亚、三星、苹果、LG 电子、RIM、摩托罗拉、HTC、索尼等全球几大手机供应商的情况，华为公司未被列入该分析报告中。根据该分析报告，三星公司2009～2012 年手机销售总额为 161 067 百万美元，2007～2012 年手机销售总额为 205 828 百万美元；苹果公司 2007～2012 年手机销售总额为 191 692 百万美元；RIM 公司 2011 年手机销售总额为 14 840 百万美元；HTC 公司 2011年手机销售总额为 15 103 百万美元。

交互数字否认 Strategy Analytics 研究机构关于全球手机市场分析报告的真实性，理由为，以 2009 年为例，根据交互数字提交的苹果公司 2010 年年报显示，苹果公司 2009 年 iPhone 手机和相关产品服务的销售净额为 13 033百万美元，而上述 Strategy Analytics 研究机构的报告认为，苹果公司 2009 年手机的销售净额为 14 846 百万美元，二者有出入。针对交互数字的该否认观点，华为公司认为，Strategy Analytics 研究机构的全球手机市场分析报告是以日历年（每年的 1 月 1 日至 12 月 31 日）来计算的，而苹果公司的年度财务报告是以美国上市公司的财政年度（从上一年的 9 月到下一年的 9 月）来计算的，出现上述数据差异是因财务年度的计算差异导致。从交互数字提

交的苹果公司 2010 年年报显示，其是以上一年的 9 月到下一年的 9 月作为计算财务年度的依据。

九、交互数字在美国特拉华州法院、美国国际贸易委员会起诉华为公司必要专利侵权的情况

2011 年 7 月 26 日，交互数字技术公司、交互数字通信有限公司和专利许可公司（IPR Licensing Inc.）将华为公司起诉至美国特拉华州法院，称，华为公司制造、使用、销售、进口的产品专门设计用于 3GWCDMA 或 CDMA2000 系统，涉嫌侵犯了其在美国享有的 7 项专利（美国专利号分别为 7349540、7502406、7536013、7616070、7706332、7706830、7970127），请求美国特拉华州法院责令华为公司停止被控侵权行为。

同日，交互数字通信有限公司、交互数字技术公司、IPR 许可公司向美国国际贸易委员会（ITC）起诉华为公司、华为美国公司、诺基亚公司、中兴通讯股份有限公司、中兴通讯（美国）公司侵犯其必要专利权，请求美国国际贸易委员会对华为公司等相关产品启动 337 调查并发布全面禁止进口令、暂停及停止销售令。

十、交互数字公司近两年年报记载的其他内容

（一）交互数字公司 2010 年年报记载的其他内容

交互数字公司 2010 年年报还记载了如下内容：

截至 2010 年年底，交互数字持有 18 500 项专利和待批的专利申请。并宣称，"我们的名字可能不是家喻户晓，但世界上每一个蜂窝无线通信设备都运用了我们的技术"。

交互数字提供先进技术，使无线通信成为可能。公司自 1972 年成立以来，已经设计和开发出许多用于数字蜂窝以及无线产品和网络的新技术，包括 2G、3G、4G 和 IEEE802 相关的产品和网络。公司是无线通信行业知识产权的主要贡献者，目前通过全资子公司持有的无线通信基本技术相关的专利组合中，美国专利约 1 300 项，非美国专利约 7 500 项。在公司的专利组合中，有许多专利和专利申请，我们认为已经成为或可能成为蜂窝以及其他无线标准（包括 2G、3G、4G 和 IEEE802 系列标准）必要的专利或专利申请。

我们认为，其他公司（包括所有主要的移动手持设备制造商）制造、使用或者销售基于这些标准的产品需要得到本公司必要专利的许可，并将需要获得本公司待批专利申请中必要专利的许可。使用本公司发明专利产品包括：移动设备，如手机、平板电脑、笔记本电脑和无线个人数字助理；无线基础设施设备，如基站；无线通信设备部件，如加密狗和无线设备模块。2010年，公司的收入确认来自一半以上销往世界各地所有的3G移动设备，包括主要移动通信公司（如苹果、宏达、LG电子、RIM和三星电子）所售的移动设备。公司的大部分收入来自公司专利组合中的专利许可。公司与从事无线通信设备供应的公司进行联系，并寻求与他们建立许可协议。公司向制造、进口、使用或销售或打算制造、进口、使用或销售采用本公司专利组合所涵盖的发明的产品公司提供非独占性专利权许可。公司已与世界各地的公司订立了非独占性、不可转让（有限的例外情况）的专利许可协议。

保持实质性参与主要国际标准化机构，公司将继续致力于目前正在进行的无线标准定义工作，并继续将公司的发明纳入这些标准中。我们认为，参与其中让公司技术开发有了很大的可见性，并能使公司在技术开发方面走在最前沿。此外，参与主要国际标准有利于促进行业采用本公司的技术，并加快使用本公司知识产权的产品的上市时间。

数字蜂窝标准，各种空中接口技术所定义的性能在SDOs范围内不断发展。3G服务的展开，使运营商能利用额外的无线电频谱配置，并通过使用大于2.5G的数据传输速度，为其客户提供额外的应用程序。2000年，运营商开始提供3G服务。3G标准之下的五种规格（通常被看做ITU"IMT-2000"推荐规格）包括以下几种CDMA技术形式：FDD和TDD（行业中统称为WCDMA）以及多通道CDMA（基于cdma2000的技术，如EV-DO等）。此外，TD—SCDMA，一种TDD技术的中国版变种，已经列入标准规格中。

由于公司专利组合的独特性，在客户关系上，公司不与其他专利权利人进行传统意义上的竞争，其他专利权利人不享有本公司专利组合中所涵盖的发明和技术相同的权利。在包含知识产权的任何设备或设备部件中，制造商可能需要获得多个知识产权权利人的许可。在申请专利组合许可时，公司与其他专利权利人在可能面临实际限制的专利使用费份额展开竞争。我们认为，制造和销售 2G、3G 以及最近的 4G 产品需要获得本公司许多专利的许可。但是，许多公司也声称他们持有 2G、3G 和 4G 必要专利。在多方寻求对同一产品的专利权使用费时，制造商可能宣称已经难以满足各专利权利人的财务要求。在过去，某些制造商在自愿的基础上共同寻求反垄断豁免。此外，某些制造商一直在试图限制必要专利的 3G 许可费用总额或费率。

本公司执行官被委任到上述办事处任职，直至其继任人妥为选出并证明具有资格。所有执行官同时也具有本公司全资子公司交互数字通信有限公司（自 2007 年 7 月成立以来）的相同职务。

交互数字公司在 2010 年年报中还指出，交互数字通信有限公司、交互数字技术公司是其全资子公司。

（二）交互数字公司 2011 年年报记载的其他内容

交互数字公司 2011 年年报还记载了其他内容：

几十年来，交互数字已开发出基本的无线技术，这些技术是全世界移动设备、网络和服务的核心。交互数字 2011 年总收入为 301 742 000 美元，2010 年总收入为 394 545 000 美元，2009 年总收入为 297 404 000 美元。为促进我们的技术在全世界范围内得以运用，我们积极参与标准体并为标准体作出贡献，这些标准体促进每一代无线技术的设计和功能开发。交互数字参与全球标准组织，这对我们的成功起到了重要作用。我们相信，我们的参与使我们更加明确地进行技术开发，使我们始终处于技术开发的前沿。这也使交互数字有机会参与标准体分享我们的解决方案，同时我们也继续解决无线行业在今天所面临的最复杂挑战。而且，加入标准组织后，我们的技术获得更为普遍的使用，这有助于推动我们取得经济上的成功。

我们是无线通信行业知识产权的主要贡献者，截至 2011 年 12 月 31 日，通过我们的全资子公司拥有由超过 19 500 项与无线通信基本技术有关的专利和专利申请组成的专利组合。我们认为，我们的专利组合中有许多专利和专利申请是或可能成为移动或其他无线标准（包括 2G、3G、4G 和 IEEE802 系列标准）的关键。2011 年，我们从全世界销售的所有 3G 移动设备中的一半取得许可费收入，包括世界领先的移动通信公司（如苹果公司）、宏达国际电子股份有限公司（HTC）、移动研究有限公司（RIM）和三星电子有限公司销售的产品。

目前，我们的收入主要来自根据我们的专利许可协议收取的使用费。2011 年，我们的收入为 3.017 亿美元，与 2010 年相比减少 6 410 万美元或 24%，净收入为 8 950 万美元，与 2010 年相比减少 6 410 万美元或 42%。我们的一些专利许可是"一次性支付"，根据约定条件无须根据销售额支付额外许可费，这些"一次性支付"许可约定的条件可以包括某一段时间内、某一类产品、销售的一定数量产品、某些专利或专利权利要求项下、用于特定国家销售的许可（或这些条件的组合）。许可费在被许可人支付固定金额或支付某段期间的许可费后视为付清。除分配给往期销售额的款项以外，我们以直线法处理固定金额收入。

我们相信广泛的用户基础、持续的技术发展和大众对互联网、电子邮件和其他数字媒体不断增长的依赖，都为我们的先进无线产品和服务在未来 5 年的销售持续增长打下基础。3G 和 4G 手机出货量在 2011 年占据约 48% 的市场份额。且根据 THS iSuppli 公司的意见，预计到 2015 年将增长到占据约 73% 的市场份额。

由于专利权的排他性，我们并不在传统意义上与其他专利持有人竞争客户关系。其他专利持有人对我们的专利组合中包含的发明和技术不享有相同的权利。在包含知识产权的任何设备中，制造商需要从多个知识产权持有人处获得许可。在对外许可我们的专利组合时，我们与其他专利持有人处获得许可，在对外许可我们的专利组合时，我们与其他专利持有人竞争使用费。为生产和销售 2G、3G 和 4G 产品，需要取得我们的各种专利许可，但许多公司也声称他们拥有关键的 2G、3G 和 4G 专利。多方面都对同一产品主张使用费时，制造商可声称，要满足每个专利持有人的财务要求，具有困难。此外，某些制造商还主张限制关键专利的总许可费用或费率。我们面临来自无线设备和半导体制造公司和运营商内部开发团队的竞争。他们能够开发出与我们设置在标准中的解决方案相竞争的技术。由于存在相互竞争的解决方案，因此我们的解决方案可能不会被相关标准采纳。此外，在对外许可我们的专利组合时，我们可能会与其他公司竞争，其中许多公司还会声称持有关键专利，以争取在使用费上占有一席之地。

2G 和 3G 技术将被 4G 或其他技术取代，有必要扩展或修改某些现有的许可协议以覆盖后来颁发的专利，这些都会影响到我们的收入。虽然我们在 4G 和非移动技术方面已取得的和正在申请的专利组合在不断扩大，但我们在这些领域的专利组合许可计划还不够成熟，而且也许不会像我们的 2G 和 3G 许可计划那样带来同样成功的收入。我们在对外许可 4G 产品时，可能不会像我们许可 2G 和 3G 产品那样成功。我们认为，使用了我们的专利发明的某些产品（包括手机）也有越来越多的价格下调压力，而且我们的一些专利使用费率与手机的定价也相互关联。此外，其他许多公司也主张持有移动市场产品的关键专利。不断增加的价格压力加上许多在其移动技术上追求使用费的专利持有人，可能导致我们收到的专利发明使用费率下降。

在捍卫和执行我们的专利权中存在的挑战可能会导致我们的收入和现金流下降。我们不能保证我们的专利的有效性和可执行性会继续保持，也不能保证我们的专利将被确定为适用于任何特定产品或标准。第三方法律诉讼的裁决，反垄断监管机构日益严格的审查等因素会影响我们的专利申请、对外许可和执行等战略，并会增加我们的经营成本。

2011 年 7 月 26 日，交互数字公司的全资子公司交互数字通信有限公司、交互数字技术公司及 IRP 许可公司（在此叙述中，统称为"本公司""InterDigital""我们"或"我们的"）针对 Nokia Corporation 和 Nokia Inc.（统称"诺基亚"）、华为公司 FutureWei Technologies，Inc（以 FutureWei Technologies，Inc［USA］的名义经营）（统称为"华为公司"）、中兴通讯股份有限公司和 ZTE（USA）Inc.（统称"中兴"，且与诺基亚和华为一起，统称"答辩人"），向美国国际贸易委员会提出申诉，指控答辩人从事不公平贸易活动，将侵犯 InterDigital 7 美国专利（简称"主张被侵权的专利"）的某些 3G 无线设备（包括 WCDMA 和 CDMA2000@ 功能移动电话、USB 闪存盘、平板电脑及这些设备的组件）进口或准备进口到美国，并在进口到美国后进行销售。该申诉也延伸到某些 WCDMA 和 CDMA2000 含有 WiFi 功能的设备。InterDigital 在向美国国际贸易委员会提出的申诉中，请求出具一项排除令，禁止答辩人进口的或他人代表答辩人进口的任何侵权 3G 无线设备（和组件）进入美国，同时也请求出具一份禁止令，禁止继续销售已经进口到美国的侵权产品。2011 年 8 月 31 日，美国国际贸易委员会正式对答辩人展开调查。2011 年 9 月 29 日，诺基亚提出一项动议，请求终止美国国际贸易委员会的调查，并辩称，InterDigital 声称向欧洲电信标准学会（ET-SI）承诺在对外许可关键专利时遵守公平合理和非歧视条款，这导致 Inter-Digital 放弃了在美国国际贸易委员会寻求排他性救济的权利。2011 年 10 月 19 日，InterDigital 提出反对此项终止动议。

在 InterDigital 提起本美国国际贸易委员会申诉案件的同一日，我们针对答辩人向特拉华州地区的美国地方法院提起了平行诉讼，指控侵犯了与美国国际贸易委员会申诉案件中相同的"主张被侵权的专利"。在特拉华州地区法院的起诉中，请求出具一项永久禁令及主张损害赔偿金和以故意侵权为由的加重损害赔偿金、以及支付合理的律师成本和费用。

2011 年 11 月 30 日，华为公司提交一份动议，请求部分解除中止动议，裁决 InterDigital 意图违反某些公平合理和非歧视为由提出的反诉，而案件其余部分仍然中止。2011 年 12 月 16 日，ZTE（USA）Inc.（中兴美国）提交一份诉状，加入华为公司的动议，并请求部分解除中止动议，使中兴美国以公平合理和非歧视为由的类似反诉得以裁决。2011 年 12 月 19 日，InterDigi-tal 提交了一份答辩，应对华为公司的动议，并请求酌情中止华为公司和中兴美国提出的反诉。2011 年 12 月 30 日，华为公司提交答辩书，以支持其部分解除中止动议的请求。2012 年 1 月 9 日，InterDigital 提交了答辩书，以支持其酌情中止华为公司和中兴美国反诉的请求。

十一、华为公司要求交互数字赔偿损失的依据

华为公司认为，由于交互数字在美国针对华为公司提起必要专利侵权之诉，华为公司为应诉而在美国支付律师费×××。同时，华为公司方在本案中支付公证费×××。此外，由于交互数字的垄断行为，导致华为公司在

市场结构和市场竞争秩序方面的损失是必然存在的，因为很难量化，所以华为公司无法提交这方面的证据，但该损失是客观存在的。华为公司未提交本案的律师费单据。

交互数字认可华为公司提交单据上的财务数字相加总额为×××，但该证据材料在美国形成，只有帐单复印件，且没有办理相关的涉外证据之公证认证手续，因此，华为公司所称的在美国支付上述律师费之主张，不予认可。

原审法院认为，本案为垄断纠纷。华为公司提起诉讼的请求权基础为，华为公司认为交互数字滥用市场支配地位，侵害华为公司的合法权益，构成垄断民事侵权，要求交互数字承担停止侵权、赔偿损失的法律责任。本案双方争议的焦点问题为：涉案相关市场的范围如何界定？交互数字在相关市场中是否具有市场支配地位？华为公司指控交互数字滥用市场支配地位，实施垄断民事侵权行为是否成立？如果华为公司指控侵权成立，则交互数字应如何承担相应的法律责任？

一、关于本案相关市场范围的界定问题

本案华为公司主张相关市场的范围是：相关地域市场是中国市场和美国市场，相关商品市场是交互数字在 3G 无线通信技术中的 WCDMA、CD-MA2000、TD—SCDMA 标准下的每一个必要专利许可市场构成的集合束，换句话说，交互数字在中国和美国的 3G 无线通信技术标准（WCDMA、CD-MA2000、TD—SCDMA）中的每一个必要专利许可市场，均构成一个独立的相关市场，本案的相关市场是该一个个独立相关市场的集合束。

对华为公司界定的相关市场的范围，原审法院予以确认，理由如下：

本案查明的事实显示，华为公司与交互数字技术公司均是欧洲电信标准化协会（ETSI）的成员，交互数字技术公司向 ETSI 声称的必要专利和专利申请，包括在美国的专利权和专利申请权，以及在中国的相应同族专利权和专利申请权。华为公司通过举例证明，交互数字技术公司在 ETSI 声称的必要专利，对应中国电信领域的移动终端和基础设施之技术标准，亦是中国的必要专利。……同时，在本案庭审质证时，华为公司对交互数字在中国和美国享有 3G 标准必要专利不持异议。鉴于此，原审法院依法认定，交互数字在中国和美国拥有 3G 标准必要专利。交互数字对中国必要专利的授权许可，依法应受我国反垄断法的调整，同时，由于华为公司的生产活动主要在中国深圳，其产品会出口到美国，故交互数字对华为公司关于 3G 标准必要专利的授权许可行为，可能会对华为公司出口产品的市场竞争行为产生排除、限制性影响，故交互数字是我国反垄断法调整的适格主体。

对相关市场的界定，主要取决于商品或服务市场的可替代程度。由于本案涉及专利技术标准化所带来的相关市场之界定问题，因此，分析该问题必须要了解技术标准化条件下的必要专利。所谓标准是指为在一定的范围内获得最佳秩序，经协商一致制定并由公认机构批准，共同使用的和重复使用的一种规范性文件。技术标准是指对一个或几个生产技术设立的必须得符合要求的条件以及能达到此标准的实施技术。技术标准具有强制性，其实质上是一种统一的技术规范，能保障重复性的技术事项在一定范围内得到统一，以保证产品或服务的互换性、兼容性和通用性，从而降低生产成本，并且消除消费者的"替换成本"以保护消费者的利益，并促进技术进步。

专利与技术标准结合以后，经营者欲实施标准，必然要实施某专利技术或某专利技术的某项权利要求，在实施标准时必然要被实施的专利技术，通常被称为标准必要专利，如实施标准时必然要实施某专利技术的某项权利要求，则该权利要求通常被称为标准必要专利权利要求。这意味着，当技术标准采用专利技术，从而使该专利技术成为必要专利以后，实施技术标准就意味着同时要实施专利技术，由于专利技术具有垄断性，因此，技术标准与专利技术的结合使专利的垄断性被技术标准的强制性大大加强。一旦专利技术被纳入相关的技术标准，产品的制造商为了使产品符合技术标准就不得不使用该专利技术，换句话说，产品的制造商也就不得不向专利权人寻求专利许可。从专利权人的角度看，当专利技术被纳入标准后，由于该专利技术是产品的制造商唯一且必须要使用的技术，而专利权人又是该必要专利许可市场的唯一供给方。

在标准技术条件下，每一个 3G 无线通信领域内的必要专利许可市场，均是唯一和不可替代的。本案交互数字拥有全球（包括中国和美国）3G 标准必要专利，华为公司是全球范围内的无线移动终端和基础设施的生产商、销售商和服务商，华为公司在生产经营中必然要使用这些 3G 标准必要专利，每一个 3G 标准必要专利，都不能为其他技术或其他专利技术所替代，交互数字亦未举证证明，华为公司如果不使用这些 3G 标准必要专利，其能够从其他人处获取替代技术或其他专利技术。

同时，2G、3G 和 4G 标准是技术升级关系，2G、3G 和 4G 标准下的每一必要专利都是唯一的、不可替代的。因此，鉴于 3G 标准（包括 WCDMA、CDMA2000、TD—SCDMA）每一个必要专利的唯一性和不可替代性，故原审法院依法认定华为公司对本案相关市场范围的界定，符合我国反垄断法的规定。

二、关于交互数字在相关市场中是否具有市场支配地位的问题

我国《反垄断法》第 17 条第 2 款规定，"本法所称的市场支配地位是指经营者在相关市场内具有能够控制商品价格、数量或者其他交易条件，或者能够阻碍、影响其他经营者进入相关市场能力的市场地位"。本案交互数字拥有全球（包括中国和美国）3G 无线通信领域 WCDMA、CDMA2000、TD—SCDMA 标准中的必要专利，基于 3G 标准中每一个必要专利的唯一性和不可替代性，交互数字在 3G 标准中的每一个必要专利许可市场均拥有完全的份额，交互数字在相关市场内具有阻碍或影响其他经营者进入相关市场的能力。另，由于交互数字不进行任何实质性生产，仅以专利许可作为其经营模式，华为公司无法通过标准必要专利的交叉许可来制约交互数字。故就本案来说，交互数字在与华为公司进行 3G 标准必要专利许可谈判时，具备控制华为公司使用其 3G 标准必要专利的价格、数量及其他交易条件的能力，因此，原审法院依法认定，交互数字在华为公司界定的本案相关市场中具有市场支配地位。

标准技术条件下的专利权人在与被许可人（产品的制造商）进行专利许可谈判时，专利权人通常在专利许可谈判中处于强势地位。当专利权人利用其强势地位迫使被许可人接受利益严重失衡的许可条件时，就涉嫌滥用

其专利权危害正常的市场竞争，被许可人可以寻求反垄断法的救济。本案华为公司即以此为由对交互数字提起反垄断侵权之诉。

三、关于华为公司指控交互数字滥用市场支配地位实施垄断民事侵权行为是否成立的问题

在标准与专利结合的情况下，为防止或减少必要专利权人滥用其市场支配地位，各个无线通信领域的标准组织在其成员加入时，均要求该会员承担一定的加入义务（比如 ETSI，要求其会员按照公平、合理、无歧视的原则将其必要专利授权给标准组织的其他成员使用）。原审法院明确，各个无线通信领域的标准组织要求其会员承担的加入义务，尽管在称谓或描述上有所不同，但本质上均可用"公平、合理、无歧视"的义务（或原则）来概括。

本案华为公司与交互数字均是 ETSI 标准组织的成员，交互数字在加入 ETSI 时，明确承诺要将其必要专利以公平、合理、无歧视的原则授权给标准组织的其他成员使用。华为公司已举证证明，交互数字技术公司在 ETSI 声称的必要专利，对应中国电信领域的移动终端和基础设施之技术标准，亦是中国的必要专利。根据我国的法律，交互数字亦应将其必要专利以"公平、合理、无歧视的原则"授权给华为公司使用。在进行必要专利的授权许可谈判时，必要专利权人掌握其必要专利达成许可条件的信息，而谈判的对方不掌握这些交易信息，由于双方信息不对称，故必要专利许可合同交易的实现，依赖于必要专利权人在合同签订、履行时均应遵循公平、合理、无歧视的原则，故交互数字负担的公平、合理、无歧视的义务贯穿于必要专利授权许可谈判、签订、履行的整个过程。

关于华为公司指控交互数字过高定价、差别定价和拒绝交易的问题。必要专利的交易价格，是反映必要专利权人是否按公平、合理、无歧视的原则进行授权许可的关键因素。交互数字向华为公司发出的涉及专利许可使用费具体条件的要约主要有……×年×月×日授权许可的条件为……

交互数字×年×月×日向华为公司发出要约的主要内容为……

交互数字×年×月×日向华为公司发出要约的主要内容为……

交互数字×年×月×日向华为公司发出要约的主要内容为……

根据交互数字公司在美国证券交易委员会的财务报告显示，2007年9月6日，交互数字与苹果股份有限公司签订在全球范围内的、不可转让的、非独占的、固定许可费用的专利许可协议，许可期间从2007年6月29日始为期7年，许可的专利组合覆盖当时的iPhone和某些将来的移动电话技术，许可使用费为每季度200万美元，总额为5 600万美元。2007年9月11日，新浪网报道"苹果5 600万美元购买3G专利iPhone将支持HSDPA"，该报道和苹果股份有限公司的财务报告内容相吻合，因此，原审法院依法认定交互数字授权给苹果股份有限公司的专利许可协议之内容属实，即交互数字许可给苹果公司7年的专利许可使用费为5 600万美元。根据Strategy Analytics研究机构对全球手机市场的分析，苹果股份有限公司2007～2012年手机销售总额为1 916.92亿美元。根据交互数字公司2010年年报公布的内容，2009年，交互数字与三星电子有限公司及其子公司签订专利许可协议"2009年三星PLA"，授权三星公司非独占性、全球范围内之2G、3G标准下的终端设备和基础设施的固定专利权使用费，总额为4亿美元，许可期间截至2012年，授权期间为4年。即交互数字许可给三星公司4年的专利许可使用费为4亿美元。根据Strategy Analytics研究机构对全球手机市场的分析，三星公司2009～2012年手机销售总额为1 610.67亿美元。

根据交互数字公司2011年年报公布的内容，2003年，交互数字与RIM公司签订全球范围内、非排他性的、在GSM/GPRS/EDGE标准下的终端单元之专利许可协议，截止期限为2012年12月31日。2011年，交互数字收到RIM公司与专利许可协议有关的收入4 290万美元。RIM公司2011年手机销售总额为148.40亿美元。以交互数字许可RIM公司2011年4 290万美元专利许可使用费为依据，交互数字许可给RIM公司2011年的专利许可使用费率为×。

根据交互数字公司2011年年报公布的内容，2003年，交互数字与HTC公司签订全球范围内、非排他性的、在2G和3G标准下的终端单元和基础设施之专利许可协议。2011年，交互数字收到HTC公司与专利许可协议有关的收入 3 380 万美元。HTC 公司 2011 年手机销售总额为 151.03 亿美元。以交互数字许可 HTC 公司 2011 年 3 380 万美元专利许可使用费为依据,交互数字许可给 HTC 公司 2011 年的专利许可使用费率为 ×。

将交互数字授权给苹果公司的专利许可条件与其向华为公司发出的要约条件进行比较,如按照专利许可使用费率为标准,交互数字于 × 年 × 月 × 日拟授权给华为公司……大约是交互数字许可给苹果公司专利许可使用费率的……如按照一次性支付专利许可使用费为标准,交互数字于 × 年 × 月 × 日、× 年 × 月 × 日拟授权给华为公司……是交互数字授权给苹果公司每季度 200 万美元之专利许可费用的……交互数字于 × 年 × 月 × 拟授权给华为公司……是交互数字授权给苹果公司 5 600 万美元之专利许可费用的……

将交互数字授权给三星公司的专利许可条件与其向华为公司发出的要约条件进行比较,如按照专利许可使用费率为标准,交互数字于 × 年 × 月 × 日拟授权给华为公司……大约是其许可给三星公司专利许可使用费率的……

将交互数字授权给 RIM、HTC 公司的专利许可条件与其向华为公司发出的要约条件进行比较,如按照专利许可使用费率为标准,交互数字于 × 年 × 月 × 日拟授权给华为公司……分别是其许可给 RIM 公司和 HTC 公司专利许可使用费率的……

根据 Strategy Analytics 研究机构对全球手机市场的分析,从交互数字向美国苹果公司、韩国三星公司进行必要专利授权许可至今,美国苹果公司、韩国三星公司一直是全球排前几名的手机生产商,而华为公司尚未列入该排名。即使是在此种情形下,交互数字仍向华为公司提出远远高于美国苹果公司和韩国三星公司的必要专利许可使用价格。

……华为公司拥有 51 000 多名研发人员,截至 2010 年 12 月 31 日,华为公司累计申请中国专利 31 869 件,PCT 国际专利申请 8 892 件,海外专利 8 279 件,已获授权专利 17 765 件,其中海外授权 3 060 件,加入全球 123 个行业标准组织,如 3GPP、IETF、ITU、OMA、NGMN、ETSI、IEEE 和 3GPP2 等,并向这些标准组织提交提案累计超过 23 000 件;而交互数字有工作人员 260 名,交互数字公司在 2011 年年报中声称,拥有超过 19 500 项与无线通信基本技术有关的专利权和专利申请组成的专利组合，通过对比，华为公司所拥有的专利在质量及数量上均远远超过交互数字，换句话说，华为公司专利的市场和技术价值远远超越交互数字。……这表明交互数字违背了公平、合理、无歧视的义务。

交互数字于×年×月×日向华为公司发出要约时……在双方还处于谈判阶段时，在交互数字自身在缔约阶段违背公平、合理、无歧视义务的情况下，交互数字向美国国际贸易委员会和美国特拉华州地方法院，对华为公司提出必要专利的禁令之诉，要求禁止华为公司使用其必要专利，由于华为公司在与交互数字的谈判中一直处于善意状态，交互数字在美国提起诉讼的目的，在于逼迫华为公司接受过高专利许可交易条件，必要专利权人不能禁止善意的谈判对方使用其必要专利，交互数字的行为属于滥用市场支配地位的行为。原审法院明确，交互数字与华为公司谈判期间，在美国针对华为公司提起必要专利禁令之诉，这在性质上不属于拒绝交易行为，而属于逼迫华为公司接受过高专利许可交易条件之手段的行为。由于华为公司的生产活动主要在中国深圳，交互数字在美国提起的必要专利禁令之诉，会对华为公司出口产品的行为产生排除、限制性影响，所以交互数字该行为明显违背其作为3G标准之必要专利权人所应负担的公平、合理、无歧视义务，属于滥用市场支配地位的行为，受我国反垄断法约束。

关于华为公司指控交互数字搭售和附加不合理交易条件的问题。华为公司指控交互数字向其发出的必要专利授权许可要约之条件，包括将其×××捆绑搭售给华为公司。标准技术条件下的必要专利具有唯一性和不可替代性，而×××具有可替代性。各个无线通信领域的标准组织，均要求其成员在加入时履行声明义务，以披露加入成员的必要专利和专利申请，各相关主体为借助标准的力量拓展对外专利许可的范围，亦会积极向标准化组织披露，尽管各相关主体披露的专利和专利申请，未必就是必要专利和专利申请，但对于特定的标准组织成员来说，其享有的必要专利和专利申请权至少可以其声明的范围为前提，故对于特定的标准组织成员来说，其拥有的必要专利和专利申请权是可以确定的。专利权人不应当利用标准化的力量为自己的×××寻求最大化的许可市场，本案交互数字利用其必要专利授权许可市场条件下的支配地位，将×××搭售，属于滥用市场支配地位的行为。

华为公司指控交互数字向其发出的必要专利授权许可要约之条件，还包括交互数字将×××捆绑、将×××捆绑搭售给华为公司。在无线通信市场领域，必要专利权人将各个国家或地区的必要专利（包括 2G、3G、4G）打包进行全球许可，是市场上常见且广泛采用的交易模式。同时，交互数字公司在其 2011 年年报中声称，其"专利许可是'一次性支付'，根据约定条件无须根据销售额支付额外许可费，这些'一次性支付'许可约定的条件可以包括某一段时间内、某一类产品、销售的一定数量产品、某些专利或专利权利要求项下、用于特定国家销售的许可（或这些条件的组合）"。这表明，针对交互数字而言，其既可接受必要专利（包括 2G、3G、4G）的全球许可，也可接受在特定国家的专利许可，两种地域范围内的许可均可被交互数字接受。鉴于此，华为公司认为交互数字在要约中提出……不符合公平、合理、无歧视原则，原审法院不予支持。

四、关于交互数字如何承担垄断民事侵权的法律责任问题

交互数字在从事涉案专利授权许可经营活动时，存在高管人员混同情形，比如，本案中 Lawrence F. Shay 是交互数字技术公司的总裁，也是交互数字通信有限公司、交互数字公司的共同知识产权执行副主席、首席知识产权顾问；Lawrence F. Shay 还是交互数字共同的诉讼授权代表。同时，交互数字技术公司是涉案专利权人……交互数字公司是上述两公司的母公司，交互数字公司在 2011 年公报中声称，"其通过全资子公司拥有超过 19 500 项无线通信技术的专利和专利申请之专利组合。InterDigital Group（交互数字集团）从全世界销售的所有 3G 移动设备中的一半取得许可费收入"，该事实进一步证明，交互数字在专利许可谈判中，有具体分工合作，并共同获得收益。鉴于此，原审法院依法认定交互数字共同实施了垄断民事侵权行为，应承担共同实施垄断民事侵权行为的法律责任。华为公司要求交互数字停止垄断民事侵权行为，该诉讼请求成立，原审法院予以支持。

由于双方当事人均未提供证据证明，"因被告方侵权致原告受损或被告方因侵权获利数额"的确切证据，原审法院考虑由于交互数字的垄断民事侵权行为，会导致华为公司在中国因委托律师而产生律师费、在美国因委托律师而产生律师费、因公证取证而产生公证费，以及竞争利益受损等损失，加之再考虑交互数字侵权行为的性质、主观过错程度，以及给华为公司造成损害的严重性，原审法院酌定交互数字赔偿华为公司垄断民事侵权之经济损失人民币 2 000 万元。

综上，华为公司要求交互数字立即停止垄断民事侵权行为及承担民事赔偿责任成立，原审法院予以支持。交互数字的主要抗辩主张缺乏事实及法律依据，原审法院不予采信。原审法院根据《中华人民共和国反垄断法》第 2 条、第 12 条、第 17 条第 1 款第（1）、（5）、（6）项、第 2 款、第 18 条、第 50 条，《最高人民法院关于审理因垄断行为引发的民事纠纷案件应用法律若干问题的规定》第 14 条，《中华人民共和国民事诉讼法》第 64 条第 1 款的规定，经原审法院审判委员会讨论决定，判决如下：（1）交互数字技术公司、交互数字通信有限公司、交互数字公司立即停止针对华为技术有限公司实施的过高定价和搭售的垄断民事侵权行为；（2）交互数字技术公司、交互数字通信有限公司、交互数字公司自本判决生效之日起十日内连带赔偿华为技术有限公司经济损失人民币 2 000 万元；（3）驳回华为技术有限公司的其他诉讼请求。交互数字技术公司、交互数字通信有限公司、交互数字公司如果未按本判决指定的期间履行给付金钱义务，应当按照《中华人民共和国民事诉讼法》第 253 条之规定，加倍支付迟延履行期间的债务利息。本案一审案件受理费人民币 141 800 元，由交互数字技术公司、交互数字通信有限公司、交互数字公司共同承担。

华为公司、交互数字均不服原审判决，向本院提起上诉。华为公司上诉称：原审判决关于交互数字将×××专利捆绑销售以及将×××捆绑搭售的行为符合市场惯例的认定，在事实认定和法律适用上均有错误。相关行为违反了反垄断法相关规定，给华为公司造成严重损失，故上诉请求本院撤销原审相关判决，改判交互数字立即停止将其×××捆绑搭售的行为，立即停止将×××范围内的专利捆绑搭售的行为。

交互数字答辩称:(1)交互数字亦不服原审判决,已经提起上诉。(2)交互数字从未拒绝与华为公司交易,其在美国提起法律程序的正当维权行为亦不属于原审判决认定的"逼迫华为公司接受过高专利许可条件之手段"。(3)交互数字并未实施任何反垄断法禁止的搭售行为,其在谈判过程中向华为公司提出的就×××范围的专利以及×××进行组合许可的方式并无任何不妥,存在合理性,已经形成行业内常见的商业习惯,不会损害或者限制竞争。故此,相关争议行为不属于反垄断法所禁止的搭售行为。请求本院驳回华为公司的上诉请求。

交互数字向本院提起上诉称:一,原审法院对交互数字是否构成垄断民事侵权的认定错误。(一)原审法院对于相关市场的界定错误。1. 原审判决关于相关商品市场的认定错误。对华为公司产品所属的电信设备和移动终端市场而言,凭借某个单一的标准必要专利的许可是无法生产、制造出单台完整的通信设备或移动终端的,故单一标准必要专利权人对于终端产品市场,没有也不可能直接获得垄断能力。原审判决错误地从标准必要专利的定义对"可替代性"进行了片面分析,却忽略了通信领域的专利市场中不同公司间因持有不同标准必要专利技术而形成的相互制约和相互竞争的关系。在现实的市场环境下,被许可人通常是以某标准的所有标准必要专利为获得许可的目标,这些专利虽然在技术上存在不同,但都是实现某标准全部内容的不可缺少的一部分,在许可谈判中不会被详细区分,完全可以被抽象地认为是许可市场中的许可产品。故此,本案的相关商品市场应被定义为某特定通信标准的所有标准必要专利集合的许可市场。2. 原审判决关于相关地域市场的认定错误。华为公司产品出口的国家已遍及全球各地,该所有的出口国家均应被纳入相关地域市场的范围,特别是,在标准必要专利的许可实践中,"全球许可"是一种被广泛采用的许可模式,本案双方当事人都是全球性的跨国公司,双方也一直在进行全球专利许可的谈判。故相关地域市场应当是全球市场,而不是中国市场和美国市场。(二)即使按照原审判决认定的相关市场,交互数字在相关市场依然不具有支配地位。交互数字在寻求专利许可费的谈判过程中，也面临诸多市场制约因素，不具有市场支配地位。华为公司一方面免费使用交互数字技术公司、交互数字通信有限公司、交互数字公司长达×××年，另一方面故意拖延专利许可谈判的事实说明，交互数字确实不具有市场支配地位，难以对华为公司的市场竞争造成阻碍或限制；在各种通信标准分别涵盖的标准必要专利构成的市场上，存在众多拥有大量标准必要专利的强大竞争对手，交互数字不具有控制许可市场的能力。（三）即使交互数字被认为具有市场支配地位，其也没有实施过任何原审判决所称的滥用市场支配地位的垄断行为。1. 原审判决关于过高定价的认定缺乏充分的证据支持和合理的经济分析。原审判决将交互数字提供给华为公司的按实际销售量的许可费率报价与其提供给其他被许可人收取的固定许可费进行对比，明显错误和不公。原审法院在将交互数字与苹果公司固定收费的许可交易错误折算为所谓的许可费率时，使用了签订合同时无法预料的实际销售量进行计算和比对，进一步造成对比数据严重失真。根据交互数字的计算，其给予华为公司的许可费报价与其他公司处于同样范围，没有过高定价或区别性定价的行为。同时，原审法院忽视华为公司、摩托罗拉等通信公司对其拥有的标准必要专利向被许可人收取 1.5%～3.25% 的许可费率的通常实践惯例。2. 原审判决关于×××打包许可的做法构成搭售的认定没有考虑到市场的客观情况和合理理由，不能成立。将×××"打包许可"并未给华为公司造成额外负担，交互数字并未因此获得任何额外收益，不能认定为搭售；交互数字所拥有的×××是被共同用来满足同一商业需求，打包许可可符合通信行业的商业习惯。同时，如何判断一个专利是否标准必要专利，是一件复杂的法律及技术问题。打包许可可以避免相互间的侵权诉讼，提高了专利许可的效率。3. 交互数字没有附加不合理的交易条件，也没有违背公平、合理、无歧视义务。交互数字只是在报价中提议给予×××而并非一定要求×××交互数字提议要求的×××华为公司从未对×××条款提出质疑，其关于交互数字通过×××条款来增加自身被收购的价值缺乏事实依据。4. 原审判决认定美国诉讼的性质是逼迫华为公司接受过高的专利许可条件，与事实不符。相关行为是交互数字为保护自身合法权益而采取的合理行动，而且相关诉讼涉及的是美国专利，与本案没有关联。二，在确定民事责任赔偿承担方面，原审法院关于2 000万元赔偿额的判决缺乏事实基础和法律依据。华为公司并未遭受任何实际损失，其在美国诉讼中产生的律师费用与本案无关，相关诉讼费用的证据不符合证据规则，不应予以采信。三，交互数字公司和交互数字通信有限公司并非本案的适格被告，原审判决要求其承担侵权责任及连带赔偿责任显属错误。跨国公司中，某一高级管理人员同时担任多个关联公司的高管职务是普遍现象，并不因此可以得出三者混同、独立人格否定并构成共同侵权的结论。双方当事人的专利许可谈判耗时数年，原审判决并未查明 Lawrence F. Shay 是否参与了谈判，是否在数年中始终是交互数字的高管，是否始终代表了该三公司；原审判决并未查明交互数字公司和交互数字通信有限公司是否真的参与了与华为公司的专利许可谈判。同时，原审判决忽视了交互数字公司和交互数字通信有限公司并不是涉案专利的专利权人这一清楚的事实。四，原审程序存在严重瑕疵。华为公司临时增加要求交互数字停止过高定价的诉讼请求后，虽经交互数字多次明确请求，原审法院无故拒绝重新指定举证期限，拒绝延期开庭，严重违反了法定程序，对交互数字造成严重不公的后果。故此，上诉请求本院判决撤销原审判决，驳回华为公司的全部诉讼请求，并由华为公司承担本案一、二审诉讼费用。

华为公司答辩称：一，原审判决认定相关市场正确。1. 原审判决所界定的相关商品市场符合我国反垄断法和国务院反垄断委员会《关于相关市场界定的指南》规定。从需求替代角度考察，每一必要专利许可均难以为其他技术所取代；从供给替代的角度考虑，替代技术、替代标准不会对相关市场产生影响。2. 交互数字相关上诉理由不能成立。其错将终端消费者而非设备制造商视为必要专利的需求者，本案不应主要考虑手机终端用户的需求替代，单个专利许可是否可制作终端产品与必要专利是否能被替代没有关联。必要专利权人之间的制约与竞争仅与市场支配地位是否实际行使相关，与相关市场界定无关。亦不能因存在未经许可的使用而否认相关市场的存在，否则双方当事人之间不会产生一系列纠纷。3. 本案将地域市场认定为中国市场和美国市场正确。专利具有地域性，故地域市场应当以国别为界。鉴于《中华人民共和国反不正当竞争法》仅适用于中国境内以及对中国境内竞争产生严重损害的域外行为，故华为公司主张相关地域市场为中国市场与美国市场是妥当的。二，原审判决正确认定交互数字具有支配地位。交互数字系市场的唯一供给方，可以控制交易条件。标准确定后，没有任何技术可以有效供给替代，故交互数字可以阻碍他人进入相关市场。具有市场支配力并不意味着不受任何市场因素制约，不能以制约因素的存在论证市场支配地位不成立。华为公司受制于交互数字的诉讼行为，面临商业和法律风险，这一事实正说明了交互数字的支配地位。三，原审判决正确认定交互数字的行为构成对市场支配地位的滥用。交互数字在谈判过程中，积极寻求禁令的适用，报价大幅上涨，以不正当的高价销售专利许可。其将×××相捆绑，构成对其支配地位的滥用，其要求×××以附加不合理条件的方式滥用了市场支配地位。四，原审判决认定的赔偿费用合理、合法。相关判决考虑了本案的实际情况，符合《最高人民法院关于审理因垄断行为引发的民事纠纷案件应用法律若干问题的规定》。五，原审判决不存在严重程序瑕疵。本案在证据无变化、主张的性质无实质差异的情况下，不应重新指定上诉人举证期限，不存在严重违反法定程序的问题。故请求本院驳回交互数字的上诉请求。

本院经审理查明，原审法院查明事实基本属实，本院予以确认。

另查明，2012 年 12 月 31 日，交互数字通信有限公司名称从 InterDigital Communications，LLC 变更为 InterDigital Communications，Inc。

本案二审期间，交互数字先后向本院递交了 17 份证据材料，包括：1. 关于华为公司跻身智能手机厂商前三的新闻报道；2. 关于华为在中国智能手机市场排名第二的报道；3. 关于华为手机销量的报道；4. 关于苹果的 iPhone 手机在中国智能手机市场占有率排名靠后的报道；5. 华为官网介绍华为产品应用于全球 140 多个国家；6. 瑞士信贷 2013 年 1 月关于高通公司的行研报告及翻译；7. 交互数字 2012 年年报节选及翻译；8. "从经济角度观察专利许可架构与条款"；9. iPhone 五周年回眸：iPhone 推出前的 11 大预言；10. 交互数字 2012 年年报节选及翻译；11. 美国国际贸易委员会于 2013 年 6 月 28 日针对交互数字指控华为公司专利侵权有关案件作出的初步裁决的通知；12. 美国国际贸易委员会针对三星公司诉苹果公司标准必要专利侵权纠纷案件作出的决定及相关中文翻译；13. 北京市第一中级人民法院关于第 03244389.7 号和第 03810259.5 号专利无效行政诉讼案件判决书；14. 德国杜塞尔多夫上诉法院法官就德国法院关于标准必要专利的审判实践在摩托罗拉诉微软案件中的证词；15.《标准必要专利的滥用问题——德国橙皮书标准案分析》；16. 美国联邦贸易委员会在对骨骼公司的反垄断调查案件中出具的决定；17. 美国国际贸易委员会在交互数字诉华为公司专利侵权案件中作出的初步裁决。交互数字在前述证据材料上注明，前述证据材料中的证据 1、2、3、4、7、8、9、10、15 来源于互联网，证据 5 来源于华为公司网站，证据 6 来源于瑞士信贷，证据 11、12、16、17 来源于美国国际贸易委员会，证据 13 来源于北京市第一中级人民法院，证据 14 来源于美国华盛顿州西区联邦地方法院。交互数字提供前述证据，拟从法律上论证其未违反公平、合理、无歧视许可义务，没有滥用垄断地位行为。

华为公司对前述证据材料均不认可，理由是这些证据与本案没有关联性，相关材料与本案没有可比性，不具有参考价值。

本案二审期间，交互数字所聘请的专家当庭发表了专家意见。交互数字的专家陈述意见支持交互数字的诉讼主张，认为原审判决对于市场的界定不合理，即使按照原审判决所界定的相关市场，交互数字也不具有市场支配地位，而且不存在滥用市场支配地位行为。华为公司当庭质证认为，专家证人只是提出了一种论证思路和观点，但并无相关数据、调查予以支持。

本院认为：本案系滥用市场支配地位纠纷。根据上诉人的上诉请求与理由，本案争议焦点为：1. 原审诉讼程序是否不当；2. 相关市场如何界定；3. 交互数字在相关市场是否具有支配地位；4. 交互数字相关被控行为是否构成滥用市场支配地位的行为；5. 原审判赔数额是否合理。

一、关于原审诉讼程序是否不当的问题

交互数字上诉认为，交互数字公司和交互数字通信有限公司并非本案适格被告。对此，本院认为：第一，交互数字通信有限公司与交互数字技术公司均是交互数字公司的全资子公司，且互为关联公司，包括三者在内的关联公司对外统称为交互数字集团（InterDigital Group）。第二，交互数字通信有限公司、交互数字技术公司和交互数字公司在涉案必要专利授权许可经营事宜上分工合作，并共同获得收益。交互数字技术公司是涉案专利权人……交互数字公司在其2011年公报中公开声称，"其通过全资子公司拥有超过19 500项无线通信技术的专利和专利申请之专利组合，交互数字公司从全世界销售的所有3G移动设备中的一半取得许可费收入"。第三，交互数字通信有限公司作为交互数字集团代表加入了ETSI等多个电信标准组织，参与了各类无线通信国际标准的制定……第四，Lawrence F. Shay在本案二审诉讼启动前是交互数字通信有限公司、交互数字公司的共同知识产权执行副主席、首席知识产权顾问，是交互数字技术公司的总裁，也是该三公司的共同授权代表。由此可见，无论从交互数字公司、交互数字通信有限公司与交互数字技术公司之间的关系看，还是从……看，交互数字公司、交互数字通信有限公司与本案有直接的利害关系，应属于共同被告。交互数字上诉认为交互数字公司、交互数字通信有限公司不是本案的适格被告，理由不成立，本院不予采纳。

交互数字还上诉认为，华为公司在原审证据交换日突然增加了一项要求交互数字停止过高定价的诉讼请求，原审法院理应重新指定举证期限，但原审法院无视交互数字的明确要求，拒绝延期开庭，违反了法定程序。经查，华为公司于2011年12月6日向原审法院所提交的起诉状中，华为公司在诉讼请求一中笼统要求判令"立即停止垄断民事侵权行为，包括停止差别定价行为、停止搭售行为、停止附加不合理交易条件行为以及停止拒绝交易行为"，而在事实和理由部分已清晰载明"被告在谈判过程中，一直对原告坚持极为不合理的高价……（与韩国三星的许可费率相比）两者价差×××远远超出合理差异区间……被告不仅设定了过高的定价，还进行搭售和附带不合理的要求"，可见对于"过高定价"的事实与主张，华为公司已在起诉时予以载明和固定。原审法院于2012年9月26日组织双方当事人进行证据交换时，华为公司将诉讼请求一调整为"立即停止垄断民事侵权行为，包括停止过高定价行为、停止差别定价行为、停止搭售行为、停止附加不合理交易条件行为以及停止拒绝交易行为"，并在事实和理由部分进一步分述了"被告在谈判过程中，一直对原告坚持极为不合理的高价"和"（与条件相似的韩国三星的许可费率相比）两者价差×××，超出因交易对象、谈判成本等不同而导致的合理差异区间……"。由此可见，华为公司对于诉讼请求的调整和改变，只是基于原有证据对相关行为的法律定性予以调整，其所依据的事实与证据并无实质变更，在举证上不存在证据突袭问题，故原审法院认为原有的举证期限足以满足举证要求、无须重新指定举证期限或延期开庭，符合相关事实与法律规定，亦未对交互数字构成严重不公。因此，交互数字上诉认为原审诉讼违反法定程序、存在严重瑕疵，该主张缺乏事实和法律依据，本院予以驳回。

二、关于相关市场如何界定的问题

《国务院反垄断委员会关于相关市场界定的指南》（下称《指南》）第2条规定，任何竞争行为（包括具有或可能具有排除、限制竞争效果的行为）均发生在一定的市场范围内。界定相关市场就是明确经营者竞争的市场范围。科学合理地界定相关市场，对识别竞争者和潜在竞争者、判定经营者市场份额和市场集中度、认定经营者的市场地位、分析经营者的行为对市场竞争的影响、判断经营者行为是否违法以及在违法情况下需承担的法律责任等关键问题，具有重要的作用。本案中，要确定交互数字是否违反反垄断法规定，滥用市场支配地位，前提是准确界定涉案必要专利所在的相关市场。

《中华人民共和国反垄断法》第12条规定，相关市场是指经营者在一定时期内就特定商品或者服务进行竞争的商品范围和地域范围。《指南》第3条、第4条规定，在反垄断执法实践中，通常需要界定相关商品市场和相关地域市场。相关市场范围的大小主要取决于商品（地域）的可替代程度。在市场竞争中对经营者行为构成直接和有效竞争约束的，是市场里存在需求者认为具有较强替代关系的商品或能够提供这些商品的地域，界定相关市场主要从需求者角度进行需求替代分析。当供给替代对经营者行为产生的竞争约束类似于需求替代时，也应考虑供给替代。同时《指南》第 7 条规定，界定相关市场的方法不是唯一的。界定相关市场时，可以基于商品的特征、用途、价格等因素进行需求替代分析，必要时进行供给替代分析。无论采用何种方法界定相关市场，都要始终把握商品满足消费者需求的基本属性，并以此作为对相关市场界定中出现明显偏差时进行校正的依据。因此，本院对本案相关市场的界定，主要基于涉案必要专利满足消费者需求的基本属性，考虑需求者对涉案必要专利技术的功能、用途、价格等因素进行需求替代分析，并适当考虑供给替代分析。

第一，从必要专利的基本属性与特征来看。当某一专利技术成为必要专利被选入标准后，参与该行业竞争的产品制造商/服务提供商就必须提供符合标准的商品/服务，这意味着其不得不实施相关必要专利技术，而无法做规避设计以绕过该必要专利。这种标准带来的封锁效应与专利权自身具有的法定垄断属性相结合，使必要专利成为产业参与者唯一且必须使用的技术，产业参与者不得不寻求必要专利权人的许可，否则将丧失参与竞争的前提和条件。因此，必要专利与一般专利不同，其并不存在充足的实际的或潜在的近似替代品。这是本案所必须重点把握的商品属性与特质。

第二，从需求替代分析。本案各方当事人均认可，交互数字在中国和美国分别享有 3G 无线通信技术 WCDMA、CDMA2000、TD—SCDMA 标准下的大量必要专利。由于每个必要专利技术均是 3G 无线通信标准体系所必不可少的组成部分，拒绝任何一个必要专利的许可均将导致相关产品制造商无法使用相关技术，从而无法生产出符合标准的产品、被排除在目标市场的准入之外，因此，涉案必要专利技术成为华为公司唯一且必须使用的技术，并无其他技术可供替代。交互数字上诉认为，2G、4G 标准可以替换 3G 标准，故而应将其标准技术均纳入相关市场中。本院认为，一般而言，标准被选择后，产业参与者须设计、调试和生产与标准相一致的产品。在标准设立之初，产业参加者尚可轻易放弃一个技术而转向另一个技术。但随着转移到标准中的资源增加和转换到另一个标准成本的升高，这种转换是困难的。2G、4G 标准与 3G 标准是在无线通信领域不同技术发展阶段设立的不同标准，在各标准下的每一个必要专利都是唯一的、不可替代的。本案中，华为公司为了执行 3G 无线通信技术标准，已经作出了大量先期投入，这些成本投入不可撤回，若立即放弃该标准而转向其他标准，不仅需承受上述先期投入的成本，还需承受巨大的转换成本和市场风险，这显然是难以执行甚至不可能的。故交互数字的相关主张不能成立。

第三，从供给替代分析，如前所述，专利与标准相结合后，必要专利成为唯一的且必须实施的技术，必要专利权人成为所涉技术市场唯一的供给方。故在涉案必要专利许可市场，并不存在可与交互数字相竞争的经营者。同时，由必要专利自身固有的法定垄断性所决定，亦不存在其他经营者通过短期的合理投入即可转向成为必要专利经营者的可能。

因此，原审法院认为，交互数字在中国和美国的 3G 无线通信技术标准（WCDMA、CDMA2000、TD—SCDMA）中的每一个必要专利许可市场，均构成一个独立的相关市场，该认定符合相关事实和法律规定，本院予以确认。交互数字上诉认为，仅凭某一必要专利的许可无法制造出完整产品，从而不能作为相关市场，该主张缺乏事实依据与法律依据，本院不予支持。

交互数字还上诉认为，华为公司的产品遍及全球，故相关市场的地域范围应为全球范围，原审法院关于将地域市场限制为中国和美国有误。本院认为，相关地域市场是指需求者获取具有较为紧密替代关系的商品的地理区域。由于知识产权具有地域性，在不同的法域，其存在及使用必须符合当地的法律。因此，在专利许可市场中，其许可范围必然与相关专利权所及的地域范围相关。从这个意义而言，交互数字在每个国家所获取的相关必要专利，技术方案的内容即使一致，相关的权利也是相互独立的，其存在的基础以及行使的范围均不相同，因此彼此之间并不构成竞争关系或者替代关系。本案中，华为公司所主张的相关市场为交互数字在中国的 3G 无线通信技术标准（WCDMA、CDMA2000、TD—SCDMA）中的每一个必要专利许可市场（地域范围是中国），以及在美国的 3G 无线通信技术标准（WCDMA、CD-MA2000、TD—SCDMA）中的每一个必要专利许可市场（地域范围是美国），两者各自在其权利所及地域范围内（分别为中国和美国）构成独立的地域市场。故原审法院对于相关市场的认定并无不当。交互数字仅以华为公司产品出口范围来主张相关地域市场范围，于法无据，本院不予支持。

由于交互数字在中国和美国各自拥有 3G 无线通信技术标准（WCDMA、CDMA2000、TD—SCDMA）必要专利权利，其对中国必要专利的授权许可经营行为，相关权利的行使和行为的发生均在中国境内，依法应受我国反垄断法规制；而其对美国必要专利的授权许可经营行为，直接可对华为公司等国内企业在中国境内的生产活动、出口机会以及出口贸易产生重大的、实质性的、可合理预见的排除、限制影响，故依法亦受我国反垄断法的规制。

三、关于交互数字在相关市场是否具有支配地位的问题

《中华人民共和国反垄断法》第 17 条第 2 款规定，市场支配地位，是指经营者在相关市场内具有能够控制商品价格、数量或者其他交易条件，或者能够阻碍、影响其他经营者进入相关市场能力的市场地位。第 18 条规定，认定经营者具有市场支配地位，应当依据下列因素：该经营者在相关市场的市场份额，以及相关市场的竞争状况；该经营者控制销售市场或者原材料采购市场的能力；该经营者的财力和技术条件；其他经营者对该经营者在交易上的依赖程度；其他经营者进入相关市场的难易程度；与认定该经营者市场支配地位有关的其他因素。即认定经营者的市场支配地位，需要考虑市场份额、该市场的竞争状况以及市场进入的难易程度等多种因素。

如前所述，本案的相关市场为：交互数字在中国的 3G 无线通信技术标准（WCDMA、CDMA2000、TD—SCDMA）中的每一个必要专利许可市场，以及在美国的 3G 无线通信技术标准（WCDMA、CDMA2000、TD—SCDMA）中的每一个必要专利许可市场，均构成一个独立的相关市场。本案的相关市场是该一个个独立相关市场的集合。由于在知识产权与标准相结合的情况下，产品制造商要生产符合标准的产品，实施必要专利必不可少且不可替代，必要专利的专利权人从而获得超越专利权内涵的市场支配力量。交互数字作为涉案必要专利许可市场唯一的供给方，其在 3G 标准中的每一个必要专利许可市场具有完全的份额，故其完全具有阻碍或者影响其他经营者进入相关市场的能力。而且，由于交互数字仅以专利授权许可作为其经营模式，自身并不进

行任何实质性生产，不需依赖或者受制于3G标准中其他必要专利权利人的交叉许可，故其市场支配力未受到有效制约。在此情况下，原审法院认定交互数字在相关必要专利许可市场具有市场支配地位正确，本院予以支持。

四、关于被控行为是否构成滥用市场支配地位的问题

交互数字在相关市场占有市场支配地位本身并不受到法律规制，反垄断法规制的只是垄断者滥用市场支配地位的行为。故此，需考究交互数字相关被控行为是否滥用了市场支配地位，对市场竞争产生排除、限制影响。

（一）关于是否构成过高定价的问题

《中华人民共和国反垄断法》第17条第1款第（1）项规定，禁止具有市场支配地位的经营者以不公平的高价销售商品。该条款规制的是具有市场支配地位的经营者凭借其市场支配地位对交易方进行不公平交易的行为。本案中，交互数字是否以不公平的高价向华为公司进行相关必要专利许可，需要综合相关事实和证据予以认定。

第一，从交互数字对华为公司就涉案必要专利许可费问题前后×次报价来看，均明显高于交互数字对其他公司的专利许可费。根据原审法院查明的事实，若以专利许可使用费率为标准，交互数字第×次报价中拟授权华为公司×××，约是交互数字许可给苹果公司专利许可费率的×××、是交互数字许可给三星公司专利许可费率的×××，是交互数字许可给RIM公司和HTC公司专利许可费率的×××。若以一次性收取专利许可费用为标准，交互数字第×次、第×次报价中拟授权给华为公司×××的专利许可使用费，是交互数字授权给苹果公司每季度200万美元的专利许可费用的×××；第×次报价中拟授权给华为公司×××的专利许可费用，是交互数字授权给苹果公司5 600万美元的专利许可费用的×××。交互数字上诉认为，原审法院对于必要专利定价的比较方法错误，不应将交互数字对其他公司一次性收取的专利许可费直接折算成按实际销售量收取的专利许可费率，从而与华为公司进行比对。本院认为，固定许可费与按许可费率收取是两种不同标准的专利许可费收取方式，两者一般不宜直接比对。但在交互数字始终不愿在本案中提交相关专利许可使用合同、不愿披露其对其他公司

按许可费率收取的情况下，原审法院根据交互数字年报披露的内容、其他被许可人的销售收入和其他情况，推算出专利许可费率，从而与交互数字拟对华为公司收取的专利许可费率予以比对，作为判断是否存在过高定价的参考，具有一定合理性和科学性。而且，交互数字亦始终无法否认，即使就同样方式授权许可的专利使用费用来看，交互数字拟对华为公司一次性收取的固定专利许可使用费，亦均明显不合理地高于其授权给苹果公司的一次性专利许可使用费用。故交互数字关于其不存在过高定价行为的上诉请求和理由不能成立，本院不予支持。

第二，交互数字对华为公司收取过高的专利许可费缺乏正当性。本案所涉商品是交互数字在 3G 无线通信领域的相关必要专利，作为一种已被专利所固定下来的技术，其投入的产生主要发生在技术研发、专利申请，以及纳入标准等时期，当其成为必要专利后，其成本已经基本稳定。而且，交互数字在其 2011 年年报中亦自认，交互数字在 2009～2011 年所收取的专利使用费逐年下降，"专利许可费率与产品定价相互关联……（这些产品面临的越来越多的价格下调压力），可能导致我们收到的专利发明许可费率下降"。在此情况下，交互数字仍对全球手机销售量排名、综合实力远远不及美国苹果公司、韩国三星公司等的华为公司提出收取过高许可费，显然缺乏合理性和正当性。从后果来看，交互数字对华为公司不公平地征收高价许可费的行为，将导致华为公司要么放弃相关终端市场的竞争，要么不得不接受不公平的定价条件，从而使华为公司在相关终端市场竞争中成本增加、利润减少，直接制约其竞争能力。

第三，交互数字要求获得×××、并在美国提起相关诉讼，进一步加强了过高定价的不合理性和不公平。一般而言，×××本身并不必然构成不合理的附加条件，应综合案件实际情况予以认定。本案中，交互数字不仅要求华为公司支付高昂的许可费，还强迫华为公司给予其×××，而华为公司与交互数字相比，其×××的数量与价值远远高于交互数字公司，这显然将进一步提高华为公司为获取必要专利许可而付出的对价，加剧了不公平的过高定价，违反反垄断法相关规定。与此同时，交互数字不履行其公平、合理、无歧视的授权许可义务，无视华为公司在许可谈判过程中的诚意和善意，不仅不合理调整相关报价、反而在美国提起必要专利禁令之诉，表面上是在行使合法诉讼手段，实际上却意图通过诉讼手段威胁强迫华为公司接受过高的专利许可条件，逼迫华为公司就必要专利之外因素支付相应对价，故该行为不具有正当性，应予否定。交互数字上诉认为其并未强制要求华为公司必须……其提起禁令之诉只是合法行使自身权利，相关报价不属于定价，相关主张与事实不符，不能成立，本院不予支持。

综上，原审法院综合考虑相关许可费的比对、其他公司实际情况、交叉许可情况以及交互数字相关诉讼情况等各因素，认定交互数字就涉案必要专利许可对华为公司的报价，构成不公平的过高定价，符合相关事实和法律规定，并无不当，本院予以支持。

（二）关于是否构成搭售的问题

《中华人民共和国反垄断法》第 17 条第 1 款第（5）项规定，禁止具有市场支配地位的经营者没有正当理由搭售商品，或者在交易时附加其他不合理的交易条件。与一般财产权利相比，当搭售和捆绑涉及知识产权产品时，由于知识产品通过搭售和捆绑的销售边际成本更低，一揽子许可可以改善效率，因此一揽子许可未必是反垄断的，但若该一揽子许可是强迫性的，违反公平贸易原则且缺乏正当理由的，则应受到反垄断法的规制。

首先，关于交互数字将×××捆绑搭售行为的评价问题。交互数字上诉认为，×××两者难以区分，将两者捆绑销售符合行业惯例，并能促进市场竞争，不构成违反反垄断法的搭售行为。本院认为，标准技术条件下，必要专利具有唯一性和不可替代性，而×××则一般都存在可替代性，将×××捆绑销售，将导致必要专利权利人在必要专利许可市场上的市场力量延伸到×××市场，从而将阻碍或限制×××市场的竞争。本案中，交互数字给华为公司的许可谈判中，将×××捆绑销售，并声称×××构成强制性的一揽子许可，该行为将导致，无论华为公司是否需要，只要其欲获取必要专利的许可，则必须同时购买×××，该行为显然限制了×××市场的竞争行为，构成滥用市场支配地位。故原审法院认定交互数字相关搭售行为违反反垄断法正确，本院予以维持。交互数字上诉主张×××难以区分，但由于其在加入相关无线通信领域标准组织时，必须披露相关必要专利和专利申请，因此对于特定的标准组织成员而言，其拥有的必要专利和专利申请权是可以确定的，故交互数字关于×××难以区分、两者捆绑销售属于行业惯例的主张缺乏事实依据，本院不予支持。

其次，关于交互数字将×××捆绑、将×××范围内的必要专利捆绑搭售行为的评价问题。由于标准技术条件下，必要专利本身就具有唯一性和不可替代性，因此无论是2G、3G还是4G标准下的必要专利均不具有可替代性，将其一起捆绑销售，不仅符合效率，而且不会产生如非必要专利般的将在某技术市场上的支配力不当延伸、限制相关市场竞争的问题。而且，在本院所受理的（2013）粤高法民三终字第305号案中，华为公司的诉讼请求为，要求法院按照公平、合理、无歧视原则判定交互数字技术公司等就其全部中国标准（包括2G、3G、4G标准在内）必要专利许可华为公司的许可费率或费率范围，此亦证明了将×××进行捆绑许可，并未违背华为公司的意愿，不具有强迫性。至于将×××范围内的必要专利捆绑销售的问题，交互数字公司已经提供证据证明，全球许可是市场上常见的且广泛采用的交易模式，而本案的证据也显示，交互数字公司对苹果公司、三星公司等其他跨国公司的授权许可均是全球范围许可；而且，从无线通信领域来看，由于必要专利在各个地域均形成不同的权利，对×××范围内的必要专利进行打包许可符合效率原则，特别对跨国公司而言有利于降低成本进而有利于提高消费者福利，在华为公司没有提出反驳证据的情况下，不宜认定该行为是限制竞争、违反反垄断法的。故此，原审法院认定交互数字将×××捆绑行为以及在×××范围内对必要专利捆绑搭售行为不构成滥用市场支配地位，并无不当，本院予以维持。华为公司关于该两行为违反反垄断法的上诉主张不能成立，本院不予支持。

五、关于原审判赔数额是否合理的问题

《最高人民法院关于审理因垄断行为引发的民事纠纷案件应用法律若干问题的规定》第14条规定："被告实施垄断行为，给原告造成损失的，根据原告的诉讼请求和查明的事实，人民法院可以依法判令被告承担停止侵害、赔偿损失等法律责任，根据原告的请求，人民法院可以将原告因调查、制止垄断行为所支付的合理开支计入损失赔偿范围。"本案中，交互数字就涉案必要专利许可设定过高定价和搭售行为等垄断行为，对华为公司产生排除或者限制竞争的影响，损害华为公司利益，依法应予制止并承担赔偿责任。由于华为公司和交互数字均未提供证据证明华为公司因交互数字侵权所受到的实际损失，亦未提供证据证明交互数字因侵权行为的实际获利，原审法院综合本案相关情况，考虑交互数字侵权行为性质、主观过错程度、侵权持续时间和损害影响，并考虑华为公司因调查、制止垄断行为所支付的合理开支，酌定交互数字赔偿华为公司2 000万元，符合相关法律规定，该数额亦基本适度，本院予以确认。交互数字上诉认为该数额缺乏事实依据和法律依据，该主张不能成立，本院予以驳回。

综上，上诉人华为公司、交互数字的上诉请求和理由均缺乏事实和法律依据，本院予以驳回。原审判决认定事实清楚，适用法律正确，依法应予维持。依照《中华人民共和国民事诉讼法》第170条第1款第（一）项之规定，判决如下：

驳回上诉，维持原判。

本案二审案件受理费141 800元，由上诉人华为技术有限公司负担2 000元，上诉人交互数字技术公司、交互数字通信有限公司、交互数字公司负担139 800元。交互数字技术公司、交互数字通信有限公司、交互数字公司已向本院预交425 400元，本院予以退回其多预交的285 600元。

本判决为终审判决。

审判长　邱永清

代理审判员　肖海棠

代理审判员　石静涵

2013 年 10 月 21 日

书记员　张胤岩

6. 商务部公告 2014 年第 24 号
——关于附加限制性条件批准微软收购诺基亚设备和服务业务案经营者集中反垄断审查决定的公告

发布单位：中华人民共和国商务部

发布文号：公告 2014 年第 24 号

发布日期：2014 - 04 - 08

中华人民共和国商务部（以下简称商务部）收到美国微软公司（Microsoft Corporation，US，以下简称微软）收购芬兰诺基亚公司（Nokia Corporation，Finland，以下简称诺基亚）设备和服务业务（Devices & Services Business）案的经营者集中反垄断申报。经审查，商务部决定附加限制性条件批准此项经营者集中。根据《中华人民共和国反垄断法》（以下简称《反垄断法》）第 30 条，现公告如下：

一、立案和审查程序

2013 年 9 月 13 日，商务部收到微软收购诺基亚设备和服务业务案的经营者集中反垄断申报。经审核，商务部认为该申报文件、资料不完备，要求申报方予以补充。10 月 10 日，商务部确认经补充的申报文件、资料符合《反垄断法》第 23 条的要求，对该项经营者集中申报予以立案并开始初步审查。11 月 8 日，商务部决定对此项经营者集中实施进一步审查。经进一步审查，商务部认为此项经营者集中对中国智能手机市场可能具有排除、限制竞争效果。2014 年 2 月 8 日，经申报方同意，商务部决定延长进一步审查期限，截至时间为 2014 年 4 月 8 日。

审查过程中，商务部征求了相关政府部门、行业协会和相关企业的意见，了解了相关市场界定、市场结构、行业特征、未来发展前景等方面信息，并对申报方提交的文件、资料的真实性、完整性和准确性进行了审核。

二、案件基本情况

收购方微软于 1975 年在美国华盛顿州注册成立，在纳斯达克上市，总部位于美国华盛顿州雷德蒙德市。微软股权结构分散，无最终控制人。微软开发、生产、许可、支持和销售电脑软件和消费电子产品。微软 1992 年在北京设立代表处，目前在中国境内有 18 家分公司和办事处。

出售方诺基亚于 1865 年在芬兰赫尔辛基注册成立，在赫尔辛基证交所和纽约证交所上市，总部位于芬兰埃斯波。诺基亚股权结构分散，无最终控制人。诺基亚是一家跨国通讯和信息技术公司，主要产品为功能手机、智能手机、网络基础设施、免费数字地图信息以及导航业务。诺基亚在中国生产并销售功能手机及智能手机，在中国境内有 5 家主要关联实体。

目标业务为诺基亚设备和服务业务部门的所有实体和资产，包括移动手机、智能设备业务、一个设计团队和包含诺基亚设备和服务生产设施、设备和服务相关的销售和市场活动以及相关支持功能的运营。诺基亚的设备和服务部门在中国、韩国、越南、芬兰、巴西、墨西哥等地拥有移动电话和智能手机的制造工厂。本项集中完成后，上述工厂全部转移至微软，诺基亚将不再生产移动电话和智能手机。

2013 年 9 月 2 日，微软国际控股有限公司（Microsoft International Holdings B. V.，微软全资子公司）与诺基亚签署"股票及资产购买协议"（以下简称协议）。根据协议，微软将收购诺基亚所有的设备和服务业务，诺基亚保留其所有通信及智能手机相关发明专利。微软将支付诺基亚 54.4 亿欧元对价（约合 458.62 亿元人民币），其中 37.9 亿欧元用于购买诺基亚所有的设备和服务业务，16.5 亿欧元用于支付专利协议和未来期权。

三、相关市场

（一）相关商品市场

微软和诺基亚在多个市场存在纵向关联。就本案而言，微软生产和供应 Surface 系列平板电脑；开发和许可移动智能终端操作系统，包括智能手机操作系统 Windows Phone、平板电脑操作系统 Windows RT 和 Windows 8；开发和许可与移动智能终端相关的技术专利。诺基亚生产并销售功能手机和智能手机，并拥有大量 2G、3G 和 4G 无线通信技术专利。根据集中所涉业务，反垄断审查重点考察了智能手机市场、移动智能终端操作系统市场、与移动智能终端相关的专利许可市场。

1. 智能手机市场

移动智能终端是指具备个人电脑级的处理能力、高速接入能力和丰富的人机交互界面的智能终端，可进一步细分为智能手机和平板电脑。市场调查显示，智能手机和平板电脑的需求替代性不足以将二者划为同一相关市场。智能手机提供打电话等平板电脑不具备的重要功能，平板电脑由于屏幕大，在长时间视频、阅读、商务应用等用途上比智能手机更为合适。未来，随着科学技术发展，两者之间的差异可能会消除，但就目前市场调查结果看，智能手机与平板电脑不属于同一个相关产品市场。此外，智能手机拥有独立处理器，能够让用户下载、安装应用软件，在功能上区别于传统功能手机，且二者在价格上有明显区别。智能手机与功能手机不属于同一产品市场。目前情况下，智能手机市场可视为独立的产品市场进行分析。

2. 移动智能终端操作系统

移动智能终端操作系统是一种用来管理移动智能终端的硬件和软件资源的程序，是移动智能终端的"大脑"，用户依此才能使用该移动智能终端并在其上运行应用程序软件。操作系统是移动智能终端的核心软件。市场调查显示，由于智能手机和平板电脑拥有相似的操作系统功能要求，很多移动智能终端操作系统如安卓和 iOS 能同时在智能手机和平板电脑上运行，智能手机操作系统和平板电脑操作系统之间具有很强替代性，市场调查表明，移动智能终端操作系统可视为独立的产品市场进行分析。

3. 移动智能终端相关专利许可市场

（1）通信技术标准必要专利（Standard Essential Patent，SEP）许可。

诺基亚在通信技术领域持有数千种标准必要专利。所谓标准是指，由标准制定组织（SSOs）或联盟协商一致制定并公布，共同使用的和重复使用的一种规范性文件。技术标准是在生产活动中为达到标准而必须实施的技术。技术标准的确立与实施保证了产品或服务的互换性、兼容性和通用性。专利权，作为一种法定的垄断权，赋予权利人就特定专利技术排他性使用的独占性权利。技术标准与专利相结合，形成标准必要专利，即实施某项技术标准所需的专利。

通信技术标准必要专利是实现移动设备通信功能所需要实施的标准必要专利。现行主要通信标准包括2G、3G、4G。2G标准包括GSM和CDMA标准。GSM标准由欧洲电信标准化协会（ETSI）主持制定，CDMA标准由美国电信工业协会（TIA）主持制定。中国移动、中国联通运营GSM网络，中国电信运行CDMA网络。3G标准包括WCDMA、CDMA2000、TD—SCD-MA标准。其中，WCDMA、TD—SCDMA标准由3GPP（ETSI创立的第三代合作伙伴计划）制定并发布。CDMA2000标准由3GPP2（TIA创立的第三代合作伙伴计划2）制定并发布。中国联通、中国电信、中国移动分别适用WCDMA、CDMA2000、TD—SCDMA标准。4G标准主要是指LTE标准，由3GPP制定并发布，在欧洲、美国、中国使用。

通信技术标准必要专利众多，往往由专利持有人进行一揽子许可，而且为满足消费者需求，智能手机往往需要同时具备2G、3G或4G的标准。从需求替代角度看，通信技术标准必要专利存在根据不同标准进一步细分的可能，但就本案而言，是否细分并不影响反垄断审查结论。本案反垄断审查对通信技术标准必要专利的许可市场进行了整体考察。

（2）微软安卓项目许可。

移动智能终端除通信技术专利外，还需要大量与实现其"智能"功能相关的专利，包括智能手机操作系统相关专利、应用专利、网络技术专利等。安卓是由谷歌开发的智能手机操作系统，该系统提供给由谷歌领导的开放手机联盟成员使用。安卓是目前市场上主流的智能手机操作系统，其中含有微软的技术专利。装有安卓操作系统的智能手机被称为安卓手机，微软针对安卓手机进行的技术项目许可（微软安卓项目许可），包括微软与智能手机相关的多项技术专利，主要涵盖三个部分：安卓操作系统各层级使用的微软技术专利，ex-FAT、RDP、EAS等技术专利，以及与WiFi、3G/4G有关的技术专利。这些技术专利绝大部分是非标准必要专利（NonStandard Essential Patents，Non-SEPs）。

非标准必要专利不是由标准制定组织（SSO）或联盟制定的正式技术标准，这些专利往往能够为产品带来增值，其商业重要性各异。非标准必要专利为公司积极竞争创造了空间，基于非标准必要专利而获得的市场优势是企业创新的强大推手。一般而言，非标准必要专利不构成重要的市场进入障碍，但是也存在非标准必要专利成为某项产品或服务在技术上或商业上不可或缺的部分的情形，当市场上不具备可获得的有效替代技术或解决方案时，非标准必要专利也可能构成专利持有人封锁竞争者和从事滥用行为的基础。

实现每项功能的专利族可构成独立的相关产品市场，但考虑到实践中的打包许可模式，本案重点考察了微软作为整体的安卓项目许可。同时对第三方提出质疑的微软以下 26 族可能引发竞争担忧的与移动智能终端相关的非标准必要专利进行了重点考察：

长短文件名的公共命名空间（Common Name Space for Longand Short Filenames）

定时器配置方法与系统（Method And System For Configuring ATimer）

浏览器加载状态表示（Loading Statusina Hypermedia Browser Havinga Limited Available Display Area）

手机基带处理器（Radio Interface Layerina Cell Phone with a Set of API's Havinga Hardware-Independent Proxy Layeranda Hardware-Specific DriverLayer）

子窗口控制系统（System Provided Child Window Controls）

上下文有关的菜单系统/菜单行为（Context Sensitive Menu System/Menu Behavior）

通知应用程序状态变更体系（Flexible Architecture for Notifying Applicationsof StateChanges）

外置通知系统（Handheld Computing Device with External Notification System）

浏览器导航设备输入系统（Browser Navigation for DevicesWitha LimitedInput System）

通讯录更新功能（Methodand System for Managing Changestoa Contact Database）

触控笔输入方法（Simulating Gesturesofa Pointing Device Usinga Stylusand Providing Feedback Thereto）

触摸屏区分指令（Highlevel Active Pen Matrix）

软键盘输入法（SoftInput Panel System and Method）

同步信道选择方法（Synchronizing Overa Number of Synchronization Mechanisms Using Flexible Rules）

闪存卡删除运算法则（Monitoring Entropic Conditionsofa Flash Memory Deviceasan Indicatorfor Invoking Erasure Operations）

多语言软件（Methodand System for Creating Multi-Lingual Computer Programsby Dynamically Loading Messages）

使用标准化接口在移动设备间进行多部分信息传送（Communicating Multi-Part Messages Between Cellular Devices Usinga Standardized Interface）

通过显示书签等方式在阅读电子书时进行注释标注、管理的方法（Methodand Apparatus For Capturing And Rendering Annotations For Non-Modifiable Electronic Content）

编辑电子文档时的选定手柄（Selection Handlesin Editing Electronic Documents）

快闪存储器管理方法（Method and System for File System Management Usinga Flash-Erasable，Programmable，Read-Only Memory）

远程获取和显示含画面的文本（Remote Retrieval and Display Managementof Electronic Document with Incorporated Images）

识别本地资源的计算机系统（Computer System for Identifying Local Resources）

操作系统中系统管理项目事件架构（Event Architecture For System Mana-gementinan Operating System）

电子邮件和日历同步协议（Exchange Active Sync，EAS）

扩展文件分配表（Extended File Allocation Table，exFAT）

远程桌面协议（Remote Desktop Protocol，RDP）（见原判决书附件1）

（二）相关地域市场

从地域上看，尽管智能手机、移动智能终端操作系统、移动智能终端专利许可具备一定的全球性，进口限制、运输成本和技术要求不构成重大制约因素。但目前中国国内市场上销售的智能手机主要产自中国境内，面向中国消费者，使用的操作系统及应用软件也主要是中文版本和针对中国用户开发的。特别是，考虑到中国智能手机市场、移动智能终端操作系统市场以及移动智能终端相关专利许可市场的特殊性，相关地域市场重点考察集中对中国市场的影响。

四、竞争分析

商务部按照《反垄断法》及配套规定，对此项经营者集中进行了审查，分析了微软的移动智能终端操作系统、移动智能终端相关专利和诺基亚的智能手机业务之间存在的纵向关联。此外，还考察了集中后，诺基亚持有的移动通信标准必要专利可能引发的专利滥用问题对中国智能手机市场的影响。

（一）微软的移动智能终端操作系统与诺基亚的智能手机之间的纵向关联难以排除、限制竞争

微软拥有移动智能终端操作系统 Windows Phone、Windows RT 和 Windows 8。经查，2012 年，微软的移动智能终端操作系统全球及中国市场份额分别为 2.42% 和 1.2%，诺基亚智能手机全球和中国市场份额分别为 4.85% 和 3.7%。双方在各自市场均有众多竞争者。移动智能终端操作系统市场上的主要产品有：谷歌公司开发的安卓、苹果公司开发的 iOS 以及微软上述系统。安卓操作系统全球及中国市场份额分别为 74% 和 72%（其中安卓智能

手机操作系统超过 80%），苹果 iOS 全球及中国市场份额分别为 19% 和 26%，均高于微软。移动智能终端操作系统之间的竞争不仅取决于操作系统本身，而且取决于基于该种操作系统而开发的应用软件的数量、质量和使用者的评价等。市场调查显示，安卓和 iOS 应用商店中的应用程序数量是微软移动智能终端操作系统应用程序数量的 4 倍，且拥有较高的客户忠诚度。此外，微软的移动智能终端操作系统与其他操作系统相比也不具有任何特殊技术优势，难以凭借技术性能或特点在短时间内取代安卓和 iOS。

综上，微软与诺基亚在上游移动智能终端操作系统市场和下游智能手机市场均不具有市场支配地位。微软难以通过拒绝授权或提高移动智能操作系统许可费或歧视性许可进行智能手机操作系统封锁。微软也难以凭借诺基亚品牌智能手机对上游操作系统开发商进行用户封锁。

（二）微软可能会凭借其安卓项目许可排除、限制中国智能手机市场竞争

1. 微软在上游专利许可市场的地位和控制力

市场调查显示，安卓手机占中国移动智能手机市场超过 80% 的市场份额。考虑到安卓操作系统的市场认可度及其开源、免费的特点，中国市场上的移动智能手机制造商对安卓操作系统具有高度依赖性。安卓手机使用的技术包含有微软的标准必要专利和非标准必要专利，微软将这些专利打包作为安卓项目许可。微软主张，该项目涵盖的标准必要专利包括 802.11 WiFi、H. 264 视频解码、与 3G/4G/LTE 相关的标准必要专利等，非标准必要专利约 200 族（见附件 2），其中包括第三方提出的、可能会引发竞争关注的 26 族非标准必要专利。

反垄断审查表明，微软安卓项目许可中的专利（包括标准必要专利和非标准必要专利）是实现安卓操作系统和安卓手机重要功能"必要的"技术组成部分，对于生产和制造安卓手机不可或缺。中国市场上的绝大部分安卓手机制造商，出于自身的技术限制，难以通过技术设计避免使用，也难以通过商业上可行的技术方案予以替代。微软具备通过其安卓项目许可限制下游智能手机市场竞争的能力。

2. 微软有动机在下游智能手机市场排除、限制竞争

本项集中交易前，微软不生产智能手机。集中完成后，微软进入移动终端制造领域，实现操作系统和智能手机生产的一体化整合。总体看，此前微软为推广其移动智能终端操作系统而对智能手机制造商的依赖程度降低。为使微软的移动终端获得相对有利的市场地位，微软有动机通过提高其他智能终端制造商的专利使用费来提高竞争对手成本。反垄断审查认为，微软有可能会在集中后凭借智能手机相关专利排除、限制智能手机市场竞争。

3. 潜在被许可人不具备有效抗衡能力

专利交叉许可是智能手机行业限制占有优势地位的专利持有人滥用专利权的重要方式。专利交叉许可是指，互有所需的两个专利持有人将各自拥有的专利技术互相提供使用。若双方权利对等，一般互免专利许可费，若一方专利在数量或质量上优于另一方，则另一方的专利可抵免部分许可费。

该经营者集中完成后，微软因从事智能手机的生产和制造，将和部分拥有智能手机相关专利的公司进行交叉许可，微软提高与这些公司之间现有专利许可费或收取过高许可费受到一定制约。但市场调查显示，中国市场上活跃的大部分智能手机制造商（90%以上）不具备与微软进行交叉许可的基础。这些智能手机制造商对微软提高专利许可费或索取过高专利许可费不具备有效的抗衡能力。

4. 专利许可是市场进入的主要障碍

调查表明，专利许可对智能手机行业至关重要，特别是，获得通信标准技术、智能手机操作系统及核心应用专利的许可是进入该市场的必要前提。上述重要技术专利持有人如滥用其专利权，拒绝许可、提高专利许可费或进行歧视性许可，将可能会导致智能手机市场进入门槛的大幅提高，甚至造成事实上无法进入该市场。此外，规模经济对智能手机行业也很重要，智能手机行业资金投入大、技术更新快、客户要求高，这些特点使得智能手机行业须达到一定的规模。

5. 微软滥用智能手机相关专利对中国市场的影响。

中国是手机生产大国，也是手机消费大国。2012年中国手机生产量是

11.8 亿台，全球销售量是 15.8 亿台，即全球销售的 75% 的手机在中国生产。2013 年，中国智能手机市场销售量是 3.2 亿台，占全球市场的 34%。

考虑到微软专利对生产安卓手机的重要性，微软的任何拒绝许可行为都将实质性地阻碍竞争者进入相关市场，扭曲市场结构，排除、限制中国智能手机市场竞争。微软提高专利使用费将严重影响企业的研发投入和可持续发展。市场调查显示，中国智能手机生产企业的平均利润率较低，面对微软提高专利许可费，可能选择退出市场或者将该成本全部或者一部分传导至智能手机消费者。前者将危害市场竞争，后者则直接损害消费者利益。

（三）本项集中可能引发的诺基亚专利滥用问题

本项集中后，诺基亚将退出手机生产市场，但诺基亚保留了所有通信及智能手机相关发明专利。集中导致诺基亚有可能会改变原有行为模式和动机，凭借其标准必要专利的许可排除、限制中国智能手机市场竞争。

1. 诺基亚拥有强大的移动通信标准必要专利

标准必要专利的确立很大程度上削弱了技术内竞争，具有相同或类似功能的技术和解决方案，即使可作为标准技术的替代，其价值也将因标准的确立而明显降低。因此，持有标准必要专利的权利人，在该特定标准设置方面，具有对该标准使用的控制权，当这个标准构成进入障碍时，该权利持有人可以控制该标准相关的产品和服务市场。如果该权利持有人通过滥用其权利，从事反竞争的行为，如拒绝许可、过高收取许可费或进行歧视性许可等，都有可能扭曲该市场的竞争结构、产生排除、限制竞争效果。

诺基亚拥有数千项通信标准必要专利。根据各公司申报的标准必要专利情况，从专利持有总数和专利持有质量看，诺基亚是通信标准领域的翘楚。诺基亚的移动通信标准必要专利是所有智能手机制造商从事生产活动需要使用的，诺基亚凭借这些标准必要专利拥有对智能手机市场的控制力。

2. 本项集中增加了诺基亚依赖专利许可盈利的动机

由于诺基亚将基本退出下游设备与服务市场，诺基亚在本集中后不再需要就其手机业务取得交叉许可，其维持较低水平的手机行业的整体专利收费水平动力下降，这种需求的缺失增加了诺基亚依赖专利许可费盈利的动机。

3. 潜在被许可人不具备有效抗衡能力

调查表明，诺基亚与第三方签署的交叉许可协议几乎全与诺基亚的设备和服务业务相关。本项集中完成后，诺基亚不再从事设备和服务业务，潜在被许可人与移动智能终端相关的专利已不为诺基亚所需。这些智能手机制造商对诺基亚提高专利许可费或索取过高专利许可费不再具备有效的抗衡能力。

4. 技术专利是市场进入的主要障碍

调查表明，对于全面互通和无缝通信来说，通信标准都是基础，执行标准所必须的技术专利可能会造成市场进入障碍。通信技术专利持有人如滥用其专利权，拒绝许可、提高专利许可费或进行歧视性许可，将可能会导致智能手机市场进入门槛的大幅提高，甚至造成事实上无法进入该市场。此外，规模经济对智能手机产业也很重要，智能手机行业资金投入大、技术更新快、客户要求高，这些特点使得智能手机行业须达到一定的规模。

5. 对中国智能手机市场竞争的影响

如上文所述，中国是手机生产大国，也是手机消费大国。诺基亚持有众多标准必要专利。本项集中完成后，诺基亚可能对其标准必要专利收费策略的不合理改变，将导致中国智能手机市场竞争格局的改变，智能手机制造商知识产权的总体成本将增加，并将最终导致消费者利益的减损。

五、附加限制性条件的商谈

在审查期间，商务部向申报方指出了此项经营者集中可能产生的竞争问题，并就如何减少此项经营者集中对竞争的不利影响进行了多轮商谈。经评估，商务部认为，微软和诺基亚分别于2014年3月27日和3月6日向商务部提交的救济方案能够减少此项经营者集中对竞争产生的不利影响。

六、审查决定

经审查，商务部认为微软收购诺基亚设备和服务业务案对中国智能手机市场可能具有排除、限制竞争效果。根据微软、诺基亚向商务部作出的承诺，商务部决定附加限制性条件批准此项经营者集中，微软、诺基亚应按要求履行其承诺并接受商务部依法监督。微软、诺基亚承诺的条件如下。

（一）微软方面

1. 对于在智能手机中实施的，为行业标准所必要的，同时微软已向标准制定组织（SSOs）作出过承诺会以公平、合理和无歧视（FRAND）条件提供许可的微软专利（以下简称标准必要专利），自本集中交割之日起，微软继续遵守下述原则：

（1）持续遵守其向标准制定组织作出的承诺，在 FRAND 条件下许可其标准必要专利。

（2）就上述标准必要专利，不寻求针对中国境内智能手机制造企业所制造的智能手机的禁令或排除令。

（3）在对上述标准必要专利进行许可时，不要求被许可人也将其专利许可给微软，但被许可人拥有的同一行业标准必要专利除外。

（4）当微软在未来将标准必要专利转让给新的所有人时，微软仅会在新所有人同意遵守上述原则的条件下才进行转让。

本段（1）～（4）所述承诺受互惠性原则约束，即适用上述承诺的潜在被许可人，如拥有与微软产品（如 Windows 智能手机）有关的、受 FRAND 原则约束的标准必要专利，也须同意就其所拥有的这些标准必要专利遵守相同原则。

2. 关于未向任何行业标准承诺的"项目专利"（以下简称非标准必要专利），自本项集中交割日起，微软将：

（1）继续在其现有的安卓项目许可及 EAS、RDP 和 exFAT 项目许可（包括微软可能在未来推出的上述项目的任何版本）下，向中国境内的智能手机制造企业提供上述非标准必要专利的非排他性许可，该许可覆盖在中国境内的制造、使用或销售的智能手机。

（2）继续提供上述许可时，（i）其收取的专利费率不高于微软本项集中完成前的项目专利费率，或针对现有被许可人而言，不高于该被许可人现有协议中的费率；（ii）其他非价格条款和条件与微软本项集中完成前所提供的保持实质一致。在本段 2（2）的限制范围内，对于新的或者续约的被许可人，微软可以考虑根据某被许可人存在的特定情况以及市场条件，给予该被许可人优惠待遇。

（3）自商务部决定之日起至2019年4月8日止5年内，不会将其持有的列于附件1或附件2中的任何"非标准必要专利"转让给新的所有人。在上述5年期结束之后，当微软将非标准必要专利转让给新的所有人时，微软仅会在新所有人同意遵守微软在本承诺之前已作出的所有适用的许可承诺的条件下才进行转让。

在此使用的各项术语释义如下：

① "项目专利"指微软在安卓、EAS、RDP和exFAT专利项目下提供许可的专利，包括但不限于附件1所列专利及其对应的中国专利。

② "安卓"指截至"本交易交割日"，通过安卓开源项目提供的构成安卓操作系统的软件文件。附件2为微软在尽其所知的基础上提交的一份非穷尽的、安卓手机中实施的微软技术的专利列表（安卓项目许可专利清单），包括"安卓"中实施的微软专利以及在智能手机中广泛应用的微软标准必要专利和非标准必要专利。

（4）在交割日后，仅在认定潜在被许可人未按照诚信善意原则进行许可谈判后，才会为其持有的非标准必要专利寻求禁令；但是微软作此决定应与其已有的商业惯例相一致。

3. 除上述承诺另有明确规定之外，本承诺条款不应被理解为要求微软以不符合其在收购诺基亚设备和服务业务之前实施的商业惯例的方式来开展专利许可活动。为避免疑义，本段中的任何表述都不应削弱或者改变本承诺的效力。

4. 除下列情形外，上述承诺自本决定公告之日起至2022年4月8日止8年内有效：

（1）除非商务部同意变更或终止，否则第1段中的承诺将一直有效。

（2）第2（3）段中包含的禁止微软转让特定专利的承诺仅限该段所述有效期内有效。

（3）第5段中包含的承诺自商务部作出决定之日起至2019年4月8日

止 5 年内有效。

（4）若任何时候市场状况或竞争态势发生改变，微软可向商务部申请变更或解除上述承诺的任何一项或全部。

（5）若微软不再控制诺基亚设备和服务业务，则上述承诺将失效。

5. 商务部有权根据反垄断法和相关法规监督微软遵守本方案所述的承诺。自商务部决定之日起在每个日历年结束后的 45 天内，微软将向商务部提交一份报告，通报其对本方案所述承诺的遵守情况。

（二）诺基亚方面

1. 确认将继续履行其向标准制定组织作出的承诺，以符合标准制定组织（SSOs）知识产权政策的公平、合理和无歧视（FRAND）原则的条款许可其标准必要专利（SEPs）。这样的承诺将避免诺基亚就其标准必要专利要求不符合其 FRAND 义务的许可条件。

2. 确认支持如下原则：在对等的前提下，不能通过执行对标准必要专利的禁令来阻止附有 FRAND 承诺的标准的实施，除非专利权人已经提供了符合 FRAND 原则的许可条件，而潜在被许可人没有善意签订 FRAND 许可并遵守这些许可条款。

3. 在对等和符合标准制定组织知识产权政策以及相应的司法解释的不断发展的前提下，诺基亚认为执法机关判定一方是否为善意许可人或善意被许可人的相关因素之一可以是：一方在没有不合理拖延的情况下，愿意就有关诺基亚提出的许可条件是否与诺基亚承担的 FRAND 义务不一致而可能引起的争议交由双方均可合理接受的独立裁决机构解决，愿意受该裁决约束，基于该裁决结果订立 FRAND 许可协议，并支付任何基于该裁决结果和协议可能产生的裁定赔偿和 FRAND 许可费。

4. 在对等的条件下并遵循诺基亚对标准制定组织所承诺的 FRAND 义务，诺基亚按照该标准制定组织知识产权政策对其受相应 FRAND 义务约束的标准必要专利提供许可，并不会以被许可人同时亦须接受诺基亚未受相应 FRAND 义务约束的专利许可为前提。

5. 当诺基亚在未来将标准必要专利转让与新的所有人时，诺基亚仅会在新所有人接受诺基亚就这些标准必要专利已对标准制定组织承诺的（包括在此重申的）FRAND 义务约束的条件下进行转让，从而将 FRAND 义务同时转移给新所有人。

6. 诺基亚目前就各个 FRAND 许可价值评估的实践做法全面考虑了包括但不限于此的如下因素：在各种适用情况下希望包含的所许可专利或专利组合、许可期限、所许可的产品、销售或分销这些许可产品的商业模式、所涵盖的标准、市场对标准化功能的采用程度、协议架构、任何回授许可或其他非货币性补偿的价值、费用支付的安排以及使用领域等。在本项集中完成后，除非由于上述因素的不同而有理由进行改变，在对等的条件下，诺基亚在适用的前提和范围内，不会偏离目前其就诺基亚当前各蜂窝通信标准必要专利组合普遍提供的 FRAND 计件费率。

7. 仅仅为避免疑义而不以允许回避本承诺义务为目的，这些承诺不应：（1）影响诺基亚就其标准必要专利在其现有 FRAND 义务所涵盖的范围之外所享有的权利或承担的义务；（2）限制诺基亚许可或者转让任何专利的合法权利；（3）修改或造成对诺基亚与任何第三方签署的任何合同的修改；或者（4）给诺基亚设定就任何其不使用的技术获得许可的义务。

8. 尽管有以上声明，条款 6 中的承诺不适用于任何就诺基亚制造、销售或提供移动通信产品或服务的行为主张任何专利权的公司。

9. 商务部有权对诺基亚履行本承诺进行监督。自商务部决定之日起在每个日历年结束后的 45 天内，诺基亚将向商务部提交一份报告，通报其对本方案所述承诺的遵守情况。该报告应包括：（1）报告诺基亚就受诺基亚 FRAND 承诺限制的标准必要专利要求执行禁令以阻止相关标准实施的案例；（2）报告诺基亚向第三方转让标准必要专利的案例；（3）报告诺基亚新达成的、就相应专利组合的计件许可费率条款超出第 6 款所提及的许可条件的许可协议；（4）并就以上（1）～（3）项作出解释诺基亚如何遵守了本承诺。这些报告应受到《反垄断法》和《经营者集中申报条例》中保密条款的全面保护。为避免疑义，该报告义务不要求诺基亚报告任何具体许可谈判的进展和许可协议的细节。在本项集中完成后，该报告义务持续执行 5 年至

2019 年 4 月 8 日终止。

微软、诺基亚应在遵守反垄断法及相关法律法规的前提下履行上述义务。为履行上述义务，微软和诺基亚应制定详细操作方案提交商务部审查，并在商务部批准后执行。

商务部有权通过监督受托人或自行监督检查微软、诺基亚履行上述义务的情况。微软、诺基亚未适当履行上述义务，商务部将根据《反垄断法》相关规定作出处理。

本公告自发布之日起生效。

附件：1. 重点考察的微软专利清单（略）

2. 微软安卓项目许可专利清单（略）

中华人民共和国商务部

2014 年 4 月 8 日

7. 商务部公告 2015 年第 44 号
——关于附加限制性条件批准诺基亚收购阿尔卡特朗讯股权案经营者集中反垄断审查决定的公告

发布单位：中华人民共和国商务部

发布文号：公告 2015 年第 44 号

发布日期：2015 – 10 – 19

中华人民共和国商务部（以下简称商务部）收到诺基亚公司（Nokia Oyj，以下简称诺基亚）收购阿尔卡特朗讯公司（Alcatel Lucent，以下简称阿尔卡特朗讯）股权案的经营者集中反垄断申报。经审查，商务部决定附加限制性条件批准此项经营者集中。根据《中华人民共和国反垄断法》（以下简称《反垄断法》）第 30 条，现公告如下。

一、立案和审查程序

2015 年 4 月 21 日，商务部收到诺基亚收购阿尔卡特朗讯股权案的经营者集中反垄断申报。经审核，商务部认为该申报文件、资料不完备，要求申报方予以补充。6 月 15 日，商务部确认经补充的申报文件、资料符合《反垄断法》第 23 条的要求，对该项经营者集中申报予以立案并开始初步审查。7 月 14 日，商务部决定对此项经营者集中实施进一步审查。经进一步审查，商务部认为此项经营者集中对通信标准必要专利许可市场可能具有排除、限制竞争效果。10 月 12 日，经申报方同意，商务部决定延长进一步审查期限，截至时间为 2015 年 12 月 10 日。

审查过程中，商务部征求了相关政府部门、行业协会和相关企业的意见，调查了相关市场界定、市场结构、行业特征、未来发展前景等方面信息，并对申报方提交的文件、资料的真实性、完整性和准确性进行了审核。

二、案件基本情况

收购方诺基亚于 1865 年在芬兰赫尔辛基注册成立，在赫尔辛基证券交易所和纽约证券交易所上市，股权结构分散，无最终控制人。诺基亚是一家跨国通讯和信息技术公司，主要有三个业务单元：诺基亚网络、HERE 地图和诺基亚科技。诺基亚在中国有 15 家子公司。

被收购方阿尔卡特朗讯于 2006 年在法国注册成立，在巴黎和纽约证券交易所上市，股权结构分散，无最终控制人。阿尔卡特朗讯的业务单元分为接入及核心网络。阿尔卡特朗讯在中国有 16 家子公司。

2015 年 4 月 15 日，诺基亚和阿尔卡特朗讯签署收购交易谅解备忘录（以下简称备忘录）。根据备忘录，本交易将在法国和美国证券市场，通过公开要约收购的方式完成。诺基亚预计交易金额为 156 亿欧元（约 1 274.5 亿元人民币）。交易之后，若诺基亚拥有阿尔卡特朗讯 100% 的股份，阿尔卡特朗讯的前股东们将持有合并后实体达 33.5% 的股份。如果交易后诺基亚持有阿尔卡特朗讯的股份少于 95%，诺基亚将有权采取其他必要措施使其对阿尔卡特朗讯达到 100% 持股。合并后实体的股东将维持分散状态，没有最终控制人。

三、相关市场

（一）相关商品市场

诺基亚和阿尔卡特朗讯在无线通信网络设备和服务市场存在横向重叠。无线通信网络设备可进一步细分为无线网络接入设备（Radio Access Network，RAN）和核心网络系统设备（Core Network Systems，CNS）。市场调查显示，这两类产品一般分别单独进行采购，不同的客户选择不同的无线网络接入设备和核心网络系统设备供应商，而且由于无线网络接入设备和核心网络系统设备适用的接口已经实现了标准化，产品间存在充分的通用性，因此可作为两个单独市场进行考察。与无线通信网络设备供应相关，集中双方均提供网络基础设施服务。此外，集中双方交易前均从事通信标准必要专利许可业务，覆盖无线通信网络设备和移动终端设备。无线通信网络设备结构如下图所示：

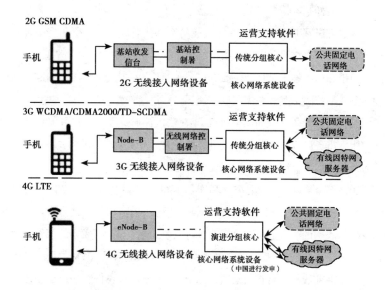

1. 无线网络接入设备

无线网络接入设备的功能是将信号从移动终端设备传输到核心网络系统设备上，它一方面是移动终端设备的一个开放接口，另一方面是核心网络系统设备的开放接口。市场调查显示，无线网络接入设备根据通信技术标准的不同（2G、3G、4G）在设备结构和功能上存在差异，应用上不具备完全的替代性，存在进一步细分市场的可能。

2G 标准包括全球移动通讯系统（GSM）和码分多址接入（CDMA）标准。GSM 标准由欧洲电信标准化协会（ETSI）主持制定，CDMA 标准由美国电信工业协会（TIA）主持制定。中国移动、中国联通运营 GSM 网络，中国电信运行 CDMA 网络。2G 系统主要支持语音服务，同时也支持基础数据传输。在 2G 系统里，无线网络接入设备通过基站收发信台连接移动终端设备和网络。基站收发信台与少量基站控制器连接并由其控制，并被连接到核心网络系统。

3G 标准包括宽带码分多址接入（WCDMA）、CDMA2000、时分同步码分多址接入（TD—SCDMA）标准。其中，WCDMA、TD—SCDMA 标准由 3GPP（ETSI 创立的第三代合作伙伴计划）制定并发布。CDMA2000 标准由 3GPP2（TIA 创立的第三代合作伙伴计划 2）制定并发布。中国联通、中国电信、中国移动分别适用 WCDMA、CDMA2000、TD—SCDMA 标准。3G 系统支持语音和增强的数据传输。在 3G 系统里，连接移动终端设备和网络的部分是 Node-B 设备。Node-B 是从呼叫方传来的语音或数据信号的初始接收者。每个 Node-B 覆盖一定的地理区域。和 2G 系统里的基站控制器一样，无线网络控制器对多个 Node-B 进行集中控制，在给定区域里接收所有 Node-B 发来的信息，并连接到核心网络系统。

4G 标准主要是指 LTE 标准，由 3GPP 制定并发布，在欧洲、美国、中国使用。4G 系统主要支持数据传输，其功能优于 3G。LTE 提供了一种"扁平"网络接入架构，简化和移除了导致多重链路层的传统上分层级的网络元素，降低了网络的复杂性。目前，大量运营商正过渡到 LTE，但也继续在 3G 网络上经营语音服务。在 4G/LTE 无线网络设备中，演进型 Node-B（Evolved Node-B，简称 eNode-B 或 eNB）完全取代了 3G 中的 Node-B 和无线网络控制器。eNB 自带控制功能，可以直接连接到演进分组核心，进而提供一个更为扁平和更有效率的网络架构。

2. 核心网络系统设备

核心网络系统设备，是指在移动网络中管理信息流的设备，它能够提供呼叫控制和诸如位置更新和认证等安全功能。市场调查显示，核心网络系统设备可进一步分为无线分组核心设备（包括用于 2G 和 3G 网络的传统分组核心设备和用于 4G/LTE 的演进分组核心）；网络承载 IP 电话设备（Carrier IP Telephone），即利用 IP 协议提供语音和数据的网络承载电话设备；以及运营支持系统软件，即帮助用户有效管理网络的运营支持软件和用户体验管理软件。上述设备用户可以一起购买，也能分别购买，本案在考察核心网络系统设备市场时对上述三个细分市场分别考察。

3. 网络基础设施服务

与无线网络接入设备和核心网络系统设备相关的网络基础设施服务包括两大类，网络实现和维护服务以及专业服务。网络实现和维护服务，指提供诸如建设和运输无线接入设备和核心网络系统设备、建立和实现全包工程、软件和硬件支持以及客户培训等实现和维护服务。专业服务，包括托管服务和系统整合服务。托管服务可以帮助运营商将一些任务外包给服务提供者，包括与网络相关的技术活动。系统整合服务提供专业的服务，保证用户移动基础设施产品平稳而有效地整合入单一网络。专业服务可以由独立的供应商单独提供，可构成独立的商品市场。

4. 通信技术标准必要专利许可

标准是指，由标准制定组织（SSO）或联盟协商一致制定并公布，共同使用的和重复使用的一种规范性文件。技术标准是在生产活动中为达到标准而必须实施的技术。技术标准的确立与实施保证了产品或服务的互换性、兼容性和通用性。专利权，作为一种法定的垄断权，赋予权利人就特定专利技术排他性使用的独占性权利。技术标准与专利相结合，形成标准必要专利，即实施某项技术标准所需的专利。

通信技术标准必要专利众多，往往由专利持有人进行一揽子许可。从需求替代角度看，通信技术标准必要专利存在逐项进一步细分的可能，但就本案而言，是否细分并不影响反垄断审查结论。本案反垄断审查对通信技术标准必要专利的许可市场进行了整体考察。

（二）相关地域市场

从地域上看，尽管无线通信网络设备存在国际标准化、进口限制、运输成本和技术要求不构成重大制约因素，但竞争者并未完全在全球范围内竞争，各国和地区之间使用的通信标准和技术仍存在差异，有些国家出于安全等因素的考虑，对竞争者也存在一定限制。因此，本案重点考察集中对中国市场的影响。

考虑到通信标准必要专利持有人就同一技术在全球不同国家持有相应专利权、专利持有人通常采取全球专利打包许可、在全球范围内寻求被许可人、不存在运输成本、价格方面有限的区域差异等因素,相关地域市场存在被界定为全球市场的可能,但考虑到中国通信标准必要专利许可市场的特殊性,本案重点考察集中对中国市场的影响。

四、竞争分析

商务部依法对此项经营者集中进行了审查,分析了集中双方在无线网络接入设备、核心网络系统设备、网络基础设施服务市场存在的横向重叠。与此相关,还考察了集中后诺基亚持有的通信标准必要专利可能引发的竞争问题。

1. 在无线网络接入设备领域,集中双方都供应 2G、3G 和 4G 网络使用的无线网络接入设备的业务。以营业额计算,2014 年诺基亚在中国 2G GSM、3G WCDMA 和 4G LTE 无线网络接入设备市场的市场份额分别为 20%~25%、15%~20% 和 5%~10%;阿尔卡特朗讯在中国 2G GSM、3G WCDMA 和 4G LTE 无线网络接入设备市场的市场份额分别为 5%~10%、10%~15% 和 5%~10%。双方合并后在中国 2G GSM、3G WCDMA 和 4G LTE 无线网络接入设备市场的市场份额分别为 30%~35%、25%~30% 和 15%~20%。

市场调查显示,在中国无线网络接入设备市场,存在多家强有力的竞争对手。在 4G LTE 无线网络接入设备市场,华为技术有限公司(华为)、中兴通讯股份有限公司(中兴)、爱立信公司(爱立信)都是活跃的竞争者,其中华为、中兴的市场份额均高于合并后诺基亚的市场份额,能够维持现有市场的竞争格局。在 3G 无线网络接入设备市场,双方横向重叠集中在 WCDMA 市场,合并后市场份额为 25%~30%,市场主要竞争者华为、中兴、爱立信的市场份额均高于 20%,能够对合并后实体形成有效的竞争制约,市场竞争格局不会发生实质性变化。在 2G 无线网络接入设备市场,双方横向重叠集中在 GSM 市场,爱立信和华为的市场份额均为 20%~25% 左右,中兴占有 5%~10% 的市场份额。尽管合并后实体市场份额较高,但双方市场份额和营业额与之前几年相比已成逐步下降趋势。双方 2012 年、2013 年和 2014 年在中国 2G 无线网络接入设备市场的合并营业额不断下降,降幅达 66%。华为、爱立信、中兴虽市场份额低于合并后实体,但仍是活跃的竞争者。合并后实体不具备在该市场从事排除、限制竞争的能力。此外，在市场调查过程中，商务部未收到同行竞争者、上下游企业对合并后实体在中国无线网络接入设备市场可能排除、限制竞争的意见。

综上，本交易难以在中国 2G、3G 和 4G 无线网络接入设备市场产生排除、限制竞争的效果。

2. 在核心网络系统设备领域，双方在中国无线分组核心设备（包括用于 2G 和 3G 网络的传统分组核心设备和用于 4G 的演进分组核心）、中国运营支持系统软件市场上存在横向重叠。以营业额计算，双方在 2014 年中国传统分组核心市场的合并市场份额为 10%～15%，在演进分组核心市场的合并市场份额为 10%～15%。在运营支持系统软件市场，双方 2014 年在中国的合并市场份额为 10%～15%。在上述市场，存在众多活跃的竞争对手，如华为、中兴、爱立信，市场份额均高于合并后实体，能够形成有力的竞争制约。且本次交易中，被收购方阿尔卡特朗讯带来的市场份额增量在上述市场均不高，未实质性增强诺基亚的市场地位，上述相关市场竞争格局不会因本交易而发生实质性改变。本交易难以在中国无线分组核心设备市场、运营支持系统软件市场排除或限制市场竞争。

3. 在网络基础设施服务领域，双方在中国网络实现服务和维护服务、托管服务、系统整合服务市场存在横向重叠。双方合并后的市场份额分别为 15%～20%、10%～15%、5%～10% 和 0～5%。在上述市场，存在众多强有力的竞争对手，如华为、中兴、爱立信，能够对合并后实体形成有力的竞争制约。且本次交易中被收购方阿尔卡特朗讯带来的市场份额增量在上述市场不高，并未实质性增强诺基亚的市场地位，各相关市场竞争格局不会因本交易而发生实质性改变。本交易难以在上述市场产生排除、限制竞争的效果。

4. 通信技术标准必要专利许可市场。

（1）本项集中增强了通信标准必要专利市场的集中度。诺基亚和阿尔卡特朗讯均参加了多个国际标准制定组织（例如 ETSI、3GPP、国际电信联盟［ITU］、电气与电子工程师协会［IEEE］），并参与制订了现行主要通信标准，包括 2G 标准、3G 标准、4G 标准。通信标准必要专利在不同专利权人中的数量分布可以体现专利许可市场的集中情况。就本交易而言，主要考察了 2G、3G 和 4G 无线通信标准许可市场的专利集中情况。

根据第三方机构 iRunway 2013 年发布的研究报告《2G 和 3G 移动通信》、Cyber Creative Institute 2013 年 6 月发布的《向 ETSI 声明的 LTE 必要专利评估》以及有关第三方提供的信息，集中后，诺基亚在 2G、3G 通信标准必要专利许可市场持有的专利比例将从 25% ~ 35% 上升至 35% ~ 45%，与列第二位的高通公司之间的差距进一步拉大。集中后诺基亚在 4G 通信标准必要专利许可市场排名从第二位上升至第一位。就整体通信标准必要专利许可市场而言，集中增加了诺基亚 2G、3G 和 4G 标准必要专利的持有份额，增强了通信标准必要专利市场的集中度。

（2）通信标准必要专利是下游市场进入的主要障碍。通信标准必要专利许可对移动终端和无线通信设备制造行业至关重要，特别是，获得通信标准技术许可是进入市场的必要前提。通信标准必要专利的确立在很大程度上削弱了通信行业的技术内竞争，具有相同或类似功能的技术实现和解决方案，即使可作为标准技术的替代，其价值也将因标准的确立而明显降低。而且，由于通信产业资金密集和技术密集的特征，转换技术发展路径的成本高昂，寻求替代技术在商业上也不可行。因此，持有通信标准必要专利的权利人，在该特定标准设置方面，具有对该标准使用的控制权，当这个标准构成进入障碍时，该权利持有人可以控制该标准相关的产品和服务市场。如果该权利持有人通过滥用其权利，从事排除、限制竞争的行为，如拒绝许可、过高收取许可费或进行歧视性许可等，都可能扭曲下游市场的有效竞争。

（3）被许可人对获得通信标准必要专利许可的依赖程度高，且不具备有效制衡能力。市场调查显示，中国市场上活跃的大部分被许可人和潜在被许可人为移动终端和无线通信网络设备制造企业。由于新一代无线通信技术标准必须与上一代技术标准兼容，即便在 4G 时代，被许可人仍然需要获得 2G、3G 标准必要专利的许可。从技术角度讲，4G 时代的 LTE 网络只能承载数据业务，不能进行语音通话，因此技术上仍需依赖 2G 和 3G 标准技术实现语音通话功能。从商业角度讲，在中国，目前 2G 和 3G 网络仍然占据主流市场，且现有通信网络运营商在 2G 和 3G 网络投入巨大，仍需在相当长的时间内维护 2G 和 3G 网络。阿尔卡特朗讯在 2G 和 3G 通信技术方面拥有强大的标准必要专利组合，交易将增强诺基亚相关专利许可的谈判实力。中国市场上大部分无线通信网络设备和移动终端制造企业在专利数量和质量上不具备与诺基亚交叉许可的基础，在与诺基亚的专利许可谈判中缺乏有效的抗衡能力。

（4）诺基亚若对专利许可策略进行不合理改变，可能对中国移动终端和无线通信网络设备市场造成的损害。本项集中完成后，诺基亚可能对其标准必要专利收费策略的不合理改变，将导致中国移动终端制造市场和无线通信网络设备制造市场竞争格局的改变，下游制造商知识产权的总体成本将增加。市场调查显示，中国是手机生产大国，2014 年中国手机生产量是 16.3 亿台，占全球出货量的 50% 以上。但中国移动终端和无线通信网络设备行业的平均利润率较低，面对诺基亚不合理改变标准必要专利收费策略，可能选择退出市场或者将该成本全部或者一部分传导至最终消费者。前者将扭曲市场竞争格局，后者则直接损害消费者利益。

五、附加限制性条件的商谈

在审查期间，商务部向申报方指出了此项经营者集中可能产生的竞争问题，并就如何减少此项经营者集中对竞争的不利影响进行了多轮商谈。经评估，商务部认为，诺基亚于 2015 年 10 月 8 日向商务部提交的救济措施方案能够减少此项经营者集中对竞争产生的不利影响。

六、审查决定

经审查，商务部认为诺基亚收购阿尔卡特朗讯全部股权案对无线通讯标准必要专利许可市场可能具有排除、限制竞争效果。根据诺基亚向商务部作出的承诺，商务部决定附加限制性条件批准此项经营者集中，诺基亚应按要求履行其承诺并接受商务部依法监督。诺基亚承诺的条件如下。

诺基亚就其在收购阿尔卡特朗讯交易完成之日拥有的 2G、3G 和 4G 蜂窝通信标准必要专利（以下称 SEPs），包括阿尔卡特朗讯拥有的 2G、3G 和

4G 蜂窝通信标准必要专利，履行以下承诺：

1. 诺基亚确认其支持如下原则：在对等的前提下，不应通过执行基于 SEPs 的禁令来阻止附有公平、合理、无歧视（以下称 FRAND）承诺的标准的实施，除非专利权人已经提供了符合 FRAND 原则的许可条件，潜在被许可人却没有善意签订 FRAND 许可并遵守这些许可条款。

在对等和符合标准制定组织知识产权政策以及相应的司法解释的不断发展的前提下，判定一方是否为善意许可人或善意被许可人的相关因素之一可以是：一方在没有不合理拖延的情况下，愿意就有关诺基亚提出的许可条件是否与诺基亚承担的 FRAND 义务不一致而可能引起的争议交由双方均可合理接受的独立裁决机构解决，愿意受该裁决约束，基于该裁决结果订立 FRAND 许可协议，并支付任何基于该裁决结果和协议可能产生的裁定赔偿和 FRAND 许可费。

2. 当诺基亚在未来将 SEPs 转让给第三方时，诺基亚将在这些专利转让完成后，将专利转让的情况及时通知其现有的中国被许可人以及任何正在与其积极进行许可谈判的中国公司，特别是以下细节内容：受让方的名称与地址，转让生效的日期以及所转让的具体权利。

如果某些 SEPs 被转让给第三方，从而对即将许可给中国被许可人的诺基亚 SEPs 组合的价值产生重大影响，任何在转让前已经存在的中国被许可人在其现有（许可）协议到期之时应有权利就费率重新进行谈判。同样，对于在这些 SEPs 转让给第三方时正在与诺基亚积极进行谈判的中国潜在被许可人，如果这些转让的 SEPs 对诺基亚 SEPs 组合的价值产生重大影响，诺基亚同意就其提供的许可费率作出考虑。为避免疑义，除了潜在可能被转让的 SEPs 之外，该重新谈判或提供的费率也应考虑潜在可能被纳入诺基亚专利组合的新 SEPs。

3. 当诺基亚在未来将标准必要专利转让与新的所有人时，诺基亚仅会在新所有人接受诺基亚就这些标准基本专利已对标准化组织承诺的 FRAND 义务（包括在此同意的）约束的条件下进行转让，从而将 FRAND 义务同时转移给新所有人。

4. 商务部有权对诺基亚履行本承诺进行监督。为履行本承诺，诺基亚应当在每一日历年结束后 45 日内就上述义务的执行情况向商务部进行报告。该报告应包括：（1）诺基亚就受诺基亚 FRAND 承诺限制的 SEPs 要求执行禁令以阻止相关标准实施的案例；（2）报告诺基亚向第三方转让 SEPs 的案例及已签署的合同；（3）诺基亚履行向中国公司通报其所完成的专利剥离交易义务的情况；（4）就以上（1）～（3）项说明诺基亚遵守本承诺的情况。这些报告应受到反垄断法及相关规定中保密条款的全面保护。该报告义务自本公告生效之日起，持续执行 5 年至 2020 年 10 月 18 日终止。

诺基亚应在遵守反垄断法及相关法律法规的前提下履行上述义务。为履行上述义务，诺基亚应制定详细操作方案提交商务部审查，并在商务部批准后执行。

商务部有权通过监督受托人或自行监督检查诺基亚履行上述义务的情况。诺基亚未适当履行上述义务，商务部将根据反垄断法相关规定作出处理。

本公告自发布之日起生效。

中华人民共和国商务部

2015 年 10 月 19 日

8. 中华人民共和国
国家发展和改革委员会
行政处罚决定书

发改办价监处罚〔2015〕1 号

当事人：高通公司（Qualcomm Incorporated）

地址：（略）

根据《中华人民共和国反垄断法》等法律法规，本机关于 2013 年 11 月立案，依法对当事人滥用在 CDMA、WCDMA 和 LTE 无线通信标准必要专利（以下简称无线标准必要专利）许可市场及 CDMA、WCDMA 和 LTE 无线通信终端基带芯片（以下简称基带芯片）市场的支配地位，实施垄断行为进行了调查。本机关的调查情况和处理决定如下。

一、当事人在无线标准必要专利许可市场和基带芯片市场具有市场支配地位

本机关对当事人的调查涉及无线标准必要专利许可市场和基带芯片市场，当事人在上述相关市场具有市场支配地位。

（一）当事人在无线标准必要专利许可市场具有市场支配地位

无线通信技术标准是由产业界以合作方式共同制定的标准化技术方案，以实现网络互联互通，使不同无线通信终端制造商的产品可以接入同一无线蜂窝网络。CDMA（包括 CDMA IS – 95 和 CDMA 2000）、GSM、WCDMA、TD—SCDMA 和 LTE 均为当前主流的无线通信技术标准。电信网络运营商需获得相应网络运营牌照，并投入大量资金建设符合特定无线通信技术标准的网络，无线通信终端制造商和基带芯片生产商也需进行大量投入开发符合特定无线通信技术标准的产品，不同的无线通信技术标准之间替代成本

很高。同时，同代际无线通信技术标准实现的网络服务水平基本相同，相互替代没有技术必要性。不同代际的无线通信技术标准存在演进关系，但电信网络运营商升级到新一代无线通信技术标准时，为了保证长达数年的网络升级过程中的代际兼容性，普遍要求无线通信终端必须同时支持上一代无线通信技术标准。因此，已广泛应用的不同无线通信技术标准之间不存在现实可行的替代关系。本案调查涉及的 CDMA、WCDMA 和 LTE 技术标准当前均不存在现实可行的替代性标准。

业界通常将实施技术标准所必须使用的专利称为标准必要专利。无线通信技术标准作为高度复杂的技术方案，包括大量的标准必要专利。一项无线通信专利因被纳入 CDMA、WCDMA 和 LTE 技术标准而成为无线标准必要专利，该专利具有了唯一性和不可替代性，排除了其他竞争性的专利。由于无线标准必要专利是实现特定无线通信技术标准必须要实施的专利，无线通信终端制造商生产销售符合相关技术标准的产品必须获得无线标准必要专利许可。从需求替代分析，无线通信终端制造商生产特定的无线通信终端，纳入相关技术标准的每一项无线标准必要专利都不可或缺，都是必须要实施的技术专利，任何一项无线标准必要专利的缺失，都会导致无线通信终端不能完全符合相关技术标准，不能满足市场需求。从供给替代分析，每一项无线标准必要专利都具有唯一性，在被相关无线通信技术标准采纳并发布和实施后，不存在实际的或者潜在的替代性供给。因此，每一项无线标准必要专利许可均单独构成一个独立的相关产品市场。在本案中，由于当事人将持有的无线标准必要专利进行组合许可，相关产品市场为当事人持有的各项无线标准必要专利许可单独构成的相关产品市场的集合。

由于专利授权、使用和保护均具有地域性，单独构成一个独立相关产品市场的每一项无线标准必要专利的地域市场均为一个特定的国家或者地区。在本案中，当事人将持有的不同国家和地区的无线标准必要专利进行组合许可，无线标准必要专利许可的相关地域市场为当事人持有的各项无线标准必要专利的国家或者地区市场的集合。

本机关查明，在 CDMA、WCDMA 和 LTE 无线通信技术标准中，当事人均持有数量不等的无线标准必要专利。当事人在无线标准必要专利许可市场具有市场支配地位，主要事实和理由如下。

1. 当事人在相关市场占有 100% 的市场份额。在当事人持有的每一项无线标准必要专利许可独立构成的相关产品市场，当事人均占有 100% 的市场份额。同时，当事人分别持有构成 CDMA、WCDMA 和 LTE 无线通信技术标准的多项无线标准必要专利，相关无线标准必要专利相互叠加，构成覆盖特定无线通信技术标准的无线标准必要专利组合，当事人在该无线标准必要专利组合许可市场占有 100% 的市场份额，不存在市场竞争。根据《中华人民共和国反垄断法》第 19 条第 1 款第（1）项的规定，可以推定当事人在无线标准必要专利许可市场具有市场支配地位。

2. 当事人具有控制无线标准必要专利许可市场的能力。由于当事人持有覆盖 CDMA、WCDMA 和 LTE 技术标准的无线标准必要专利组合，无线通信终端制造商生产销售符合 CDMA、WCDMA 和 LTE 技术标准的无线通信终端，需从当事人获得相关无线标准必要专利组合许可，否则不能进入市场参与竞争，并可能面临当事人提起的专利侵权诉讼和禁令救济等风险，潜在被许可人与当事人达成相关无线标准必要专利组合许可协议是唯一的选择。有证据表明，当事人拥有超过 200 家无线标准必要专利被许可人，且绝大多数被许可人与当事人签订的专利许可协议中的许可条件是当事人单方面确定的，被许可人缺乏制约当事人市场力量的客观条件和实际能力。因此，当事人在较大程度上具有控制专利许可费、许可条件以及阻碍、影响其他经营者进入相关市场的能力。

3. 无线通信终端制造商对当事人的无线标准必要专利组合许可高度依赖。无线通信终端制造商生产销售符合 CDMA、WCDMA 和 LTE 技术标准的产品，必须使用当事人的无线标准必要专利组合。由于当事人的每一项无线标准必要专利覆盖相关技术标准的不同方面，每一项无线标准必要专利对无线通信终端制造商均不可或缺，任何一项无线标准必要专利的缺失，均可能导致无线通信终端不能与网络互通，不能满足客户需求和获得监管部门的入网许可。因此，无线通信终端制造商对当事人的无线标准必要专利组合许可高度依赖，当事人具有支配性的市场力量。

4. 其他经营者进入相关市场难度较大。无线通信技术标准是实现无线通信终端兼容、互联和互通的技术规范，在一项专利成为 CDMA、WCDMA 和 LTE 技术标准的无线标准必要专利的同时，其他竞争性技术则可能被排除在该技术标准之外。CDMA、WCDMA 和 LTE 技术标准被实施后，任何被纳入标准的技术若要改变，通常会给运营商和相关制造商带来难以承受的成本，其他竞争性技术客观上难以被纳入该技术标准。因此，其他经营者难以进入当事人持有的无线标准必要专利组合许可构成的相关市场。

在本案调查过程中，当事人未提出证据证明当事人在无线标准必要专利许可市场不具有市场支配地位。

根据《中华人民共和国反垄断法》第 18 条的规定，本机关依据上述因素，认定当事人在无线标准必要专利许可市场具有市场支配地位。

（二）当事人在基带芯片市场具有市场支配地位

基带芯片是实现无线通信终端通信功能的重要部件。由于不同无线通信技术标准依托不同的无线标准必要专利，符合不同技术标准的基带芯片在特性、功能等方面均不相同。从需求替代分析，无线通信终端制造商生产用于特定无线通信网络的产品，必须采用支持实施相应技术标准的基带芯片，不会因为一种基带芯片价格等因素的变化，寻求采购实施其他技术标准的基带芯片。从供给替代分析，基带芯片的研发和生产具有较强的技术性，其他经营者进入该市场存在较强的壁垒；生产商生产符合不同技术标准的基带芯片依托不同的技术和平台，不会根据不同基带芯片的需求量、价格等变化进行快速转产，不同的基带芯片供应之间不具有强替代性。因此，符合不同技术标准的基带芯片彼此不可替代。本案调查涉及的基带芯片市场细化为三个不同的相关产品市场：CDMA 基带芯片市场、WCDMA 基带芯片市场和 LTE 基带芯片市场。

基带芯片在运输、销售、使用和进出口等方面均不存在明显的地域障碍。基带芯片生产商在全球范围内销售基带芯片，并通常与其他基带芯片生产商进行全球性竞争；无线通信终端制造商会基于功能、价格、质量、品牌等因素考量，在全球范围内选择采购不同的基带芯片。因此，在本案中，CDMA 基带芯片、WCDMA 基带芯片和 LTE 基带芯片的相关地域市场均为全球市场。

本机关查明，当事人在 CDMA 基带芯片市场、WCDMA 基带芯片市场和 LTE 基带芯片市场均具有市场支配地位，主要事实和理由如下。

1. 当事人在相关市场的市场份额均超过 1/2。根据 Strategy Analytics 报告数据，2013 年当事人在 CDMA 基带芯片市场、WCDMA 基带芯片市场和 LTE 基带芯片市场的销售额市场份额分别为 93.1%、53.9% 和 96%，均超过 50%。根据《中华人民共和国反垄断法》第 19 条第 1 款第（1）项的规定，可以推定当事人在上述基带芯片相关市场具有市场支配地位。

2. 当事人具有控制相关基带芯片市场的能力。根据 Strategy Analytics 报告数据，当事人在基带芯片市场长期处于领先地位。2007～2013 年已连续六年稳居全球基带芯片销售第一的位置，占有的市场份额明显高于其他竞争对手。在 CDMA 基带芯片市场，长期以来只有当事人和威睿电通（VIA TELECOM）两家公司，而威睿电通 2013 年只占有不到 7% 的市场份额；在 LTE 基带芯片市场，2013 年，位居第二的韩国三星电子株式会社占有的市场份额只有 2% 左右。因此，在 CDMA 和 LTE 基带芯片市场，当事人具有较强的控制市场的能力。在 WCDMA 基带芯片市场，2013 年联发科（MTK）的市场份额为 15.5%，英特尔为 11.8%，博通公司为 9.3%，均远低于当事人 53.9% 的市场份额。市场份额第二的联发科近几年所占市场份额有所上升，但竞争力主要体现在中低端市场，且同等规格的基带芯片推出时间远落后于当事人，其对 WCDMA 基带芯片市场的控制力远低于当事人。因此，在 WCDMA 基带芯片市场，当事人具有一定程度控制市场的能力。

3. 主要无线通信终端制造商对当事人的基带芯片高度依赖。在全球范围内，当事人在 CDMA、WCDMA 和 LTE 基带芯片市场均占有最大的市场份额，且基带芯片生产商数量较少，无线通信终端制造商对基带芯片生产商的选择有限，对当事人高度依赖。同时，由于当事人生产的基带芯片在技术、功能、品牌等方面具有优势，特别是中高端基带芯片的竞争优势更为明显，无线通信终端制造商为使生产销售的产品更具竞争力，有选择当事人基带芯片的较强倾向性和偏好，对当事人的基带芯片具有高度依赖性。

4. 基带芯片市场进入门槛高、难度大。基带芯片的研发和生产具有较强的技术性，属于技术密集型产业，潜在经营者进入基带芯片市场难度较大，通常会面临研发生产、终端操作系统支持、运营商测试、国家监管部门入网许可、技术出口管制、研发和上市周期长等现实进入门槛。因此，其他经营者进入基带芯片市场并有效参与市场竞争的难度较大。

在本案调查过程中，当事人未提出证据证明当事人在 CDMA 基带芯片市场、LTE 基带芯片市场不具有市场支配地位。

当事人提出，在 WCDMA 基带芯片市场并不具有市场支配地位，主要事实和理由：按销售量计算，当事人在 WCDMA 基带芯片市场所占市场份额不到 50%，且 WCDMA 基带芯片市场存在有效的市场竞争。本机关认为，在本案中，当事人 WCDMA 基带芯片销售额市场份额相对于销售量市场份额而言，更能体现当事人在该相关市场的市场力量。2013 年，当事人 WCDMA 基带芯片销售额市场份额超过 50%、销售量市场份额不到 50%，表明当事人 WCDMA 基带芯片平均售价高于其他经营者的平均售价，更高的平均售价进一步证明了当事人在 WCDMA 基带芯片市场具有一定的支配能力。同时，市场份额仅是分析和认定当事人在 WCDMA 基带芯片市场是否具有市场支配地位的因素之一。因此，当事人提出的证据不能证明当事人在 WCDMA 基带芯片市场不具有市场支配地位。

根据《中华人民共和国反垄断法》第 18 条的规定，本机关综合分析基带芯片市场的市场结构、竞争状况以及交易对象对当事人的依赖程度和相关市场进入难易程度等因素，认定当事人在 CDMA 基带芯片市场、WCDMA 基带芯片市场和 LTE 基带芯片市场均具有市场支配地位。

二、当事人滥用市场支配地位的行为

在本案中，考虑到当事人将持有的相关国家和地区的无线标准必要专利进行组合许可，本机关决定调查与中华人民共和国境内市场竞争和消费者利益密切相关的当事人针对无线通信终端在中华人民共和国境内制造时或者在中华人民共和国境内销售时所实施的无线标准必要专利的许可行为和基带芯片销售行为。本机关查明，当事人滥用市场支配地位，实施了《中华人民共和国反垄断法》禁止的垄断行为。具体事实、理由和依据如下。

（一）当事人滥用在无线标准必要专利许可市场的支配地位，收取不公平的高价专利许可费

1. 对过期无线标准必要专利收取许可费

本机关查明，截至 2014 年 1 月 1 日，在当事人持有的无线标准必要专利中，有部分相关专利已经过期，且包含一定数量的重要无线标准必要专利。CDMA 技术于 1995 年开始商业应用，当事人此前申请的很多核心 CD-MA 无线标准必要专利已经过期，而当事人与被许可人签订的 CDMA 和 WC-DMA 专利许可协议，均包括相关过期的核心 CDMA 无线标准必要专利。尽管当事人不断有新的专利加入专利组合中，但当事人未能提供证据证明新增专利价值与过期无线标准必要专利价值相当。同时，当事人不向被许可人提供专利清单，且与被许可人签订的长期甚至无固定期限的许可协议中约定了一直不变的专利许可费标准。当事人的过期无线标准必要专利包含在对外许可的专利组合中，被许可人未能获得公平协商的机会以避免对当事人的过期专利支付许可费。

以上事实，有《基于专利存续的 Qualcomm 重要标准必要专利包价值研究报告》《用户单元许可协议》《调查询问笔录》和《对国家发改委关注问题的陈述性答复》等材料作为证据。

在本案调查过程中，当事人提出，虽然每年都有一些专利到期，但有更大数量的新专利进入专利包，不存在对过期专利收取专利许可费的问题。

本机关认为，不论当事人对外许可的专利组合有无变化，以及是否有新的专利不断加入到专利组合中，当事人进行长期甚至无固定期限许可的同时，不提供专利清单本身都不具有合理性。即使如当事人主张，不断有新的专利加入专利组合，并且总体上专利组合中的专利数量有所增加，但专利组合中的专利数量并不必然反映其价值。因此，当事人提出的新增专利能够补

充过期专利价值的主张不能得到证实。当事人对新增加的专利是否为被许可人所必需以及是否具有价值均不予评估和明示，不衡量和分析过期专利和新补充专利的价值对比和变化，而以不断有新专利加入专利组合为由，笼统地对专利组合持续多年收取同样的许可费，实际上模糊了被许可人获得专利许可的具体标的，被许可人需要对当事人的过期无线标准必要专利继续支付许可费。

本机关认为，当事人应当给予被许可人公平的机会进行协商，避免对过期专利继续收取专利许可费。

2. 要求被许可人将专利进行免费反向许可

本机关查明，当事人在无线标准必要专利许可中，强迫某些被许可人将持有的相关非无线标准必要专利向当事人进行许可；强迫某些被许可人免费进行反向许可；要求某些被许可人不能就持有的相关专利向当事人及当事人的客户主张权利或者提起诉讼。当事人在某些无线标准必要专利许可谈判中并不实质性地考虑和评估被许可人专利的价值，拒绝向被许可人就反向许可的专利支付合理的对价。

以上事实，有《用户单元许可协议》《调查询问笔录》《对国家发改委关注问题的陈述性答复》和被许可人提供的相关材料等作为证据。

在本案调查过程中，当事人就免费获得被许可人的专利反向许可提出三方面理由：（1）当事人从被许可人获得专利反向许可是为了保护当事人的业务及基带芯片客户免受专利侵权的困扰；（2）当事人要求免费反向许可是与被许可人总体价值交换的一部分；（3）许多中国被许可人不拥有在实质价值上能够交换的专利组合。

本机关认为，当事人提出的上述理由不成立，要求被许可人进行专利免费反向许可不公平。当事人向被许可人谋求专利反向许可本身并不违反相关法律，但获得专利反向许可的需求并不是在所有情况下免费获得专利反向许可的理由。当事人获得被许可人专利反向许可应当尊重被许可人的创新成果，对被许可人反向许可的专利价值予以考虑，特别是部分中国被许可人同样持有高价值的专利组合。当事人不能出于保护当事人业务及基带芯片客户免受专利侵权困扰的考虑，而完全否定中国被许可人所持有专利的价值，利用在无线标准必要专利许可市场和基带芯片市场的支配地位，要求被许可人将持有的相关专利向当事人及当事人客户进行免费许可，并限制被许可人就持有的相关专利主张权利或者提起诉讼。当事人未能提供有效证据证明，当事人在专利许可中对某些被许可人反向许可的专利支付了相应的对价。当事人提出的免费反向许可是与被许可人总体价值交换的一部分，缺乏事实和证据支持。因此，根据调查取得的证据，当事人提出的主张与事实不符，不能证明当事人要求专利免费反向许可具有公平性。

本机关认为，当事人利用在无线标准必要专利许可市场的支配地位，强迫被许可人向当事人进行专利免费反向许可，在专利许可费中不抵扣被许可人反向许可的专利价值或者支付其他对价。

此外，在本案调查中，本机关还查明，在当事人对外许可的专利组合中，无线标准必要专利具有核心价值，非无线标准必要专利不必然对所有的无线通信终端具有价值，无线通信终端制造商不必然需要获得当事人的非无线标准必要专利许可。当事人的无线标准必要专利主要涉及无线通信技术，而不涉及无线通信终端的外壳、显示屏、摄像头、麦克风、扬声器、电池、内存和操作系统等。当事人在将无线标准必要专利和非无线标准必要专利进行一揽子许可的同时，以无线通信终端的整机批发净售价作为计算专利许可费的基础。

本机关认为，当事人对外许可的专利组合中包含具有核心价值的无线标准必要专利和对被许可人价值并不确定的非无线标准必要专利。对于被迫接受当事人一揽子专利许可的被许可人，当事人在坚持较高许可费率的同时，以超出当事人持有的无线标准必要专利覆盖范围的整机批发净售价作为计费基础，显失公平，导致专利许可费过高。

本机关综合分析当事人的上述行为认为，当事人直接或者间接地收取了不公平的高价专利许可费。当事人要求专利免费反向许可，抑制了被许可人进行技术创新的动力，阻碍了无线通信技术的创新和发展，排除、限制了无线通信技术市场的竞争。同时，要求专利免费反向许可使当事人相对其他基带芯片生产商获得了不正当的竞争优势，无线通信终端制造商采购其他基带芯片生产商的产品将会负担更高的知识产权成本，削弱了其他基带芯片生产商竞争力，损害了市场竞争。当事人收取不公平高价专利许可费增加了无线通信终端制造商的成本，并最终传导到消费终端，损害了消费者的利益。

本机关认定，当事人违反《中华人民共和国反垄断法》第 17 条第 1 款第（1）项关于禁止具有市场支配地位的经营者以不公平的高价销售商品的规定。

（二）当事人滥用在无线标准必要专利许可市场的支配地位，在无线标准必要专利许可中，没有正当理由搭售非无线标准必要专利许可

本机关查明，无线通信终端制造商必须向无线标准必要专利持有人寻求专利许可，没有其他选择；非无线标准必要专利不是强制实施的专利，无线通信终端制造商可以进行规避设计，或者根据专利技术的优劣及其他因素，在不同的竞争性替代技术中进行自由选择。因此，非无线标准必要专利与无线标准必要专利性质不同、相互独立，分别对外进行许可并不影响上述两种不同专利的应用和价值。当事人在进行专利许可时，不对无线标准必要专利与非无线标准必要专利进行区分，不向被许可人提供专利清单，而是采取设定单一许可费并进行一揽子许可的方式，将持有的非无线标准必要专利进行搭售许可。

以上事实，有《用户单元许可协议》《调查询问笔录》《对国家发改委关注问题的陈述性答复》和被许可人提供的相关材料等作为证据。

在本案调查过程中，当事人就搭售非无线标准必要专利许可行为的合理性，提出三个方面的理由：（1）当事人提供了只许可无线标准必要专利的选择，被许可人大多自主选择整体的专利组合；（2）无线标准必要专利和非无线标准必要专利很难区分，被许可人只获得无线标准必要专利许可，可能面临诉讼风险；（3）搭售非无线标准必要专利许可不会限制市场竞争，被许可人同样可以选择竞争者的技术。

本机关认为，当事人提出的上述理由不成立，在无线标准必要专利许可中搭售非无线标准必要专利许可没有正当理由。根据众多被许可人提供的证

据材料，当事人所称一直提供只许可无线标准必要专利的选择与事实不符。本机关在调查中发现，尽管一些被许可人可能会主动选择寻求当事人整体专利组合许可，但部分被许可人为了获得当事人无线标准必要专利许可而不得不接受非无线标准必要专利许可。被许可人是否与当事人签订一揽子专利许可协议，应当在当事人提供无线标准必要专利和非无线标准必要专利清单的前提下，由被许可人自主作出选择。当事人一直拒绝向被许可人提供专利清单，并通常不向被许可人提供只包含无线标准必要专利的许可要约。无线标准必要专利与非无线标准必要专利可以进行区分并分别进行许可，并且通过合同条款在许可协议中对标准必要专利的范围进行界定是一种惯常做法。即使分别提供无线标准必要专利与非无线标准必要专利许可要约需要一定的成本，并可能增加专利许可谈判的复杂性，但这不能构成将与无线标准必要专利性质不同的非无线标准必要专利进行搭售许可的合理理由。

本机关认为，当事人利用在无线标准必要专利许可市场的支配地位，在无线标准必要专利许可中没有正当理由搭售非无线标准必要专利许可。对于非无线标准必要专利，被许可人本可以考量包括侵权和诉讼风险在内的各种因素，自由决定是否寻求以及向哪个专利权人寻求获得许可。由于当事人强制搭售非无线标准必要专利许可，被许可人必须从当事人获得非无线标准必要专利许可并支付许可费，理性的被许可人通常不会额外承担费用进行规避设计或者寻求替代性技术。这使得与当事人持有的非无线标准必要专利具有竞争关系的其他替代性技术失去了参与竞争的机会和可能，严重排除、限制了相关非无线标准必要专利许可市场的竞争，阻碍、抑制了技术创新，最终损害了消费者的利益。

本机关认定，当事人没有正当理由，在无线标准必要专利许可中搭售非无线标准必要专利许可，违反《中华人民共和国反垄断法》第 17 条第 1 款第（5）项关于禁止具有市场支配地位的经营者没有正当理由搭售商品的规定。

（三）当事人滥用在基带芯片市场的支配地位，在基带芯片销售中附加不合理条件

本机关查明，当事人将签订和不挑战专利许可协议作为被许可人获得

当事人基带芯片的条件。如果潜在被许可人未与当事人签订包含不合理许可条件的专利许可协议，当事人则拒绝与该潜在被许可人签订基带芯片销售协议并拒绝向其供应基带芯片；如果已经与当事人签订专利许可协议的被许可人与当事人就专利许可协议产生争议并提起诉讼，则当事人将停止向该被许可人供应基带芯片。

以上事实，有《用户单元许可协议》《零部件供应协议》《调查询问笔录》和《对国家发改委关注问题的陈述性答复》等材料作为证据。

在本案调查过程中，当事人对于将签订和不挑战专利许可协议作为向被许可人供应基带芯片的条件这一事实未予否认，但提出该行为具有合理性。

本机关认为，无线通信终端制造商使用当事人的无线标准必要专利应当支付公平、合理的专利许可费，但当事人在专利许可要约中包含过期专利收费、要求被许可人进行专利免费反向许可、没有正当理由搭售非无线标准必要专利许可等不合理条件，利用在基带芯片市场的支配地位，以不供应基带芯片相要挟，强迫潜在被许可人签订包含不合理条件的专利许可协议，该行为不具有合理性。同时，被许可人与当事人就专利许可协议产生争议并提起诉讼是被许可人的权利，而当事人基于在基带芯片市场的支配地位，在基带芯片销售中附加不挑战专利许可协议的不合理条件，实质上限制甚至剥夺了被许可人的上述权利，将不挑战专利许可协议作为当事人向被许可人供应基带芯片的前提条件，没有正当理由。

本机关认为，由于当事人在基带芯片市场具有支配地位，潜在的和实际的被许可人对当事人的基带芯片高度依赖，如果当事人拒绝提供基带芯片，则潜在的或者实际的被许可人可能无法进入或者必须退出相关市场，无法有效参与市场竞争。当事人利用在基带芯片市场的支配地位，要求潜在被许可人签订包含不合理条件的许可协议，限制被许可人就专利许可协议提出争议和提起诉讼的权利，将不接受当事人不合理专利许可条件的潜在的或者实际的被许可人排挤出市场，排除、限制了市场竞争。

本机关认定，当事人没有正当理由，在基带芯片销售中附加不合理条件，要求被许可人签订包含不合理条件的专利许可协议，要求被许可人不挑战与当事人签订的专利许可协议，违反《中华人民共和国反垄断法》第17条第1款第（5）项关于禁止具有市场支配地位的经营者在交易时附加不合理交易条件的规定。

以上认定只适用于与中华人民共和国境内市场竞争和消费者利益密切相关的当事人针对无线通信终端在中华人民共和国境内制造时或者在中华人民共和国境内销售时所实施的无线标准必要专利的许可行为和基带芯片销售行为。

三、行政处罚依据和决定

依据《中华人民共和国反垄断法》第47条、第49条的规定，本机关对当事人上述滥用无线标准必要专利许可市场和基带芯片市场支配地位的行为作出如下决定。

（一）责令当事人停止滥用市场支配地位的违法行为

本机关责令当事人停止上述滥用市场支配地位的违法行为，具体如下：

1. 当事人在对中华人民共和国境内的无线通信终端制造商进行无线标准必要专利许可时，应当向被许可人提供专利清单，不得对过期专利收取许可费。

2. 当事人在对中华人民共和国境内的无线通信终端制造商进行无线标准必要专利许可时，不得违背被许可人意愿，要求被许可人将持有的非无线标准必要专利反向许可；不得强迫被许可人将持有的相关专利向当事人反向许可而不支付合理的对价。

3. 对为在中华人民共和国境内使用而销售的无线通信终端，当事人不得在坚持较高许可费率的同时，以整机批发净售价作为计算无线标准必要专利许可费的基础。

4. 当事人在对中华人民共和国境内的无线通信终端制造商进行无线标准必要专利许可时，不得没有正当理由搭售非无线标准必要专利许可。

5. 当事人对中华人民共和国境内的无线通信终端制造商销售基带芯片，不得以潜在被许可人接受过期专利收费、专利免费反向许可、没有正当理由搭售非无线标准必要专利许可等不合理条件为前提；不得将被许可人不挑战专利许可协议作为当事人供应基带芯片的条件。

上述各项责令当事人停止的违法行为适用于当事人的子公司和当事人具有实际控制权的其他公司。当事人转让无线标准必要专利的，应当要求权利受让方承诺受上述禁止行为的限制。

当事人在中华人民共和国境外授权的无线标准必要专利许可行为，对中华人民共和国境内市场竞争不具有显著排除、限制影响的，不适用以上决定。

（二）对当事人处 2013 年度销售额 8% 的罚款

经核定，当事人 2013 年度在中华人民共和国境内的销售额为 761.02 亿元人民币（汇率按中华人民共和国国家外汇管理局公布的 2013 年度平均人民币汇率中间价计算）。本机关认为，当事人滥用市场支配地位行为的性质严重，程度较深，持续时间较长，本机关决定对当事人处 2013 年度在中华人民共和国境内销售额 8% 的罚款，计 60.88 亿元人民币。

当事人应当自收到本行政处罚决定书之日起 15 日内，携本行政处罚决定书将罚款人民币 60.88 亿元上缴中华人民共和国国库。收款人全称：（略）；账号：（略）；开户银行：（略）。

当事人到期不缴纳罚款的，每日按罚款数额的 3% 加处罚款，同时本机关可以申请人民法院强制执行。

当事人如对上述行政处罚决定不服，可以自收到本行政处罚决定书之日起 60 日内，向中华人民共和国国家发展和改革委员会申请行政复议，或者自收到本行政处罚决定书之日起 3 个月内依法向人民法院提起诉讼。复议、诉讼期间，本处罚决定不停止执行。

国家发展改革委办公厅

2015 年 2 月 9 日

附录三 研究成果展示（2014～2016）

同济知识产权与竞争法研究中心
Tongji Intellectual Property and Competition Law Research Center

中心成果1：《荷兰、英国、德国民事诉讼中的知识产权执法》（译著）

译著名称	荷兰、英国、德国民事诉讼中的知识产权执法
译著作者	张伟君
出版年份	2014
出版机构	商务印书馆
ISBN	9787100107815

成果简介

知识产权的有效保护是欧共体内部市场成功的重要因素。为了使成员国的知识产权执法制度更加一致，以便在共同体内部确立适当、均匀且高水平的知识产权保护，欧洲议会和欧洲理事会于2004年4月29日颁发《欧共体知识产权执法指令》，即Directive 2004/48/EC。

本书不仅详细解读成员国在执行该指令中所必须履行的各项义务，对该指令各条款的解释提供了有价值的指引；而且逐条分析该指令在荷兰、英国和德国三个欧盟成员国的执行状况，对欧盟成员国反应共同体法的复杂方式作出大量有价值的洞察。荷兰、英国和德国这三个国家并非是任意选取的，它们不仅代表欧洲的两大法系，还分别代表执行第48号指令的三个阶段。这就使得三个国家执行该指令的协调性实践无论在成功的经验上还是面临的问题上都具有典型意义，增加了本书受众的范围及内容的可研读性。

作为外部的观察者，中国读者除了获得大量一手研究资料外，通过对上述三国指令执行状况的比较，或许可以发现一种适合中国的、协调国际法和国内法冲突的方法。因此，本书不仅适用于中国知识产权法学、诉讼法学、国际法学的师生和研究人员，而且可作为我国相关领域政府官员提高法律与政策制定水平的优秀参考书。

中心成果 2：《软件与互联网法（上）》（译著）

译著名称	软件与互联网法（上）
译著作者	张韬略
出版年份	2014
出版机构	商务印书馆
ISBN	9787100107129

成果简介

《软件与互联网法》是美国软件与互联网法领域的权威教科书。全书汇集美国计算机软件与互联网领域的主要立法及经典判例，以全面、翔实的一手资料以及清晰、敏锐的文字，向读者展现并梳理美国软件法和互联网法的历史演变以及法律适用的重点和难点。

全书分为"软件法"和"互联网法"两编，本册为原书的第一编"软件法"，共 5 章。从内容上看，各章关注的重点是传统知识产权规则在软件领域的具体适用和特性问题，分别从商业秘密保护、版权法、专利保护、商标和商业外观、软件许可五个方面，探讨传统知识产权法在面对软件技术时的困境与调整，以及如何在积极地演进中形成对软件技术的全面保护。

《软件与互联网法》兼具理论性和实务指导性，既是中国法学院研习美国软件法、互联网法以及软件互联网相关的知识产权法的首选教材，也是我国相关领域政府官员提高法律与政策制定水平以及我国律师提高参与相关国际事务能力的优秀参考书。

中心成果3：《卡特尔法与经济学》（译著）

译著名称	卡特尔法与经济学
译著作者	刘旭
出版年份	2014
出版机构	法律出版社
ISBN	9787511864871

成果简介

在过去几年里，人们可以观察到德国和欧盟卡特尔法实践正加速经济学化，即不断在实践中引入经济学方法和概念。但是，至今仍只有少数几部著作能够将经济学理论在卡特尔法中的适用问题进行系统、科学的梳理。而《卡特尔法与经济学》一书正是要着力填补这样的空白。

本书不仅探讨横向合并，即竞争对手间的合并，所涉及的经济学、法学问题，还介绍纵向与混合型合并的经济学与法学基础。竞争经济学的新发展，例如双边市场、向上价格压力测试，也将被纳入本书视野。本书对欧盟委员会和德国联邦卡特尔局执法实践，欧洲法院和德国法院的司法实践进行分析，并尝试在此基础上，剖析这些执法实践究竟在怎样的程度上与经济学研究现状相契合。

本书系刘旭博士与利物浦大学经济学系顾一泉老师合译的丹尼尔·齐默尔教授（Prof. Dr. Daniel Zimmer）与乌尔里希·施瓦本教授（Prof. Dr. Ulrich Schwalbe）合著的《卡特尔法与经济学（第二版）》，刘旭博士负责德文版全部法学章节，部分经济学章节及全文校对。该书约50万字，被"当代德国法学名著"书丛收录。

中心成果 4：《上海自贸区知识产权仲裁、调解和司法程序的完善》（报告）

报告名称	上海自贸区知识产权仲裁、调解和司法程序的完善
报告撰写人	张韬略　张伟君
撰写年份	2015
委托机构	OHIM

成果简介

自中国加入世界贸易组织以来，知识产权在中国的经济地位日益提高，知识产权诉讼案件在中国大幅度增加，加强知识产权保护已经成为中国政府的施政理念。特别是上海自贸区的建立，为推进知识产权保护制度的改革提供了试验田。本报告是在基于上述背景的前提下就如何促进上海自贸区的庭外仲裁和调解，进一步完善自贸区知识产权纠纷的多元解决机制以及如何从知识产权案件的证据规则和执行法院裁决与命令的保障机制两个角度，进一步完善上海自贸区保护知识产权的司法程序展开分析论述。

报告首先就上海自贸区知识产权纠纷多元解决机制的完善方式进行探究。其中，最先指出中国现行替代性纠纷解决制度（尤其是仲裁制度）在知识产权纠纷解决中的不足，并对上海自贸区替代性纠纷解决制度改革的现状进行概括，最后从向国内其他仲裁机构开放上海自贸区的仲裁服务、在自贸区内引入临时仲裁、如何提高民间调解和仲裁机构化解纠纷的能力以及继续强化上海自贸区诉讼与非诉讼相衔接的知识产权纠纷解决机制等四个方面提出完善意见。报告的第二部分是关于上海自贸区知识产权司法程序的完善。报告先行从证据的获取与采信以及执行法院命令和裁决保障机制分析我国知识产权诉讼证据规则和执行法院裁判与命令的保障机制的现状，并列举美国和欧洲的现状形成对比分析，提出关于完善自贸区知识产权司法程序的建议。

中心成果5：《欧洲单一专利制度进展调研报告》

欧洲单一专利制度建立和实施中的利益博弈研究

报告撰写人：张伟君、张韬略
完成单位：同济大学知识产权与竞争法研究中心
委托单位：国家知识产权局条法司
汇报日期：2015年11月1日

报告名称	欧洲单一专利制度进展调研报告
报告撰写人	张伟君　张韬略
完成年份	2015
委托机构	国家知识产权局条法司

成果简介

该报告对欧洲单一专利制度建立的动因和发展过程进行全面梳理和归纳后发现，欧洲单一专利制度源于欧共体建立共同体专利制度的努力，在历经政府间《共同体专利公约》谈判和欧盟立法而不得后，最终欧盟通过启动"强化合作"机制而产生妥协性的"欧洲单一专利"和"欧洲统一专利法院"，使欧洲专利制度一体化的进程大大地向前迈进。

该报告跟踪研究欧洲单一专利制度最新进展，分析欧洲单一专利以及欧洲统一专利法院的基本制度，重点剖析欧洲单一制度形成过程中存在的困难及解决路径，如强化合作机制的争议、单一专利的性质、欧洲统一专利法院的建设以及语言和翻译安排、专利申请费用等问题，并预测欧洲单一专利制度的后续发展、运行情况以及仍然可能存在的各种问题。

该报告还分析欧洲单一专利制度对欧洲各国国内专利制度以及对国际专利制度未来发展的影响，特别是对包括PCT制度规则在内的相关国际条约的影响。根据对欧洲单一专利制度的分析、研究，报告探讨了欧洲单一专利对中国企业申请欧洲专利的影响，并为我国相关部门参与专利制度国际协调工作以及提出对策建议。

中心成果 6：《ACTA 背景下我国知识产权侵权救济制度研究》

ACTA 背景下
我国知识产权侵权救济制度研究

报告撰写人：张伟君、张韬略、
韩萌、赵勇、李茂、黄怡
完成单位：同济大学知识产权与竞争法研究中心
委托机构：教育部
完成年份：2015 年

报告名称	ACTA 背景下我国知识产权侵权救济制度研究
报告撰写人	张伟君、张韬略、韩萌、赵勇、李茂、黄怡
完成年份	2015
委托机构	教育部 2012 年度人文社科研究规划基金项目

成果简介

ACTA 协定 2011 年 10 月 1 日在日本东京正式签署，其目的是更加有效地打击盗版和假冒行为，建立知识产权侵权救济的黄金标准，提高全球的知识产权保护和执法水平。虽然中国并没有加入 ACTA 协定的国际义务，但是由于 ACTA 协定很大程度上将矛头直指中国，中国必然面临发达国家要求接受 ACTA 协定规则的压力。毋庸讳言，假冒和盗版行为（尤其是数字网络环境下的侵权行为）仍然对现行中国知识产权制度（特别是侵犯知识产权的执法措施和法律责任追究制度）的有效性提出挑战，中国的知识产权法律制度特别是侵犯知识产权的法律救济措施是否需要进一步突破既有的法律制度框架，是一个亟须回答的现实问题。

本课题研究分析 ACTA 协定规定的知识产权执法措施与我国现行知识产权侵权救济法律制度的相同或差异，以及 ACTA 协定规则所带来的挑战、影响与后果，有助于我国政府客观地判断 ACTA 协定可能对我国有关法律制度所带来的冲击，也有助于我国政府决定对我国现行知识产权法律制度进行应对和调整，最终有助于我国政府在国际谈判中确定以怎样的策略去应对国际压力并作出适当的抉择。

另外，针对 TPP 谈判的最新进展，本报告也同时关注和研究 ACTA 以及 TPP 协定中知识产权规则（TRIPs Plus）对于国际知识产权制度的影响。

中心成果 7：《对〈关于汽车业的反垄断指南〉（征求意见稿）的 22 点反馈意见》

对《关于汽车业的反垄断指南》（征求意见稿）的22点反馈意见

报告撰写人：刘旭。

完成单位：同济大学知识产权与竞争法研究中心。

完成日期：2016 年 4 月。

报告名称	对《关于汽车业的反垄断指南》（征求意见稿）的 22 点反馈意见
报告撰写人	刘旭
完成年份	2016

成果简介

这份于 2016 年 4 月初提交的反馈意见合计约 3.5 万字，对《关于汽车业的反垄断指南（征求意见稿）》中合计 22 个主要问题进行梳理，并尝试提出解决方案。这些问题涉及该指南的法律属性、效力、名称、调整范围、生效实施日期，起草目的、程序与授权，垄断协议规制模式、可操作性问题，限制最低转售价格行为的认定与豁免禁止，汽车业适用滥用市场支配地位的规制思路，相关市场界定与分割计算的办法，二手车限签等问题。反馈意见的部分内容概要地通过《冷思考丨反垄断，汽车业的潘多拉魔盒?》一文在澎湃新闻网发布。

中心成果8：对交通部《网络预约出租汽车经营服务管理暂行办法（征求意见稿）》和《关于深化改革进一步推进出租汽车行业健康发展的指导意见（征求意见稿）》的反馈意见

报告名称	对交通部《网络预约出租汽车经营服务管理暂行办法（征求意见稿）》和《关于深化改革进一步推进出租汽车行业健康发展的指导意见（征求意见稿）》的反馈意见
报告撰写人	刘旭
完成年份	2016

成果简介

通过 2015 年 10 月中旬至 11 月初多次向交通部有关部门提出的一系列反馈意见主要是从竞争法和行业监管角度就传统出租车领域改革和新兴网约车规制提出建议，重点讨论该领域价格管制改革、反垄断法适用等难点问题，并先后发布在澎湃新闻网（《规范专车，小心走音》）、FT 中文网（《出租车市场改革：纠结中的变奏》）和《东方早报》（《出租车市场改革变奏曲》）。之后又专门就顺风车的规制问题向交通部提交《对非盈利性网约顺风车的规制建议》，并转发在知乎网"竞争法研究"专栏。

中心成果9：《对工商总局〈禁止滥用知识产权排除、限制竞争行为的规定〉的反馈意见》

对工商总局《禁止滥用知识产权排除、限制竞争行为的规定》的反馈意见

报告撰写人：刘旭
完成年份：2016 年

报告名称	对工商总局《禁止滥用知识产权排除、限制竞争行为的规定》的反馈意见
报告撰写人	刘旭
完成年份	2016

成果简介

这份于 2014 年 7 月底提交的反馈意见合计约 22 万字，对工商总局《禁止滥用知识产权排除、限制竞争行为的规定（征求意见稿)》进行逐条的梳理和研究，逐条提出修改和完善意见，全面补充和完善 2012 年笔者向工商总局《知识产权反垄断执法指南（草案第五稿)》的修改意见（约 5.6 万字)。除就工商系统该领域立法提出谏言，2016 年的反馈意见还指出发改委系统反垄断执法工作、司法系统的相关司法审判中的错误和问题，并为反垄断执法机构系统改革、执法人才培养提出建议。

编后语

　　自《知识产权与竞争法研究》首卷于 2012 年出版，至今已有四个年头。在短短的数年之间，我国的知识产权法与竞争法已经有了各自令人瞩目的演进，这两个法域之间的互动也随着市场竞争的日益激烈而逐步深入。

　　我国相关行政部门在已有的基本法律框架之下，针对各自主管权限之内的具体问题制定具体规则，努力平衡依法行使知识产权与维系公平竞争秩序的关系。例如，2013 年 12 月 19 日，国家标准化管理委员会、国家知识产权局《国家标准涉及专利的管理规定（暂行)》对国家标准制定中专利信息的披露、专利实施许可、强制性国家标准涉及专利的特殊问题做了规定。国家工商行政管理总局于 2015 年 4 月 7 日颁布《关于禁止滥用知识产权排除、限制竞争行为的规定》，对市场经营者违反反垄断法行使知识产权、实施垄断协议、滥用市场支配地位等垄断行为加以规制。国务院反垄断委员会委托四个部门分别起草的四个文本中的其中两个文本在 2015 年年底和 2016 年年初也已经向全社会发布并征求各界意见，试图在反垄断执法实践中，进一步明晰认定排除、限制竞争的滥用知识产权行为的标准，提高反垄断执法的透明度。在这一期间，我国反垄断执法机构还作出了若干受到社会高度关注的涉及知识产权的行政决定。例如，商务部于 2014 年、

2015 年分别作出了 2 个经营者集中的反垄断审查决定，附条件允许批准微软收购诺基亚、诺基亚收购阿尔卡特朗讯；2015 年 2 月，国家发展和改革委员会作出针对高通公司的行政处罚决定书，认定高通公司利用基带市场的支配地位，在交易时附加不合理交易条件，违反了《反垄断法》第 17 条第 1 款第 (5) 项规定，责令高通公司停止滥用市场支配地位的行为，并处以 2013 年年度销售额 8% 的罚款。

我国司法机关则通过司法解释、复函和个案的裁判，努力引导知识产权的正当行使，给市场提供更加明确的合理预期。例如，最高人民法院在 2012 年发布《关于审理因垄断行为引发的民事纠纷案件应用法律若干问题的规定》（法释〔2012〕5 号），2016 年 4 月颁布《最高人民法院关于审理侵犯专利权纠纷案件应用法律若干问题的解释（二）》（法释〔2016〕1 号），规范推荐性国家、行业或地方标准明示的必要专利的 FRAND 许可和相关侵权诉请；2014 年最高人民法院判决的张晶廷诉衡水子牙河建筑工程有限公司等侵害发明专利权纠纷申请再审案（〔2012〕民提字第 125 号），对履行了专利披露义务的必要专利权利人的收取许可费以及主张专利侵权的正当权利予以肯定，明确最高人民法院司法复函的个案适用效力，纠正了下级法院对《最高人民法院关于朝阳兴诺公司按照建设部颁发的行业标准〈复合载体夯扩桩设计规程〉设计、施工而实施标准中专利的行为是否构成侵犯专利权问题的函》（〔2008〕民三他字第 4 号）的简单适用。

在这种背景下，《知识产权与竞争法研究（第三卷）》一方面全面汇集我国知识产权与竞争法交叉领域的重要法律法规、司法解释、复函、行政决定和司法判例，另一方面在第三编中围绕近期知识产权与竞争法的执法热点问题，尤其是标准必要专利的许可和侵权救济所引发的反垄断问题，组织了 4 篇不同研究视角的稿件。赫伯特·霍温坎普教授的文章分析了信息技术市场的标准必要专利、FRAND 许可费估算、非专利实施体和专利侵权救济的特殊性，提出专利竞争问题通常需要结合反垄断和非反垄断的解决方案。张伟君教授的文章分析了我国《专利法》修订草案送审稿第 85 条"标准必要专利默示许可制度"的争议，认为该规定设置了一个专利法定许可制度，可能违背 TRIPS 协议规定的专利非授权许可必须"一事一议"的要求，也罕有国外立法和司法实践可资借鉴，并与标准制定中专利信息披露的实际情况相悖，因此建议修改该规定，根据个案判断合理性的原则，对未披露标准必要专利行为进行审查。魏立舟博士的文章从介绍欧盟的"华为诉中兴案"出发，梳理反垄断抗辩在欧盟/德国司法体系中的历史演变，分析欧盟法院在该案中重构反垄断抗辩时所提出的"五步骤 + 三保留"规则，并介绍欧盟法院作出该案先行裁决的历史背景及其直面的理论问题，以及德国法院对这项新规则的适用情况。李奇同学的文章则梳理、总结目前国内外司法界关于标准必要专利许可费问题的最新审判规则及审判经验，并在此基础上，结合我国司法实践的实际情况，提出其认为较为切实可行的许可费判定方法及"基础许可费 + 调整因素判定法"。我们期待，这 4 篇文章从宏观的产业竞争，到具体的许可费估算，从中国专利法修改对专利默示许可制度的提议，到欧盟法院对专利侵权反垄断抗辩的重构，能为读者呈现与标准必要专利反垄断规制的多维度图景。

除了积极跟进我国知识产权与竞争法领域的最新进展，《知识产权与竞争法研究（第三卷）》继续秉承本刊持续关注、引介西方竞争法与知识产权政策领域优秀成果的宗旨。该卷的第一编立足于竞争法前沿，选译和组织了数篇兼顾理论深度与实践意义的竞争法论文。其中，戴维·J.格伯尔教授在《追寻一个现代化的声音：欧洲竞争法的经济学、机构及可预见性》一文中，以敏锐的洞察力、独特的视角对欧洲竞争法现代化改革的成就与问题进行深入剖析。对于近年来参照欧盟立法例起草反垄断法配套规则（如《关于汽车业的反垄断指南》）的国内反垄断执法者，以及关注该领域的实务人员和学者而言，该文为比照和审视我国反垄断法事业的发展，汲取欧洲经验教训，提高法律适用确定性提供参考，抑或对破解《反不正当竞争法》修订中的难题，都有所启发。在《伞性效应》一文中，德国竞争经济学界的三位杰出学者罗曼·因德斯特教授、弗兰克·迈尔－里戈教授和乌尔里希·施瓦尔贝教授所关注的现象与问题是：常见的价格卡特尔行为往往会诱发未参与违法行为的竞争对手随行就市地提高价格，使从后者处购买相关产品的企业或终端消费者也随之蒙受损失，在这种情况下，如何确保损失者能够向违法者获得赔偿，从而提升社会整体福利，提高公众对执法者打击这类违法行为的"获得感"，并更有效地阻却这类违法行为的发生。该文所展示的相关经济学知识与分析方法，有助于我国学术界和实务界深入把握这一前沿领域及其可能的应对方式。于强研究员在《软件销售中的歧视性定价和竞争法：效益多于损害？》一文中，考察软件产品市场中的歧视性定价行为并观点鲜明地指出，软件市场与传统产品市场有诸多不同，虽然该市场中的网络效应和创新竞争为歧视性定价的产生提供了环境，但这些因素同时使歧视性定价的反竞争效果难以产生；软件价格歧视是一个通行的营销策略，传统竞争法规则并不能完全适用软件市场。此外，本卷注意到 2013 年以来世界各国相继对分销领域常见的最惠国待遇条款可能导致的限制竞争问题的重视和对在线电子书分销、旅馆预订领域一系列案件的查处行动，以及我国执法者对该问题的关注，姜丽勇律师和张博律师撰写的《反垄断法视野下的"最惠国待遇条款"》，以在线酒店预订领域为切入点，对这类常见合同条款中可能涉及的限制竞争问题与法律适用进行扼要梳理，并尝试为反垄断执法、配套规则完善和企业合规提出建议。

本卷第二编则围绕竞争法与专利政策的问题，特地选译了德国马普所创新与竞争研究所（即前"马普所知识产权与竞争法研究所"）三位资深学者的三篇文章。其中，约瑟夫·斯特劳斯教授探讨第三方向仿制药厂商提供专利活性成分使之获得药品上市许可行为在欧盟范围内的合法性问题，并就如何适用 Bolar 例外解决该问题给出明确的建议；汉斯·乌尔里希教授反思欧盟与专利池相关的政策及存在的问题，认为现有的技术许可指南针对限制性协议所采用的以经济为基础的评估具有局限性，例如必要性检验法和互补性概念模糊，没能涉及除专利池外更少限制的替代方法，并忽视了企业的整体战略、专利池可能支撑的标准化项目等评估因素；马克－奥利弗·马肯罗特博士的文章分析网络标准和知识产权的特性及其相互作用，并指出相较传统市场，网络标准的知识产权保护涉及更复杂的权衡问题，考虑到对创新的影响，采取知识产权弱保护也许更为合适。在专利制度的激励创新机制于不同技术产业领域日益暴露出截然不同的效果乃至出现"危机"的背景下，这三篇文章从医药产业和互联网信息产业这"两极"入手，为我们深入思考专利制度与竞争秩序的关系，提供了很好的视角。

《知识产权与竞争法研究（第三卷）》从设计构思、征求稿件、联系授权、组织编译到校对成稿，算算已经一年有半。该书能成稿付印，主要归功于众多作者的精湛学识、一流文笔以及慷慨授权。另外，我们感谢同济大学法学院所有参与该卷文献翻译、校对与编辑的老师和同学们，没有他们不计酬劳的无私奉献，该卷的出版必定遥遥无期。当然，因为我们精力和能力所限，导致出版时间拖沓以及译文质量差强人意的，我们在此对原文作者以及读者致以深深歉意。我们也期待，那坚持初衷的决心和学术志趣，能够在众人的支持之下，能够借助这份刊物的滋养，茁壮成长！

张伟君　张韬略　刘旭

2016 年 5 月于上海同济大学

《知识产权与竞争法研究》诚征稿件

　　《知识产权与竞争法研究》是由同济知识产权与竞争法研究中心主办的中西兼容并蓄的法学学术性刊物，旨在为广大法律人建立一个高层次的学术交流平台，在知识产权与竞争法的交叉领域踏踏实实做点研究，并以此活跃学术研究氛围、开阔法律视野。《知识产权与竞争法研究》第 1～3 卷已在众多前辈友人支持下顺利出版。现在《知识产权与竞争法研究》向所有对知识产权和竞争法有兴趣的法学研究人员、法律实务界人士及广大青年学子诚征稿件。

一、主题内容

　　内容只要涉及知识产权与竞争法交叉领域即可。我们欢迎在该领域内对国内外热点立法问题和判例的任何研究和评论。发表过的有学术价值的文章亦在我们收集的范围。我们同样欢迎任何批判、建议或者对研究文献的推荐。

　　诚挚希望您能够就主题内容发表珍贵见解并不吝赐稿。

二、投稿须知

1. 选稿标准

本刊将学术水平、学术规范和实务价值作为录用稿件的标准。稿件在篇幅上没有严格限制，但以 8 000 ~ 15 000 字为宜。来稿的排版、注释体例请以本刊已出版的文章为准。

2. 投稿方式

来稿请注明作者的基本信息（姓名、职务、职称、单位、研究方向）和通信方式（通信地址、联系方式、邮政编码、电子邮箱）等信息。来稿请发送至《知识产权与竞争法研究》编辑部电子邮箱：zwj@ tongji. edu. cn，ztl@ tongji. edu. cn。

3. 审稿期限

自编辑部确认收稿 2 个月内，未收到审稿意见或用稿通知的，作者可另行处理。

4. 说明

（1）作者应保证所投稿件为原创，作者对所投稿件的著作权及名誉权等相关法律责任负责。我们坚决反对抄袭、剽窃等学术不端行为。

（2）本刊对于拟采用稿件有权在尊重作者原意的前提下进行技术性修改或处理。如有异议，请在投稿时说明。

（3）稿件无论是否已发表，均可参加评选。已经发表过的论文可作修改，但需注明原发表报刊或图书名称、刊期或版次、日期等信息。

《知识产权与竞争法研究》编辑部

2016 年 5 月 22 日